平生正直志未移心地光明似琉璃
博學世間眾法門精通書畫興詩詞
定持戒律不染塵聽法聞經除貪痴
悟徹心源猛精進辛勤不倦松柏姿
熟稔堂規明禮儀悟植後昆頤天資
道德圓明興古制住持正法度人師
慈悲喜捨行檀度三寶場中名遠馳
法雨常新世代傳登臨勝境探神奇
紀念冶開錛禪師詩 心澄

江苏省佛教协会名誉会长心澄的题诗

冶開禪師

纪念冶开禅师圆寂一百周年论文集

演觉题

释廓尘 **主编**

宗教文化出版社

图书在版编目（CIP）数据

冶开禅师 : 纪念冶开禅师圆寂一百周年论文集 / 释廓尘主编 .
-- 北京 : 宗教文化出版社 , 2024. 8. -- ISBN 978-7-5188-1602-6

Ⅰ . B949.92-53

中国国家版本馆 CIP 数据核字第 20246UR493 号

冶开禅师

——纪念冶开禅师圆寂一百周年论文集

释廓尘　主编

出版发行： 宗教文化出版社

地　　址： 北京市西城区后海北沿 44 号（100009）

电　　话： 64095215（发行部）　64095340（编辑部）

责任编辑： 孟金霞（158504349@qq.com）

版式设计： 贺　兵

印　　刷： 河北信瑞彩印刷有限公司

版权专有　侵权必究

版本记录： 787 毫米 × 1092 毫米　16 开　35 印张　530 千字

2024 年 9 月第 1 版　2024 年 9 月第 1 次印刷

书　　号： ISBN 978-7-5188-1602-6

定　　价： 188.00 元

冶开禅师

常州天宁禅寺

序 言

水流归大海 月落不离天

释秋爽（江苏省佛教协会会长）

历经两年的编纂，《冶开禅师——纪念冶开禅师圆寂一百周年论文集》终于付梓。本书辑录了多位著名学者纪念冶开禅师的文章，重点辑录了冶开禅师对佛法参悟之语录。翻阅文稿，通读字里行间，如同再一次聆听冶开禅师的教诲，对佛教中国化历程及在中国近现代的传承弘扬以及在当今社会发展中起到的积极作用，有了更加深刻的感悟。此书固有纪念冶开禅师之意，更大的期许是能够让更多社会大众读者，能感受在中华五千年文明浸润下佛教中国化的一段历程；也期许佛教四众弟子能通过本书，参悟佛法，诸恶莫作，众善奉行，把佛陀的精神融入生活，则是吾辈辑此文集之愿心。若达此，则善哉！善哉！

冶开禅师生于清文宗咸丰二年（1852），名清镕，字冶开，俗姓许，清时江都人。冶开出生于江都许氏佛化家庭。父亲许长华、母亲徐氏均是虔诚的佛门信徒，两世长斋奉佛，冶开禅师出生后即未沾染过荤腥酒肉。由于从小体弱多病，十一岁时（1862）便遵父母之命出家。

冶开禅师潜心学习佛教经典之后，深解明义，为师者垂重。十二岁礼镇江九华山明真彻公法师剃度，十三岁依仪征天宁寺莲庵法师为师，十七岁于泰州祇树寺依隐闻和尚受具足戒。后即行脚参访，历参杭州灵隐、浙江普陀、天台诸名刹，向这些名刹耆宿、长老明师请教，因显非凡之质，深得众师器重。

同治十年（1871）冶开禅师来到常州天宁寺，向方丈定念禅师学习佛法，至此与天宁寺一生结缘。在天宁寺中经过苦修，终开佛眼，定念禅师遂授纪莂，承其法嗣，为临济四十一世。

定念禅师圆寂后，冶开禅师至镇江金山寺潜修多年，又入终南山精修梵行，于喇嘛洞结茅修持三年。自忖出家为僧，唯以出世以大乘佛法度人为终生事业，光绪二十二年（1896）冶开禅师回到常州天宁寺，光绪二十三年（1897）继任方丈。从那时起，天宁寺又迎来一位高僧大德、一位济世菩提。

常州天宁寺始由牛头宗祖师法融禅师所建，至冶开禅师住持时，正值中国近代时期，社会动荡、民不聊生。为中兴佛门圣地，度化世人，他四处募化，远至关外，前后历时十余年，将募化所得的资财，重建了天宁寺。天宁寺建成后，世人赞其"基广百亩，殿高十仞，宏伟高大，较京师城外天宁寺雄壮过之，为一郡梵刹之冠"，冠称江南四大丛林之首。冶开禅师住持天宁寺期间，在弟子应慈、惟宽、行实等的赞助下，创设了"毗陵刻经处"，俗称天宁寺刻经处。数十年间，刻印了大小乘经论774部2469卷。这一壮举对近代佛教文化的振兴，产生了较深远的影响。

冶开禅师一生醉心于社会公益慈善事业，修桥补路、赈济灾民、捐资办学、植树造林等，广受社会好评。后来他又在上海创设了居士念佛会、佛教慈悲会等佛教慈善组织，致力于各项社会慈善公益事业。

冶开禅师的晚年，对佛教的传播与影响也是贡献巨大的。民国元年，创立了"中华佛教总会"，曾任会长。民国九年（1920）春天，他在上海开坛传戒，受戒的弟子多达1500多人，在当时佛门中是盛况空前的大事。也是这年夏天，因旧疾复发，旬日之后，暝目趺坐而寂，享年71岁，僧腊59年。[①]

从冶开禅师的一生经历来看，禅师自小就具足慧根，且为求佛法真谛，

---

① 因所引资料不同，本书其他作者对冶开的僧腊时间也有"六十年""六十一年"等说法，对冶开的初至天宁寺时间、复返天宁寺时间、继席天宁寺时间、留待天宁寺时间都有不同说法。

不辞辛苦行脚参访明师，虚心求教，刻苦修行，志之坚、行之笃，可见一斑。而他深得大乘佛法要义后，毅然入世普度众生，他中兴圣地、广辑经卷、开坛传法、普济黎民，实践、实现了他的修持宏愿与初心。

冶开禅师所处的年代是中国最多灾多难的时代，在社会动荡、家国蒙难、黎民不安之际，始终在用他的坚韧、智慧、德行去弘扬佛法，济世救人，对当时处在乱世的佛教传承以及身在水火的寻常百姓而言，遇到他可谓是一种因缘。诚然，他坚毅的求学精神即使放在当今社会，也是佛弟子所应效法的楷模。

如今，天宁寺依然是著名的佛教圣地，经过冶开禅师辑录珍藏的佛教经卷，依然被四众弟子学习参悟。冶开禅师刻苦坚韧的求学精神、普度众生的坚定信念、援济社会的慈悲情怀，以身心诠释了佛教教义，为佛教健康传承注入了经久不竭的生命力，去指引、带领后人不断前行。

冶开禅师的传法弟子月霞、应慈、惟宽、明镜等，也都成为佛门硕彦，继承他的衣钵，践行他的志愿。月霞在上海创办了"华严大学"，应慈在兴福寺创办了"法界学院"，弟子皆遍及大江南北，对民国以来佛教传承产生了深远而积极的影响。

佛教传入中国后，在中华五千年文明滋养浸润下，留下了灿烂辉煌的中国佛教文化遗产，在哲学、文学、艺术、民俗、道德方面均有密切的关联，成为中华优秀传统文化中重要的组成部分。

吾辈辑录此书，旨在传承和弘扬冶开禅师所秉持的慈悲为怀、普度众生的佛教真谛，愿他心系苍生的博大胸怀，能化作漫天月光，给佛教以光明、方向和希望，从而推动中国佛教健康传承，引导广大信众爱国爱教。

目 录

清末民初临济宗僧冶开镕禅师年谱

谭　洁（山东师范大学文学院）

冶开（1852-1922），清末民初临济宗僧。江苏扬州人，俗姓许，法号清镕。十一岁出家，十七岁受具足戒。其后行脚四方，参访杭州、普陀、天台等地名刹。同治十年（1871）到常州天宁寺，参谒方丈定念真禅禅师，随侍左右，读经参禅。定念禅师圆寂后，冶开禅师离开天宁寺，到镇江金山寺潜修多年，又至终南山结茅潜修。其后重返天宁寺，于同治二十三年（1884）担任此寺住持。面对被毁于兵燹的天宁寺部分建筑，他募资重建文殊殿、普贤殿、大雄殿、观音殿、地藏殿，增建罗汉堂，复造禅堂、影堂，建藏经楼、三会堂，同时广造僧舍、扩大斋田，使天宁寺成为江南"四大丛林"之一。后因病退居，又募资重修杭州灵隐寺大殿、上海玉佛寺念佛堂等。1913年冶开禅师被推举为"中华佛教总会"会长。1920年春他在上海开坛传戒，受戒弟子多达1500余人，影响广大。冶开禅师常以语录、书函开示他人，主张切实用心，参一句话头，不偏重古人语录谈说。其禅风恳切质朴，融会律宗、华严和净土思想。

冶开禅师一生热心佛教文化和社会慈善福利事业的发展。他在天宁寺创设毗陵刻经处，刻三藏774部2469卷；1918年华北发生严重水灾，冶开禅师同佛教慈悲会人员亲至北方放赈，无数黎民赖之得以存活。因不慕虚名，专注弘法利生，冶开与海会妙参清虚、清凉静波清海并称"民国三清宿"。1922年，冶开禅师圆寂，弟子建塔于常熟虞山北麓破龙涧。其传法弟子有月霞显珠、应慈显亲、惟宽显彻、明镜显宽等，皆为法门龙象。如月霞在上海创办"华严大学",月霞、应慈在兴福寺创办"法界学院",对江苏、上海地区近代僧伽教育产生了很大影响。冶开禅师的皈依弟子有程德全、叶尔恺、张寿波、洪子靖、苏观彻、卫桐禅、六朝叙、沈昭武、刘观佛、廖燮堂、马永孚、罗邕生、江观正、狄葆贤等。今存弟子惟宽所辑《冶开镕禅师语录》三卷。

1852年　清文宗咸丰二年　壬子　一岁

二月十九日生于江苏江都。父许长华,母徐氏。姑母为尼姑。

据惟宽显彻《常州天宁寺冶开禅师行述》记载:"师讳清镕,字冶开,咸丰壬子岁生于扬州江都旧族许氏。父长华,母徐孺人。梦僧入室,而举师两世长斋奉佛,有姑未嫁为尼,故出胎即未染荤酒。"惟宽显彻（1868-1937）,天宁寺方丈。俗姓朱,江苏泰县人。参谒冶开清镕禅师,嗣法为临济四十二世。在天宁寺四十年,创立天宁学戒堂,继席天宁寺方丈。又据清代叶尔恺《冶开大师塔铭》记载:"大师冶开,讳清镕,江都许氏子。父长华,母徐氏。咸丰壬子岁,梦僧入室而举师。两世长斋奉佛,出胎即未染荤酒。"（《常州天宁禅寺志》八）另,据佘贵棣《冶开清镕师传略》记载:"冶开清镕禅师出生于扬州一个信佛的家庭中。父许长华,母徐氏。姑母为尼姑。"（《常州天宁禅寺志》四）

1862年　清穆宗同治元年　壬戌　十一岁

幼而多病,奉亲命出家。

据惟宽显彻《常州天宁寺冶开禅师行述》记载:"幼善病,年十一奉亲命出家。"又据叶尔恺《冶开大师塔铭》记载:"年十一,秉父命出家。"（《常州天宁禅寺志》八）另,据佘贵棣《冶开清镕师传略》记载:"十一岁由父母送他出家,在镇江九华山明真彻和尚处落发。"（《常州天宁禅寺志》四）

1863年　清穆宗同治二年　癸亥　十二岁

礼镇江九华山明真彻公祝发。

据惟宽显彻《常州天宁寺冶开禅师行述》记载:"十二祝发于镇江九华山明真彻公。"又据叶尔恺《冶开大师塔铭》记载:"十二剃染。"（《常州天

宁禅寺志》八《塔铭行状·塔铭·冶开清镕》，第663页）

1864年　清穆宗同治三年　甲子　十三岁

礼仪征（隶属江苏省扬州市）天宁寺莲安（又作庵）为师，相依数载。

据惟宽显彻《常州天宁寺冶开禅师行述》记载："仪征天宁莲庵一公，于师为师祖。师落发后，相依数载，恩感至笃。"又据叶尔恺《冶开大师塔铭》记载："真州天宁莲庵一公，于师为祖辈，师落发时相依数载，恩感至笃。"（《常州天宁禅寺志》八）

1868年　清穆宗同治七年　戊辰　十七岁

于江苏泰县祇树寺，依隐闻和尚受具足戒。历参杭州、普陀、天台诸名刹耆宿，未契。

据惟宽显彻《常州天宁寺冶开禅师行述》记载："十七受具戒于泰县祇树寺隐闻和尚。历参杭州、普陀、天台诸名刹，未契。"又据叶尔恺《冶开大师塔铭》记载："十七受具戒于祇树隐公。"（《常州天宁禅寺志》八）另，据佘贵棣《冶开清镕师传略》记载："十七岁在泰县祇树寺跟隐闻和尚受具足戒。"（《常州天宁禅寺志》四）

1871年　清穆宗同治十年　辛未　二十岁

至常州天宁寺，谒方丈定念真禅禅师（1807-1874，常州天宁雪岩悟洁法嗣），随侍左右，读经参禅。

据惟宽显彻《常州天宁寺冶开禅师行述》记载："同治十年，至常州天宁寺。时方丈定念禅公门风峻肃，法席岿然，参扣者鳞集，独深器师。师亦矢心执侍。"又据叶尔恺《冶开大师塔铭》记载："同治十年，至常州天宁。时主席定念禅公，门风峻肃，参扣者踪萃，独深契师，师亦契心执侍。"（《常州天宁禅寺志》八）而庄蕴宽《冶开上人传》云："天宁寺为上人十九岁所留宿"（《常州天宁禅寺志》四），是实岁和虚岁之别。另，据马观源《天宁问道冶开老记》记载，冶开禅师于1922年开示马观源居士时，自称"我自同治十年到此地"，亦可佐证。《冶开镕禅师语录》卷三亦有记载，兹不赘述。

1872年 清穆宗同治十一年 壬申 二十一岁

冬禅七期间,大悟,定念禅师为授记莂。承其法嗣,为禅宗五十一世、临济宗四十一世、磬山十二世。

据惟宽显彻《常州天宁寺冶开禅师行述》记载:"明年冬,结七值浴次,闻上首二老僧互谈七日间所得,师愧愤交作,不待浴竟,濡足入堂,趺坐禅榻,提起本参话头,罄力挨拶,誓以身殉。觉刹那间,烛香遽烬,鸣磬下座,随众经行,觑定念佛是谁,更不知身在何处。维那见师,行不循规,以香板击之。师触着如在云雾中,忽闻霹雳,顿化眼前黑暗为大光明藏,身心一如,受用自在。定公知师已开佛眼,遂授记莂。"又据叶尔恺《冶开大师塔铭》记载:"明年冬结七浴次,闻二老僧,互谈七日间所得,师大愧愤,辍浴入堂趺坐,罄力逼拶,誓断命根,性光涌现,消殒三际。刹那间,炷香遽烬,鸣磬下座,随众经行,维那见师步骤有异,以香板触之,陡觉打破黑漆桶,化为大光明藏,身心莹然,脱尽障碍。定公知师已开佛眼,遂授记莂。"(《常州天宁禅寺志》八)

另,据马观源《天宁问道冶开老记》记载,冶开禅师于1922年开示马观源时,云:

十一年打七,看念佛是谁。打了一个七,用心一点都不醇和,打完头七,到浴堂里洗浴,有两个老禅和也在洗浴,悄悄地谈心。一个说:"你七打得好。"一个说:"好呢。"我听着心里非常惭愧,人家七打得好,我连用心都不会用,惭愧心生,自责自己用心不上,是甚么道理呢?自答自己:"你没有真切用心哪!"又自思维:"还有一个七,这一七是丝毫不把他放过的。"于是澡也不洗了,立刻穿了衣裳,回到禅堂,就把个"谁"字抱定,一点不放松。一下子开静了,自己知道,照此行去,吃茶甚么也不问他。吃了茶就跑香,抱住"谁"字,甚么事不问,跑也不知跑成甚么样子。打站板了,班首讲开示,我一点没有听,抱住话头。打催板了又跑,不知又跑成甚么样子。维那师在后打一下,忽然心里起了无明,念头一动，真见一黑团子起来。谁？把话头举起一打，黑团子炸开，再提话头，如同落在万丈海底一般，回头醒过来，人就空了。往后坐起来，话头就醇和了；行起来，自在得很；站起来，鼻子里连气都没有了。那时候我当汤药，晚上睡了，早上总要人喊叫；以后睡着同醒时一个样子，行住坐卧一个样子，自己舒服得不可解。那时记起顺治皇帝的诗："百年三万六千日，不及僧家半日闲！"是的确确的。向后行住坐卧，不必用一点心，两个多月。后来又当衣钵管账，这就打了岔了，退了，不像从前相应了。这是我头一次得的利益，用心总要拼命的干一下子，不舍死忘生的闹一番，不中的。

《常州天宁禅寺志》卷三亦可佐证。《冶开镕禅师语录》卷三亦有此记载，兹不赘述。

1874年　清穆宗同治十三年　甲戌　二十三岁

定念禅师于本年十二月二十日圆寂。至镇江金山寺，禅堂用功，应念触机，一念放下，得力更胜于前，展阅《华严》《楞严》，了无滞碍。

据陆鼎翰《定念和尚塔铭》记载："师讳真禅，定念其字也。湖北汉阳陈氏子。父惠忠，母徐氏。家世崇信佛乘，敬礼空王……师遂依性空大师，于江宁句容之宏通，给侍左右，年已二十有九矣。明年祝发为大僧，受具足戒于归元月高轮公……闻雪叟洁公住持天宁，道价倾东南，师往依之……未几，又至天宁，会嵩公继雪叟为住持……及大兵攻克常州之明年，寺僧稍稍归集，嵩公谓吾道陵夷，非具大福德大智慧者，不足以挽颓废餍众望。遣其徒迎师归元，而让其位。师既至，据师子座，阐扬大法……偶示微疾，召集徒众，再三申精进之戒，且勉以未竟之事。扪鼓而退，命嗣法门人清宗继主其席……遂西向趺坐而寂，实同治甲戌年十二月二十日也。世寿六十有八，僧腊三十九。"（《常州天宁禅寺志》八）

据惟宽显彻《常州天宁寺冶开禅师行述》记载："越岁，定公圆寂。师至金山。坐次间，侍者卷帘，维那唤放下。师应声触机，一念放下，得力更逾于前。自此大地平沉，融通无碍，当下闻隔江人语历历，视瓜州如在户庭。

凡昔日读经义理隔阂者，洞然顿彻。展阅《楞严》《华严》，如从自己肺肝中流出，碍膺之物，一旦尽释矣。"又据叶尔恺《冶开大师塔铭》记载："越岁，至金山，坐次，侍者卷帘，维那唤放下，师闻根接触，应机大觉，当下闻隔江人语历历，视瓜州如庭户。六合皆心融洽无际，得力更逾于前。凡昔日经义隔阂者，至是皆洞彻。展阅《华严》《楞严》，如从肺肝中流出，碍膺之物一旦尽释矣！"（《常州天宁禅寺志》八）另，据马观源《天宁问道冶开老记》记载，冶开禅师于公元1922年开示马观源时，云："后来到金山，住禅堂。一天在禅堂里坐，外边放帘子，一个放，维那看着，说'放'，我也放了一点；说'再放'，我又放一点；说'放到底'，我就应念放到底。头一步踏着容易来，自在受用；随后当执事分分心，用起来还是一样。"（《常州天宁禅寺志》三）亦可佐证。《冶开镕禅师语录》卷三亦有此记载，兹不赘述。

1875年　清德宗光绪元年　乙亥　二十四岁

至终南山，结茅住山，遇虎行茅庵前。旋移终南山嘉午台喇嘛洞，入居三年，自造"实报庄严室"，发现此为黑狐洞窟。

据惟宽显彻《常州天宁寺冶开禅师行述》记载："遂行脚入终南，结茅庵温养。庵当山隘，始至遇虎。虎惊啸，师一念不动，虎屏息贴耳而去。自是虎，日必一过，每将至庵，必先鸣三声；既过，复鸣三声，若相告语者然。旋移喇嘛洞，洞有怪物，居者每为所祟，虽持咒禁制无益，或以阻师。师曰：'前之被祟者，正以持咒作法，与之为对敌耳。我心同太虚，无迎无拒；彼纵拒我，我不拒彼；作祟与否，任之可也。'遂入居三年，了无怪异。及自造实报庄严室成，将迁之前夕，洞中砰然，如千钧重物陡落万丈潭底。亟秉炬视，则见黑狐，光可鉴物，两目赤炯射人，厥状奇狞，倏忽逃隐。盖此洞为其窟穴，以师久离恐怖，且不以异类敌视，故于濒行时露形相送。其摄服魔兽类如此。"又据叶尔恺《冶开大师塔铭》记载："遂入终南，结茅庵温养。地当虎蹊，夜至遇虎惊啸，师一念不动，虎贴耳去。自是虎日必一过，每将至先鸣三声，既过复鸣三声，若相告语者然。旋移喇嘛洞，洞有怪，居者每为所祟，或以阻师。师曰：'前之被祟者，正以持咒作法与之为对敌耳！

我心同太虚，无迎无拒，彼纵拒我不拒彼，崇否任之可也！'入居三年，了无异。及自造实报庄严室成，将迁之前夕，洞中砰然如千钧重石落万丈潭底，亟秉炬视，则见黑狐，光可鉴物，两目赤炯射人，倏忽遽隐。盖此洞为其窟宅，以师不以异类敌视，故于濒行时露形相送。其摄服魔兽类如此。"（《常州天宁禅寺志》八）

1877年　清德宗光绪三年　丁丑　二十六年

重回镇江金山寺。冬，心有感应，至仪征探望生病的师祖天宁寺莲庵一公。

据马观源[①]《天宁问道冶开老记》记载：冶开禅师于1922年开示马观源居士时，云："高邮有个普修首座，光绪三年，同在金山，他住禅堂，我住寮房。他跑到我这里来求开示，那是不作兴的，我说：'你怎样用心呢？'他说：'我看念佛是谁。'我说：'念佛是谁？'他说：'我说不来。'我说：'你就在那说不来的地方参。'适逢打七，第五天晚上，一锤盂子，打了话头落实，他行跑坐卧，就不同呢。自在的样子，先出来了。吃茶，洗完了脚，我就说：'这回七完了的包子钱，要你会东哪！'他说：'多谢师父，一线到底。'这就是他看话头得的利益，切切用心，当一桩事做，他总要得的。发切心有因缘，不在那个境界，他也发不起来的。"（《常州天宁禅寺志》三）另，《冶开镕禅师语录》卷三亦有此记载，兹不赘述。

据惟宽显彻《常州天宁寺冶开禅师行述》记载："（冶开）在实报庄严室，一夕心觉有异，念莲公当有疾。时当冬令，冒雪急走四十八日至仪征。莲公果卧病六日，日夜呼师名，冀得一见。师乃虔礼大士祈愈，足迹深印，至今犹存。莲公病良已，方师首途，时莲公固无恙，至诚前知，岂不信然。"又据叶尔恺《冶开大师塔铭》记载："在山一夕心觉有异，意莲公或病。时届冬令，冒雪急行四十八日至真州，莲公果卧病六日。日夜呼师名，冀得一见。

---

① 马观源，即马永孚，字济中，观源为其法名。湖南保靖人。清末留学日本，入民国后，服官机构多年。深耽禅悦，天宁冶开禅师甚器异之。抗日战争时，在湘以微疾辞世。

师为虔礼大士祈愈，足迹深印，至今犹存。莲公病良已，方师首途，莲公因无恙，至诚前知岂不信然！"（《常州天宁禅寺志》八）

1878年　清德宗光绪四年　戊寅　二十七岁

为金山寺维那。清末民初史学家屠寄至金山寺，与冶开结为方外之友。

据马观源《天宁问道冶开老记》记载：冶开法师于公元1922年开示马观源时，云："金山有个老水头，名叫永提。菜头一条面巾不在了，疑他偷的，詈骂水头。水头就发了狠，进堂坐香，得了利益哪。正是光绪四年过冬，我当维那，八月二十三日晚上坐香，他跑来告假，出禅堂去。天亮的时候，我去看他，他上吐下泻，对我说：'这病厉害得很！'就坐了起来，竖起腰脊，又使劲，一直就去了。'念佛看话头一个样，总要打成一片，才有用哩。这点相应，旁人的好丑，看得出来。但不得自受用的地方，用功很难的。用功总要有切心，心不切，不会成功的。发切心也要有因缘时节。总之这椿事，总要做着才行，不做着，不得相应。'"（《常州天宁禅寺志》三）另，《冶开镕禅师语录》卷三已有记载，兹不赘述。

据屠寄《冶开禅师寿言》记载："忆余年二十三，与师相见于金山寺，订方外交，至今垂四十四年度。"屠寄（1856-1921），名庾，字敬山，一字景山，江苏武进人。号结一宧主人，晚年更号无闷居士。清末民初著名史学家、骈文作家、书法家。

1889年　清德宗光绪十五年　己丑　三十八岁

重返常州天宁寺。与高朗镜月、有乾性公一起，协助天宁寺方丈善净清如（1822-1896，常州天宁普能真嵩法嗣），重修咸丰、同治年间被毁的天宁寺部分建筑。

据惟宽显彻《常州天宁寺冶开禅师行述》记载："于是仍回天宁，忆定公法乳恩深，本寺自燹后，殿舍未复旧观。遂与高朗月公、有乾性公，协助方丈善净如公，分筹内外，有情功德，常住益赡。更四出募修大殿，远至关外，泥泞没踝，暂不退屈，卒偿所愿。"又据叶尔恺《冶开大师塔铭》记载："师功行既深，慧智双运，念大乘法，当自度度人，避喧耽寂，佛法不如是。

遂辞山返天宁。"（《常州天宁禅寺志》八）另，据喻谦《清常州天宁寺沙门释清镕传》记载："镕少时诣常州之天宁，信宿而去，逾岁再至入禅堂有悟，奄留五载，欲切参究不滞，声闻飘然，远举泛览名山。年三十八复来天宁，再易寒暑，遂继主席。自是造殿修塔，应念而成。勤劬九秋因病告退。"（《新续高僧传四集》卷三十五）这里的"再易寒暑，遂继主席"是虚指，非实说。

1891年　清德宗光绪十七年　辛卯　四十岁

为常州天宁寺监院。

据陆鼎翰《天宁寺补刻五百应真像记》记载："今住持天宁者善净如公，监院冶开及镜月二上人也，例得备书。"（《常州天宁禅寺志》三）陆鼎翰，陆繡恩之子。字彦和，号无闷居士。晚耽禅悦，与天宁寺住持青光清宗、善净清如禅师结为莫逆之交。

1892年　清德宗光绪十八年　壬辰　四十一岁

常州天宁寺补刻五百罗汉名号画像工程完工。

据屠寄《常州天宁寺补刻五百阿罗汉名号画像记》记载："经始于光绪十六年某月，至十八年某月毕工，臧庇某所。监工者都监师高朗，监院师琢如，乞文者上坐师有乾也。"（《常州天宁禅寺志》三）另，陆鼎翰云，天宁寺补刻五百罗汉名号画像这一工程，杭州天目西峰凫罍宗禅师（即青光清宗）功不可没。参见其所撰《天宁寺补刻五百应真像记》（《常州天宁禅寺志》三）记文未提及冶开禅师之名，考虑此工作始于光绪十六年（1890），毕于光绪十八年（1892），期间冶开曾为天宁寺监院，必有协同之劳。

1896年　清德宗光绪二十二年　丙申　四十五岁

正月十二日，原住持善净清如禅师辞世。冶开于正月二十四日升座，继任常州天宁寺住持。为天宁都监高朗镜月、住持善净清如、法侄海印和书记天润志四位禅师起龛、举火、安位。应人之请，做水陆道场。

据陆鼎翰《善净如禅师塔铭》记载："光绪二十有二年正月十有二日丁未，传临济宗四十一世、天宁善净如公寂于位，报龄七十有五，腊三十有七……其年八月三日乙丑，迁神于润州竹林寺祖山，建塔于先师普公之右瘗焉，遵先志也……公始讳能如，得法天宁，更能曰清，善净其字也。世为通州如皋人，俗姓仲，先贤之裔，代有闻人方志著焉。父锦涛，潜德乐善，母储。"（《常州天宁禅寺志》八）

据《冶开镕禅师语录》卷一记载："清光绪二十二年正月二十四日，主席升座……敛衣就座，拈拄杖云：'……清镕自愧，身虽出家，心未入道，福薄德微，障深慧浅。虽则依众行持，实是过多功少。新正十二日我善兄和尚辞世，座下虽是有人，皆系抱道蓄德，立志坚强，不肯轻露。所以诸山和尚及阖寺首领诸师，慈意殷殷，婆心片片，承命清镕权居此位。闻言之下，惭惶无地，再三恳辞，尽未能获，只得带垢含羞，勉应斯命。"（《常州天宁禅寺志》七）

据《冶开镕禅师语录》卷一记载："起龛……恭惟圆寂法兄天宁都监高朗月公西堂大师，秉愿而来，宏施利济……护持常住三十余载，竭力尽心，勤勤恳恳……举火……投炬，便烧……起龛……恭惟我善公老和尚，生平朴质，不事虚浮，仁厚宽宏，慈悲已极……今者兄弟二人及我法侄海印禅者，同赋还乡曲调，同归大圆觉场。劣弟清镕同诸大众……恭送登程。善公和尚安位……捧牌一举位云：'大众高着眼，莫于其中起分别，是故此处最吉祥。'便安。善公和尚入塔……掩土云：'今朝近得亲师住，亿万斯年乐无穷。'展礼三拜。高都监大师灵骨入磬山建塔起龛，师合掌曰：'……请！'入塔……展礼三拜……起龛……恭惟圆寂书记天润志上座，宿秉灵根，天生朴实。数十年前已了幻世，脱垢衣于阜宁，弃秽履于毗陵，断烦恼于太平庵中，圆德相于慈云寺里。辅弼清凉二十余载……举火：执火炬曰……举火便烧。"（《常州天宁禅寺志》七）

据《冶开镕禅师语录》卷一记载："本郡王宅启建水陆道场……惟有本郡廷赞王大护法，深明此事，洞彻源底。所以特特来寺启建水陆普利道场，七处结坛……今有无锡信士兴祚秦大护法亲嗅此香，恭诣天宁僧伽，启建水陆道场。"

1897年 清德宗光绪二十三年 丁酉 四十六岁

为隆兴寺超然法师封关，超然法师发心闭关修行三年。

据《冶开镕禅师语录》卷一记载："隆兴寺封关。师举封条顾左右云：'会么？者是超然法师未出帝京之先，一着天宁不惜眉毛，当场拈出用为转奉。忆昔天宁初晤法师于京师，再晤于沪滨，今日复晤于六龙城畔……便封。'"

1898年 清德宗光绪二十四年 戊戌 四十七岁

分别应大护法盛宣怀、信徒姚晋寿、何瑞云、周孟寂、方果福以及太守徐宏文之请，做水陆道场。参加常州圩塘万佛阁水陆法会。为观性老和尚起龛、举火。

据《冶开镕禅师语录》卷一记载："盛宫保大护法暨众善人等，愍念宁沪铁路经过各府州县迁移坟墓一切灵魂，资冥生莲，启建普利冥阳水陆大斋道场七昼夜，功德圆满。"（《常州天宁禅寺志》七）盛宫保即盛宣怀。盛宣怀（1844-1916），常州武进龙溪盛家湾村人。清末官员，洋务派代表人物，也是著名实业家和慈善家。他与胡雪岩分属不同的利益集团，胡雪岩的覆灭与之有关。后世对其评价褒贬不一。他和他的家族成员是常州天宁寺重要的大护法和大施主。

据《冶开镕禅师语录》卷一记载："水陆上堂，师拈拄杖云：'……今乃本郡信士姚晋寿敬为皇清诰授奉政大夫、晋封资政大夫、钦加道衔补用同知直隶州候补通判、显祖考彦森姚公，皇清诰封恭人、晋封淑人、显祖妣姚门陆太淑人，资冥生莲，启建普利水陆大斋道场四十九日功德。'"

据《冶开镕禅师语录》卷一记载："水陆上堂……何瑞云信士，承此殊勋，超荐故祖父岳德公，故祖母梅、龚、陶三孺人，亡父栋臣公，亡母黄孺人，同生莲界。信女刘门章氏、章门姜氏藉此殊勋，树福消灾，绵龄益算。"（《常州天宁禅寺志》七）

据《冶开镕禅师语录》卷一记载："三宝门中五戒弟子周孟寂……乃于今月初一日虔临本寺，发最上心建殊胜业，启建普利冥阳树福延龄水陆大斋道场二十一日，坛开多处。"

据《冶开镕禅师语录》卷一记载："圩塘万佛阁水陆上堂，师拈挂杖云：'……兹乃万佛主人真清大师，阖院硕德，诸大檀护，重兴万佛道场，重建大雄宝殿，大功虽未告成，规模岿然大备，特建法界圣凡，普利冥阳，树福遐龄水陆大斋道场。'"(《常州天宁禅寺志》七）

据《冶开镕禅师语录》卷二记载："即今皇清诰授资政大夫晋封荣禄大夫前署直隶通永兵备道徐公孟翔府君……住世五十三年……萧然仙逝……致使令嗣宏文太守泣地呼天……恭诣天宁梵刹，启建法界圣凡普利冥阳普度大斋道场四十九日。"

据《冶开镕禅师语录》卷二记载："此乃宜兴县和桥镇方果福优婆夷……来寺启建法界圣凡普利冥阳树福遐龄水陆大斋道场，七坛七昼夜功德。"

据《冶开镕禅师语录》卷二记载："观音阁起龛……此我观性老上座一生本地风光，真实为作。天宁今受令徒敦请，特为起龛……举火。"

1899年　清德宗光绪二十五年　己亥　四十八岁

四出募化，远至关外，将所募资金用于重建文殊殿、普贤殿、大雄殿、观音殿、地藏殿，增建罗汉堂，复造禅堂、影堂，建藏经楼、三会堂，历时十余年，使天宁寺僧舍多达六百余间，斋田由原来1500余亩增至八千六百多亩，名声大噪，道望远播，与镇江金山、扬州高旻、宁波天童号称江南"四大丛林"。其间三月，因大殿形制争议，工程遇阻，经努力多方协调，才得以平息。为书记广莲法师以及镇江夹山竹林寺定安然禅师和法侄智珠德禅师起龛举火或起龛、安塔和安位。分别应大护法佘荣洵、吴吉臣，信徒倪王氏、吴季常及其夫人、冯嗷绮和嗷棠贤暨沈冯氏、刘吴氏暨善眷人、苏郡长洲县大护法李王氏、本郡无锡县扬名乡顾赓良和顾赓明之请，做水陆道场。盛宣怀三夫人庄德华居士请天宁寺书记印平法师禁足掩关，虔礼《华严经》一部，以此消障积福。

据《常州天宁禅寺志》卷一《建制沿革·文殊殿》记载："光绪己亥

（1899）[1]，在金刚殿的基址上，冶开清镕禅师在净德了月禅师重建的天王殿东间壁，建四楹开间的文殊殿。"

据《常州天宁禅寺志》卷一《建制沿革·普贤殿》记载："光绪己亥（1899）[2]，住持冶开清镕禅师重建天王殿，很可能是在乾隆辛亥的基址上，或亦是原金刚殿的基址。即今天王殿，其西间壁建四楹开间的普贤殿。"

据《常州天宁禅寺志》卷一《建制沿革·大雄殿》记载："光绪己亥（1899）至甲辰（1904），住持冶开清镕禅师重构七楹的大殿。即今址。"

据《常州天宁禅寺志》卷一《建制沿革·观音殿》记载："光绪己亥（1899）[3]，住持冶开清镕禅师重建，开间为三楹。"另，缪潜《重建天宁寺续记》亦提及冶开禅师兴建大殿之功："同治甲子，文忠李公，荡平郡寇，寺主普能偕都监牧溪、监院蕴堂，陆续遄返。辟除瓦砾，先草创观音殿，权坐大殿，行持功课。于是次第谋复，其工巨费繁，经营非易。盖自同治乙丑，迄光绪己亥，阅三十五载而正殿始成。一是故有殿宇，又阅五载，迨甲辰乃悉复旧观。而寺主则普能以后，为定念，为青光[4]，为善净，为冶开，已四易矣。牧溪、蕴堂咸久厌世，所幸得监院高朗、西堂有乾为助，殆斯役二人之功居多……（琢如）数数指语余曰：'……故此建构近五百楹，而资用多半出自常住。而冶法叔（指冶开）虽常行乞关东，不过以补不给也。是则一榱一枅，一木一石，何莫非我数公之心血也……惟兹工历二十年，又历我数公，而复迭经险阻艰难，乃克告厥成功。'"（《常州天宁禅寺志》三）

据《常州天宁禅寺志》卷一《建制沿革·地藏殿》记载："光绪己亥（1899）[5]，住持冶开清镕禅师重建，开间为三楹。"

据《常州天宁禅寺志》卷一《建制沿革·罗汉堂》记载："光绪己亥（1899），住持冶开清镕禅师再建东西二庑，共二十楹。"

---

① 原书标注为"光绪己亥（1809）"，有误。今更正。
② 原书标注为"光绪己亥（1809）"，有误。今更正。
③ 原书标注为"光绪己亥（1809）"，有误。今更正。
④ 即青光清宗，生卒年不详，定念真禅禅师法嗣，于清同治十三年（1874）担任天宁寺住持。
⑤ 原书标注为"光绪己亥（1809）"，有误。今更正。

据《常州天宁禅寺志》卷一《建制沿革·禅堂》记载:"光绪己亥(1899),住持冶开清镕禅师复造,开间五楹,两边为班首、维那各寮共六楹。"据《影堂》记载:"光绪己亥(1899),住持冶开清镕禅师复建。"

据《常州天宁禅寺志》卷一《建制沿革·藏经楼》记载:"清光绪己亥(1899),住持冶开清镕禅师建。开间五楹。"据《三会堂》记载:"在客堂后,清光绪己亥(1899),住持冶开清镕禅师建。开间四楹。"

因大殿工程的形制问题引发争议,据惟宽显彻《常州天宁寺冶开禅师行述》记载:"及兴工飞甍百尺,邑士夫囿于韩愈氏之言,以为凌驾夫子庙堂,阻之甚力。师持以慈忍,无片语相争,徐请长老出为排解,良久工卒。"也可参看屠寄《邑绅议复天宁寺大殿工程丈尺呈文》(《常州天宁禅寺志》三)。又据叶尔恺《冶开大师塔铭》记载:"兵燹后,重修本寺,结缘远至关外,泥跣跋涉,备极劬瘁。及兴工,飞甍百尺,高逾文庙,邑绅力阻。师慈悲摄受,徐为导解,卒偿所愿。"(《常州天宁禅寺志》八)另,缪潜《重建天宁寺续记》亦提及此事,云:"溯寺兴工之始,遘遭豪杰谋占,而正殿之柱刚植,又遘遭缙绅以势崇高遏阻;虽一获武进旧志为证,一凭祝釐重地为解,实有乾盖与人交,以是难排而纷解也。"(《常州天宁禅寺志》三)

据《冶开镕禅师语录》卷二记载:"起龛。师拈拄杖云:'……恭惟圆寂书记广莲老上座,一生本分,不事虚浮,处众谦光,了无窒碍……今者阖院诸师,恭送阇维……'擎龛云:'起。'举火……便烧。"(《常州天宁禅寺志》七)

据《冶开镕禅师语录》卷二记载:"镇江夹山竹林寺定安太老和尚封棺。师拈封条云:'……恭惟圆寂南岳下第四十五世竹林堂上^上定^下安然公法兄台老和尚,住世七十五年,僧腊六十三载……天宁劣弟,跋涉不辞,恭诣位前,爇一瓣香,奠一盏茶,聊进雁谊,复何以已……'便封……竹林寺定安太老和尚、智珠老和尚起龛。师拈拄杖曰:'……则即是我传南岳下第四十五世竹林堂上定安然公太老和尚,暨我法侄传南岳下第四十六世竹林堂上智珠德公老和尚……今日倒骑铁马,宝网打开,步步登高去也。'掷杖,合掌曰：'请！'安塔：'……何如我定安太老和尚，现大人相……'掩土。祖堂安位，师奉牌位，顾左右曰：'……今日我定安然公太老和尚暨我法侄智珠德公老和尚，虽是随例附和，要且别有长处……'便安。"（《常州天宁禅寺志》七）

多场水陆法会，据《冶开镕禅师语录》卷二记载："上堂：师拈拄杖曰：'……乃我大护法佘荣润君暨合第善眷人等，敬为皇清诰授资政大夫、二品顶戴、直隶特旨道前署天河兵备道、显考征甫府君七旬冥诞，并及皇清诰封一品夫人、显妣某太夫人，资冥生莲，启建水陆道场。"（《常州天宁禅寺志》七）

据《冶开镕禅师语录》卷二记载："即今吴吉臣居士率领善眷人等来寺，启建水陆大斋道场，圆满敬设，上堂大斋。"

据《冶开镕禅师语录》卷二记载："唯倪门王氏大护法，以此来寺，启建普利冥阳水陆大斋道场。"

据《冶开镕禅师语录》卷二记载："我新授浙江严州府淳安县知县本郡吴公季常大护法暨德配刘夫人以净信心，作殊胜事，来寺启建树福延龄普利冥阳水陆大斋道场，一堂七昼夜功德。"

据《冶开镕禅师语录》卷二记载："普利冥阳水陆大斋道场七昼夜功德，不负冯嗷绮、嗷棠贤昆仲暨沈门冯氏孺人，为报答皇清诰封恭人、晋封淑人、显妣王太淑人，资冥生莲之孝心，天宁大开门户……"

据《冶开镕禅师语录》卷二记载："本郡刘门吴氏孺人暨善眷人等……今来天宁……七昼夜……障苦冰释，业卸尘销，寿山高而增耸，福海深而添波。"

据《冶开镕禅师语录》卷二记载："惟我苏郡长洲县大护法李门王氏孺人仝子文锦公子安然有所得也……令无尽四恩三有，无尽水陆空行，无尽情与无情，无尽一切众生，齐齐共证无尽圆满大果。"

据《冶开镕禅师语录》卷二记载："今有本郡无锡县扬名乡城西里土地绣座司大王界下居住信士顾赓良、赓明敬，为皇清诰授奉政大夫、晋封朝议大夫、候选同知、国学生、显考干臣府君，并为顾府堂中历代宗亲，资冥生莲，来寺启建法界圣凡普利冥阳水陆大斋道场七昼夜功德。"

据《冶开镕禅师语录》卷二记载："上堂：师拈拄杖曰：'……识我大檀越诰封一品夫人，盛门庄氏夫人，法名善月，笃善天成，慈良宿就，良有以也，前请本寺书记印平比丘，谢绝尘嚣，禁足掩关，虔礼《华严》一部，计七万零四十三字……以此良因，销多生之障缠；以此良因，积无疆之福寿。"（《常州天宁禅寺志》七）盛门庄氏夫人，即盛宣怀三夫人庄德华（1866-1927），法名善月。她精于治家，是盛家的掌门人。也信佛，上海著名的玉佛寺是其捐助建造。

1900年　清德宗光绪二十六年　庚子　四十九岁

应大护法郭宗林和信徒苏州吴县凤凰乡尤许氏之请，做水陆道场。

据《冶开镕禅师语录》卷二记载："郭宗林大善信阖眷……且道皇清诰封宜人、晋封恭人、显继妣周太恭人，毕竟超升何地？一把柳丝受不得，和烟搭上玉栏干。欲问恭人生何处，前三三与后三三。"

据《冶开镕禅师语录》卷二记载："苏州吴县凤凰乡信女尤门许氏……入天宁之梵刹，延六和之僧伽……大起华筵，冥阳普利。报荐镜里之先亲，七祖九宗登极乐；销融空花之病苦，千灾百障尽蠲除。"

1901年　清德宗光绪二十七年　辛丑　五十岁

为常州武进西北隅黄山旃檀禅寺挂钟板。为后堂定行法师、首座永明都监以及重兴太平堂贯道修禅师起龛、举火。应大护法盛宣怀四子盛恩颐、长子盛昌颐，信徒应锡邑青城乡薛邦桢、大护法盛宣怀、丁锡蕭之请，做水陆道场。

据《冶开镕禅师语录》卷三记载："黄山挂钟板……这是常和老和尚重建黄山旃檀禅寺，忍苦耐劳五十余年，成就道场一片心力……达定和尚礼请诸山长老，弘扬妙善戒法，报答师恩……"

据《冶开镕禅师语录》卷三记载："为定后堂大师起龛，师拈拄杖云：'四十九年居尘世，三十一载披衲衣……乃我圆寂后堂定行大师，生平作略，所以辅弼丛林，接引后学，不矜不矫，尽慈尽善。处己处人，如事如理……且道送行一句，又作么生？铁牛咬断珊瑚树，三脚驴儿出幽谷。'击龛云：'起！'举火……投炬，便烧。"（《常州天宁禅寺志》七）

据《冶开镕禅师语录》卷三记载："起龛……这都是我明首座和尚，一生扶竖宗乘，家常作略。所以数十年来，常住重兴，整饬经营，扩充事业，接待方来，提持后学，一切作为，一切设施，不避劳怨，竭力维持……今者诸山长老阖寺海众，齐诣恭送……举火……便烧。封龛……恭惟圆寂首座永明都监大师……便封。"（《常州天宁禅寺志》七）

据《冶开镕禅师语录》卷三记载："封龛……恭惟圆寂重兴太平堂上贯道修公老和尚，天真朴直，不事浮华……便封。"（《常州天宁禅寺志》七）

多场水陆道场，据《冶开镕禅师语录》卷三记载："上堂……今乃盛恩颐大护法敬为皇清诰封夫人、显妣刁太夫人，资冥生莲，启建法界圣凡普利冥阳水陆大斋道场七昼夜功德……上堂……今被盛门庄夫人周罗，将来一串穿却，敦请天宁封众展布……于七昼夜间。"（《常州天宁禅寺志》七）盛恩颐（1892-1958），盛宣怀四子，字泽承。留学英国伦敦大学和美国哥伦比亚大学，格外得盛宣怀宠爱，人称"盛老四"。回国后继承父业，历任津浦铁路局局长、汉冶萍公司总经理、丰盛实业公司总经理及董事长、三新纱厂和中国通商银行经理等职。然不务正业，风流放荡，是时人眼中的"花花公子"。后败光家产，晚年穷困潦倒而死。

据《冶开镕禅师语录》卷三记载："即今盛昌颐观察敬荐皇清诰授夫人、晋封一品夫人、显妣董太夫人，暨及宗宝公子敬荐皇清诰授奉直大夫、同知衔显考和颐府君，并荐皇清诰封宜人、显妣夏太宜人，二坛水陆大斋道场，同时合建。"盛昌颐（1863-1909），盛宣怀长子。字燮臣。生于湖北汉阳。官湖北候补道、湖北德安府知府。期间，在安陆创办织布厂和汉东机器米厂，轰动一时。后创办裕商银行，自任总经理，是中国近代最早的新式民营银行之一。

据《冶开镕禅师语录》卷三记载："锡邑青城乡薛邦桢大檀越敬同岳母

杨门薛氏太孺人，一片慈诚，来寺启建法界圣凡普利冥阳水陆大斋道场二坛十四昼夜功德，用荐皇清诰封恭人、晋封淑人、继室杨淑人，转凡躯成圣质，易娑婆为极乐。"

据《冶开镕禅师语录》卷三记载："盛大护法杏荪（盛宣怀字）宫保启建法界圣凡水陆普度大斋道场，超荐累生冤牵，解冤释结，不识姓名男女等灵魂，超荐上海斜桥盛第从前一切地主男女等灵魂，并荐沪上水溺火焚一切被难等灵魂，以上各各灵魂际斯无上因缘，承斯善利……"

据《冶开镕禅师语录》卷三记载："此我丁锡鼐大护法率领善眷人等，敬为慈母丁门陈氏孺人六旬大庆树福遐龄，来寺启建法界圣凡水陆普度大斋道场，七昼夜四十九堂功德，开坛场七处。"

1903年　清德宗光绪二十九年　癸卯　五十二岁

申请赴柏林寺刷印《龙藏经》，供养于天宁寺。

据世续《清内务请准刷印龙藏原奏》："据僧录司掌印僧人觉天呈报：江苏省常州府阳湖县天宁万寿禅寺住持僧人清镕，又松江府上海万寿留云禅寺住持僧人密通，又浙江省宁波府慈溪县万寿西方禅寺住持僧人净果等呈称：本寺系属十方常住，缺少藏经。情愿请领《龙藏经》各一分，永远供奉等因前来……今僧人清镕、密通、净果自备工料，请赴柏林寺刷印《龙藏经》各一分，永远供奉，与陈案相符。如蒙俞允，奴才等传知僧录司，转饬僧人清镕、密通、净果自备工料，赴柏林寺刷印《龙藏经》各一分，永远供奉，以光佛法。为此谨奏，请旨施行。光绪二十九年闰五月初二日。"（《常州天宁禅寺志》三）

1904年　清德宗光绪三十年　甲辰　五十三岁

募资修建常州府太平寺文笔峰宝塔、政成桥。得盛宣怀（银二千两）、三夫人庄德华（银三百）、盛家四少爷盛恩颐（银二百）、五少爷盛重颐（银两百），以及以盛宣怀大夫人董舜畹（银五百）和二夫人刁玉蓉和侧室刘氏

（银五百）之名捐助的功德钱。①

1906年　清德宗光绪三十二年　丙午　五十五岁

闻朝廷颁布禁烟令（八月三日下谕）大喜，又听说以十年为限，给烟户凭照准其卖膏、加倍征税而快快不乐。自购戒烟丸药，赠送给乡里自愿戒烟但买不起的贫民，冀望戒烟之风能吹遍全国。

据钱振锽《释清镕传》记载："清镕独有心于世，闻朝廷禁鸦片大喜；及闻以十年为限，且给烟户凭照，准其卖膏，而倍征其捐则又快快。自购戒烟丸药，赠乡内之愿戒烟而贫者求丸者，日噪于寺。其言曰：'我将自吾之乡，以为戒烟先闻；吾乡之风，必有兴者。自吾之乡以至于吾郡，自吾郡以至于吾省，自吾省以至于天下，天下何惮而不富与强！'"（《常州天宁禅寺志》四）

1907年　清德宗光绪三十三年　丁未　五十六岁

与常州著名书法家、诗人钱振锽（即钱名山，1875-1944）合办平价售米，贴钱赔本，减轻民众负担。同年，因病隐退。琢如显泉继任天宁寺住持。

据钱振锽《释清镕传》记载："光绪丙午，大饥。明年丁未，米益贵……谋为乡设平价出米之所，而难其财。释清镕者，住持乡内天宁寺，亦施平价米百金。"（《常州天宁禅寺志》四）

1910年　清宣统二年　庚戌　五十九岁

修建杭州云林寺大殿。三月，得洋务派代表人物、清代实业家盛宣怀捐助一千元大洋功德钱。②

1913年　民国二年　癸丑　六十二岁

三月底，冶开被推举为"中华佛教总会"会长。

1912年，"中华佛教总会"在八指头陀敬安禅师（1851-1912，长沙岳麓笠云禅师法嗣）推动下在上海留云寺召开成立大会。同年十一月，敬安禅

---

① 谈雄：《冶开传奇》，北京：团结出版社，2015年。
② 谈雄：《冶开传奇》，北京：团结出版社，2015年。

师以保护庙产事到北京请愿，圆寂于法源寺。

1914年　民国三年　甲寅　六十三岁

与高鹤年（1872-1962）居士书信往来。修造常州德胜庵。六月，得盛宣怀三夫人庄德华托李朴臣捐助的二千元大洋功德钱。[①]

1915年　民国四年　乙卯　六十四岁

修建灵隐寺大佛。十一月，得洋务派代表人物、清代实业家盛宣怀捐助的1500元大洋功德钱。[②]

1917年　民国六年　丁巳　六十六岁

冶开法徒月霞禅师（1858-1917）受其命，住持常熟虞山兴福寺。北方京津地区水灾奇重，在终南山修养的高鹤年居士受佛教人士邀请和委托，牵头联合一些寺院住持及护法居士，在上海玉佛寺成立"佛教慈悲会"，冶开禅师积极响应。

据张鸿《法云居记》记载："而其（指冶开）于吾邑缘法尤深。兴福寺者，晋唐之破山古刹也，法筵颓废，宝坊凋零。师徇众请，慨允整理。命弟子月霞住持，蠹者剔之，圮者崇之，禅板戒香，旧规重肃。"（《常州天宁禅寺志》三）

据高鹤年《名山游访记》卷四《由终南山往京津勘灾放赈回终南略记》记载："（六年十月）十四日，往东西二乡。探访灾情，仍有许多地方水尚未退，乡人谈及饥寒交逼，苦无生路，令人不忍见闻。十五日，往天津。沿途水灾情形奇重。十六日，往乡察看。房屋冲坍，无家可归者极多……十九至上海，狄楚老见面。先谈北方水灾之苦，发心办赈救济。次午应季中先生与程雪老邀往午餐，并有王一亭诸先生，云北方灾重，当急起办赈，而狄王季三先生悲心最切，推余请冶开老人来申。余云先至普陀宁波，请谛、印二老及有力长者相助。二十一日乘轮，次日下午至普陀山，抵法雨寺……方丈

---

① 谈雄：《冶开传奇》，北京：团结出版社，2015年。
② 谈雄：《冶开传奇》，北京：团结出版社，2015年。

陪见印光法师。印老云：'北方来函，京津水灾奇重，各善团中外人士及各教皆往救济，惟我佛教无人，为人轻视，将来如何立足？近来天灾人祸纷至沓来，是众生业力所造，但佛教慈悲，不可不援手也。'余言沪上狄楚卿①、王一亭诸大居士商办救济会，嘱余与冶老北上，施放，特请老法师赞成云云……冬月初三日，乘轮返申，报告诸大居士。次日假玉佛寺开会，诸老会商，定名曰'佛教慈悲会'，会址暂假玉佛寺。狄楚卿指导一切会务，予担任奔走苏杭常镇扬州各处接洽，并请冶开、济南二上人帮忙。"其中，狄楚卿、王一亭、应季中、程雪楼和庄德华为赈灾大力献捐。

1918年　民国七年　戊午　六十七岁

冶开禅师携带所集款累万，亲至灾区散放，黎民赖此存活无算。期间，冶开禅师事必躬亲，心力交瘁，染上时疫，先行南归。

据高鹤年《名山游访记》卷四《由终南山往京津勘灾放赈回终南略记》记载："（七年）三月望日，乘海轮抵津。探得新安县最苦，当急施放。旋到北京，略一接洽，复星夜乘车返沪，与诸老商决。恳求冯梦华、魏梅荪二老，转请曹乐均先生，担任查放，往返数次，乃偕赈友十余人，一同到京。与冶老商定后，熊督办派汪委护送，由保定乘船……九十里抵新安县，即旧安州，住关帝庙。次日手续办妥，开查时，各县皆来求赈，余复往勘他县。回时，即偕诸友分班施放。诸友皆忍苦耐劳，事必躬亲，而心力交瘁，均染时邪，齐集天津医治。余勘得坝县灾情亦重，商请义赈协会方主任颂如，托友代查坝县最苦付庄。冶老及诸友皆病，先行南归，余回津相送。"

据惟宽显彻《常州天宁寺冶开禅师行述》记载："又创'佛教慈悲会'，年近古稀，不避艰苦，亲至北方赈济灾黎。老幼捧手，泣于道曰：'活我者，老和尚也。'"又据叶尔恺《冶开大师塔铭》记载："戊午，北方水灾，创'佛教慈悲会'，集款累万，亲至灾区散放，全活无算。"（《常州天宁禅寺志》八）

---

① "狄楚卿"，本书其他文献里写作"狄楚青"字，保留原文献写法。

1919年　民国八年　己未　六十八岁

常州天宁寺创设毗陵刻经处，开刻藏经。华北旱灾，佛教筹赈会长庄蕴宽向冶开写信求助，冶开法师再次募集资金赈济，劳不告疲，并称此为"本分事"。

关于毗陵刻经处的创立时间，据冶开与高鹤年的书信所云："兹因敝寺开刻藏经，颇蒙居士热肠拥护。自开工先刻《法华经要解》二十卷，业经样本写好，刊工将有数十页接写。《教乘法数》二十卷，现已写好十余卷。再后拟刻《楞严经会解》二十卷，又有指明助刻《药师经直解》两卷，《大乘顶王经》一卷，《传法正宗论》一卷。其《教乘法数》工程加价，不易经理，除刘太太与居士所许之愿，不敷成就。大约连出书，虽需五百之，亦只好将分募之缘附入一二，方能圆满此书也。"可知不迟于民国八年，姑放于此。

据庄蕴宽《冶开上人传》记载："己未，北方苦潦，上人亲至各县放赈，全活不可数。其明年，北方复大旱，予被推佛教筹赈会长，函求相助，上人一再济之。及晤时，为致谢，上人曰：'此本分事，勿挂齿。'"这里，庄蕴宽把时间弄混了。

1920年　民国九年　庚申　六十九岁

春，在上海开坛说戒，受戒弟子多达1500余人。天宁寺寺内附设学戒堂一。夏，偶感风疾，入秋渐愈。自是谢客，日诵《华严》四卷为常课。

据惟宽显彻《常州天宁寺冶开禅师行述》记载："庚申春，开坛说戒，四众弟子至千五百人之多。夏间，偶患风疾，至秋渐愈。自此谢客，日诵《华严》四卷。"另，庄蕴宽《冶开上人传》亦有记载，兹不赘述。

据证莲密源《常州天宁寺佛学社改祖》记载："自冶老于民九年传授戒范后，寺内附设学戒堂一（现改名天宁佛学社），为青年僧伽三学兼修之宝所，是后每期学僧常增至百余人，大多刻苦求学。"（《常州天宁禅寺志》三）

1922年　民国十一年　壬戌　七十一岁

在虞山西南里仁乡黄草塘建"法云居"。夏，对罗邕生居士开示。冬十一月，旧疾复作。为来寺加受菩萨戒的程雪楼居士说戒。为马观源居士开示。日诵《华严经》不辍。十一月二十日，狄楚青居士从上海赶来探望。冶开禅师跌坐入寂，世寿七十一，僧腊六十。七日后，封龛、荼毗。塔建常熟虞山破龙涧。仁和叶尔恺铭塔，常熟宗家鼐又铭塔，门人释显彻撰行述。

据张鸿《法云居记》记载："离虞山西南二十四里里仁乡中有地名荒草塘者，地僻而名隐，不挂于人口。民国十一年壬戌，冶开禅师过之，爱其幽阒绝尘俗，可潜修焉。爰置地千亩，诛茅构宇，栖迟其中，并购旁田八十余亩，率僧徒耕种之，以代持钵，名之曰'法云居'。晨夕课诵，导蒙归真。未几，禅师圆寂。"（《常州天宁禅寺志》三）

据惟宽显彻《常州天宁寺冶开禅师行述》记载："壬戌夏，罗罔生居士来祈开示，师曰：'娑婆世界苦，念佛生极乐。老僧七十一，决定往西方。'冬十一月，旧疾复作，安详自在，一无痛苦。程雪楼居士至寺，加受菩萨戒，师亲为说戒。居士谓师日诵《华严》太劳，师曰：'吾趁弥陀诞日圆满。'至二十日午刻，瞑目跌坐。狄楚青居士自沪到，张目一瞬，旋即示寂。世寿七十一，僧腊六十。寂后七日，始封龛，犹端坐，面目如生，观者日数千人，咸嗟异膜拜。"

据马观源《天宁问道冶开老记》记载："问：'明知万法唯心，何当念执着不悟？或有时知而故犯，不能自持，有何方便去此迷境否？坛经云：'去一切妄念，即能见性。'我们为什么不能去妄念呢？归之于业。业是自作，我又为什么要造业呢？'（壬戌十月十五日在天宁代葛居士观本问，《常州天宁禅寺志》三）答：'明知万法唯心，何当念执着不悟？说是这样说，不是自己亲证，不中的。明知万法唯心，何当念执着不悟？这里边有个毛病，要在不明白底地方参的。不大死一番，不得大活的。把死的看得翻过身来，才可以相应，这叫作'死中得活'，这不是容易的事……明知万法唯心，何当念执着不悟？不悟者是病，要得好呢，切切实实的用一番心才中哪！既知本性清净，为什么又做拂拭工夫？没得一番大死，不得大活的，要真实受用，必得切切实实的坐一番。你看万法归一，一归何处呢？时时反问就是，总要成片哪！有心用，无心得，无心得，必定要弄清楚，不清楚不丢手。看话头总要得的，只是不能限定时间，必要透彻才中。'（壬戌十月十七日示观源）问：'某两年前在国务院，看《指月录》，忽睹'念念不住，心心无知'二语，觉一片清空，无量无边，不见有山河大地，不知我自身所在，心里明明白白，念头却提不起来。俄顷醒过来，遍翻《指月录》，并无'念念不住，心心无知'二语，是何道理？'答曰：'这是用功的人，随时触着得来自任受用的，长短久暂，均有因缘的。'……右先师冶开大师语录四则，系壬戌十月观源赴天宁礼觐，请开示，用速记法记录，字字存真。"（《常州天宁禅寺志》三）另，《冶开镕禅师语录》卷三亦有记载，兹不赘述。

据张鸿《法云居记》记载："师涅槃后，弟子惟宽、应慈建塔破山之麓，旁立塔院，购东四场四十二都六图'翔字'号田一百三十亩五分二厘一毫，拨入兴福寺常住，以为祭扫修葺之需，生而弘化，寂而藏魄，胥在虞山。"（《常州天宁禅寺志》三）

参考文献

1. 显彻编：《冶开镕禅师语录》，喻昧庵编：《新续高僧传四集》卷三十五，琉璃经房，1967年。

2. 松纯大成主编：《常州天宁禅寺志》，常州天宁禅寺，2020年。

3. 濮一乘撰：《武进天宁寺志》，杜洁祥主编：《中国佛寺史志汇刊》第一辑第35册，台北：明文书局，1980年。

4.（清）李瑞钟纂修：《光绪常州府志》六十八卷，清光绪八年刊本。

5. 高鹤年撰：《名山游访记》，吴雨香点校，北京：宗教文化出版社，2000年。

6. 谈雄著：《冶开传奇》，北京：团结出版社，2015年。

常州天宁寺冶开禅师道业德光

达　亮（《广东佛教》编辑部）

　　常州天宁寺素有"一郡梵刹之冠""东南第一丛林"之称，与镇江金山寺、扬州高旻寺、宁波天童寺合称为"禅宗东南四大丛林"。天宁寺始建于唐永徽年间（650-655），禅宗五世祖牛头宗初祖法融禅师（594-657），因山中僧人无食，来家乡常州募化斋粮时，"筑室十数楹，是为天宁寺之创始"；天复年间（901-903），维亢禅师途经常州，感法融禅师旧事，"尝施舍利，卜地址"，正式建寺名曰"广福寺"。淮南节度使杨行密更名为"齐云寺"，并称维亢禅师为齐云长老。宋熙宁三年（1070），神宗皇帝下诏书，诏天下州郡建"崇宁寺"，于是改名"万寿崇宁寺"。宋政和元年（1111），徽宗皇帝下诏改为"天宁寺"。南宋绍兴七年（1137）又改名为"报恩广孝寺"；不久，再次改为"光孝寺"。绍兴十二年（1142），高宗皇帝为纪念被俘、死在金国的徽宗皇帝，下诏改"光孝寺"为"崇奉徽宗道场"。元代至元年间（1335-1340）仍复称"天宁寺"，且一直沿用至今。此后几经易名，几经战火，至明代修葺重建，复现胜景。

一、生平

　　冶开禅师（1852-1922），俗姓许，法名清镕，字冶开。江苏扬州人。父名长华，母徐氏。生于咸丰二年（1852），年幼体弱多病，出身佛化家庭，年十一奉亲命出家，次年依九华山明真彻公薙染。年十七依江苏泰县祇树寺隐闻和尚受具足。嗣后行脚参访，"遍参普陀、天台名刹，率以机缘不契，暂驻即行"。同治十年（1871），参谒常州天宁寺住持定念真禅法师（1807-1874）[1]，"门风峻肃，法席巍然"[2]，随侍和尚参禅，嗣后承其法印。次年，定念禅师圆寂，冶开禅师离开天宁寺至镇江金山寺潜修。光绪十年（1884），行脚至终南山，结茅潜修。

冶开禅师"于是仍回天宁，忆定念法乳恩深，天宁于兵燹后，殿舍迄未恢复旧观，遂四出募化，远至关外，卒偿所愿"[3]，"遂辞山返天宁，供职五载，继席领众，接引后学，深锥痛劄。"[4] "光绪二十三年（1897），继天宁方丈"[5]，是年，冶开禅师返常州寺任住持。"九年后，因病告退"[6]。民国六年（1917），在天宁寺退居后，一度曾到杭州灵隐寺静居，并协助灵隐寺建殿塑像。

冶开禅师退居后，至上海玉佛寺创建"居士念佛会"，接引沪上名流，一时缁素云集，法缘鼎盛。民国七年（1918），因华北地区发生水灾，由此创立"佛教慈悲会"，筹集善款数万，赈济全国灾民。冶开禅师以七十岁的高龄，亲率佛教慈悲会的人员，到北方放赈，灾黎因之存活者无算。受惠灾民有相泣于道曰："活我者，老和尚也。"另捐资建"政成桥"，"平价售米"，惠民济世。

民国九年（1920）春，在上海开坛传戒，四众受戒弟子多至1500余人，盛况空前，为清咸丰以来轰动江南佛教界的一大盛举。圆瑛（1878-1953）、

---

① 定念真禅，法名真禅，字定念。湖北汉阳陈氏子。
② 释东初编著：《中国佛教近代史》，台北：东初出版社，1974年，第743页。《常州天宁寺冶开禅师行述》记为"法席岧然"。据此意境，当从后者。
③ 释东初编著：《中国佛教近代史》，台北：东初出版社，1974年，第743页。
④ （清）叶尔恺：《冶开大师塔铭》，见载于《重编天宁禅寺志》，第八篇"塔铭行状·塔铭·冶开清镕"，第664页。常州天宁禅寺内刊稿。
⑤ 《常州天宁禅寺志》，第四篇"历代住持·冶开清镕禅师"，第215页。常州天宁禅寺，2020年内部资料。
⑥ 庄蕴宽：《冶开上人传》，濮一乘：《武进天宁寺志》卷七，杜洁祥：《中国佛教史志汇刊》第一辑第35册，台北：明文书局，1980年，第226页。

应慈就是当时的受戒者，他们后来先后成为中国佛教协会会长或名誉会长。①民国十一年（1922）十一月，冶开禅师示寂。世寿七十一，戒腊六十。生平不事著述，仅有语录散见各处。后来由弟子惟宽等辑成《冶开镕禅师语录》三卷行世。另有嗣法弟子显彻辑其事而成冶开年谱、行状，文喧斐然，见重当世。

冶开禅师为临济四十一世，融会律宗、华严、净土，被誉为"临济宗匠""近代禅宗大师"，为清末宗门四大尊宿之一。

1. 嗣法门人

天宁法系自大晓实彻（1685-1757）祖始。释门最重法系，天宁寺清代乾隆以前，传承不一。天宁寺在清初是律宗而非禅宗。康熙年间，大晓实彻禅师自金山江天寺至天宁寺主法席后，两百余年来禅宗门庭高僧辈出，冶开清镕禅师即是其中的杰出代表。

> 常州天宁寺，本由宝华山香雪律师，弘扬律宗。自金山大晓实彻于乾隆年间，移住于此，始改为禅宗。古刹重兴，规矩整肃，至今犹能与金山高旻并称。维持临济宗之法脉，殆非无故也。兹略示其系统于下：
>
> 大晓实彻—纳川际海—净德了月—恒赞达如—雪岩悟洁—普能真嵩—定念真禅—青光清宗—冶开清镕
>
> 以上诸师，著名者为达如、真嵩、真禅、清镕诸人。达如著《语录》十卷，辑《佛祖心髓》十卷；真嵩著《弥陀易解》一卷；真禅著《语录》一卷。②

悟法法嗣普能真嵩、定念真禅，定念真禅法嗣为青光清宗、冶开清镕，真嵩与真禅，清宗与清镕，是同门法兄而非嗣承关系。这里应是蒋维乔将法系搞混了。冶开清镕禅师嗣法弟子有月霞显珠、应慈显亲、惟宽显彻、明镜

---

① 1953年，圆瑛任中国佛教协会第一任会长。1962年，应慈任中国佛教协会名誉会长。
② 蒋维乔著：《中国佛教史》，北京：中国书籍出版社，2016年，第374页。

显宽。月霞和应慈是当代禅宗和华严宗的著名学者。月霞法师（1858-1917），俗姓胡，名显珠，湖北黄冈人。清光绪二十五年（1899），至常州天宁寺参谒住持冶开禅师，深受器重。1906年，与明镜、惟宽、应慈等人同受天宁寺冶开禅师法印。1917年，月霞奉冶开禅师之命，分灯常熟兴福寺，在兴福寺创办"法界学院"。亦曾先后去日本、南洋、印度、西欧各国游方说法三年。释东初在《中国佛教近代史》中称月霞法师为"民国以来僧教育之始祖，亦不为过"①。应慈法师（1873-1965），俗姓余，法名显亲，字振卿，别号华严座主，歙县人（今江苏东台）。光绪二十四年（1898），依普陀山明性禅师出家，法名显亲，字应慈。1900年，依天童寺敬安禅师受具足戒。嗣后，参学诸方，曾先后随镇江金山寺大定法师、扬州高旻寺月朗法师参究学禅。"清光绪二十九年（1903），应慈法师至常州天宁寺参见冶开禅师。三十二年（1906），应慈与明镜、月霞、惟宽同得法于冶开禅师门下，遂为临济宗第四十二世。其后遵冶师之命随月霞修习《华严》教义凡十二载"②。民国六年（1917），任常熟兴福寺住持。生平行持以禅为主，兼融华严教义，致力于佛教文化事业和社会福利事业。惟宽长期任天宁寺方丈，力主律宗和净土，曾办天宁学戒堂和常熟宁静莲社。明镜是深入禅学的禅师，可惜早年去世。"冶开虽属宗门长老，观其传法与月霞、应慈、惟宽、明镜等，可谓慧眼识明珠，尤为难得。"③一时缁素云集，法门称盛。

2.修建殿宇，恢复旧观

天宁禅寺，唐及五代，更名不一，宋政和中改今额。"天宁万寿禅寺，在郡治东南五里，创于唐，毁于五季，迭兴于宋元之盛，及其末也，亦迭毁焉"④。天宁万寿禅寺，在常州州衙（即古晋陵郡治所）东南五里，创建于唐

① 释东初编著：《中国佛教近代史》（上册），台北：东初出版社，1974年，第204页。
② 沈去疾：《应慈法师生平年表》，见载于上海社会科学院宗教研究所、上海市宗教学会编：《宗教问题探索1988年文集》，上海：上海社会科学院出版社，1989年，第257页。
③ 释东初编著：《中国佛教近代史》（下册），台北："中华佛教文化馆"，1974年，第744页。
④ 胡森、源洁：《重修天宁寺记》，见载于濮一乘编纂，王继宗校注选译：《武进天宁寺志》卷六，南京：凤凰出版社，2017年，第148页。

代，毁坏于五代十国时期，在宋元两朝的强盛时期一次接着一次重新建造，等到宋元两朝的末年，又相继遭到毁灭。明宣德六年（1431），住持僧都纲觉初净因禅师又请朝廷发布命令，劝导发动大众的力量重新兴建该寺。"以寺为祝厘之所，请于朝，募建天王殿、金刚殿两庑合五十余楹，危檐杰构，为郡中丛林第一"①。清咸丰十年（1860）、同治年间，殿宇毁于寇兵，未修复。冶开禅师返天宁寺任法席，以期恢复旧观，历时十余年，先后重建天王殿、文殊殿、普贤殿、地藏殿及罗汉堂、三会堂等479楹、8殿、25堂、24楼，殿宇嵯峨，僧舍连云，蔚为壮观，江南四大丛林之一天宁寺，可谓实至名归。法师四处募化修建天宁殿宇，由于他苦心经营，天宁寺的房舍达到六百余间，寺田增至八千余亩，堪为鼎盛。此外，又募修常州文笔塔、政成桥、杭州灵隐寺等。

在这1300多年的漫长岁月里，天宁寺历经沧桑，屡毁屡建达五次。现存殿宇是清同治、光绪年间，在真嵩禅师、清如禅师、冶开禅师三位住持下经过近四十余年的时间修建的。

3.创办僧伽教育，兴办义务小学

嗣法门人月霞、应慈是佛门硕彦。月霞法师在上海创办"华严大学"，应慈法师分灯常熟，在兴福寺创办"法界学院"，弟子遍及大江南北，对现代僧教育产生了很大影响。

清光绪二十七年（1901），冶开清镕禅师"鉴于失学儿童较多，在别院兴建私塾一所，延师教学"②。1912年，明镜显宽禅师将天宁寺私塾改为天宁初级小学校。③是年，明镜显宽禅师"延先师教导，为念当地失学儿童甚多，曾就别院开私塾一所改为天宁初级小学校"④。1920年，天宁小学迁往东门太

① 《江南通志》卷四十五，《四库全书·史部》，上海：上海人民出版社。
② 《常州天宁禅寺志》，第十四篇"天宁纪年"，第1158页。常州天宁禅寺2020年内部资料。
③ 《常州天宁禅寺志》，第十四篇"天宁纪年"，第1159页。常州天宁禅寺2020年内部资料。
④ 《常州天宁禅寺志》，第四篇"历代住持·明镜显宽禅师"，第224页。常州天宁禅寺2020年内部资料。

平桥境玉祥庙,招收学生60名。①这是天宁寺在发展教育方面的一大善举,为周边贫苦儿童提供了上学的机会。需要特别指出的是,1920年,住持显彻开办学戒堂,专教僧侣课程,定为三年毕业,这大概可算是天宁寺创办佛学院之始。1932年,证莲密源禅师将学戒堂正式改为天宁佛学院②,成为培养僧才的重要场所。

冶开禅师还收容常州东郊的贫困儿童入学读书。

> 1911年,常州天宁寺创建了学戒堂,后改名天宁佛学院,最多时招收学僧达140人。1914年,释冶开法徒月霞在上海创办华严大学,招生80名。华严大学原拟仿效杨文会办学方式,分预科、正科各3年,后因拒绝了提供赞助者的非分要求,被迫迁往杭州海潮寺。1917年,释冶开命月霞继任常熟兴福寺住持,月霞便将华严大学迁至常熟。月霞圆寂后,释应慈接手主持学校,直至学僧毕业。华严大学培养的许多学僧如释戒尘、持松、慈舟、常惺等也都成长为佛教复兴的骨干。③

> 月霞民国三年先于上海创办华严大学,民国六年,又奉命分灯常熟兴福寺,创办"法界学院",入室弟子遍及大江南北。民国以来之僧教育,几无一处不导源于此。追本穷源,冶老对僧教育,不无启发之功,寓有不可思议之功德也。④

冶开禅师主张禅教一致,并弘禅宗与华严宗,这种取向深刻影响其门下的月霞与应慈两法师。月霞与应慈,终其一生都在不遗余力地倡导禅与华严的融通,最终成为民国佛教史上力主禅教一致论的代表僧人。

4.出任"中华佛教总会"会长

民国元年（1912）,在八指头陀释寄禅的推动下,创立了"中华佛教总

---

① 《常州天宁禅寺志》,第十四篇"天宁纪年",第1160页。常州天宁禅寺2020年内部资料。
② 《常州天宁禅寺志》,第四篇"历代住持·证莲密源禅师",第229页。常州天宁禅寺2020年内部资料。
③ 邓子美编著:《吴地佛教文化》,北京:中央编译出版社,1996年,第55页。
④ 释东初编著:《中国佛教近代史》,台北:东初出版社,1974年,第744页。

会"。民国二年（1913）元月，寄禅以保护庙产事到北京内务部交涉，圆寂于法源寺。是年三月，经过八指头陀以身殉教换来内务部立案的"中华佛教总会"在上海静安寺正式成立大会，推举释冶开、熊希龄为会长，领导全国缁素。下设参议部、机关部等机构，并决定出版《佛教月报》。但这些机构"实际上大多并未转入运作，有些职务仅为照顾到派系平衡而设"（陈兵、邓子美，2001:39）。1914年3月，冶开以年迈请辞会长一职，一些主张佛教革新的新僧伽也因与继任者清海不合而相继离去。总会内部人心涣散、图存名义。①

二、创设毗陵刻经处

佛教教理教法的复兴与当时佛教刻经、印经、报刊等的佛教出版事业息息相关。佛教经典的恢复刻印，大量佛教刊物的涌现，一流佛教研习者、实修者的精诚投入，佛教经典的刻印、研习、传讲的一体化，是此时期佛教出版事业的特点。

佛教自东汉传入中土后就兴起了寺院藏书，藏书也成为唐宋元明寺院弘传佛法、培养人才、交往绅士的一个重要内容。寺院藏书范围较为广泛，主要以佛经为主，兼涉儒家、道家经典文献。如明代有条件的佛教寺院多有藏经楼、印经房，刊印、收藏佛教、儒家、道教、文学、历史等图书供僧众和外来士人阅读学习。②

清代一些有条件的寺院也刊印、收藏佛教文献，其中亦有部分清代佛教史籍。如常州天宁寺收藏的清代佛教史籍就有释纪荫撰《宗统编年》32卷、《宙亭别录》、释显泉等编《冶开镕禅师传》等书。③

① 何子文著：《佛教僧人的社会身份及其近代转变》，北京：宗教文化出版社，2016年，第131页。
② 曹刚华：《清代佛教史籍的流通与禁毁》，《历史文献研究》（总第36辑）2015年第2期，第211页。
③ 濮一乘：《武进天宁寺》卷四，杜洁祥：《中国佛教史志汇刊》第一辑第35册，台北：明文书局，1980年，第85页。

乾隆十五年（1750），天宁寺住持大晓实彻禅师在四空堂上设置刷经楼。同治八年（1869），住持善净清如禅师建造学戒堂三楹。光绪二十五年（1899），住持冶开清镕禅师于禅堂上设藏经楼五楹。民国十四年（1925），住持惟宽显彻在学戒堂①建藏修楼，由原"三十二楹"增至"三十八楹"②，天宁寺原本就与刻经缘分颇深。③

清嘉庆三年（1798），毗陵刻经处创立，用方砖及枣木雕版印刷佛经、佛像。④

近代刻经较早是清嘉庆三年（1798），常州天宁禅寺创立的"毗陵刻经处"，俗称"天宁寺刻经处"，是常州最早的刻版印刷机构，也是中国近代编校、刻印、流通佛典的佛教文化机构。冶开禅师与他的弟子重建毗陵刻经处时，改用枣木雕刻经版，印刷各种佛经。初创时用方砖雕刻佛经佛像，拓印后流传至各地寺院，有些佛像拓片早已流传海外。数十年中，刻印大小乘经论770余部，2460多卷，卷帙之富甚至超过金陵，还为扬州众香庵校刊很多经典。嗣后版片集中到南京金陵刻经处，这对近代佛教文化的振兴，也产生了深远的影响。

冶开住持天宁寺期间，注重佛教典籍的流通，曾亲自赴京请颁梵策大藏，并一一诵校。在弟子应慈、惟宽、行实等赞助下，重建毗陵刻经处。天宁寺内附设的毗陵刻经处也印刻了很多佛典。冶开的剃度弟子行实早先就接受金陵刻经处邀请担当经论的对校之事，也深得杨仁山信赖。其实，

① 清宣统三年（1911），住持明镜显宽禅师建天宁学戒堂，专教僧侣课程。为毗陵刻经处兼负鉴监刻校对之责。
② 惟宽显彻"后学戒学堂更名佛学院，而基础规制一承师之垂范。并建藏修楼于学戒堂之上，计三十二楹"。《常州天宁禅寺志》，第四篇"历代住持·惟宽显彻"，第222页。常州天宁禅寺2020年内部资料。
③ 四空堂原为老功行堂，原楼上为刷经楼。御书楼原楼下为功行堂，乾隆十五年（1750），大晓实彻禅师建。参见《常州天宁禅寺志》，第一篇"建置沿革·四空堂·御书楼·藏经楼·学戒堂"，第35、22、24、27页。常州天宁禅寺2020年内部资料。
④ 《常州天宁禅寺志》，第十四篇"天宁纪年"，第1154页。常州天宁禅寺2020年内部资料。

冶开禅师还是西泠印社早期社员①。当时乞求藏经刊刻之人极多，仁山疲于应对，行实考虑到杨仁山已年迈，靠一己之力将其事业继续下去是困难的，便向住持冶开进言让天宁寺承担一部分责任。惟宽显彻（1868-1937）、应慈显亲（1873-1965）②等赞同行实的说法，先是襄助常州天宁寺冶开禅师创办毗陵刻经处，于是便开创毗陵刻经处，惟宽为毗陵刻经处兼负鉴监刻校对之责。

> 溯自有宋刊印大藏，而后历元明清，公私所刻大藏二十余部，同为梵帙，今时板皆坏灭。唯清之《龙藏》原板尚存于北平柏林寺，然各省寺院申请刷印，呈报辗转，手续繁难，且费用昂贵，帙大册巨，持诵不易。昔明季紫柏尊者知梵帙之价高书重，不易传布也，于是有方册藏经之创举。更数十年，至清初始完成，号称《嘉兴藏》，天下便之。太平天国之乱，经板荡然，降及近日，嘉兴藏经已称珍本。迨清同光之际，释妙空立刻经处于砖桥，释贯如立藏经院于扬州，居士杨仁山立刻经处于金陵，释冶开立刻经处于常州，嗣后杭州、苏州、长沙、成都、北平、天津相继咸有刻经处之设，以至今日，历时六七十年，用费达二三十万金，刊刻单行本藏经，较之龙藏，尚缺经部十八种，计三十八卷，论部九种，计一百七十八卷，统共仅缺五十余种，计二百一十六卷，较全藏所缺，不过百之三四。③

以金陵、毗陵、京津刻经处为代表的刻经事业在20世纪20-30年代盛况空前。清末各方僧众、居士将发愿待刊之书，也喜在常州天宁寺刻印，因此数量很多。天宁寺完成雕刻后，冶开禅师常会在书尾撰写题识，记录下募资者、施刻者的主要情况和祈愿，意在与书共存，永明善心。类似这种刻经活

---

① 余正：《西泠印社早期社员名单整理的几个问题》，见载于西泠印社编《西泠印社早期社员社史研究暨丁亥春季雅集专辑》，北京：荣宝斋出版社，2007年，第29页。
② 除惟宽、应慈接受冶开指示外，还有明镜和月霞。好像应慈与《华严疏钞》的校印有所关联。《武进天宁寺志》卷七所收，参照惟宽塔铭。
③ 苏晋仁著：《佛教文化与历史》，北京：中央民族大学出版社，1998年，第322-323页。

动光宣间十分频繁，刻印书籍很多，而且一直持续至民国。

江南的名刹以其丰厚的财力为背景，天宁寺数十年中刻出了包含大小乘的佛经、律部、论书、注疏、禅录等774部2469卷①。1947年，濮一乘撰写《武进天宁寺志》时统计出共刻有经书总计930余种②，还可以从它三个流出方向来略窥其规模：1937年，住持证莲密源禅师将一部分天宁刻经处经版移运于天宁寺下院祥符寺保存，但仍未免战火荼毒；1956年，印度宗教界慕名向我国借印玄奘大师翻译的各种佛经，天宁禅师共整理出佛经387卷、刻版4043块，上交江苏省民政厅转赠印度。天宁禅寺历代高僧辈出，有法融、维亢、瀹潭、戒润、纪荫、大晓、天涛、了月、达如等。美、英、法、德、印、日、苏联等国都曾派员到毗陵刻经处请购佛经典籍，对佛教文化典籍流通和国际交流起了一定作用；今南京金陵刻经处藏有天宁刻版29640块。③三者合计4万余块刻版，足见其规模之大，成就之显。除传播佛教文化，天宁刻经处也承担一些社会印刷事务，如1934年雕版开印史学家屠寄所著的《蒙兀儿史记》。毗陵刻经处所出经籍，刻本精良，卷帙繁富，可与金陵刻经处相媲美。到新中国成立初期止，陆续刊印了960种佛经，达2900余卷不同卷本，行销海内外。虽然在数量上远超金陵、江北两刻经处，但因其校对粗疏，错字较多，句读不清，总体上又无条理，不适于初学者之用，难以称为精良之作，但它在佛典的广为流传上发挥了重要作用，这对近代佛教文化的振兴，产生了深远的影响。

天宁寺集刻印、藏书、赠书、售书于一体的规模之大与影响之广，也是这一时期刻印书籍较多的寺院之一。天宁寺刻经处刻书达960种佛经，2900余卷，其经书费用多靠集资抑或信众捐予。从天宁寺刻经处所见书目，也可看到清代至民国浙江刻书之盛。

---

① 濮一乘编纂，王继宗校注选译：《武进天宁寺志》卷四，南京：凤凰出版社，2017年，第105–137页。又见邓子美《传统佛教与中国近代化 百年文化冲撞与交流》，1994年。
② 濮一乘编纂，王继宗校注选译：《武进天宁寺志》卷四，南京：凤凰出版社，2017年，第105–137页。
③ 参见常州市地方志编纂委员会：《常州市志》，北京：中国社会科学出版社，1995年，第855页。

毗陵刻经处是常州最早的刻版印刷机构，也是中国近代编校、刻印、流通佛典的佛教文化机构。天宁寺刻经处可以说是集图书出版、印刷、发行和借阅等业务于一寺的佛教场所，它的影响是很大的，有相当数量的天宁寺所刊刻及藏版的书籍得以保存在大洋彼岸的图书馆里。

冶开清镕禅师生平事迹与语录编年

徐文明（北京师范大学哲学学院）

常州天宁冶开清镕禅师（1852-1922）是近代著名禅僧，然而学界对其人研究不多，需要进一步补充深化。有关传记资料比较多，主要有显彻、显亲《常州天宁寺冶开禅师行述》、庄蕴宽（1866-1932）《冶开上人传》、叶尔恺（1864-1940）《冶开大师塔铭》等，惟宽显彻所编《冶开镕禅师语录》之中也有很多第一手的资料，有助于细化其生平事迹探讨。

冶开清镕生卒年没有疑问，其主要事迹是比较清楚的。其法名清镕，字冶开，咸丰二年（1852）壬子岁生于江都许氏，父名许长华，母徐氏，梦有僧入室而举师。家世奉佛，有姑出家，故自幼茹素。幼时多病，同治元年（1862）十一岁奉亲命出家，二年（1863）祝发于镇江九华山明真彻，七年（1868）十七岁从泰州祇树寺隐闻受具。历参杭州、普陀、天台诸名刹，未契。

同治十年（1871）二十岁，至常州天宁，参定念真禅师（1807-1874），得其器重。这是其一生中大事因缘，其时间诸说皆同。只有《冶开上人传》称是十九岁，言"天宁寺为上人十九岁所留宿，逾年而再至，进禅堂有悟。五年后乃云游。三十八复来，四十岁主席"，与他载不同，应当有误，也有可能九年（1870）十九岁时只是留宿一晚，并非正式入寺。

十一年（1872）进入禅堂打七，并且很快便有收获。

据《语录》卷三《答葛观本居士》：

> 此地禅堂里今晚起七，我自同治十年到此地，十一年打七，看

"念佛是谁"，打了一个七，用心一点都不醇和，打完头七到浴堂里洗浴，有两个老禅和也在洗浴，悄悄谈心，一个说：你打七打得好。一个说：好哩。我听着心里非常惭愧，人家七打得好，我连用心都不会用，惭愧心生，自责自己用心不上，是什么道理呢？自答自己：你没有真切用心哪。又自思维还有一个七，这一七是丝毫不把他放过的，于是澡也不洗了，立刻穿了衣裳回到禅堂，就把个"谁"字抱定，一点不放松，一下子开禁了。自己知道，照此行去，吃茶便吃茶，什么也不问他，吃了茶就跑香，抱住"谁"字，什么事不问，跑也不知跑成什么样子。打站板了，班首讲开示，我一点没有听，抱住话头，打催板了又跑，不知又跑成什么样子，维那师在后打一下，忽然心里起了无明念头，一动看见一黑团子起来，随把话头举起一打，黑团子炸开，再提话头，如同落在万丈海底一般，回头醒过来，人就空了。

往后坐起来，话头就醇和了，行起来自在得很，站起来鼻子里连气都没有了，那时候我当汤药，晚上睡了，早上总要人喊叫，后睡着同醒时一个样子，行住坐卧一个样子，自己舒服得不可解，那时记起顺治皇帝的诗"百年三万六千日，不及僧家半日闲"，是的确确底，向后行住坐卧不要用一点心，两个多月，后来又当衣钵，管账，打了岔，退了，不像从前相应了，这是我头一次得的利益，用心总要拼命的干一下子，不舍死忘生的闹一番，不中的。

这是自述实录，肯定无误。这次初步省悟得到定念真禅大师的认可，然而当时大师已到晚年，十三年（1874）便入灭了，由青光清宗继任住持。依《行述》，定念真禅入灭后他便来到金山，而前引《冶开上人传》称"五年后云游"，当在光绪二年（1876）。

据《语录》卷三《示马观源居士》：

高旻有个普修首座，光绪三年同在金山，他住禅堂，我住寮房，他跑到我这里来求开示，那是不着兴的。我说你怎样用心呢？

他说我看念佛是谁。我说念佛是谁，他说我说不来。我说你就在那说不来的地方参。适逢打七，第五天晚上，一锤鱼子打了话头落实，他行跑坐卧，就不同呢。自在的样子现出来了。吃茶洗完了脚，我说这回七完了的包子钱要你会东哪。他说多谢师父。一线到底，这就是他看话头得的利益。切切用心，当一桩事做，他总要得的。发切心有因缘，不在那个境界，他也发不起来的。金山有个老水头，名叫永提，菜头有一条面巾不见了，疑他偷的。詈骂水头。水头就发了恨，进堂坐香，得了利益哪。正是光绪四年过冬，我当维那，八月二十三日晚上坐香，他跑来告假出堂去，天亮的时候，我去看他，他上吐下泻，对我说这病厉害得很，就坐了起来，竖起腰脊，又使劲，一直就去了。

如此光绪初期他便在金山修行，三年（1877）住寮房，四年（1878）时已经升为维那，当时只有二十七岁。在金山修行数年之后，又到终南山住静。

据《重建天宁寺的释冶开》：

大约在光绪十年（1884）前后，他又行脚到终南山，结茅潜修。光绪年间，在终南山结茅潜修的出家人很多，如虚云老和尚、赤山老人法忍、月霞法师等都在终南山潜修过，但时间上都较冶开为晚。冶开初到终南山时，他的茅蓬正当山隘。一日晚间，一头老虎逡巡于茅蓬之外，他结跏趺坐，一念不起，良久之后，老虎屏息贴耳而去。以后老虎常由茅蓬前经过，来去均轻啸三声，好像和他打招呼似的。后来他迁到一处名叫"喇嘛洞"的山洞中居住。洞中以往闹过怪异，居者每为所祟，虽持咒禁制亦无效。山中道侣劝阻他，他说："以前住在洞中被祟的，正是因为他挞咒作法与之为敌。我心如太虚，无迎无拒，彼纵拒我，我不拒彼，惜祟与否，听其自然。"就这样他迁到山洞中，一住3年，了无怪异。最后在他决定离开终南山，住在洞中最后的一个夜间，后洞中砰然如千钧重物坠地。他持菜油灯往洞深处察看，只见一头黑狐，毛色光可鉴物，一闪而逝。冶开以心如虚空，久离恐怖。他不以异类视黑狐，故在他离开之前，黑狐现形为他送行。[1]

冶开清镕初到终南山的时间，只有于凌波提及。这一时间大致不差，光绪十年（1884）时他三十三岁，其年隐儒密藏（1851-1910）受月溪显谛付法，住持金山江天。时金山与天宁同一法系，冶开清镕年龄虽小，辈分却高，属于隐儒密藏的祖师辈，或许于此居止有些不便，便决心到终南山庵居。

《常州文史资料》第六辑载陈吉龙《常州近现代历史人物名录》，言冶开清镕"同治十年（1871）到常州天宁寺，后曾去终南山修炼六年"[2]。从光绪十年（1884）三十三岁到十五年（1889）三十八岁归山，正好六年，表明此说有据。

他初到之时，住在拴龙桩（一称拴龙椿）茅蓬。高鹤年《终南山经冬略记》载："至拴龙桩茅蓬，志纯大师出迎，谈及此蓬乃常州天宁冶开老人结茅处。志师同游一匝，地基颇佳。拟即添修茅蓬六处，定名曰普贤，曰大悲，曰大愿，曰华严，曰净业，曰极乐。此事全托觉朗上人一手建造，供养十方高士，并接众等事。"[3]

又据《虚云老和尚年谱》记载，光绪十一年（1885）虚云和尚于朝礼五台山后，至终南山结茅蓬，与赤山法忍、冶开清镕、微军密融（1854-1921）等相伴了两年余。"至南五台晤觉朗，冶开、法忍、体安、法性诸上人在此结茅庵。留予同住。法忍住老虎窝，冶开居舍（拴）龙椿，法性住湘子洞。予与觉朗、体安同住大茅蓬。"[4]当时，法忍的茅蓬在老虎窝，冶开的茅蓬在拴龙桩，法性住在湘子洞，而虚云和觉朗、体安同住大茅蓬。光绪十三年（1887）虚云下山越秦岭，经子午峪往四川。

庵前有虎经过，冶开跏趺不动，虎不加害。后来移居喇嘛洞三载，洞号

---

① 于凌波著：《中国近现代佛教人物志》，北京：宗教文化出版社，1995年，第16-17页。
② 中国人民政治协商会议江苏省常州市文史资料研究委员会：《常州文史资料》第六辑，1986年，第150页。
③ 高鹤年著：《名山游访记》，北京：商务印书馆，2018年，第114页。
④ 虚云大师著：《虚云大师口述》，北京：东方出版社，2016年，第195页。

有祟，亦不为祸。

他在喇嘛洞三年，后来忽然感觉剃度祖师仪征天宁莲庵一公可能有疾，便急速赶回了，迢迢千里，只用了四十八天。仪征天宁是他早年出家寺院，莲庵一公是明真彻之师，为其祖师，依止数年，颇受照顾，故感情很深。据说，经过他虔礼观音大士，莲庵一公身体恢复。他想到菩萨不可自了，便回到常州天宁。

依《冶开上人传》，冶开清镕回归常州天宁，是在光绪十五年（1889）三十八岁时。而《塔铭》则称"遂辞山返天宁，供职五载，继席领众，接引后学"，依此其归山当在十七年（1891），那么究竟哪一种说法正确呢？

当时住持为其师兄善净清如（1822-1896），清如为普能真嵩门人，光绪五年（1879）住持天宁。

据《语录》卷一：

> 起龛。师拈拄杖云："亲近我兄整八年，脚前脚后总相连。今朝罢竿收钩去，后辈无依泪潸然。恭惟：我善公老和尚，生平朴质，不事虚浮，仁厚宽宏，慈悲已极，惯用无言之机，频示实际之旨，义表天涯，模范千古。恭惟：我高兄都监老上人，一生慷慨，勤劳济众，心坚金石，志固山岳，即俗境而达真如，处繁喧而证解脱，二谛融通，三轮空寂。今者兄弟二人及我法侄海印禅者，同赋还乡曲调，同归大圆觉场。劣弟清镕同诸大众无计湛留，有何言说，只得爇着一瓣香，奠一盏茶，伏愿：常寂光中，莫泯度生之念；法界海内，重扬利济之波。速应尘寰，俾众获益。今者大众齐临，恭送登程，且道起龛一句，作么生道？鸟语花香皆念佛，人天悲送上莲舟。请。"

第一句话已经说明问题，亲近八年，当然是始于光绪十五年（1889），至二十二年（1896）善净清如入灭正好八年。那么为什么《塔铭》强调是"供职五载"呢？其实这是两个时间，返山是在十五年（1889），"供职"是在十七年（1891），也就是所谓"三十八复来，四十岁主席"。当然当时他并不是"主席"，而是担任监院。他和首座高朗清月（1836-1896）、有乾性公一起，协助方丈重建大殿，管理寺务，还远赴关外化缘。

由于善净清如光绪二十二年（1896）正月十二日入灭，冶开清镕于正月二十四日被推举为常州天宁住持，时年四十五岁。虽然很多资料并未明述，然而这一时间是确定无疑的，因为《语录》首句便称"清光绪二十二年正月二十四日主席升座"。《新编天宁寺志》之《纪年》系此于光绪二十三年（1897），不明何故。

他出任住持时间不算早，而且是年不仅方丈善净清如年初入灭，不久西堂高朗清月和法侄海印也入灭了，天宁寺一时失去众多重要人物，对他而言也是压力很大。然而经过多年历练，他已经非常成熟，能够有条不紊地处理寺务，并且讲经说法，化人度众。他还折服了前来挑战的日本僧人，为中国佛教增光。

据高鹤年《天津北京游访略记》：

> 由北新桥往雍和宫间壁柏林寺，寺内有大藏经版。住持昆峰迎入，送往行官，冶开、观月长老约会于此。南省入都请颁藏经者，共有九家：常州天宁寺冶开长老、当家明镜，同伴圖山、济南上人；常州清凉寺静波方丈，上海海潮寺观月老人，扬州万寿寺主人寂山，高旻寺退居月朗，如皋定慧寺主席达悟、监院根源，东台三昧寺住持海霞，镇江竹林寺和尚法舟，宁波西方寺退院净果，同伴者，普陀山锡麟堂了余上人。以上诸山长老同寓此寺，外有五台山南山寺广慧和尚。首由诸山请僧录司具呈内务部转奏，御批："知道了。"僧录司始出示开印，每部共约费洋三千元之谱。是晚，谈及朝山之事，冶开老人云："夫论已悟本分，无欠无余，若乃初机因缘，宜攻宜证，所以借朝山以证宿因，假参学而消分际。"①

光绪二十九年（1903）四月，冶开清镕带领门人当家明镜显宽、同伴法

---

① 高鹤年著：《名山游访记》，北京：商务印书馆，2018年，第90-91页。

弟圜山及楞严寺济南清然、常州清凉寺静波清海（1865-1939）与扬州高旻退居月朗全定（1855-1915）、上海海潮寺观月密通等一起进京请藏，居士高鹤年同行，并向冶开清镕请教。这次请龙藏是一件大事，故有众多寺院长老同来，然而费用三千元也是相当高，没有经济实力是请不起的。

光绪三十年（1904），他因疾退院，首次住持九年，《冶开上人传》称其"九年后，因病告退"。

在他退院后，由法侄琢如显泉住持常州天宁。退居之后，他到杭州灵隐山住静，看到大殿衰败，便发起重修之念。

据高鹤年《由圜山经惠泉灵岩邓尉洞庭山游访记》：

> 住持清镕，号冶开，宗门大善知识，在终南拴龙茅蓬开悟，福报超群。昔因杨仁山先生，命余往劝冶开、济南二长老，续刻《藏经》，由济老与余，劝冶公发心。今来参观经版，版之大小，书之长短宽狭，与金陵版同，惟刻工不如。合成一部，仍缺十分之三四。时济、冶二老云："我等发起，重建杭州灵隐寺大殿，请盛府主办。"嘱余加入相助，往勘指导。①

光绪三十三年（1907）正月，高鹤年与金山江天参青权印开（1859-1935）、当家鹤山、圜山、济南清然等于王峰山祭大定密源（1823-1906）老人，又东游金山下院隆济寺，受到晴玉接待，复至圜山楞严寺。然后又与圜山、济南清然长老陪同，前往常州天宁寺看经版。在昔他曾受杨仁山之命，请圜山、济南清然、天宁冶开清镕参与刻经，后来常州天宁建立毗陵刻经处，这一时间当在光绪末期。

如此他与圜山、济南清然一起发起重建灵隐寺大殿，由盛宣怀家为大檀越，是在光绪三十三年（1907）正月以前，可能是在三十二年（1906），他们对高鹤年也很器重，请他参与盛事，共襄善举。

由此可知，他退院时间不长，三十一年（1905）时便回到天宁，再任

---

① 高鹤年著：《名山游访记》，北京：商务印书馆，2018年，第289-290页。

住持。

据《语录》卷一：

佛诞。师拈挂杖云："周昭王甲寅二十六年四月八日，中印度迦维罗卫国净饭王宫摩耶夫人右胁一灯破暗，直至于光绪三十二年，纪历算来二千九百三十三年，于其中间，若僧若俗，若男若女，若老若少，若智若愚，尽在灯光影里，东摸西索，无有穷已，只有一人不再，且道是那一人？头长三尺，嘴阔八寸。"掷杖，下座。

由此可知，他在光绪三十二年（1906）时已经在天宁主持佛诞庆典了。

据于凌波《月霞法师传》：

光绪三十二年，冶开老和尚欲选法嗣，授记为继任方丈。八月初一日，常住僧值受命将显宽、月霞、惟宽、应慈四人引至丈室，受冶老传授衣钵，为临济宗第四十二世法嗣，依次排辈为明镜显宽、月霞显珠、惟宽显彻、应慈显亲。[1]

这是冶开清镕生平中的一件大事，四位高足后来都成为一代名僧，足以影响近现代中国佛教史的进程。其中月霞显珠和应慈显亲志在弘法，无意住持天宁，冶开清镕对其意愿宽容尊重，体现了一代宗师的宽厚和慈悲。

新编《常州天宁禅寺志》之"大事记"称光绪三十三年（1907）至宣统三年（1911）琢如显泉住持天宁，同时又说宣统二年（1910）明镜显宽住持，三年（1911）惟宽显彻住持，明显是自相矛盾。

从《语录》来看，冶开清镕再度住持之后，直到宣统二年（1910）才由明镜显宽继任住持。法侄琢如显泉其实是在光绪三十年到三十一年时继任住持，已见于前。

据《语录》卷二：

佛诞。师拈挂杖云："二千九百三十四年前，无风起浪振鼓泼

---

① 月霞法师讲：《维摩诘经讲义录》，李炳南居士纪念文教基金会，1998年，第380页。

天之波涛，二千九百三十四年后，和泥合水清浊混融于大地，这边那边尽在其中，头出头没何有限量？顿然超出者不止其几，就里淹杀者不知其几，广大圆满者不知其几，隔塞虚空者不知其几，以醍醐为毒药，将毒药作醍醐，颠三倒四，七通八达，返乎云覆乎雨，牛头出马头回，一一看来不知其几。"

蓦竖拄杖云："且道这里事毕竟如何？"

卓一下云："相将携手上瑶阶，长啸一声天地阔。"卓一卓，下座。

佛诞二千九百三十四年，当然是指光绪三十三年（1907），足以证明是年他仍然是天宁住持，尚未传位门人。

又据《语录》卷二：

兹届佛生二千九百三十四年九月望日，乃我新授浙江严州府淳安县知县本郡吴公季常大护法暨德配刘夫人，以净信心，作殊胜事，来寺启建树福延龄普利冥阳水陆大斋道场一堂七昼夜功德，今当圆满之期，敬设香斋，敦请山野，宣扬法要。

这是同年九月十五日为浙江淳安知县吴季常夫妇所作水陆法会说法。

据《语录》卷二：

元旦。师执如意云："圣德大清国，缁素和尊贵。举世一切人，普同添一岁。"举如意云："且道这个还添一岁否？"顾左右云："甘雨和风，尧天舜日，景星庆云，民安国泰。"挥如意，下座。

这显然是光绪三十四年（1908）元旦，虽然文中没有任何暗示，然而其时间在三十三年与宣统元年之间，足以说明问题。

据《语录》卷三：

元旦。师秉如意云："宣敷胜德，统御万邦，大神人元初兆首；皇猷壮布，六合奠安，监国君宏图祚始。天得一以清，地得一以宁，苍生得一天下太平，衲僧得一如何施设？"举如意云："新圣主弥天寿算，摄政王亿万千秋。国界安宁兵革销，风调雨顺民安乐。"

挥如意，下座。

前两句首字已经包含"宣统"，"新圣主"肯定是指宣统皇帝，"摄政王"则是其父载沣。现存语录版本中他正式以天宁住持身份说法，只到宣统元年（1909）冬至，表明其实是在次年退居。

民国建立之后，冶开清镕积极推动"中华佛教总会"的成立，成为全国佛教领袖。

据《上海名人名事名物大观》：

"中华佛教总会"

1912年2月，宁波天童寺住持寄禅集佛教界百余人于上海留云寺开会，决定将各省僧教育会改组为"中华佛教总会"，太虚等组织的佛教协进会亦合并于佛教总会。4月，于上海静安寺正式成立，推寄禅为会长，冶开、清海为副会长，设办事处于泰兴路清凉寺。原来的省僧教育会改为支部，县僧教育会改为分部，陆续成立22个支部，四百多个分部。9月，于北京法源寺设"中华佛教总会"北京办事处。1913年1月，寄禅逝世。3月，在上海召开第一次全国代表大会，改选冶开、熊希龄为会长、清海为副会长，圆瑛为总会参议长。5月创办总会机关刊物（佛教月刊），太虚为主编。①

此说认为1912年4月"中华佛教总会"初次成立时，寄禅敬安为会长，冶开清镕、静波清海为副会长。新编《常州天宁禅寺志》也认为当时冶开清镕为副会长，然而更多的权威资料则认为当时副会长为道兴（北京龙泉寺住持）、清海。②故此处有疑。

据敬安、清海代表总会呈送民国政府之公文，可知当时正会长敬安，副会长道兴、清海，江苏支部长上海留云寺应乾、扬州天宁寺文希，"各省发起僧名单"八十人中有"天宁寺冶开"，这证明冶开清镕当时只是发起僧之一，

---

① 熊月之主编：《上海名人名事名物大观》，上海：上海人民出版社，2005年，第471页。

② 《佛学丛报》第四期，1913年1月1日。

并未担任副会长。

民国二年（1913）三月，"中华佛教总会"在上海静安寺召开第一次全国代表大会，到会代表有江西大椿、云南虚云、江苏冶开和静波、上海应乾、浙江圆瑛等。冶开、熊希龄被推举为会长，清海为副会长，圆瑛为参议长，文希为总务主任，玉皇为庶务，太虚为《佛教月报》总编辑，道阶为驻京办事处处长。另有仁山、宣天磐等住会办事。①

民国三年（1914）三月，"中华佛教总会"召开第二次代表大会，冶开清镕以年迈函请辞职，大会推静波清海继任会长。

民国四年（1915），冶开清镕再到杭州，将宣统三年（1911）所制作的珍贵的御用京砖四块捐赠给西泠印社。

据《"金砖"做的茶桌》：

> 四照阁前的平地上，置有六张茶桌。桌面皆是二尺多见方、厚三寸的"金砖"。金砖者，乃京砖也。此砖壁一侧有四枚印鉴，分别为苏州官府、监造官员、承办官员及烧就标准，另一侧刻有"乙卯冬常州天宁寺僧冶开移赠西泠印社"。冶开是近代名僧，俗姓许，出家后法名清溶，字冶开，扬州人，常州天宁寺的中兴祖师。他从天宁寺退居后，曾一度到杭州灵隐寺静居，协助灵隐寺建殿修像。乙卯（1915）冬，冶开将这些金砖捐给了西泠印社。②

此次再到杭州，除了参观灵隐寺之外，可能还与支持门人月霞显珠于此创办的华严大学有关。

民国六年（1917），推荐门人月霞显珠住持常熟兴福，月霞显珠与应慈显亲准备将华严大学搬到兴福寺，然而是年冬月霞显珠入灭于杭州玉泉寺。

民国七年（1918），因为北方水灾，成立佛教慈悲会，募款数万，亲自到灾区发放，全活生灵无数。

---

① 阮仁泽、高振农：《上海宗教史》，上海：上海人民出版社，1992年。
② 西泠印社社务委员会编：《西泠印社孤山撷闻》，杭州：西泠印社出版社，2012年，第60页。

民国八年（1919），北方复有旱灾，佛教筹赈会会长庄蕴宽从北京专门发函求救，他再次募集善款，救度灾民。

民国九年（1920），冶开清镕开坛授戒，戒子达1500多人。

民国十一年（1922）十一月二十日，冶开清镕入灭，世寿七十一。

附录①：冶开镕禅师语录

嗣法门人显彻编

卷一

清光绪二十二年（1896）正月二十四日

主席升座。

师拈香云："此一瓣香，爇向炉中，端为祝延当今皇帝圣寿万岁万岁万万岁，皇后齐年，太子千秋，国泰民安，年丰物阜。"

再拈香云："此一瓣香，爇向炉中，端为祝延满朝文武、阖郡官绅，进职加官，高增禄位。"

再拈香云："此一瓣香，爇向炉中，端为祝延十方施主、诸大护法、善男信女、众居士等，福寿增延，富贵双荣。"

再拈香云："此一瓣香，爇向炉中，端伸供养，西天东土历代祖师。"

再拈香云："此一瓣香，爇向炉中，端伸供养，天下宏宗演教诸大善知识。"

再拈香云："此一瓣香，爇向炉中，端伸供养，本寺开山老祖，历代重兴老和尚。"

再拈香云："此一瓣香，爇向炉中，端伸供养，磬山堂上天祖老和尚（天隐圆修），本支历代祖师。"

---

① 《语录》录文，是在赵伟教授录文基础之上，经过补足、校订、标点而成，编年为作者新加。

再拈香云："此一瓣香，蓺向炉中，端伸供养，^上普^下能法伯老和尚（普能真嵩）。"

再拈香云："此一瓣香，蓺向炉中，端伸供养^上青^下光宗公（青光清宗）、^上善^下净如公（善净清如）二位老法兄和尚。"

再拈香云："此一瓣香，蓺向炉中，端伸供养，本寺前亡后化诸大觉灵。"

再拈香云："此一瓣香，蓺向炉中，端伸供养，诸山长老、同门法眷，祖道光荣，山门兴盛。"

再拈香云："此一瓣香，蓺向炉中，端伸供养，本寺头首上座、诸职事师。"

再拈香云："此一瓣香，蓺向炉中，端伸供养，本寺执力运劳诸行职师，合院诸上座师。"

再拈香云："此一瓣香，蓺向炉中，端伸供养，^上定^下念先师老和尚（定念真禅），用酬法乳之恩。"

敛衣就座，拈拄杖云："昔年罔觉遭授记，直至而今惭未休。众后帮扶犹抱愧，那堪立出众人头？清镕自愧，身虽出家，心未入道；福薄德微，障深慧浅，虽则依众行持，实是过多功少。新正十二日，我善兄和尚辞世。座下虽是有人，皆系抱道蓄德，立志坚强，不肯轻露。所以诸山和尚及合寺首领诸师，慈意殷殷，婆心片片，承命清镕权居此位。闻言之下，惭惶无地，再三恳辞，尽未能获，只得带垢含羞，勉应斯命。今者木已成舟，余无报达。惟一点诚心，虔祈诸佛菩萨历代祖师，重应尘世，转大法轮，普令一切众生情与无情，皆得安乐，齐成佛果。虽然如是，即今且道奉命登座一句，又作么生？"举拄杖云："看，看。此物从来极平常，智愚凡圣绝商量。今朝拈出供大众，惟愿同扶古道场。"拽杖，下座。

起龛。师拈拄杖云："辅创重兴竭尽心，绍先启后念弥殷。功圆行满一笑去，从此勋名振古今。恭惟：圆寂法兄天宁都监高朗月公西堂大师，秉愿而来，宏施利济，受心印于先师，命根早断；发妙用于常住，独露真机。行前人之未行，得前人之未得，护持常住三十余载，竭力尽心，勤勤恳恳，逆风也走，顺风也行。纵使波浪惊天，把舵不动分毫；任从波旬蜂扰，镇定安然如故。有时建弥勒楼阁，法界贤圣开颜；有时广百丈田园，十方禅衲生庆。有时袭船子之风，有时效沩山之牧。般般具足，事事丰饶，只有一着未轻露，且道是那一着？"良久云："会么？这是我法兄一生受用不尽底。若向这里下得双眼，方知我兄六十一年前生本不生，六十一年后灭本不灭，正当六十一年住本不住。所以于不生不灭不住之中，发最胜心，现希有事。今者功圆行满，理极事周，劣弟同诸大众恭诣龛前，爇一瓣香，奠一盏茶，敢云报德酬恩，聊尽送行寸意。且道起龛一句，又么生？"卓杖云："大志大行大力量，瞻之仰之莫能及。倒骑铁马出尘寰，木女石男空叹息。"合掌云："请。"

举火。执炬云："一炬无情火，猛威不可当，海众于此难分别，我也悲凄欲断肠，奉为我兄了剩迹，凡躯烧尽换金刚。"投炬便烧。

佛诞。师拈拄杖云："世尊现世为一大事因缘，诸大菩萨助扬一大事因缘，历代祖师证一大事因缘，天下善知识演一大事因缘，一切众生昧一大事因缘。现前诸上座师一大事因缘又且如何？"拄杖子，忍俊不禁，出来呵呵大笑，云："现前诸上座师已于过去不可说不可说最初威音王佛已前，一大事因缘早已成就，即今行住坐卧，动转施为，无不是一大事因缘妙用，何须更为饶舌！"冶开闻此言说，目瞪口呆，无言可对，仔细从头一一看来，诸佛如是，诸大菩萨如是，历代祖师如是，诸大善知识如是，诸上座师如是，拄杖子如是，乃至情与无情，山河大地悉皆如是。不觉和声赞言："善哉善哉。"正说至此真实不虚，忽有傍不干者向云："今朝庆祝佛诞一句，又作么生？"卓杖云："如是如是。"靠拄杖，下座。

结夏。师拈拄杖竖起云："千说万说无非说者个，千喻万喻无非喻者个，千行万行无非行者个，千修万修无非修者个，从上诸佛转大法轮无非转者个，历代祖师单传直指无非指者个，乃至君臣回互，宾主交参，治国安家，资生事业，一举一动，一语一默，无非是者个。所以道，森罗及万象，一法之所印。者个且置，如何是一法？"放下拄杖云："轻风影里千花秀，化日光中万象幽。大地乾坤包不住，分明只在一毫头。且道结夏一句，又作么生？"卓杖云："直待九旬满，再与细商量。"拽拄杖，下座。

竹林寺扫净祖塔。师跪拈香云："此一瓣香，根盘乾坤之先，叶覆十虚之表，爇向炉中，端伸供养净祖（净德了月）恒祖（恒赞达如）广祖（广参达明）雪祖（雪谷悟慧）老和尚，伏愿，为云为盖，普荫群生。"复拈香云："夹岭峰高烟霞遍地，苍翠竹木绿映参天。四时花开不断，通年流水潺潺。此境祥中吉祥，端然坚内弥坚。三代祖翁摄受，五塔巍巍其间。孙孙特来勤顶礼，数般清供一炉烟。"顾视左右，云："无限恩光凭何报，祖山高耸万千年。"插香便拜。

雪祖、定祖、旭祖塔。师跪拈香云："此一瓣香，古今不磨，虚空同久，爇向炉中，端伸供养法祖雪祖老和尚，法伯旭老和尚。伏愿：为霖为雨，普润一切。"复拈香云："此一瓣香，无枝无叶，无古无今，千圣见之眼枯，万灵嗅之脑裂，爇向炉中，端伸供养先师老和尚，用酬法乳之恩。"复拈香云："不肖朽材腐质，庸愚俗辈，蒙先师于念五年前错留座下，漆瓶拭机，扫地焚香。念五年后，复蒙诸山法眷合寺首领，错将不肖安置上座，代众看门。念五年前之错，犹自遮盖得过，虽是惹身腥，究在草里坐。念五年后之错是真错，通身没处藏彻，体全毕露，有短难遮，无处回互，惹得诸方笑不休，四海天涯招话堕，带累先师，不能无过。今朝亲来我祖我师塔前，爇一瓣香，奠一盏茶，不敢言苦言甜，只得将错就错。"举香云："惟愿此际新条发，撑天拄地振宗风。"插香便拜。

普祖塔。师跪拈香云："此一瓣香，佛祖所珍，圣凡共秉，爇向炉中，端伸供养法伯普老和尚，用酬垂荫之德。"复拈香云："冲风破浪来，登山入幽谷。逾岭复穿云，展礼我法伯。慈云深处一坞松，无缝塔罗千竿竹。报汝大众高着眼，共仰老人真面目。"举香云："见么，藉此微供养，聊报覆育恩。"插香便拜。

解夏。师拈拄杖，云："护生事毕自知周，禁足期圆解袋头。拂暑凉风轻袭体，衲僧得意乐优游。"卓杖一下云："布袋头解开也，一任诸仁，束缚腰包，紧俏草鞋，雄赳赳喜欣欣，东去西去，天台五台足有风景，峨眉九华更多幽致，出一丛林入一梵刹，参几位有道长老，见几个特达知人，说几句家常淡话，拈几只本分葛藤，随处风流随处自在。虽然如是，且道海纳百川、随缘不变一句，又作么生？"卓杖云："青山绿水原依旧，明月清风共一家。"掷杖，下座。

禅堂上梁。师执如意云："巍巍堂堂，独露当阳。寸丝不挂，万象安详。有眼共见，毫无遮藏。踏破铁鞋无处觅，得来全不费商量。诸上座见也么？虽然了了目前，要且相应不易。承平数十年，几番当面错过。今幸广东郑老护法暨本寺头首内外诸师，信力坚强，蓦然戳破，所以彻体通身毕露。从此锻圣炼凡，陶镕佛祖，顿断衲子命根，频开禅和正眼，任从顽铜钝铁，到此尽净消镕；纵使铁眼铜眼，也要从头炼过。且道具何本领，乃有如此作用。"以如意指梁云："全凭者个无私力，盖地遮天护僧伽。妙用遍敷十方界，法轮大转万千年。"随云："升。"

起龛。师拈拄杖云："亲近我兄整八年，脚前脚后总相连。今朝罢竿收钩去，后辈无依泪潸然。恭惟：我善公老和尚，生平朴质，不事虚浮，仁厚宽宏，慈悲已极，惯用无言之机，频示实际之旨，义表天涯，模范千古。恭惟：我高兄都监老上人，一生慷慨，勤劳济众，心坚金石，志固山岳，即俗境而达真如，处繁喧而证解脱，二谛融通，三轮空寂。今者兄弟二人及我法侄海印禅者，同赋还乡曲调，同归大圆觉场。劣弟清镕同诸大众无计湛留，有何言说，只得爇着一瓣香，奠一盏茶，伏愿：常寂光中，莫泯度生之念；法界海内，重扬利济之波。速应尘寰，俾众获益。今者大众齐临，恭送登程，且道起龛一句，作么生道？鸟语花香皆念佛，人天悲送上莲舟。请。"

善公和尚安位。师拈香云："者个处所，三世诸佛住此，西天东土历代祖师住此，天宁诸位老和尚住此，且道我善兄老和尚住于何处？"捧牌一举位云："大众高着眼。莫于其中起分别，是故此处最吉祥。"便安。

中秋。师拈拄杖云："解夏至今整一月，泥牛奔境何曾歇，夹山磐山走一朝，归来又当中秋节，佛法世法竟全忘，今日众前将何说？"

本郡王宅启建水陆道场，上堂。维那白椎云："法筵龙象众，当观第一义。"师拈拄杖云："若论第一义，向未升座前荐取，犹较些子。若到此时，错过久矣。众中还有知得者么？如或未知，看山野向第二峰头展演去也。"

以拄杖打〇相云："十方三世佛，无量诸圣贤，六道诸群品，皆不离者个。"卓杖一下云："以此供养诸佛，诸佛为之印可；以此供养圣贤，圣贤赞言善哉；以此度脱群生，群生悉皆得乐；以此荐拔亡者，亡者超生佛果。虽然如是，事是恁么事，人须恁么人，若无恁么人，难行恁么事。即今人天众前，谁是信者？"良久云："唯有本郡廷赞王大护法，深明此事，洞彻源底，所以特特来寺启建水陆普利道场，七处结坛，六时行道，烧种种香，散种种花，燃种种灯，设种种供，诵种种经咒，礼种种忏法，上供十方诸佛，中奉无量圣贤，下济六道群品，情与无情，均沾利益，以上功德合集，崇伸超荐，皇清例封孺人原配姚孺人，高生净界。并延山野，登此宝座，演大法义。山野虽属鲁笨，且不负来机。不免人天众前，出为证据。"蓦竖拄杖云："万仞峰头拈将出，内外无私心铁石。报与现前海众知，王公功德是真实。法界有情无量众，藉此功勋齐成佛。虽然如是，且道德配姚孺人即今超升何地？"卓杖云："水流归大海，月落不离天。鱼水深情今已报，同林淑意亦承宣。芝兰从此森森茂，福寿康宁永绵绵。"掷杖，下座。

封关。师拈封条云："一念信心兴然起，无边功德悉从生。直至无上菩提果，最始皆依信为根。今有本郡王冯氏优婆夷，敬发信心，诣寺请立华严尊关，礼请法性大师，顶礼华严尊经，一字一礼，三年功成，遍游华藏世界，显发无量胜因，演扬普贤十大愿王，证入善财所礼圣境。始知百城烟水无限意，德云常在妙高峰。然后尘尘混入，刹刹圆融，方能事无碍，理无碍，理事无碍，事事无碍。虽然如是，且道即今三缘会聚，理事齐臻，毕竟封关一句，作么生道？"举起封条云："会么？凡有所求一切事，一一皆从此中圆。"便封。

上堂。师拈拄杖云："朴质天然不繁华，孤峰顶上独开花；幽香清寂言难喻，扑鼻还他是作家。今有无锡信士兴祚秦大护法亲嗅此香，恭诣天宁僧伽，启建水陆道场，人天共鉴，供佛圣以济三途众苦，大起幽微，宣一乘妙典，演七昼夜功勋，普利有情，同圆种智。上荐显考高升莲界，并祈萱堂高太孺人福寿遐龄，过化先灵同生乐国，更祈后嗣永昌，芝兰茂秀。今者道场圆满，善果周隆，延请山僧重宣妙法，我到此遍观大众，共植菩提，各各至心，人人具足，添一毫不得，减一毫不得，且道在什么处见闻？"卓杖一下云："闻么？"竖杖云："见么？向者里承当，功德圆成；不向者里承当，当面错过。"复卓杖一下云："明明历历绝疏亲，不容拟议分主宾；毫厘有差天地隔，莫将黑白当眼睛。因斋庆赞一句，又作么生？"置杖合掌云："恭喜秦大护法存没两安，满愿遂心，悉皆如意。"下座。

贴单。师拈单票云："人人本有一片，拈出大众共见。虽然的是寻常，岂可无前无后（当作：无后无前）。"以单票示众云："天宁今日发扬妙义，全赖诸师共契真如。作么道是现起妙义、共契真如之旨？"起身便贴。

结制。师拈挂杖云："今朝十月十五，结制开炉打七。位位奋起精神，人人志气猛烈。不管禅堂外寮，内外要划一。直踏未生以前，方可安心休息。"卓杖云："正令全提没疏亲，是圣是凡俱斩绝。且道作么生斩绝？"默然良久，下座。

起七。师拈香板云："巍巍森森立两傍，直下细细听端详，打破旧时窟宅，捉败贼中之王。"击香板云："起！"

解七。师拈竹篦云："着肉衫见脱去，娘生裤子磨穿；击开顶门正眼，踏破脚下方砖；虽然二七功圆，须知更有事在，且道是甚么事？"竖起竹篦云："者里时时要观切。"下座。

上海留云禅寺挂钟板，师拈板椎云："者是灵山传来，直至于今，无一人不承其恩力，无一人不秉持而住，锻炼圣凡，陶镕佛祖，拣魔辨异，皆悉于此。今日被黄面老汉第八十代远孙密通（观月密通）承此重任，暨法弟密融（微军密融）弘扬大法，却要天宁清镕当场发扬妙义，仰赖现前大众共转法轮。即今万缘毕备，理事齐周，且道妙作么生发扬？"

举板椎云：“千圣有口赞莫及，无边龙象共安详。”击板一下云：“法轮作么生转？”鸣钟一下云：“会么？”鸣木鱼二下云：“龙天欢喜，檀那增福，源远流长，灯灯相续。”

腊八。师拈拄杖云：“无量劫来么罗过，只知假事为真做；忙忙徒逐空里花，不解通身全是错。所以世尊应世拈破迷律（津），示生宫（殿），示脱俗累，示入雪山苦修，示睹明星悟道，示转法轮，示度群品，种种方便，种种权巧，无非为令一切人揭开本有家珍、得大自在而已。今者去圣时遥，人多迷昧，知恩者少，负恩者多，逐妄迷真，流而忘返。天宁怎么说话，也是不识羞，难免诸人遗笑。虽然，检点一任检点，且道不负佛恩一句又作么生？”

卓杖云：“说行俱到，尚非真妙。”掷杖，下座。

除夕。师拈拄杖，卓一下云：“茫茫不觉一年周，内外勤劳未暂休，只见事从眼下过，不知全在此中收。有者道：‘从朝至暮竟属空忙，实际理地何曾有尔？’有者道：‘二六时中语默动静，何处不是本地风光？’有者道：‘动也非动，静也非静，动静不关，超然独脱。’有者道：‘是也不是，不是也不是，是与不是俱皆不是。’驰论纷纷各异，天宁一一看来，许他人人各具双眼，何以故？大海若不纳，百川应倒流。虽然如是，今朝除夕，内外上座一年辛苦，毕竟何以酬报？”

竖拄杖云：“惟有者个无穷极，四海龙王价难酬；普与诸仁同共乐，从教何处不风流？”靠杖，下座。

清光绪二十三年（1897）

解夏。师拈拄杖云：“旷劫沉埋直至今，颠颠倒倒逐尘行，漫云一夏多辛苦，曾有几人暗吃惊？若论此事，非口所宣，非智所识，心思不到，意测不及，千手把提，不住五眼，洞视不开，会得者明头也合，暗头也合，高处合底处，低不越跬步，历遍化城，不拨一尘，顿空诸有，明明无异路，直下绝承当，未会得者，难免犯手伤锋，触途成滞，磕额撞头，无绳自缚，虽然会者自会，不会者自不会，会与不会，总与此事毫无交涉，且道：如何是此事？”

卓杖云："走尽天涯无觅处，通身放下却宛然。"掷拄杖，下座。

清光绪二十三年（1897）

隆兴寺封关。师举封条顾左右云："会么？者是超然法师未出帝京之先，一着天宁不惜眉毛，当场拈出用为转奉，忆昔天宁初晤法师于京师，再晤于沪滨，今日复晤于六龙城畔，法师秉超方作略，具出格手眼，通诸经关要，彻众法机枢，而能俯顺时宜，禁足三载，效善财之恭询，行普贤之愿海，尘尘混入，刹刹圆融，于事无碍，于理无碍，理事双行，宏通自在，以此普利群生，各各同归安泰，虽然如是，即今封关一句作么生道？三年不动步，一步越三年，中有一句子，千圣不相传。"便封。

贴单。师拈单条云："一年一度逢今日，彻底本元齐拈出，裂破面皮正眼开，左之右之皆奇特，天真而妙不属造作，藏身处没踪迹，解事全真岂有安排？没踪迹处莫藏身，用则遍涉河沙，月映千江；不用则全体杳寂，山河耀彩，虽然耳闻富贵，眼见贫穷，且道当机一句又作如何？"

良久云："莫言个里无先后，位次从来不模糊。"单条便贴。

结制。师拈拄杖云："一法不是有，万法不是无。不说如来禅，不明祖师意。大用当机不存轨则，放去收来自由自在，克期取证者，喝似雷轰，棒如雨点，逼生蛇而化龙，点顽铁以成金，端在今时。辟土开基者，建宝王宫殿，立撑天柱子，罗殊材于异域，集众木为一体，别展精神。更有头头就绪，法法皆如，诸仁还信得及么？"

卓杖云："选佛若无如是眼，宗风那得到如今？"掷杖，下座。

清光绪二十三年（1897）

起七。师执香板云："拈须弥椎，打虚空鼓，蓦然识破未生前，大地原来无寸土。"击香板云："起！"

解七。师拈竹篦云："踏翻炉鞴，踢倒关津，无修无证，无灭无生。说甚么煅凡炼圣、点铁成金，不慕诸圣，不重己灵？"卓竹篦云："雪覆任从千岭白，日升依旧万山青。"下座。

除夕。师拈拄杖云："三十六旬竟，今日末梢头。同居共展作，黑牛变白牛。六龙城畔林木森森，通天桥边龙象济济，转最上之法轮，人人鼻孔撩天；显希有之作为，位位脚踏实地。八万四千魔军灭迹潜踪，一千七百葛藤一刀两段。首尾通销，内外冰释，二谛六通，三明八解。"

拈拄杖云："旷劫至今来，未曾移寸步。谁知客他乡，原在长安住。"卓一卓，下座。

清光绪三十一年（1905）

元旦。师拈拄杖云："三百六十日，今朝为第一。九天瑞气隆，一切皆大吉。皇恩荡荡，帝德熙熙，雨顺风调，万民安帖。"卓杖云："拄杖抽条丈二长，刹刹尘尘齐叹忙。"靠拄杖，下座。

解制。师拈拄杖云："不是有兮不是空，外无边表内无中；闻声见色明明现，何用驱驰觅西东？如何是明明现道理？"卓杖一下云："者个是声人人皆闻。"竖拄杖云："者个是色人人皆见，不假思量，了然毕现，诸上座会也么？悟者悟此，迷者迷此，迷之者，向声色边卜度，即随声色所转，故名众生；悟之者，不向声色边卜度，不随声色所转，故名曰佛。佛与众生，只在迷悟间耳。所以马大师云'即心即佛'。只因太煞近，所以令人疑，骑牛更觅牛，俱是不相宜。"卓杖云："参！"

起龛。师拈拄杖云："七十六年一梦场，空花灭尽绝商量；今朝大众同相送，极乐国中礼法王。恭惟：圆寂书记天润志上座，宿秉灵根，天生朴实，数十年前已了幻世，脱垢衣于阜宁，弃秽履于毗陵，斩烦恼于太平庵中，圆德相于慈云寺里。辅弼清凉二十余载，裁长补短，件件丰饶；将无作有，事事具足。德公弃世，来我天宁，虽未大展手眼，却也潜扶密助。一句弥陀，绵绵密密，世界与身心共契，此土与他方何别？证自性弥陀，了惟心净土。偶示微疴，预书时至，端坐跏趺，歘然撒手。今者大众恭送登程，且道起龛一句作么生道？"顾左右云："举足下足皆是路，高峰低岭一般平。"击龛云："起。"

举火。执火炬云："光明灼灼妙难思，拈出当头了无私。触着通身红灿烂，无影树放不萌枝。"投火便烧。

佛诞。师拈拂子挥一挥云："才出娘胎便狮吼，指天指地现全身。展土开疆施至化，大千沙界破群昏。重重狮子森森起，叠叠敷宣冗冗增。处处激扬称奇绝，在在酬酢现威神。古今多少拈提者，尽从水面刻花纹。看来个里何所有，俰事谁知本现成。天宁画蛇为添足，胄丑含羞笑煞人。且道笑个什么？不知庆祝如来诞，一味哩言自逞能。"拂一拂，下座。

结夏。师拈拄杖云："结夏安居，护生禁足，佛制恒规，丛林通例，人人放下斗笠腰包，个个打开顶门正目，十方共住安详，不许东卜西卜，目前件件现成，内外事事丰足，日中有斋，清晨有粥，禅堂坐香，外寮勤作，经楼诵经，佛堂念佛，各安其身，各乐其乐，有时不二门前拔草，露出光明白地，有时大雄殿中歌赞无上妙曲，有时运水搬柴不借人力，有时扫尽阶尘清香满屋，头头如是，活活泼泼，天宁不解谈玄妙，本地风光如实说，且道说个什么？"

搞座脚一下云："会么？"下座。

清光绪三十二年（1906）

元旦。师秉如意云："发动空王第一机，重重妙霭灿熙熙；大千沙界恩波需，一道忻荣没高低。君民同其乐，缁素共其欢。慧日中天朗，庆云凝履端。且道第一机在甚么处？"

举如意云："物阜民安，年丰世泰。"掸一掸，下座。

解制。师拈拄杖云："历尽朔风冰雪，堤边杨柳吐金；今朝圣制期圆，衲僧人人失据。东者东西者西，南者南北者北，来者来去者去，乱纷纷无拘束，忙碌碌没把握。倒四颠三，横七竖八。呵呵呵，直饶踏遍天涯，何曾离开寸步；虽然未离寸步，早已踏遍天涯。且道踏遍天涯者是，未离寸步者是？灯红月白双光耀，火树银花灿满街。"掷杖，下座。

盛宫保大护法暨众善人等愍念宁沪铁路经过各府州县，迁移坟墓，一切灵魂资冥生莲，启建普利冥阳水陆大斋道场七昼夜，功德圆满。

上堂。师拈拄杖云："绣谷芳浓景倍幽，山花岩草碧溪流。庞瓮恻隐超沉类，一路阴灵喜眉头。慈悲是观音，喜舍名势至，平直号弥陀，能仁即释迦。普贤表行，文殊表智。"蓦竖拄杖云："且道这个表什么？"良久，卓一卓云："脱体风光，全身自在。个里见彻，心不是佛，智不是道，三乘十二分教不是经。超三界之根门，入一真之妙地，用遍十方而无踪迹，利普恒沙而无踪迹。收之不聚，放之不散，迎之不前，退之不后。圆大千于刹那，法界圣凡同吉庆；里十虚于弹指，九幽十类尽欢腾。等太虚，齐万有，应群机，没规则。开诸佛之妙门，阐众法之秘奥，满檀信之悲怀，释幽途之幻苦。事是恁么事，人须恁么人，若无恁么人，难行恁么事。虽然如是，即今水陆圆满，请法上堂，毕竟现前当机一句作么生道？"卓杖云："无限春光关不住，满天风月落人间。"卓杖，下座。

圆关上堂。师拈拄杖云："荣隆北阙，德茂南兰，龄永东皇，庆延西竺。秉净洁丹忱，迓玉毫瑞相，冀万德鸿休，集千秋佳兆，乃我大护法庄公观察亮华大檀那暨令姊盛夫人端为诰封夫人晋封夫人钦旌节孝钦，赐乐善好施庄母金太夫人，预植津梁，开通玄奥，表显真诠，遐龄树福，即宝地以阐真，鼓钹钟铃谈妙法；仗僧伽以显实，低头合掌现真机。七处坛开，六时进道，瑞霭纷纭，天香馥郁，是圣是凡尽欣，生居冥居同安。悦慧花开而福果圆，显密双收；善缘结而菩提种，悲智交运。一句伽陀，演妙德于河沙，五姓三乘同省悟；半字敷宣，流嘉祥于奕世，二严百福尽全归。开发端藉当人，举措不由别个，非唇齿之能宣，惟得者之是证。今当水陆圆满，宝座高登，第一义谛作么生道？"举拄杖云："诸上座见么？见见之时，见非是见，见离犹见，见不能及。"卓一下，"天台华顶万年藤，报德酬恩心铁石。桂秀兰馨永世芳，龙女立地顿成佛。"卓一卓，下座。

上堂。师拈拄杖卓一下云："刘铁磨台山赴斋，俞道婆饼盘覆地，琅琊无从袖手，沩山只有开颜，松柏茂苍苍，兰蕙香馥馥，绿翠红妍，鸟鸣花笑，至如净名杜口于毗耶，释迦掩室于摩竭，且道是阿谁分上事？"以杖指云："汤邦永信士，敬为祖母汤门洪氏太夫人，起建普利冥阳水陆大斋道场七昼夜功德，供佛供天，斋王斋僧，利冥利阳，裕前裕后，树福延龄，消愆预植。今当圆满，敦请山僧，高登宝座，道有敷宣，辜负来机；道无敷宣，违背现前，毕竟如何即得？"拈拄杖云："三脚驴儿上天台，八角磨盘空里走。"卓杖云："煦日中天耀，芳春大地花。勋归极乐处，额手庆靡涯。"卓一卓，下座。

清光绪三十二年（1906）

佛诞。师拈拄杖云："周昭王甲寅二十六年四月八日，中印度迦维罗卫国净饭王宫摩耶夫人右胁一灯破暗，直至于光绪三十二年，纪历算来二千九百三十三年，于其中间，若僧若俗，若男若女，若老若少，若智若愚，尽在灯光影里，东摸西索，无有穷已，只有一人不再，且道是那一人？头长三尺，嘴阔八寸。"掷杖，下座。

结夏。师拈拄杖云："结夏安居，护生禁足，佛制恒规，丛林通例。人人放下斗笠腰包，个个打开顶门正目。十方共住安详，不许东卜西卜；目前件件现成，内外事事丰足。日中有斋，清晨有粥，禅堂坐香，外寮勤作，经楼诵经，佛堂念佛，各安其身，各乐其乐。有时不二门前拔草，露出光明白地，有时大雄殿中歌赞无上妙曲，有时运水搬柴不借人力，有时扫尽阶尘清香满屋。头头如是，活活泼泼，天宁不解谈玄妙，本地风光如实说，且道说个什么？"

搞座脚一下云："会么？"下座。

水陆上堂。师拈拄杖云："一念未生前，大地无寸土。万缘消歇后，虚空无背面。日轮杲杲，光煜熙熙，满目青红，阿谁敢拾？生前既已展布，身后讵可囊藏？仗众力以舒伸，合群心而共转，八字大开，无从回避。今乃本郡信士姚晋寿，敬为皇清诰授奉政大夫、晋封资政大夫、钦加道衔、补用同知直隶州候补通判显祖考彦森姚公、皇清诰封恭人、晋封淑人显祖妣姚门陆太淑人资冥生莲，启建普利水陆大斋道场四十九日功德，讽礼真乘，敷宏妙法，迓千佛之慈光，破六道之昏衢，希万圣之降临，除三途之业苦，顿空诸相，彻净幻因，普被群机，圆登佛果。以此殊勋，专为超荐显祖考彦森姚公、显祖妣陆太淑人同步莲邦，共登上品。今届圆满之期，虔设香斋，良缘普结，敦请山僧宣扬法要。"

竖拄杖云："诸仁者见么？"复卓一卓云："诸仁者闻么？既见既闻，敢问见闻根源在甚么处？"良久云："识得其中端的旨，尘尘刹刹净莲邦。"卓杖，下座。

水陆上堂。师拈拄杖云："久蕴精诚得地来，巍巍宝藏灿然开；会中尽是知音者，一棒分明笑满腮。宗乘一唱，三藏绝诠，八万门开，十方解脱，明头合暗头合，理事无差；此相应彼相应，圆融自在。门门有路，户户皆通，法法全彰，头头毕现。拈一机万机竞赴，如龙得水；放一着着着皆安，似虎逢山。金莲涌八德之波，寿山耸九霄之势，大用无方，风云际会。正当恁么之时，第一义谛早为诸人布散了也，若是拟议迟疑，未免当面错过。"

蓦竖拄杖云："诸仁者委悉么？无量百千法门，尽向这里收拾。"

复卓一卓云："云何瑞云信士承此殊勋，超荐故祖父岳德公、故祖母梅龚陶三孺人、亡父栋臣公、亡母黄孺人同生莲界，信女刘门章氏、章门姜氏藉此殊勋，树福消灾，绵龄益算，现前海众藉此殊勋演种种法，宣种种义，爇种种香，陈种种供，上供诸佛，中奉圣贤，下济群品，普及法界圣凡，情与无情藉此殊勋，同归真实。且道水陆圆满、因斋庆赞一句又作么生？"

卓杖云："嫩竹穿云诚孝力，舒丹榴火净信心。山僧不惜聊拈出，匝地弥天越古今。"卓一卓，下座。

解夏。师拈拄杖云："结解遮开，收放纵夺。大海生沤，空华现影，一夏天挈挈巴巴，二六时兢兢业业。祇知道有味里针锥，不得相向，无得处谛当，直饶蜡人光生，鹅珠彩耀，拄杖子未肯相许。且道因什如此？刁刀相似，鱼鲁有差。"掷杖，下座。

中秋。师拈拄杖云："金风扇野，露滴天香，凉爽秋高，银河星燦，一轮涌出，沧海皓魄，腾耀九霄，光朗大千，遍周沙界。虽然寻常佳节，要且几人洞晓？昔日西堂、百丈、南泉，随侍马祖玩月，祖云：'正恁么时如何？'西云：'正好供养？'丈云：'好好修行。'南泉拂袖便行。祖云：'经入藏，禅归海，惟有普愿独超物外。'诸上座委悉么？衲僧门下应节逢时，集众升堂，为明个事，只如马大师云'经入藏，禅归海，惟有普愿独超物外'，虽然据款结案，节目关要究竟在于何处？"

良久云："参禅须具参禅眼，未具眼时空颟顸。"掷杖，下座。

上堂。师拈拄杖云："极目清凉便界安，真源端的许谁参；看来不是罗笼者，一片精诚彻底翻。千山关不住，万境莫能回，不滞九霄中，直通凡圣外。拈提直截，贵在知音；扶树宗纲，全凭识者。有超群手段，方能启从上元微；无作家把握，焉能具真实本领？一言道破，佳境熙熙；半字不存，日光浩浩。非个里人，焉明斯事！且道是甚么事？"

良久云："即是三宝门中五戒弟子周梦寂慧，蕴精诚于数十年中，金石同坚；梦真乘于诸多灵境，冰霜自厉。不辞艰辛，道业自期，忍疲奋强，功深普被。乃于今月初一日虔临本寺，发最上心，建殊胜业，启建普利冥阳树福延龄水陆大斋道场二十一日，坛开多处，延六和之僧伽；法展三乘，集殊祥之百福。希千圣之光临，脱十界之凡苦；报万德之洪恩，销多生之业障。今当圆满之期，敦请山野重宣法要，不负来机，暂通一线。"举拄杖云："会么？"

复卓云："于此会得，自利他利一切俱利，福足慧足一切俱足；如或未然，重下注脚。昔日马祖大师一日目视绳床角拂子，百丈云：'即此用，离此用？'祖云：'汝向后以何为人？'百丈竖起拂子，祖云：'即此用，离此用？'丈挂拂子原处，祖乃震威一喝，直得百丈耳聋三日。诸上座委悉么？狮子游行非同驴步，大冶精金灼开正眼。虽然如是，即今檀信设施所获毕竟如何？只因拨动青霄月，致惹光华满世间。"卓一卓，下座。

上堂。师拈拄杖云："晴明凉爽秋江白，伟哲衷澄展慕思；妙谛新荣通歧异，宏微赞协植莲基。不是心不是佛，天空四壁；明头合暗头合，海纳百川。苏州常州同得，是圣是凡并了。扫开遮天云雾，拨转无尽虚空。千差万别，息影销声，毁形失据；悲欢离合，苦乐生灭，一齐净绝。如斯了达，始可演法开坛，始可据座商量，始可报荐亲恩，始可酬愿遂意。拈一机万机尽赴，刹刹尘尘同解脱；动一境境境皆如，在在处处齐安乐。不弃一尘，不拨一事。翻郗氏公案，演梁帝嘉文；决悟达根源，剿迦诺奥府。开权显实，达妙契真，通微入幽，彻头彻底。千手眼慈悲普应，如意宝善友广施。三界遍该，六道均霑；一念圆成，十方坐断。今当道场圆满，大善功成，且道卢柏荪居士暨巢夫人，同受哲嗣春颐、曾绪尚颐、贤侄复颐，诸大护法竭诚报荐，毕竟高升何处？"

卓杖云："天上有星皆拱北，人间无水不朝东；篱边黄菊增新艳，映月丹枫别样红。"便卓杖，下座。

圩塘万佛阁水陆上堂。师拈拄杖云："大江之南，龙城之北，中有道场巍峨云表，聚万善于万佛堂中，人人开乐善之怀；集千祥于千年宝地，个个欣佳祥之庆。根源不越丝毫端，功勋普沾于无极。一人倡首，利益十方，三乘坛开，欢腾万类。兹乃万佛诸人真清大师合院硕德诸大檀护重兴万佛道场，重建大雄宝殿，大功虽未告成，规模岂然大备。特建法界圣凡普利冥阳树福遐龄水陆大斋道场，三年功德，用报十方护法，远近信心檀越，若男若女，若老若少，若智若愚，若幽若显，尽乘法海真光，同圆真常种智，消众苦于当场，证殊荣于即境，不旋踵而福裕恒沙，不移步而寿齐泰山。圣凡冥阳各姓宗亲，无量种类及诸群品，不假他求，不从外得，悉于其中圆满大乐。恁么殊胜，恁么希有，敢问现前仁者，毕竟承谁之力？"

举拄杖云："东阿閦西弥陀，南宝胜北成就，普与无量圣贤，十方诸佛同在，拄杖头上放光动地，齐声赞言：'善哉善哉，不可思议。'"卓杖云："中央一曲宣荣境，唱彻圩塘万载春。"便掷杖，下座。

（冶开镕禅师语录卷第一）

卷二

上堂。师拈拄杖云："大用无拘妙德非，所任顺逆以展施，随真俗而现化，现天现人现宰官，现诸群品，无非实内兴权；示去示来示生灭，示诸苦乐，均属真中现假。藉假明真，假非是真，真不自真，了假即真。所以大权随机，应现非一，慈氏隐形于兜率，降善慧于义婆双林；曼殊晦迹于五台，示杜顺于雍州万年。观音手提鱼篮，地藏现形疯癫，大圣兴慈，变幻莫测。即今皇清诰授资政大夫、晋封荣禄大夫、前署直隶通永兵备道徐公孟翔府君，乘大愿轮，游于尘世；现宰官身，任运利济，住世五十三年，功勋莫可言喻，不昧本因，萧然仙逝。惜乎返真太早，致使令嗣宏文太守泣地呼天，追思莫及，痛不欲生，依恋失所，恭诣天宁梵刹，启建法界圣凡普利冥阳普度大斋道场四十九日，用报罔极大恩，欲达追思深愿，冀佛力以垂慈，希圣恩而愍济，坛开金地，法转灵文，供献酥酡，香焚牛首。今当圆满之期，特延高登宝座，聊酬相知，不辞敬白：

有大仙人运慈心，来游幻世示时人。扶危救难利群生，应事随机行愿深。佐助皇家四十春，匡时济世无变更。灵源不昧本来真，应尽迁原便飞升。善眷请法敬森森，情与无情尽沾恩。对众赞扬别无伸，法界同归无等尊。咄！"掷杖，下座。

贴单。师拈单票云："赵州有二僧不肯作第一座，院主白州，州云：'总教作第二座。'主问：'第一座教谁？'州云：'装香着。'须臾香装了也，州云：'戒香、定香、智慧香、解脱知见香。'赵州老汉借水行舟，得逢其便，天宁者里第一第二第三，直至无量百千也，只是无欠无余，且道因甚如此，现前位位不曾眼花？"便贴。

结制。师拈拄杖云："眼中着屑，空中楔钉，累他诸佛诸祖现身，横说竖说，尘说刹说，炽然说无间歇，究竟何曾说着；横行竖行逆行顺行，寂静行决定行，究竟何曾行着？已证据者固然了了，未证据者亦未欠少。所以石头初到青原，原问：'甚么处来？'答曰：'曹溪。'曰：'还将得甚么来否？'答曰：'未到曹溪亦不失。'曰：'既然不失，何用去曹溪？'答曰：'未到曹溪，焉知不失？'诸上座委悉么？明明无异路，直下绝跻攀，毫厘有差天地隔，拟议千山与万山。"掷杖，下座。

起七。师执香板云："非常之事必得非常之人，若无非常之人，难行非常之事，现前顶天立地位位具足是丈夫，且道非常之事作么生行？"击香板云："起。"

解七。师按竹篦云："整兵征剿无明贼，旗鼓奔腾大展威，杀尽波旬翻窟穴，拓开疆土凯旋归，而今四海咸宁静，一曲高歌月正辉，咄！"下座。

冬至。师拈拄杖云："阴阳未分之前，生佛未兆之始，一极早已逼塞虚空，包含万象，映沙界而无遗，历千劫而非古，能转阴阳阴阳不能转，能移万物万物不能移。所以傅大士云：'有物先天地，无形本寂寥，能为万象主，不逐四时凋。'若能识得此物，世出世间万事万法俱是假名，阴阳消长四时变迁皆成幻境，说真也得，说假也得，说假即真也得，说真即假也得。"蓦竖拄杖云："且道这个是个甚么？"

良久卓一下云："个里若未能清澈，难免不被眼睛遮。"卓杖，下座。

上堂。师拈拄杖云："一翳在眼，空华乱坠，无限波涛，脚下竞起。棒打石人头，嚗嚗论实事，青山不展足，日下不张灯。一阳来复，万德功圆，理事双融，如如自在。菩提果熟于当场，有目共睹；宝莲花开于上品，功圆者证。入如来之大海，刹刹尘尘齐解脱；证诸法之实相，在在处处大圆觉。障难烟消，诸苦冰释，慧日光临，智炬高烛。

此乃宜兴县和桥镇方果福优婆夷，宿秉灵根，植众德本，不昧乎本因，来寺启建法界圣凡普利冥阳树福遐龄水陆大斋道场，七坛七昼夜功德，烧种种香，设种种供，转种种法轮，演种种妙义，普为法界众生同登佛果，自身亲为佛子，早证菩提，本姓宗亲及诸亲族同登觉岸。今当圆满之期，恭延天宁高登宝座宣扬法要。"顾左右云："诸上座，委悉么？世尊说法四十九年，顿说渐说，显说密说，正说偏说，方便说譬喻说，未曾说着一字，天宁今朝说个甚么？若道无说，口未停歇，若道有说，说在那里？"

良久云："者里见彻，果福优婆夷未离和桥，早已大法成就，早已圆满具足。若待天宁开两片皮，鼓粥饭气，堪作甚么？虽然如是，即今水陆圆满因斋庆赞，又作么生？古柏苍松千载茂，亭梅花放最高枝。"卓杖，下座。

观音阁起龛。师拈拄杖云："六十三年前不持一物来，六十三年后不持一物去。正当六十三年，由小至中，由中至老，由老至尽，应事应机，任运无碍。或随世而治家，或弃俗而修道，或刻苦而精专，或和光而同尘，或宏法而利生，或兴慈而济物。接交有道之人，劝化无知之辈，引诱归真，解危济苦，随顺机宜，不拘形迹，凡有施为，无所住着，开权巧之门，行方便之事。虽未出众惊群，早已人人钦服；虽未大展风矩，实为僧家表式。末后一着，三轮体空，六字洪名，一生了当，预知时至，事事完全，端坐跏趺，合掌西逝，弥陀垂光，接引安然，直入莲邦，此我观性老上座一生本地风光，真实为作。天宁今受令徒敦请，特为起龛，别无所道，只有顺水推舟，聊助一程。"拈杖云："有劳诸上座，同音齐念佛。"击龛云："起。"举火执火炬云："大洋海底蓬尘起，须弥顶上浪滔天。与君此际销遗迹，光照三千及大千。"

上堂。师拈拄杖云："事从缘起，法逐人兴，人有千差，法无定相，昔日世尊因外道问：'世尊昨日说何法？'世尊云：'昨日说定法。'又问：'今日说何法？'世尊云：'今日说不定法。'外道云：'何以昨日说定，今日说不定？'世尊云：'昨日定，今日不定。'混金璞玉净洁无瑕，黄面老汉和盘托出。天宁今日向无言处言，无说处说，普与诸人同个入处，同个自在，要使冯门项氏孺人圆满如意。"

举拄杖云："见么？世出世间善法恶法，一切诸法，皆从者里流出。者里实踏不疑，世出世间一切诸法，皆住大安乐境，皆成大解脱场，逆行顺施，圆满如意，横拈倒弄，无不自在。三千里所传佳音，七昼夜宣扬礼拜，正恁时钟鼓交加，无量众云蒸霞蔚，如虎奔山，如鱼得水，如贫获宝，如暗投灯，如如意珠，一切具足，凡所施为，凡所希冀，悉皆如意。虽然如是，且道者里是个甚么所在？"

卓杖三下云："会么？昼吉祥夜吉祥，昼夜六时恒吉祥，一切时中吉祥者，愿诸护法常安乐。"卓杖便下座。

腊八。师拈拄杖云："鸣钟集众升堂，庆祝世尊成道良辰。撷拾古今言词，装点许多巧妙。不言主宾君臣，便拈棒喝玄要。般般评论商量，种种参详计较。将谓出格超奇，看来不值一笑。且道笑个甚？未免伤神费气。何以故？佛身充满于法界，普现一切群生前。举手即搊着释迦老子鼻孔，动步即踏着释迦老子面门。虽然如是，敢问诸位上座，释迦老子即今在甚么处？适才普同祝延，少顷大殿献供。"置杖，下座。

除夕。师拈拂子云："道绝功勋，三十六旬忙不彻；体离名相，百千差别各纷纭。头头有绪，左之右之，前之后之，一一皆如，物物全彰。静里动里，忙里闲里，无不合辙。不可行而名，不可得而知。用之弥漫六合，收之退藏于密。且道归根极底一句如何？六龙城上吹画角，万户千门换桃符。"拂一拂，下座。

清光绪三十三年（1907）

元旦。师拈香毕就座，秉如意云："灵云见桃花一元复始，香严闻击竹万象更新，杨岐三脚驴野老讴歌，大慧竹篦子游子乐业。君王共黎庶同欢，化外与寰中并乐，钟鸣鼓响庆尧天，四海八荒咸稽首。"挥如意，下座。

解制。师拈拄杖云："百千法门，门门有路，重重交映，面面皆通，赋游山曲，唱观风歌，惟许达者，展个里机，发域中妙，须是其人，佛祖不能罗笼，天神不及觑见。横穿闹市，担下载之清风；直入深堂，捉白拈之临济。来来去去，一任交肩，刹刹尘尘，独行无信。面目现在，切忌颟顸，烈焰曾经，不虚煅炼。诸上座，即今灯明月朗，火树银花，异彩奇妍，骈朱填紫，毕竟落在何处，还委悉么？举足下足须踏地，进前退后慎差池。"掷拄杖，下座。

上堂。师拈拄杖云："蠹天梵作，振古玄徽，界外风光，巍然洞启，妙无边、乐无边、用无边、照无边，畅通藏海，馨法渊宗，赫晔光荣里尽净，无添处加添，事境与理境同彰，在在境通明豁达，无减处加减，圣心共凡心一毕，头头实了，无缝罅无立足处，开怀有所得里放手，八面玲珑十方活泼，一道坦平，如如自在，怎么了达，怎么见彻，若非个里圆通阃外超脱，曷能极其原底际？

此百花竞秀，万卉增芳，绿映弥天，浓荫遍野，乃我大护法佘荣洵君暨合第善眷人等，敬为皇清诰授资政大夫二品顶戴直隶特旨道前署天河兵备道显考征甫府君七旬冥诞，并及皇清诰封卅品夫人显妣某太夫人资冥生莲，启建水陆道场，上供万圣，下济三有，普令法界之内一切情与无情，以及具灵性者，悉皆圆满大乐。

所以《般若经》云：'若卵生，若胎生，若湿生，若化生，若有色，若无色，若有想，若无想，我皆令入无余涅槃而灭度之。敢问诸上座，如何是无余涅槃，毕竟作么生灭度？过去心不可得，现在心不可得，未来心不可得，石男拍板云中唱，木女讴歌火里眠，源远流长根深叶茂'。"卓一卓，下座。

光绪三十三年（1907）

佛诞。师拈拄杖云："二千九百三十四年前，无风起浪振鼓泼天之波涛，二千九百三十四年后，和泥合水清浊混融于大地，这边那边尽在其中，头出头没何有限量？顿然超出者不止其几，就里淹杀者不知其几，广大圆满者不知其几，隔塞虚空者不知其几，以醍醐为毒药，将毒药作醍醐，颠三倒四，七通八达，返乎云覆乎雨，牛头出马头回，一一看来不知其几。"

蓦竖拄杖云："且道这里事毕竟如何？"

卓一下云："相将携手上瑶阶，长啸一声天地阔。"卓一卓，下座。

结夏。师拈拄杖云："捏不聚，劈不开，收不拢，把不着，鹭鸶腿上割股，虚空腹中钉楔，东山水上行，西河火里坐。溪西鸡齐啼，屋北鹿独宿，黄龙三关，浮山九带，云门顾鉴，赵州柏树，汾阳十智同真，洞山五位君臣。天宁今日结夏，别无所道，一齐包包扎扎，撇向粪扫堆头。"掷杖，下座。

上堂。师拈拄杖云："一佛出兴，千佛赞扬；一花开敷，千花竞秀。不动毫端早遍大千，无所作为光照万有，开华藏之门，现毗卢之境，达善才之真迹，入普贤之愿海，畅于心，悦于怀，利于功，应于实，事理交圆，主宾互彻，忘我及人，普行大惠。

识我大檀越诰封一品夫人盛门庄氏夫人，法名善月，笃善天成，慈良宿就，良有以也。前请本寺书记印平比丘，谢绝尘嚣，禁足掩关，虔礼《华严》一部，计七万零四十三字，上报四恩，下援诸苦，万类同臻大乐，以此良因，销多生之障缠；以此良因，积无疆之福寿。智慧花开，芝兰茂秀，灵根挺生，菩提果实，保国保家保苍生，利冥利阳利无极。

今届蒲苇献绿，榴火初红，再转法轮，重阐众教，集殊勋于不二法门中，刹刹同欢；空诸相于众妙界里，尘尘均悦。折摄惟真，俯仰崇实，若幽若显，尽登大圆觉场；是圣是凡，悉归毗卢性海。无有所得万行功成，揭露当阳非去来今。且道毕竟作何庆祝？嘉州牵大象，陕府灌铁牛，南山起云，北山下雨。"哈哈大笑云："善哉善哉，不可思议。"卓一卓，下座。

上堂。师拈拄杖云："罔知跋涉投禅苑，为报深恩起法筵。大会功勋今圆具，第一义谛复敷宣。东西同相应，南北两皆通，古道平坦坦，如如亲自在。十方蕴馥，随虔成祥，不惜茎眉，特为拈出。"蓦竖拄杖云："见么？"卓一下云："闻么？既见既闻，第一义谛在甚么处？"

复卓一下云："拄地撑天，旋岚掩岳，超越众群，不随诸数，所以云门大师云：'尽大地解脱门，把手牵不入；尽大地是涅槃路，倩人行不得。'天宁这里则又不然，即今现前诸仁无一不在涅槃路上，无一不在解脱门中，收来放去，引类呼朋，涕唾掉臂，携子抱孙，入梵刹则唱演三乘，使人人脚踏实地；处禅林则歌宏妙道，令个个鼻孔撩天。游戏四无量心，逍遥六波罗密，翻三途之毒海，掘十界之根株，圆一真之佛果，集万善之功极。檀越以之酬恩，衲僧以之进道，千圣以之欢腾，诸佛以之庆赞。放无量光，演无量义，示无量法门，现无量权巧。无一不在涅槃路上，无一不在解脱门中，直饶诸佛分上亦未能越出分毫，蠕动含灵亦未曾少分毫。怎么见彻，吴府堂中先远历代宗亲，三党各姓姻亲悉皆受度，堪报不报之恩，共展无为之化。

虽然如是，即今吴吉臣居士率领善眷人等，来寺启建水陆大斋道场，圆满敬设上堂大斋，请法上堂因斋庆赞一句作么生道？芝兰繁而秀，松柏茂而苍。寿等等河沙，妙体若金刚。"卓一卓，下座。

解夏。师拈拄杖云："春夏已过去，秋冬正当来。寒暑互变迁，侵凌无底止。昔日僧问洞山云：'寒暑到来如何回避？'洞山云：'何不向无寒暑处去？'僧云：'无寒暑作么生去？'山云：'寒时寒杀阇黎，热时热杀阇黎。'

洞山老汉怎么答话，不费分毫之力送这僧直入大安乐地，可谓痛快已极。天宁今日解夏，怎么表扬，众中还有彻底担荷者么？若有彻底担荷，不负一夏辛苦，堪与古人把肩共行，把手造作，同鼻出气，同大受用。如或拟议迟疑，依稀仿佛，直饶这边过夏，那边经冬，脚下踏碎草鞋，肩头磨折扁担，依旧远隔千里。何为如此？毫厘若有差，天地已悬隔。"卓一卓，下座。

镇江夹山竹林寺定安太老和尚封棺，师拈封条云："别后未满两阅月，惊音忽尔至毗陵。伤哉折我众所依，今日亲诣泪频淋。恭惟：

圆寂南岳下第四十五世竹林堂上^上定^下安然公法兄台老和尚，住世七十五年，僧腊六十三载，行无言之慈，运同体之化，抉从上之纲宗，正令全提；断衲子之命根，太阿倒握。不动声华魔外潜踪，不展锋芒群邪丧胆。忆自□□□后，初奠升平无我，法伯旭祖老人，重整家风，再竖刹竿，栽临济之松，种多福之竹，牧沩山牯牛，开百丈田地，法风穴七载单丁，仰大愚一生清苦，风月满天，江山宛旧。继接智珠老侄、法舟侄孙等，祖道宏恢，尸罗雷震，千华台上，令十方四众各依其依，使僧尼道俗共乐其乐，先夹山之面目焕然更新，南涧问之真轨，遍施莫极。

弟等正拟永托荫依，何期津梁遽尔收手，大圆觉海本无去来，建化门头顿然失色。天宁劣弟跋涉不辞，恭诣位前，爇一瓣香，奠一盏茶，聊进雁谊，复何以已。伤哉复伤哉，悲夫贤后哲。夹岭息慈晖，山泉空怆恻。"便封。

上堂。师拈拄杖云："一念精诚建法筵，三乘藏海馨言诠，殊途妙境归何处？无量功勋入性田，大功不宰，妙德非居，沙界圆通，光含万象，不是目前，法非耳目之所及，明明历历，非放非收，千圣不能测其源，万灵莫能窥其旨，明头合暗头合，七昼夜法韵铿锵，歌扬赞诵，事具足理具足，大善信福慧双严，寿算绵永，九祖先灵生莲，三党姻亲受度，兹当圆满，宝座高登，不惜茎眉，重为显露。"竖拄杖云："见么？"卓杖云："闻么？见闻是个甚么？"良久复卓杖云："四圣六凡三界九有，尽向者里收拾，无量神通百千三昧，到此退身有分。唯倪门王氏大护法，以此来寺，启建普利冥阳水陆大斋道场，现前诸人以此不负来机，种种宣扬，展演诸佛，以此度生，万类以此解脱苦沦，以此树福消灾，天宁以此应机应事，以此荐亲，以此报祖，以此利他，以此自利，且道第一义谛在甚么处？"卓杖云："木樨花放在深岩，遍布幽香璨烂开，杲日当空光宇宙，山河大地庆善哉。"卓杖，下座。

上堂。师拈拄杖云："世间出世间，善法不善法；杂然乱纷纭，根源何处发？天非自天，人非自人，凡不自凡，圣不自圣，凭何物以成天，凭何物以成人，凭何物以成凡，凭何物以成圣？"

顾左右云："诸仁者会么？天人圣凡、世出世间，尽从一毫头上全身建立，恁么见彻，恁么了达，圣凡天人世出世间，一切万法俱是空名，即其空名亦不可得，于不可得中始可以为天，始可以为人，始可以为凡，始可以为圣，始可以为一切。搅长河为酥酪，变大地作黄金，拈一茎草作丈六金身，以丈六金身作一茎草，逆行顺施，横拈倒弄，圆满如意，随心自在。虽然，若非宿植胜因，正信勇为，焉能获此殊胜效果！

兹届佛生二千九百三十四年九月望日，乃我新授浙江严州府淳安县知县本郡吴公季常大护法暨德配刘夫人，以净信心，作殊胜事，来寺启建树福延龄普利冥阳水陆大斋道场一堂七昼夜功德，今当圆满之期，敬设香斋，敦请山野，宣扬法要。

山野遍睹一切处所、一切境界，无一不是最上法要，钟无法要无以自鸣，鼓无法要无以自响，口无法要无以自言，眼无法要无以自见，耳无法要则无以闻，手无法要则无以提，足无法要则无以行，天无法要则无以运转四时，地无法要则无以生长万物，君无法要无以治天下，臣无法要无以治国事，此界他界，一切人类，水陆空行，一切种类乃至蜎飞蠕动，微细昆虫，若无法要，悉皆无以行动。诸仁者委悉么？不是佛兮不是心，大千沙界现分明。从来一字不加画，九月重阳菊花新。"卓杖，下座。

上堂。师拈拄杖云："法起缘何处？中州一电来。哀诚通云汉，即境涌莲台。空生妙德，赞仰莫及；电掣风驰，追踪不上。鹞子过新罗，泥牛越东海。踞虎头，把虎尾，如何是中间的？老开先，虽有定乱之谋，且无出身之路，天宁者里八字打开，千门洞启，也不踞头，也不把尾，只要顺时顺节应事应缘，称扬时称扬，礼诵时礼诵，吃斋时吃斋，消闲时消闲，唤作吃斋、消闲、称扬、礼诵，施主所求愿满，先灵受度以臻，普利冥阳水陆大斋道场，七昼夜功德，不负冯嗷绮、嗷棠贤昆仲暨沈门冯氏孺人，为报答皇清诰封恭人晋封淑人显妣王太淑人，资冥生莲之孝心。天宁大开门户，怎么设施，较他拘守一隅，何啻霄壤者哉！虽然如是，即今水陆圆满，大功告成，毕竟王太恭人超升何地？"

拈拄杖云："千江有水千江月，万里无云万里天。"卓一卓，下座。

结制。师拈拄杖云："年年结制，岁岁开炉，虽然是不等闲，要且各不含糊。铜头铁额者，按向炉中；顶门具眼者，按向炉中；匙挑不上、半青不黄者，按向炉中；直饶超群出格、鼻孔撩天、牙如利剑、口似血盆，千圣不奈伊何，诸祖见而退缩者，到来正好，按向炉中，从新一煅炼。既是顶门具眼、出格超群，因甚还要入炉从新煅炼？众中莫有端的者么？天宁施设处，疑杀世间人。"掷杖，下座。

贴单。师拈单票云："宾主分明，事理冰判，有实有权，有照有用。为霖为雨润苍生，如虎如狮大啸吼，气宇如王，口吞佛祖，呼唤不回，罗笼不住，今日斋斋收归天宁这里。"举单票云："且道这个归于何处？象王行处绝狐踪。"拈单便贴。

起七。师执香板云："威严济济，龙象森森，将逐符行，兵随令转，一声霹雳顶门开，百怪千奇俱绝迹。"击香板云："起。"

解七。师按竹篦云："夹山参船子，黄檗打临济，灵云见桃花，香严闻击竹，亦能开人正眼，亦能瞎人正眼。天宁二七开炉，昼夜煅炼，棒如雨点，喝似雷轰，且道是开人正眼是瞎人正眼？相将共上木兰舟，明月清风安可比？"以竹篦点地云："收！"

上堂。师拈拄杖云："是法平等，无有高下，天不能盖，地不能载。山是山水是水，人是人物是物，云腾鸟飞，犬吠鸡啼，物象纷纭，莫可究极。试问于其中间，毕竟何者是法？"

良久云："现前儒释诸仁，早已圆满具足，囊括大千，包含万有，殊祥异凡，功勋尽在。诸人现前，本有光中，了然显现，无不该罗，无不收摄，若非具大力者不能启发。

本郡刘门吴氏孺人暨善眷人等，慈孝双彰，家国并治，不昧灵根，本源洞悉，今来天宁，彻底掀开，以致钟鸣鼓响，头头发泄，烛焰幡花，在在指出。七昼夜朗朗遐宣，二六时铿铿彬济，百千妙境全体遍敷，恒沙嘉祥同时毕露。障苦冰释，业卸尘销，寿山高而增耸，福海深而添波，芝兰秀而芬芳，松柏苍而鲜翠。"拄杖子哈哈大笑，乌藤儿欢忻鼓舞，露柱灯笼，指手不迭，齐声赞言：善哉善哉。

蓦竖拄杖云："见么？"卓一下云："闻么？既见既闻，是个甚么？"复卓一下云："劈开华岳连天碧，放出黄河彻底清。"卓杖，便下座。

上堂。师拈拄杖云："法域灵源境廓开，门庭光耀喜培栽。当机杰出凭人见，一鉴圆明万境该。霞光遍布，慧日熙熙，梅放枝梢，天地清肃，无所动处生辉，有作用里现兆，特出越类，超奇巍然，独标象外。是个中人，方明斯旨；无作家眼，焉解此宗？

昔日希迁禅师初到青原，原问：'从那里来？'答曰：'曹溪。'曰：'还将得甚么来否？'答曰：'未到曹溪亦不失。'原曰：'若然何用更去曹溪？'答曰：'不到曹溪，焉知不失？'

诸上座委悉么？既然未到曹溪亦不失，且道不失个甚？即今又在甚么处？试检点看，直饶检点得出，早已蹉过多时，所以云门大师云：'尽大地是解脱门，把手牵不入；尽大地是涅槃路，倩人行不得。'筵前芬芳盛茂、覆地荫天之一株亘古亘今，绵永延休，不可得而思，不可得而议者，惟我苏郡长洲县大护法，李门王氏孺人仝子文锦公子安然有所得也。所以运无尽之资，建无尽之业，转无尽法轮，显无尽妙义，献无尽之香花，供无尽之圣贤，令无尽四恩三有，无尽水陆空行，无尽情与无情，无尽一切众生，齐齐共证无尽圆满大果，怎么事业，怎么举措，其福利功德岂是等闲所能思议者哉？天宁全身是口也不能赞其分毫，何况其余之无尽炘荣庆幸也耶？虽然如是，即今水陆圆满，请法上堂一句毕竟如何？"拈拄杖云："祥麟虽现一只角，待见神龙衍庆多。"掷拄杖，下座。

冬至。师拈拄杖云："大洋海底蓬尘起，须弥顶上浪滔天。铁蛇钻入金刚眼，昆仑骑象鹭鸶牵。露柱开颜笑，灯笼赋新调。石人怒气生，打得虚空叫。啊啊闹不休，致使泥牛乱跳，跳的跳，笑的笑，闹的闹，叫的叫，惹得舜若多神火发，出来振威一喝，各各缩身而退。群阴消灭，一阳来复，谁知今朝，原来冬至。哈哈。"下座。

起龛。师拈拄杖云："幻世浮沉七十年，和光同俗应尘缘。今朝尘净光生也，七宝池开九品莲。恭惟：

圆寂书记广莲老上座，一生本分，不事虚浮，处众谦光，了无窒碍，早知四大皆空，默持一句佛号。因果分明，尽心奉职，数十年克勤克俭，二六时慎始慎终。护己护人，从无偏党；脚底脚头，未曾蹉过。虽老益壮，在病犹坚，末后归期早定识破，所以力卸仔肩未满数旬，安然西逝。可为衲子之箴规，丛林之榜样，称僧宝者，宜其然也。今者合院诸师恭送阇维临行一句，无庸多嘱，拨开幻世离尘境，步步登高入逍遥。"擎龛云："起。"举火，执火炬云："觌面宝所，极目长安，正恁么时，如何证入？"投火炬云："丙丁童子才相助，幻迹真名一例销。"便烧。

上堂。师拈拄杖云："天无四壁，地有八方，法随事兴，用时适当。"卓杖云："今有本郡无锡县扬名乡城西里土地绣座司大王界下居住信士顾赓良、赓明敬为皇清诰授奉政大夫晋封朝议大夫候选同知国学生显考干臣府君，并为顾府堂中历代宗亲资冥生莲，来寺启建法界圣凡普利冥阳水陆大斋道场，七昼夜功德，今当圆满，请宣法要。

教中云：'应以佛身得度者，即现佛身而为说法；应以菩萨身得度者，即现菩萨身而为说法；应以天大将军身得度者，即现天大将军身而为说法；应以婆罗门宰官居士身得度者，即现婆罗门宰官居士身而为说法，乃至应以比丘比丘尼优婆塞优婆夷一切人非人等身得度者，即皆现其身而为说法，令其成就。'

且道这是为顾信士超荐显考干臣府君，并荐顾府堂中历代宗亲资冥生莲，毕竟说何法要令其成就？《般若经》云：'说法者无法可说，是名说法。'

又云：'若言如来有所说法，即为谤佛。'敢问有说也，无说也？若言有说即为谤佛，若言无说辜负信士。究竟如何即得？"

良久云："这里见彻清楚，有说也得，无说也得。如龙得水，如虎逢山，如暗得灯，如贫得宝，全身无碍，彻体解脱，优游华藏世界，逍遥极乐国中，此界他方，人间天上，无不自在。虽然如是，即今水陆圆满，请法上堂一句又作么生？"卓杖云："千山势到岳边止，万派声归海上消。"卓杖，下座。

诸天菩萨开光。

（左）师拈香笔秉笔云："大誓宏深、大尊严大威德卫佛济世、慈济善济、威济怒济、解厄救难济、金刚大将济、八部威神济、所求如意济、自在安然济、坚固证盟济、保赤福婴日轮光明济、无量妙宝一切功德海藏济，惟愿此济悉遍（施），普使无量大欢悦。"以笔点眼云："威严赫烨大地晖，护国护民护梵刹。"撒花米三拜。

（右）师拈香笔秉笔云："大权示现、大自在大殊胜、德泽无涯、慈德威德、恚德喜德、忿怒摧邪德、威猛伏魔德、大辩无碍自在满愿德、殷忧护法辅正救苦德、满月净光德、执权冥途德，无量无边大功德，惟愿显露悉遍施，普使群生大安乐。"以笔点眼云："金光煜耀照十方，卫法卫僧卫檀越。"撒花米三拜。

腊八。师拈拄杖云："雪山昔日旧公案，每到今朝便更新，古曲虽然无音韵，能和乃可名知音。

僧问风穴云：'古曲无音韵，如何和得齐？'风穴云：'木鸡啼子夜，刍狗吠天明。'妙喜云：'黄面浙子怎么答话，也做他临济儿孙未得在。设或有人问妙喜，云：古曲无音韵，如何和得齐？木鸡啼子夜，刍狗吠天明。'

二大老怎么答话，还有优劣也无？若道有优劣，二人所答一样，若道无优劣，何以妙喜怎么披判？委悉么？古曲无音韵，如何和得齐？天明刍狗吠，子夜木鸡啼。"下座。

上堂。师拈拄杖卓一下，云："不是禅不是道，明如杲日，非佛非法，世法宽若太虚，明头合暗头合八面玲珑，无我相无人相全体自在。极亲极近极平常，极处无遮大吉祥。遍界遍敷谁解识？宛如子女与亲娘。同其根，同其叶，同其枝，同其干。培其根兮培其叶，培其枝兮培其干。根叶与枝干，芬芳各有异。统要而言之，原本共一体。如水与波澜，如地与丘山。如身与手足，如金与钏钗（当作：钗钏）。形势虽有殊，原同一气贯。笑哈哈，笑哈哈，筵前位位是作家。眼目定动千山别，毫厘才涉隔天涯。怒雷不及来掩耳，陆地休从搣鱼虾。今日天宁遗话柄，惹笑知音乱如麻。这里若能亲证彻，圣凡何处是疵瑕。德山休拈棒，临济漫下喝，千圣出来，早已追不及。魏门李氏优婆夷，法名清池，同子允恭、允治、允济，同女允元，法名超悦，同建法界圣凡普利冥阳水陆大斋道场七昼夜，无量无边不可思议功德，树福遐龄，所愿遂意，今当圆满，请登高座，拈起拄杖，喜之欲狂，无量寿如来与诸佛菩萨，无量圣贤，福星、禄星、寿星诸大吉星，无量圣凡种类，同时发现，同大庆幸，无边世界，圆成一界，光光相映，互互交辉，无杂无分，无彼无此，不可思议，不可称量。正当恁么之时，天宁拄杖轻轻謦咳一声，如上一切圣凡，各住本位，安然静寂，圆满自在，三千年鹤才展翼，九万里鹏便高翔。"下座。

竹林寺定安太老和尚、智珠老和尚起龛。师拈拄杖云："苍苍古夹山，松篁森幽谷。叠叠伟人兴，峻机孰能测？春回大地，月满千山，猛火消冰，寒风刺骨。开通时极其开通，宣畅时极其宣畅，精严时极其精严，秘密时极其秘密。或是或非人不识，逆行顺行天莫测。阒然燕寂，千圣窥探无门；扫迹灭踪，天人捧花无路。放一线八面四方尽全彰，示一机刹刹尘尘同刮目。非去来今现去来今，无生灭相示生灭相，则即是我传南岳下第四十五世竹林堂上定安然公太老和尚，暨我法侄传南岳下第四十六世竹林堂上智珠德公老和尚，同于大寂光中普现权机，扶竖宗纲，律济四众，数十年搅浊扬清，披权显实，夹山顶上罗龙捕凤，铁瓮城边证龟成鳖。直至而今，虽然大用全收，检点将来，未能无过，还有人见其过否？若见其过，夹山宗风永振，如或未然，看我二老人今日倒骑铁马，宝网打开，步步登高去也。"掷杖合掌云：

"请。"

安塔。云:"猿抱子归青嶂里,鸟衔花落碧岩前。藏身处没踪迹,没踪迹处莫藏身。处(衍文)先夹山恁么举扬,虽然妙尽机宜,未免口门太窄。何如我定安太老和尚现大人相,亦任山花开献,涧水长流,日月照临,风云围绕,令一切人瞻之仰之,莫可穷极,万峰齐下拜,一塔镇常新。"掩土。

祖堂安位。师捧牌位,顾左右云:"这里是西天东土历代诸祖归处,今日我定安然公太老和尚暨我法侄智珠德公老和尚,虽是随例附和,要且别有长处,且道是何所长?儿孙齐得力,龙象济森森。"便安。

除夕。师拈拂子云:"年终除夕夜,事事全具备,大开无尽藏,诸人同分岁,已得底者安乐过年,未得底者安乐过年,已得底者固属安乐过年,未得底者何以安乐过年?"举起拂子云:"自古至今谁人欠少?"挥一挥,下座。

清光绪三十四年(1908)

元旦。师执如意云:"圣德大清国,缁素和尊贵。举世一切人,普同添一岁。"举如意云:"且道这个还添一岁否?"顾左右云:"甘雨和风,尧天舜日,景星庆云,民安国泰。"挥如意,下座。

解制。师拈拄杖云:"亭梅献玉,堤柳呈金,月耀中天,灯红遍地。衲僧得意开怀,禅和满腔欢喜。扁担活如龙,草鞋雄似虎,三川两浙,五湖四海,观山玩水,快乐优游。优游则不无,忽遇无面目汉,拦胸揪住,毕竟作么生道?若果道得,不负担囊,如或未然,还须按下云头,振奋精神,究彻本底根源,以撑佛祖门户,岂不庆快平生?较之随人起倒,打讲过时,何啻霄壤者哉!举头天外看,谁是个般人?"掷杖,下座。

上堂。师拈拄杖云:"风和日暖,鸟语花香,草木增荣,溪头源活。清平世界,本不假于干戈;良医门前,实有多般病者。空本无内,任从云雾以卷舒;月体非亏,悉听缺圆而互异。须弥顶上,大觉光中,十字街前,真如海里,增一些子不得,减一些子不得。减不得处加增,增不得处加减。法随法转,法界随处建立,开善友之宽门,辟空生之坦路。七宝池中添八德,九品莲开一境功。圆空二谛,三根普被。荐先灵于当场,金不博金;转妙义于今时，水不洗水。融凡圣之边疆，销众生之界限。好肉不剜疮，钵盂休安柄。生时无处，灭亦何归；一段真光，遍界阐晖。无脚铁牛今踌跳，清明三月柳花飞。空中闻鸟道，水底辨鱼踪。第一义何归，钟鼓闹哄哄。恁么见彻，不负七七之功勋；如斯了达，堪报罔极之大德。

酬天达地，报本荐亲，郭宗林大善信阖眷真诚。不属显，不属秘，拙天宁摇唇鼓舌。春深百花开，石头路转滑；揭露任观瞻，非法非非法。开权显实，觉地扬灵；大功告成，周隆一事。火宅门外布三车，穷子衣中珠毕现。全体无遮，千眼莫见。

且道皇清诰封宜人晋封恭人显继妣周太恭人，毕竟超升何地？一把柳丝受不得，和烟搭上玉栏干。欲问恭人生何处，前三三与后三三。"掷杖，下座。

上堂。师拈拄杖云："万象森罗一镜开，无边刹海叹奇哉。明明不是修崇得，且喜知音共徘徊。山花开处处，绿水响潺潺，红日照熙熙，黄莺啼历历。无人亦无我，非色亦非空。一句现当轩，沙界通收摄。

苏州吴县凤凰乡信女尤门许氏，不昧久蕴灵根，宿植德本，于此一事，早已了了，精诚奋起于初心，恳祷虔祈于觉帝，乞西竺之迦文，入天宁之梵刹；延六和之僧伽，转无上之妙谛。开空法道，廓净尘渣，大起华筵，冥阳普利，报荐镜里之先亲，七祖九宗登极乐；销融空花之病苦，千灾百障尽蠲除，寿同泰岳，福等沧瀛，不施而施，无得而得。拄杖子无处囊藏，乌藤儿和盘托出，只图共见共闻，那管吴地常地。绝蹊攀，没踪迹，非去来，无所得，任凭属目以观瞻，悉听开颜而欢悦。优昙现瑞狞天香，绿艳红妍彻底彰。无限恩波谁收拾，狞龙从此起夜塘。"卓一卓，下座。

卷三

上堂。师拈拄杖云："旷劫至今来，分毫未曾隔。舍之既无从，取亦不可得。多少人向这里迟疑，多少人向这里跳出，跳出者任从跳出，迟疑者任从迟疑。"竖拄杖云："且道这里事毕竟如何？是跳出耶，迟疑耶？"良久，卓杖云："直饶鹙子当前，满慈临座，到者里也分疏不下。净名只有杜口，释迦惟事掩室。作家上座，未动已前早已了了。设或拟议竚思，拄杖子不免注破。"卓杖云："会么？门庭洞启，事具千般，曲径旁通，理无二致。任从龙象以云臻，悉其殊途而并辙。上而诸佛圣贤，中而天人种类，下而蜎飞蠕动，世出世间，善恶垢净，一切诸法，今被无锡杨门薛氏孺人，彻底掀翻，全身毕现，却要天宁高升宝座，一一证据。天宁至此纵目遍观，天是天，地是地，人是人，物是物，圣是圣，凡是凡，寿山高而增耸，福海深而添波，丹桂芬芳，芝兰茂秀，各安其安，各乐其乐，分毫未差，分毫未错。一气不言含有象，万灵何处谢无私？天宁怎么酬报，与大护法合眷人等，启建树福延龄水陆大斋道场，圆满功德，还相应也未？不因狂澜渔父引，焉能彻见大波涛？"卓杖，下座。

佛诞。师拈拄杖云："云从龙风从虎，圣人作而万物睹，东园房两尊土地，甜瓜彻蒂甜，苦瓠连根苦；山门前一双石柱，有意气时添意气，不风流处自风流。恭敬者恭敬，礼拜者礼拜，称扬者称扬，赞叹者赞叹，以棒打杀者以棒打杀，一生怕见者一生怕见，且道毕竟如何即是？"

拈杖云："富嫌千口少，贫恨一身多。"卓杖，下座。

结夏。师拈拄杖云："斩钉截铁，应时应节，一句道穿，空中添楔。现前明眼衲僧，当场自能辨别。逍遥圆觉伽蓝，优游舍那门户，踏毗卢之顶颢，越生佛之阃奥，是其人方能其事。

昔日南岳初见六祖，六祖问：'什么物怎么来？'答曰：'说似一物即不中。'祖云：'还假修证否？'曰：'修证即不无，染污即不得。'祖云：'即此染污不得，诸佛之所护念。'

诸仁者委悉么？夏来春去，秋转冬移，事遂人兴，法因时建，卉木茂而苍，千葩繁而实，遍界尽芬芳，个中非出入。包裹万有，囊括大千，非灭非生，非来非去，且道结夏一句毕竟如何？千圣说不到，诸祖莫能测。"拈杖，下座。

解夏。师拈拄杖云："人人有一物，从来不曾失。五眼莫能观，千手拈不出。应用普遍该，推寻转成隔。贵尊无比伦，非奇亦非特。内无心外无质，无灭生非空色。天宁一夏少商量，试问诸人识未识？若云已识，未免头上添；若云未识，又曾当面违，且道毕竟若何？"卓杖一下云："九旬虽云满，个事意深长。金风但袭体，遍界悉清凉。"卓杖，下座。

中秋。师拈拄杖云："青光满目，尘刹遍周，亘古亘今，谁曾欠少？十五良夜，圆满交辉，初八二十三，半圆半缺，真圆非缺，真缺非圆，既能缺而复圆，更转圆而复缺，是知真体非缺非圆，非隐非显，非灭非生，非来非去。今朝庆赏中秋，举世敬月，衲僧门下随例附和，附和则不无，试问毕竟如何是真月？"拈拄杖云："阶前蛩韵声喆喆，玉露飞空黄叶飘。"置杖，下座。

贴单。师拈单票云："全体现分明，举眼当下见。个里本无私，人人具一片。东胜神洲，西牛贺洲，北瞿卢洲，贤者愚者，明者暗者，迷者悟者，今朝通同合会，排列两边，标本地之风光，作人天之榜样，显从上之宏徽，启后贤之眼目，惟愿莫负个中，共持德以挽颓。"便贴。

结制。师拈拄杖云："宾鸿阵阵，黄叶飘飘，篱菊争妍，芙蓉竞丽。衲子抖擞精神，丛林开炉结制，内外其振雄威，彻底不为别事。不为禅不为道，不为智不为觉，不为佛不为祖，乃至不为邪正明暗、偏圆色空、生灭取舍、语默动静，一切不为，且道毕竟所为何事？不从故国亲临过，焉得清风满长安？"掷杖云："参！"

起七。师执香板云："奋冲天志，竭大海波，舒擎云手，展追风足，一击百重关锁开，是圣是凡皆剿绝。"击地云："起！"

解七。师按竹篦云："空里捕花，水中捉月，十四昼夜，未曾住歇。脚跟下草鞋张口，肩头上香板吐舌，井底虾蟆跳上天，岩前石虎斗未彻。歇歇，停旗息鼓，安家乐业。"置竹篦，下座。

腊八。师拈拄杖云："箭锋相值，针芥投机，因缘会与，体理通现，明头合暗头合，难经检点；事无差理无差，终从败阙。辉天鉴地，耀古腾今。既振发于西乾，复阐化于东震。多少人向者里开颜，多少人向者里绊倒。拈提播弄，抑压贬剥，歌颂称扬，逆施顺展。"拈杖云："总出天宁圈襸不得。"
顾左右云："委悉么？字经三写，乌焉成马。劈开华岳连天碧，放出黄河彻
底清。"喝一喝，拽杖，下座。

除夕。师拈拄杖云："举世忙忙，遍界碌碌，各营其营，各业其业，得
者失者，盈者亏者，成者败者，升者降者，通年周罗将来，不啻恒河沙数。
惟有拄杖子，旷古至今，从来无盈无亏，无得无失，无败无成，无升无降。"
举拄杖云："诸仁者看看这是个什么？古德云'唤作拄杖子则触，不唤作拄
杖子则背'，不触不背，毕竟唤作什么？"良久，卓一下云："明眼高人，绝
不向这里埰根。城上冬冬敲腊鼓，毗陵户户换桃符。"掷杖，下座。

宣统元年（1909）

元旦。师秉如意云："宣敷胜德，统御万邦，大神人元初兆首；皇猷壮
布，六合奠安，监国君宏图祚始。天得一以清，地得一以宁，苍生得一天下
太平，衲僧得一如何施设？"举如意云："新圣主弥天寿算，摄政王亿万千
秋。国界安宁兵革销，风调雨顺民安乐。"挥如意，下座。

为定后堂大师起龛。师拈拄杖云："四十九年居尘世，三十一载披衲
衣。借水行舟，中边不住，南天台北五台，现普贤文殊大人之相；东三
江西四川，运宾头卢取钵妙用，示维摩诘之权衡，揭须菩提之面目，乃
我圆寂后堂定行大师生平作略。所以辅弼丛林，接引后学，不矜不矫，
尽慈尽善，处己处人，如事如理，如镜中花，如水中月，来无所拘，去
无所滞，声华不动，蔼若春和；晏息身心，皎同秋月，截从上之葛藤，
不劳弹指；裂諵讹之公案，何须一咳？启后承先，彻本穷末，自始至终，
无得所得。今日收钩罢竿，向新岁光中展开脚步，共（一作其）无量圣
贤同优游于华藏世界，且道送行一句又作么生？铁牛咬断珊瑚树，三脚
驴儿出幽谷。"击龛云："起！"

举火。执火炬云："四大本来空，五蕴原非有。鲇鱼上竹竿，虾跳不出
斗。"举火炬云："个里迸出一星星，刹刹尘尘一齐吼。"投炬便烧。

解制。师拈拄杖云："冬结春解解因结，结解年年未曾缺。只缘未达本

源真，故此频频互转折。今朝又值解制期，本有家风全漏泄。明眼衲僧自了知，木人亲向石人说。说者忻听者悦，惊起禅和心头热。担囊负笈雄赳赳，各走长途勤跋涉。不知放下乐优游，空向天涯求真诀。直饶求得时，依旧非正业，天宁今日不相瞒，一句投机全身歇。且道是那一句？昨日立春，今朝灯节。"置杖，下座。

上堂。师拈拄杖云："灵光独耀，体露真常，大用当前，了无边际，明头合暗头合，应现无差；事圆融理圆融，如如自在。发妙境于龙城，起嘉祥于沪上，展从上之纲宗，转圣凡之阃奥，不有其人，焉成其事。所以教中云：'诸法不自生，亦不从他生，不共不无因，是故说无生。'

今乃盛恩颐大护法敬为皇清诰封夫人显妣刁太夫人资冥生莲，启建法界圣凡普利冥阳水陆大斋道场，七昼夜功德，藉此殊勋，上报慈恩，下资三有，并荐本姓宗亲同登莲界。

今当圆满之期，敦请山野宣扬法要，敢问诸仁者：且道法要作么生宣？《楞严经》云：'但有言说，都无实义。'既无实义，宣个什么？世尊云：'我说法四十九年，未说一字。'既未说着一字，四十九年毕竟是有说耶，是无说耶？若言有说，何以云未曾说着一字；既言无说，何以又云说法四十九年？是个甚么道理，试检点看。"

良久云："者里见彻分明，佛法便是世法，毕竟如何？咄！"拽杖，下座。

上堂。师拈拄杖云："昔日梁武皇帝请傅大士讲《金刚般若经》，大士升座，以尺挥案一下便下座。志公谓帝曰：'殿下会否？'曰：'不会。'志公曰：'大士讲经已尽。'傅大士恁么设施，可谓直截痛快，惜乎梁帝未曾具眼，若非志公傍通，几乎劳而无功。虽然，也是一场懡㦬。诸仁者，且道那里是大士所讲之经？"拈拄杖云："委悉么？杖头有眼明如日，无限波涛脚底收。"卓杖又云："所以教中道：'于一毫端现宝王刹，坐微尘里转大法轮。'云门云：'尽大地是解脱门，把手牵不入；尽大地是涅槃路，倩人行不得。'吾人终朝举足下足，展手握手，瞬目扬眉，着衣吃饭，是甚么道理？兹际建清净之坛场，设庄严之法相，诵千佛之金言，礼万圣之尊号，是个甚么道理？

阐幽发覆，趋静屏嚣，报本培元，移忠作孝。演无言之旨，畅劫外之宗，握未兆之机，折虚空之骨。惟有过量大人，方能彻底担荷，全身拶入，始可展大作为，显大手眼，搅长河为酥酪，变大地作黄金；移东土为西方，转凡躯成圣质，不遗分毫之力，便能随处示现，逆展顺施，无不合辙。

虽然如是，即今盛昌颐观察敬荐皇清诰授夫人晋封一品夫人显妣董太夫人暨及宗宝公子敬荐皇清诰授奉直大夫同知衔显考和颐府君并荐皇清诰封宜人显妣夏太宜人二坛水陆大斋道场，同时合建，今当圆满，且道受荐尊灵毕竟高生何地？"

卓杖一下云："踏破大海全是水，虚空端不受颜色。"便卓杖，下座。

上堂。师拈拄杖云："云驶月运，舟行岸移，折花兼蝶至，买石得云饶。昔日韩文公访大颠禅师，问曰：'某甲军州事繁，佛法省要处乞师一语。'师良久，侍者敲禅床三下，师曰：'作么？'侍者曰：'先以定动，后以智拔。'公曰：'和尚门风高峻，某甲于侍者边得个入处。'

文公怎么得入，大似贪观天上月，失却手中桡。大颠与侍者虽是善酬机宜，未免通身泥水，且道节目在甚么处？常忆江南三月里，鹧鸪啼处百花香。事是恁么事，人须恁么人，若无恁么人，难行恁么事。

锡邑青城乡薛邦桢大檀越敬同岳母杨门薛氏太孺人，一片慈诚，来寺启建法界圣凡普利冥阳水陆大斋道场，二坛十四昼夜，功德用荐皇清诰封恭人晋封淑人继室杨淑人，转凡躯成圣质，易婆婆为极乐，今当圆满，请宣第一义谛。若论第一义谛，大檀那未举一念以前早已完备了也，若待此时，岂止落七落八。虽然，也要画蛇添足一上。"

卓杖一下云："会么？僧问赵州云：'如何是祖师西来大意？'州云：'庭前柏树子。'僧云：'和尚莫将境示人。'州云：'我不将境示人。'僧问：'如何是祖师西来大意？'州云：'庭前柏树子。'老赵州披肝露胆和盘托出，今日当场贵图现前，与诸仁者共见共闻，见闻且置，不负来机一句如何？无毛鹞子彻天飞，大地虚空一团铁。"掷杖，下座。

佛诞。师拈拄杖云："过去心不可得，现在心不可得，未来心不可得，释迦老子面目诸仁者还见否？若见即为见所碍，若不见即为不见所碍，若亦见亦不见即为两头所碍，且道毕竟如何？"

良久云："金刚圈栗棘篷，杀人刀活人剑，一年一度浴香汤，只要人人知恩德。"喝一喝，下座。

结夏。师拈拄杖云："清和令节境清和，清境靡涯孰较他。满目青山谁是主，十方团聚唱哩啰。内也安外也安，高也安低也安，闲忙动静，顺逆是非，服力执劳，运筹辟划，一切皆安。且道拄杖子还安否？若道是安，死水浸身，若道不安，又成违背。敢问作何区处？"

良久云："护生三月九旬日，个里机关切要亲。妙义明明原易彻，同居努力奋精神。"掷杖，下座。

上堂。师拈拄杖云："一毫头上现全身，无我相无人相；过现未来障冰释，非佛法非世法。明如杲日，宽若太虚，圆陀陀，光灼灼，赤洒洒，没可把，千奇遇之销镕，百怪撄之绝迹，不可得而知，不可得而识。云门扇子，踍跳上三十三天，筑着帝释鼻孔。东海鲤鱼打一棒，雨似盆倾。敢问现前诸大仁者，盛大护法杏荪宫保启建法界圣凡水陆普度大斋道场，超荐累生冤牵，解冤释结，不识姓名男女等灵魂，超荐上海斜桥盛第从前一切地主男女等灵魂，并荐沪上水溺火焚一切被难等灵魂，以上各各灵魂，际斯无上因缘，承斯善利，即今在甚么处立脚？东山水上行，西河火里坐。溪西鸡齐啼，屋北鹿独坐。"顾左右云："委悉么？无遮会大启，不二门洞开。千山势到岳边止，万派声归海上消。"卓一卓，下座。

上堂。师拈拄杖云："日面佛月面佛，华台铺锦；事圆成理圆成，宝藏装严。运扶天之手，展利济之心，调化有方，悲怜莫极，救灾恤难，拯苦赈饥，解厄扶危，匡时卫世。利冥阳以报荐宗亲，培本元而绵昌后叶，有求皆遂，无感不通。檀波罗蜜、尸波罗蜜、羼提波罗蜜、毗离耶波罗蜜、禅波罗蜜、般若波罗蜜，先佛后佛、先圣后圣、世出世间、一切诸法，今被盛门庄夫人周罗将来，一串穿却，敦请天宁对众展布。及乎天宁到此，纵目遍观，已被诸大上座早已逗漏了也。于七昼夜间，钟中鼓中，誦中磬中，歌韵赞扬中，一一声中流出无量妙法，一一法中演出无量妙义，尘说刹说，炽然说无间歇说，不可得而思，不可得而议。

庄府堂中先远，历代昭穆宗亲，并及法界之内一切情与无情，无量无边众生，若幽若显，若圣若凡，同圆种智，共证佛果，圆满菩提，归无所得。敢问现前仁者，毕竟以何为验？"竖拄杖云："委悉么？知音不用频频举，一盏清茶也醉人。"卓一卓，下座。

解夏。师拈拄杖云："遍界无遮，举世无失，逐境纷纭，莫知所自。适见烈热燻天，又届金风拂暑，丛林下布袋解开，禅和子脚头路活。活即不无，只如洞山云：'夏末秋初，诸兄弟东去西去，直须向万里无寸草处去。'且道万里无寸草处作么生去？昔有石霜云：'出门便是草。'有太阳云：'直饶不出门，亦是草漫漫地。'试问万里无寸草处毕竟作么生去？"拈拄杖云："三山半落青天外，二水中分白鹭洲。此际若能亲见得，一声长啸天地秋。"卓杖，下座。

中秋。师拈拄杖云："无量百千妙法，红菱角上展开；一千七百葛藤，藕丝孔中收纳。寒蝉无语，蛩韵吟秋，岩桂芬芳，香风扑鼻。

寒山云：'我心似秋月，澄潭光皎洁；无物堪比伦，教我如何说。'先师定老人云：'我心非秋月，无得亦无说；牛矢比麝香，南无佛陀耶。'天宁则不然：非心亦非月，皎皎光明洁；彻底一轮辉，处处同欢悦。"卓杖，下座。

上堂。师拈拄杖云："孤贞挺特，劲节高标，丹桂飘香，金风遍野。有本有据，源远流长，有作有为，广兴众善。开三乘之根门，启一真之坦道；具万德之庄严，集千祥之嘉境。寿山高而增耸，福海深以添波，奕叶芳芬，绵永无极。

此我丁锡鼎大护法率领善眷人等敬为慈母丁门陈氏孺人六旬大庆树福遐龄，来寺启建法界圣凡水陆普度大斋道场，七昼夜四十九堂功德，开坛场七处，延五德之净侣，设六种之珍馐，尽十界之真际，香焚牛首，花献优昙，食供酥酡，果陈上品，斋天斋王，供佛供僧，利冥利阳，利幽利显。冀慈光以昭临，仰庆云而映庇，诸障全消，众福毕备，九祖先灵，莲界高登；异途诸趣，真常共证。今当圆满，敬设香斋，特请山野对众展布。"举拄杖云："见么？"卓杖云："闻么？既见既闻，是个甚么？三平云：'即此见闻非见闻，无余声色可呈君。个中若了全无事，体用何妨分不分。'

所以释迦世尊昔日于灵山会上拈花示众，百万人天莫知所措，惟迦叶尊者破颜微笑，世尊云：'我有正法眼藏，涅槃妙心，付嘱摩诃迦叶。'正恁么时，且道付个甚么？树玄猷于阃外，还他作者；行祖令于寰中，须是其人。恁么见彻，慈孝双彰，自他并利，凡所作为，悉皆如意。虽然如是，即今水陆圆满请法上堂因斋庆赞一句作么生道？智花福果证双圆，裕后光前乐绵绵。"卓杖，下座。

冬至。师拈拄杖云："个事绝商量，不假修为得。一切尽现成，几人知端的。昔日王常侍到临济僧堂前经过，问济云：'这一堂师僧，总教伊作么？'济云：'教伊成佛作祖。'常侍云：'金屑虽贵，落眼成翳。'济云：'将谓是个俗汉。'收放纵夺，让他临济好手；彻底洞源，还许常侍具眼。"左右顾视云："诸上座委悉么？冬至一阳生百福，普天匝地庆升平。"卓杖，下座。

起龛。师拈拄杖云："六十三年前，无所来而来，沤生大海；六十三年后，无所去而去，影灭长空。正当六十三年，花放春台，梅开雪岭，月朗秋高，泉流深谷。顺世境以开敷，应时机而展演，有时把住有时放行，有时恁么有时不恁么。或是或非人不识，逆行顺行天莫测。任运腾腾，随缘落落。洞山麻三斤，用出当机；赵州干屎橛，几人知晓？马祖盐酱，宝寿生姜，沩山米里有虫。这都是我明首座和尚一生扶竖宗乘、家常作略，所以数十年来常住重兴，整饬经营，扩充事业，接待方来，提持后学，一切作为，一切设施，不避劳怨，竭力维持，正期大用，浩荡妙旨，周圆龙天，道场深赖辅助，讵料不动声华、不露锋芒，倏忽之间，即已罢竿收钩，顿然常往，出人意外。若非夙具大愿，久集密行，焉能如是者也！

今者诸山长老阖寺海众，齐诣恭送，令我追思莫及。虽然古德有云：'百尺竿头坐的人，虽然得处未为真。百尺竿头重进步，十方世界现全身。'"丢杖合掌云："请。"

举火。师执火炬云："八万四千法门，一千七百公案，世法出世法，善法不善法，一切诸法，到这里俱用不着，且道如何即得？待看火灭烟销后，刹刹尘尘现分明。"便烧。

黄山挂钟板。师执板槌云："千古道场今展开，十方诸佛赞善哉。若非忍苦勤劳力，焉得光明遍界辉。"竖板槌云："见么？这是常和老和尚重建黄山旃檀禅寺，忍苦耐劳五十余年，成就道场一片心力，十方诸大护法，远近善男信女，竭力扶持，圆黄山道场一片真诚。达定和尚礼请诸山长老，弘扬妙善戒法，报答师恩，广化群品，勤勤恳恳，一片真据。

天宁到此欢喜无量，特为拈出，令见者闻者皆发菩提之心，俾施者受者共证无上佛果，愿寰宇之内四海升平，祈阖境之中家家安乐，旃檀道场万古兴隆，在会诸仁增延福寿。今者人天众集，四海欢腾，法界光华普被无量，且道报本发扬，绵永无疆，毕竟功勋在于何处？"举板槌云："高着眼看。"击板一下、钟一下、木鱼二下，问讯云："如是如是。"

封龛。师拈封条云："朴实本真古典型，示人模范辅天宁。重兴事业全完备，结制开炉便西行。恭惟：圆寂首座永明都监大师，趁大愿轮，游于幻世，扶树法幢，振新事业，昭朕迹于福建汀州，三空早了；圆尸罗于浙省天童，四智深明。慕善财之参寻，契普贤之行海，佐天宁不二法门，兴诸祖千年常住，四十载法法全彰，三千界事事俱备，建大功勋，成大事业，恪尽忠贞，始终无二。任从众务喧嚣，寸丝不挂；纵使杂冗纷繁，毫无住着。如杲日之当空，似明月之映水，不动毫端，安详布署，即世境以达真如，假众缘而登解脱。不张名而名振寰区，不矜功而功垂不朽。不尽乎有为，不住乎无作，迥越乎凡情，顿超乎圣解。空有双销，如如不动。权实齐蠲，安然静寂。如斯妙用有谁知，如斯妙用谁能识，如斯妙用启后贤，如斯妙用，永为天宁千古万古之规则。清镕至此复何言，聊尽片诚作标帜。"便封。

封龛。师拈封条云："世寿宛同释尊寿，慈心直等佛祖心。今朝事事齐完备，丹桂芬芳世界馨。恭惟：圆寂重兴太平堂上^上贯^下道修公老和尚，天真朴直，不事浮华，秉松柏之姿，赋冈陵之质，现寿者之容，作众善之则，不住相而行布施，不拘迹而彰正道，无恩怨心，忘人我相，随缘展演，和光化导，有时十字街头藉喧扰以明心，有时畴畔溪边睹烟光而悟道，有时开百丈之田，有时涌多宝之塔，有时体诸佛之慈心，有时愍众生之疾苦，有时济急扶危，有时救贫恤难，有时建大觉之琳宫，有时造僧伽之绀宇，般般为作，种种设施，一片真诚不可思议。今者功圆果满，莲池花开，岩桂敷荣，飘然西去，天宁至此熟一瓣香，奠一盏茶，聊表多年相契，虽然如是，且道末后一句毕竟如何？"举封条云："任从千圣难拟议，普令现前共瞻仰。"便封。

民国二年（1913）

观源大居士慧目，前接手示，快慰无量，盖世人虽多，能具高出之见者颇不易得，居士能以《金刚经》资助精进，此诚得其枢纽矣。

《金刚经》全文通前彻后，直截痛快，扫除一切，无丝毫之沾染，无丝毫之住着，直露人人之本源，无过此经。

承问二十七分之"不"字，盖全经均对于众生而言，因众生处处住着，不着于凡即着于圣，不着于是即着于非，殊不知凡圣是非名虽不同，其执着是一也，当知此执着即是众祸之源，所以十八分中云："过去心不可得，未来心不可得，现在心不可得。"又十七分末后云："通达无我法者，说名真是菩萨。"其余各分之中，不称赞此经之功德，即扫空诸执诸见。

唯二十七分，拨转调头，虑众生入于偏空，故示须菩提云："汝若作是念'如来不以具足相故，得阿耨多罗三藐三菩提'，须菩提，莫作是念'如来不以具足相故，得阿耨多罗三藐三菩提'。"故此分之名无断无灭者，正在于此，所以云"于法不说断灭相"也。

全经无非为解粘去缚，所以末后云："一切有为法，如梦幻泡影，如露亦如电，应作如是观。"此正显第三分云："我皆令入无余涅槃而灭度之，如是灭度无量无数无边众生，实无众生得灭度者。"盖三界九有十二类生皆是梦幻泡影，本无真实，幻妄所生，如人多贪即入于贪界，即有种种之贪妄发生，一经觉悟，贪妄消灭，未曾觉悟之时，即有种种相生，种种之作为，所以云"我皆令入无余涅槃而灭度之"。当知贪境贪相本空，因妄而有，然妄无实体，了达此义，即"实无众生得灭度者"，其余各分，持久其义自显。

奉上《金刚经》一部，权且诵持，容后有折本，再行寄呈，照片二张，统祈检收。熊督办昨在敝会与程雪楼、叶尔恺、应德闳、王一亭、狄楚青诸君晤商辅助湘赈事宜，因前日常州敝寺有水陆大斋道场，今日初二日方始圆满，接至沪上，起念佛道场十四日，所以迟复也。

观源大居士慧目，去岁年底，李季直先生枉驾常州，承赐诸珍，均已敬领。心谢心谢。今正十三日至沪，接手示，心喜无量。季直先生既不以贫衲无知见弃，许为同气，兹奉上法名帖一份，以作同气之证。并奉幻照二张，即祈分赠是荷。诸君既不以贫衲无知见弃，敬祈力崇其实，同得大乘，是为至幸。

观本、观源居士慧目，手示悉，梁君事诚属意外，然佛法之实用即在此也，窃思我等未来之事能一一了达否？若梁君能一一了达，早为之趋避，何待受此最痛苦之惨剧耶？此实无法之事耳。所以经中有云："假使百千劫，所造业不忘（亡）。因缘会遇时，果报还首（自）受。"世间惟杀最苦，僧家素食者，正为远杀也。君等于此，切宜留意。眼光心虑，务求实际，万不可为俗见所拘。如梁君之惨苦，有谁能替也？然则居此轮回之中，后来之吉凶祸福，皆不得而知也。惟有时时觉察，此身终归磨灭。当知《金刚经》云"一切有为法，如梦幻泡影。如露亦如电，应作如是观"，诚非虚语也。梁君事，贫衲实抱愧不已，只得虔诵《金刚经》十卷，祈寄焚于梁君位前，以答区区之意。普愿共入无余涅槃也。葆元先生未晤，此复。

观本、观源居士慧目，快信敬悉，天津梁先生前月二十五日，其夫人黎氏函嘱做功德三日，设放焰口一堂。观初居士前月下旬在敝寺三日，念普佛二堂，追荐先考及兄弟。《金刚经》二部，照片一张，长珠一串，短珠十串，如不敷，容后再寄。观一居士小龛佛像一尊，已交观初居士带京，面晤时一询可也。

摆脱世缘，递绝肉食，诚然不易。窃思与六畜作交往，抑其无趣，牛羊鸡猪，所食何物，住处如何，其味虽美，皆此中精华之所成也。且杀劫命债已酿于此，尤可惧也。敬荷不以无知见弃，故敢直言，望恕望恕。

观本、观一、观源三位居士惠鉴，前由观初居士来常，承赐佳珍多品，均已收到，谢谢。唯路途遥远，携带颇为不易，贫衲愿诸君心存实事，一举一动皆存正道，一者自修，二者感人。六祖大师云："行正即是道"，所以云："正见之时佛在堂，三毒之时魔在舍。"三毒者，即是贪嗔痴也，贪之不遂即嗔，嗔之不舍即痴，所以云：舍伪归真，去偏存正，为进道之始基也。然我等居此幻化世界之中，从幻入幻，幻生幻死，幻无底止，欲出此幻化轮回，非从佛道入手不可得也。盖佛道不向外求，专究根本，根本既得，诸幻销灭矣。敬荷不以无知见弃，故具是说也。

前函云有白文《金刚经》寄数本以便旅行易于携带，并长珠三串，云云。因此经版在常熟，兹已托人请四本，并长珠三串，用特奉呈，即祈检收是祷。

民国七年（1918）

答葛观本、马观源两居士书十则

昨接手示，惭感无既，切思贫衲道业荒芜，实行殊欠，荷蒙青睐，切切真诚，露于言表，贫衲滋愧良深。

十四晚到京，十五大雨，本欲造访，奈精神疲乏，良友多，苦于应酬，加之敝寺要事急招，故于十六早车径直赴津，稍事休息，有负之处，当乞恕之。

辄忆二大护法再来人也，万不可以自弃，宁求其实，毋求其虚。近来寻枝摘叶、向外驰求者多，直达根本、体贴入微者少。"行解相应，名之曰祖"。盖世界空华，浮生梦幻，极世尊荣，转眼即灭。袁大总统平生之才力，谋至极顶，五十八年而已。我等与世人皆如此也，故贫衲每与知己者相提絜，无不以此切切为前提。

《六祖坛经》直揭本源，贫衲生平所宗，二大护法竟能一肩担荷，心契神会，此诚再来人也，非具大根者不能如此。若果于此切实着眼，是则贫衲与二大护法未远离也。向后以道为宗，能晤则晤，否则赐教言以作面叙。

承招赴都，本不应违，唯精神缺乏，良友甚多，酬应实难以支持，望恕再者，承云发心者多，切思既不以贫衲无知见弃，发心向道，贫衲极其欢喜，祈查明人数，今番或晤或不晤，随后概以佛珠奉赠，唯寄何处，乞示明也。

观本、观源居士慧目，手示敬悉，因精神不足不能多劳，不能多言，是以迟覆也。所言打成一片，此事谈何容易，非具斩钉截铁之手段，百折不回之心肠，久而又久，切而又切，或可少有相应，若是依稀越国，仿佛扬州，正所谓古德云"镇州望曹门"，远之远矣。大丈夫立身于天地之间，不动则已，动即一踏到底，岂同凡俗之辈，而支支离离也。

观本、观源居士慧目，津门奉别，感念靡涯，彼时痾魔势在夺命，幸荷大力匡维，得梁君之妙药，力排波旬而有今日，此皆至慈所致，盖旷劫至今，我人之幻躯生灭互迁，升降迭受，已不知几恒河沙数，幸获至道直入法海，离黑暗女功德天之牢笼，是在我人精进与懈怠耳。愚意十六言奉呈：

普愿法界同成佛

普愿处处正法兴

普愿同获大安乐

普愿永断诸大苦

普愿永住三宝光

普愿永浴正法海

普愿广修诸善业

普愿永依诸佛学

普愿永住解脱场

普愿永登不退地

从今为始至成佛

此心已决不改移

眼前幻境虽未断

诘其根源体空寂

普愿法界同此愿

世世生生住佛住

民国九年（1920）

观本、观源居士惠鉴，久疏音问，时增惦念。前次观源居士问及古人言句一事，彼时因心绪不佳，故未答覆，抱歉之至。然则古人言句各有作用，或隐或显，或是或非，唯具眼者方能了了。每遇一则公案当前，不能透过，不能了了，其病何在？未达实际耳。达者一见便了，毫无如何若何之滞腻。若遇不了之公案，会者即会，不会者但抱定自家本参话头，以悟为期，不限年月，终有到家之日也。

观本居士匡维世道，诱掖后贤，藉假扬真，因事显理，世法佛法两俱优美，自他并利，此诚菩萨发心也。再则敝寺今春传戒，承蒙各大居士颁赐金佛瓶烟多珍，心谢心谢。各节情形，谅已由观一居士面达也，此不琐赘，偬偬上达，不一。

观本、观源居士道鉴，前接手翰，得悉精进行持，深增法喜。湘筠归里省亲，问亦痊善。据云本居士现审无住生心八字，能恒相应，久久自能悟入，又能发大慈心喜兴学佛教办法，是菩萨兼行六度法门，更增欢。源居士从万法归一处谛审，何又生出欲求方便以解其缚之句？既有觉观，念念不散，已属归一归何的法门，这就是一大方便，此中谁缚谁解耶？当知本自无缚，今则无解，无缚无解，岂非归一归何的根据乎？工夫不可求速达，贵乎纯净不离，久久自有消息。湘筠居士带上念佛珠二十串，各赠十串，其不敷送，容再寄奉。

民国十一年（1922）

马观源壬戌十月十五日在天宁代葛居士观本问

问：明知万法唯心，何当念执着不悟，或有时知而故犯，不能自持，有何方便去此迷境否？《坛经》云："去一切妄念即能见性。"我们为什么不能去妄念呢？归之于业，业是自作，我又为什么要造业呢？

答：明知万法唯心，何当念执着不悟，说是这样说，是自己亲证不中的，明知万法唯心，何当念执着不悟，这里边有个毛病，要在不明白底地方参的，不大死一番不得大活的，把死的看得翻过身来，才可以相应，这叫作死中得活，这不是容易的事。

示马观源居士

此地禅堂里今晚起七，我自同治十年到此地，十一年打七，看念佛是谁。打了一个七，用心一点都不醇和，打完头七，到浴堂里洗浴，有两个老禅和也在洗浴，悄悄地谈心。一个说："你七打得好。"一个说："好呢。"我听着心里非常惭愧，人家七打得好，我连用心都不会用，惭愧心生，自责自己用心不上，是甚么道理呢？自答自己："你没有真切用心哪！"又自思维："还有一个七，这一七是丝毫不把它放过的。"于是澡也不洗了，立刻穿了衣裳，回到禅堂，就把个"谁"字抱定，一点不放松。一下子开静了，自己知道，照此行去，吃茶甚么也不问他。吃了茶就跑香，抱住"谁"字，甚么事不问，跑也不知跑成甚么样子。打站板了，班首讲开示，我一点没有听，抱住话头。打催板了又跑，不知又跑成甚么样子。维那师在后打一下，忽然心里起了无明，念头一动，真见一黑团子起来。谁？把话头举起一打，黑团子炸开，再提话头，如同落在万丈海底一般，回头醒过来，人就空了。往后坐起来，话头就醇和了；行起来，自在得很；站起来，鼻子里连气都没有了。那时候我当汤药，晚上睡了，早上总要人喊叫；以后睡着同醒时一个样子，行住坐卧一个样子，自己舒服得不可解。那时记起顺治皇帝的诗："百年三万六千日，不及僧家半日闲！"是的确确的。向后行住坐卧，不必用一点心，两个多月。后来又当衣钵管账，这就打了岔了，退了，不像从前相应了。这是我头一次得的利益，用心总要拼命的干一下子，不舍死忘生的闹一番，不中的。

后来到金山住禅堂，一天在禅堂里坐，外边放帘子，一个放，维那看着说放，我也放了一点，说再放，我又放一点，说放到底，我就应念放到底，头一步踏着，容易来自在受用，随后当执事分分心，用起来还是一个样。

明知万法唯心，何当念执着不悟，不悟者是病，要得好呢，切切实实用一番心，才中啦。既知本性清净，为什么又做拂拭工夫？没得一番大死不得大活的，要真实受用，必得切切实实的做一番。

你看万法归一，一归何处呢？时时反问，就是总要成片。哪有心用无心得，必定要弄清楚。不清楚不丢手。看话头总要得，只是不能限定时间，必要透彻，才中问基。

问：两年前在国务院看《指月录》，忽睹念念不住、心心无知二语，觉一片清空，无量无边，不见有山河大地，不知我自身所在，心里明明白白，念头却提不起来。俄顷醒过来，遍翻《指月录》，并无念念不住、心心无知二语，是何道理？

答：这是用功的人，随时触着，得来自在受用的，长短久暂，均有因缘的。高旻有个普修首座，光绪三年同在金山，他住禅堂，我住寮房，他跑到我这里来求开示，那是不着兴的。我说你怎样用心呢？他说我看念佛是谁。我说念佛是谁，他说我说不来。我说你就在那说不来的地方参。适逢打七，第五天晚上，一锤鱼子打了话头落实，他行跑坐卧，就不同呢。自在的样子现出来了。吃茶洗完了脚，我说这回七完了的包子钱要你会东哪。他说多谢师父。一线到底，这就是他看话头得的利益。切切用心，当一桩事做，他总要得的。发切心，有因缘，不在那个境界，他也发不起来的。金山有个老水头，名叫永提，菜头有一条面巾不见了，疑他偷的。詈骂水头。水头就发了恨，进堂坐香，得了利益哪。正是光绪四年过冬，我当维那，八月二十三日晚上坐香，他跑来告假出堂去，天亮的时候，我去看他，他上吐下泻，对我说这病厉害得很，就坐了起来，竖起腰脊，又使劲一直，就去了。

念佛看话头一个样，总要打成一片，才有用哩。这点相应，旁人的好丑看得出来，到不得自受用的地方，用功很难的。用功总要有切心，心不切不会成功的。发切心，也有因缘时节，总之，这桩事总要做着才行，不做着不得相应。

冶开清镕禅师评传

黄崑威（浙江工商大学东亚研究院）

一、禅堂开悟　终南保任

冶开清镕禅师（1852-1922），俗姓许，江苏扬州江都人。父，长华；母，徐孺人，咸丰二年壬子岁（1852），梦见僧人进入房中而生下冶开。许家是江都望族，两世长斋奉佛，冶开有姑未嫁为尼，他一出生就没有沾染过荤腥。自幼体弱多病，十一岁时，秉父命出家；十二岁时在镇江九华山的明真彻禅师门下披剃，十七岁在泰县祇树寺隐闻禅师座下受具足戒。后历参杭州、普陀山、天台山江浙等地名山甲刹，皆未能契悟。同治十年（1871），来到常州天宁禅寺。当时定念真禅禅师主席天宁，门风峻肃，拜见叩问的人如同流水般前来汇合，然慧眼独具，唯青睐冶开。

第二年冬天打禅七，结制沐浴时偶然听到两位老和尚谈心，心生惭愧，知耻而后勇，遂再入禅堂坐香，一炷香仿佛刹那之间。突然磬声响起，下座，行香，维那师见到冶开步伐与平时有异，于是打了他一香板，顿时感到这一打把先前那个不开窍的如同黑漆桶般的"我"彻底打碎，迷障脱落得一干二净。翌年，冶开又来到镇江金山江天禅寺参学，在禅堂一座下来，"护七"的僧人卷起门帘，维那师大声喊："放下！"冶开听罢，顿时感悟，随此机缘放下心中的一切执着。此时心与物交融无间，得力受用处更是超过了从前。当时就听到隔着一条江的人说的话清清楚楚，看到瓜州就像面前的门户庭院一般明晰。翻阅《华严经》《楞严经》，就如同从自己心中流淌出来般过目即晓，凡是过去经文义理不通的地方，到此时全都透彻释然。

多年后，他对这段刻骨铭心的经历自述道："我自同治十年到此地，十一年打七，看'念佛是谁'，打了一个七，用心一点都不醇和。打完头七到浴堂里洗浴，有两个老禅和也在洗浴，悄悄谈心。一个说：'你打七打得好。'一个说：'好哩。'我听着心里非常惭愧，人家七打得好，我连用心都不会用。惭愧心生，自责自己用心不上，是什么道理呢？自答自己：你没有真切用心哪。又自思维还有一个七，这一七是丝毫不把它放过的。于是澡也不洗了，立刻穿了衣裳回到禅堂，就把个'谁'字抱定，一点不放松。一下子开禁了，自己知道，照此行去。吃茶便吃茶，什么也不问他，吃了茶就跑香，抱住谁字，什么事不问，跑也不知跑成什么样子，打站板了，班首讲开示，我一点没有听，抱住话头。打催板了又跑，不知又跑成什么样子。维那师在后打一下，忽然心里起了无明念头，一动看见一黑团子起来，随把话头举起，一打，黑团子炸开，再提话头如同落在万丈海底一般，回头醒过来，人就空了。往后坐起来，话头就醇和了。行起来自在得很。站起来鼻子里连气都没有了。那时候我当汤药，晚上睡了，早上总要人喊叫。已后睡着同醒时一个样子，行住坐卧一个样子，自己舒服得不可解。那时记起顺治皇帝的诗：百年三万六千日，不及僧家半日闲。是的确确底。向后行住坐卧不要用一点心，两个多月。后来又当衣钵，管账，打了岔，退了，不像从前相应了。这是我头一次得的利益。用心总要拼命的干一下子，不舍死忘生的闹一番，不中的。后来到金山住禅堂。一天在禅堂里坐，外边放帘子，一个放，维那看着说放。我也放了一点。说再放，我又放一点。说放到底，我就应念放到底。头一步踏着，容易来自在受用，随后当执事分分心，用起来还是一个样。明知万法唯心，何当念执着不悟，不悟者是病，要得好呢，切切实实用一番心，才中啦。既知本性清净，为什么又做拂拭工夫？没得一番大死不得大活的，要真实受用必得切切实实的做一番。"

后来，进入终南山，住茅蓬保任。所住的地方经常有老虎出没，每当夜深人静，虎啸骤然，冶开始终心不为所动。随后搬到喇嘛洞，每有人言："洞中有怪物，住在里面的人经常被捉弄"，以此来劝阻冶开。他却说："以前那被捉弄的人正是因为念诵咒语，施展法术，与它作仇敌啊。我心同太虚，无迎无拒，纵然它要抗拒我，也不会去对付它，作怪与否，完全随它去。"就这样连住了三年，什么也没有发生过。及自造"实报庄严室"落成，就迁前夕，洞中"砰"的一声巨响，如千钧重石落万丈潭底般，急忙举着火把去看，只见一黑狐，皮毛光亮可鉴，一双眼睛通红雪亮，刺目逼人，转瞬之间就消失了。

冶开最初剃度时，曾经依止江苏仪征天宁寺"莲庵"老和尚多年，感情甚笃。一天晚上，冶开禅师在山时，突然感觉心中有异，猜想莲庵老和尚是不是生病了？全然不顾时届凛冬，冒雪急行四十八日奔至恩师床榻之侧。只见莲庵老和尚果然生病卧床已经六天，整日整夜地呼唤着他的名字，希望能见上一面。冶开禅师于是一心礼拜观音菩萨，敬祷恩师痊愈，诚心所致，脚印深深地印在地上。

光绪年间，在终南山中结茅潜修的禅僧很多，以至于形成一股风气。那时如虚云老和尚、赤山老人法忍、月霞法师等先后都在终南山潜修过。冶开禅师结茅三年，被宗门下誉为"威仪第一"。

二、不辞劳苦　中兴天宁

冶开禅师住山功行既深，反思如此避喧、耽寂，乐于禅境，长此以往背离大乘佛法自度度人初衷，毅然辞返天宁，勤劳五载。

天宁寺在咸丰、同治年间太平天国运动中，大部分毁于兵燹，未及恢复旧观。冶开禅师于光绪十七年（1891），重返常州天宁寺，与"高朗清月"禅师、"有乾性宗"禅师等人一起协助时任方丈"善净清如"禅师发愿重修。为了筹措资金，四方募化，跋山涉水，足迹远至关外林海雪原，虽备极辛劳，然誓不退屈，前后历时达十余年之久。精诚所至金石为开，等到竣工，楼高百尺，竟然盖过了文庙，遭到本地士绅竭力阻挠。然而冶开禅师悲智双运，百般开导劝解，动之以情晓之以理，最终如愿以偿。在冶开禅师领众苦心经营下，天宁寺的房舍达到六百余间，寺田由原来的1500余亩，增加到八千余亩，规模较以前更为壮观，使得天宁寺也一时声名鹊起，厥冠东南，号称为江南四大丛林之一。

三、秉拂临济　接引后学

善净清如方丈圆寂后，光绪二十二年（1896），冶开禅师四十五岁时，继席天宁寺。他接引后学，道风严峻，每遇访者入室，深锥、痛篦，不稍宽假，随各人的机缘开示佛法，一视同仁地平等看待所有人，每天都不懈怠，天下衲子闻风接踵而至，获益者众。他曾经说："具大慈悲者，方能以毒棒接人。"这样便形成了其严峻凛冽的风格。

有护法居士葛观本问："明知万法唯心，何当念执着不悟，或有时知而故犯，不能自持，有何方便去此迷境否？《坛经》云：'去一切妄念即能见性。'我们为什么不能去妄念呢？归之于业，业是自作，我又为什么要造业呢？"冶开禅师回答道："明知万法唯心，何当念执着不悟。说是这样说，是自己亲证不中的。明知万法唯心，何当念执着不悟。这里边有个毛病，要在不明白底地方参的，不大死一番不得大活的。把死的看得翻过身来，才可以相应，这叫作死中得活。这不是容易的事。""用心总要拼命的干一下子，不舍死忘生的闹一番，不中的。""明知万法唯心，何当念执着不悟，不悟者是病，要得好呢，切切实实用一番心，才中啦。既知本性清净，为什么又做拂拭工夫，没得一番大死不得大活的，要真实受用必得切切实实的做一番。"

有一次，有一个日本僧人到天宁寺相访。那日僧赋诗说偈，指摘经典语录，喋喋不休。冶开禅师垂目默坐，初不置答。等到他纠缠既毕，突然问："离却古人，何处是尔自己？试道一句。"那日僧嗒焉若丧，礼谢而去。可见他颇有古禅者之风。冶开禅师秉持临济"杀人剑""活人刀"家风，接引法语从来不拖泥带水，往往直截了当、一语中的，不顾情面。但是，另一方面他又总是老婆心切，殷殷叮咛、切切嘱咐。这种禅风在"答葛观本、马观源两居士书十则"中，表现得淋漓尽致。如云：

> 辄忆二大护法再来人也，万不可以自弃，宁求其实，毋求其虚。近来寻枝摘叶、向外驰求者多，直达根本、体贴入微者少。"行解相应，名之曰祖"。盖世界空华，浮生梦幻，极世尊荣，转眼即灭。袁大总统平生之才力，谋至极顶，五十八年而已。我等与世人皆如此也。故贫衲每与知己者相提絜，无不以此切切为前提。

《六祖坛经》《金刚经》是禅宗的宗经，冶开禅师非常重视这两部经典，对后学也是信手拈来，藉教悟宗，随机提嘶。他说："《六祖坛经》直揭本源，贫衲生平所宗，二大护法竟能一肩担荷，心契神会，此诚再来人也，非具大根者不能如此。若果于此切实着眼，是则贫衲与二大护法未远离也。向后以道为宗，能晤则晤，否则赐教言以作面叙。""观源大居士慧目。前接手示，快慰无量。盖世人虽多，能具高出之见者颇不易得。居士能以《金刚经》资助精进，此诚得其枢纽矣。""《金刚经》全文通前彻后，直截痛快，扫除一切，无丝毫之沾染，无丝毫之住着，直露人人之本源，无过此经。承问二十七分之'不'字，盖全经均对于众生而言，因众生处处住着，不着于凡即着于圣，不着于是即着于非。殊不知凡圣是非名虽不同，其执着是一也。当知此执着即是众祸之源，所以十八分中云：'过去心不可得，未来心不可得，现在心不可得。'又十七分末后云：'通达无我法者，说名真是菩萨。'其余各分之中，不称赞此经之功德，即扫空诸执诸见。唯二十七分，拨转调头，虑众生入于偏空，故示须菩提云：'汝若作是念：如来不以具足相故，得阿耨多罗三藐三菩提。须菩提，莫作是念：如来不以具足相故，得阿耨多罗三藐三菩提。'故此分之名无断无灭者，正在于此。所以云'于法不说断灭相'也。全经无非为解粘去缚。所以末后云：'一切有为法，如梦幻泡影，如露亦如电，应作如是观。'此正显第三分云：'我皆令入无余涅槃而灭度之。如是灭度无量无数无边众生，实无众生得灭度者。'盖三界九有十二类生皆是梦幻泡影，本无真实，幻妄所生。如人多贪即入于贪界，即有种种之贪妄发生，一经觉悟，贪妄消灭；未曾觉悟之时，即有种种相生，种种之作为。所以云：'我皆令入无余涅槃而灭度之。'当知贪境贪相本空，因妄而有。然妄无实体，了达此义，即'实无众生得灭度者'。其余各分，持久其义自显。奉上《金刚经》一部，权且诵持，容后有折本，再行寄呈。照片二张，统祈检收。熊督办昨在敝会与程雪楼、叶尔恺、应德闳、王一亭、狄楚青诸君晤商辅助湘赈事宜。因前日常州敝寺有水陆大斋道场，今日初二日方始圆满。接至沪上，起念佛道场十四日，所以迟复也。"

　　冶开禅师对于经教的理解，完全出于解行相应、真参实修、直观体悟的经验之谈。他非常反感寻章摘句、一知半解，认为这是典型的"心外求法"舍本求末。如冶开禅师的俗家弟子狄楚青素以广闻博洽自居，认为对佛教义理已经有了较为深入的探究。然其继室汪观定一开始与狄楚青一样先是称念佛号勤修净土，然而在1915年三月，其子遇难周年之际，于常州孙家庵打念佛七，忽见前一年遭火灾而亡的儿子呼她："娘之两次股肉，如何割去？"言下大悟。但狄楚青此时的态度却是"既不喜禅，尤不解有所谓悟者，漫然不之信"。汪观定责讽他："君修佛近二十年，专拾集他人所遗弃之物，以为至宝，古人所谓担粪，殆如垃圾车矣。即令所拾集者，果为珍物。然数他家之宝，于自己本分上，有何干涉？"又说："以文字观之，余定以君为门内人矣，而不知君胸中实黑漆桶也。"告诫他"从外入者，不是家珍，非亲得亲到者，终不济事"。意在力促狄楚青破除文字拘执。汪观定偶尔翻阅《金刚经》，忽见"应无所住而生其心"一句，不觉大喜，说："此语顿契余心"，"此处确为修行人一紧要枢纽，惟实踏其境者方知"。而她此前并未读过《金刚经》《坛经》等佛典。又观汪氏开悟后的一些言说，如："法法缘成法法空，个中消息有谁通。寂光常照如如佛，唤作如如又一重""此心不落有无境，意净尘消性即真""一省无是非，垢衣披不披。本非凡圣物，睹面即灵机"诸语，有如禅门宗匠语录。因为与自己的见解大相径庭，狄楚青甚至怀疑汪观定"着其魔"。于是同往天宁寺拜谒冶开禅师求解。冶开禅师对汪观定参悟境界十分惊叹，说自己数十年艰苦，尚有不到之处，而其"一超直入，竟臻无上"。他对狄楚青"厉色正言"，极力要破除其执念。但狄楚青仍未释然，直到夜里不能入睡，忽然忆及古德"生则决定生，去则实不去"之语，才恍然了悟，"二十年之固执，一旦舍去矣"。直至后来参话头"不是心，不是佛，不是物，是个什么"，顿觉解脱，于是感叹话头之可贵，"乃余念佛二十年之功，不及当时话头一句之力"。不过有时效果不佳，他也还用自己长期实践的念佛之法。因为汪观定也嘱他："禅者佛心，教者佛口。净者方便，禅者究竟。不可相非也。"禅净都是修行法门，于己相应即可，不可相互毁谤。狄楚青由此奉持禅净合一，他说："净宗持名号，亦须念无相佛，明得唯心净土之义，则亦与禅宗无异矣！"还说："佛法究竟，要在不着，不可着佛，不可着法，盖自心即佛，心净乃能土净也。"自此以后，狄楚青逐渐明白，文人文字不足为凭，所以古德相见，一定要亲自勘验，才能判别是否了悟。狄楚青对汪观定的开示之语由疑生解，发现如"事未至而将迎，事已过而留滞""清风皓月谁宾主，绿水青山任运栖"等句句针对他的病根，于是自叹："近人学佛者，每以博相夸味，其本意殊堪怜悯"，并作诗讽此现象说："海沙算尽意如何，经论纷陈万象罗。不道病除方亦赘，可怜争诩药方多。"

冶开禅师作为方外之人结交社会名流，并不是为了"攀附"随俗，而是本着众生平等的原则，慈悲方便，随缘提携接引，不沾不滞，每每于俗情中流露真谛。示书如云：

> 观本、观一、观源三位居士惠鉴。前由观初居士来常，承赐佳珍多品，均已收到，谢谢。唯路途遥远，携带颇为不易。贫衲愿诸君心存实事，一举一动皆存正道，一者自修，二者感人。六祖大师云："行正即是道"，所以云："正见之时佛在堂，三毒之时魔在舍。"三毒者，即是贪嗔痴也。贪之不遂即嗔，嗔之不舍即痴。所以云："舍伪归真，去偏存正，为进道之始基也。"然我等居此幻化世界之中，从幻入幻，幻生幻死，幻无底止。欲出此幻化轮回，非从佛道入手不可得也。盖佛道不向外求，专究根本，根本既得，诸

幻销灭矣。敬荷不以无知见弃，故具是说也。

观本、观源居士惠鉴。久疏音问，时增惦念。前次观源居士问及古人言句一事，彼时因心绪不佳，故未答覆，抱歉之至。然则古人言句各有作用，或隐或显，或是或非，唯具眼者方能了了。每遇一则公案当前，不能透过，不能了了，其病何在？未达实际耳。达者一见便了，毫无如何若何之滞腻。若遇不了之公案，会者即会，不会者但抱定自家本参话头，以悟为期，不限年月，终有到家之日也。

观本、观源居士慧目。手示敬悉，因精神不足不能多劳，不能多言，是以迟覆也。所言打成一片，此事谈何容易。非具斩钉截铁之手段，百折不回之心肠，久而又久，切而又切，或可少有相应。若是依稀越国，仿佛扬州，正所谓古德云："镇州望曹门，远之远矣。"大丈夫立身于天地之间，不动则已，动即一踏到底。岂同凡俗之辈，而支支离离也。

观本居士匡维世道，诱掖后贤，藉假扬真，因事显理，世法佛法两俱优美，自他并利，此诚菩萨发心也。再则敝寺今春传戒，承蒙各大居士颁赐金佛瓶烟多珍，心谢心谢。各节情形，谅已由观一居士面达也，此不琐赘，偲偲上达，不一。

观本、观源居士道鉴。前接手翰，得悉精进行持，深增法喜。湘筠归里省亲，问亦痊善。据云本居士现审无住生心八字，能恒相应，久久自能悟入。又能发大慈心喜兴学佛教办法，是菩萨兼行六度法门，更增欢。源居士从万法归一处谛审，何又生出欲求方便以解其缚之句。既有觉观，念念不散，已属归一归何的法门。这就是一大方便，此中谁缚谁解耶？当知本自无缚，今则无解，无缚无解，岂非归一归何的根据乎？工夫不可求速达，贵乎纯净不离，久久自有消息。湘筠居士带上念佛珠二十串，各赠十串，其不敷送，容再寄奉。

这些书信虽然言辞缱绻，但是字里行间透露出一位耆宿禅者"过来人"的情真意切，比起《语录》中的拈挂杖上堂法语，更有亲切生动之感。

冶开禅师住持天宁，辛劳九年，因病退席。但拜他为师而入佛教者一天比一天多。

1920年春天，冶开禅师在常州天宁寺开坛传戒，受戒的四众弟子，达1500余人之多，为清咸丰以来轰动江南佛教界的一大盛举。因为在当时一次开坛，五百人的规模已属人数众多。由此可见冶开禅师的感召力。后来在中国近现代佛教史上著名的圆瑛、应慈法师就是当时的受戒者。冶开禅师欣然亲笔《庚申同戒录》序言，其云：

> 无为之法，不出有为；无相之体，不离有相。绝有而遁无，则为二乘，为外道；背无而徇有，则为凡夫，为恶趣。遁无之失，舍正趋偏，其弊在学之未善；徇有之害，积迷成妄，其心固未尝知学也。今以未尝知学之人，而骤语以至道，非就其平日污染习行而不察者，防止其流荡，消融其执滞，使之念念回光，反躬自省，将何以发其本明乎？此释尊垂教所以独崇戒法，彻始彻终，不容逾越。自树下成道，乃至涅槃会上，悲悯未来，终不外扶律、谈常，以波罗提木叉，嘱累后学。诚以高谈心性，易入虚玄：增上慢人，或且未得谓得，未证谓证；骊珠、鱼目，真赝难分。惟戒律严净，仪轨有常。行履昭然，非关口说。虽一言、一动之微，一饮、一食之顷，无不绝其矫诬，杜其浮炫。使之行持纯笃，体认根源。然后知寻常日用，步步归真；运水、搬柴，无非妙用。至此，则不见有为可厌，不见无为可求。性海圆融，本无彼此。当下行住坐卧，万行具足，即事法界；当下一心寂灭，不涉诸缘，即理法界。当下一心寂灭，而森然万行；当下森然万行，而消归一心，即理事无碍法界。当下行则非住，坐则非卧；行中了无住相，而住时自住；住中了无行相，而行时自行；坐中了无卧相，而卧时自卧；卧中了无坐相，而坐时自坐；全体互现，各自圆成，

即事事无碍法界。复次，菩萨应化，不出"六度"。戒之本体，是为"尸罗波罗密"；戒则行慈，是为"檀那波罗密"；戒则无诤，是为"羼提波罗密"；戒则不怠，是为"毗梨耶波罗密"；戒则生定，是为"禅那波罗密"；戒、定则慧，是为"般若波罗密"。夫以佛子始入法门，即该摄六度万行，无剩、无欠。是故，诸佛出世，咸所尊崇。即在禅宗，一法不立，亦必戒为依归。是知，舍日用、万法而外，别无所谓"一法不立"也。吾"天宁"，自唐牛头融禅师开山，累代宗传，十方证，大抵以律辅禅，垂为家法。最近，自清初"大晓彻"祖而下，我"恒赞如"祖、"雪岩洁"祖，皆两次开坛说戒，而律宗泰斗，如"见月体"祖，亦亲莅行化；"香雪润"祖，且住持此间：一时门庭，震烁宇内。自咸丰庚申，寺毁于兵燹。荆榛、瓦砾，香火阒如。同治初元，先法师"定念"老人，赤手中兴，与"牧溪来"公、"蕴堂厚"公、"雨春实"公、"淳一凑"公，主、伴协力，垂建基础。镕从法兄"善净如"公之次，被推继席，勉绍先志。殿宇、堂寮，次第兴筑。而"有乾宗"公、"高朗月"公，尽力赞助；法侄"显泉"，法徒"显彻"，先后辅行。内外规制，渐复旧观。转眼沧桑，迭为兴废。抚今慨昔，恍如幻影、梦痕。邑中长者、居士，以干戈历劫，甲子一周；函请赓续前规，传授戒法。上为诸佛成道种子，下为殉难亡灵荐福。同体大悲，甚为希有。今既乘此胜因，得与诸上座同会一处。伏愿依法修持，头头荐取；由有为以契无为，不动步而顿入"大光明藏"。庶不负檀越深心，成一期结集尔！

民国九年夏正庚申佛诞日，天宁退叟冶开镕头陀叙于"法云戒坛"。樵隐居士钱融书。

下有两印章："钱融印信""勖庸"。

这次盛况空前的传戒活动，堪称冶开禅师一生禅教事业的登峰造极之举。《庚申同戒录》序言字里行间皆为他一生行持的现身说法、经验总结，亦是对天宁寺来者继往开来的期许，更是"生固欣然，死亦无憾"的深情告白。

他因病辞谢方丈退居后，又住持过杭州"灵隐寺"，以其声望四方募化，特地为该寺重建大雄宝殿。后来，在上海玉佛寺创"居士念佛会"，接引沪上名流。冶开禅师手书偈语，悬壁开示，一时缁素云兴，法集鼎盛。一方面推动了当地居士佛教的发展，另一方面又证明他融通禅净，将念佛与看话头打成一片。会友张玉涛返回广东后，多次寄信来请教，冶开禅师亲自回信达十余封。其方便示人，或千百言，或一二言，或默无一言，各视根器，随机启迪。1913年，八指头陀寄禅禅师圆寂后，冶开又继任了"中华佛教总会"会长，清海为副会长，会务实权掌握在清海手中，冶开禅师翌年辞任。

四、悲智双运　倾力公益

冶开禅师一生还创办了不少社会公益事业。他主持天宁寺期间，在弟子应慈、惟宽、行实诸师的助力下，创设了"毗陵刻经处"——天宁寺刻经处。数十年间，刻印了大小乘经论770余部2469卷，"卷帙之富，几与金陵（金陵刻经处）抗"。这对近代佛教文化的振兴，产生了深远的影响。

光绪三十二年丙午岁（1906），江南发生大饥荒，明年，米价更贵。常州著名的慈善人士钱振锽等人打算开设以平价出售大米的粮店，贴钱赔本售米给穷苦民众，以减轻他们的生活负担，但苦于资金不足。冶开禅师特地施助了价值一百两白银的平价大米。

冶开禅师听说朝廷禁止鸦片，非常高兴。等到听说以十年作为期限，而且给售烟者发放经营凭证，准许他们卖鸦片膏，但加倍征收他们的捐税，则又怅然失意。于是，自己出钱购买戒烟用的药丸，免费赠送给愿意戒烟但贫穷买不起戒烟丸的人。来求药丸的人，每天都喧闹地聚集在寺院门口。他说："我将从我们的家乡来做戒烟这件事。听到我们家乡戒烟消息后，必定会有起来效法的人。从我们的家乡而影响到我们常州一府八县，从我们常州而影响到我们江苏省，从我们江苏省而影响到全国，天下何愁不富强呢？"

他还捐资兴建横跨运河的大石桥——政成桥，并在常州天宁寺后面种植大面积的树林，现在这片郁郁葱葱的森林已经成为常州市红梅公园的一部分。

冶开禅师又用复建天宁寺剩余的财力，兴建恢复了常州东郊的太平寺和文笔塔，其艰巨程度不亚于修复天宁寺大雄宝殿。

光绪二十七年（1901），冶开禅师还兴办了天宁寺义务小学，收容常州东郊的贫困儿童入学读书。其他寺院外面的社会公益事业，诸如造桥、修路、施衣、施食、设敲钟、巡更之人以守夜报晓，晚上还点灯照明，皆随时随地，全力施行。

1918年，冶开禅师和其他佛教界人士创立"佛教慈悲会"，一再发起、组织赈济北方灾民。当年北方水灾，他亲至灾区赈济。翌年，华北又发生旱灾，他不顾年老体衰，集款累万，再次亲自率领佛教慈悲会人员赈灾，黎民因之存活者无数。受惠灾民有相泣于道者，感言："活我者，老和尚也。"但他却说："此本分事，何足道！"1919年，佛教筹赈会会长庄蕴宽在北京发函求助冶开禅师筹款接济。后来他在《冶开上人传》中说道："吾乡寺观为人耽视者，厥唯天宁。而上人随顺有方，卒保无事。"

1922年夏间，冶开禅师偶患中风，秋凉后渐有好转。自是谢客，每天读诵四卷《华严经》。进入十一月份，旧疾再发转重，但冶开禅师平静自若，任运随缘，一点痛苦之相都没有。到了二十日正午时分，瞑目趺坐而逝。世寿七十一，僧腊六十。圆寂后停龛七日，面目如生，观者日数千人，莫不惊异膜拜。冶开禅师法嗣之中，以月霞显珠禅师（1858-1917）、应慈显亲禅师（1873-1965）、惟宽显彻禅师著名，前二人以弘扬华严教理著称于世，后者则继席天宁。第二年冬天，他的徒弟惟宽显彻、应慈显亲等人，奉其灵龛，到常熟虞山北麓的"破龙涧"上兴建墓塔安葬。此地隶属于常熟兴福寺，冶开禅师对其有复兴之劳，所以把灵骨归葬在这里。

五、结语

冶开禅师为临济四十一世，他以真实朴实之禅风，融会律宗、华严、净土，而被誉为"临济宗匠""近代禅宗大师"，为清末宗门四大尊宿之一。总的来看，他在禅法上要求看话须具"斩钉截铁之手段，不折不回之心肠"，打成一片，大死大活，方才有用。他生平不事著述，门人惟宽显彻禅师等辑成《冶开镕禅师语录》三卷行世。

冶开禅师虽被宗门下誉为"威仪第一"，但他兼容并蓄、悲智双运的禅风，一生行持倒是更像是一位活跃的佛教社会活动家，让人切身体会到其禅履生涯中强烈的"人间佛教"特性。

参考文献

1.李润海监印，杜洁祥主编，高志彬解题：《中国佛寺史志丛刊》第一辑第35册，《武进天宁寺志》，台北：明文书局，1980年。

2.松纯大成主编，廓尘乘悟副主编，罗伯仟总编纂：《常州天宁禅寺志》，常州天宁禅寺，2020年。

3.王继宗校注选译：《武进天宁寺志》，南京：凤凰出版社，2017年。

4.赵伟整理：《冶开镕禅师语录》。

5.惟宽显彻禅师编：《冶开镕禅师语录》。

6.黄夏年：《民国佛教新派与旧派之间的斗争》，《佛学研究》2011年总第二十期。

7.何振凯：《民国时期常州天宁寺研究》，《常州大学学报（社会科学版）》2012年第二期。

8.萧淑玲：《清代临济宗三大丛林法脉略疏》，《宗教学研究》2006年第二期。

9.李翚:《狄楚青学佛经历考辨》,《法音》2018年第二期。

10.高秀峰:《近代中国佛教慈善事业研究》,湖南师范大学2010年硕士学位论文。

11.伊岚:《禅在近现代中国之转型》,山东师范大学2012年硕士学位论文。

桃李不言，下自成蹊

——从中国近代佛教的历史背景看冶开法师的平生贡献

姚彬彬（武汉大学中国传统文化研究中心）

冶开法师（1852-1922），法名清镕，字冶开，为近代禅门耆宿，其年十一出家，同治十年（1871），他到常州天宁寺，参谒方丈定念和尚，自此与天宁寺结下深厚因缘。他在青年时代游历诸方，后于光绪二十二年（1896），四十五岁时又回到了常州天宁寺，翌年继任方丈法席，发愿重修遭太平天国战乱破坏的寺院，期以恢复旧观，苦心经营十余年后，成就斐然，天宁寺的房舍达到六百余间，寺田也增加至八千余亩，洵为江南四大丛林之一。冶开法师门下人才辈出，嗣法弟子有明镜、月霞、惟宽、应慈，多为近代佛教界之高僧。冶开的一生跨越晚清、民国鼎革之际，久历世事，与众多社会各界名流颇有交谊，其平生行事，亦堪称近代中国佛教社会现象之缩影。

一、冶开法师与"庙产兴学"运动

在中国近代史上，曾发生过颇具规模的"庙产兴学"运动，由于清代以降基层社会的佛道教确实颇为沦落，社会形象不佳，如彼时"八指头陀"敬安所慨叹："嘉道而还，禅河渐涸，法幢将摧。咸同之际，鱼山辍梵，狮座蒙尘，池无九品之花，园有三毒之草。"①美国传教士明恩溥（Arthur H.Smith）②通过他的观察，认为中国佛教长期以来"退化成仅存形式而已"，其普遍的样态是："佛教的僧人与道教的道士一样，大部分的时间都是闲散无聊的，也是最无知、最卑劣的社会寄生虫。这个宗教就像它的许多寺庙一样，处于无法挽回的倾塌状态。"③这种看法，不应完全视为西人带有文化优越感的偏见，20世纪初中国佛教界中颇多有识之士们同样有过类似的慨叹，如欧阳竟无先生亦言："中国内地，僧尼约略总在百万之数，其能知大法、办悲智、堪住持、称比丘不愧者，诚寡若晨星。其大多数皆游手好闲，晨夕坐食，诚国家一大蠹虫，但有无穷之害，而无一毫之利者。"④太虚法师则谓，当时的佛教实在是"历史上遗留下来的残渣般的佛教，原有塔像僧寺，亦仍是依了人民俗习及社会病态发酵似的变化生灭"⑤。鲁迅在晚年撰写的文章《我的第一个师父》，比较写实地描述了当时底层社会佛教的常见现象。因此，"庙产兴学"对于近代佛教界自然是一场堪称灾难的社会运动，但也确实存在其内在之发生原因。

晚清庙产兴学风潮，以1898年湖广总督张之洞的《劝学篇》中的有关论述为标志。《劝学篇·设学》中，张之洞提出具体的实施步骤：（一）"大率每一县之寺观，取十之七以改学堂，留十之三以处僧道。"（二）"其改为学堂之田产，学堂用七，僧道仍食其三。"（三）没收十分之七后，"计其田产所值，奏明朝廷旌奖。僧道不愿奖者，移奖其亲族以官职。"（四）"若各省荐绅先生以兴起其乡学堂为急者，当体察本县寺观情形，联名上请于朝，诏旨宜无不允也。"当时主张变法的康有为也有类似看法，此后因为朝廷内

① 敬安：《衡山清凉寺碑》，见《八指头陀诗文集》，长沙：岳麓书社，1984年，第471页。
② 美国人，即鲁迅先生所推崇的那本《中国人的气质》之作者。
③ 明恩溥：《中国的振拔》，第107-108页。转引自［美］白德满：《太虚——人生佛教的追寻与实现》，郑清荣译，台北：法鼓文化出版社，2008年，第57页。
④ 欧阳竟无：《辨方便与僧制》，见《欧阳竟无佛学文选》，武汉：武汉大学出版社，2009年。
⑤ 太虚：《建设现代中国佛教谈》，见印顺编：《太虚大师全书》第17册，印顺文教基金会光盘版，2006年，第219-220页。

部的"帝后之争"，"庙产兴学"之举时兴时废，但各地政府及地方豪强，却时有侵占庙产之事发生。直至1905年4月12日，清政府下诏各地方政府保护所有寺庙，禁止各地豪绅借口政府的命令侵夺庙产，"庙产兴学"才算告一段落。但在清帝逊位后，北洋军阀政府、国民党政府在20世纪20-30年代间，亦时有"庙产兴学"之动议和举措。

冶开法师在住持天宁寺期间，重建寺院的同时，最大的贡献恐怕就是利用了他的社会影响力和威望，保护了天宁寺未遭社会势力之攘夺侵占。喻昧庵《清常州天宁寺沙门释清镕传》称：

> 会时事改革，学风披靡，攘寺产以辟校舍。常州天宁，昔号完富，尤为人所窥伺，乃善意所孚，鸩声丕变，卒保无事。神之佑也，镕之诚也。①

其何以能如此，盖与冶开平生广结善缘、热衷慈善、德风远被的威望有关，屠寄《冶开禅师寿言》中称：

> 师于一切佛事，皆以精诚行之，使人见其威仪，即倾心归向，道力实不可思议。其他寺外有为功德，如造桥、修路、施衣、给食、设钟警旦、燃灯照夜，皆随时随地尽力行之。其中用财尤巨者，以改修政成桥为最用力；尤劬者，以亲至北方赈济为最。此皆世人所盛称，而师固视为余事，且昭昭在人耳目，故亦无待缕述。②

一方面，这说明了冶开法师道行严谨，为大众所尊，故人不能犯之；另一方面也说明了，当时的所谓"庙产兴学"运动，应该并非完全失控的状态，对于对象还是有所选择的。

---

① 喻昧庵：《清常州天宁寺沙门释清镕传》，见谈雄：《冶开传奇·附录》，北京：团结出版社，2015年，第219页。
② 屠寄：《冶开禅师寿言》，见谈雄：《冶开传奇·附录》，北京：团结出版社，2015年，第222页。

二、"棒喝"日僧

晚清时期日本佛教僧侣挟国势之暴虐，横行于中国，其中尤以净土真宗人士居多，他们之所以得势于一时，实与"庙产兴学"这一契机有关。光绪二十五年（1899），日僧水野梅晓和伊藤贤道等来华，他们利用中国僧人为保寺产、欲寻求庇护势力的心理，怂恿中国僧人接受日本京都东本愿寺的庇护。到1904年底，浙江的法雨寺、天童寺等35座大寺的方丈联合派人到日本，申请隶属于东京大谷派本愿寺名义下，仅杭州一地就有13所，并且很快发展到其他省区。净土真宗向这些寺院保证，如果这些寺庙有被占用的危险，都可以到日本领事馆请求保护。此事后引发连锁反应，各地纷纷效仿，而地方官员束手无策，担心激化中日之间的矛盾。后经中日间的交涉，先由日本真宗取消对中国寺庙的保护，清廷则于1905年下诏保护佛教庙产，此事才得以平息。

日本佛教僧侣在当时，文化程度普遍较之中国僧侣为高，加之国人历来有"外来和尚会念经"的心态，在佛教界颇获得了一些话语权。但也有国内的有识之士，若号称"近代佛学复兴之父"的杨仁山老居士，虽开始时颇与他们交好，但后来逐渐洞察了他们的宗教特质，起而与之抗辩，维护了正统汉传佛教的尊严。——冶开法师也留下了这么一则"棒喝"日本僧侣的佳话。显彻《常州天宁寺冶开禅师行述》中记：

> 尝谓具大慈悲者，方能以毒棒接人。有日本僧闻风访叩，赋诗说偈，稗贩经典语录，走笔千万言不竭。师不置答，待其缠绕既竟，突问："离却古人，何处是你自己？试道一句。"僧嗒焉若丧，旋悔悟流涕，礼谢而去。师之方便为人，其一端也。①

此事在冶开法师的多种传记资料中都有提及，应该还是可信的，颇具古德家风。——此事与宋代心学家陆九渊的一则事迹绝相类似：

---

① （清）显彻：《常州天宁寺冶开禅师行述》，见谈雄：《冶开传奇·附录》，北京：团结出版社，2015年，第224页。

一学者自晦翁处来。其拜跪语言颇怪。每日出斋，此学者必有陈论，应之亦无他语。至四日，此学者所言已罄。力请诲诘。答曰："吾亦未暇详论。然此间大纲，有一个规模说与人。今世人，浅之为声色臭味，进之为富贵利达，又进之为文章技艺，又有一般人都不理会，却谈学问。吾总以一言断之曰：胜心。"——此学者默然。后数日，其举动言语颇复常。[1]

徐梵澄先生在《陆王学述》中评议此事谓："'胜心'可说是好胜之心。倘自立卓尔，自是所谓见道明，必不至有此私意。"冶开法师接见的这位日本僧侣之"走笔千万言不竭"之心态，亦无外乎此。而冶开又能一语勘破，惊醒梦中之人，可谓极具手眼，亦足使彼侪莫谓中土无人矣。

三、禁绝鸦片

清季以降，鸦片之泛滥，为祸国人，屡禁而难止，所谓"东亚病夫"之恶谥，与之直接相关。佛门中人，亦不乏濡染于此恶习者。如1921-1922年间，太虚法师曾短暂接任杭州净慈寺方丈，期间发现该寺吸食鸦片者竟有五人之多，原方丈鸿定亦在其内，他回忆说：

我如此费事的接主净慈寺，原抱有先从此处整理成一模范僧寺的奢望，故与一般人以做方丈为达到收获名利目的者大异其趣。所以我安排稍定，即着手为内部僧规的严肃及寺弊等的清除，寺中吸鸦片的有五个人，皆使搬永明塔院或寺外他处住，限期戒除；如不能戒除的，遣单出寺……适鸿定亦由鸦片未能如期戒除；虽有净慈寺退居寮小洋房三间，亦不便回寺安享。[2]

太虚因禁绝鸦片等事，与该寺旧僧发生激烈矛盾，双方诉诸司法，最后

---

① 《陆九渊集》卷三十四《语录·上》，北京：中华书局，1980年。

② 太虚：《自传》，见印顺编：《太虚大师全书》第29册，印顺文教基金会光盘版，2006年，第250-251页。

虽然太虚赢了官司，但也已灰心丧气，于1922年夏又将寺院交还那个鸦片鬼鸿定，前往武昌开办佛学院去了。由此可见彼时之风气恶劣。

冶开法师在清末时热衷于禁烟事业，对此不遗余力，钱振锽《释清镕传》中记：

> 清镕独有心于世，闻朝廷禁鸦片大喜；及闻以十年为限，且给烟户凭照，准其卖膏，而倍征其捐则又怏怏。自购戒烟丸药，赠乡内之愿戒烟而贫者求丸者，日噪于寺。其言曰："我将自吾之乡，以为戒烟先闻；吾乡之风，必有兴者。自吾之乡以至于吾郡，自吾郡以至于吾省，自吾省以至于天下，天下何惮而不富与强！"[①]

当时流行的所谓"戒烟丸药"虽疗效可疑，然冶开法师救世济民之拳拳苦心，由此自可见一斑。

四、刊刻藏经

近代以来佛学复兴，藏经文献之整理刊刻，功不可没，其典型现象，自为杨仁山居士开创的金陵刻经处，他在日本寻回大量中土亡佚佛典，精心校勘付梓，为晚近以来的佛教义学研究奠定了坚实基础。而常州天宁寺的"天宁刻经处"，在藏经刻印事业上亦做出一定贡献。

天宁刻经处，亦名毗陵刻经处，始建于清同治二年（1863），据统计，迄至常州解放时，天宁寺刻经处先后刻印经书达960余种、2900多卷。经书的印版用枣木刻成，有3万余块，分类堆放在10多间平房内。冶开主持天宁寺期间，在弟子应慈、惟宽、行实等人的协助下，天宁刻经处得以迅速发展。冶开还曾亲自赴京，申请官方颁发大藏经，归而翻刻为简便的佛经印本，以广流通。冶开逝后有故人董复记其事：

---

① 钱振锽：《释清镕传》，见谈雄：《冶开传奇·附录》，北京：团结出版社，2015年，第228页。

冶开上人，与余交垂卅载。昔年，过从宿大悲阁下，夜深谈及三乘经典，相契甚深。师彼时尚以未窥全藏为憾。予谓："师苦行多年，炼成金刚般若，若以此为憾，则落文字障，即非上乘。"嗣闻师果校全藏，补刊完成。[①]

盖冶开虽以禅师名世，深知佛法不即文字，然亦不离文字，见地圆融高远，诚可赞叹。

五、余论

冶开法师平生不事著述，仅由弟子搜集语录若干付梓，然其一生行化，功在后学，其法子法孙，不乏龙象。如他的弟子月霞在上海创办"华严大学"，应慈在常熟兴福寺创办"法界学院"，惟宽长期任天宁寺方丈，兼管天宁学戒堂和常熟宁静莲社。其法孙持松入月霞创办的华严大学修学，后继应慈任常熟兴福寺住持，曾任上海名刹静安寺住持，1956年当选上海市佛教协会会长。他的三传弟子敏智于1945年任天宁寺住持兼天宁佛学院院长，1949年后任香港僧伽联合会副会长、内明书院院长等职，20世纪70年代后弘法美国。冶开法脉弘化四方，遍及海外，绵延不绝，诚可谓桃李不言，下自成蹊者也。

---

① 《挽联》，见谈雄：《冶开传奇·附录》，北京：团结出版社，2015年，第260页。

冶开法师与佛教中国化

释延晗（江苏佛学院寒山学院）

冶开法师是中国近代著名高僧，学界对其研究已有很多，作为影响中国近现代佛教发展的重要人物之一，值得我们继续深思。冶开（1852–1922），江苏江都人，俗姓许，名清镕，字冶开。他以苦行、禅定、建庙、弘法的杰出成就，为复兴佛教做出了重大贡献。尤其令人印象深刻的是，冶开法师在面临各种外来冲击下，坚定地维护佛教中国化的立场。这种立场体现在几个方面：

一、冶开法师入世与佛教的中国化

人们常说时势造英雄，就是说大的形势非人力所能为。这句话用在冶开法师身上是非常合适的。冶开法师所生活的时代是中国社会变动剧烈的时代，也是中国国力下降、面临各种外患的时代，整个民族都要面临着灭种的危险。在这样的局势下，任何一个人都不可能无动于衷。佛教僧团作为一种信仰的组织，从其本身的教义来说，是一种比较超脱的存在。佛教进入中国的时候，中国社会已形成了比较成熟的管理模式，中央集权的统治方式深入人心，"普天之下莫非王土、率土之滨莫非王臣"是共识。因此，进入中国的佛教要生存与发展，自然必须适应这种状况。最早明确认识到这一点的是道安法师，道安法师明确提出"不依国主则法事难立"。后来的慧远法师虽然力争佛教的独立性，但也不得不接受王权的管理。再后来的政权更是直接设立僧官，将佛教事务纳入政府的管理范围。这样一来，佛教就与整个国家的前途命运紧密联系在一起了。冶开法师所处的时代，决定了冶开法师所应该采取的措施和基本的态度。

首先，与政权保持一致，为佛教发展提供良好的外部环境。在清朝统治时期，冶开法师就通过各种手段与官府保持联系，以维持自身的生存和发展。为了佛教的发展，冶开法师还积极保持与官府的关系。"清光绪二十二年正月二十四日主席升座。师拈香云：此一瓣香，蒸向炉中，端为祝延当今皇帝圣寿万岁万岁万万岁，皇后齐年，太子千秋，国泰民安，年丰物阜。""冶开法师弘法刻经一贯心切，对《大藏经》也亲自到京求领，并一一诵校。"①通过这种手段，冶开法师建立了与朝廷相对较好的关系，为其本人的佛教生涯和中国佛教的发展创造了一个较好的外部环境。

其次，积极参与地方活动，服务当地信众。佛教自禅宗兴起后，山林佛教模式开始成为主流。山林佛教要生存与发展，必须保持与当地民众的密切关系。冶开法师以朴实的禅风，融会律宗、华严、净土，并以大乘济世利物的精神，在修证、教理、造庙、刻经、培养人才和慈善公益方面，发扬了大乘佛教的优良传统，做出了卓越的贡献，为近代佛教界的中心人物，也是广大佛教徒爱国爱教的典范。光绪二十二年（1896），冶开法师回常州天宁寺。光绪二十三年（1897）任天宁寺方丈。"时寺遭兵灾，师四出募化，远至关外，历时十余年。将所募资金，修建天王殿、文殊殿、普贤殿、地藏殿及罗汉堂。自是天宁殿堂僧舍多达六百余间，斋田由原来1500余亩，增至八千六百多亩，名声大噪，道望远播，与镇江金山、扬州高旻、宁波天童号称江南四大丛林。"②民国二年（1913），冶开清镕禅师被推举为"中华佛教总会"会长。"其间，又募修了常州文笔塔、政成桥、东郊太平寺。还募修杭州灵隐寺大殿，资助常熟兴福寺，到上海玉佛寺创居士念佛会。"③禅师常以语录、书函

---

① 松纯大成主编：《常州天宁禅寺志》，2020年，第221页。
② 松纯大成主编：《常州天宁禅寺志》，2020年，第219页。
③ 松纯大成主编：《常州天宁禅寺志》，2020年，第215页。

开示别人，一时僧众云集，法门称盛。"民国七年（1918），北方发生水灾。冶开清镕禅师创建佛教慈悲会，筹集善款累以万计，亲自赴灾区去散放，救活无数百姓。"①"民国九年（1920）春，冶开清镕禅师依天宁寺每六十年传戒一次的定例，在天宁寺大殿开坛说戒，四众受戒弟子多达 1500 人，其中有新中国成立后担任中国佛教协会会长的圆瑛法师、应慈法师。"②冶开清镕禅师一生热心举办佛教文化和社会福利事业，"曾在天宁寺创设毗陵刻经处，刻三藏 774 部 2469 卷。"③"与常州名人钱振锽合办平价售米，并施药戒烟。曾在天宁寺旁植树造林，又兴办天宁寺义务小学，延师教读失学儿童。"④"民国十一年（1922）冶开清镕禅师圆寂，享年七十一岁，僧腊六十年，其浮图塔建在常熟虞山破龙涧。"⑤门人释显彻撰写行述。其嗣法弟子明镜、月霞、应慈、惟宽等，都是于教理造诣较深的佛门宗匠，对江苏、上海地区近代佛教复兴具有一定贡献。

总而言之，冶开法师并不是一个不问世事的法师，而是时刻关心政局发展的世外之人。当然，冶开法师的关注世事，是完全为了佛教本身的发展。佛教进入中国，经过上千年的演变，已经与官府有着千丝万缕的联系，佛教的发展不可能脱离政治。同时，禅宗的山林佛教也是建立在当地信众的捐赠的基础上的。因此，冶开法师的所作所为不但没有脱离中国佛教的传统，反而是对中国佛教传统的继承与发展。

二、冶开法师对禅系的融摄

禅宗中国化是一个漫长的历程，至唐代惠能时期，禅宗初步完成了从印度至中国传承的"中国化"问题。自隋唐以降，禅宗乃至佛教已成为中国文

① 松纯大成主编：《常州天宁禅寺志》，2020年，第215页。
② 松纯大成主编：《常州天宁禅寺志》，2020年，第215页。
③ 松纯大成主编：《常州天宁禅寺志》，2020年，第216页。
④ 松纯大成主编：《常州天宁禅寺志》，2020年，第216页。
⑤ 松纯大成主编：《常州天宁禅寺志》，2020年，第216页。

化的重要组成部分。演至清末民初，在社会动荡、文化冲击、信仰困境的种种情形下，禅宗乃至佛教的发展面临着再一次"中国化"的抉择，这种"中国化"是对禅宗乃至佛教自身发展与社会相适应的一种重新定位。在此情形下，冶开法师对禅宗发展提出的"参禅条件""参禅法要"以及"生死心切"与"发长远心"等种种理论，为禅宗乃至佛教的发展指明了方向，其对"用功两种难易"的分析，也为僧众的禅修提供了宝贵的建议。

禅宗在隋唐的兴盛之势一直向后延展，然演至清末民国之时，随着社会环境的变迁以及社会关系的变化，禅宗已有的传统宗派诸如沩仰宗、法眼宗相继式微，而其他诸宗也深受影响。禅宗与社会关系的紧张，使禅宗发展面临着空前的困境，禅净合流虽然为禅宗的继续发展注入了一定活力，但禅宗在如何完善自身修行体制、如何适应社会方面依然存在诸多问题。在外来多元文化的冲击下，禅宗乃至佛教面临着再一次"中国化"的抉择。在此情形下，作为当时教界大德，冶开法师继承以律辅禅，垂为家法，以真实朴质的禅风，切实用心，融会律宗、华严、净土各宗，被誉为临济宗匠，为清末宗门四大尊宿之一，以威仪第一著称。冶开法师针对禅的发展尤其是禅的修行，提出了诸多真知灼见。

首先，提出参禅条件。冶开法师认为，参禅的目的在于明心见性，也就是要去掉内心的污染，达到见自性的目的。对此，冶开法师认为，参禅的先决条件是"万缘放下，一念不生"，为此需要做到：

（1）除却妄想。冶开法师认为，因为众生"从无量劫来"，"迷沦生死，污染久了，不能当下顿脱妄想，实见本性"，因而要"除却妄想"。为了解释"除却妄想"，冶开法师列举了达摩祖师和六祖惠能开示学人的话，即"屏息诸缘，一念不生"。众生之所以迷执，多在于外在诸缘的污染，冶开法师以"屏息诸缘"作为参禅的先决条件，甚为精准。

（2）一念永歇。"屏息诸缘，一念不生"固然正确，那么，面对纷繁复杂的外境和错综芜杂的外缘，如何才能做到去除诸缘纷扰，而达内心的清澈宁静呢？冶开法师认为当"一念永歇"。所谓"一念永歇"，则是对于利根者而言，用冶开法师话来说，即是"上焉者一念永歇，直至无生，顿证菩提，毫无络索（啰唆）"。这里，我们看到冶开法师对利根者去除妄念杂染的建议和期许。

（3）以理除事。如果说利根者可以"一念永歇"，那么，对于非利根者又将如何做到"万缘放下"呢？冶开法师对此也提出了建议，那就是"以理除事"。所谓"以理除事"，也即"了知自性本来清净，烦恼菩提、生死涅槃，皆是假名，原不与我自性相干，事事物物皆是梦幻泡影。我此四大色身与山河大地，在自性中，如海中的浮沤一样，无碍本体，不应随一切幻事的生住异灭，而起欣厌取舍。"

其次，梳理参禅法要。在提出参禅的必要条件以后，冶开法师进一步指出参禅的法要，具体如下：

（1）明确办道的先决条件。对于参禅，冶开法师有一套较为完备的方法和体系，这不仅对修禅而言，对所有事都有效。冶开法师指出：

第一，深信因果。"无论什么人，尤其想用功办道的人，先要深信因果。若不信因果，妄作胡为，不要说办道不成功，三途少他不了。"冶开法师还援引经论言："预知前世因，今生受者是；预知来世果，今生作者是"，所谓"假使百千劫，所造业不亡。因缘会遇时，果报还自受"。所以，只有深信因果，才能明确办道的先决条件。

第二，严持戒律。冶开法师认为，用功办道不仅要深信因果，更要严持戒律，因为"戒是无上菩提之本，因戒才可以生定，因定才可以发慧，若不持戒而修行，无有是处"。冶开法师还以《楞严经》四种清净明诲为例来说明严持戒律的重要性。

第三，坚固信心。冶开法师指出，"想用功办道，先要有个坚固信心。信为道元功德母，无论做什么事，没有信心，你是做不好的。我们要了生脱死，尤其要一个坚固信心"。对此，冶开法师还进一步指出，"不用功固然不可以成佛，用功不如法，佛也是不能成；若能如法修行，不退不悔，决定可以成佛"。

第四，决定行门。虽然深信因果、严持戒律、坚固信心，那么，要真正"办道"，还需要决定行门，也即选定一个法门来修持，不可"朝秦暮楚"。

（2）选择正确的参禅方法。冶开法师提倡："用功的法门虽多，诸佛祖师皆以参禅为妙门。"而参禅不是随意妄行，而是有方法和次第的。

第一，坐禅须知。冶开法师指出，坐禅前需要晓得调养身心，否则，"小则害病，大则着魔"。而就坐禅而言，结跏趺坐时，则宜"顺着自然而坐，不可将腰作意挺起，否则火气上升"，出现种种不适。

第二，用功下手，认识宾主。冶开法师指出，楞严会上憍陈那尊者所言的"客尘"二字，正是修行者初心用功下手处。就此，冶开法师还以行客住宿为例来进行说明。

第三，话头与疑情。冶开法师说，所谓话头，也即是"一念未生之际，一念才生，已是话尾"，而"看话头则要发疑情，疑情是看话头的拐杖"。

第四，照顾话头与反闻闻自性。冶开法师说，"照顾话头就是要时时刻刻、单单的，一念回光返照这'不生不灭（话头）'；反闻闻自性，也是教你时时刻刻、单单的一念反闻闻自性"，而"回"就是"反"，"不生不灭"就是自性。

（3）生死心切与发长远心。冶开法师指出，"参禅要生死心切和发长远心。若生死心不切，则疑情不发，功夫做不上；若没有长远心，则一曝十寒，功夫不成片。只要有个长远心，真疑便发；真疑发时，尘劳烦恼不息自息，时节一到，自然水到渠成。"这就是冶开法师对"生死心切"与"发长远心"的论释。

（4）用功两种难易。冶开法师不仅对参禅的先决条件、参禅方法、生死心切与发长远心进行了阐释，而且指出参禅两种用功的难易。冶开法师认为，用功人有两种难易，即"初发心的难易"和"老用心的难易"，并针对两种情况提出了相应对策。

可见，就参禅而言，冶开法师有一套相对完整的体系，这对当时僧界在参禅时出现的种种迷惑而言，无疑是一剂清醒剂，从而让参禅者有径可寻。

三、冶开法师华严"圆融思想"

冶开法师提倡华严四法界"圆融思想"并结合儒家的"以和为贵"和"和合"精神使人们身、心达到内外和谐，以发挥积极作用。

> 在日用中融性海是华严的事法界。当下不被境缘转是华严的理法界。一心清净而森然万行、森然万行而消归清净是理事无碍法界。全体互现、各自圆成是事事无碍法界。①

法界观为华严宗实修的法门，也是其宗的思想核心。华严宗初祖杜顺和尚依《华严经》的思想创立了法界观门，让修学华严者有专修的法门。此观门是个人净化烦恼和改造环境的方法，也可以说法界观为建立依正庄严世界的实现法门。

唐朝绵州刺史裴休在《注华严法界观门》序中说：

> 法界者，一切众生身心之本体也。从本已来，灵明廓彻，广大虚寂。唯一真之境而已，无有形貌而森罗大千，无有边际而含容万有，昭昭于心目之间而相不可视，晃晃于色尘之内而理不可分。非彻法之慧目、离念之明智，不能见自心如此之灵通也。②

法界为一切众生身心之本体。这本体本来明净，广大如虚空、遍满寂静，没有形相，而无所不在。真空而妙有，唯无形貌的一真法界之境而现出大千森罗；没有边际而含容一切万有；照耀于心目之间而相不可睹；明光于色尘而理不可分齐。不是透彻诸法的慧眼、离念的明智，则不能见到自心的灵通。自心从无始以来被烦恼所盖，众生违背本心逐求妄境，不会回头顾观自心，怎能了见自心何等灵通。

澄观大师将法界分成理法界、事法界、理事无碍法界、事事无碍法界等四种。

---

① 高振农译注：《华严经译注》，北京：中华书局，2012年。
② 《注华严法界观门》，《大正新修大藏经》，第45册，第1884页。

1. 理法界

经云："如法界一性……如法果自性清净，善根回向亦复如是，其文非一。"

即本体界，本体就是真如，为自性本来平等清净一法不染，在圣不增，在凡不减。宗密解释为：无尽事法，同一性故。

2. 事法界

经云："欲见等法界无量诸佛，调伏等法界无量众生，或愿起等法界无量行，或愿成等法界无量德，或愿得等法界无量果，省即理之事也。"

事法界是指差别的现象界，即宇宙的一切万物，皆由因缘和合生，都有区别相，事物之间各有各不同的特征。虽有了相貌与特性的种种差别，然都是假有，由因缘生因缘灭。这些现象的共同性就是空性，所以说"即理之事"。

3. 理事无碍法界

经云："愿一切众生，作修行无相道法师，以诸妙相而自庄严，则相无相无碍，曾其类也。"

理事无碍法界是指本体界和现象界具有一体不二的关系。本体为无自性，必须借事来显发各种各样的差别。换句话说，一切现象都是由真如体性随缘而生。所谓"事揽理成，理由事显"就是理和事互融无碍之法界。

4. 事事无碍法界

经云："一佛刹中现一切佛刹等，然其四事全等四种法界。"

事事无碍法界，指事与事之间的互融互摄。一切法随因缘而起，虽各各皆有体有用，各守其自性，然多缘互为相应成就一缘，一缘又遍助多缘。

以上澄观对四种法界（事、理、理事无碍、事事无碍）的论述强调理与事、事与事之间的互相沟通、互相渗透、互相圆融的关系；在强调世界万物共同的本质是通过千差万别的具体事物和现象表现出来的同时，又强调在形形色色的事物和现象的背后皆存在共同的本质。简单地说，所谓一般、普遍性、统一性、同一性等，与个别、特殊性、差别性、特异性等是互相依存的，前者存在于后者之中，后者体现前者，二者彼此融通，因时因地（因缘）互相转化。

华严宗依据《华严经》，主张"心、佛、众生"三无差别；认为个人的本心（自性）与佛的法身相通，称之为法性、佛性、真心或理，可以显现为世界万有。华严宗的解脱论以观想法界缘起为中心，以体悟理事无碍、事事无碍法界为最高境界。澄观在《华严法界玄镜》引后秦僧肇的《不真空论》所说"圣远乎哉？体之则神"，意为体悟法性真空之理即可成佛（圣）。何为"成佛"？"心智契合"，身心一如，可以解释为断除一切烦恼的至高精神境界。在中国佛教中也有很多意蕴深刻的论述、思想，如适当地加以现代诠释，对促进当代世界文明建设，有积极意义。

四、结语

综上所述，冶开法师是近现代中国佛教界的代表性人物，一生都坚定地坚持着佛教中国化的立场。主要表现在：一、冶开法师入世与佛教的中国化；二、冶开法师对禅系的融摄；三、冶开法师的华严"圆融思想"。其坚持佛教中国化的立场有理有据，有根可寻，对于今天的佛教传承仍有极大的借鉴意义。

冶开法师的禅学思想与佛教的中国化

伍先林（中国佛教文化研究所）

一、冶开法师与佛教文化和慈善事业

冶开法师（1852–1922），1852年生于江苏江都（扬州）一户许姓的信佛之家，父长华，母徐孺人。家人两世长斋奉佛，母夜梦僧人入室而怀胎。出生后便不染荤酒，幼年多病[①]，有姑姑出家为尼。十一岁时，冶开奉父母之命，礼镇江九华山明真彻禅师剃度。十七岁在泰县祇树寺隐闻和尚座下受具足戒。[②]受戒后，遍参杭州、普陀山、天台山各大名刹，未有契入。1871年参学至常州天宁寺。当时天宁寺方丈定念禅师，门风峻肃，法席岿然，门下学人鳞集。定念禅师于诸禅人中独深器重冶开，冶开和尚亦至心依止随侍座下。1872年天宁寺打冬禅七，正值放香，冶开上人在澡堂洗澡，听到两位老修行在交流禅七用功所得。其中一位说："这次的禅七参得不错！"另一位答："是啊！这个七的包子钱有得付了。"冶开听得心中万分惭愧，不等洗浴完毕，匆匆回到禅堂，提起话头，全力逼拶，功夫不得相应，誓不起身。从早上一坐就到晚上，感觉刹那如过去一炷香的时间。中间听闻引磬声下座，随众经行，抱定"念佛是谁"的话头，而不知身在何处。维那师见其行为不循常轨，一香板打

---

① 《禅宗五十一世·临济四十一世·冶开清镕禅师》，《新编天宁禅寺志》第四编"历代住持·冶开清镕"，第214页。
② 佘贵棣：《冶开清镕师传略》，《新编天宁禅寺志》第四编"历代住持·冶开清镕"，第219页。

去。冶开如云雾中忽闻霹雳，眼前黑暗顿现为大光明藏，身心一如，受用自在。定念禅师知其已开佛眼，便为其记莂。 次年，定念禅师圆寂。冶开法师住金山寺修行。一日，侍者卷帘时，维那师喊"放下"。冶开法师应声触机，一念放下，受用更超越于前。自此大地平沉，融通无碍。当下，冶开法师听闻隔江人之话语历历在耳，见遥远处之瓜州如在门前。昔日读经时义理隔阂处，洞然顿彻。展卷阅读《楞严》《华严》诸经，如同从自己肝肺中流出一般，隔碍之物涣然冰释。①

大约在三十四岁左右前后，冶开又行脚到终南山，结茅潜修。光绪年间，在终南山结茅潜修的出家人很多，如虚云老和尚、赤山老人法忍、月霞法师等都在终南山潜修过，但时间上都较冶开为晚。冶开初到终南山时，他的茅蓬正当山隘。一日晚间，一头老虎逡巡于茅蓬之外，他结跏趺坐，一念不起，良久之后，老虎屏息贴耳而去。以后老虎常由茅蓬前经过，来去均轻啸三声，好像和他打招呼似的。后来他迁到一处名叫"喇嘛洞"的山洞中居住。洞中以往闹过怪异，居者每为所祟，虽持咒禁制亦无效。山中道侣劝阻他，他说："以前住在洞中被祟的，正是因为他持咒作法与之为敌。我心如太虚，无迎无拒，彼纵拒我，我不拒彼，作祟与否，听其自然。"就这样他迁到山洞中，一住三年，了无怪异。最后在他决定离开终南山、住在洞中最后的一个夜间，后洞中砰然如千钧重物坠地。他持菜油灯往洞深处察看，只见一头黑狐，毛色光可鉴物，一闪而逝。冶开以心如虚空，久离恐怖。他不以异类视黑狐，故在他离开之前，黑狐现形为他送行。②冶开法师修行功夫渐深，他遵循大乘佛教智悲双运的精神，认为大乘佛子当自度度人，不可以枯坐穷山为究竟。因而大约在1896年前后，冶开法师回到了常州天宁寺。天宁寺在咸丰、同治年间太平天国运动的时候，一部分建筑物毁于兵燹，迄未修复。至此，冶开

---

① 《禅宗五十一世·临济四十一世·冶开清镕禅师》，《新编天宁禅寺志》第四编"历代住持·冶开清镕"，第214–215页。
② 《禅宗五十一世·临济四十一世·冶开清镕禅师》，《新编天宁禅寺志》第四编"历代住持·冶开清镕"，第215页。

发愿重修，以期恢复旧观。于是他四出募化，并远至关外，前后历时十余年，将募化所得的资财，先后重建了天王殿、文殊殿、普贤殿、地藏殿，及罗汉堂等，更广造僧舍，修缮全寺，使修复后的天宁寺，殿宇嵯峨，僧舍连云，较以前更为壮观。由于他苦心经营，天宁寺的房舍达到600余间，寺田由原来的1500余亩，增加到8000余亩。由此天宁寺名声大噪，与镇江金山寺、扬州高旻寺、宁波天童寺并称为当时中国禅宗的江南四大丛林。[①]冶开法师在重建天宁寺期间，继任了住持。他道风严峻，遇学者入室，深锥痛劄，不稍宽假，因此获益者众。冶开法师在住持天宁寺期间，新中国成立后曾任中国佛教协会首任会长的佛教领袖圆瑛法师（1878-1953）曾在天宁寺参禅五年，并深有所悟，因而冶开法师也可以说是引领圆瑛法师进入禅门的重要师父之一。

民国元年（1912），在八指头陀释寄禅（1851-1912）的推动下，创立了"中华佛教总会"。民国二年（1913）元月，寄禅以保护庙产事到北京内务部交涉，圆寂于法源寺。是年三月底，"中华佛教总会"开会，推举冶开为会长。而冶开法师晚年在天宁寺因年老退居后，一度到灵隐寺静居，并协助灵隐寺建殿修像。后来他又到上海玉佛寺，创设了"居士念佛会"，接引沪上名流。一时缁素云集，法缘鼎盛。继之他又创立了"佛教慈悲会"，专做社会上灾害贫困救济事业。民国七年（1918）华北发生旱灾，他以近七十的高龄，亲自率领慈悲会的人员，到北方放赈，灾黎因之存活者无数。

这里值得一提的是冶开老和尚与上海玉佛禅寺的深厚因缘。冶开老和尚在就任常州天宁寺方丈期间，就经常到上海弘法，对佛教禅宗在近代上海的传播，有着极深的渊源关系。特别是与上海玉佛寺的关系十分密切。1911年，宏法上人就任玉佛寺住持，其时寺院被占用，玉佛被弃置公园内，是冶开老和尚偕同南京香林寺济南大师一起，协助宏法上人于麦根路（今淮安路）租赁一屋，供奉玉佛，从而使玉佛寺的香火得以延续。1912年，"中华佛教总

---

① 《禅宗五十一世·临济四十一世·冶开清镕禅师》，《新编天宁禅寺志》第四编"历代住持·冶开清镕"，第215-216页。

会"会长寄禅大师逝世于北京，冶开老和尚于1913到上海，继任"中华佛教总会"会长，领导全国缁素，弘传禅宗。其时即经常到玉佛寺讲经弘法，先后在寺内创设居士念佛会和佛教慈悲会等，接引沪上名流。他还手书禅门偈语，悬壁开示，一时间，玉佛寺缁素云集，法门称盛。他还在上海的一些著名寺院和佛教团体讲经说法多次，并常以语录和书函开示他人。他在上海玉佛寺经常宣扬《坛经》直揭本原之旨，主张佛道不向外求，专究根本。认为根本既深，一切幻化都能消灭。他生平行持以禅为主，故在上海弘法期间，主要是弘传禅宗心要。1917年，上海玉佛寺住持宏法和尚圆寂，冶开老和尚和济南大师一起，推荐南京香林寺的可成和尚前往玉佛寺任住持，从而对玉佛寺更是多方面加以帮助。先是协助可成和尚寻觅地基，重建新寺。后又在建寺过程中多方相助，其卫护法门，功不可没。新建的玉佛寺告成，成为上海禅宗的一大丛林，冶开老和尚贡献不小。

民国九年（1920）春天，冶开老和尚在上海开坛传戒。受戒的四众弟子，多达1500余人，在佛门中是盛况空前的大事。这年夏天，偶感风疾，病了一场，入秋始愈。自此闭门谢客，日诵《华严》四卷为常课。到了民国十一年（1922）冬天，旧疾复发，仍安详如常，一无痛苦。旬日之后，瞑目趺坐而寂。世寿七十一岁，僧腊五十九年。[1]冶开老和尚圆寂后七日才封龛，仍端坐面目如生。见者无不嗟叹，每日前来礼拜者多达数千人。冶开老和尚生平不事著述，仅有语录散见各处，后来由弟子惟宽等辑成《冶开镕禅师语录》三卷行世，又弟子另辑其事而成《冶开年谱》。

冶开老和尚一生热心于佛教文化事业和社会救济事业。他主持天宁寺期间，在弟子应慈、惟宽、行实等人的赞助下，创设了"毗陵刻经处"——俗称天宁寺刻经处。数十年中，刻印了大小乘经论770余部，2460多卷[2]，这几

---

[1] 《禅宗五十一世·临济四十一世·冶开清镕禅师》，《新编天宁禅寺志》第四编"历代住持·冶开清镕"，第216页。
[2] 《禅宗五十一世·临济四十一世·冶开清镕禅师》，《新编天宁禅寺志》第四编"历代住持·冶开清镕"，第216页。

乎可以与著名的金陵刻经处相媲美了，虽然天宁寺刻经处名气和影响较金陵刻经处要稍小一点。毗陵刻经处——天宁寺刻经处对近代佛教文化的振兴，产生了深远的影响。在社会慈善事业方面，冶开老和尚曾捐资兴建横跨运河的大石桥——政成桥。他与常州著名的慈善人士钱振锽等，合办"平价售米"，贴钱赔本售米给穷苦民众，以减轻穷人的负担。他在常州天宁寺外面种植大面积的树林，这树林后来成为常州市红梅公园的一部分。此外，他还兴办了天宁寺义务小学，收容常州东郊的贫困儿童入学读书。[①]

冶开老和尚是近代著名的禅宗大师，他常以语录、书函开示弟子[②]。冶开老和尚被后人尊为清末宗门四大尊宿之一，相传清末同治、光绪年间，常州天宁寺冶开和尚的威仪第一[③]，宝华山圣祖和尚的戒行第一，金山寺大定和尚的禅定第一，而赤山的法忍禅师智慧第一，他们是当时极受尊崇的四位禅师。冶开老和尚的传法弟子有月霞法师（1858-1917）、应慈法师（1873-1965）、惟宽法师、明镜法师等，这些法师都是佛门硕彦。佛教领袖圆瑛法师（1878-1953）也可以说是冶开老和尚的弟子之一。后来月霞法师在上海创办"华严大学"，应慈法师在江苏常熟分灯，并在常熟兴福寺创办"法界学院"，而且"法界学院"现在仍然在持续地办下去，不断地为佛教界培养佛教尤其是华严学人才。冶开老和尚弟子遍及大江南北，对民国以来的佛教事业产生了很大的影响。如圆瑛法师在新中国成立后还曾任中国佛教协会会长、中国佛学院院长。应慈法师于1957年出任中国佛教协会副会长，1962年改任名誉会长，并兼任中国佛学院副院长。他们都对新中国成立后的佛教传承做出了重要的贡献。

① 《禅宗五十一世·临济四十一世·冶开清镕禅师》，《新编天宁禅寺志》第四编"历代住持·冶开清镕"，第216页。
② 《禅宗五十一世·临济四十一世·冶开清镕禅师》，《新编天宁禅寺志》第四编"历代住持·冶开清镕"，第216页。
③ 《禅宗五十一世·临济四十一世·冶开清镕禅师》，《新编天宁禅寺志》第四编"历代住持·冶开清镕"，第216页。

二、冶开法师的禅学思想

在佛学思想上，冶开老和尚主要阐扬的是以禅宗为重要代表的具有浓厚中国特色的大乘佛教法界圆觉学思想。冶开老和尚受华严宗思想影响很深，而华严宗正是中国大乘佛教法界圆觉学的一个重要宗派。他曾对于华严宗关于四法界思想发挥说：

> 在日用中融性海是华严的事法界；当下不被境缘转是华严的理法界；一心清净而森然万行、森然万行而消归清净是理事无碍法界；全体互现、各自圆成是事事无碍法界。①

上面是冶开老和尚结合自己的修学和体证，对于华严宗四法界思想的非常精要和精辟的概括。冶开老和尚还在各种说法和开示中，对于以华严宗为代表的大乘佛教法界圆觉学思想做了大量精彩的发挥："现前诸仁无一不在涅槃路上，无一不在解脱门中。收来放去，引类呼朋，涕唾掉臂，携子抱孙。入梵刹则唱演三乘，使人人脚踏实地；处禅林则歌宏妙道，令个个鼻孔撩天。游戏四无量心，逍遥六波罗密，翻三途之毒海，掘十界之根株，圆一真之佛果，集万善之功极。檀越以之酬恩，衲僧以之进道，千圣以之欢腾，诸佛以之庆赞。放无量光，演无量义，示无量法门，现无量权巧，无一不在涅槃路上，无一不在解脱门中。直饶诸佛分上亦未能越出分毫，蠕动含灵亦未曾少分毫。"②"一切诸法，皆从者里流出。者里实踏不疑，世出世间一切诸法，皆住大安乐境，皆成大解脱场。逆行顺施，圆满如意，横拈倒弄，无不自在。"③"天人圣凡世出世间，尽从一毫头上全身建立，恁么见彻，恁么了达，圣凡天人世出世间，一切万法俱是空名，即其空名亦不可得。于不可得中始可以为天，始可以为人，始可以为凡，始可以为圣，始可以为一切。搅

---

① 余贵栋：《冶开清镕师传略》，《新编天宁禅寺志》第四编"历代住持·冶开清镕"，第222页。
② 《冶开禅师上堂法语》（1899年），《冶开镕禅师语录》卷第二，https://www.163.com/dy/article/EKIBJ2IJ0521JF6I.html。
③ 《冶开禅师上堂法语》（1898年），《冶开镕禅师语录》卷第二，https://ishare.ifeng.com/c/s/7oHHH-0gCKdE。

长河为酥酪，变大地作黄金，拈一茎草作丈六金身，以丈六金身作一茎草，逆行顺施，横拈倒弄，圆满如意，随心自在。"①"不动毫端早遍大千，无所作为光照万有。开华藏之门，现毗卢之境。达善才之真迹，入普贤之愿海。畅于心，悦于怀，利于功，应于实。事理交圆，主宾互彻，忘我及人，普行大惠。"②法界圆融是华严宗的特色，而法界圆融又是通过事法界、理法界、理事无碍法界和事事无碍法界的四法界而次第展开和深入的，后来华严宗又将法界圆融的思想概括为一真法界。冶开老和尚在上面的说法和开示中，通过"事理交圆""世出世间一切诸法，皆住大安乐境"和"一真之佛果"等大量生动形象的语言，为学人直接揭示、引导和指向了大乘佛教华严宗"随心自在"的一真法界、法界圆融或法界圆觉的境界。

根据大乘佛教的观点，大乘佛教行人若要达到"随心自在"的一真法界圆融境界，必须经过长期的坚定不移的实践观行才能达到。而实践观行必须要把握关键和法要才行，冶开老和尚说："一切处所一切境界，无一不是最上法要。钟无法要无以自鸣，鼓无法要无以自响，口无法要无以自言，眼无法要无以自见，耳无法要则无以闻，手无法要则无以提，足无法要则无以行，天无法要则无以运转四时，地无法要则无以生长万物，君无法要无以治天下，臣无法要无以治国事。此界他界，一切人类，水陆空行，一切种类乃至蜎飞蠕动，微细昆虫，若无法要，悉皆无以行动。诸仁者委悉么？不是佛兮不是心，大千沙界现分明，从来一字不加画，九月重阳菊花新。"③

作为一个大乘佛教信徒，冶开老和尚所推崇的"法要"就是自心本有的般若智慧。因为根据大乘佛教的观点。"般若是诸佛之母"，诸佛具有般若智慧，因而能够超越小乘佛教声闻乘和缘觉乘的境界。因而若要达到自心与诸

---

① 《冶开禅师上堂法语》（1899年），《冶开镕禅师语录》卷第二，https://c.m.163.com/news/a/EKQHF6P-F0521JF6I.html。

② 《冶开禅师上堂法语》（1899年），《冶开镕禅师语录》卷第二，https://ishare.ifeng.com/c/s/7oQ7w2X-qCME。

③ 《冶开禅师上堂法语》（1899年），《冶开镕禅师语录》卷第二，https://www.sohu.com/a/329142844_120064977。

佛同样本自具足的一切圆融境界、事事无碍法界或一真法界，就必须发挥本自具足的般若智慧，实践般若观行。而冶开老和尚也确实是非常推崇般若的，对于作为代表性的文约义丰、提纲挈领的般若类经典《金刚经》，冶开老和尚也经常向学人推荐学习："《金刚经》全文通前彻后，直截痛快，扫除一切，无丝毫之沾染，无丝毫之住着，直露人人之本源，无过此经。承问二十七分之'不'字，盖全经均对于众生而言，因众生处处住着，不着于凡即着于圣，不着于是即着于非。殊不知凡圣是非名虽不同，其执着是一也。当知此执着即是众祸之源，所以十八分中云：'过去心不可得，未来心不可得，现在心不可得。'又十七分末后云：'通达无我法者，说名真是菩萨。'其余各分之中，不称赞此经之功德，即扫空诸执诸见。唯二十七分，拨转调头，虑众生入于偏空，故示须菩提云：'汝若作是念：如来不以具足相故，得阿耨多罗三藐三菩提'。须菩提，莫作是念'如来不以具足相故，得阿耨多罗三藐三菩提'。故此分之名无断无灭者，正在于此。所以云'于法不说断灭相'也。全经无非为解粘去缚。所以末后云：'一切有为法，如梦幻泡影，如露亦如电，应作如是观。'此正显第三分云：'我皆令入无余涅槃而灭度之。如是灭度无量无数无边众生，实无众生得灭度者。'盖三界九有十二类生皆是梦幻泡影，本无真实，幻妄所生。如人多贪即入于贪界，即有种种之贪妄发生，一经觉悟，贪妄消灭，未曾觉悟之时，即有种种相生，种种之作为。所以云：'我皆令入无余涅槃而灭度之。'当知贪境贪相本空，因妄而有。然妄无实体，了达此义，即'实无众生得灭度者'。其余各分，持久其义自显。"[①]

上面这些是冶开老和尚对观源大居士开示而说的，冶开老和尚在上面说："《金刚经》全文通前彻后，直截痛快，扫除一切，无丝毫之沾染，无丝毫之住着，直露人人之本源。"这句话充分显示了冶开老和尚对于般若智慧的重视和强调，《金刚经》处处破除学人的执着相，而又不断提醒学人不要

---

① 《冶开禅师法语》（1901年），《冶开镕禅师语录》卷第三，https://www.163.com/dy/article/EQA1CU-VM0521JF6I.html。

陷入断灭相，因而该经其实又是不断地在暗示和显露学人之本性和本源，这就是《金刚经》教导学人方法的方便善巧之处，难怪冶开老和尚对于《金刚经》会如此重视。

冶开老和尚虽然对于大乘佛教法界圆觉学的华严宗和法性空慧学的般若经教教理非常重视，但他最终还是归宗于最具中国特色的大乘佛教宗派——禅宗，他本人也主要就是一位禅师。在冶开老和尚的佛学思想里，大乘佛教法界圆觉学的华严宗和法性空慧学的般若经教教理其实也是为禅宗的禅修实证而服务的。冶开老和尚对于中国禅宗祖师禅或顿悟禅是非常推崇的。他说："直饶踏遍天涯，何曾离开寸步；虽然未离寸步，早已踏遍天涯。且道：踏遍天涯者是？未离寸步者是？"①"一法不是有，万法不是无，不说如来禅，不明祖师意。大用当机不存轨则，放去收来自由自在，克期取证者，喝似雷轰，棒如雨点，逼生蛇而化龙，点顽铁以成金。端在今时辟土开基者，建宝王宫殿，立撑天柱子，罗殊材于异域，集众木为一体，别展精神，更有头头就绪，法法皆如。"②"者个是色人人皆见，不假思量，了然毕现。诸上座会也么？悟者悟此，迷者迷此。迷之者，向声色边卜度，即随声色所转，即名众生。悟之者，不向声色边卜度，不随声色所转，故名曰佛。佛与众生只在迷悟间耳，所以马大师云'即心即佛'。只因太煞近，所以令人疑。骑牛更觅牛，俱是不相宜。"③"一翳在眼，空华乱坠，无限波涛，脚下竞起，棒打石人头嚗嚗。论实事，青山不展足，日下不张灯，一阳来复，万德功圆，理事双融，如如自在。菩提果熟于当场，有目共睹。宝莲花开于上品，功圆者证。入如来之大海，刹刹尘尘齐解脱。证诸法之实相，在在处处大圆觉。"④"打

① 《冶开禅师解制法语》（1898年），《冶开镕禅师语录》卷第一，https://www.sohu.com/a/321970490_466973。

② 《冶开禅师解制法语》（1897年），《冶开镕禅师语录》卷第一，https://ishare.ifeng.com/c/s/7nYpR–rHcAdU。

③ 《冶开禅师解制法语》（1897年），《冶开镕禅师语录》卷第一，http://www.360doc.com/content/19/1002/18/52978088_864493001.shtml。

④ 《冶开禅师上堂法语》（1898年），《冶开镕禅师语录》卷第二，https://www.163.com/dy/article/EJP2IJS30521JF6I.html。

成一片，此事谈何容易。非具斩钉截铁之手段，百折不回之心肠，久而又久，切而又切，或可少有相应。若是依稀越国，仿佛扬州，正所谓古德云：镇州望曹门，远之远矣。大丈夫立身于天地之间，不动则已，动即一踏到底。岂同凡俗之辈，而支支离离也。"①冶开老和尚的上述语录和开示，都体现了禅宗祖师禅直下承当、直截领悟的顿悟禅思想，而其理论基础正是祖师禅"即心即佛"的思想，当然冶开老和尚也融合了大乘佛教尤其是华严圆教的思想。

冶开老和尚虽然有时提倡直下承当、直截领悟的顿悟思想，但他更多时候是倡导行解相应的实修。在冶开老和尚住持天宁寺期间，有一次，有一个日本僧人，闻名到天宁寺相访。相见之下，那日僧赋诗说偈，批判经典语录，喋喋不休。冶开垂目默坐，初不置答。等到他纠缠既毕，突然问曰："离却古人，何处是尔自己？试道一句。"那日僧嗒焉若丧，礼谢而去。②冶开老和尚曾在答葛观本、马观源两居士的书信中说："二大护法再来人也，万不可以自弃，宁求其实，毋求其虚。近来寻枝摘叶、向外驰求者多，直达根本、体贴入微者少。'行解相应，名之曰祖。'……《六祖坛经》直揭本源，贫衲生平所宗，二大护法竟能一肩担荷，心契神会，此诚再来人也，非具大根者不能如此。若果于此切实着眼，是则贫衲与二大护法未远离也。"③而行解相应、真参实证的禅法就是南宋大慧宗杲以来的看话禅。冶开老和尚本人曾经通过努力参究"念佛是谁"的话头而深有所悟，因而他本人后来教导学人时，也经常提倡参话头的看话禅。冶开老和尚主张切实用心，抱紧一句话头，以悟为期，不偏重古人的语录谈说。他介绍自己的用功经过，从惭愧自责勇猛精进以话头启发自己，起了念头随又举起话头，念头便同落入万丈海底一般，后来再坐，功夫便醇和成片。因此

① 《冶开禅师法语》(1901年)，《冶开镕禅师语录》卷第三，https://www.sohu.com/a/50492927_120099902。

② 佘贵棣：《冶开清镕师传略》，《新编天宁禅寺志》第四编"历代住持·冶开清镕"，第220-221页。

③ 《冶开禅师法语》(1901年)，《冶开镕禅师语录》卷第三，https://page.om.qq.com/page/OQr939k7i-S27iZZ3FsIdimwA0。

他主张恳切真实，要舍生忘死地用功。①而他对观本、观源两居士的书信中也体现了这种思想："据云本居士现审'无住生心'八字，能恒相应，久久自能悟入。又能发大慈心喜兴学佛教办法，是菩萨兼行六度法门，更增欢。源居士从'万法归一'处谛审，何又生出欲求方便以解其缚之句。既有觉观，念念不散，已属'归一归何'的法门，这就是一大方便，此中谁缚谁解耶？当知本自无缚，今则无解，无缚无解，岂非'归一归何'的根据乎？工夫不可求速达，贵乎纯净不离，久久自有消息。"②也就是说，要参究"万法归一，一归何处"这个话头，就必须做长久绵密的参究功夫，功夫久久而成熟，则能水到渠成，自然有悟。

综上所述，本文的主要观点可以综述为如下几点：冶开法师长期住持天宁寺，他对天宁寺的恢复和中兴做出了重要的贡献。冶开法师一生热心于佛教文化事业和社会慈善、救济事业。在佛学思想上，冶开法师虽然对于大乘佛教法界圆觉学的华严宗和法性空慧学的般若经教教理非常重视，但他最终还是归宗于最具中国特色的大乘佛教宗派——禅宗和净土宗，他尤其重视提倡参话头的看话禅，他以威仪第一而被誉为清末禅宗四大尊宿之一。冶开法师的禅学思想充分体现了中国化佛教的特色。

---

① 佘贵棣：《冶开清镕师传略》，《新编天宁禅寺志》第四编 "历代住持·冶开清镕"，第221页。
② 《冶开禅师法语》（1901年），《冶开镕禅师语录》卷第三，https://www.163.com/dy/article/EQU3BP6D0521JF6I.html。

常州天宁冶开清镕禅师的生平思想

昌　莲（南安报恩寺）

　　近代佛教重兴于江浙重镇，高僧间出；其宗风道范、律仪教观，无不彪炳于一时。长江流域的著名禅林，当推"上游文殊、宝光，下游金山、高旻"。常州天宁寺，与扬州高旻、镇江金山乃江南三大禅刹，呈鼎立对峙之局。以"金山腿子高旻香，天宁包子盖三江"之语，盛传天下丛林。经明代重修，常州"天宁寺据三吴上游之胜，屹为东南第一丛林"，有"一郡梵刹之冠"之誉。乾隆六下江南，三次驻跸常州天宁，尝御笔题"龙城象教"匾额。后遇太平军兴，寺毁于兵燹。自冶开镕公主席天宁以来，募资重兴而复旧观。远继宝华香雪之律行，近承普能嵩、定念禅二老之宗风，律禅并重，宗教双弘；立坛传戒以绍隆佛种，开炉打七以锻炼衲子慧命。冶开镕公对天宁有中兴之功，殿宇重修、宗风再振，端赖冶开镕公一肩荷担。本文谨据现存之语录三卷及传记一卷，详述冶开镕公的生平师承，并探其禅法思想及弘化功绩。

一、生平师承

　　天宁冶开（1852–1922），讳清镕；江苏扬州人，系江都望族，俗姓许，父长华公，母徐氏孺人。生于清咸丰二年（1852）观音诞辰日，寂于民国十一年（1922）十一月二十日午刻。享寿七旬有一，僧年六十秋，戒腊五十四夏。民国十二年（1923），其嗣法弟子显彻、显亲等奉其灵龛，安

136

塔于常熟虞山北麓破龙涧上。破龙涧隶属破山，以冶老于兴福寺有重振之功故，归灵骨于此涧，建塔以标显生前盛德。常熟宗嘉萧制铭曰："一乘圆顿道力充，应乾动寂顺始终。心月普照云雾空，神足游息慧眼通。□□□□□□□[1]，讲贯经悎剖苦衷。一微尘里廓鸿濛，情超六入无牢笼。灵骨归藏虞山峰，敛手顶礼梵王宫。南岳宗派统系同，前有懒融后冶公。"[2]幸今冶公塔犹存。

冶老生于佛化家庭，双亲长斋奉佛，有姑未嫁为尼。据说，其母梦僧入室而诞师。自出胎以来，未染荤酒。自幼多病，年十一，奉父母命，投镇江九华山出家；年十二，依明真彻公和尚祝发为沙弥；年十三，至仪征天宁寺谒莲庵一师祖；年十七，于泰县祇树寺依隐闻和尚具戒。据冶老出家为僧历程，尝作行童一年，任沙弥五年。虽佛制年满二十方可具戒，然中国佛教对此多有开缘，宋僧四明法智大师十四岁具戒。佛制比丘五夏以前专精戒律，待五夏满精通"开、遮、持、犯"后，方许听教参禅。晚近诸方对此制已没那么严格了，往往才具戒即参方游学。冶老具戒后，就效法善财南询方法，历百城烟水境界，遍参天下丛林诸大善知识，增广见闻以期开正眼。尝远朝杭州灵隐、台州天台、舟山普陀等名山古刹，遍叩诸尊宿禅关。历参未彻，其彻悟机缘终在天宁住持定念和尚处。据显彻、显亲所撰《常州天宁寺冶开禅师行述》载：

> 同治十年（1871），至常州天宁寺时，方丈定念禅公门风峻肃，法席岿然，参叩者鳞集，独深器师，师亦矢心执侍。明年（1872）冬，结七；值浴次，闻上首二老僧互谈七日间所得。师愧愤交作，不待浴竟，濡足入堂，趺坐禅榻，提起本参话头，罄力挨拶，誓以身殉。觉刹那间，炷香遽烬，鸣磬下座，随众经行，觑定"念佛是谁"，更不知身在何处。维那见师行不循轨，以香板击之。师触着

---

① 此处，疑似漏了一句七言。
② 显彻编：《冶开镕禅师传》，天宁寺刻印版，第49页。

如在云雾中忽闻霹雳，顿化眼前黑暗为大光明藏；身心一如，受用自在。定公知师已开佛眼，遂授记莂。越岁（1873），定公圆寂。师至金山坐次间，侍者卷帘，维那唤放下，师应声触机，一念放下，得力更逾于前。自此，大地平沉，融通无碍。当下闻隔江人语历历，视瓜州如在户庭。凡昔日读经义理隔阂者，洞然顿彻。展阅《楞严》《华严》，如从自己肺肝中流出。碍膺之物，一旦尽释矣。①

禅者彻悟乃机缘使然，惠明之自黄梅而曹溪者，正突其彻悟机缘在曹溪；佛不能度者度于目连者，亦机缘使然。冶老于天宁禅堂彻悟者，足见其与定念和尚有师徒机缘。禅者的彻悟不止一次，宗杲所谓"大悟十八次，小悟无数"。初彻若攀缘心不相续，便能保任此事；倘攀缘心断而复续，仍须切实用功。冶老于金山禅堂的应声触机放下，正"一念不生，万缘放下"矣。其读经犹从自己心胸流出者，正禅者悟后境界。灵岩印光《宗教不宜混滥论》："既见本来面目，然后看经修行，方知一大藏教，皆是自己家里话。六度万行，皆是自己家里事。"②此正禅者彻悟后之自在如如受用，饥来吃饭困来眠。禅者在意定心空下，自有三明六通的现觉妙用，此乃彻悟的前兆。虚云和尚在高旻禅堂彻悟前夕，于坐香中开目一看，"忽见大光明，如同白昼，内外洞彻。隔垣见香灯师小解，又见西单师在圊中；远及河中行船、两岸树木，种种色色，悉皆了见"③。冶老于二十一岁已彻悟，较虚老于五十六岁彻悟而言，亦英年早彻者也。

禅者彻悟后方是真正修行之开始，犹惠能尝混迹猎队一十六载之潜修密证。冶老彻后，行脚参学，远入终南山结茅温养。传记谓先于终南山隒结茅，旋迁喇嘛洞。据《虚云和尚年谱》载，光绪十一年乙酉（1885），虚老四十六岁，"至南五台，晤觉朗、冶开、法忍、体安、法性诸上人，在此结茅庵，留予同住。法忍住老虎窝，冶开居舍龙椿，法性住湘子洞。予与觉

---

① 显彻编：《冶开镕禅师传》，天宁寺刻印版，第1—2页。
② 张育英校注：《印光法师文钞》下册，北京：宗教文化出版社，2000年3月版，第1389页。
③ 净慧主编：《虚云和尚年谱》，郑州：中州古籍出版社，2012年7月版，第36页。

朗、体安同住大茅蓬"①。又据印老与高鹤年居士书："无门洞者，即今之湘子洞……至光绪初，法忍、冶开等老卜居于此，至今成大兰若。"②这说明冶老尝于终南山南五台结茅，或住湘子洞，或住舍龙椿。

晚近禅者每以入山苦行锻炼其法身慧命、坚固其禅心道志，其动静一如之甚深禅定力自具降魔伏怪妙用。冶老住终南山间，初结茅近山隘，尝遇一虎警啸过庵，冶老一念不动，孰料虎自屏息贴耳。从此虎日必过庵，每将至庵必先鸣啸三声，既过复鸣三声，若相告语者然。旋迁喇嘛洞，洞有怪物。先住此洞者皆被怪物祟挠，无法安禅，持咒禁止亦无益。冶老欲迁此洞前，诸禅友劝阻勿往。然冶老则曰："前之被祟者，正以持咒作法与之为敌耳。我心同太虚，无迎无拒；彼纵拒我，我不拒彼；作祟与否，任之可也。"遂入居三年，了无怪异作祟妖挠。后来，自造实报庄严室成，将迁之前夕，洞中怪物现形送别，见一黑狐，光可鉴物，两目赤炯射人，厥状奇狞，倏忽遁隐。正以冶老禅定力深，心离恐怖颠倒，且不以异类而敌视，故临行时现形相送。此正突冶老以禅定力，伏魔摄兽。冶老尝依止仪征天宁寺莲庵一师祖修学数年，在庄严室，忽一夕，心觉有异念"莲公当有疾"。时当冬令，冒雪下终南，急走四十八日至仪征天宁寺，莲公果已卧病六日矣。日夜呼冶老名，冀其一见。至诚修佛，心空明净，故有如斯感应。民国九年（1920）夏，冶老偶感风疾，迄秋方愈。自从谢客，日唯诵《华严经》四卷。民国十一年（1922）十一月十一日，旧疾复作，安详自在，全无痛苦，至二十日午刻，瞑目跌坐而寂。面目如生，观瞻者日以数千人，无不感叹膜拜。禅定力深，故能不以病为苦，自在如如。如斯不可思议三事，乃冶老彻悟后修证有功之神通妙用。

自古禅者彻悟后经一番保任工夫，锻炼就动静一如之定力，温养就坚韧不拔之禅心道志后，自有龙天推出，出世为人师。冶老锻炼既深，具甚深禅

---

① 净慧主编：《虚云和尚年谱》，郑州：中州古籍出版社，2012年7月版，第24页。
② 张育英校注：《印光法师文钞》上册，北京：宗教文化出版社，2000年3月版，第109页。

定，以大乘佛法当自度度人，不可以枯坐穷山为究竟。于是下终南而返天宁，忆昔定念和尚印证记莂之法乳恩深，遂与高朗月公、有乾性公协助方丈清光青宗。善净清如分筹内外，监管寺务；冶老与善净如公同扶道场，共住八年。冶老尝远至关外募资而修大殿，力复明清旧观。善净清如都监于光绪二十二年（1896）正月十二日入寂，冶老于正月二十四日主席升座，任天宁寺方丈。

常州天宁寺，本由宝华山香雪戒润律师，弘扬律宗。自金山大晓实彻于乾隆年间，移住于天宁，始革律寺为禅林。若论大晓所传临济法脉，远承北京西山笑岩德宝，近接宜兴磬山天隐圆修。笑岩德宝传龙池幻有正传，正传下出二大高足，一为天童密云圆悟分弘于浙东，一为磬山天隐圆修举扬于江南。据雅浦无闷居士所制《常州天宁寺善净如公塔志铭》："自临济三十传至磬山天隐修禅师得禹门祖心印，开法天宁，大畅宗风。又五传至大晓彻禅师，大祖授纳川海禅师，纳祖授净德月禅师，净祖授恒赞如禅师，恒祖授雪岩洁禅师，雪祖授普能嵩、定念禅禅师。雪祖退院，普公继席，会丁寇难，寺毁众椒。兵后辟榛缚茅，依故址居焉。普公以老疾让其位于定公……定公有神足二，青光宗禅师暨今冶开镕和尚也。普公之法惟公得其传焉。定公寂，青光嗣位。数年，允天目西峰之请，天宁之席遂虚。"①这说明天宁寺临济法脉自大晓彻五传至雪岩洁时，雪岩门下出二大高足，一为普能嵩，一为定念禅；普能嵩门下惟出善净如一嗣，而定念禅门下出清光宗与冶开镕二嗣。普能因年老让天宁主席于法弟定念；定念圆寂后，天宁主席先后由其青光、冶开二嗣继任。善净如惟任天宁都监，而未任方丈。蒋维乔列天宁寺主席系统为：

大晓实彻→纳川际海→净德了月→恒赞达如→雪岩悟洁→普能

真嵩→定念真禅→青光清宗→冶开清镕②

此乃天宁寺始传临济禅法至冶老时，共七传九人。据冶老入主天宁法席

---

① 显彻编：《冶开镕禅师传》，天宁寺刻印版，第11页。
② 蒋维乔：《中国佛教史》，北京：中华书局，2015年1月版，第357页。

升座法语："此一瓣香，爇向炉中，端伸供养：磬山堂上天祖老和尚本支历代祖师……端伸供养：^上普^下能法伯老和尚……端伸供养：^上青^下光宗公、^上善^下净如公二位老法兄和尚……端伸供养：^上定^下念先师老和尚，用酬法乳之恩。"①普能乃定念法兄、冶开法伯，青光、善净乃冶开法兄。定念入寂，由其长嗣青光继天宁主席；又以青光应西天目之请，转锡杭州，遂致天宁席虚。本应由都监善净继席，不料善净忽寂，于是推举冶开主席天宁。其升座法语亦曰："新正十二日我善兄和尚辞世，座下虽是有人，皆系抱道蓄德、立志坚强，不肯轻露。所以，诸山和尚及阖寺首领诸师，慈意殷殷，婆心片片，承命清镕，权居此位。"②冶老嗣定念禅公所传临济法脉，天宁禅系实源自磬山天隐圆修一支。天宁祖塔皆在镇江竹林寺，然因冶老对兴福寺有复兴之功，故建塔于虞山北麓破龙涧上以佑破山。

二、禅法思想

清季江南宗门有四大尊宿，相传宝华山圣祖戒行第一，金山大定禅定第一，赤山法忍智慧第一，天宁冶开威仪第一。法忍、冶开实乃当时江南宗门二大禅匠，法忍尝任扬州高旻、镇江金山二寺首座，诸如印魁、虚云等皆于座下彻悟。当时世人尊称冶老为禅师，威仪堂堂，宗教兼通，参禅兼持《华严经》。参南宗禅者大皆弘贤首教，源自圭峰密宗所倡"禅教一致"说。天宁寺本是宝华山香雪戒润弘律道场，宝华山一系弘律者亦兼弘贤首教。天宁律寺虽被大晓实彻改为禅宗道场了，但弘禅的同时亦扶律阐戒。冶老一生规范传戒以扶律，参究禅宗亦诵《华严》。综其遗著，不妨从三个方面略说其禅法思想。

---

① 显彻编：《冶开镕禅师语录》卷一，天宁寺刻印版，第2页。
② 显彻编：《冶开镕禅师语录》卷一，天宁寺刻印版，第3页。

1.本一大事因缘时节，发切心提话头参究。

佛法以缘起为中心理论，凡事皆本因缘时节。据《法华经·方便品》："诸佛世尊唯以一大事因缘故出现于世。舍利弗！云何名诸佛世尊唯以一大事因缘故出现于世？诸佛世尊，欲令众生开佛知见，使得清净故，出现于世；欲示众生佛之知见故，出现于世；欲令众生悟佛知见故，出现于世；欲令众生入佛知见道故，出现于世。舍利弗！是为诸佛以一大事因缘故出现于世。"①意谓诸佛本一大事因缘出现于世者，无非为令众生开、示、悟、入佛之知见，直下成佛而已。勤修弥陀净土者，将此一大事因缘指归为念佛往生；参究向上一着者，将此一大事因缘指归为明心见性。冶老是禅门尊宿，又是如何指归这一大事因缘的呢？据佛诞拈拄杖云：

> "世尊现世为一大事因缘，诸大菩萨助扬一大事因缘，历代祖师证一大因缘，天下善知识演一大事因缘。一切众生昧一大事因缘，现前诸上座师一大事因缘。又且如何？"拄杖子忍俊不禁，出来呵呵大笑云："现前诸上座师已于过去不可说不可说最初威音王佛已前，一大事因缘早已成就，即今行住坐卧，动转施为，无不是一大事因缘妙用，何须更饶舌！"冶开闻此言说，目瞪口呆，无言可对。仔细从头，一一看来，诸佛如是，诸大菩萨如是，历代祖师如是，乃至情与无情、山河大地悉皆如是。不觉和声赞言："善哉善哉！"正说至此真实不虚，忽有傍不干者向云："今朝庆祝佛诞一句，又作么声。"（卓杖云：）"如是如是"。②

以一大事因缘为迷悟之分，悟此即佛，助扬即菩萨，证此即祖师，演此即善知识，师此即上座，昧此即众生。师此之上座，百姓日用中一举一动悉皆暗合妙道、潜通佛智，无不发挥此一大事因缘之妙用。即便昧此众生之动转施为，亦此一大事因缘之现觉妙用，只不过离妙道、违佛智而已。惟参破

---

① （姚秦）鸠摩罗什译：《法华经》卷二，《大正藏》第9册，第7页。
② 显彻编：《冶开镕禅师语录》卷一，天宁寺刻印版，第4页。

此一大事因缘，方能拈得向上机轮，翻迷为悟耳。冶老天宁主席升座语曰："惟以一点诚心，虔祈诸佛菩萨、历代祖师，重应尘世，转大法轮，普令一切众生，情与无情，皆得安乐，齐成佛果。"末以"此物从来极平常，智愚凡圣绝商量。今朝拈出供大众，惟愿同扶古道场"①一偈，酬庆升座。冶老本一大事因缘主席天宁，与大众齐心同扶道场。冶老在复观本、观源居士信中说："直入法海、离黑暗女功德天之牢笼，是在我人精进与懈怠耳。"并以十六言奉呈："普愿法界同成佛，普愿处处正法兴，普愿同获大安乐，普愿永断诸大苦，普愿永住三宝光，普愿永浴正法海，普愿广修诸善业，普愿永依诸佛学，普愿永住解脱场，普愿永登不退地，从今为始至成佛，此心已决不改移，眼前幻境虽未断，诘其根源体空寂。"②此更突冶老本一大事因缘举扬禅法，普愿法界众生皆成佛。

宗门看话头禅，实属解析型命题，即于所看话头上轻发一念疑情，直直看去，不觑破一念疑情决不罢休。冶老尤重提话头参究须发切心，然于示马观源居士书中说："看话头总要得，只是不能限定时间，必要透彻才中。"意谓看话头只问耕耘，不问收获。看话头能否彻悟，全一大机缘使然，因缘具足才能彻悟，不能限定彻悟时日。对此，冶老尝举三例以说明。有位问基居士看《指月录》，忽睹"念念不住，心心无知"二语，顿觉一片清空无量无边，不见有山河大地，不知我人自身所在。心里明明白白，念头却提不起来。俄顷醒过来，遍翻《指月录》，并无"念念不住，心心无知"二语。这是什么原因呢？冶老说："这是用功的人随时触着得来自在受用的；长短久暂，均有因缘的。"光绪三年，高旻普修首座与冶老同在金山住禅堂。一日，普首座叩冶老寮请开示。冶老问其看何话头，普首座说看"念佛是谁"的话头，冶老反问："念佛是谁？"普首座说："说不来。"冶老说："你就在那说不来的地方参。"适值打七第五日，晚板香一锤鱼子打了，话头落实。于是行住

---

① 显彻编：《冶开镕禅师语录》卷一，天宁寺刻印版，第1页。
② 显彻编：《冶开镕禅师语录》卷三，天宁寺刻印版，第23页。

坐卧就大不同从前了，现出自在受用的样子来。冶老说："这就是他看话头得的利益。切切用心，当一桩事做，他总要得的。发切心有因缘，不在那个境界，他也发不起来的。"金山有个永提水头，因菜头丢了一条面巾，疑是水头偷去了，于是粗言诟骂水头。水头就发了狠，进禅堂坐香，不料得了利益。

冶老就据此三例以发切心因缘具足而彻者，则谓："念佛、看话头一个样，总要打成一片才有用哩。这点相应，旁人的好丑看得出来，到不得自受用的地方。用功很难的。用功总要有切心，心不切不会成功的。发切心，也有因缘时节。总之，这桩事总要做着才行，不做着不得相应。"①意谓欲彻悟须发切心体究话头，但必具发切心之因缘时节方可，故《坛经》特设"机缘品"。参禅欲彻悟，亦须本一大事因缘方能成就。若彻悟的因缘时节不具备，万勿强求其彻悟；要知强求彻悟之心，亦属妄想杂念。冶老于复观本、观源居士书中说："古人言句，各有作用；或隐或显，或是或非；唯具眼者，方能了了。每过一则公案，当前不能透过，不能了了。其病何在？未达实际耳。达者一见遍了，毫无如何若何之滞腻。若遇不了之公案，会者即会；不会者但抱定自家本参话头，以悟为期，不限年月，终有到家之日也。"②这分明是说参禅以悟为期，但不能限制彻悟年月，彻悟必待一大事因缘具足方可。只要时时不废看话头工夫，自有彻悟之日的到来。正沩山所谓"生生不退，佛阶可期"也。冶老一再强调体究话头"工夫不可求速达，贵乎纯净，不离久久，自有消息"。

2.亦以提话头工夫堵绝妄想，亦以提话头工夫引发正慧。

在隋唐之际，禅者往往于师家一言半语的点拨下，直契心源本性，并无些许啰唆。后以机教难叩故，黄檗始倡透公案法。两宋时，宏智正觉倡默照禅，大慧宗杲倡看话头禅，并行于世，各以不同手眼接化不同根机的禅众。谨据唯识宗"转识成智"法，转释禅宗参话头原理，本以五遍行之思心所、

---

① 显彻编：《冶开镕禅师语录》卷三，天宁寺刻印版，第20—21页。
② 显彻编：《冶开镕禅师语录》卷三，天宁寺刻印版，第27页。

五别境之慧心所，及六烦恼之疑心所为方便，以引发正慧。及正慧既显发，同时亦得正定，此正曹溪禅所谓"定慧均等"之要旨。其方便最为直截了当，为最上乘之顿教法。禅者以一句话头喻为敲门瓦子，以敲开心门亲见本来面目而为究竟。门既敲开，瓦子则须弃之；既彻见本来面目，话头亦须舍之不用耳。

　　冶老初于天宁禅堂破参时，仅二十一岁，英年早彻。此应属大慧所谓"小悟无数"之悟，而非一悟永悟之彻。也就是靠看话头工夫成片之正定力，刹那引发五别境之慧心所与第六识相应之一念正慧，实乃定境之现觉作用。一旦出定，无明又会顿现；所以尚须常提话头以克制妄念之纷飞。冶老于复葛观本居士书中说，参禅须于不明白处参，觑破不明白处方中的。不大死一番不得大活的，把死的看得翻过身来才可以相应，此乃死中得活。冶老和盘托出自身彻悟历程：初在天宁打七，看"念佛是谁"话头，因用心一点都不醇和故，打毕头七毫无好处。后因愧愤心顿发、生死切心猛生，于次七中终得工夫成片。当吃茶就吃茶，当跑香就跑香，当坐香就坐香，始终抱定个"谁"字话头一点不放松。一日跑香，因维那在后打一香板，忽然心里起了无明念头。一动看见一黑团子起来，随把话头举起克制。又一打香板待黑团子炸开，再提话头就如同落在万丈海底一般。回头醒过来，人就空了。往后做起工夫来，话头就醇和了，行动起来也甚自在，站起来鼻子里连气息都没有了。当时冶老在丈室任汤药之职，行住坐卧，不离一句话头，工夫成片醇和二月余。后因当衣钵、管账，打了闲岔，退了工夫，就大不如从前那么醇和了。故往金山坐禅，在维那命卷帘之当下，触机再彻，于是工夫又得相应，一步踏着自在受用。后来当执事分分心，但提起话头用起功来，还如从前一样相应醇和。既知本性清净，为甚么还须做拂拭工夫呢？冶老认为"没得一番大死，不得大活的。要真实受用，必得切切实实地做一番"①工夫始得。冶老就自身经历认为，即便彻悟后仍须提撕话头做工夫。

---

① 显彻编：《冶开镕禅师语录》卷三，天宁寺刻印版，第19页。

据《太虚法师自传》载："印光法师对其时号称禅师如冶开等，每加訾议；对杨仁老、谛闲法师，亦不无间言；唯以折服人归崇净土为事。"①印老深入经藏，宗教兼通，然惟以弥陀净土一法自利利人，俾"善导高风，复见今日"耳。印老尝力揭宗门流弊，以教下"大开圆解"即宗门"大彻大悟"，准台教名字即佛位为宗门彻悟的最低标准，诸如南岳慧思大师证六根清净、示居相似即佛位，天台智𫖮大师但登五品、示居观行即佛位，灵峰智旭大师"名字位中真佛眼"②。此三大师临终尚不显本，意欲后学励志精修，不致得少为足，及以凡滥圣耳。又据《太虚法师语集》第四条载：

昔在普陀，闻人传冶开和尚语，人问："悟后尚须提话头否？"开曰："仍须常提。"印光法师每斥其非，且曰："看话头如寻爷不见，四处叫喊。既已见爷，何更喊叫，岂非狂惑耶？"以此当知禅宗参话头有两途：其一，则以参话头为堵绝妄想，妄想顿歇时以为开悟，其实是一种定境；出定之后烦恼仍起，如开所言，不得不再提话头以续定力。其二，则以参话头引发正慧，照达实相；正慧既引生，则但由正慧而常惺惺，烦恼不起，是名大彻大悟，不再重提话头。如古人所云"话头如敲门瓦子，门开即弃"；亦即印光法师所谈之意。③

据此则知，冶老所言禅者悟后仍须提撕话头做工夫者，乃针对于"小悟无数"者，实乃话头工夫成片之一种定境，由斯定境引发了五别境之慧心所与第六识相应而起之一念相似慧。待出斯定境，或因闲岔退了话头成片工夫，妄念仍旧纷飞，遇逆境、逢违缘即刹那又迷耳。此时尚须话头工夫不断回互，待回互绵密时，方有"大悟十八"的现觉妙用。印老力主悟后毋须提话头者，针对于一悟永彻者而言，既定慧均等，寂寂常惺惺，惺惺恒寂寂，故不须再

① 张伟达、史原朋编：《太虚大师全书》，北京：宗教文化出版社，2005年1月版。
② 弘一：《蕅益大师年谱》，《大藏经补编》第23册，第431页上。
③ 张伟达、史原朋编：《太虚大师全书》第30册，北京：宗教文化出版社，2005年1月版，第171-272页。

提话头耳。印老力主悟后不须提话头者，惟恐疏狂禅者得少为足、未悟谓悟也。太虚法师亦说："惟定慧之辨最难，非通教理者容易误认，致令未得谓得，未证谓证，起贡高我慢，空过一生！是故禅宗虽不研教，而不可以一刻离明眼知识，正为此也。"①冶老即自身参话头彻悟经验，强调亦以提话头工夫堵绝妄想，亦以提话头工夫引发正慧，以俾未悟者令悟，已悟者令大彻。

3.重般若空义以扫除执着，劝持《金刚经》以资助精进。

隋唐时竟有八百余家争注《金刚经》，正以此经的遍界流通，家喻户晓，是故自黄梅、曹溪弘演《金刚》以来，后世几乎本《金刚》为禅门教印。其经密旨，全在慧彻三空、檀含六度。无著菩萨制论，立住一十八处，密示果位阶差；天亲菩萨制论，断二十七疑，潜通血脉。不先遣诸相执着，曷契诸法如如？是故此经虽策善男信女广修六度万行，然始终以无相一线贯穿到底，正突其教理皆密、行果俱玄也。其断疑生信处，极有助于举扬宗门向上一着，亦可俾禅者彻悟自心；其绝相超宗处，极发挥无相修行妙旨，可俾六度万行契三轮体空，转人天有漏福德成出世无漏解脱功德。

冶老深谙《金刚》妙旨，不但自持此经，亦奉劝他人读诵受持此经，尝刊版白文《金刚经》散施信众以普结法缘。冶老接观源居士函，因其能以《金刚经》资助精进，赞其诚得修行枢纽。冶老直揭《金刚》要旨曰：

> 《金刚经》全文，通前彻后。直截痛快，扫除一切。无丝毫之粘染，无丝毫之住着。直露人人之本源，无过此经。承问二十七分之"不"字，盖全经均对于众生而言。因众生处处住着，不着于凡即着于圣。不着于是即着于非。殊不知凡圣是非，名虽不同，其执着是一也。当知此执着即是众惑之源，所以十八分中云："过去心不可得，未来心不可得，现在心不可得。"又十七分末后云："通达无我法者，说名真是菩萨。"其余各分之中，不称赞此经之功德，

---

① 张伟达、史原朋编：《太虚大师全书》第30册，北京：宗教文化出版社，2005年1月版，第171页。

即扫空诸执诸见。唯二十七分拨转调头，虑众生入于偏空，故示须菩提云："汝若作是念'如来不以具足相故，得阿耨多罗三藐三菩提'。须菩提莫作是念'如来不以具足相故，得阿耨多罗三藐三菩提'。"故此分之名"无断无灭"者，正在于此。所以云"于法不说断灭相"也。全经无非为解粘去缚，所以末后云："一切有为法，如梦幻泡影，如露亦如电，应作如是观。"此正显第三分云："我皆令入无余涅槃而灭度之，如是灭度无量无数无边众生，实无众生得灭度者。"盖三界九有十二类生皆是梦幻泡影，本无真实，幻妄所生。如人多贪即入于贪界，即有种种之贪妄发生。一经觉悟，贪妄消灭。未曾觉悟之时，即有种种之相生，种种之作为，所以云"我皆令入无余涅槃而灭度之"。当知贪境贪相本空，因妄而有。然妄无实体，了达此义，即"实无众生得灭度者"。其余各分，持久其义自显。①

据此则知，冶老尤重般若空义以扫除执着。诸法因缘生，诸法因缘灭。因缘诸法，当体本空。但世人总是执着本空诸法为实有，由是烦恼丛生。烦恼不外乎贪嗔痴等，惟有观空烦恼，方能直下获得解脱自在。冶老本惠能大师所言"行正即是道"，劝信世人心存实事，俾其一举一动皆存正道，自修感人。又据《坛经》"正见之时佛在堂，三毒之时魔在舍"，而以舍伪归真、去偏存正为进道之始基。冶老复观本、观一、观源三居士书曰："我等居此幻化世界之中，从幻入幻，幻生幻死，幻死幻生，幻无底止。欲出此幻化轮回，非从佛道入手不可得也。盖佛道不向外求，专究根本。根本既得，诸幻销灭矣。"②冶老亦本《金刚经》"一切有为法，如梦幻泡影"一偈，劝信世人把病苦灾难悉皆观空看破，放下执着，得自在受用。《金刚经》乃除执绝相之利具，般若大火聚，四边不可触，触有有坏，触无无败。禅者藉受持《金

---

① 显彻编：《冶开镕禅师语录》卷三，天宁寺刻印版，第23—24页。
② 显彻编：《冶开镕禅师语录》卷三，天宁寺刻印版，第26页。

刚经》之功德力，惟观空"我、人、众生、寿者"四相，实有益于彻悟自心，亦能落实无相修行。冶老劝持《金刚经》者，亦重般若空义以扫除执着，亦以《金刚经》资助禅者精进。

三、弘化四方

晚近诸方丛林已以方丈主管寺务了，举凡殿宇修复、茶饭募化等事，皆须住持一肩荷担。是故住持已无法像两宋间住持那样专务说法利生、领众修行了。但晚近丛林仍遵古制，每逢佛菩萨诞辰、结夏结冬、端午中秋、除夕元旦、请职贴单等重大佛教节日或活动，住持仍须登座说法、拈椎挥拂，故冶老亦遗有语录三卷。也要为信众回复信函，决疑解惑，故冶老亦遗有书函集一卷。冶老寂后，诸山大老、各方信众皆致挽联、挽词，歌功颂德，并制七旬寿言、行述、塔铭等，皆由其门徒显彻、显亲等辑录成册，并语录书函合刊，遍界流通。冶老的遗著，正三不朽之立言不朽也。此遗著实乃冶老法身永住世间之明证，亦有益于信众开佛眼而生正信。

蒋维乔说："清镕道高行洁，闻风而发心之居士甚众；既为众所信仰，故到处兴殿宇，不期而款集；如常州天宁之大殿、禅堂，太平寺之文笔峰宝塔，杭州灵隐寺之大殿，上海玉佛寺之念佛堂，皆清镕所兴修。其于慈善赈济事业，尤为尽力；年六十七岁时，值北五省旱灾，犹亲自北上，至灾区放赈。"[①]此正突冶老有佛心慈悲，不但复兴天宁殿宇亦襄兴灵隐、玉佛、太平等处塔殿。能以众生苦为自己苦，故不惮千里北上放赈济世，热衷于慈济事业。此乃三不朽之立德不朽也。

自民国九年（1920）庚申染风疾以来，专诵《华严》，以每日四卷为常课。至民国十一年（1922）冬，诵毕《华严》；预示逝期；于十一月二十日，跏趺入寂，毫无病痛，若入禅定。末后以修佛有功为世证信佛法不可思议，此

---

① 蒋维乔：《中国佛教史》，北京：中华书局，2015年1月版，第357页。

乃三不朽之立行不朽也。这三不朽精神，正突显冶老弘化一方之巍巍功绩。

东初法师说："冶开民国二年（1913），继八指头陀任'中华佛教总会'会长，领导全国缁素。冶开虽属宗门长老，观其传法与月霞、应慈、惟宽、明镜等，可谓慧眼识明珠，尤为难得。民国三年（1914）月老先于上海创办华严大学，民国六年（1917）又奉命分灯常熟兴福寺，创办法界学院，入室弟子遍及大江南北。民国以来之僧教育，几无一处不导源于此。追本穷源，冶老对僧教育，不无启发之功，寓有不可以思议之功德也。"①的确如此，月霞、谛闲二老乃近代佛教僧伽教育之先驱者。月霞、应慈二老又是近代首兴贤首教者，惟宽、明镜二老亦同辅共襄盛举，大力推动了近代华严宗在苏、沪、杭等地的弘传。禅宗以华严为教印，以丛林清规为佛制戒律，冶老住持天宁以如法传戒规范僧伽、绍隆佛种，鼓励其门下大弘贤首教仪以传灯续焰，可谓弘宗演教，扶律阐戒也。冶老及其门下，对中国佛教近代僧伽教育有启发之功及推动意义。

---

① 释东初：《中国佛教近代史》（下册），台北："中华佛教文化馆"，1974年9月版，第744页。

冶开和尚与近代华严学

释义川（戒幢佛学研究所） 释德安（苏州大学宗教研究所）[①]

一、早慧入道 精进修学

冶开和尚，法讳清镕，字冶开，生于扬州江都，为徐氏子[②]，世寿七十一[③]。其母梦僧入室，游观音寺遇僧授记。其家人因梦持斋侍佛，有姑姑未嫁落发为尼，故出生时不染荤腥及酒肉。年幼时体弱多病，十一岁时奉父母命出家，十二岁在镇江九华山明真彻公前落发，十七岁于泰县祇树寺求受具足戒[④]。随后访名山古刹，参诸位善知识，结合各家所长形成了自己独有的修行风格。

同治十年（1871）冶开和尚来到常州天宁寺参学，深得定念禅师欣赏。冶开和尚也在此开启了他修学生涯的起点。天宁寺每年冬季有"打禅七"的修行方式，冶开和尚在禅七中沐浴时，听老和尚交谈修学心得备受激励，随即勇猛修行，一心思维"念佛是谁"的话头沉浸其中。引磬响，大众下座跑

① 释义川（1997–），戒幢佛学研究所研究生。研究兴趣：近代华严学与现代佛教。释德安，俗名田健，理学博士，哲学博士后，现为苏州大学宗教研究所研究员、戒幢佛学研究所研究部主任，主要研究华严宗与佛教的中国化。本文受国家社科重大项目"一带一路佛教交流史"（19ZDA239）及戒幢佛学研究所研究基金支持，谨致谢忱。

② （清）显彻：《冶开镕禅师传》，第2页。
③ 谈雄：《冶开传奇》，北京：团结出版社，2015年，第232页。
④ 谈雄：《冶开传奇》，北京：团结出版社，2015年，第223页。

香，维那师见冶开和尚与大众行为有异，下香板提示过失。因缘和合，这一香板成了冶开和尚"开悟"的助缘。定念禅师见此，传法与冶开和尚，为临济宗四十一世^①。

同治十三年（1874），定念禅师圆寂^②。冶开和尚离寺朝九华礼拜地藏菩萨，随后赶往镇江金山寺"打禅七"。禅七结束，前往终南山结茅净修。在终南山冶开和尚"伏虎降妖"，坚定了修学的信念。其弟子叶尔恺在塔铭中记载了这段传奇经历："遂入终南结茅庵温养，地当虎溪，始至遇虎惊啸。师一念不动，虎贴耳去。自是虎日必一过，每将至先鸣三声，既过复鸣三声，若相告语者。然旋移喇嘛洞，洞有怪居者，每为所祟，或以阻师。师曰：'前之被祟者，正以持咒作法，与为对敌耳。我心同太虚，无迎无拒，彼纵拒我，我不拒彼，祟否任之可也。'入居三年，了无异。及自造实报庄严室成，将迁之前夕，洞中砰然，如千钧重石落万丈潭底。亟秉炬视，则见黑狐，光可鉴物，两目赤炯射人，倏忽遽隐。盖此洞为其窟宅，以师不以异类敌视，故于濒行时，露形相送。其摄服魔兽类如此。"^③冶开和尚静室独坐禅修时，感剃度恩师莲庵老和尚有难，不顾严寒下山奔向住所。见到恩师时，莲庵老和尚果真病重。有关这段"感召"经历，天宁寺显彻于《冶开镕禅师行述》和叶尔恺《冶开大师塔铭》有详细的记载。庄蕴宽《冶开上人传》里记载了冶开上人亲口讲述"感召经历"的过程："予尝从容问上人：'生平有无自感灵异之处？'上人曰：'予落发时，依师祖莲庵和尚，恩待称最。'其后予结茆终南，一夕忽觉师祖有病，贸焉下山，行四十八日到扬。入寺，见师兄某曰：'汝归邪。师祖疾亟，方日夜呼汝名也。'入见而病寻愈。其时，有先予行者，迟三日乃至，问予：'何行之速，途中胡不遇？'予亦漠然。唯此差可言耳。"^④由上资料可见老和尚精进修学，求法的决心坚如磐石感应灵验，

① 谈雄：《冶开传奇》，北京：团结出版社，2015年，第48页。
② 谈雄：《冶开传奇》，北京：团结出版社，2015年，第55页。
③ （清）显彻：《冶开镕禅师传》，第7页。
④ （清）显彻：《冶开镕禅师传》，第6页。

其传奇经历不仅坚定了自己的信心，也感化了身旁求法修学的在家、出家二众。

光绪二十二年（1896），冶开和尚结束在终南山的禅坐，发菩提心返回常州天宁寺修缮殿堂、随缘开示来访信众与求学者。有关此段经历的记载，屠寄所撰写的《冶开禅师寿言》与庄蕴宽所撰写的《冶开上人传》有所不同，叶尔恺所撰写的《冶开大师塔铭》与前二者又有所差别。显彻则结合了前三种说法，以客观的角度还原了冶开和尚当年的经历：

> 师锻炼既深，动静一致，以为大乘法当自度度人，岂以枯坐穷山为究竟。于是仍回天宁，忆定公法乳恩深，本寺自燬后，殿舍未复旧观。遂与高朗月公、有乾性公，协助方丈善净如公，分筹内外，有情功德，常住益赡。更四出募修大殿，远至关外，泥泞没踝，誓不退屈，卒偿所愿。及兴工飞甍百尺，邑士夫囿于韩愈氏之言，以为陵驾夫子庙堂，阻之甚力。师持以慈忍，无片语相争，徐请长老出为排解，良久工卒。竟，善老既寂，师继席，遇学者入室，深锥痛劄，不稍假借，获益甚众①。

有关冶开和尚的随缘开示，除语录之外，几种文献资料中都记录了同一件事，那就是善巧度化曾向冶开和尚卖弄学识的一位日本僧人的过程。当时，这为日僧自恃所读、所解经论很多，便在冶开和尚面前卖弄，表现得也洋洋自得，但冶开和尚不为所动。日僧言毕，老和尚突然发问道："离却古人，何处是你自己？"此时，日本僧人没有了着落，顿时哑口无言。可见冶开和尚对佛法学修有着很深的体悟与见解，在接引学人的方法上也是一针见血。老和尚对这位日僧的接引，能让求法者当下感受佛法中所蕴含的深意在于行、在于将佛之知见化为自家本事。

光绪二十三年（1897）冶开和尚升座②，在位期间发心修建塔寺、修复佛

---

① 谈雄：《冶开传奇》，北京：团结出版社，2015年，第224页。
② 谈雄：《冶开传奇》，北京：团结出版社，2015年，第93页。

像、刻印经典、创办念佛会、组建慈善组织。有关此段经历，各位弟子对其叙述各有侧重点。如屠寄撰写的《冶开禅师寿言》格外强调寺外所作的善行："其他寺外有为功德，如造桥、修路、施衣、给食、设钟警旦、燃灯照夜，皆随时随地尽力行之。其中用财尤巨者，以改修政成桥为最用力；尤劬者，以亲至北方赈济为最。"[1]显彻《常州天宁寺冶开禅师行述》概括了冶开和尚的事迹："在位时，复以余力兴复东郊寺塔；退居后，又至灵隐建殿修像。在上海玉佛寺创'居士念佛会'，手书偈语，悬壁开示，一时缁素云兴，法集鼎盛。又创'佛教慈悲会'，年近古稀，不避艰苦，亲至北方赈济灾黎。"[2]叶尔恺《冶开大师塔铭》提到了老和尚刻印经藏的事迹，其余大致相同："其他修常州文笔宝塔及政成桥，复东郊太平寺并募刻藏经，造杭州灵隐大殿诸役，愿力所至，官民信赖。戊午，北方水灾，创'佛教慈悲会'，集款累万，亲至灾区散放，全活无算。"[3]由上述可见，冶开和尚悲心愿力广大，不计较个人得失，一心为众生服务，践行了自己当时下山的誓言。

1922年，冶开和尚圆寂[4]，僧腊59年。有关僧腊的年数，文献记载各不相同，有说59年、60年、61年前后相差一至二年。圆寂前二年的1920年，冶开和尚闭门谢客，日诵《华严经》，预言自己往生西方极乐世界。显彻《常州天宁寺冶开禅师行述》文中与其他有关文献资料对此事描述大体相同："夏间，偶患风疾，至秋渐愈。自此谢客，日诵《华严经》四卷。壬戌夏，罗邑生居士来祈开示，师曰：娑婆世界苦，念佛生极乐。老僧七十一，决定往西方。"回顾冶开和尚的修学经历，以"禅"为中心融合戒律学、净土法门、华严学，自修自证，扫除大众疑惑，随众生的根基方便说法，影响了当时一大批亲近的修学者，如月霞、应慈、霭亭等弘扬华严教义的禅僧。冶开和尚的圆寂示现，是他一生修学成就的证明，他将"正念"埋藏于求法者的心

① 谈雄：《冶开传奇》，北京：团结出版社，2015年，第222页。
② 谈雄：《冶开传奇》，北京：团结出版社，2015年，第224页。
③ 谈雄：《冶开传奇》，北京：团结出版社，2015年，第232页。
④ 谈雄：《冶开传奇》，北京：团结出版社，2015年，第82页。

中，将"华严"融入"禅法"、将修行旨趣归于"净土"。冶开和尚悲心大愿，恢复殿堂道场；给众生提供修学场所，刻印典籍传法，引导众生走向觉悟之路；赈灾安抚众生恐惧的内心。冶开和尚一心为众生、一心为佛法的菩萨精神感染了无数后学人。

二、传法月霞　启教华严

一灯照亮法界的黑暗。冶开和尚诵《华严》往生极乐的示现，影响了无数的后学人。在近代华严学中，著名的月霞法师、应慈法师都曾在老和尚身边参学过。受老和尚的影响，月霞、应慈两位法师创办华严专宗学院，以一己之力排除万难，弘扬华严学，培养了常惺、慈舟、了尘、戒尘、智光、霭亭、持松等弘扬华严教义的僧才。

追本溯源，月霞法师是近代意义上的华严僧教育之始。月霞法师生于清咸丰八年（1858）[1]，湖北黄冈人。十九岁于南京观音寺落发，二十岁在九华山大通莲花寺求受具戒，随后在金山寺、天宁寺、高旻寺等禅宗寺院参学数年。三十七岁时与同参建设翠峰寺，主修华严，此后用了3年时间讲完80华严全卷。四十九岁时与应慈法师成为冶开老和尚的传法弟子，备受老和尚青睐。五十七岁时在上海创办了近代第一所华严大学，开启了中国华严学教育的先河。

月霞法师创立的华严专宗学校，受异教徒的排斥与种种不可抗拒的因素动迁四次，其址分别为上海哈同花园（异教徒排斥）、杭州海潮寺（军队驻扎）、九华山东崖寺（奉师命兴福办学）、常熟兴福禅寺。月霞法师在兴福寺弘法期间旧疾发作，回杭州玉泉寺休养，后因病无法治愈，圆寂于玉泉寺。在生命走到终点时，仍不忘嘱咐同参应慈及弟子持松弘扬华严学[2]。1918年，

---

① 持松：《月霞老法师传略》，载《觉有情》1942年第62、第63期合刊。
② 慧云：《百年华严·百城烟水——略述常熟兴福寺与近现代华严宗的传播》，载《华严学研究》第一辑。

月霞法师圆寂一年后，其弟子持松法师出任兴福禅寺的住持[①]，应慈法师、惠宗法师、谭月法师等受邀任监院。1920年，月霞法师圆寂三年，华严大学复办设立预科班（三年制），持松法师出任校长，应慈法师管理学僧的日常行为规范，惠宗法师引导监管学僧的学习风气[②]。学校以培养华严僧才为目的，以大小乘经典为辅培养正见，系统地学习华严经论。法界学院的课程，在月霞法师主持的上海华严大学的基础上，增添了国文课与儒学课并将考试的次数增加。1921年，法界学院因办学经费紧张停办。持松法师出外东渡日本学习唐密，监院惠宗法师代管兴福寺。1924年，惠宗法师邀请慈舟、戒尘二法师复办华严大学，并更名为法界学院。课程与前身华严大学比又增加了地理、数学、英语、社会学、三民主义等课程。1928年，戒尘、慈舟两位法师辞去学习职务后，惠宗法师又请惠庭法师为院长带领学僧修学。同年惠宗法师去杭州讲学，谭月法师代管兴福寺与学院。1930年，谭月法师为学院办学经费困扰，辞去学院职务，由常惺法师的弟子正道法师担任学院院长，后因经费问题学院停办。1935年，苇乘法师恢复法界学院，可惜因内部矛盾学院解散，后因抗日战争而停止办学[③]。嗣后，苇乘法师继承月霞老和尚的遗愿，继续承办法界学院直至新中国成立。

三、灯灯相传　兴办大学

在兴办学院基础上，1921年，上海华严大学的毕业学僧戒尘、了尘，邀请慈舟法师于湖北九莲寺创办华严大学，其课程与常熟法界学院课程大致相似。

1925年，应慈法师受常州静波法师邀请，创办华严预（三年）正（三年）

---

① 唐忠毛：《华严座主·禅者风骨·菩萨行者——应慈法师示寂五十周年纪念》，载《华严学研究》第一辑。
② 慧云主编：《常熟兴福寺志·志僧》。
③ 《常熟法界学院重振》，《佛学月刊》第2卷第2期，1942年7月。

二科清凉学院，学习华严义理。1927年，预科班修学结束后学院迁往上海，后因办学理念与静波法师不符，学院解散。1940年，应慈法师受居士邀请创办六十华严学院三年，讲授《六十华严》及相关经论，学员毕业后学院解散。1933年，慈舟法师受虚云老和尚的邀请讲律学，随后成立鼓山法界学院①。鼓山法界学院招生特别严格，不招居士且出家众必须是比丘。学修年限为四年制，四年中前一年为华严预科班，以戒律为重点兼学大小二乘经典。后三年学习华严义理，并以净土、禅修为修学实践。1936年，慈舟法师讲完八十华严，第一届学僧也顺利毕业。同年，圆瑛法师邀请慈舟法师于福州继续创办法界学院，后因倓虚法师亲自来邀请慈舟法师传戒，续办学院的事也就此搁浅。1937年，慈舟法师将法界学院迁到北京净莲寺，并于此开讲华严学。

以冶开和尚"启教"为始至月霞法师创建华严专宗学院为源头，为近代佛教界提供了许多华严学优秀僧才，如前文提到的慈舟法师、持松法师、应慈法师等都为近代华严学的中坚力量。在月霞法师的诸多学僧弟子中，有人继承月霞法师的遗愿弘扬华严，有人在近代社会大改革中恢复佛教培养僧才，其中常惺法师、智光法师、霭亭法师所做的弘法事业一直影响至今。

常惺法师（1896–1939），法名寂祥，字常惺，如皋柴湾人。毕业于月霞法师在上海创办的华严大学，与他同届的学僧中有慈舟、智光、霭亭、了尘、戒尘、持松等弘化一方的佛门龙象。1922年，常惺法师在安徽省创建僧学院，历经三年。1925年，于厦门南普陀寺筹办闽南佛学院，培养出了印顺、演培等对近代佛教影响比较深的大德，且学院至今存在，不断地为佛教界输送人才。1929年，常惺法师在北京与台源和尚创建柏林教理院，设立世界佛学苑，可惜爆发"九一八事变"，不得已停办。1931年，常惺法师出任江苏泰县光孝寺住持，并与南亭法师筹办光孝佛学研究社。后因操劳过度，于1939年因肺痨圆寂，世寿仅四十四岁。常惺法师短暂的一生兴办僧伽佛学教育，期间困难重重，但其办学培养僧才之志一直不减，为近代佛教

---

① 月耀：《虚云大师在鼓山》，岑学吕编著：《虚云法师年谱》，第70页。

培养了诸多弘法利生的僧才。智光法师（1889–1963），法名弥性，字文觉，泰县（今泰州姜堰）人。智光法师是月霞法师的直系弟子，也曾在上海华严大学就读。1934年，创办焦山佛学院，分为正预二科，培养了许多青年僧才。在办学十四年间前后毕业五百余的学僧①，如近代的星云大师、东初法师、茗山长老都在此学习过。智光法师的学僧，大多存于现世弘法至今，为近代佛教的建设做出了重要的贡献。霭亭法师（1890–1947），法名大观，字霭亭。霭亭法师依止知光法师落发，后随其进入上海华严大学学习。1928年建设竹林佛学院，曾邀请慈舟、戒尘等诸位法师授课，其学院继承月霞法师的遗志，专弘华严重视禅修，后抗日战争爆发停办。回顾月霞门下的毕业学僧，大多是专弘华严、禅净双修、重视戒行，这与冶开和尚的"启教"有着莫大的关系。比如点亮华严心灯的月霞法师，受冶开和尚的影响"无一日不坐香，无一年不打七"②。协助月霞办学的应慈法师，受邀奔赴各地举办传戒法会，坚持每年闭关禅七。华严大学毕业的慈舟法师，除了弘扬华严学外，特别重视戒律学与净土法门。其他毕业学僧弘法时也多将禅、净、律、密等其他法门融合。月霞和他门下学僧与弟子的修学经历，都有冶开和尚的影子，可见冶开和尚对近代华严学的影响有多么的深远。

四、体悟法界　归趣普贤

冶开和尚晚年日诵《华严》，日常弘法中也运用华严教义对前来参学的人进行开示。在开示中，老和尚时常运用"四法界"的义理作比喻。在其弟子惟宽等所撰写的《冶开镕禅师语录》中，老和尚不仅将"四法界"与"禅法"结合起来，还发了与普贤菩萨意趣相同的行愿。

冶开和尚的四法界观，源于对禅宗话头"念佛是谁"的体悟，这与四法

---

① 黄夏年主编：《民国佛教期刊文献集成》，第175册第83页。
② 应慈：《月霞显珠禅师行略》，沈去疾著：《应慈法师年谱》第122页。

界重重无尽、事事无碍的"性起"思想不谋而合。换句话说，冶开和尚用四法界印证了自己的修学体悟。在《冶开镕禅师语录》中有四处讲述了冶开和尚对四法界的论述，具体如下：一、事境与理境同彰①。二、于事理交主宾互彻忘我②。三、事无差，理无差，事理无差③。四、事圆成、理圆成④。此四处可以归为两类，一是对事、理、事理无碍思想的看法，也就是前面四个方面中的第一、二、四部分；第二则是冶开和尚结合禅宗"看话头"修法对"事事无碍"的解读，即前面的第三部分"事无差，理无差，事理无差"。

1.关于事、理、事理无碍

在冶开和尚看来，事境与理境是一样的本无差别。这与禅宗修学者通过"看话头"证悟后共同得出的结论是一致的。如近代禅宗大德虚云老和尚，在《参禅的先决条件》中说："念佛即是观佛，观佛即是观心，所以说'看话头'，或者是说'看念佛是谁'，就是观心。即是观照自心清净觉体，即是观照自性佛。"⑤依此可见，两位老和尚的境界与华严事理无碍"一体不二"的性起思想契合，也同时印证了禅宗"见性开悟"后的境界。冶开和尚通过对"看话头"的深刻体悟，以禅者的角度对教义作了诠释，用言行体现华严不可思议的境界。在日常生活中，老和尚具足大悲心，"外"赈灾救民于水火中、造桥、修路、施食，"内"修复塔寺经典佛像，创办慈悲会，接引三宝弟子；法事活动中如上堂、水陆、传戒等讲开示时，举各宗教义宣说法要接引后学人。从冶开和尚的种种行为来看，他用"实行"证明了所悟不虚，依此说明"教义"不是空头理论，是践行大乘菩萨道解脱的方向。冶开和尚开示时所说的事理无差、事理圆成，在他利益众生、成就自己的同时体现了出来。

---

① （清）显彻：《冶开镕禅师传》，第8页。

② （清）显彻：《冶开镕禅师传》，第10页。

③ （清）显彻：《冶开镕禅师传》，第5页。

④ （清）显彻：《冶开镕禅师传》，第12页。

⑤ 虚云著，季惟斋编：《虚云法师演讲录：参禅要义》，北京：中华书局。

2.关于事事、宾主无碍

冶开和尚身为禅宗分支临济宗法脉的传人，对其宗的祖师强调的"四宾主"有很深刻的理解。四句宾主，源于临济宗创宗祖师义玄法师接引学人时所用的方法概论，为临济宗根本思想之一。冶开和尚曾用"主看宾"的方式，开示前来参学的卖弄教义的日本僧人："离却古人，何处是你自己？"让日本僧人顿时醒悟，明白了自己的过失与修学境界。由此可见，"学"与"证"的差距，不是在于读诵过多少义理与经典，而是对经典、义理体悟到了多少。太虚法师曾在日本临济大学的讲座中对"四宾主"作了一次深入的探讨，将四宾主用教义进行了解读。笔者结合四法界义理将太虚法师所说的"四宾主"内容进行了整理，通过对二者的对照，可以清楚理解四宾主与四法界的关系，具体内容如下：

事法界：差别的现象界。
宾中宾：即在取虚妄我法相之五趣、二乘地中，于佛法不了解离言说之实相，妄于名相求真。

理法界：平等的本体界。
宾中主：禅宗之旨，即在离去名言而直下明心，此为禅宗正义。

理事无碍法界：现象本体界具有一体不二的关系。
主中宾：即是已证得离言不思议法界，深契妙性，亦即已得到祖位。以利人故，于无可言中而假立言说。

事事无碍法界：现象界本身之绝对不可思议。一切诸法皆有自体用，各随因缘而起，各守其性，事事看似相对，然多缘成就一缘且一缘遍多缘。[1]主中主：在教中谓为离言不思议法界，维摩经中以无言说而显不二法门，如文殊问云："如何是不二法门"？维摩诘默然无言，文殊叹言："是为真入不二法门"[2]。

从太虚法师对"四宾主"的解读与"四法界"对比来看，两者义理相同，前者需要通过"参"来见自己的本性，有了见地后方能接引学人；后者要经过长时间的学习且融通大小二乘教义，才能开演佛法，利益前来参学的人。冶开和尚结合实修与义理"有教有证"弘化一方，影响了近现代多位高僧大德，实为佛门中的法门龙象。

---

① 贤度：《华严学讲义》，北京：宗教文化出版社，2006年。

② 《大方广佛华严经·入不思议解脱境界普贤行愿品讲录》，载《太虚大师全集》第六编，北京：宗教文化出版社，2005年。

五、践行十愿　导归极乐

冶开和尚晚年闭门谢客，勤诵《华严》，并预言自己往生西方极乐世界，这是有着经教依据而生起的自信，如《华严经·入不思议解脱境界普贤行愿品》中说"唯此愿王不相舍离，于一切时引导其前，一切那中，即得往生极乐世界"①。在其弟子所撰写的语录里，有封写给本马、观源两位居士的书信，其中的内容即体现了冶开和尚仿普贤菩萨发大行大愿的记录：

1.普愿法界同成佛；2.普愿处处佛法兴；3.普愿同获大安乐；

4.普愿永断诸大苦；5.普愿永住三宝光；6.普愿永浴正法海；

7.普愿广修诸善业；8.普愿永依诸佛学；9.普愿永住解脱场；

10.普愿永登不退地；11.普愿法界同此愿。②

依此书信内容，可以看出老和尚对华严教义理解得很通透，在启发凡夫修学信心的同时，令其心安住并以"初发心"即成就佛果的华严思想，劝众生依法住、依法行、依法安，广发菩提心。冶开和尚的十一愿，可以认为是以"普贤十大愿王"当中的第六、七、八愿为基础而演变出来的：第一愿与十大愿王之中"请佛住世"相当，第二、三、四愿对应于"请转法论"，第五至十一愿对应于"常随佛学"。冶开和尚以上述"三愿"为基础广劝众生建立功德，正如太虚法师在成都佛学社讲《普贤行愿品》时所说："前八愿力充足之后，扩充大悲心，以所成就功德，布施于一切众生而无所着，故后二愿为下度众生之愿。"③由此可见，冶开和尚以普贤行愿为基础，发广大心行世间、出世间事，以种种善巧方便成就众生，接引后学人往生极乐界成就佛果。

---

① 《大方广佛华严经》卷40（CBETA 2022.Q3，T10，no. 293，p. 844b16）。

② （清）显彻：《冶开镕禅师传》，第23页。

③ 《大方广佛华严经·入不思议解脱境界普贤行愿品讲录》。

六、结语

冶开和尚所处的时代是佛法十分衰落的时期，其教内空有形式而寺院败落。老和尚悲心大愿恢复寺院塔庙、修复经藏典籍、赈灾造福一方众生、传戒给予求法者一次成为出家人的机会。近现代高僧大德，参学过老和尚的都有一番收获，特别是以其法子月霞为起始办学育僧，为近现代佛教培养出了很多高僧大德。受冶开和尚影响，月霞一脉华严学人都特别注重办学，每一位门下学人都以弘扬华严为重任，结合禅宗、净土宗、密宗等其他修法，为近现代培养出一批弘法型人才，利益无数有情。老和尚以身示现诵读《华严》往生极乐，给予过去、现在、未来处于末法时期的众生带来一丝光明与希望。

高僧冶开清镕与近世禅宗

韩传强（滁州学院）

　　高僧冶开清镕（1852-1922），江苏江都人，俗姓许，名清镕，字冶开。《武进天宁寺志》卷七载有冶开清镕禅师的传记、塔铭、行述等相关内容①，《中国佛教近代史》（下册）载有冶开清镕禅师传略②，从中可以对冶开清镕禅师行谊了知一二。冶开清镕作为晚清民国时期著名高僧，其对中国近世佛教尤其是禅宗的影响甚为深远。本文拟从冶开清镕禅师对禅宗僧才的培养、对禅宗道场的护持、对禅宗法脉的延续等三个方面来呈现冶开清镕禅师对近世禅宗的影响和推动。

一、对禅宗僧才的培养

　　僧才，这是佛教发展的关键。高僧冶开清镕对晚清以降僧才的培养可以说是有目共睹，冶开禅师一生培养僧才众多，其中就有新中国成立后担任中国佛教协会会长的圆瑛法师、应慈法师等著名高僧。就禅僧而言，冶开清镕也培养了一批卓有才华的禅师。在《武进天宁寺志·月霞显珠禅师行略》中有言："冶祖座下授记者四人：明镜、月霞、惟宽、应慈。"③以下笔者以月

① 《武进天宁寺志》卷七，载杜洁祥主编：《中国佛寺史志汇刊》第一辑第35册，台北：明文书局，1980年，第223-238页。
② 释东初：《中国佛教近代史》（下册），台北：东初出版社，1974年，第742-744页。
③ 《武进天宁寺志》卷七，载杜洁祥主编：《中国佛寺史志汇刊》第一辑第35册，台北：明文书局，1980年，第256页。

霞、惟宽、应慈三人为中心，来管窥冶开清镕禅师对僧才的培养。

第一，月霞显珠。据《常州天宁禅寺志》所载[①]，月霞显珠禅师（1858-1917），湖北黄冈人，俗姓胡，名显珠，字月霞。月霞为世家子，以耕读为业，十岁应童子试，遂发心出家，然父母未许而阻，于同治十二年（1873）成亲，生子女二人。然出家之念未绝，月霞遂于十九岁至南京大钟寺依禅定和尚剃度，二十岁于安徽九华山（一说大通莲花寺）受具足戒，此后遍参镇江金山、常州天宁、扬州高旻诸大宗门五六年，后往终南山结茅庵静修，挑锄、习禅。月霞禅师于三十三岁至河南参谒太白顶了尘上人，参穷数昼夜，并得尘上人印可。光绪十六年（1890），月霞禅师前往江苏句容赤山真如寺，参见法忍本心禅师，后随法忍禅师赴武汉归元寺，代法忍禅师讲《楞严经》。光绪二十五年（1899），月霞于安庆迎江寺招生开学，三载圆满。光绪二十八年（1902）以后，月霞赴泰国、缅甸、锡兰（今斯里兰卡）、印度、日本、欧洲等诸国考察。1906年，月霞与明镜、惟宽、应慈等同受天宁寺冶开禅师记莂，嗣法为临济四十二世，磬山十三世。

光绪三十四年（1908），杨仁山居士在南京金陵刻经处创办祇洹精舍，高僧月霞与太虚、杨仁山、智光、开悟、慧敏、苏曼殊、谛闲等应邀入精舍授课。然因经费不足，于1909年而被迫停办。此后，月霞禅师任江苏省僧教育会副会长，主持江苏省僧师范学堂，并于1910至武汉洪山讲经。辛亥革命后，月霞禅师开始在上海讲《大乘起信论》，并在康有为建议下，于1913年开办华严大学。1917年夏，月霞奉其师冶开禅师之命，任常熟虞山兴福寺住持，并续办华严大学，同年十一月，月霞患疾，临终前叮嘱其法弟应慈曰："应弟，善弘《华严》，莫作方丈。"十一月三十日，月霞示寂于杭州玉泉寺，世寿六十一，僧腊四十二。[②]

---

① 《常州天宁禅寺志》为松纯大成所编，天宁寺印行（本文所引《常州天宁禅寺志》，皆出此版，下同）。2020年，第338-339页。

② 以上关于月霞禅师的论述，参见松纯大成主编：《常州天宁禅寺志》，常州天宁禅寺，2020年，第339页。

第二，惟宽显彻。根据濮一乘所作《惟宽显彻禅师塔铭》①所示，惟宽显彻禅师（1868-1937），名显彻，字惟宽，泰县朱姓子。弱龄失怙，辗转至武进，依昌福寺慧海上人披剃。年十九，求戒于宝华山慧居寺。圆具后，遍历江南北禅席。时，天宁寺宗风远振，主者乃冶开清镕禅师。惟宽显彻遂参谒冶开禅师，并"亲承煅炼"，冶开清镕许为法器。未久，遂蒙记莂。自是，一住四十年。惟宽显彻禅师自谓宿缘在天宁寺，历任客堂、库房等职，征收田租，数年无贻误。冶开禅师创设毗陵刻经处，惟宽负责校对工作。1937年五月八日，惟宽显彻禅师坐化，世寿六十九，僧腊五十一，塔于常熟虞山，存语录若干。传法弟子有慧轮密诠、永培密华、证莲密源、钦峰密雨，并次第继任天宁寺住持，延传冶开清镕之法脉。

第三，应慈显亲。据《常州天宁禅寺志》所载②，应慈显亲禅师（1873-1965），安徽歙县余氏子，字应慈，名显亲，自号华严座主、拈花老人、虞山翁、白毫翁等。应慈禅师自幼蔬食，茹荤即吐。1888年，年仅十五岁的应慈，奉母命弃儒经商，克绍家业。

十年后，也即1898年，应慈续妻又亡，两遭折翼之痛，益念生死无常，遂朝礼普陀，遇明性禅师，自矢誓愿，披剃出家，如是三载，奉侍明性禅师于南京三圣庵。1900年，奉明性禅师之命，前往宁波天童寺依寄禅敬安禅师受具足戒。得戒后回南京向明性禅师复命，明性禅师训曰："出家人以三学精勤为本，汝既具戒，当习定慧；从今以后，惟有金山、高旻、天宁之禅寺是汝栖身处，此外不准住，大事未明，不许回庵见我。"③于是，应慈于1901年往镇江金山寺，参谒大定密源禅师，于1902年至扬州高旻寺，参谒月朗全定禅师，精勤参究一载，少有省悟。遂于次年至常州天宁寺，参谒冶开清镕禅师，一住四载。在冶开清镕处，每有酬问，辄针芥相投，冶开深器之。

---

① 《武进天宁寺志》卷七，载杜洁祥主编：《中国佛寺史志汇刊》第一辑第35册，台北：明文书局，1980年，第239-243页。
② 参见松纯大成主编：《常州天宁禅寺志》，常州天宁禅寺，2020年，第340-342页。
③ 参见松纯大成主编：《常州天宁禅寺志》，常州天宁禅寺，2020年，第340页。

1906年，冶开在天宁寺为应慈与月霞、明镜、惟宽等四人同授记莂，嗣法为禅宗五十二世、临济四十二世。

1907年春，应慈禅师征其师冶开禅师之意，师从月霞禅师。自是十二载，侍月霞禅师左右，敬事如师，终始不懈。1917年，月霞禅师于杭州玉泉寺示寂，叮嘱应慈言："应弟，善弘《华严》，莫作方丈。"自是以后，应慈先后在南京、常州、上海、无锡、宁波等地的众多寺院讲演《华严经》《楞伽经》《法华经》等。1965年示寂，临终有言："我去世后，望我后辈弟子及学人等在共产党领导下，努力学习，拥护政策法令，积极为建设社会主义贡献自己力量，至要！至要！"①世寿九十三，僧腊六十八，塔于常熟市虞山破龙涧冶开清镕禅师塔之右。

当然，冶开清镕传法弟子甚多，培养僧才不计其数，以上仅是从其嗣法弟子中择其一二，以呈现冶开清镕禅师对僧才尤其是禅僧的培养以及对禅法思想、传承法脉的延传。

二、对禅宗道场的护持

从上文对冶开清镕禅师的传法弟子介绍来看，冶开清镕禅师不仅自身历主多寺，护持多所道场，且其弟子亦然，参谒众寺，加持道场，江浙之地佛法日隆，其中以天宁寺为最。现以冶开清镕及其弟子对天宁寺的加持为考察中心，来管窥冶开清镕及其弟子对近世禅宗道场的护持。

首先，冶开清镕禅师对天宁寺的护持。冶开清镕禅师对近世禅宗的贡献，不仅培养了一众弟子，更是护持了以天宁寺为中心的多所寺院和道场。现根据《武进天宁寺志》《常州天宁禅寺志》等史料对之进行梳理和讨论。

> 镕少时诣常州之天宁寺，信宿而去。逾岁再至，入禅堂有悟，淹留五载……年三十八复来天宁，再易寒暑，遂继主席。自是，造

---

① 参见松纯大成主编：《常州天宁禅寺志》，常州天宁禅寺，2020年，第341-342页。

殿修塔，应念而成……后往杭州灵隐，特起大殿，使人敬仰。复于
上海玉佛寺创念佛堂以弘莲化会。时事改革，学风披靡，屡攘寺产
以辟校舍。常州天宁，昔号完富，尤为人所窥伺……卒保无事，乃
神之佑也，镕之诚也。①

从上文所述可见，冶开清镕禅师不仅为天宁寺造殿修塔，而且也保护了
天宁寺免于"以辟校舍"。同时，冶开清镕还加持了杭州灵隐寺、上海玉佛
寺等相关寺院，这无疑推进了近世佛教尤其是禅宗的发展。

其次，冶开清镕弟子对天宁寺的护持。对天宁寺、灵隐寺等寺院道场的
加持和保护，除了冶开清镕禅师本人外，其弟子也沿着冶开禅师之迹，继续
护持天宁寺等众多寺院，推进了近世佛教尤其是禅宗的进一步发展。现以濮
一乘所作《惟宽彻禅师塔铭并叙》为例，来了解冶开清镕禅师弟子辈们是如
何护持天宁寺、灵隐寺等众多寺院的。

南岳下第四十六世传临济正宗，武进天宁寺志惟宽彻禅师，示
寂后之十年，其嗣法弟子今天宁退居证莲老和尚，奉师行状，郑重
而告一乘曰："先师之化去久矣，纳骨于塔，营塔于山。凡释门，
慎终之，礼也……敢以先师之塔铭为请。"一乘敬诺，不敢辞……
师讳显彻，字惟宽，泰县朱姓子……十九岁求戒于宝华山慧居
寺。圆具后，便历江南北禅席。时，天宁宗风远振，主者冶开融禅
师……师亲承锻炼，许为法器。未久，遂为记莂。自是，一住四十
年。师也自谓宿缘在天宁也……学不始于戒，何以端其本；学不终
于戒，何以范其末？故继席后，遂又有创立天宁戒堂之举。延聘耆
宿以为之师，广辟室宇以容其众。虽经论备讲，大、小兼资，而要
以毗尼正学为严课焉。师坐禅之暇，每亲莅督教。②

---

① 《武进天宁寺志》卷七，载杜洁祥主编：《中国佛寺史志汇刊》第一辑第35册，台北：明文书局，
1980年，第223页。
② 《武进天宁寺志》卷七，载杜洁祥主编：《中国佛寺史志汇刊》第一辑第35册，台北：明文书局，
1980年，第239–241页。

从濮一乘在《惟宽彻禅师塔铭并叙》中所述可见，惟宽显彻禅师不仅与天宁素有缘分，且在天宁一住四十年，创立天宁戒堂，延请耆宿，广辟室宇，严管教学，亲历督教，有力推进了近世佛教的发展。

三、对禅宗法脉的延续

冶开清镕对禅宗法脉的延续，主要可以从两个方面考察，一者是冶开清镕自身对禅宗法脉的延续，另一者是冶开清镕的法嗣对禅宗法脉的延续。

首先，冶开清镕本人对禅宗法脉的延续。根据《冶开大师塔铭》所示，冶开禅师十一岁秉父命出家，十二岁剃染，十七岁受具戒，并于同治十年（1871）至常州天宁寺。此时，主席天宁寺者为高僧定念真禅，"定公知师已开佛眼，遂授记莂"①，自此，冶开清镕禅师便秉持了对禅宗法脉的承继。关于定念真禅授记莂于冶开清镕禅师，《冶开大师塔铭》中有详细记述，其文如下：

> 同治十年（1871），（冶开清镕）至常州天宁（寺）。时，主席定念禅公，门风峻肃，参叩者踵萃，独深契师，师亦契心执侍。明年冬，结七浴次，闻二老僧七日间所得，师大愧愤，辍浴入堂趺坐，罄力逼拶，誓断命根，性光涌现，消殒三际。刹那间，炷香遽尽，鸣罄下座，随众经行。维那见师步骤有异，以香板触之，陡觉打破黑漆桶，化为大光明藏，身心莹然，脱尽挂碍。定公知师已开佛眼，遂授记莂。②

得到定念真禅禅师的印可，实际上也就是承继了定念真禅的法脉，而定念真禅乃雪岩悟洁弟子，其对定念真禅的印可，颇似定念真禅对冶开清镕的

---

① 《武进天宁寺志》卷七，载杜洁祥主编：《中国佛寺史志汇刊》第一辑第35册，台北：明文书局，1980年，第229页。

② 《武进天宁寺志》卷七，载杜洁祥主编：《中国佛寺史志汇刊》第一辑第35册，台北：明文书局，1980年，第229页。

印可，这在《定念和尚塔铭》中有详细记载：

> （定念真禅）闻雪叟洁公住持天宁，道价倾东南，师往依之。
> 问答之际，棒喝兼施，雷春电扫，一刹那顷，万缘脱丧，一性洞
> 虚。叟曰："观子器宇，足以荷担佛法，善自护持。"命就维那之职。
> 师持规峻整，升堂入室，具有仪范。学者经其指示，多所悟入。当
> 是时，海内丛林，金称雪叟双乳神狮，盖谓普能嵩公及师也。①

从上文所述可知，冶开清镕之师定念真禅在当时影响之深远。冶开禅师
沿着其师足迹，承续禅宗临济一系法脉，继续弘扬禅道，广播法种。

其次，冶开清镕弟子对禅宗法脉的延续。根据上文所述，冶开清镕弟子
众多，其中著名者有四，分别为应慈、显彻、显珠、显宽，他们共同于1906
年在冶开处同受记莂，为冶开清镕嗣法弟子，传禅宗临济一脉。而冶开清镕
的弟子承继其师之训，秉持临济一系，广为弘传。现对惟宽显彻、月霞显珠
两人的传法弟子进行简要梳理。

第一，惟宽显彻弟子。关于惟宽显彻的嗣法弟子，《武进天宁寺志》对
之有相应记载。在《武进天宁寺志·序》中有言："冶公尝属意屠敬山、吴
镜予二氏，因缘未果。迨镇江证莲上人受宽公记莂，继志述事。"②由此足见，
证莲乃惟宽显彻弟子。证莲，即证莲密源（1893-1967），《武进天宁寺志·附
录》中收录有《证莲和尚传》《证莲源禅师舍利塔铭》③等文，从中可以看出
证莲密源对惟宽显彻禅法思想的承继。

> 常州天宁禅寺，为江南巨刹，禅风高峻，规模弘远，代出哲
> 人。冶开禅师，亦当代巨匠，名震大江南北。民国九年（1920），
> 循该寺六十年一度传戒之往例而弘传戒法，和尚慕冶公道风，特往

---

① 《武进天宁寺志》卷七，载杜洁祥主编：《中国佛寺史志汇刊》第一辑第35册，台北：明文书局，
1980年，第212页。

② 《重印武进天宁寺志·序一》，载杜洁祥主编：《中国佛寺史志汇刊》第一辑第35册，台北：明文
书局，1980年，第3页。

③ 《重印武进天宁寺志·附录》，载杜洁祥主编：《中国佛寺史志汇刊》第一辑第35册，台北：明文
书局，1980年，第391-401页。

亲近，任禅堂悦众，因得躬逢其盛。和尚天赋才能，精于治事。戒期之后，即受任主持学戒堂，训导新戒。自兹而后，历任要职，处理繁剧，条理井然。住持惟宽和尚，慧眼独具，特加识拔，乃于十四年（1925）授和尚以天宁记莂，为南岳下第四十七世。①

惟宽显彻弟子除证莲禅师外，尚有慧轮密诠、永培密华、钦峰密雨等，这在《武进天宁寺志》卷七之《惟宽彻禅师塔铭》②中有详细记载：

> 师（惟宽显彻）生于清同治七年（1868）……化于民国二十六年（1937）丁丑五月初八日，世寿六十有九，僧腊五十有一，塔于常熟之虞山，存语录若干，则传法弟子曰密诠字慧轮、曰密华字永培、曰密源字证莲、曰密雨字钦峰，次第继任天宁住持。慧、永两公且先师化去，证、钦两公亦均退隐。今之秉佛者，乃师之孙辈也。而大藏之校勘、学院之讲授尚一仍师之旧范，盖师之诒谋者远矣。③

从《惟宽彻禅师塔铭》所述来看，惟宽显彻禅师圆寂后，其四大弟子慧轮密诠、永培密华、证莲密源、钦峰密雨，次第继任天宁寺住持，承继、弘扬冶开禅师之道。慧轮密诠、永培密华、证莲密源、钦峰密雨相继圆寂、退隐后，天宁寺的"秉佛者"，乃由惟宽显彻法孙辈们所主。可见，从冶开清镕至惟宽显彻及其弟子，仅天宁一寺就秉传冶开所弘之道，至少四代之久。

第二，月霞显珠弟子。关于月霞显珠的弟子，学界已有相关梳理。根据学者高振农等梳理和研究，月霞显珠著名弟子有：持松、常惺、慈舟、戒尘、霭亭、智光等，其中，戒尘后来在汉口创办了华严大学，而智光至台湾省弘法，圆寂后由其弟子南亭等设立智光专科学校。④尽管月霞显珠以弘扬

---

① 《重印武进天宁寺志·附录》，载杜洁祥主编：《中国佛寺史志汇刊》第一辑第35册，台北：明文书局，1980年，第392页。

② 《武进天宁寺志》卷七，载杜洁祥主编：《中国佛寺史志汇刊》第一辑第35册，台北：明文书局，1980年，第242页。

③ 《武进天宁寺志》卷七，载杜洁祥主编：《中国佛寺史志汇刊》第一辑第35册，台北：明文书局，1980年，第242页。

④ 高振农、刘新美著：《中国近现代高僧与佛学名人小传》，上海：华东师范大学出版社，1990年，第39页。

华严为己任，但其"根本也在禅"，所谓"无一日不坐香参禅，无一年不打禅七，四十年未敢一日离开"。①由此足见，月霞显珠禅师对冶开禅师禅法弘扬之用心。

简言之，冶开清镕对近世佛教尤其是禅宗的推进，主要表现在其对佛教僧才的培养、佛教寺院的护持以及禅宗法脉的延传。冶开清镕作为清末民初著名高僧，其不仅连接了近世佛教的发展，也为现当代佛教的繁兴注入了颇多元素。

---

① 高振农、刘新美著：《中国近现代高僧与佛学名人小传》，上海：华东师范大学出版社，1990年，第39页。

论冶开禅师对近代居士佛教兴起的贡献

徐明生（南京大学哲学系）

一、近代中国居士佛教的勃兴

从佛教史的视角考察，学界一般认为，晚清民国是中国佛教的"复兴"[①]时期，美国学者霍姆斯·维慈指出，"复兴""指代中国佛教发生在19世纪后半期到20世纪前半期这段时期的各种发展变化"。而这些变化主要有："全国新建了许多广泛流通佛教书籍的出版社和书店；创办了许多佛教学校，为僧众提供了更好的教育，并训练他们如何弘法；居士们组建了许多佛教社团，它们一方面是为社会慈善的目的（就像基督教青年会），一方面也讲经说法，举办宗教仪式（就像教堂）；中国的佛教徒开始与国外佛教徒建立广泛的联系；与此同时，僧人们也试图把国内的佛教徒组织起来，建立一个统一的全国性的佛教协会。"[②]近代中国佛教在经籍的整理与出版、佛教教育与

---

① 霍姆斯·维慈不认同"复兴"的说法，他认为"中国佛教的复兴"说法犯了三重错误："首先，大部分情况不是过去的新生，而是一系列的革新；不是宗教复兴，而是把宗教改为世俗。其次，它决未在整体上影响中国人……再次，我认为这一说法掩盖了某种趋势，这些趋势如果继续下去，将意味着不是佛教活力的增长，而是一个活生生宗教的最终消亡。"［美］霍姆斯·维慈著，王雷泉等译：《中国佛教的复兴》，上海：上海古籍出版社，2006年，第218页。与历史上的佛教兴盛时期相比，霍姆斯·维慈更倾向于将近代中国佛教的发展看作是一次"革新"，而在这场"革新"运动中，居士的作用日益凸显，居士佛教呈现出两种发展趋势："居士日益独立于僧团……另一趋势是二者之间的差别日益淡化。"（同上书，第69页。）
② ［美］霍姆斯·维慈著，王雷泉等译：《中国佛教的复兴》，上海：上海古籍出版社，2006年，第1页。

弘法、佛教社团与组织的建立、社会慈善活动、对外交流与传播等事业方面取得了长足发展与诸多成就。在这些佛教事业蓬勃发展的过程中，佛教居士尤其是知识精英起到非常重要的作用。正如蒋维乔所言："同治以来，所以能重整旧规而兴复之，驯致清末民初居士勃兴者，以数十年中，比丘居士，皆有杰出之人，提倡宏布，各尽心力故也。"①佛教诸项事业蓬勃发展的同时，佛教义学也在近代呈现繁荣景象，麻天祥认为近代居士佛学的兴起，为"中国佛学的第二次革命"。晚清时期，"佛教精神渗透的结果以及三教会通的趋势却蔚成士子学人研习佛典之风，导致居士佛学长足发展……居士佛学的兴起，学人佛理的探索，重点在于促成佛学的入世转向，这是中国佛学的第二次革命。或以其为经世的武器，或作构建哲学体系的思想资料，并从本体的高度反观人生。所有这些又导引出佛教在20世纪复兴。"②历史上，居士佛教往往是寺僧佛教的附属，其内容主要涵盖四个方面："展开各种形式的护法活动……在政治上对佛教予以有效保护的同时，在经济上提供强有力的支持……与僧侣佛教声气相求、函盖相合，壮大佛教声势，扩大佛教影响……开展各种学术性活动，接受、改造、发展佛教教义、思想学说。"③近代以来，居士佛教蓬勃发展，无论是在佛教事业还是佛学研究方面，都比传统时代有了长足的进步。蒋维乔在看到居士佛教勃兴的同时，也看到寺僧佛教对于居士佛教发展的卓越贡献。"饮水思源，即谓今日大多数居士，莫不受诸山之赐"④。"同治以后，若无金山诸寺，以培植本源；无禅讲诸师，以启导敬信；佛门早不堪问矣。"⑤寺僧佛教不仅为居士佛教的兴起提供源头活水，并且在为佛教培本固元、重塑信仰等方面贡献巨大。李向平也认为："居士佛学的地位和作用大都体现在举办僧学院、创办佛教刊物、研究佛学及倡导佛教思想的改革等方面，在住持正法方面，则仍然需要与寺庙僧众中的先进分子共

① 蒋维乔：《中国佛教史》卷四，《民国丛书》第一编，上海：上海书店，1989年，第11页。
② 麻天祥：《晚清佛学与近代社会思潮》，郑州：河南大学出版社，2005年，第32页。
③ 潘桂明：《中国居士佛教史》，北京：中国社会科学出版社，2000年，第38-39页。
④ 蒋维乔：《中国佛教史》卷四，《民国丛书》第一编，上海：上海书店，1989年，第11页。
⑤ 蒋维乔：《中国佛教史》卷四，第12页。

同合作。"[①]

　　天宁寺冶开禅师,就是先进分子中的杰出者。冶开禅师生平载于显彻《冶开镕禅师行述》、叶尔恺《常州天宁寺冶开禅师行述》、庄蕴宽《冶开上人传》、屠寄《冶开禅师寿言》、喻昧庵《清常州天宁寺沙门释清镕传》诸文。冶开于咸丰壬子年生于扬州江都,十一岁奉亲命出家,十二岁,祝发于镇江九华山明真彻公,十七岁,受具足戒于泰县祇树寺隐闻和尚,同治十年,至常州天宁寺。十一年与十二年,两次触机得悟。悟入之后,禅师又入终南山结庵温养,现种种神通。回天宁后,矢志大乘,做种种菩萨事业。冶开禅师不仅以其自身的人格魅力吸引了大批知识居士,并且近代居士佛教的主要事业如印行经典、慈悲赈济、兴办教育等,都可称得上开创者与先行者。

二、冶开禅师身边的居士群体

　　冶开禅师以其高妙的禅法、精严的戒行和大悲的义举,吸引了一大批对佛法感兴趣及具有家国天下情怀的知识居士。蒋维乔《中国佛教史》谓"清镕道行高洁,闻风而发心之居士甚众"[②]。庄洵、庄启所撰挽联道:"创设居士念佛场,吴下名流争作皈依弟子。"据《冶开传奇》概括,除了亲近禅林和寻求禅理慰藉两类之外,还有一些推崇冶开禅师德行、钦佩其人格的著名士人。"这些人里既有……盛宣怀……也有二朝帝师翁同龢,翰林院编修薛念慈,以及江苏都督程德全……在常州名家里有著名历史学家屠寄(1856–1921),撰有《冶开禅师寿言》《常州天宁寺补刻五百阿罗汉名号画像记》等。有故宫博物院创始人、江苏临时都督庄蕴宽(1867–1932),撰有《冶开上人传》一文,其人入殓时,着天宁寺僧服,含镀金银质小铃,身边放一部《金刚经》。还有就是江南大儒钱振锽。钱振锽与冶开大师相交甚深,撰有《释

---

① 李向平:《救世与救心:中国近代佛学复兴思潮研究》,上海:上海人民出版社,1993年,第345页。

② 蒋维乔:《中国佛教史》卷四,第34页。

清镕传》，还写过一首《过天宁寺后大林赠冶开上人兼讯其病作》。"①释显彻《常州天宁寺冶开禅师行述》载其俗家嗣法弟子14人：程德全、叶尔恺、张寿波、洪子靖、苏观彻、卫桐禅、刘朝叙、沈昭武、刘观佛、廖燮堂、马永孚、罗邕生、汪观正、狄葆贤。其他与冶开禅师交好、共同研讨佛理或者致力于社会慈善事业的知识居士更为众多。

晚清洋务派代表人物、著名政治家、实业家、慈善家盛宣怀不仅捐资帮助冶开禅师修建塔寺，还大力支持其赈济水灾等社会慈善事业，冶开禅师尊其为"大护法"。两朝帝师、晚清维新派代表翁同龢曾为天宁寺撰联："敷座默然大千世界，过江到此第一丛林。"翁同龢不仅与冶开禅师交好，也极力推崇天宁寺在丛林中的地位。钱振锽（1875-1944），字梦鲸，号谪星，又号名山，庸人。常州人。光绪二十九年进士，辛亥革命后，束发作道士装，著书讲学。通医术，工书画，尤工诗文，著有《名山全集》。钱振锽非常热心慈善事业，曾将卖字所得钱财，赠与冶开禅师赈济灾民。钱氏有《过天宁寺后大林赠冶开上人兼讯其病作》一诗："老僧种树当儿孙，城角春深起绿云。大有清阴留过客，每闻鸣鸟便思君。坐观大地沙虫劫，卧病禅关岁月新。倘使竺师先化去，可能相过话天人。"诗中不仅赞颂了冶开禅师重兴庙宇、泽流后世的功德，也表达了对冶开禅师精进于禅业的服膺。

高鹤年（1872-1962），江苏省兴化县刘庄人。高鹤年喜行脚，遍参诸山大德。光绪三十三年（1907），参谒冶开禅师。1917年，由诸山长老和居士发起的"佛教慈悲会"在上海玉佛寺成立，冶开禅师担任会长，高鹤年担任总联络人。蒋维乔对其评价颇高："高恒松者，字鹤年，江苏兴化人居士中之最奇特者也。凡属居士，大都在家修持而已，惟恒松则一生行脚，参访诸山，全国内名山，殆无不有恒松之踪迹。恒松为南京赤山般若寺法忍长老弟子，于宗门颇用功。著有《名山游访记》，乃其随意抒写之日记也。恒松

---

① 谈雄著：《冶开传奇》，北京：团结出版社，2015年，第107页。

对于义赈及慈善事业，至为尽力。"①高鹤年是一位颇具特点的居士，以行脚、参访诸山为主要修行方式，并且非常热衷于佛教慈善事业。其著述《名山游访记》第三十五篇"由终南山往京津勘灾放赈回终南略记"，记载了高鹤年从终南山辗转奔赴北方查勘水灾、赈济灾民的经过："自出山时，昼夜奔走已七八月，由此脑气二伤，仍返山中休养。"②正是在此期间，高鹤年与冶开禅师成为佛教慈悲会的主要负责人，僧俗二界将社会慈善事业作为奋斗的共同目标，同时也"反映出我国近代佛教开始逐渐走出潜隐山林的原有模式，积极探索并自觉进入关注社会、关注民生、关爱个人的人间佛教时代"③。

庄蕴宽（1866-1932），字思缄，号抱闳，又号南华，武进人，光绪十八年（1892）进士，工字画。历任代理江苏都督、南京国民政府都肃政史，审计院院长。故宫博物院创建人之一，故宫图书馆馆长。撰《冶开上人传》。在北上赈灾过程中与冶开禅师有了深入交往："宣统二年，江乡荒歉……父老假寺办赈务，躬与其役，日与上人俱，见其事理无碍，始敬异焉。"④庄蕴宽主要为冶开禅师融通事理的处世智慧所折服："比辛亥改革，当事者类以爬罗，剔抉为事，吾乡寺观之，为人耽视者，厥唯天宁。而上人随顺有方，卒保无事。"⑤即便是在战争的动乱年代，冶开禅师也能随顺有方，保天宁无事。庄蕴宽还重点称赞了冶开禅师振兴庙宇、开居士念佛堂以及赴北方赈济灾民等菩萨事业。

屠寄（1856-1921），史学家，字敬山，号结宧主人，武进人。1892年中进士，历任京师大学堂正教习、奉天大学堂总教习等职。工诗词、骈文，长于史地之学，以后半生20余年编撰成蒙古史专著《蒙兀儿史记》160卷。据《冶开禅师寿言》所述，屠寄二十三岁时与冶开禅师相遇于金山，订方外

① 蒋维乔：《中国佛教史》卷四，第20页。
② 高鹤年著：《名山游访记》，北京：商务印书馆，2018年，第194页。
③ 高鹤年著：《名山游访记·导读》，北京：商务印书馆，2018年，第7页。
④ 《武进天宁寺志》，杜洁祥主编：《中国佛寺史志汇刊》第一辑第35册，台北：明文书局，1980年，第225页。
⑤ 《武进天宁寺志》，第225页。

之交。《冶开禅师寿言》除了记载冶开禅师生平事迹以及对佛教事业的贡献，还着重阐发了冶开禅师的身体观："唯我佛敝屣形骸，视此身为梦中影，如水上泡。俗士之期颐多福，无非尘缘业惑；外道之服食长生，尤属坚固妄想。又岂宜以世法浮辞，涸仁者清净耳根。然佛事门中，不舍一法，幻身法身，本来无二。"①与传统的佛教一样，冶开法师视身体为虚幻不实，主张不能耽着于肉体、追求肉体的坚固与长生。但在不二思想的基础上，肉身即法身、肉身与法身无二，对于肉身，应做到不取不舍。在事的层面，肉身是有积极意义的。庄蕴宽作了进一步解释："大乘菩萨之志愿，惜此身为众生……师固不必以一人报身为心，亦不仅以天宁千年常住为心，自当以百千万亿乃至恒河沙数众生慧命为心。视此身如金如玉，毋视此身如灰如木。语有之：迷则丈六金身作一茎草用，悟则一茎草作丈六金身用。"②大乘菩萨爱惜肉身的原因，在于可以用此身作菩萨事业。庄蕴宽同时劝冶开禅师视身体为金玉，爱惜身体是以无量众生慧命为心，而非为自己或者小集体的利益。叶尔恺（1864-1940），字柏皋，浙江仁和（今杭州）人，清末曾主甘肃、云南学政。工章草。辛亥革命后，在沪卖字为生。撰有《冶开大师塔铭》，对冶开禅师生平叙述颇为详尽。

以上略举冶开禅师身边的著名佛教居士，总的看来，上层知识居士一方面为冶开禅师独特的人格魅力所吸引，另一方面在扶危济困等社会慈善事业上有共同的追求。冶开禅师作为僧界龙象，与知识居士同声相应、同气相求，扩大了佛教在社会层面的影响，也为近代中国佛教的恢复注入活力。

三、冶开禅师对佛教居士的开示

冶开禅师为临济法嗣，其禅法秉承临济宗风。冶开禅师曾在开示中，自

---

① 《武进天宁寺志》，第306页。
② 《武进天宁寺志》，第310页。

述天宁禅风与云门的区别:"云门大师云:尽大地解脱门,把手牵不入;尽大地是涅槃路,倩人行不得。天宁这里则又不然。即今现前诸仁,无一不在涅槃路上,无一不在解脱门中。收来放去,引类呼朋,涕唾掉臂,携子抱孙。入梵刹则唱演三乘,使人人脚踏实地;处禅林则歌宏妙道,令个个鼻孔撩天。游戏四无量心,逍遥六波罗密,翻三途之毒海,掘十界之根株,圆一真之佛果,集万善之功极。檀越以之酬恩,衲僧以之进道,千圣以之欢腾,诸佛以之庆赞。放无量光,演无量义,示无量法门,现无量权巧,无一不在涅槃路上,无一不在解脱门中。直饶诸佛分上,亦未能越出分毫,蠕动含灵,亦未曾少分毫。"①与云门相比,临济体现出诸根普被的特点,提倡众生与佛平等,人人皆能获得解脱。其根据在于"佛身充满于法界",因此"举手即揻着释迦老子鼻孔,动步即踏着释迦老子面门。"②"最上法要"遍一切处:"山野遍睹一切处所、一切境界,无一不是最上法要。"③"最上法要"即是诸法的"体",无论是山河大地还是语默动静,都是最上法要的作用。因此,"此界他界,一切人类,水陆空行,一切种类乃至蜎飞蠕动,微细昆虫,若无法要,悉皆无以行动"。④"佛身""法要"的遍在,保证了众生本来具有圆满的佛性。"人人有一物,从来不曾失。五眼莫能观,千手拈不出。应用普遍该,推寻转成隔。贵遵无比伦,非奇亦非特。内无心外无质,无灭生非空色"⑤。佛性为人人所有,不可以用感官感知,也不能够用理性探寻,非色非心,但又普遍作用于一切法、体现于一切法。冶开禅师又称这种人人本具的佛性为"本源""本有家珍""本地风光"。在具体的修行方式上,冶开禅师主张一切现成、无作无修:"十方共住安详,不许东卜西卜,目前件件现成,内外事事丰足。日中有斋,清晨有粥,禅堂坐香,外寮勤作,经楼诵经,佛堂念佛,各安其身,各乐其乐,有时不二门前拔草,露出光明白地,有时大雄

---

① 显彻编:《冶开镕禅师语录》卷二。
② 同上。
③ 同上。
④ 同上。
⑤ 显彻编:《冶开镕禅师语录》卷三。

殿中，歌赞无上妙曲，有时运水搬柴不借人力，有时扫尽阶尘清香满屋，头头如是，活活泼泼。天宁不解谈玄妙，本地风光如实说。"①无论是吃斋坐禅，还是诵经念佛、运水搬柴，一切都是佛事，一切都是解脱门。冶开禅师继承了临济禅生活化的特点，拒绝玄妙的说理，而直面生活本身，一切如是，活泼现成。因此，不加造作，即是修行。"天宁者里八字打开，千门洞启，也不踞头，也不把尾，只要顺时顺节、应事应缘，称扬时称扬，礼诵时礼诵，吃斋时吃斋，消闲时消闲，唤作吃斋、消闲、称扬、礼诵。"②只要顺时应缘，便是修行本身。

冶开禅师经常用活泼的禅学开示居士弟子。《冶开镕禅师语录》卷三中记载了其对葛观本、马观源等居士弟子开示的法语。在《答葛观本、马观源两居士书》中，冶开禅师以诸法本空开导居士："盖世界空华，浮生梦幻，极世尊荣，转眼即灭。"③在缘起性空的基础上，冶开禅师以无常的世界观示人，因此需要去执着、治妄念。当葛观本居士问如何去妄念时，冶开禅师回答："要在不明白底地方参的，不大死一番不得大活的。把死的看得翻过身来，才可以相应，这叫作死中得活。这不是容易的事。"④所谓"死中得活"，就是要在不明白的地方参，"把死的看得翻过身来"即指对自己原有观念和认识的颠覆。冶开禅师以自己参学过程中两次获得利益即"打七"中维那杖打以及金山闻放下帘子为例，指出"死中得活"的重要性："这是我头一次得的利益。用心总要拼命的干一下子，不舍死忘生的闹一番，不中的。"⑤

在参学的过程中，冶开禅师肯定公案的教学，但在参公案之时须"抱定本参话头"："每遇一则公案当前，不能透过，不能了了，其病何在？未达实际耳。达者一见便了，毫无如何若何之滞腻。若遇不了之公案，会者

---

① 显彻编：《冶开镕禅师语录》卷一。
② 显彻编：《冶开镕禅师语录》卷二。
③ 显彻编：《冶开镕禅师语录》卷三。
④ 同上。
⑤ 同上。

即会，不会者但抱定自家本参话头，以悟为期，不限年月，终有到家之日也。"①冶开禅师重视公案的教学，《冶开融禅师语录》三卷中，记载冶开禅师说法时常常用到公案，如赵州柏树子、石头参青原、傅大士之偈、南岳见六祖、梁武请傅大士说法、韩愈访大颠等。在参究公案之时，冶开禅师主张从根本入手，抱定本参话头，久久为功。冶开禅师在为葛观源居士开示如何参"万法归一、一归何处"话头时指出："观源居士从万法归一处谛审，何又生出欲求方便以解其缚之句。既有觉观，念念不散，已属归一归何的法门，这就是一大方便，此中谁缚谁解耶？当知本自无缚，今则无解，无缚无解，岂非归一归何的根据乎？工夫不可求速达，贵乎纯净不离，久久自有消息。"②应该抱定"万法归一"话头，从中谛审"谁缚""谁解"等根本问题，贵在专一、"纯净不离"，不应再生其他念头，功夫到了，自然就会有所收获。从冶开禅师的其他法语中我们也可以看出，其禅法是反对支离的。"大丈夫立身于天地之间，不动则已，动即一踏到底。岂同凡俗之辈，而支支离离也"③。反对支离，主张直契本源，其思想渊源于《金刚经》与《六祖坛经》，冶开禅师论这两部经典云："《六祖坛经》直揭本源，贫衲生平所宗。""《金刚经》全文通前彻后，直截痛快，扫除一切，无丝毫之沾染，无丝毫之住着，直露人人之本源，无过此经。"④

冶开禅师的禅学，不仅有对玄妙禅理的阐发及对临济宗风的发扬，并且充满了心怀天下的家国情怀。在元旦的开示中，冶开禅师常常表达对国泰民安、风调雨顺的祈愿："元旦，师秉如意云：'发动空王第一机，重重妙蔼灿熙熙；大千沙界恩波霈，一道忻荣没高低。君民同其乐，缁素共其欢，慧日中天朗，庆云凝履端。且道：第一机在甚么处？'举如意云：'物阜民安，年丰世泰。'"⑤冶开禅师将"物阜民安，年丰世泰"作为修道的"第一机"，

---

① 显彻编：《冶开镕禅师语录》卷三。
② 同上。
③ 同上。
④ 显彻编：《冶开镕禅师语录》卷三。
⑤ 显彻编：《冶开镕禅师语录》卷一。

表达了其内心对于天下太平、民富国强的祝愿。历年的元旦，冶开禅师在开示中都会表达这样的祝愿。如："甘雨和风，尧天舜日，景星庆云，民安国泰。"①"新圣主弥天寿算，摄政王亿万千秋。国界安宁兵革销，风调雨顺民安乐。"②面对晚清列强环伺、内忧外困的局势，冶开禅师不仅有强烈的忧国忧民的家国情怀，并且将这种情怀扩展为现实的行动，亲自参与了各种布施救灾慈善活动，在世间践行大乘佛教的菩萨行精神。

四、冶开禅师对居士佛教事业的贡献

冶开禅师对近代居士佛教的贡献不仅在于传承和传播临济禅学，还在于直接支持了居士佛教的各项事业。首先是佛教组织和团体的建立。其一是在上海玉佛寺创立"居士念佛会"，冶开禅师"手书偈语，开示一时，缁素云兴，法集鼎盛"③。"居士念佛会"受到缁素拥戴，充分展现了冶开禅师的号召力，同时也成为佛教居士追求信仰、汲取佛学养料的重要平台。取名"念佛会"，亦说明西方净土成为僧俗二界的主流信仰。冶开禅师在与居士的交流与开示中，也常表达对西方极乐的向往："壬戌夏，罗生居士祈开示。师曰：'娑婆世界苦，念佛生极乐，老僧七十一，决定往西方。'"④"幻世浮沉七十年，和光同俗应尘缘。今朝尘净光生也，七宝池开九品莲。"⑤冶开禅师在古稀之年，常常表达出念佛往生的心愿。其二是冶开禅师年近古稀之时，与居士共创"佛教慈悲会"，亲至北方赈济灾黎。高鹤年《名山游访记》中详述其事。冶开禅师热心各项社会慈善事业，关心民间疾苦，发扬大乘菩萨道精神，在知识居士群体中引起广泛共鸣。其三是创立毗陵刻经处，发展佛教印经事业。经典的印行是近代佛教复兴的基础，

---

① 显彻编：《冶开镕禅师语录》卷二。
② 显彻编：《冶开镕禅师语录》卷三。
③ 《武进天宁寺志》，第237页。
④ 叶尔恺：《常州天宁寺冶开禅师行述》。
⑤ 显彻编：《冶开镕禅师语录》卷二。

近代佛教的印经事业以杨文会创办金陵刻经处为开端，此后流行于大江南北。据《重印武进天宁寺志·序一》："冶宽二公，仿石埭，创毗陵刻经处，所刊方册经藏，卷帙几媲金陵。先后设立黉舍，造就僧才；云水堂前，担簦擎钵至者恒络绎。"①毗陵刻经处创办于同治二年（1863）。冶开禅师任住持期间，毗陵刻经处达到全盛。数十年间，刻印大小乘经论774部2469卷。日本、美国、英国、法国、德国、苏联、印度等国都曾派专员请购佛经。"毗陵刻经处等则为僧人以寺产独立经营的刻经场所，在其发愿刻经这一点上，可与南宋开元寺媲美"②。无闷居士屠寄称赞冶开大师弘法功德："一时公卿耆硕皆被启发，当下获益，风传远近。尤以先后在京请颁梵策大藏，在寺创刊方册经典，为利人之津筏。"③印行和流通经典是复兴佛教义学的前提，激发了知识居士研究佛教义学、探求新知的兴趣。在毗陵刻经处的影响下，庄蕴宽也在北京创办北京刻经处。

五、冶开禅师与近代居士佛教

冶开禅师不仅重视个人修行，坚持山林苦修、严守丛林清规，并且继承看话禅传统，应机开示，禅学素养深厚。其山林隐修的传统可追溯到祖先系高峰原妙："自元以来的山居隐修至此（明代中叶）已经形成一种'闭关默守'的定型，在此后的禅宗中，一直流行。"④其禅学特点则与破山海明禅风相似，破山海明"对于后来的影响，主要是将参禅与净土、经教、持戒四者在看话禅上的统一。所谓禅净教戒，直到近现代还相当流行"⑤。冶开禅师戒行精严，秉持天宁寺开创以来的传戒传统。《冶开禅师寿言》记载天宁传戒盛况："四众弟子，数逾千人。师每届升坐，观者盖如渚墙，自

---

① 《武进天宁寺志》，第3页。
② 麻天祥：《晚清佛学与近代社会思潮》，第72页。
③ 《武进天宁寺志》，第309页。
④ 杜继文、魏道儒：《中国禅宗通史》，南京：江苏古籍出版社，1993年，第532页。
⑤ 同上，第596页。

宰官居士以至村妪牧竖，咸环列坛下，见师颒颊，圆音演畅，无不极口赞叹。"①1920年庚申传戒，冶开禅师撰《庚申同戒录序》一文，论述持戒对修行的重要性。文中首先主张有无相资，反对"徇有"与"遁无"两种偏向。其后重点强调了持戒对禅修的意义："诚以高谈心性，易入虚玄，增上慢人。或且未得谓得，未证谓证，骊珠鱼目，真赝难分。惟戒律严净，仪轨有常，行履昭然，非关口说。虽一言一动之微，一饮一食之顷，无不绝其狡诬，杜其浮炫，使之行持纯笃，体认根源，然后知寻常日用，步步归真，运水搬柴，无非妙用。至此则不见有为可厌，不见无为可求，性海圆融，本无彼此。"②若持戒不严，修禅则有可能堕入虚玄浮夸，在义理的探讨方面变为空谈，在修行的实证方面走向诈伪。冶开禅师的批评，具有一定的现实针对性。文中进一步强调，戒不仅是华严"四法界"理论的前提，也是大乘六波罗蜜的核心，即便是禅宗，也以戒为依归："即在禅宗，一法不立，亦必戒为依归。是知舍日用万法而外别无，所谓一法不立也。"③冶开禅师还将传戒的传统视为天宁"家法"，以为天宁自开山牛头法融禅师以来，"以律辅禅，垂为家法"。晚清时期，无论是沙门还是知识居士，对佛门尤其是禅门空泛之风都提出了严厉批评，因此重视戒律成为僧俗二界有识之士的共识。冶开禅师也谈到传戒亦为居士所请："邑中长者居士，以干戈历劫，甲子一周，函请赓续前规，传授戒法。上为诸佛成道种子，下为殉难士灵荐福。同体大悲，甚为希有。"④居士群体也意识到传戒的重要性，而冶开禅师发扬天宁重戒传统，满足了居士群体的现实和心理需要。

冶开禅师不仅戒行精严、禅法高深，其复兴佛教、荷持正法、为社会兴利除弊的精神更为知识居士群体佩服。宣统元年（1909），冶开大

---

① 《武进天宁寺志》，第309页。
② 《武进天宁寺志》，第291–292页。
③ 《武进天宁寺志》，第292页。
④ 《武进天宁寺志》，第293页。

师重建太平兴国寺塔落成，陆鼎翰应嘱撰《重建太平兴国寺塔记》，述其募资建塔的经过："竭衣盂之积，醵资谋始，道俗感其诚笃，交相劝募，施者填委。"并且感叹其艰苦卓绝："以冶公之艰苦卓绝，秉大公之义，泯人我之见，兴难葳之工程，奔走于外者数年，不辞劳苦，卒复千年之名胜，非惟僧中之雄，亦吾党所罕见者已。世之任艰巨者，顾不当如是耶！而冶公不自以为功，曰：此皆众善信之功德也，镕何有焉？此则尤为不可及者已。"①陆鼎翰感慨冶开禅师募款筹建佛教道场的艰辛，反映了冶开禅师在僧俗中的地位和号召力，感慨禅师不仅是"僧中之雄"，即在知识阶层中也甚为希有。钱振锽《释清镕传》载冶开禅师光绪丙午年施米、赠戒烟药丸义举，"其言曰：'我将自吾之乡，以为戒烟先闻；吾乡之风，必有兴者。自吾之乡以至于吾郡，自吾郡以至于吾省，自吾省以至于天下，天下何惮而不富与强！'"②言语中，体现出冶开禅师忧国忧民的天下情怀。钱振锽评价道："清镕慷慨论事，其志愿除天下之秽恶而大振之，宁非豪杰之士哉！"③冶开禅师为天下兴利除弊的大悲大愿，与传统儒家的天下情怀相契，因此受到知识居士的赞叹。

近代中国居士佛教的兴起，有知识阶层向佛教寻求信仰、安顿心灵的一面，也有探索新知、寻求富强之路的实际需要。尤其是西学东渐以来，如何在传统的信仰与思想资源中发掘新的养料，以因应新的时代需求，挽救时弊、重塑民族的文化自信，是知识阶层孜孜以求的理想与目标。于是，众多有识之士亲近佛教与佛学，印行经典、研习义理、兴办教育、投身社会慈善……近代居士佛教所热心的这些事业，冶开禅师都堪称开拓者。正如蒋维乔所言，居士"受诸山之赐"，冶开禅师对近代居士佛教的兴起，可谓所赐良多。亦有学者指出，相较于晚清居士佛教看重"经忏荐亡"，民国的居士

---

① 转引自谈雄著：《冶开传奇》，北京：团结出版社，2015年，第143页。
② 《武进天宁寺志》，第227页。
③ 《武进天宁寺志》，第227页。

佛教热衷于社会慈善，"这不仅说明了近代居士群体的'理性化'向度，同时也揭示了不同居士身份的现代性蕴含。"①这种"理性化""现代化"转向，在冶开禅师的佛教社会活动中已见其端。

① 唐忠毛：《民国居士佛教组织转型及其现代性意涵》，《河北学刊》2015年第6期，第119页。

冶开禅师弘扬禅宗的时代意义

李万进（四川师范大学文理学院）

20世纪中国佛教呈现出多种样态的发展趋势，仅就中国化佛教的代表宗派——禅宗而言，出现了虚云与来果这样的禅门尊宿，使得20世纪中国禅宗别开生面，开创了禅门一时的盛世景象。纵观20世纪中国禅宗的发展历史，虚云、来果两位禅师为中国禅宗的发展奠定了坚实的基础。但在两位禅门尊宿之外，还有不少禅师也为禅宗的发展做出了贡献，冶开禅师无疑就是其中的一位。

虚云禅师作为20世纪中国的禅门尊宿，不仅传承与阐扬了禅宗，还有众多的门人弟子，其法脉至今传承不断。相较于虚云禅师在20世纪中国禅宗历史上的影响而言，冶开禅师虽然没有像虚云禅师那样有众多的传法弟子，但在其传承的门人弟子中，也有极为出众者，月霞、应慈两位法师就是其中的佼佼者。冶开禅师尽其一生的努力，致力于禅宗的阐扬与传承，其所显示出的时代意义，正好与20世纪中国佛教的发展交相辉映，体现出中国佛教将世间法与出世间法融为一体、修行佛法不忘济世救人的传统。凡诸种种，无不体现出冶开禅师本人阐扬禅宗时深入禅法、济世救人以及开示众人、普度群生的禅者情怀。

一、禅宗与时代的因缘

冶开禅师生活与阐扬禅宗的时代，正是清末民初，也正是中华民族遭受外敌欺凌、民不聊生的灾难岁月。从历史上来看，禅门中人一直就有修持佛法不忘救济与普度世人的传统，这也是自六祖惠能以来，禅门中人一直持守的佛法不离世间法的禅门家风。冶开禅师在阐扬禅宗之时，目睹与经历了中华大地以及黎民百姓的诸多灾难，更是有一种悲天悯人以及救度世人的佛门情怀。这样，冶开禅师在阐扬禅宗之时，不仅继承了禅门祖师大德将禅法与世间法打成一片的家风，同时还有所发扬光大。

从冶开禅师流传于世的禅门语录中可以看到，冶开禅师本人在举行禅门供养仪式时，专门演说禅门法语，于此中表现出冶开禅师忧国忧民、济世救人的佛法情怀。从禅宗历史来看，历代禅师在举行供养拈香仪式时，都有祝祷国泰民安、风调雨顺、民众安乐等内容，冶开禅师在讲说禅门法语时也不例外：

师拈香云：此一瓣香，蓺向炉中，端为祝延当今皇帝圣寿万岁万岁万万岁，皇后齐年，太子千秋，国泰民安，年丰物阜。

再拈香云：此一瓣香，蓺向炉中，端为祝延满朝文武，阖郡官绅，进职加官，高增禄位。

再拈香云：此一瓣香，蓺向炉中，端为祝延十方施主，诸大护法，善男信女，众居士等，福寿增延，富贵双荣。①

从冶开禅师这番祝祷之语中，可以清晰地看到一个禅门中人祈愿国泰民安的心愿与情怀，这种心愿与情怀，既是继承了禅门中人一直相传的传统，同时由于冶开禅师身处中华大地遭受几千年来未有之内忧外患，民众所受的苦难更是不可胜数。冶开禅师于此演说禅门法语，弘扬禅宗，旨在表达悲天悯人、济世救人的佛法情怀。中国佛教一直就有上报四重恩的说法，冶开禅师在演说禅门法语、举行供养拈香仪式时，将禅门济世救人的情怀予以全面展现，可以说这就是历代禅师禅风的自然流露。冶开禅师弘扬禅宗的时代意义，就在于更为明确地向世人展现出禅门中人将禅宗融入世间法的禅风。

---

① 《冶开镕禅师语录》卷一。

不仅如此，冶开禅师在祝祷国泰民安、民众安居乐业之时，还表达了报师门恩情的观念，这就是禅门中人一直看重的禅法师门的传承。虚云、来果两位禅门尊宿之所以有如此深远的影响，就在于这两位禅门尊宿培养了众多的传法弟子，开创了20世纪中国禅宗的新局面。冶开禅师尽管没有虚云、来果两位禅门尊宿那样大的影响，但在师门与门人弟子的传承方面，也是不可小觑的。正因为如此，所以冶开禅师在举行供养拈香仪式时，专门涉及了禅法的师门传承的问题，以此显示出禅宗在当时所具有的时代意义：

再拈香云：此一瓣香，蓻向炉中，端伸供养西天东土历代祖师。

再拈香云：此一瓣香，蓻向炉中，端伸供养天下宏宗演教诸大善知识。

再拈香云：此一瓣香，蓻向炉中，端伸供养本寺开山老祖，历代重兴老和尚。

再拈香云：此一瓣香，蓻向炉中，端伸供养磬山堂上天祖老和尚（天隐圆修），本寺历代祖师。

再拈香云：此一瓣香，蓻向炉中，端伸供养上普下能法伯老和尚（普能真嵩）。

再拈香云：此一瓣香，蓻向炉中，端伸供养上青下光宗公（青光清宗）、上善下净如公（善净清如）二位老法兄和尚。

再拈香云：此一瓣香，蓻向炉中，端伸供养本寺前亡后化诸大觉灵。

再拈香云：此一瓣香，蓻向炉中，端伸供养诸山长老，同门法眷，祖道光荣，山门兴盛。

再拈香云：此一瓣香，蓻向炉中，端伸供养本寺头首上座诸职事师。

再拈香云：此一瓣香，蓻向炉中，端伸供养本寺执力运劳诸行职师，閤院诸上座师。

再拈香云：此一瓣香，蒸向炉中，端伸供养^上定^下念先师老和尚（定念真禅），用酬法乳之恩。^①

冶开禅师在禅门供香仪式中提及的这些禅门历代祖师大德，以及他自己所传承的禅门师尊，显示的正是禅门一直强调的禅宗法脉的接续问题。相较于印度佛教而言，中国佛教在师徒的传承方面极为重视，特别是禅宗师徒的衣钵与法脉的传承更是被视为禅宗的重要传统。冶开禅师如此重视禅门祖师以及本宗师徒法脉的传承问题，这与他所处的时代有着一定的关系。在20世纪中国禅宗历史上，虚云老和尚被称为兼祧禅门五宗的尊宿，虚云老和尚之所以被誉之为兼祧禅门五宗的尊宿，显示出的正是禅门法脉存在断续的问题，因此如何接续禅门法脉的传承，就成为近现代中国禅门中人关注的焦点。与虚云老和尚兼祧禅门五宗而复兴禅宗的历史背景相一致，冶开禅师在举行禅门供香仪式时，也十分注重禅门法脉的接续问题，这就是他在供香仪式时将中土禅门历代祖师再到他所传承的本宗法脉一一罗列出来，以此展现出接续禅门法脉的重要性。所以，冶开禅师弘扬禅宗时十分注重禅门法脉的传承与接续的问题，这与禅宗在当时存在着法脉的传承晦暗不明的时代背景有关，这从虚云老和尚兼祧禅门五宗的历史贡献中可以得到印证。尽管冶开禅师在接续禅门法脉方面的影响不同于虚云老和尚，但其共同致力于禅门法脉的接续与传承的努力方面，却是一致的，这也就是虚云老和尚与冶开禅师等禅门中人当时弘扬禅宗的时代意义，即厘清了禅门法脉的接续与传承问题，为禅宗的弘扬与传承开辟了新的道路。

冶开禅师在接续与传承禅门法脉方面，不仅仅停留在口头上宣讲禅门师徒的法脉传承这一表象上，而是通过自我的现身说法来向门人弟子与世人展现出禅门中师徒传承的重要性，以及这种传承对于修持禅宗的重要启示：

蒙先师于念五年前错留座下，漆瓶拭机，扫地焚香。念五年后，复蒙诸山法眷阁寺首领，错将不肖安置上座代众看门。念五年

---

① 《冶开镕禅师语录》卷一。

前之错犹自遮盖得过，虽是惹身腥究在草里坐。念五年后之错是真错，通身没处藏彻，体全毕露，有短难遮，无处回互，惹得诸方笑不休，四海天涯招话堕。带累先师，不能无过。今朝亲来我祖我师塔前，蒸一瓣香，奠一盏茶，不敢言苦言甜，只得将错就错。举香云：惟愿此际新条发，撑天拄地振宗风。①

禅门中人极为重视本宗禅宗师徒的传承，师徒之间传承禅法时讲求的是以心传心、心心相印、啐啄同时，所以禅门中人师徒之间极为讲求缘分一说。也正因为如此，所以禅门中的师徒关系，也就极为特殊，这与中国传统文化这一背景有着密切的关联。冶开禅师在宣讲禅门法语时，专门提到了他与其师父的禅法传承的问题。从冶开禅师这些关于其师徒间禅宗的传授之法语来分析，可以看到冶开禅师通过他自己亲身经历的禅门师徒间禅宗的传授，显示出20世纪禅宗复兴的某些气象。再结合虚云老和尚传授与弘扬禅宗的行履来看，在那个时代中国禅宗的确需要有一种较为明晰的法脉与师徒间的传承，来延续与接续禅宗的发展。冶开禅师正是通过他自己与其师父在修持与参悟禅宗时的各种体会，来彰显出禅宗在中国佛教各个宗派中的殊胜地位。冶开禅师不仅回忆了他的师父在开示与点拨他如何悟入禅宗时所使用的禅门机锋与棒喝的手段，更是回忆了师徒间那种于禅宗的修持与传授方面"于我心有戚戚焉"的感悟，这些都是历代禅门中人师徒间存在的法脉传承的重要因素。冶开禅师还谈及了他本人拜祭其师时内心的真实感受，于其中也可以看到禅门师徒间的那种法脉传承、代代相传的情形：

普祖塔，师跪拈香云：此一瓣香，佛祖所珍，圣凡共秉。蒸向炉中，端伸供养法伯普老和尚，用酬垂荫之德。复拈香云：冲风破浪来，登山入幽谷，逾岭复穿云，展礼我法伯。慈云深处一坞松，无缝塔罗千竿竹。报汝大众高着眼，共仰老人真面目。举香云：见

---

① 《冶开镕禅师语录》卷一。

么，藉此微供养，聊报覆育恩。^①

在中国佛教各宗派中皆有上报四重恩的说法，于其中就有报佛恩这一条，而禅门师徒间传授禅宗的法脉传承，属于报佛恩的内容，因为报佛恩的实质是指佛所说的法才是历代禅门中人遵循与推崇的法门。传授与弘扬佛所说的真谛即禅宗，需要有开悟的禅师来予以传授与传承，所以师徒间的这种传承关系，就属于报佛恩的内容。冶开禅师通过宣说禅语的形式，来表述禅门师徒间关于禅宗法脉的传承问题。从冶开禅师这段拜祭其师尊与祖师的禅语中，完全可以看到冶开禅师本人经历了如何在师父的点拨与开示中修持与悟入禅宗的途径。同时，冶开禅师也通过禅门中特有的语言形式，将其师的禅风一一展现出来。

从冶开禅师流传于世的这些禅语中，可以看到冶开禅师本人在恢复与延续禅门法脉方面所付出的苦心。正如前面所述的那样，在冶开禅师弘扬禅宗的时代，由于当时国家的衰败以及社会的动荡，禅门的法脉传承已经出现晦暗不明的危险境地。正因为如此，才有了禅门尊宿虚云老和尚兼挑禅门五宗。冶开禅师尽管没有达到虚云老和尚那样兼挑禅门五宗的影响，但在延续禅宗的传承上，也是尽了自己的一己之力。同时，从冶开禅师传承的门人弟子来看，也确实为复兴禅宗与佛教起到了重要的作用。所以，从当时的时代背景与因缘来看，冶开禅师弘扬禅宗的意义，就在于有意识地要传承与延续禅门的法脉，为今后中国禅宗的发展奠定了基础。

二、恢复了禅宗的本来面目

中国禅宗源于印度大乘佛教，达摩初祖就是从印度来华传授禅宗，而后经过历代禅门祖师不断地将禅宗予以发扬光大，从而才形成了中土禅宗代代相传至今的历史。禅宗在中土的传播，其实质性的人物公认为是六祖惠能。

---

① 《冶开镕禅师语录》卷一。

六祖惠能开创了禅宗与世间法打成一片的具有中土特质的禅风。此后，历代禅门祖师无不遵循六祖惠能开创的这一禅风，呈现出五彩缤纷的禅门风骨，这也就逐渐形成了禅门五家七宗的格局。

禅宗的实质不过是平实、真切之义，需要参禅者真实地从自我内心深处去参悟佛法的真谛，最终落实到日常生活的一举一动与一言一行之中，这就是马祖道一所说的"平常心是道"。但曾几何时，在圆悟克勤开创文字禅的形式之后，禅门中人不去真修实证，反而于文字名相上徒逞其能，逐渐远离了禅宗的本质。特别是自明清以降，禅门中的法脉传承出现了一些混乱的景象，禅宗被一些禅门的末流弄得面目全非，让世人误解禅宗就是放浪形骸、不修边幅的疯癫之举。重振禅宗的本来面目，就成为冶开禅师弘扬禅宗的时代使命，这也与虚云老和尚兼祧五宗的重任如出一辙。有鉴于此，冶开禅师在弘扬禅宗时，首先要纠正世人对于禅宗的误解，重新树立禅宗慈悲济世、度化众生的悲心与悲愿，并认为这与佛陀创教时的情怀是一致的：

> 有大仙人运慈心，来游幻世示时人。扶危救难利群生，应事随机行愿深。佐助皇家四十春，匡时济世无变更。灵源不昧本来真，应尽迁原便飞升。善眷请法敬森森，情与无情尽沾恩。对众赞扬别无伸，法界同归无等尊。①

从冶开禅师在宣说禅语时提到的"佐助皇家四十春"一句中可以看到，冶开禅师将禅法与世间法融为一体，以此来纠正世人对于禅法的误解。冶开禅师弘扬禅宗旨在向世人阐明禅宗尽管最终的追求在于出世间法，但并不是离开世间法而去追求出世间法，而是要在世间法之中修证与参悟出世间法，这才是真正的禅宗。冶开禅师之所以在清末民初之际尽一己之力弘扬禅宗，乃在于冶开禅师认为禅宗的本质是"扶危救难利群生，应事随机行愿深"，这一句禅语已经将禅宗融通佛法与世间法展现得淋漓尽致，这才是禅宗的真实面目。由于禅门中人出现了放浪不羁的狂禅，使得世人对于禅宗的误解极

---

① 《冶开镕禅师语录》卷二。

为严重，因此冶开禅师弘扬禅宗的一个宗旨就在于要让世人解除对于禅宗的误解与偏见，这样冶开禅师弘扬禅宗之际，使得禅宗的本来面目得以恢复，就自然显示出了历史背景中的时代意义。

正因为如此，冶开禅师弘扬禅宗的时代意义，与清末民初之际中国佛教的复兴这一历史背景也是完全一致的。当时禅门中人放浪形骸的狂禅导致了世人对于禅宗的误解，而当时僧人中热衷于经忏法会的现象，又使得佛教在世人眼中的形象大打折扣，沦为了超生送死的社会闲杂人员。有鉴于此，冶开禅师在宣讲禅语时，将佛门启建水陆道场与禅宗的质朴特性相结合，由此来开示信众，要有一个坚定而真实的信念，如此才能够深入佛法与禅宗，才能够不至于走入邪道之中：

> 上堂，师拈拄杖云：朴质天然不繁华，孤峰顶上独开花；幽香清寂言难喻，扑鼻还他是作家。今有无锡信士兴祚秦大护法亲嗅此香，恭诣天宁僧伽，启建水陆道场，人天共鉴。供佛圣以济三途众苦，大起幽微，宣一乘妙典，演七昼夜，功勋普利有情，同圆种智。上荐显考高升莲界，并祈萱堂高太孺天福寿遐龄，过化先灵，同生乐国，更祈后嗣永昌，芝兰茂秀。①

冶开禅师所宣讲的禅语充满了禅宗的智慧，于其中将禅法本有的质朴之义一一展现出来，使得世人能够领受禅宗的真实功用。从冶开禅师的这段禅语中可以看到，冶开禅师本人并不一味地反对启建水陆道场等法会仪式，而是不主张以超荐法会掩盖了禅宗的本来面目。冶开禅师认为，启建水陆道场，举行超荐法会的仪式，其实质应该与禅宗追求的无上智慧相结合，于其中体悟禅宗的真谛，这就是将启建水陆道场与举行超荐法会仪式导入到禅宗之中。于此向世人表明，能够按照禅宗的本来面目来启建水陆法会，就能够获得佛法所说的真正的功德，而不是失之于鬼神崇拜之中。依于如此而如律启建的水陆道场，最终也能够使得禅宗的本来面目得以彰显，这就是冶开禅

---

① 《冶开镕禅师语录》卷一。

师弘扬禅宗时一再关注的禅宗如何才能够深入人心的问题：

> "今者道场，圆满善果，周隆延请山僧重宣妙法，我到此遍观大众，共植菩提，各各至心，人人具足，添一毫不得，减一毫不得，且道：在什么处见闻？"卓杖一下云："闻么"？竖杖云："见么？向者里承当，功德圆成；不向者里承当，当面错过。"复卓杖一下云："明明历历绝疏亲，不容拟议分主宾；毫厘有差天地隔，莫将黑白当眼睛。因斋庆赞一句，又作么生？"置杖合掌云："恭喜秦大护法存没两安，满愿遂心，悉皆如意。"下座。①

禅宗的实质与真谛就在于观照个人自我之心，此心与佛、菩萨原本无二，只是由于个人自我的妄念与分别执着，从而才与佛、菩萨有了差异与不同。冶开禅师十分清楚，由于禅宗的传承，在此时已经出现了断层与法脉晦暗不明的情形，因此世人所看到的所谓禅门中人特别是狂禅者，完全不是从自我之心的本来面目中去参悟禅宗，这样冶开禅师才会在宣讲禅语时一再强调，自我之心"人人具足，添一毫不得，减一毫不得"，这就是菩提之智的真实心，也就是禅宗的本来面目。如果参禅者不能够于自我之心中去痛下参悟的工夫，那么就是与禅宗当面错过，后悔莫及。反之，如果参禅者能够于自我之心上痛下参悟的工夫，那么就能够最终功德圆满，悟得禅宗的本来面目。冶开禅师在向众人宣讲禅语时，指出了禅宗的本来面目就是自我之心的本有清净之境，需要参悟者于内心之中去真修实证，切实地体悟一番，如此才能够"如人饮水，冷暖自知"般的体会到底什么才是禅宗的本来面目。并且在冶开禅师看来，禅宗的这种本来面目并没有充满什么玄虚与神秘的气息，而是与世间法不即不离、不一不异的平常心：

> 上堂，师拈拄杖云："极目清凉便界安，真源端的许谁参；看来不是罗笼者，一片精诚彻底翻。千山关不住，万境莫能回，不滞九霄中，直通凡圣外，拈提直截贵在知音，扶树宗纲全凭识者。有

---

① 《冶开镕禅师语录》卷一。

超群手段，方能启从上元□，无作家把握，焉能具真实本领？一言道破，佳境熙熙，半字不存，日光浩浩，非个里人焉明斯事，且道是甚么事？"①

冶开禅师在这里所阐发的禅宗即是清凉的境界，而这个清凉的境界是由自我之心的清净状态而开显出来的，因此禅宗的本来面目就是自我的清净之心。关于这个自我之心，禅宗的实质就是心法，这也是历代禅门祖师大德传授禅宗时一再强调的重点。但禅宗的心法却不是玄虚与神秘之物，而是实实在在的真实心体，是能够在自我修持与参悟中得以觅得的，所以禅门中二祖慧可与初祖达摩关于如何安心的禅门公案，讲的就是如何寻觅自我之心的问题。关于此，冶开禅师在宣讲禅语时注意到了这一点，他本人以千山、万境为喻，开示众人要体悟到这个自我之心是能够上天遁地，能够显现出凡圣之境。冶开禅师十分清楚，这个自我之心即禅宗的本来面目，一旦为参禅者所参破，那么就是"佳境熙熙，半字不存，日光浩浩"的精神境界，这种境界的确是只有参禅者本人才能够明了个中就里，不足为外人道也。从这个意义上而言，冶开禅师弘扬禅宗就是为了使得参禅者能够从真实受用中去参悟自我的本来面目，而不是纠缠于玄虚与放浪不羁的狂禅之中，这种狂禅纯属是禅门末流，有害于禅门的形象。也正是从这一角度而言，冶开禅师纠正狂禅的不良影响，是与他所处的时代与历史背景息息相关的。这种时代与历史的背景，也可以从虚云老和尚阐扬禅宗、兼祧禅门五宗从而复兴20世纪中国禅宗的事例中得以印证，冶开禅师本人与虚云老和尚的历史功绩暗相契合。

这样，冶开禅师弘扬禅宗的时代意义与影响，就在于要清除世人对于禅宗的误解，要恢复禅宗的真正本来面目。在冶开禅师看来，只有恢复了禅宗的本来面目，只有使得参禅者于自我之心上悟得禅宗的本来面目，才算是真正地在弘扬禅宗。这种注重于恢复禅宗的本来面目的弘法之举，显示出了冶开禅师本人在其所处时代以一种特有的形式来推动中土禅宗的发展，这也就

---

① 《冶开镕禅师语录》卷一。

是冶开禅师本人弘扬禅宗的时代意义。

三、建立了参悟禅宗的真实工夫

　　禅宗的修持与参悟，在历代禅门祖师中都有一种法脉的传承，这就是禅门中人所说的禅门工夫。由于一些历史的原因，冶开禅师传授与弘扬禅宗的时代，禅宗被一些禅门末流弄得面目全非，使得世人误解了禅宗，认为禅宗就是不受戒律、放浪形骸的狂禅。有鉴于此，无论是影响甚大的虚云老和尚，还是冶开禅师这样影响了当时禅门中人的众多禅师，都在恢复禅宗的本来面目之时，也十分注重于建立起一套能够真修实证的禅门工夫。关于如何才能够建立起一套能够提供给参禅者切实可行的禅门工夫，包括虚云老和尚等在内的禅门尊宿都下了一定的工夫，以此来开示与点拨禅门中人。

　　与此相应，冶开禅师本人也加入了如何建立起一套开示与点拨禅门中人契入禅宗的工夫之中。禅门中一直就有关于参悟与提撕公案的方法，但在一些禅门末流的不良引导下，禅门公案成为卖弄文字与名相的手段，这样就有欺世盗名之嫌疑。有鉴于此，冶开禅师建立自我对机接引禅门中人的工夫，就是从如何参悟与提撕公案入手的：

　　　　复卓云："于此会得，自利他利一切俱利，福足慧足一切具足，如或未然，重下注脚。昔日马祖大师一日目视绳床角拂子，百丈云：'即此用离此用。'祖云：'汝向后以何为人？'百丈竖起拂子，祖云：'即此用离此用。'丈挂拂子原处，祖乃震威一喝，直得百丈耳聋三日。诸上座委悉么？狮子游行非同驴步，大冶精金灼开正眼。虽然如是，即今檀信设施所获毕竟如何？只因拨动青霄月，致惹光华满世间。"卓一卓，下座。①

　　冶开禅师在开示如何参悟与提撕公案的禅门工夫时，特别强调了注重脚

---

① 《冶开镕禅师语录》卷一。

下这一问题，因为禅宗的修证与参悟，其核心与重点就在于要真正落实到参禅者的自我脚下，也就是要有真修实证的体悟。冶开禅师专门提到了马祖道一与百丈怀海师徒二人在公案中的一段对话，以此来阐明修证禅宗的工夫就在于要照顾好自我的脚下。禅门公案中有机锋与棒喝的法门，冶开禅师在这里解读马祖道一与百丈怀海师徒二人的禅门公案时有所涉及。马祖道一以棒喝的形式点拨百丈怀海，百丈怀海在其师的棒喝中有所领悟。这样，冶开禅师认为马祖道一的棒喝就起到了"狮子游行非同驴步，大冶精金灼开正眼"的作用，这恰恰体现了禅宗的工夫之契入处。与之相应，冶开禅师还认为，禅门中人应该在寻觅到了契入禅宗的入手处之后，就要痛下一番参悟的工夫，以期对于禅宗有所领悟直至大彻大悟，这就是冶开禅师所说的"只因拨动青霄月，致惹光华满世间"之义。

冶开禅师在建立具有时代意义的禅宗工夫时，与历代禅门祖师大德一样，都注重于对于自我之心的参悟与提撕。冶开禅师在阐明了禅宗的本来面目即是自心的心法以及由此心法开显出的真实不二的禅境之后，就将弘扬禅宗的重心转向了如何接引参禅者契入禅宗，即如何才能够于心法上有所开悟的禅门工夫之中：

> 师拈拄杖云："阴阳未分之前，生佛未兆之始，一极早已逼塞虚空，包含万象，映沙界而无遗，历千劫而非古，能转阴阳阴阳不能转，能移万物万物不能移。所以傅大士云：有物先天地，无形本寂寥。能为万象主，不逐四时凋。若能识得此物，世出世间万事万法俱是假名，阴阳消长四时变迁皆成幻境。说真也得，说假也得，说假即真也得，说真即假也得。"蓦竖拄杖云："且道这个是个甚么？"良久卓一下云："个里若未能清澈，难免不被眼睛遮。"①

冶开禅师在开示与点拨众人时，明确指出了自我之心即心法的重要性，这个心法的重要性在冶开禅师看来，就是成佛之道的根本依止，是能够包罗

---

① 《冶开镕禅师语录》卷二。

万象与涵摄一切沙界的最终依止。并且，冶开禅师在这里是要让众人明了本净之心即心法，虽然历经千万劫数，但本净之心的本质及同于佛性的本质是不会随之消失的，这就是众人在参悟与提撕禅宗时必须要明白的根本宗旨，否则修持禅宗的工夫就无从说起。为了印证心法的重要性，冶开禅师援引了傅大士的那首有名的偈语，以此来向众人阐明能够先于天地而存在，能够以无形而空寂的状态而存在，能够为世间万物万象之主，能够不随时间而变化之物，就是自我之心。因此，众人能够以此来观照自我之心，能够于此悟得心外之物与现象皆是虚妄不实的缘起法，那么参禅悟道就有了精进的可能，禅宗的工夫就有了日益进步的可能。反之，众人如果不能够明了世间法的假有之相，不能够祛除自我之心中的妄念，那么就会"个里若未能清澈，难免不被眼睛遮"，所被遮蔽的就是缘起法，就是有了分别与执着的妄念。显然，冶开禅师弘扬禅宗之时，在阐明众人如何从观照自我之心的心法上面得以开悟，就是禅宗工夫的关键所在，这也就是禅宗主张的一切唯心的教义：

> 明知万法唯心，何当念执着不悟。说是这样说，是自己亲证不中的。明知万法唯心，何当念执着不悟。这里边有个毛病，要在不明白底地方参的，不大死一番不得大活的。把死的看得翻过身来，才可以相应，这叫做死中得活。这不是容易的事。①

万法唯心是禅宗点拨众人的法门，但从历代修持与参悟禅宗之人的情形来看，几乎都是停留于口头的知晓这一阶段，而没有真正地去体悟万法唯心，也就是说众人在参悟万法唯心之时，没有真修实证的体验，这样对于禅宗所说的万法唯心最终就不能够契应。冶开禅师在建立禅宗非工夫论时，明确指出"是自己亲证不中的"，以及"何当念执着不悟"，也就是说一旦面临参悟禅宗的困境时，不能够畏惧而退缩，而是要迎头而上、迎难而上、知难而进，要在不明白处痛下功夫，最终才能够自我参悟明白。并且冶开禅师认为，要有大死方能够大活的决心与毅力，这样才能够绝处逢生，于逆境中转

---

① 《冶开镕禅师语录》卷三。

危为安，这与禅门中人一直流传的"打得念头死，方许法身活"的说法是一致的。

从冶开禅师致力于建立起一套可以实行的真修实证的禅宗之工夫中可以看到，冶开禅师等禅门中人身处禅宗有所衰微的时代重振禅宗努力与决心。所谓禅宗法脉的传承，不仅仅停留于传法的形式上面，不仅仅是传承法语法卷等表面形式上面，而更为重要的就是心法的传承，这才是禅宗代代相传的根本。而要延续与接续禅宗的心法之传承，就离不开禅宗工夫的弘扬与传承，能够使得禅门中人有一个契入禅宗的入手处，以及由此来展开的逐步修证与参悟禅宗的阶段与步骤。禅宗之所以会被禅门末流搞成狂禅，原因就在于禅宗的工夫在狂禅者手里成为可有可无的多余之物，这样就会将禅宗引入绝境。冶开禅师在弘扬禅宗时致力于建立起一套修证与参悟禅宗的工夫，以此接引禅门中人契入禅宗的心法之中，可以说是对于禅宗的发展，起到了推动与促进的作用，这也就从一个侧面反映了冶开禅师弘扬禅宗的时代意义。

四、结语：弘扬禅宗与佛教中国化的关系

禅宗一直以来就被认为是佛教中国化的代表性宗派，禅宗深深地影响了中国本土各阶层的民众。所以，冶开禅师弘扬禅宗的时代意义必然会体现出佛教中国化这一元素。关于此，冶开禅师在宣讲禅语时已经或多或少有了这种意识：

> 《六祖坛经》直揭本源，贫衲生平所宗，二大护法竟能一肩担荷，心契神会，此诚再来人也，非具大根者不能如此。若果于此切实着眼，是则贫衲与二大护法未远离也。向后以道为宗，能晤则晤，否则赐教言以作面叙。[1]

中国禅宗历史上出现的《六祖坛经》被公认为是佛教中国化的产物，是

---

[1] 《冶开镕禅师语录》卷三。

印度佛教与中国佛教相融合的结果。冶开禅师明确指出了《六祖坛经》对他的巨大影响与作用，并认为是传承禅宗法脉的重要方法，并倡导禅门中人要重视修证《六祖坛经》中开显出的禅宗的宗旨，于其中如果能够真正地有所领悟与受用，那么就是契入了真谛。由此可以看出，冶开禅师本人弘扬禅宗的时代意义体现出了佛教中国化的特征。

冶开禅师的弟子门人中，有月霞、应慈法师等人，这些在20世纪中国佛教史上有影响的僧人所进行的弘法行为，也与人间佛教这一时代使命有着不解之缘。而建设人间佛教作为20世纪中国佛教界的一大历史性的使命，也是与佛教中国化这一历史背景息息相关的。所以，从这一角度而言，冶开禅师弘扬禅宗也与建设人间佛教有了千丝万缕的关系。冶开禅师的弟子月霞法师创办了华严大学，这一行为就直接受到了人间佛教思潮的影响。而冶开禅师作为月霞法师的师父，肯定也在很大程度上影响到了月霞法师。从种种迹象中，可以看到冶开禅师弘扬禅宗的时代意义也与建设人间佛教的历史背景不无关系。通过这种分析，也就可以认为，冶开禅师弘扬禅宗始终没有脱离佛教中国化的背景。

论冶开镕禅师的禅修与践行

李福标（中山大学图书馆）

冶开清镕禅师（1852–1922），江苏扬州许氏子。十二岁，依镇江九华山明真出家。十三岁，拜仪征天宁寺莲庵为师。十七岁依隐闻于泰县祇树寺受具。同治十年（1871），参常州天宁寺方丈定念真禅，翌年大悟，定念禅禅师为授记莂，命为临济四十一世。定念寂后，朝礼池州九华山，访镇江金山寺，潜修于终南山喇嘛洞。光绪二十二年（1896）回天宁寺，次年任方丈。修建殿宇，增置田产，使之成为江南四大丛林之一。法嗣有月霞、应慈、惟宽、明镜等，均为教理造诣颇深的法门龙象，对江苏、上海地区近代佛教复兴具有重要影响。有《冶开镕禅师语录》（以下简称《语录》）四卷。《武进天宁寺志》卷七、喻谦《新续高僧传四集》卷三十五有传。冶开禅师以真实朴质的禅风，切实用心，融会律宗、华严、净土各宗，被誉为清末宗门四大尊宿之一，以威仪第一著称。他不仅禅学造诣深湛，并在文化兴寺、培育僧才、慈善公益诸方面做出过卓越的贡献，其佛教思想遗产值得我们去认真发掘和继承。

一、冶开禅师的禅悟

冶开禅师少年出家，又得明师指导，是近代禅宗界少有的少年开悟者。他在许多场合经常谈及或被谈及其禅悟的经验，颇有影响。如《武进天宁寺志》卷七叶尔恺撰《冶开大师塔铭》，称述其在打禅七过程中开悟的情形云：

同治十年，至常州天宁。时主席定念禅公，门风峻肃，参叩者

201

踪萃，独深契师。师亦矢心执侍。明年冬结七，浴次闻二老僧互谈七日间所得，师大愧愤，辍浴，入堂趺坐，罄力逼拶，誓断命根，性光涌现，消殒三际。刹那间炷香遽尽，鸣磬下座，随众经行，维那见师步骤有异，以香板触之，陡觉打破漆桶，化为大光明藏，身心莹然，脱尽挂碍。定公知师已开佛眼，遂授记莂。越岁至金山，坐次，侍者卷帘，维那唤："放下！"师闻根接触，应机大觉，当下闻隔江人语历历，视瓜州如庭户，六合皆心，融洽无际，得力更逾于前，凡昔日经义隔阂者，至是皆洞彻，展阅《华严》《楞严》，如从肺肝中流出，碍膺之物一旦尽释矣。①

简单说起来，可从以下两个方面去认识：

（一）开悟的主观条件

第一，自己须有天资。前引大师塔铭中称定念禅师门下"参叩者踪萃，独深契师"，这说明冶开禅师天赋异禀，善根夙具。因而得导师欣赏，寄予希望。要得开悟，师资相藉是很要紧的。

第二，自己须有志气。如《语录》卷三"起七"开示："师执香板云：'奋冲天志，竭大海波，舒拏云手，展追风足。一击百重关锁开，是圣是凡俱剿绝。'以香板击地，云：'起！'"②此言参禅须具大志愿。没有这份大志愿，遇阻即退，是不能冲破无明的牢笼的。

第三，要真实用心，切实做去。前引塔铭称定念独契重冶开，而冶开亦"矢心执侍"，在日常事务中耳濡目染、细心体会，得了些禅修的基本经验。当他在冬七期间闻二老参闲谈参禅体会时，"师大愧愤，辍浴，入堂趺坐，罄力逼拶，誓断命根，性光涌现，消殒三际"。这都是他自己所谓的"真实用心"。他后来在与居士的问答语中，现身说法，诚挚地谈到了他这次"真

---

① 濮一乘纂，王继宗校注选译：《武进天宁寺志》，南京：凤凰出版社，2017年，第409—411页。
② （清）显彻编：《冶开镕禅师语录》，民国刻本。以下凡引此书，均据此本，不再一一出注。

实用心"而开悟的细节。《语录》卷三"葛观本居士"条云:

"明知万法唯心,何当念执着不悟",说是这样说,不是自己亲证,不中的。"明知万法唯心,何当念执着不悟"这里边有个毛病,要在不明白的地方参的,不大死一番,不得大活的。把死的看得翻过身来,才可以相应。这叫做死中得活。这不是容易的事。此地禅堂里今晚起七,我自同治十年到此地,十一年打七,看念佛是谁。打了一个七,用心一点都不醇和,打完头七到浴堂里洗浴,有两个老禅和也在洗浴,悄悄谈心,一个说你七打得好,一个说好哩。我听着心里非常惭愧。人家七打得好,我连用心都不会用。惭愧心生,自责自己用心不上,是甚么道理呢? 自答自己:你没有真切用心哪! 又自思维:还有一个七,这一七是丝毫不把它放过的。于是澡也不洗了,立刻穿了衣服回到禅堂,就把个"谁"字抱定,一点不放松,一下子开禁了! 自己知道,照此行去,吃茶便吃茶,甚么也不去问他。吃了茶就跑香,抱住"谁"字,甚么事不问。跑也不知跑成甚么样子,打站板了,班首讲开示,我一点没有听,抱住话头。打催板了,又跑,不知又跑成甚么样子,维那师在后打了一下,忽然心里起了无明念头,一动看见一黑团子起来,随把话头举起一打,黑团子炸开,再提话头,如同落在万丈海底一般。回头醒过来,人就空了。往后坐起来,话头就醇和了。行起来自在得很。站起来鼻子里连气都没有了。那时候我当汤药,晚上睡了,早上总要人喊叫,已后睡着同醒时一个样子,行住坐卧一个样子,自己舒服得不可解。那时记起顺治皇帝的诗:"百年三万六千日,不及僧家半日闲。"是的确确的。向后行住坐卧不要用一点心。两个多月,后来又当衣钵、管账,打了岔,退了,不像从前相应了。这是我头一次得的利益。用心总要拼命的干一下子,不舍死忘生的闹一番,不中的。后来到金山住禅堂,一天在禅堂里坐,外边放帘子,一个放,维那看着,说:"放!"我也放了一点。说:"再放!"我又放一点。

说："放到底！"我就应念放到底，头一步踏着容易来，自在受用。随后当执事分分心，用起来还是一样。"明知万法唯心，何当念执着不悟"，不悟者是病。要得好呢，切切实实用一番心才中啦。既知本性清净，为甚么又做拂拭工夫？没有一番大死，不得大活的。要真实受用，必得切切实实的做一番。

此段里打七参话头的经历颇实在，可与传状印证。其要义在"真实发心"，起疑情，发惭愧心。自责没有真实用心后，决定大死一番以求大活。《武进天宁寺志》卷七《冶开大师塔铭》述云："师功行既深，慧智双运，念大乘法当自度度人，避喧耽寂，佛法不如是。遂辞山返天宁，供职五载，继席领众，接引后学。深锥痛剤。有日本僧闻风造访，诗偈教典，稗贩千言，师不置答，待其缠绕既竟，突问：'离却古人，何处是你？试道一句！'僧嗒焉若丧，流涕礼谢而去。"[①]此言纸上得来终觉浅，非要亲证不可。《语录》卷三上堂云："所以教中道：于一毫端现宝王刹，坐微尘里转大法轮。云门云：尽大地是解脱门，把手牵不入；尽大地是涅槃路，倩人行不得……惟有过量大人，方能彻底担荷，全身拶入；始可展大作为，显大手眼，搅长河为酥酪，变大地作黄金，移东土为西方，转凡躯为圣质。不遣分毫之力，便能随处示现。逆展顺施，无不合辙。"所谓"过量大人"，就也是说的能大死一番这个意思。

（二）开悟的客观因素

第一，须识因缘时节。《语录》卷三"中秋节"开示："清光满目，尘刹遍周。亘古亘今，谁曾欠少。十五良夜，圆满交辉。初八、二十三，半圆半缺。真圆非缺，真缺非圆。既能缺而复圆，更转圆而复缺。是知真体非缺非圆，非隐非显，非灭非生，非来非去。"以月光作譬，意谓人的自性本有。同卷"结夏"开示："'斩钉截铁，应时应节'一句，道穿空中，添楔现前。明眼衲

---

① 《武进天宁寺志》，第413页。

僧，当场自能辨别……夏来春去，秋转冬移，事逐人兴，法因时建，卉木茂而苍，千葩繁而实，遍界尽芬芳，个中非出入，包裹万有，囊括大千，非灭非生，非来非去。且道结夏一句毕竟如何？千圣说不到，诸祖莫能测。"其意自性本然，在自修自证，旁人无能帮者，禅修者须自行体认因缘时节之变化，发明自性。

第二，须人启发。若要识"因缘时节"，须发疑情，疑情发起之后，更须人的引导。二者相互作用，殊不可少。如冶开禅师不发疑情，浑浑噩噩，即便洗澡一万次也无动于衷。而疑情发起，恰好遇着洗澡老参不经意间说出参禅经验，一入冶开禅师耳孔，即如电光石火。这是外部的因缘，开悟少不了这个。孔子讲："不愤不启，不悱不发。"即是此意。

二、冶开禅师的保任

吕澂《中国佛学源流略讲》附录《禅宗》云："禅家这种态度的修养，是经过相当努力而有几个阶段的。粗浅些说，至少可分三层次第：最初要有迫切的寻求，其次凑泊悟解，发明心地，再次是'保任'和'行解相应'。""禅家从悟解把握到践行的本源以后，还须注意保任功夫。"①冶开禅师当然不能例外，在禅悟之后如何保任的问题上，也是格外努力的。从二僧交谈中，悟得最基础的入门方便。开悟之后，仍要专心致志，不能分心、打岔。

第一，把定枢纽，解粘去缚。《语录》卷三《与观源大居士书》论《金刚经》之奉持："居士能以《金刚经》资助精进，此诚得其枢纽矣……承问二十七分之'不'字，盖全经均对于众生而言，因众生处处住着，不着于凡即着于圣，不着于是即着于非，殊不知凡圣是非，名虽不同，其执着是一也。当知此执着即是众祸之源……全经无非为解粘去缚，所以末后云：'一切有为法，如梦幻泡影，如露亦如电，应作如是观。'此正显第三分云'我皆令入无余

---

① 吕澂撰：《中国佛学源流略讲》，北京：中华书局，1979年，第377、378页。

涅槃而灭度之,如是灭度无量无数无边众生,实无众生得灭度者',盖三界九有十二类生皆是梦幻泡影,本无真实,幻妄所生。如人多贪,即入于贪界,即有种种之贪妄发生。一经觉悟,贪妄消灭。"

第二,藉教悟宗,理事圆融。佘贵棣《冶开清镕师传略》称:"冶师虽主张参话头的禅,但同时主张以教印心,提倡华严宗教义。他教人华严宗四法界学说:'在日用中融性海是华严的事法界。当下不被境缘转是华严的理法界。一心清净而森严万行、森然万行而消归清净是理事无碍法界。全体互现、各自圆成是事事无碍法界。'他晚年一直礼诵《华严经》,直至去世前病中仍每日诵《华严经》四卷。他的嗣法弟子月霞和应慈两法师都是禅宗兼弘华严的知名学者。"[①]叶尔恺《冶开大师塔铭》:"夏间偶感风疾,入秋渐愈,自是谢客,日诵《华严》四卷。"此处并非说冶开禅师至晚年才习《华严》,而是着重说他至晚年着重以诵《华严》为日课,不唯做保任工夫,且弘扬华严,以课其徒子。

第三,参禅、持戒与念佛打成一片。《语录》卷三《示马观源居士》云:"念佛、看话头一个样,总要打成一片,才有用哩……要发切心,也要有因缘时节。总之这桩事总要做着才行,不做着不得相应。"同卷《与观本、观源居士书》:"所言'打成一片',此事谈何容易。非具斩钉截铁之手段,百折不回之心肠,久而久之,切而又切,或可少有相应。若是依稀越国,仿佛扬州,正所谓古德云'镇州望曹门',远之远矣。大丈夫立身于天地之间,不动则已,动即一踏到底。岂同凡俗之辈,而支支离离也?"最根本的,冶开禅师把参禅、念佛与持戒结合在一起。屠寄《常州天宁寺庚申同戒录序》赞云:"经云:心是恶原,形为罪薮。律仪摄,则罪薮空;善法摄,则恶原绝。罪薮恶原,既空既绝,清净本然,周遍法界。一切众生,同时解脱。故曰:众生受佛戒,即入诸佛位。而能受佛戒者,无过于一心念佛也。冶开镕公,早岁出家,精严戒行。年未及壮,习静终南,三载止观,得念佛三昧。南归金

---

① 松纯大成主编:《常州天宁禅寺志》第四篇"历代主持",常州天宁禅寺,2020年,第219页。

山，重翻《楞严》，向所未了，一目已彻。住常州天宁寺十有三年，大振宗风，远近归德。"①

三、冶开禅师的庄严国土

（一）四出募化，崇修殿宇

据《武进天宁寺志》卷一"建筑"详载：太平天国时期，天宁寺遭焚烧，仅存山门及后殿数间僧舍。虽然在同治四年重建了观音殿和前后平房50余间，但远没有复旧时规模。光绪二十二年丙申，清镕继席，以重建为己任，四出募化，一度远至关外，历尽艰辛，前后长达十多年。大雄宝殿开工建造时，地方部分士绅以大雄宝殿高度超过孔庙为由加以阻挠，致使工程被迫中断三年。冶开禅师殚精竭虑、据理力争，后经地方士绅从中调解，工程得以继续进行。重建后的大雄宝殿，高崇巍峨，殿脊雄奇，飞檐高挑，气势非凡，叹为观止。此后，又续建了天王殿、文殊殿、普贤殿、地藏殿及罗汉堂等，至此，天宁寺殿宇巍峨，宝宫庄严，其主要建筑保留至今。②尤其值得特别一提的是，为了弘扬经教，冶开禅师专门嘱意于扩建或新辟与天宁刻经处相配套的建筑设施。《武进天宁寺志》卷一"建筑"有"储刊楼"条载："在客堂及三会堂上。清乾隆间住持实彻同都监际圆建。同治己巳（1869）住持真禅复建。光绪己亥（1899）后，住持清镕筑三会堂后，复续建四楹，统共八楹。近刊各经版，悉储其中，故名。"又，"藏经楼"条载："在禅堂上。清光绪己亥（1899）后住持清镕建。计五楹。"又，"刷经楼"三楹，清乾隆间建，同治八年（1869）住持真禅复造，冶开保持不变。③

在天宁寺旁大面积植树造林。《武进天宁寺志》卷九钱振锽《过天宁寺

---

① 《武进天宁寺志》卷八，第565–567页。
② 《武进天宁寺志》，第7–23页。
③ 《武进天宁寺志》，第18–19页。

后大林赠冶开上人兼讯其病作》诗:"老僧种树当儿孙,城角春深起绿云。大有清阴留过客,每闻鸟鸣便思君。坐观大地虫沙劫,卧病禅关岁月新。倘使竺师先化去,可能相过话天人。"①

(二)请经刻经,弘扬文化

冶开禅师一贯禅教并重。他曾赴京请藏。《武进天宁寺志》卷十附《清内务请准刷印龙藏原奏》:"江苏省常州府阳湖县天宁万寿禅寺住持僧人清镕,又松江府上海县万寿留云禅寺住持僧人密通,又浙江省宁波府慈溪县万寿西方禅寺住持僧人净果等呈称:本寺系属十方常住,缺少藏经。情愿请领《龙藏经》各一分,永远供养等因前来……如蒙俞允,奴才等传知僧录司,转饬僧人清镕、密通、净果自备工料,赴柏林寺刷印《龙藏经》各一分,永远供奉,以光佛法。为此谨奏,请旨施行。光绪二十九年闰五月初二日具奏。"得允。②时隔十七年后,天宁寺又呈请刷印藏经。大总统指令第二千三百七号:"令署内务总长张志潭呈江苏天宁寺、浙江接待寺先后请印藏经,业予据案核准,呈请鉴核由呈,悉准如所拟办理。此令。民国九年九月二十三日,国务总理靳云鹏、内务总长张志潭。"③天宁寺的前后两次请刷印藏经,不知是光绪二十九年的刷印因时局变化中辍而到民国九年才得以续完呢,还是在光绪二十九年、民国九年各刷印了一次。总之异地刷印,颇多曲折则是一定的。

清末民初,我国出现一个佛教刻经新高潮。江苏南京、扬州、常州及北京、四川、浙江等地纷纷成立刻经处。天宁刻经处成立于哪一年,文献中没有明确的记载。《武进天宁寺志》卷七濮一乘《惟宽彻禅师塔铭》称:

> 自明代紫柏大师创刊方册《藏经》,缃素称便,乃毁于清代太平军之劫。军事既定,有志弘法者,辄私人酿资刻经,在金陵者最称精博。冶老剃度弟子行实,在俗固无锡庠生,娴文翰,膺金陵刻

---

① 《武进天宁寺志》,第690–691页。

② 《武进天宁寺志》,第713页。

③ 靳云鹏、张志潭辑:《政府公报》1920年第1657期,第10页。

经处之聘，代其监刻、校对，为石埭杨仁山居士所器重。行实偶请
于冶老，谓："《大藏经》待刊者至伙，杨居士年高，独力恐不继，
天宁盍分任之，庶全藏得早日告成。"师与法弟应慈上人侍冶老侧，
因力赞之，遂有创办毗陵刻经处之举，由客堂董理之。师躬负校
对之责，于事务旁午之际，朱墨点勘，纵横几案，一字不苟，终
日危坐无倦容。故天宁刻经虽较他处为后起，而卷帙之富，几与
金陵抗。[①]

据方广锠《〈毗陵藏〉初探》称：冶开成立毗陵刻经处，原本是襄赞金
陵刻经处，共同完成刊刻大藏经的伟业。但后来两者合作产生问题，便转而
改为独立刻藏，故将这部经藏命为《毗陵藏》。[②]邓影、尹恒称：《毗陵藏》
的刊刻，多有四众弟子的参与，包括当时有一定影响之佛界及社会名流，如
谛闲法师、观月老和尚（即兴慈）、盛宣怀等，晚清民国第一刻书大家陶子
麟很可能与其家族集体参与过《毗陵藏》刊刻。[③]所刻经籍，历时十余年，
成书数千卷。到1947年濮一乘撰写《武进天宁寺志》时，统计出共刻有经
书930余种。后经流散，大致情况为：一、1937年，住持证莲密源禅师将一
部分天宁刻经处经版移运于天宁寺下院祥符寺保存，遭战火荼毒；二、1956
年应印度政府请，上交国家387卷佛经，4043块刻版转赠印度；三、今南京
金陵刻经处藏有天宁刻版29640块。三者合计4万余块刻版。[④]可见冶开禅师
主持的天宁刻经规模之大，成就之显。

（三）以戒为师，培植僧才

冶开禅师主席天宁十三年，遵循旧轨，以律补禅，垂为家法。然由于战

---

① 《武进天宁寺志》，第428页。
② 方广锠编：《藏外佛教文献》第二编，总第15辑，北京：中国人民大学出版社，2010年8月版，
第374页。
③ 邓影、尹恒撰：《〈毗陵藏〉所见印本概录及版刻述略》，《宗教学研究》2018年第2期，第146-
152页。
④ 常州市地方志编纂委员会纂：《常州市志》，北京：中国社会科学出版社，1995年，第855页。战

乱频仍，自咸丰十年（1860）以后，寺中六十年未传戒。民国九年（1920）春，以干戈历劫，甲子一周，乃应邑中诸士绅请，已退居多年的冶开禅师决定恢复天宁香雪戒润律师的传统，命法子、住持惟宽显彻在大殿开坛说戒，同时兼设无遮大会，超荐六十年前太平军陷落本州时水陆殉难亡灵，幽冥均感，功德无量。冶开禅师亲为撰《庚申同戒录序》云：

> 无为之法，不出有为；无相之相，不离有相。绝有而遁无，则为二乘，为外道；背无而徇有，则为凡夫，为恶趣。遁无之失，舍正趋偏，其弊在学之未善；徇有之害，积迷成妄，其心固未尝知学也。今以未尝知学之人，而骤语以至道，非就其平日污染习行而不察者，防止其流荡，消融其执滞，使之念念回光，反躬自省，将何以发其本明乎！此释尊垂教，所以独崇戒法，彻始彻终，不容逾越……诚以高谈心性，易入玄虚，增上慢人，或且未得谓得，未证谓证，骊珠鱼目，真赝难分。惟戒律严净，仪轨有常，行履昭然，非关口说。虽一言一行之微，一饮一食之顷，无不绝其矫诬，杜其浮炫。使之行持纯笃，体认根源，然后知寻常日用，步步归真；运水搬柴，无非妙用。至此，则不见有为可厌，不见无为可求。性海圆融，本无彼此。当下行住坐卧，万行具足，即事法界；当下一心寂灭，不涉诸缘，即理法界。当下一心寂灭，而森然万行；当下森然万行，而消归一心，即理事无碍法界。当下行则非住，坐则非卧，行中了无卧相，而住时自住；住中了无行相，而行时自行；坐中了无卧相，而卧时自卧，卧中了无坐相，而坐时自坐，全体互现，各自圆成，即事事无碍法界。复次，菩萨应化，不出六度。戒之本体，是为尸罗波罗密；戒则行慈，是为檀那波罗密；戒则无诤，是为羼提波罗密；戒则不怠，是为毗梨耶波罗密；戒则生定，是为禅那波罗密；戒定则慧，是为般若波罗密。夫以佛子始入法门，即该六度万行，无剩无欠。是故诸佛出世，咸所尊崇。即在禅宗，一法不立，亦必戒为依归。是知舍日用万法而外，别无所谓一法不立也……邑

中长者居士，以干戈历劫，甲子一周，函请赓续前规，传授戒法，上为诸佛成道种子，下为殉难亡灵荐福。同体大悲，甚为希有。今既乘此胜因，得与诸上座同会一处，伏愿依法修持，头头荐取，由有为以契无为，不动步而顿入大光明藏，庶不负檀越深心，成一期结集尔！ [1]

此开传戒法会，四众受戒弟子多达1500余人，其中有新中国成立后担任中国佛教协会会长的圆瑛法师、应慈法师等，影响深远。同年，他还在上海开坛传戒，受戒弟子亦有千五百人。

四、冶开镕禅师的慈悲济世

冶开禅师一生热心于社会福利事业。民国二年（1913）任"中华佛教总会"会长。曾至上海玉佛寺建"居士念佛会"，手书偈语，悬壁开示，一时缁素云兴，法集鼎盛。民国七年（1918），北方发生水灾。冶开清镕禅师创建佛教慈悲会，筹集善款累以万计，亲自赴灾区去散放，救活无数百姓。捐资修建横跨大运河的政成桥，募修了常州文笔塔、东郊太平寺。还募修杭州灵隐寺大殿，资助常熟兴福寺等。

光绪大饥之年，曾与常州名流钱振锽合办平价售米处，并自购戒烟丸施予乡民愿戒烟者，活人无算，且冀其富强。《武进天宁寺志》卷七钱振锽《释清镕传》云："光绪丙午大饥，明年丁未，米益贵。振锽，阳湖孝仁乡人也，谋为乡设平价出米之所而难其财。释清镕者，住持乡内天宁寺，亦施平价米百金。然清镕独有心于世，闻朝廷禁鸦片，大喜。及闻以十年为限，且给烟户凭照，准其卖膏而倍征其捐，则又怏怏，自购戒烟药丸赠乡内之愿戒烟而贫者，求丸者日噪于寺。其言曰：'我将自吾之乡以为戒烟先闻，吾乡之风必有兴者。自吾之乡以至于吾郡，自吾郡以至于吾省，自吾省以至于天下，

---

[1] 《武进天宁寺志》卷八，第568–573页。

天下何惮而不富与强？'……清镕慷慨论事，其志愿除天下之秽恶而大振之，宁非豪杰之士哉！"①

　　光绪二十七年（1901），冶开禅师兴办天宁寺义务小学，延师教读失学儿童。《武进天宁寺志》卷一"建筑"载：先是，二十七年辛丑，清镕为念当地失学儿童甚多，曾就别院辟私塾一所，延师教导。宣统三年（1911），住持明镜显宽改为天宁初级小学校。②《语录》卷三载：冶开禅师圆寂时，学生感恩戴德，三年级学生潘芝贵、潘芝洪挽之以联云："重慈善，轻利名，四百兆同胞之间，如公有几；入学校，受教育，八九年培植所惠，没齿难忘。"全体师生同挽云："大慈大悲，身前是万家生佛；不生不灭，寂后证无住真如。"

五、余论

　　冶开禅师不但禅修大悟，不愧一代高僧，且行解相应，真实慈悲度世。其驻锡于寺，对内综合协调发展，对外从事慈善公益事业，天宁寺以是而发展壮大，佛法以是而振兴。《语录》卷三倡言："佛法即世法。"《语录》卷三"中秋节"开示云："无量百千妙法，红菱角上展开。一千七百葛藤，藕丝孔中收纳。寒蝉无语，蛩韵吟秋。岩桂芬芳，香风扑鼻。寒山云：'我心似秋月，澄潭光皎洁。无物堪比伦，教我如何说。'先师定老人云：'我心非秋月，无得亦无说。牛矢比麝香，南无佛陀耶。'天宁则不然：'非心亦非月，皎皎光明洁。彻底一轮辉，处处同欢悦。'"其践行欲超越前人，普度众生，共证菩提，而得乡人敬仰拥护。《武进天宁寺志》卷七庄蕴宽《冶开上人传》云："宣统二年，江乡荒歉，予方里居读《礼》，父老假寺办赈务，躬与其役，日与上人俱，见其事理无碍，始敬异焉。比辛亥改革，当

---

① 《武进天宁寺志》，第407—408页。
② 《武进天宁寺志》，第11页。

事者类以爬罗剔决为事，吾乡寺观之为人眈视者，厥惟天宁。而上人随顺有方，卒保无事。"①

　　然近代佛教的总体形势是不容乐观的，尤其僧徒素质为人诟病。惟宽禅师主席时，因有冶开禅师倡导于前，居士陈伯达《致天宁寺方丈惟宽和尚论兴学救亡书》亦推波助澜，殆欲借天宁寺之声气开展佛教教育，以挽颓风，云："时至今日，佛法之陵夷衰微，已达于极度，固夫人能知之，而夫人韇言之矣。夷考佛教衰颓之由，虽有多端，而僧伽不事学问，不明佛法，不行佛制，殊为根本原因焉。盖今世之反对佛教者，非反对佛，非反对法，所反对这惟僧人而已……因是因缘，故劝和尚发心弘教，设学育才，讲经利众，舍虚妄不实之财，以续法身慧命，则灯灯相薄，和南功德，殊无量也。古人有言，宏法当观时节因缘，丁斯世变剧然之会，僧伽若无相当学问，知识道德不足以宏扬佛法，不足以维持僧宝，不足以保存僧产，某实不忍见僧众之灭亡，佛教之毁残，故敢贡此戆直之言于多财有力之和尚之前。惟愿和尚鉴粤省寺院过去毁灭状况，暨目下两湖沙门受迫事实，痛沦胥之将及，灭亡在迩，急起直追，力兴教育，与众更始，佛法幸甚，僧众幸甚，众生幸甚。否则，啮脐之悔，已无及矣。"②为响应之，民国九年（1920）惟宽乃于天宁初级小学中开办学戒堂，专教僧侣课程，定为三年毕业。后又更名佛学院，学风淳谨，论者推为诸方所不逮云。③

　　民国三十年代后，天宁寺的发展形势愈发不乐观。大醒《多事之常州天宁寺》一文云：

　　　　常州天宁寺前月发生一件惊人之消息。忽有某某当局发令查封。此事虽未实行，但亦颇费天宁寺住持僧奔走恐慌。关于此举之事实，略说有两种：

　　　　一说谓有某某因不满天宁寺，遂捏造天宁寺与某党有勾结及

---

① 《武进天宁寺志》，第402页。

② 《海潮音》第八年第六期，第1—3页。

③ 濮一乘撰：《惟宽彻禅师塔铭》，载《武进天宁寺志》，第432页。

通匪嫌疑……天宁寺住持僧急赶至上海，往求王一亭居士设法救济。王居士见此事重大，旋即亲访熊式辉氏，代为声明。熊氏乃下令，收回前命查封之文。如此一场突如其来之惊人事件于是始风平浪静。

又一说则谓系武进某某团体有意觊觎天宁寺寺产，故出此策，先行试验。本已料天宁寺寺僧无能对付，殊不知有外护力量，致反失败云。此案之发生，王一亭居士之功德最大，否则稍迟时日，一经实行封闭，就又多费周章矣。此事变为无事之后，王居士因中国佛教会驻会职员饭食薪金稍欠无补，乃嘱天宁寺住持僧发心补助，该寺住持当即认捐一千元，未数日天宁寺即寄上海中国佛教会三百元，尚有七百元，已经佛教会两次函询，天宁寺因危难已过，迄无回信。此为此案发生后之事。

……常住天宁寺寺产如此之多，寺僧如此之众，内无组织（此所谓组织者，指合于佛教教法及国家人民团体之组织也），外不弘化（此所谓弘化者，指以有数百万教产、数百众教徒之佛寺，对于外界地方民众以及国家社会，应有如何弘传化导之工作也），令该寺仅能墨守旧习，闭门坐食，于佛教既无若何之贡献，只养活得数百僧徒之食宿，焉得不为教外人所诟病。①

正所谓"创业维艰，守成不易"，此时天宁寺住持僧某面临很大的护寺压力，更无力弘化事业了。《江苏常州天宁寺发生查封案之真相》云："照佛寺里的旧例，在每一住持僧有功于寺务的，如建筑房屋，购置田产等，都要勒石记功；如天宁寺现在在一个住持僧手中将田租每年损失四五千石至二三万元之巨，住持僧应否要负责？应否要记过？应否要撤换？这比如同一爿公司经理不得人，公司年年亏折，经理人要不要负责或撤换一样的道

---

① 文载《海潮音》1931年第12卷第3期，第6—7页。

理！"①在佛教整体衰落的大环境中，即使是天宁寺这样的著名丛林，倘住持之人不能如冶开禅师具大悲愿，不能达于事理圆融的境界，又不严守戒律，不信于人，人亦于是乎不信，其衰颓是必然的。即使是在今百年未有之大变局中，要想把佛教健康传承下去，也能从冶开禅师的修行中汲取经验，对内抓佛教教育，以提高僧人个体素质、僧团管理者素质，以绍隆三宝；对外大力推进佛教公益事业，以慈悲济世。

① 文载《现代僧伽》1931年第4卷第1期，第11–12页。

常州天宁寺冶开清镕禅师语录
及其禅法宗风思想研究

黄连忠（台湾圆光佛学研究所）

一、前言

在清末民初的动荡时代里，常州天宁寺冶开清镕禅师（1852–1922）实修实证，继往开来，深入禅法之实践行持，能效禅宗古德风范，传承临济宗杨岐派之宗风，在佛教衰微的明清以来，重现禅宗丛林中兴的气象。

冶开禅师受到清朝末年庙产兴学的冲击与影响，巧妙智慧地化解了佛门的危机。民国二年三月，冶开禅师被推举为"中华佛教总会"会长，可见威德与名望见重于丛林。后来，民国八年北方大潦，不惜身命筹款赈济，又受到十方善信与各界人士的推崇与敬仰。

现存冶开清镕禅师的生平大要与行述传略，可以看出冶开禅师一生精进修持，护教弘法不遗余力，在《新续高僧传》中，将冶开禅师列为十科分类中的"护法"高僧，但综观其一生行履，至少可以加上"习禅"与"兴福"两科，才能符应其一生卓越之成就。

冶开禅师虽然有隐居闭关、摄服魔兽与豁然契悟的传奇经历，但从其《冶开镕禅师语录》三卷中，仍然可见其谦卑宽厚与亲近祥和的胸怀及气质，在"念佛者谁"的参究中，重视在生活中实修实证的禅门宗风。因此，常州天宁寺在清末以来诸位大德住持之下，得到"杰然中兴"与"海内尊为道风第一"的盛誉。冶开禅师一生除了深证禅悟实相之外，对于《华严经》的重视与弘扬，也直接影响其弟子月霞法师（1858–1917）与应慈法师（1873–

1965）对华严宗的弘扬。因此，清末民初冶开禅师是禅门中兴的领袖人物，更是一代高僧的典范，本文即以此为探讨内容，探究其禅法宗风思想的特质与意义。

二、冶开清镕禅师的生平语录及其禅法宗风思想

有关于冶开清镕禅师的生平大要，主要见录于嗣法门人显彻、显亲暨皈依弟子等14人撰之《常州天宁寺冶开禅师行述》，以及武进庄蕴宽撰《冶开上人传》与叶尔恺《冶开大师塔铭》等三篇基础文献，另有近代新编《常州天宁禅寺志》第四篇"历代住持善净清如冶开清镕"中载有"禅宗五十一世、临济四十一世"之"冶开禅师传记"一文，另附喻谦撰《清常州天宁寺沙门释清镕传》（此文收录在《新续高僧传》卷三十五中），又附钱振锽《释清镕传》与佘贵棣撰《冶开清镕师传略》。在濮一乘纂《武进天宁寺志》卷七中，另收录常熟宗家鼐撰《冶开和尚塔铭》。① 以上共有八篇重要的行述传记重要文献，另有近人伍稼青于1978年发表于香港《内明》第76期之《记常州天宁寺冶开法师》，亦可参酌。② 以上资料都记载了冶开禅师一生的大要与功德行状，值得深入的研究。其中，在《新续高僧传》卷三十五《清常州天宁寺沙门释清镕传》中说：

> 释清镕，字冶开，姓许氏，江都人。生含素性，不食荤（荤）
> 膻，年十一出家。初习经偈，了明词义，气宇洒落。其师祖莲庵知
> 非凡器，遇之独厚，镕亦感其恩德，情喧恳至。后结茅终南，一
> 夕定中，若有告者曰："尔莲祖愈矣！"惊呼而省，贸然下山，行
> 四十八日始达维扬。入寺，其旧侣谓之曰："汝归耶？师祖疾亟，
> 日夜呼汝名也。"其时，有先开行者，后开三日乃至，问何行之速？

---

① 见濮一乘纂：《武进天宁寺志》卷七，收录在《中国佛寺史志汇刊》第一辑第35册，台北：明文书局，1980年1月，第233页。

② 见伍稼青：《记常州天宁寺冶开法师》，《内明》第76期，1978年7月，第38-39页。

中途胡不遇？开亦惘然，莫识所以，但觉闻神语，即发脚专志，觐莲念念不舍。虽行四十余日，犹旦暮耳！莲见镕还，甚喜，而病寻愈。镕少时，诣常之天宁，信宿而去，逾岁再至，入禅堂有悟。庵留五载，欲切参究，不滞声闻，飘然远举，汛览名山。年三十八复来天宁，再易寒暑，遂继主席。自是造殿修塔，应念而成，勤劬九秋，因病告退，而皈依日众，随意宣示，一切平等，终日无倦。后住杭之灵隐，特起大殿，使人敬仰。复于上海玉佛寺创念佛堂，以弘莲化。会时事改革，学风披靡，屡攘寺产，以辟校舍，常州天宁昔号完富，尤为人所窥伺，乃善意所孚，鸮声丕变，卒保无事，神之佑也，镕之诚也。己未北方苦潦，开沿途托钵，筹訾济赈，全活无算。明年苦旱，开复募金，一再济之，劳不告疲，人或劳之，则曰："此本分事，何足道？"以壬戌十一月二十日示寂，年七十一，腊六十，弟子显彻衷其事实年谱，庄蕴宽为之传，文喧斐然，见重当世。[1]

依《新续高僧传》所述，冶开清镕禅师，俗姓许，江都人，年十一出家，受到其师祖莲庵的赏识，特意栽培。后来结茅草庵于终南山修禅。冶开禅师三十八岁时住持常州天宁寺，以九年时间，修塔造殿，而至累病退席。后至杭州灵隐寺静居，又助起大殿，并创立上海玉佛寺念佛堂，度众弘化。冶开禅师时值清朝末年庙产兴学的冲击，又遇民国八年之己未（1919），中原大地北方苦潦，清镕禅师又筹款赈济，不辞辛劳，众人钦敬。后于民国十一年（1922）圆寂。

在六篇重要的行述传记里，冶开禅师一生精进修持，兴佛护教，在清末民初危难之际舍生忘死，苦民所苦，在《新续高僧传》中，列为十科高僧分

---

[1] 见喻谦撰：《清常州天宁寺沙门释清镕传》，收录于《新续高僧传》卷三十五，载于蓝吉富主编：《大藏经补编》第27册，台北：华宇出版社，1984年10月，第276页下至第277页上。本篇传记亦见濮一乘纂《武进天宁寺志》卷七，收录在《中国佛寺史志汇刊》第一辑第35册，台北：明文书局，1980年1月，第223-224页。

类中的"护法篇第五之三",但笔者以为冶开禅师至少仍可加列为"习禅"与"兴福"两科。①其中在"习禅"方面,在《常州天宁寺冶开禅师行述》文中提到其参禅与悟道之因缘:

> 同治十年,(冶开禅师)至常州天宁寺。时方丈定念禅公,门风峻肃,法席岿然,参叩者鳞集,独深器师。师亦矢心执侍。明年冬结七值浴次,闻上首二老僧互谈七日间所得,师愧愤交作,不待浴竟,濡足入堂,趺坐禅榻,提起本参话头,罄力挨拶,誓以身殉。觉刹那间炷香遽烬。鸣磬下座,随众经行,觑定念佛是谁,更不知身在何处。维那见师行不循轨,以香板击之,师触着如在云雾中忽闻霹雳,顿化眼前黑暗为大光明藏,身心一如,受用自在。定公知师已开佛眼,遂授记莂。越岁定公圆寂,师至金山坐次,闻侍者卷帘,维那唤放下,师应声触机,一念放下,得力更逾于前。自此,大地平沉,融通无碍。当下闻隔江人语历历,视瓜州如在户庭。凡昔日读经义理隔阂者,洞然顿彻。展阅《楞严》《华严》,如从自己肺肝中流出,碍膺之物一旦尽释矣。②

文中的同治十年为公元1871年,冶开禅师至常州天宁寺参加冬季禅七,提及的"定念禅公"即为定念真禅(1807-1874),定念禅师,字定念,是雪岩悟洁禅师(生卒不详)之法嗣,湖北汉阳人,俗姓陈,传世有《定念禅师语录》一卷。由此《冶开禅师行述》得知冶开禅师于常州天宁寺开悟,自然法乳深恩,也是将来住持天宁寺之因缘。不仅如此,冶开禅师的传承法脉,也是继承了临济宗杨岐派的正宗法系,即是由临济义玄(? -866)

---

① 中国佛教史上最早以"十科"作为高僧性质分类的典籍是梁朝慧皎(497-554)所著之《梁高僧传》14卷(成书于梁天监十八年),然后唐道宣(596-667)的《续高僧传》30卷之后,赞宁的《宋高僧传》仿照前两本的体例与大体规模,亦以"循十科之旧例"略有改动名称而传世,喻谦《新续高僧传》亦大体依循前例,名称有部分出入,但内容性质大意是相同的。

② 见显彻、显亲暨皈依弟子等14人撰之《常州天宁寺冶开禅师行述》一文。见濮一乘纂:《武进天宁寺志》卷七,收录在《中国佛寺史志汇刊》第一辑第35册,台北:明文书局,1980年1月,第235-236页。

下传七世为杨岐方会（992-1049），杨岐方会下传三世为圆悟克勤（1063-1135），圆悟克勤下传八世为中峰明本（1263-1323），然后下传千岩元长（1284-1357）、万峰时蔚（1303-1381）、宝峰明瑄（？-1473）、天奇本瑞（？-1508）、笑岩德宝（1513-1581）、幻有正传（1549-1614）、天隐圆修（1575-1635）、南涧通问（1604-1655）、铁舟行海（1610-1683）、法乳超乐（1642-1702）、月潭明达（1665-1729）、大晓实彻（1685-1757）、纳川际海（生卒不详）、净德了月（1731-1812）、恒赞达如（1763-1840）、雪岩悟洁（生卒不详）、定念真禅（1807-1874）至冶开清镕（1852-1922）。因此，冶开清镕为禅宗五十一世、临济宗四十一世与磬山十二世。其中的"磬山"是磬山修，即是天隐圆修。

前文述及，冶开禅师在常州天宁寺"已开佛眼"及镇州金山寺"洞然顿彻"，在禅法体证上得到确实的相应，但冶开禅师未以此而停下深潜修持的脚步，又在显彻等人撰之《常州天宁寺冶开禅师行述》中提到冶开禅师在开悟后闭关修持与摄服魔兽的过程：

> 遂行脚入终南结茅庵温养，庵当山隘。始至遇虎，虎惊啸，师一念不动，虎屏息贴耳而去。自是虎日必一过，每将至庵必先鸣三声，既过复鸣三声，若相告语者。然旋移喇嘛洞，洞有怪物，居者每为所祟，虽持咒，禁制无益。或以阻师，师曰："前之被祟者，正以持咒作法，与之为对敌耳。我心同太虚，无迎无拒，彼纵拒我，我不拒彼，作祟与否，任之可也。"遂入居三年，了无怪异，及自造实报庄严室成，将迁之前夕，洞中砰然，如千钧重物陟落万丈潭底。亟秉炬视，则见黑狐，光可鉴物，两目赤炯射人，厥状狰狞，倏忽遽隐。盖此洞为其窟宅，以师久离恐怖，且不以异类敌视，故于濒行时露形相送，其摄服魔兽类如此。[1]

---

① 见显彻、显亲暨皈依弟子等14人撰之《常州天宁寺冶开禅师行述》一文。见濮一乘纂：《武进天宁寺志》卷七，收录在《中国佛寺史志汇刊》第一辑第35册，台北：明文书局，1980年1月，第236页。

冶开禅师在终南山及移居喇嘛洞时,以"心同太虚,无迎无拒"的无我胸怀,不起怨亲与对立,体现了修道者泯然分别与随缘自在的精神。冶开禅师在离开自行造设的"实报庄严室"前,目睹黑狐现身又遽隐,主要是不以"异类敌视"的慈悲为怀,终于降伏魔怨,得大自在。

在冶开禅师一生的修持与弘法生涯中,常州天宁寺无疑是冶开禅师最重要的道场,如武进庄蕴宽撰之《冶开上人传》说道:

> 天宁寺为上人(冶开禅师)十九岁所留宿,逾年而再至,进禅堂有悟。五年后乃云游,三十八岁复来,四十岁始主席。自是造殿修塔,皆应念而成。九年后,因病告退。自然皈依愈众,上人随宜开示,一切平等,终日无倦容。其后造杭州之灵隐寺大殿,于上海玉佛寺开念佛堂。①

由此可知,冶开禅师于同治十年(1871)其十九岁时,即至天宁寺向定念真禅参叩修学,隔年(1872)冬制禅七中"进禅堂有悟",后来到终南山闭关修持,到了光绪十六年(1890)的三十八岁时,又回到天宁寺,当时善净清如(1822–1896)住持天宁寺,在新编《常州天宁禅寺志》第四篇"冶开禅师传"中,载有:

> 师(冶开禅师)道行既深,动静一如。以为大乘佛法当自度度人,岂以枯望穷山为究竟。于是仍回常州天宁寺,善净清如禅师命为西堂。光绪二十二年丙申(1896)正月初,启建水陆法会,善净嘱师代为秉拂。十二日法会毕,善净即于是夕登座,结跏合掌,念佛泊然而逝。二十三年丁酉(1897),继天宁方丈,升座。②

因此,《冶开上人传》中的"四十岁始主席",描述不甚精准,冶开禅师实则为四十五岁时(1897)继善净清如禅师而任天宁寺方丈。在民国初年

---

① 见庄蕴宽撰之《冶开上人传》一文。见濮一乘纂:《武进天宁寺志》卷七,收录在《中国佛寺史志汇刊》第一辑第35册,台北:明文书局,1980年1月,第225–226页。

② 见新编《常州天宁禅寺志》第四篇"冶开禅师传"一文。亦见濮一乘纂:《武进天宁寺志》卷七,收录在《中国佛寺史志汇刊》第一辑第35册,台北:明文书局,1980年1月,第225–226页。

濮一乘编纂的《武进天宁寺志》卷十一里，详载冶开禅师前后相关的禅师行略，在《武进天宁寺志》卷七中，载有喻谦撰《清常州天宁寺沙门释清镕传》、庄蕴宽撰《冶开上人传》、钱振锽撰《释清镕传》、叶尔恺撰《冶开大师塔铭》、宗家鼐撰《冶开和尚塔铭》与显彻撰《冶开镕禅师行述》等六篇资料。①

前文述及，冶开禅师传承来自定念真禅，定念真禅来自雪岩悟洁，在陆鼎翰《善净如禅师塔铭》中提到清末常州天宁寺大振宗风之事："自临济三十五传至大晓禅师由金山移席天宁，大畅宗风。大祖授纳川海禅师，纳授净德月禅师，净祖授恒赞如禅师，恒祖授雪岩洁禅师，雪祖授普能嵩、定念禅禅师。雪祖退院，普公继席……定公日孜孜以倡道为先务，事与理融，百废俱举。不数年间，杰然中兴，海内尊为道风第一。定公有神足二，青光宗禅师暨今冶开镕和尚也。"②由此可见，清末常州天宁寺在大晓实彻住持之后，得到重要的发展，后续又有定念真禅与冶开禅师的相继住持，更得到"杰然中兴"与"海内尊为道风第一"的盛誉。

常州天宁寺在清朝中后期的禅门宗风得以重振，最得益于冶开禅师实修实证的禅法宗风，在叶尔恺《冶开大师塔铭》中，载有一段公案：

> （冶开禅师）遂辞山返天宁，供职五载，继席领众，接引后学，深锥痛劄。有日本僧闻风造访，诗偈教典，稗贩千言，师不置答，待其缠绕既竟，突问："离却古人，何处是你？试道一句！"僧嗒焉若丧，流涕礼谢去。③

这则公案点出"诗偈教典，稗贩千言"，全是鹦鹉学语而为文字相所缚，并非自己真实体悟之心得，亦可看出冶开禅师所悟，皆是胸襟自然流出的本

---

① 《武进天宁寺志》由民国初年濮一乘编纂，民国三十六年由吴镜平作序，民国三十七年证莲作跋，铅印二册，收录在《中国佛寺史志汇刊》第一辑第35册。本文所引各篇冶开禅师的文献，见濮一乘纂：《武进天宁寺志》卷七，收录在《中国佛寺史志汇刊》第一辑第35册，台北：明文书局，1980年1月，第223–238页。

② 见陆鼎翰：《善净如禅师塔铭》，收录于濮一乘纂：《武进天宁寺志》卷七，《中国佛寺史志汇刊》第一辑第35册，台北：明文书局，1980年1月，第217页。

③ 见叶尔恺：《冶开大师塔铭》，收录于濮一乘纂：《武进天宁寺志》卷七，《中国佛寺史志汇刊》第一辑第35册，台北：明文书局，1980年1月，第230页。

地风光，益显其真修实悟的宗风。

冶开禅师是清末民初一代禅僧，其语录现传世可见有《冶开镕禅师语录》三卷，疑有四卷，如影本《冶开镕禅师语录》卷一首页有注记曰："天宁冶祖语录四卷。今唯得其上册三卷，乃敏智老于上海访得此残本，余特影存，以备参阅也。素闻自记。"其中提到的"敏智老"，即是敏智印心（1909-1996），生于清宣统元年，曾于1945年至1949年任常州天宁寺住持。此本语录系嗣法门人显彻等人所编，详载了从清光绪二十二年（1896）正月二十四日主席升座之后的上堂开示、禅七法语与书信等。此时的"升座"并非是担任天宁寺的住持，而是前文述及在光绪二十二年正月初，常州天宁寺启建水陆法会时"善净嘱师代为秉拂"，在法会结束时"登座"。冶开禅师在《冶开镕禅师语录》中，自述其"登座"的缘由："清镕自愧，身虽出家，心未入道，福薄德微，障深慧浅，虽则依众行持，实是过多功少。新正十二日我善兄和尚辞世，座下虽是有人，皆系抱道蓄德，立志坚强，不肯轻露，所以诸山和尚及合寺首领诸师，慈意殷殷，婆心片片，承命清镕权居此位，闻言之下惭惶无地，再三恳辞尽未能获，只得带垢含羞勉应斯命。"①可见，善净清如圆寂于光绪二十二年（1896）正月十二日，亦如在陆鼎翰《善净如禅师塔铭》中载："光绪二十有二年正月十有二日丁未，传临济宗四十一世，天宁善净如公寂于位，报龄七十有五，腊三十有七。"②因此，常州天宁寺住持之位虚席，权由冶开禅师暂代住持之位，此时亦于光绪二十二年正月二十四日水陆法会结束时，登座说法。

关于冶开禅师语录中的禅法宗风思想，笔者以为有三项重要的特质，叙述如下：

其一，冶开禅师的禅法宗风具备华严禅的特质。冶开禅师于清末禅修得悟，但其早年在定念真禅与善净清如座下，皆有研习《华严经》的背景，如

① 见显彻等人编：《冶开镕禅师语录》卷一，影本，第2页。
② 见陆鼎翰：《善净如禅师塔铭》，收录于濮一乘纂：《武进天宁寺志》卷七，《中国佛寺史志汇刊》第一辑第35册，台北：明文书局，1980年1月，第217页。

在定念真禅座下开悟时，显彻《常州天宁寺冶开禅师行述》一文中述及："凡昔日读经义理隔阂者，洞然顿彻。展阅《楞严》《华严》，如从自己肺肝中流出，碍膺之物一旦尽释矣。"又因善净清如委之西堂，受到善净清如早年持传《华严经》的影响，在陆鼎翰《善净如禅师塔铭》中说："咸丰二年，寇警，（善净清如）返定慧，遍览大藏，转《华严经》。跪拜之板，至低陷寸许。当寺鸣公长老许为法器。"①其中的"定慧"乃指江苏镇江定慧寺，至于"转《华严经》"，可见善净清如即以持修华严法门，影响冶开禅师禅法宗风的形成，也是可以理解的。冶开禅师其一生好读乐诵《华严经》，颇有"华严禅"宗风特色，另如其弟子月霞法师（1858-1917）与应慈法师（1873-1965），皆在冶开禅师的座下参禅，亦皆有所悟。在1917年6月，常熟虞山兴福寺的施主与耆绅等人，曾专程礼请常州天宁寺冶开禅师，愿其主持常熟兴福寺的法席，规划古刹中兴之大业。但因当时冶开禅师法务冗杂，遂命其嗣法门徒月霞法师分灯兴福寺，并责令应慈法师相佐左右。这两位法师后来在清末民初大弘华严宗思想，先后开办华严大学，再至杭州海潮寺与常熟兴福寺等地，继办法界学院等。不仅如此，在叶尔恺《冶开大师塔铭》中，曾载冶开禅师在生命晚年日诵《华严》："（庚申1920年）夏间偶感风疾，入秋渐愈，自是谢客，日诵《华严》四卷。壬戌冬十一月旧病复作，安详自在，一无痛苦。至二十日午刻，瞑目趺坐而寂，世寿七十一，僧腊六十。"②由此可见其奉行与持诵《华严经》的热忱。因此，在《冶开镕禅师语录》卷一的上堂法语中冶开禅师开示：

（光绪二十二年）结夏。师拈拄杖竖起云："千说万说无非说者（这）个，千喻万喻无非喻者个，千行万行无非行者个，千修万修无非修者个，从上诸佛转大法轮无非转者个，历代祖师单传直指无

---

① 见陆鼎翰：《善净如禅师塔铭》，收录于濮一乘纂：《武进天宁寺志》卷七，《中国佛寺史志汇刊》第一辑第35册，台北：明文书局，1980年1月，第218页。

② 见叶尔恺：《冶开大师塔铭》，收录于濮一乘纂：《武进天宁寺志》卷七，《中国佛寺史志汇刊》第一辑第35册，台北：明文书局，1980年1月，第231页。

非指者个，乃至君臣回互，宾主交参，治国安家，资生事业，一举一动，一语一默无非是者个，所以道：森罗及万象，一法之所印者个，且置如何是一法？"放下拄杖云："轻风影里千花秀，化日光中万象幽。大地乾坤包不住，分明只在一毫头。且道结夏一句，又作么生？"卓杖云："直待九旬满，再与细商量。"拽拄杖下座。①

冶开禅师一言之下，直彻心源，揭示禅门语录公案中，祖师开示都是"千说万说无非说者（这）个"，所有的譬喻、行持、传法乃至单传直指，都在说此从佛陀传至历代祖师之教外别传的"心法"，冶开禅师并引华严思想与禅宗祖师经常引到"森罗及万象，一法之所印"典故。至于"大地乾坤包不住，分明只在一毫头"，更是显示了华严境界一多相融与融摄万法无碍的法界缘起。

其二，冶开禅师的禅法宗风具备生活禅修解脱无碍的特质。在《冶开镕禅师语录》卷一里，有段开示可见冶开禅师禅法宗风的基本特质：

禅堂上梁。师执如意云："巍巍堂堂，独露当阳。寸丝不挂，万象安详。有眼共见，毫无遮藏。踏破铁鞋无处觅，得来全不费商量。诸上座见也么？虽然了了目前，要且相应不易。承平数十年，几番当面错过。"②

其中，"巍巍堂堂，独露当阳"形容禅悟大道之坦然，"寸丝不挂，万象安详"是象征在生活禅修中不执着任何事物，离开对立的两边。至于"踏破铁鞋无处觅，得来全不费商量"是说明禅法的修持，无须"踏破铁鞋"，只要回光返照，不攀缘外境，便能体证"得来全不费商量"的禅悟。另外，冶开禅师说"虽然了了目前，要且相应不易"，表示道理大家都懂得，但是在行持相应方面，却是"相应不易"，表示生活中修持禅法必须是日久功深，而非仅是懂得初浅的道理而已。

---

① 见显彻等人编：《冶开镕禅师语录》卷一，影本，第4-5页。
② 见显彻等人编：《冶开镕禅师语录》卷一，影本，第7页。

在《冶开镕禅师语录》卷一里，有段开示可见冶开禅师生活禅法的终极原则：

（光绪二十三年）除夕。师拈拄杖卓一下云："茫茫不觉一年周，内外勤劳未暂休。只见事从眼下过，不知全在此中收。有者（这）道，从朝至暮，竟属空忙，实际理地，何曾有尔？有者道，二六时中，语默动静，何处不是本地风光？"①

冶开禅师开示，在日常生活中，若是昏昏茫茫、日夜勤劳却昧于法性，只是忙于表面形式的空忙，不知道禅法用功即在生活之中，若能"有这道"的体悟，不落两边而通透自在，不受万法所拘，即能在二六时中的语默动静之中，时时展现本地风光的解脱自在。

其三，冶开禅师的禅法宗风具备实修亲证不假言语的特质。在《冶开镕禅师语录》卷三里，冶开禅师在回答"葛观本"居士问题时，道出其禅法宗风中切实用心参究的特质：

（葛观本）问："明知万法唯心，何当念执着不悟？或有时知而故犯，不能自持，有何方便去此迷境否？《坛经》云：'去一切妄念，即能见性。'我们为什么不能去妄念呢？归之于业，业是自作，我又为什么要造业呢？"

（冶开禅师）答："明知万法唯心，何当念执着不悟？说是这样说，是自己亲证不中的。明知万法唯心，何当念执着不悟？这里边有个毛病，要在不明白底地方参的，不大死一番不得大活的。把死的看得翻过身来，才可以相应，这叫做死中得活。这不是容易的事……明知万法唯心何当念执着不悟，不悟者是病，要得好呢，切切实实用一番心，才中啦。既知本性清净，为什么又做拂拭工夫，没得一番大死不得大活的，要真实受用必得切切实实的做一番。"②

---

① 见显彻等人编：《冶开镕禅师语录》卷一，影本，第13页。
② 见显彻等人编：《冶开镕禅师语录》卷三，影本，第17—19页。

在此问答中，可见葛观本问得十分直接与紧要，提出"明知万法唯心，何当念执着不悟"的问题，即是在理论观念上，明明知道"万法唯心"，却是实际上"执着不悟"。同时，明知"知而故犯，不能自持"，但又深陷"迷境"，而不知如何可以"方便"去除。葛观本又引《坛经》去除妄念即能见性之说，但学佛者又"为什么不能去妄念"呢？若一切归之于"业力"，那众生又是为何会去"造业"呢？冶开禅师的回答，直截了当，以为"明知万法唯心，何当念执着不悟"，仅是知识观念而已，"说是这样说，是自己亲证不中的"，是必须实证的。同时，冶开禅师开示，禅宗的修持法门，正好是在"不明白底地方参的"，因为有疑情，才有下手处，在思虑的绝处"把死的看得翻过身来"，才能相应，冶开禅师以为这是"死中得活"，但非易事。冶开禅师在后面又开示"切切实实用一番心，才中啦"，至于如何用心？冶开禅师说"没得一番大死不得大活的"与"要真实受用必得切切实实的做一番"，不论是念佛或是参话头，都要有如此的用心，这是真参实悟的基础，也是冶开禅师切实践履的禅法宗风。

除此之外，在《冶开镕禅师语录》卷三里，冶开禅师另在回答"观本"与"观源"两位居士问题时，道出其禅法宗风中"万法归一"与"纯净不离"的心地法门：

> 从万法归一处谛审，何又生出欲求方便以解其缚之句。既有觉观，念念不散，已属归一归何的法门，这就是一大方便。此中谁缚谁解耶？当知本自无缚，今则无解，无缚无解，岂非归一归何的根据乎？工夫不可求速达，贵乎纯净不离，久久自有消息。[①]

冶开禅师开示"万法归一"即是修学禅法觉观的法门，笔者以为万法归一即是活在当下与全体承担，冶开禅师点拨"观本"与"观源"两位居士的执着时，说到"从万法归一处谛审，何又生出欲求方便以解其缚"，这两者是矛盾的。因为"万法归一"便是趋向于解脱道，若不能认知此理，却"生出欲求方便以解其缚"即视"万法归一"为烦恼缠扰，与理不合。况且，在"既

---

① 见显彻等人编：《冶开镕禅师语录》卷三，影本，第28页。

有觉观，念念不散，已属归一"的正确修学下，进而便能体证"此中谁缚谁解"与"本自无缚，今则无解，无缚无解"的自在解脱。因此，冶开禅师开示"观本"与"观源"两位居士"工夫不可求速达"，修学禅法"贵乎纯净不离"，日久功深，便能证悟实相而得解脱了。

三、结论

冶开清镕禅师曾于晚年日诵《华严经》四卷，一生传承弘扬临济禅门宗风，精进修持，应答开示，甚有禅宗古德禅师之风范。在清末民初时代动乱之际，护持佛门，坚守古风，不仅兴佛塔院，更以无我布施之胸怀，不惜身命而亲赈灾区，苦民所苦，展现一代高僧大慈大悲济世为怀的情操。因此，冶开禅师道望四海，亦常以语录公案晓谕僧俗，恳切朴实，扬举临济、华严、律宗与净土法门为一炉，实为如同虚云老和尚一般的禅门宗匠。

在现存八篇重要行述传记的重要文献外，冶开禅师尚有《冶开镕禅师语录》三卷传世，句句亲恳，语语中的，因此常州天宁寺在清朝末期的禅门宗风得以重振，古刹得以重兴，最得益于定念真禅、青光清宗、善净清如，而至冶开禅师集其禅要，展现实修实证的禅法宗风，强调不落两边而通透自在而不受万法所拘所系，即能在平常生活的二六时中及语默动静里，时时呈现本地风光的自在解脱。值得注意的是，冶开禅师从"念佛者谁"开始参究，切实勤恳，朴实精持，不尚文字虚玄，亦不卖弄华藻诗偈，言句之间亲诚相应，益显其宽厚长者之慈悲典范。

经过本文初浅的研究，发现冶开禅师重振了禅门的中兴气象，更受到定念真禅与善净清如对于《华严经》诵持与推崇的影响，开启了民初华严宗的振兴，并且培养出月霞法师与应慈法师弘扬华严学的大愿，笔者以为这是冶开禅师在禅门锻炼中，融会贯通，并以身教人格与实修实证的宗风，成为启发后学的大善知识。因此，相关冶开禅师的诸多成就及其在近代百年以来对佛教的重大贡献与深远影响，都值得后续更为深入的探讨及研究。

冶开清镕禅师禅法思想研究

丁建华（浙江工商大学东方语言与哲学学院）

冶开清镕禅师（1852–1922），是近代佛教禅宗高僧。十三岁拜天宁寺莲庵禅师为师，十九岁谒天宁寺方丈定念真禅，收为嗣法弟子，为临济四十一世，四十五岁任天宁寺方丈，以重建天宁寺为己任，历尽艰辛。后任"中华佛教总会"会长、创建佛教慈悲会、毗陵刻经处等，推动了近代佛教的复兴。冶开清镕禅师的禅法思想，存于四卷本《冶开镕禅师语录》，本文旨在通过语录的记载，探究冶开禅师的禅法思想。

一、于不生不灭中发最胜心

天宁寺都监高朗月圆寂，冶开禅师起龛时便借此以显禅理。"圆寂法兄天宁都监高朗月公，西堂大师秉愿而来，宏施利济，受心印于先师，命根早断，发妙用于常住，独露真机，行前人之未行，得前人之未得，护持常住三十余载，竭力尽心，勤勤恳恳，逆风也走，顺风也行，纵使波浪惊天，把舵不动分毫，任从波旬蜂扰，镇定安然如故，有时建弥勒楼阁，法界贤圣开颜，有时广百丈田园，十方禅衲生庆，有时袭船子之风，有时效沩山之牧，般般具足，事事丰饶，只有一着未轻露，且道是那一着？"良久云："会么，这是我法兄一生受用不尽底，若向这里下得双眼，方知我兄六十一年前生本不生，六十一年后灭本不灭，正当六十一年住本不住，所以于不生不灭不住之中，发最胜心，现希有事。今者功圆行满，理极事周，劣弟同诸大众恭

229

诣龛前，爇一瓣香，奠一盏茶，敢云报德酬恩，聊尽送行寸意，且道起龛一句，又作么生。"卓杖云："大志大行大力量，瞻之仰之莫能及，倒骑铁马出尘寰，木女石男空叹息。"合掌云："请。"①

死亡，是宗教非常关注的话题，甚至可以说，宗教就是人试图解决死亡困境的产物。对于佛教来说，死亡是八苦之一，苦又是佛教理论建构的基础，也就是说，因为人生活于痛苦之中，才需要出离、解脱，佛教理论才得以建构。正因如此，如何看待死亡、面对死亡，是一个非常关键的佛教命题。

通过冶开禅师的叙述，可以发现，高朗月作为都监，勤勤恳恳，竭尽心力，并且随缘任运，应对不同机宜采取不同的机锋，包括百丈、船子、沩山等，即所说的"逆风也走，顺风也行，纵使波浪惊天，把舵不动分毫，任从波旬蜂扰，镇定安然如故，有时建弥勒楼阁，法界贤圣开颜，有时广百丈田园，十方禅衲生庆，有时袭船子之风，有时效沩山之牧，般般具足，事事丰饶，只有一着未轻露，且道是那一着？"但是，虽然高朗月善于运用种种机锋，仍旧有"一着"没有轻易显露，冶开禅师便针对此提出反问说，这一着是什么？笔者认为，不能将冶开所说的"一着"与整体佛教思想体系隔离开来看，也就是说，高朗月没有轻易显露的"一着"，与他沿用的禅宗机锋百丈怀海、船子德诚、沩山灵祐等存在着内在的统一性，不能割裂开来，好像冶开此处所说的是脱离禅宗乃至佛教思想、历史发展之外的一个话题一样。

对于高朗月没有轻易显露的"一着"，冶开禅师也并没有马上揭示，而是接着说"这是我法兄一生受用不尽底，若向这里下得双眼，方知我兄六十一年前生本不生，六十一年后灭本不灭，正当六十一年住本不住，所以于不生不灭不住之中，发最胜心，现希有事"。冶开禅师所说的这一段话，究竟是什么意思呢？六十一大概是高朗月的年龄，"六十一年前生本不生"意味着高朗月出生之前的状态为"本不生"，"六十一年后灭本不灭"则指圆寂之后的状态为"本不灭"，然后，他这六十一年的人生"不生不灭不住"，

---

① 《冶开镕禅师语录》卷一。

在这样的人生中发大心、办佛事。

如果脱离开佛教思想体系来看，这一段论述相当难以理解，但是如果回到佛教思想之中，不生、不灭、不生不灭不住，实际上都是比较容易理解的，而且频繁出现于佛教经典之中。般若系经典就高唱不生、不灭等，比如《大品》中："舍利弗！色不异空、空不异色，色即是空、空即是色，受想行识亦如是。舍利弗！是诸法空相，不生不灭、不垢不净、不增不减。是空法非过去、非未来、非现在，是故空中无色，无受想行识，无眼耳鼻舌身意，无色声香味触法，无眼界乃至无意识界，亦无无明亦无无明尽，乃至亦无老死亦无老死尽，无苦集灭道，亦无智亦无得，亦无须陀洹无须陀洹果，无斯陀含无斯陀含果，无阿那含无阿那含果，无阿罗汉无阿罗汉果，无辟支佛无辟支佛道，无佛亦无佛道。舍利弗！菩萨摩诃萨如是习应，是名与般若波罗蜜相应。"①色法乃至一切法都以"空"为本质呈现其表相，正因如诸法的本质是空，所以，也就不存在真实的生与灭、垢与净等，甚至连五蕴、六根、六境、十八界、四谛、四果等都并非是真实存在。龙树将般若系经典基于"空"的立场上所说的不生不灭等概述为"八不"，作为佛教理论的核心，"不生亦不灭，不常亦不断，不一亦不异，不来亦不出，能说是因缘，善灭诸戏论，我稽首礼佛，诸说中第一"。②不生不灭，是对自性的生、灭的否定，也就意味着，凡夫所以为的生命的诞生与死亡并非真正的生与灭，而应该站在诸佛法中最核心的理论——缘起的立场上看待生与灭，所以生并不是真正的生，灭也不是真正的灭，生和灭都仅仅是缘起的表现罢了，其背后并不存在实体生灭的出现与消亡，这既是缘起的立场，也是空的理论，正如"三是偈"所揭示的那样。

基于《大品般若经》到《中论》"不生不灭"的思想，再来看冶开禅师的叙述，便可以发现，他正是借高朗月的死亡来阐发佛教核心思想——缘

---

① 《摩诃般若波罗蜜经》，《大正藏》第8册，第223页上。
② 龙树造：《中论》，《大正藏》第30册，第1页中。

起。他之所以称高朗月出生之前"不生",是否定一般人理解的自性执着立场的"生",同样的,称圆寂之后"不灭"也是否定自性执着立场的"灭",因为在佛教看来,生、灭并非绝对的独立的,而是条件的聚合与分离,不需要因为条件的聚合而喜悦,也不应为条件的分离而悲伤,这正是缘起的精神所在。与此同理,之所以称高朗月六十一年的人生是不生、不灭、不住,也是为了揭示从生到死之间的看似现实的人生,实际上也是条件的聚合与分离,人是刹那刹那的变化,并不存在不变的主体。僧肇那个梵志出家的比喻是最典型的事例,"梵志出家,白首而归。邻人见之曰:'昔人尚存乎?'梵志曰:'吾犹昔人,非昔人也。'邻人皆愕然,非其言也。"[①]一个人在孩童时便远离家乡,年老时返回,邻居问他是过去那个小孩么?如果回答是,好像不对,因为此时之老人,不论外貌与心性,已与彼时之孩童截然不同;如果回答不是,也不对,因为孩童与老人之间毕竟存在着统一性。佛教所说的缘起与空,正是揭示包括人在内的一切都处在运动变化之中,不存在固定不变的内在属性,基于这种理解,生、死以及生死之间的整个人生,也不过是运动变化的一环罢了。

二、早已成就一大事因缘

基于般若系经典到中观学的思路,冶开禅师通过高朗月的圆寂这一事件,揭示佛教理论的核心——缘起。由此来看,他所说的高朗月未轻易显露的"一着"是否缘起呢?既然是缘起,又为什么不能轻易显露,直接指称"缘起"两个字不行么?从部派到大乘宗派不都在阐发缘起么,高朗月为什么不使用各宗的名相来揭示缘起的思想呢?原因在于,缘起具有两种属性,不可说与不用说。

冶开禅师于佛诞日就"一大事因缘"阐发禅理:

---

① 僧肇撰:《肇论》,《大正藏》第45册,第151页中。

佛诞。师拈拄杖云："世尊现世为一大事因缘，诸大菩萨助扬一大事因缘，历代祖师证一大事因缘，天下善知识演一大事因缘，一切众生昧一大事因缘。现前诸上座师一大事因缘又且如何。"拄杖子，忍俊不禁，出来呵呵大笑，云："现前诸上座师已于过去不可说不可说最初威音王佛已前，一大事因缘早已成就，即今行住坐卧，动转施为，无不是一大事因缘妙用，何须更为饶舌！"冶开闻此言说，目瞪口呆，无言可对。仔细从头一一看来，诸佛如是，诸大菩萨如是，历代祖师如是，诸大善知识如是，诸上座师如是，拄杖子如是，乃至情与无情，山河大地悉皆如是。不觉和声赞言："善哉善哉。"正说至此真实不虚，忽有傍不干者向云："今朝庆祝佛诞一句，又作么生。"卓杖云："如是如是"，靠拄杖，下座。①

"一大事因缘"出自经典，禅宗常以为话头，借此来指称佛的目标，简单来说，佛的目标当然是引导凡夫趋向于解脱，解脱是对现实中烦恼的超越。针对所有佛教徒都志于追求的解脱的目标，冶开禅师却强调说"本来成就"，"现前诸上座师已于过去不可说不可说最初威音王佛已前，一大事因缘早已成就，即今行住坐卧，动转施为，无不是一大事因缘妙用，何须更为饶舌！"解脱是对烦恼的超越，部派佛教时期阿毗达磨开始将佛教的修行概括为从身器清净、五停心观到四向四果的复杂体系，大乘佛教更有十地、十回向等，也就意味，解脱是历尽艰辛、长期修行的结果。但是，冶开禅师却说，解脱本来早已成就，也就意味着，凡夫当下的状态便是解脱、成佛等，行住坐卧便是"解脱状态"的妙用体现，其说法之根据与用意究竟为何？

缘起体现为平等的精神，否定欣求和厌离等二元对立的认知与情感，"烦恼即菩提"正是平等精神的呈现。禅宗六祖惠能明确指称，凡夫就是佛，凡夫所具有的烦恼的本质，与佛所拥有的大乘智慧并无差别："凡夫即佛，烦恼即菩提。前念迷即凡夫，后念悟即佛。前念着境即烦恼，后念离境即菩

---

① 《冶开镕禅师语录》卷一。

提。"^①然而，在佛教思想中，烦恼是杂染的，智慧是清净的，佛教的目标正是要抛弃前者、实现后者，但是基于缘起的平等精神，势必要否定这种此与彼之间的差别。之所以能够否定杂染的烦恼与清净的智慧之间的差别，原因在于，烦恼并不具有固定的内在属性，也是各种条件组合的产物——缘起与空："业烦恼灭故，名之为解脱，业烦恼非实，入空戏论灭。诸佛或说我，或说于无我，诸法实相中，无我无非我。诸法实相者，心行言语断，无生亦无灭，寂灭如涅槃，一切实非实，亦实亦非实，非实非非实，是名诸佛法。自知不随他，寂灭无戏论，无异无分别，是则名实相。若法从缘生，不即不异因，是故名实相，不断亦不常。不一亦不异，不常亦不断，是名诸世尊，教化甘露味。"^②龙树认为，解脱是灭除烦恼，但是烦恼本身并非真实，只是缘起和合罢了，缘起便是世界的真实状态，并没有任何实体性存在，连烦恼所依托的主体——"我"也是缘起和合的产物，烦恼又如何可能是真实的呢！被烦恼所系缚的凡夫，与解开系缚的圣者之间，并不存在真实的差别，不过都是缘起的和合，佛与众生之间的界限随着主体性界限的消失而消失了，正是基于此种意义，冶开禅师才会指称，座下的凡夫早就已经成就了佛事，所谓"一大事因缘早已成就"。

既然已经成就了佛教最后追求的目标——解脱、成佛，那就不需要再通过佛教的教理去追求了，这便是"缘起"所具有的不用说的属性。冶开禅师所说的"诸佛如是，诸大菩萨如是，历代祖师如是，诸大善知识如是，诸上座师如是，拄杖子如是，乃至情与无情，山河大地悉皆如是"，正是指称所有一切人都本来就是解脱的状态，并不需要另外再求取一个解脱，甚至除了人之外，其他一切有情、无情也是解脱的状态，以此来揭示缘起作为一切存在的本质，遍在于一切，通过一切来普遍地呈现。冶开禅师结夏时便以"拄杖"这个意象来作说明："师拈拄杖竖起云：千说万说无非说者个，千喻万

---

① 《六祖大师法宝坛经》，《大正藏》第48册，第350页中。
② 龙树造：《中论》，《大正藏》第30册，第23页下至第24页上。

喻无非喻者个，千行万行无非行者个，千修万修无非修者个，从上诸佛转大法轮无非转者个，历代祖师单传直指无非指者个，乃至君臣回互，宾主交参，治国安家，资生事业，一举一动，一语一默无非是者个，所以道，森罗及万象一法之所印者个，且置如何是一法？'放下拄杖云：'轻风影里千花秀，化日光中万象幽，大地乾坤包不住，分明只在一毫头，且道结夏一句，又作么生。'卓杖云：'直待九旬满，再与细商量。'拽拄杖下座。"①冶开禅师所说的千说万说、千喻万喻、千行万行、千修万修、诸佛转大法轮所传、历代祖师单传直指等所说、所修行的、所传的"者个"，便是佛教理论的核心——缘起，但是此处是以"拄杖"来代替"缘起"②，因为拄杖这一无情物也是条件和合的结果。

上所引冶开禅师于佛诞日所说法中"冶开闻此言说，目瞪口呆，无言可对……"一句，在原文中与上下文意思并不能统一起来，因为既然冶开禅师已经指出"一大事因缘"便是通过悟解缘起之理趋向解脱，为什么他自己反而说对此缘起之理"目瞪口呆，无言可对"，自己已经大段解说，却说自己对此无法解脱，这不前后矛盾么？实际上，冶开禅师所说的八个字"目瞪口呆，无言可对"仍旧是对缘起之理的指称，指出缘起之理具有"不可说"的性质。之所以如此，原因在于，缘起或者说空，不能通过语言来描述，一旦落入语言，便落入到二元对立的认知模式之中，随着语言产生自性执着，基于此，禅宗尽量避免使用天台、华严的义理构建，而是通过扑朔迷离的方式来揭示缘起之理。

---

① 《冶开镕禅师语录》卷一。

② 参看丁建华《论禅宗思想的生态诠释》，《河海大学学报》2013年第9期。

"融通禅净归一源"

——试说冶开清镕禅净融通的思想行持及其影响

黄公元（杭州师范大学）

冶开清镕禅师的皈依弟子叶尔恺居士[①]所撰《冶开大师塔铭》有云：

> 纲宗既别支派分，扫荡建立滋纷纭。大师崛起乘愿轮，融通禅
> 净归一源。刊条刈蔓呈本根，摩尼光耀江天澄。[②]

此中之"大师崛起乘愿轮，融通禅净归一源"，是对冶开清镕禅净双修思想行持及其贡献与影响的一个精辟概括。

"融通禅净归一源"，可谓冶开清镕禅师思想行持的基本特点之一，也是佛教中国化过程中形成的一个重要特色。冶开禅师正是在清末民初政治经济社会文化急剧变迁的历史背景下，继承发扬中国佛教禅净融通兼行的优良传统的杰出代表，对近现代中国佛教的发展演进具有重大影响。

---

① 叶尔恺（1864-1940），字柏皋，浙江仁和（今杭州）人。光绪壬辰科进士，选翰林院庶吉士，继授翰林院编修，曾任陕西、甘肃、云南学政，善书，工章草。于右任早年得其奖掖与保护。辛亥革命后，柏皋迁居上海，居家学佛，卖字为生。《冶开大师塔铭》是其居上海时所作。他也是《常州天宁寺冶开禅师行述》的执笔者。（《冶开大师塔铭》序中言及："嗣法门人显彻，既以师之年谱事实，嘱尔恺编为行述。"谈雄著：《冶开传奇》，北京：团结出版社，2015年6月，第230页。）
② 转引自谈雄著：《冶开传奇》附录之叶尔恺撰《冶开大师塔铭》，北京：团结出版社，2015年6月，第231页。

一、"融通禅净归一源"探赜

"融通禅净归一源",虽然主要是指中国佛教自隋唐以来宗派佛教兴起之后,教外别传直指人心的宗门禅法与指方立相一心归净的念佛法门,这两大法门或宗派之间融通和合的一种趋势,但这两大法门的融合不仅内蕴于佛典之中,且在中土宗派佛教兴起之前已有端倪。

佛说经典中,禅观与念佛本来就融为一体,归于一源。只是每部具体经典,因缘有别,对机不同,故侧重点有所区别而已。如《华严》《法华》《楞严》《般若》《坐禅三昧》等诸经,既义理丰赡,也注重观法,又无不兼及净土念佛法门;而有"净土三经"之称的《观无量寿经》《无量寿经》《阿弥陀经》,侧重演说净土念佛法门,也无不蕴含禅观之义。诸大菩萨所说之论,如《十住毗婆沙论》《大智度论》《大乘起信论》等等,亦无不如是。

故在中土宗派佛教兴起之前,早就有禅观与念佛两大法门之间的融通。最有代表性的,就是东晋时南方佛教领袖、被后世追尊为莲宗初祖的庐山慧远大师(334-461),他首倡的东林寺白莲结社,是后世公认的中国莲宗之滥觞。远公早年听道安大师讲《般若经》而悟彻真谛,后到庐山东林建般若台,诚邀佛驮跋陀罗尊者(觉贤)等来此译经,继而又集白莲社诸贤,于般若台阿弥陀佛像前,共修念佛三昧,一心皈向西方。白莲结社的主要经典依据是《般舟三昧经》与《无量寿经》。所以,他们的念佛净行,显然很重视般若禅观,以观像念佛、观想念佛为主,渗透着甚深禅智。远公高推诸三昧中"功高易进,念佛为先",即念佛三昧在诸三昧中最为殊胜。莲社诸贤中,远公三见弥陀,上品往生;其他莲侣也依念力观境之深浅,或在定中或在梦中或在临命终时,见到弥陀,或观音势至,或西方安养胜景,确证阿弥陀佛无缘同体之悲智大愿,及西方极乐世界之纯净无染,真实不虚。慧远大师深透禅智的念佛净行和白莲结社之创举,是其被尊奉为中国莲宗初祖的根本依据。

隋唐时,宗派佛教开始兴起,弥陀净土法门及念佛共修的净土结社(莲社),虽发展迅速,但并未像天台宗、禅宗等一样形成明确法脉传承的独立宗派（或曰"专宗"），而以"寓宗"的形式存在，即净业行者往往寄寓依托于台贤禅律等诸宗之中。诸如：

有"东土释迦"之誉的天台智者大师（538-597），既是天台宗的实际创立者，也是甚有影响的弥陀信仰者，可谓台净合流的先行者，不仅在《法华玄义》《摩诃止观》等台宗要籍中兼及净土念佛法门，而且专说《净土十疑论》[1]，破疑劝信，导归净土。云门宗法嗣无为子杨杰《净土十疑论序》曰："赞辅弥陀教观者，其书山积。唯天台智者大师《净土十疑论》最为首冠。"[2]明末四大高僧之一、莲宗九祖蕅益大师，更将《净土十疑论》选入《净土十要》之中。智者大师对天台止观与念佛法门的融通，也是对庐山慧远大师深透禅智的念佛净行的继承与发扬。

智者大师之后，台宗的高僧大德无不融通天台止观与念佛法门，台净合流成为天台宗绵延不绝的一大特色。为莲社或净土教立祖，也是肇始于南宋时的天台宗名僧石芝宗晓的《乐邦文类》与大石志磐的《佛祖统纪》。

禅宗祖师也多有将禅观与念佛圆融贯通的。四祖道信大师（580-651）倡导的念佛禅，与净土念佛法门，有同有异。四祖的念佛禅，侧重于禅悟，以一行三昧为主，强调"即念佛心是佛"，是持名念佛与实相念佛的统一，经典依据有《楞伽经》《文殊说般若经》《大品般若经》《普贤观经》《观无量寿经》等。道信曾居庐山十年，其念佛净心的入道安心要方便法门与慧远大师念佛三昧禅法的影响也有一定关系。五祖弘忍大师（602-675）也倡导念佛净心，其门下的北宗神秀（606-706）、资州智诜（609-702）、牛头法持（635-702）及宣什南山念佛宗等，皆有将念佛往生与念佛净心相融通亦即禅净合流的倾向。

弘忍门下六祖惠能大师（638-713）的南宗禅，后来成为禅宗主流。惠能力倡顿悟禅法，曾云："迷人念佛求生于彼，悟人自净其心。所以佛言，

---

[1] 《净土十疑论》是否智者大师所作，学界虽有不同意见，但历史上教界的著名学问僧如延寿、赞宁、莲池、蕅益等等，皆视《净土十疑论》为智者大师的重要著作。

[2] （宋）杨杰：《净土十疑论序》，《大正藏》第47册，第77页中。

随其心净即佛土净。"这里把念佛求生西方极乐世界者称为"迷人",其实并非绝对否定排斥净土念佛法门,而是针对将念佛与净心割裂开来执着于外相不知反观自心者而言的,亦即批评那些将西方净土与唯心净土对立起来的愚钝者,而倡导直指人心见性成佛的无上禅法。但后来有些禅宗末流误解六祖大师教诫之深意,自以为高人一等,鄙视贬低并排斥净土念佛法门,遂引起佛门内部禅净两大法门之间的纷争。叶尔恺《冶开大师塔铭》中所谓"纲宗既别支派分,扫荡建立滋纷纭"即是指此现象而言。禅宗重在扫荡一切,一丝不挂,自净其心;莲宗重在建立愿景,笃信弥陀,誓生西方。归根结底,则空有一如,生而无生,唯心净土与西方净土不二矣。

鉴于空腹高心的禅宗末流排斥净土法门、忽视经教戒律的种种弊端,慧日慈愍(680-748)的《净土慈悲集》(亦称《往生净土集》),以一味平等的态度,融通禅教律净诸法门,导归西方极乐世界。慧日的思想对中国净土法门的发展有重大影响,故有"慈愍流"之说。

唐末五代北宋初的永明延寿大师(904-975),身兼禅净两宗祖师,著有百卷《宗镜录》《万善同归集》《神栖安养赋》等丰硕著作,也是一代文化巨匠。他更进一步圆融贯通禅教律净诸法门,不仅以身作则圆修诸法万行,是"有禅有净土"上品上生西方安养的禅门戴角虎,而且作《禅净四料简》,普摄三根,广化群萌,导归极乐。延寿大师的思想行持,更是影响深远,奠定了入宋之后禅净合流、诸宗归净这一中国化佛教主流趋向的坚实基础,"融通禅净归一源"遂成为中国佛教徒的主流共识。

"有禅有净土"的高僧大德,法眼宗除永明延寿外,还有湖心绍岩等,云门宗则有天衣义怀、圆照宗本、大通善本、法真守一、慈觉宗赜、慈受怀深等,曹洞宗则有真歇清了、博山元来、永觉元贤、为霖道霈等,临济宗则有死心悟新、北涧居简、中峰明本、天如惟则、楚石梵琦、截流行策、彻悟际醒、冶开清镕、宏悟圆瑛等,禅净融通的宗门角虎不胜枚举。晚明四大尊宿云栖莲池、紫柏真可、憨山德清、灵峰蕅益,无不禅教律净融通兼弘,导归净土。近现代兼祧禅门五宗的佛门泰斗虚云老和尚,也是禅净融通的宗门戴角虎。冶开清镕禅师，则是清末民初禅净融通归一源的临济角虎。

二、冶开清镕禅净融通的思想行持及其影响

冶开清镕禅师（1852-1922），一生处于清末民初这一特殊历史时期，且大部分岁月在风雨飘摇的清末度过。清末民初的佛教整体上颇为衰落，较为流行的主要是禅、净二大法门，禅净合流依然是基本走向。冶开的修学历程和思想行持，大体上也是参禅与念佛兼行，相互融合，导归净土。

（一）冶开禅师一生行状

此以《常州天宁寺冶开禅师行述》为主，参考冶开禅师塔铭、传记、年谱等相关资料，简述师之一生行状如下：

冶开禅师出生于江都一个佛化家庭，从小受到佛教的熏陶，听着弥陀佛号长大。幼年出家，剃度师明真彻公、教授师莲庵一公皆禅净兼行。依隐闻律师受具戒后，历参杭州、普陀、天台等诸名刹，机缘未契。

同治十年（1871）师来到宗风峻肃的常州天宁寺，受到严格的禅修锻炼。方丈定念真禅对师深为器重，师亦矢心执持。次年（1872）冬结七期间，师勇猛精进，跌坐禅榻，提起话头，罄力逼拶，誓以身殉。觉刹那间，炷香遽烬。鸣罄下座，随众经行，觑定念佛是谁话头，竟不知身在何处，维那香板击之，师触着如云雾中忽闻霹雳，眼前黑暗顿时化为大光明藏，身心一如，受用自在。定公知师已开佛眼，遂授记莂，为临济第四十一世。

定公寂后，师至金山。坐次间侍者卷帘，维那唤放下，师应声触机，一念放下，得力更胜。自此大地平沉，融通无碍。昔日读经凡有隔阂者，洞然顿彻。

遂行脚入终南山，于山隘结茆庵，温养保任。遇虎不惊，相安无事。移居传说有怪物作祟的喇嘛洞，心地坦然，无迎无拒，入居三年，了无怪异。师自造之实报庄严室成，将迁之前夕，洞中砰然，如千钧重物陡落万丈潭

底。秉炬视之，乃一状貌奇狞的黑狐，倏忽隐没。原来此洞是其居处，以师心无挂碍，久离恐怖，且不以异类敌视之，故于临行时现形相送。师之禅定功深，心如太虚，一味平等，于此可见也。

于实报庄严室继续潜修，一夕心觉有异，感念落发后相依数载的莲庵一公似有疾。遂冒雪走四十八日至仪征，莲公果已卧病多日，常呼师名，冀得一见。师乃虔礼观音，祈大士护佑，莲公之病遂愈。

时师经数年锤炼，深透动静一如之旨，自觉枯坐深山未必究竟，当发大心广开法化，遂于光绪二十二年（1896）回常州天宁寺。忆及定公法乳恩深，本寺自遭火燹后，殿舍未复旧观，遂与高朗月公、有乾性公，协助方丈善净如公，分筹内外，恢宏祖庭。更四出募修大殿，远至关外，历尽艰辛，终偿所愿。及兴工飞甍百尺，高于夫子庙堂，邑中士夫阻之甚力。师持以慈忍，无片语相争，徐请长老出为排解，良久工竣。善净长老寂后，众推师继席。师领众修行，禅风峻肃，遇学者入室，深锥痛拶，不稍假借，获益甚众。师之上堂法语、开示等，门人显彻编为《冶开镕禅师语录》四卷行世（今仅存三卷）。

师重真修实证，力纠葛藤禅、野狐禅。如有一日本禅僧，闻风访叩，赋诗说偈，稗贩经典语录，走笔千万言不竭。师先不置答，待其缠绕既竟，突问："离却古人，何处是你自己？试道一句。"僧嗒焉若丧，旋悔悟流涕，礼谢而去。此乃师以临济棒喝接引学人的一则典型案例。

辛亥革命后，"中华佛教总会"应运而生，民国二年（1913）三月底，总会举行会议，冶开禅师众望所归，被推举担任会长，成为民国初期的佛教界领军人物。

师于天宁寺退居后，募修常州文笔塔、政成桥，恢复东郊太平寺。又至杭州灵隐建殿修像，资助常熟兴福寺。在上海玉佛寺创居士念佛会，手书偈语，悬壁开示，一时缁素云兴，法集鼎盛。在常州天宁寺创设毗陵刻经处，成为中国近代编校、刻印、流通佛典的重要机构。又创佛教慈悲会，集款累万，年近古稀，不避艰苦，亲至北方赈济灾黎，全活无算。民国九年（1920）

春，开坛说戒，四众弟子至千五百人之多。夏间，偶患风疾，至秋渐愈。自此谢客，日诵《华严经》四卷。

民国十一年（1922）夏，罗邕生居士来祈开示，师曰："婆婆世界苦，念佛生极乐。老僧七十一，决定往西方。"冬十一月，旧疾复作，安详自在，一无痛苦。程德全居士至寺，加受菩萨戒，师亲为说戒。居士谓师日诵《华严》太劳，师曰："吾趁弥陀诞日圆满。"至二十日午刻，瞑目趺坐。狄楚青居士自沪到，张目一瞬，旋即示寂。

师世寿七十一，僧腊六十。寂后七日，始封龛，犹端坐，面目如生，观者日数千人，咸嗟异膜拜。塔于常熟虞山破龙涧。

（二）冶开清镕禅师之禅净融通思想行持及其影响

《常州天宁寺冶开禅师行述》末后赞曰："呜呼！方今世道交丧，魔外横行，如师之轨律精严，功行超迈，讵非人天眼目，末法金汤者耶！"

民初曾有清末宗门两大巨擘、四大尊宿之说，师均名列其中。师与清末有"禅定第一"之称的镇江金山寺密源大定禅师（1823-1906），虽相隔近二十年，却并称清末宗门两大巨擘，以"威仪第一"著称于世。四大尊宿则在大定、冶开两巨擘基础上，再加上"智慧第一"的赤山法忍（1844-1905）和"戒行第一"的宝华圣祖。由此足见，冶开禅师在清末民初佛教界之崇高威望与巨大影响，实在非同一般。也正因此，在辛亥革命后的新旧交替之际，师顺理成章地荣膺"中华佛教总会"会长。这也表明冶开禅师的思想行持具有继承古来优良传统和面向未来发展趋势两者相结合的特色，故为新旧诸种势力所共同接受。冶开禅师可谓清末民初继往开来的一位佛教领袖。

《常州天宁寺冶开禅师行述》最后落款为"嗣法门人显彻、显亲暨皈依弟子程德全、叶尔恺、张寿波、洪子靖、苏观彻、卫桐禅、刘朝叙、沈绍武、刘观佛、廖爨堂、马永孚、罗邕生、汪观正、狄葆贤，同顶礼"，这份名单也体现了这一点。

其中二位嗣法门人，是光绪三十二年（1906）同受冶开禅师记莂的几位法嗣中的显彻（惟宽）和显亲（应慈）。显彻也是《冶开镕禅师语录》的编者，长期随侍辅佐尊师。显亲应慈（1873-1965）则从受记次年（1907）起，随同受记莂的法兄显珠月霞（1858-1917）兴办近代僧教育（如沪杭的华严大学、虞山兴福寺的法界学院等）。在法兄月霞、恩师冶开相继圆寂后，应慈绍承遗志，继续致力办学，培养僧才，弘宗演教，讲经不辍，贡献卓著。晚年相继被推举为上海佛教协会名誉会长、中国佛教协会副会长与名誉会长、中国佛学院副院长。

这份名单中的十多位皈依弟子，此略述五位：（1）程德全（1860-1930），字雪楼，是清末民初政界颇具特色和影响、最后一心皈佛的大居士，早年署理东北事务，卓有政绩；宣统时调任江苏巡抚，与张謇合作，主张宪政，振兴实业；辛亥革命爆发后，在苏州宣布江苏独立，自任都督，参与江浙联军，光复南京；后因病居上海，与章炳麟志同道合，曾任民国联合会副会长；晚年脱离政坛，潜心奉佛，在天宁寺依冶开受戒，法名寂照，又名先慧，曾在木渎法云寺任住持；寂前遗嘱以僧衣入殓，寂后归葬苏州。（2）叶尔恺（1864-1940），《冶开行述》执笔者，曾任陕、甘、滇三省学政，辛亥革命后，寓居上海，卖字为生，一心皈佛。（3）洪子靖（生卒年不详），自号青立居士，曾任武康县令，与父洪尔振（1856-1916，举人出身，曾任江苏候补道，创办丹阳师范），同吴昌硕、俞樾、郑孝胥等多有交往，留下不少书札。（4）罗鄷生（生卒年不详），早年同情革命，曾冒着生命危险安葬与李大钊同时遇害的姚彦烈士，后学佛皈依冶开，与印光大师也多有交往。（5）狄葆贤（1873-1941），字楚青，号平子，别署平等阁主，擅诗文书画，近代著名报人，曾经理有正书局，《佛学丛报》为国内首创佛教刊物，是近现代著名居士。由此亦可见，冶开禅师的皈依弟子，有从政、办报及文化艺术教育等各界人士，社会地位与政治倾向也多有不同，但禅师本着普度众生的佛教本怀，皆一视同仁，凡有缘者，均慈悲接引，故受到各方面人士的敬信归仰。

冶开禅师接引开导缁素四众，融会禅、律、贤、净等诸法，以种种善巧

243

方便，观机逗教，破迷合觉。师之四卷语录，即是其以活泼泼的禅法接引众禅和的真实写照。此试录几则，以窥师之禅风一斑。

师尝告诸人曰："有大慈悲者，方可以毒棒接人。"

结夏安居，是禅门常例。光绪二十三年（1897）结夏，师拈拄杖云："结夏安居，护生禁足，佛制恒规，丛林通例。人人放下斗笠腰包，个个打开顶门正目。十方共住安详，不许东卜西卜，目前件件现成，内外事事丰足。日中有斋，清晨有粥，禅堂坐香，外寮勤作，经楼诵经，佛堂念佛，各安其身，各乐其乐。有时不二门前拔草露出光明白地，有时大雄殿中歌赞无上妙曲，有时运水搬柴不借人力，有时扫尽阶尘清香满屋，头头如是，活活泼泼。天宁不解谈玄妙，本地风光如实说。且道：说个什么？"

光绪二十七年（1901）中秋，师拈拄杖云："无量百千妙法，红菱角上展开。一千七百葛藤，藕丝孔中收纳。寒蝉无语，蛩韵吟秋，岩桂芬芳，香风扑鼻。寒山云：我心似秋月，澄潭光皎洁；无物堪比伦，教我如何说。先师定老人云：我心非秋月，无得亦无说；牛矢比麝香，南无佛陀耶。天宁则不然：非心亦非月，皎皎光明洁；彻底一轮辉，处处同欢悦。"卓杖下座。

师之禅语，杀活予夺，收放自如，随缘施设，不着痕迹，效法先贤，不落常套，活活泼泼，实实在在。

天宁前任方丈善公老和尚起龛时，师之法语有云："今者大众齐临恭送登程，且道起龛一句，作么生道？鸟语花香皆念佛，人天悲送上莲舟。"这又是有禅有净土的禅净融通思想的显现。

师退居后在沪发起组织上海居士念佛会，更是他晚年禅教律净兼融导归净土思想行持的集中体现。而且这对近代居士佛教的蓬勃兴起，具有重要的推助之功，使佛教的影响广泛地深入到社会民众之中，造就了一大批居士佛教精英。

师还身体力行禅净兼修，末后预知时至视死如归。壬戌（1922）夏，罗鸣生居士来祈开示，师曰："娑婆世界苦，念佛生极乐。老僧七十一，决定往西方。"冬十一月，旧疾复作，安详自在，一无痛苦。程德全居士至寺，加受菩萨戒，师亲为说戒。居士谓师日诵《华严》太劳，师曰："吾趁弥陀诞日圆满。"至二十日午刻，瞑目趺坐。狄楚青居士自沪到，张目一瞬，旋即示寂。

师如此洒脱生西的现身说法，生动形象地凸显出禅教律净融通、导归西方弥陀净土是其思想行持的一大特色。这是冶开禅师对中国佛教禅净合流传统的继承与落实。这与同时代的赤山法忍禅师之归向兜率内院弥勒净土有着明显区别。[①]当然，就弥陀净土、弥勒净土与唯心净土不二而言，冶开禅师与法忍禅师也有相通之处。

冶开禅师禅净融通导归西方的思想行持特色，是当时缁素四众一致公认并衷心钦佩的。除本文开头提及的叶尔恺撰《冶开大师塔铭》所云"纲宗既别支派分，扫荡建立滋纷纭。大师崛起乘愿轮，融通禅净归一源。刊条刈蔓呈本根，摩尼光耀江天澄"之外，还有不少类似的评价。仅师圆寂后的挽联，即有不少提到这一特色。下面择要选录[②]，并略作分析。

先看出家僧侣敬送的挽联。

落款为"焦山定慧寺晚自达、自坚率法徒迦泰、迦诚顶礼敬挽"的挽联曰：

> 崛起振禅宗，单提祖意，直指人心，允矣，中流撑砥柱，
>
> 当前逢季季，遐远尘寰，高超莲界，悲哉，后进失津梁。

落款为"大林寺晚印怀拜挽"的挽联曰：

> 密坐终南道场，继兴江南道场，福慧同圆，定往西方蒙记莂，
>
> 内修无为功德，外著有为功德，自他俱利，永垂后世作仪型。

落款为"衣孙道华顶礼"的挽联曰：

> 南岳派流，欣沾法润。

---

① 法忍禅师临终说偈曰："世间好语佛说尽，何需老僧重说法？我死不生西方去，一念兜率回婆婆。"又嘱咐众人："我死之后，不要念佛，只要念《心经》。"遂于当晚九时圆寂往生兜率内院，亲近弥勒菩萨。

② 所选挽联均转引自谈雄著《冶开传奇》之附录，北京：团结出版社，2015年6月。

> 庐山云翳,痛隐宗峰。

以上三副挽联的署名者,皆自称晚辈或衣孙,足见师之法裔众多,咸对师尊仰有加。焦山寺僧自达等悲欣交集,将"崛起振禅宗"与"高超莲界"并提,赞师为中流砥柱、苦海津梁;大林寺僧印怀,明确赞师"福慧同圆,定往西方蒙记莂","自他俱利,永垂后世作仪型";衣孙道华,则将南岳与庐山并提,以喻禅净两大宗派;三副挽联无不认同并赞赏先贤冶开禅净融通之思想行持。

再看在家居士敬送的挽联。

落款为"上海佛教居士林拜挽"的挽联曰:

> 生弘毗尼,死归安养。

> 宗承临济,学本匡庐。

上海佛教居士林是民国时期甚有影响的居士佛教组织,冶开禅师不仅对上海佛教居士林的建立与发展有重要推助之功,也是居士林的导师之一,此挽联虽仅十六个字,但要言不烦地将师禅净律融通兼行并弘之特点,明确彰显出来。这一特点对于居士佛教而言,影响尤为广泛而深刻。

落款为"王震合十"的挽联曰:

> 同观音降日,生来从净土。

> 后弥陀诞辰,化诵毕华严。

此王震(1867—1938),祖籍湖州,生于上海,字一亭,号白龙山人,梅花馆主、海云楼主等,法名觉器。是清末民国时期的一位传奇性人物,既是著名实业家,曾两任上海总商会会长;又是著名书画家,海派书画大师,吴昌硕赠诗有句曰"天惊地怪生一亭,笔铸生铁墨寒雨。"还是著名慈善家、社会活动家,同盟会会员,资助辛亥革命和二次革命;也是著名佛教大居士,热心赞护佛教。白龙山人将师之诞生、圆寂同观音、弥陀之降诞联系起来,突出了师与净土法门和《华严经》的甚深因缘。

落款为"上海皈依弟子叶伯皋法名观澄顶礼"的挽联曰:

> 与观音圣同日降生,是莲邦上善,再来娑婆界。

后弥陀诞三日示寂，入华严性海，五教断证圆。

叶伯皋，即叶尔恺，法名观澄，前文已多有提及。他与王一亭居士既不谋而合，又比王震讲得更为具体深入，评价也更高，赞师乃莲邦再来人，已入华严性海。

落款为"弟子观禅程德全顶礼"的挽联曰：

六重念八轻，遗教亲承持木叉。

十方三世佛，欢声同赞入莲邦。

程德全，即程雪楼，法名观禅，前文亦已提及。他特别彰显师对六重二十八轻的菩萨戒之重视，称扬师生西方莲邦，赢得诸佛共赞之无量功德。

落款为"弟子罗远耀法名观珠自津门拜挽"的挽联曰：

今年决定往生，忆训语亲承，深信有禅有净土。

此日真常不变，看寂光普照，合当无去无从来。

落款为"弟子李乃斌法名观悟叩挽"的挽联曰：

于五浊恶世，示现涅槃，一念证真如，满目灵山原未散。

示十大愿王，往生极乐，四相成解脱，顽石点头亦知归。

落款为"庄海观拜挽"的挽联曰：

毅力振祇林，百苦经营闳构在。

见心归净土，万流瞻礼堵墙来。

落款为"戒弟子汪观正顶礼敬挽"的挽联曰：

禅净圆通，法门深入。

涅槃示现，遗教长流。

以上四副挽联，或赞师"有禅有净土"，或称师示普贤十大愿王导归极乐净土，或赞师见心归净土、赢得万流来瞻礼，一言以蔽之则"禅净圆通"矣。

落款为"天宁小学全体学生拜挽"的挽联曰：

大慈大悲，身前是万家生佛。

不生不灭，寂后证无住真如。

天宁小学是冶开禅师以天宁寺名义兴办的义务学校，故全体学生感念师之恩德，赞师身前是大慈大悲的人间生佛（活佛），寂后证入不生不灭之无住真如。

以上十余副挽联，正是冶开禅师"禅净融通归一源"思想行持具有广泛影响的生动见证。

冶开禅师与佛教教育

黄夏年（中国社会科学院世界宗教研究所）

冶开清镕（1852-1922），清末民初僧。江苏江都许氏子。名清镕，字冶开。生于佛化家庭。年十一，奉亲命出家。年十二，礼镇江九华山明真彻公祝发。年十三，依仪征天宁寺莲庵为师。年十七，于江苏泰县祇树寺依隐闻和尚受具足戒。历参杭州、普陀、天台诸名刹耆宿。清同治十年辛未（1871），至常州天宁寺，谒方丈定念真禅禅师，随侍左右，读经参禅，翌年大悟，定念为授记莂，承其法嗣，为临济四十一世。同治十一年（1872）至镇江金山寺潜修多年，又入终南山居喇嘛洞，结茅修持三年。光绪二十二年丙申（1896），回常州天宁寺。次年，继天宁方丈。四出募化，恢复旧观。宣统元年（1909），创立了"中华佛教总会"，曾任会长。民国十一年（1922）圆寂，世寿七十一岁，僧腊五十九年，塔建常熟虞山破龙涧，身后留有《冶开镕禅师语录》四卷。

一、施用禅机的教育方法

冶开禅师是禅宗临济四十一世传人，继承以律辅禅，垂为家法，以真实朴质之禅风，切实用心，融会律宗、华严、净土，而被誉为临济宗匠。近代禅宗大师、著名的佛教领袖圆瑛"曾从天宁冶开习禅"。[1]冶开禅师一生热心

---

[1]《太虚大师年谱》卷2，CBETA 2019.Q2，Y13，no. 13，p. 27a3-5。

举办佛教文化和社会福利事业，曾在天宁寺创设毗陵刻经处，刻三藏774部2469卷。又用禅机度众，教育信众，"今朝拈出供大众，惟愿同扶古道场"①，常以语录、书函开示他人，一时缁素云集，法门称盛。兴办天宁寺义务小学，为清末宗门四大尊宿之一，以威仪第一著称。

冶开禅师自称喜欢结交大众，"承云发心者多，切思既不以贫衲无知见弃，发心向道，贫衲极其欢喜"②。他不拒绝人们向他提问，而且耐心解答。弟子葛观本居士学佛，明知万法唯心，却当念此心执着不悟，或有时知而故犯，不能自持，不知有何方便去此迷境。他向冶开禅师求教，认为"《坛经》云：'去一切妄念即能见性。'我们为什么不能去妄念呢？归之于业，业是自作，我又为什么要造业呢？"③这个问题是一切学佛的人都会碰到的纠结，也是禅宗的基本知识。六祖惠能说："善知识！凡夫即佛，烦恼即菩提。前念迷即凡夫，后念悟即佛。前念着境即烦恼，后念离境即菩提。"④这是从佛教般若学的不二原理来说明烦恼与解脱的关系，因为人有妄念，这是凡夫，所以才会有成佛见性的菩提解脱。事物一又是二，妄念与解脱、烦恼与菩提是一个整体，两者互为参照，但是它们又是分别的单体，是两种不同的东西，这是一。它们之间也是以相互依存为前提，两者之间有前后的传递关系，这是二。所以既是一，又是二，也是不二的。从认识到妄念，这是在境上生起的烦恼，去除烦恼，生起解脱的正念，这是离开了境，进入了非境，所以去妄念就是在境界上用功的功夫。

以上是从佛教般若不二角度来解释妄念与解脱的关系，但是禅宗还有自己的解释。冶开禅师说："明知万法唯心，何当念执着不悟。说是这样说，是自己亲证不中的。明知万法唯心，何当念执着不悟。这里边有个毛病，要在不明白底地方参的，不大死一番不得大活的。把死的看得翻过身来，才可

---

① 《新续高僧传四集》卷三十五。
② 嗣法门人显彻（惟宽显彻）编：《冶开鎔禅师语录》。
③ 同上。
④ 《六祖大师法宝坛经》，CBETA 2019.Q2，T48，no. 2008，p. 350b27-29。

以相应，这叫作死中得活。这不是容易的事。"①禅宗讲心性，让人在心上用功，因为心被遮蔽，需要揩抹，这是北宗的看法。南宗认为心本来就清净，不需要时时揩抹，只需要以心传心，建立正确的认识。万法唯心，也是一切皆由心作，既由心作，这就是业，是由业感缘起而生起心的念头，执此念头而不得开悟，亲证不中，这是北宗的看法。冶开禅师是南宗临济宗，他觉得万法唯心，生起念头，重要的是要对不明白的地方去参，这就是临济宗讲的参话头方式，使劲地参，长期参，当你经过一番深入的参之后，突然会有脱胎换骨的感受，好似死去又活了，这是你翻过话头，参明白了，是"相应"，是"死中得活"的透彻感觉。冶开禅师用自己在浴堂洗浴的体会来说明心性的觉悟过程：

> 此地禅堂里今晚起七。我自同治十年到此地，十一年打七，看"念佛是谁"，打了一个七，用心一点都不醇和。打完头七到浴堂里洗浴，有两个老禅和也在洗浴，悄悄谈心。一个说：你打七打得好。一个说：好哩。我听着心里非常惭愧，人家七打得好，我连用心都不会用。惭愧心生，自责自己用心不上，是什么道理呢？自答自己：你没有真切用心哪。又自思维还有一个七，这一七是丝毫不把它放过的。于是澡也不洗了，立刻穿了衣裳回到禅堂，就把个"谁"字抱定，一点不放松。一下子开禁了，自己知道，照此行去。吃茶便吃茶，什么也不问他，吃了茶就跑香，抱住"谁"字，什么事不问，跑也不知跑成什么样子，打站板了，班首讲开示，我一点没有听，抱住话头。打催板了又跑，不知又跑成什么样子。维那师在后打一下，忽然心里起了无明念头，一动看见一黑团子起来，随把话头举起一打，黑团子炸开，再提话头如同落在万丈海底一般，回头醒过来，人就空了。②

---

① 嗣法门人显彻（惟宽显彻）编：《冶开镕禅师语录》。
② 同上。

冶开禅师打了"禅七"，却不如两位禅和子在浴室的一番对话管用。听了禅和子的对话，禅师明白禅七好不好，在于心思正不正，没有用心，禅七打了也没用，只有不放松话头，一门心思去参，才能够开放心扉，桶底脱落，心空无碍，话头醇和了，行起来自在了，站起来鼻子里气没有了。冶开禅师描述进入这个境界时的感受时，"那时候我当汤药，晚上睡了，早上总要人喊叫。以后睡着同醒时一个样子，行住坐卧一个样子，自己舒服得不可解。那时记起顺治皇帝的诗：百年三万六千日，不及僧家半日闲。是的确确底，向后行住坐卧不要用一点心，两个多月。后来又当衣钵管账，打了岔，退了，不像从前相应了。这是我头一次得的利益。"[1]对治念头，关键在用心，"用心总要拼命的干一下子，不舍死忘生的闹一番，不中的。后来到金山住禅堂。一天在禅堂里坐，外边放帘子，一个放，维那看着说放。我也放了一点。说再放，我又放一点。说放到底，我就应念放到底。头一步踏着，容易来自在受用，随后当执事分分心，用起来还是一个样"[2]。用心拼命，舍死忘生，提升境界，放下一切，从解脱角度看，"明知万法唯心，何当念执着不悟，不悟者是病，要得好呢，切切实实用一番心，才中啦。既知本性清净，为什么又做拂拭工夫，没得一番大死，不得大活的，要真实受用必得切切实实的做一番。"[3]执念不悟，即是得悟，关键还在用心，虽然本性清净，但是还要有时时揩抹的行为，众生迷，不得悟，需要在心上下功夫，在境界上用功，而这个用功就是咬定青山不放松，看准话头不放弃，其基础仍然是印度佛教禅学里面的"心注一处"模式影响，但是禅宗超越则在于把这一种修行的方式转换为生活方式，强调时时在在都可修行，行住坐卧皆可得道，这与念佛看话头一个样，总要打成一片的。

禅宗修行看上去简捷，接地气，易把握，但实际上在用功方面，还有不小压力。例如禅宗经典经常说的"打成一片"，就比较典型。圆悟佛果禅师

---

[1]　嗣法门人显彻（惟宽显彻）编：《冶开镕禅师语录》。

[2]　同上。

[3]　同上。

上堂云："日面月面胡来汉现,有时放行有时把。世法佛法打成一片,若作一片会,遇贵即贱;不作一片会,麦里有面。"①这是说诸事皆为"胡来汉现"的无常状况,我们无法把握它们。现实世间与佛法出世间也是这样,如果它们成为一体,就把神圣性降低为世俗性,如果不成为一体,又变成了一体相混,如麦里有面,所以世间就是在"有"与"非有"之间或神圣与世俗两者间转换。从三世诸佛的神圣角度看,整个世界就是"非有",从世间法角度看,整个世界就是在虚幻的"有"之中,这时的世界是颠倒的,就像"狸奴白牯却知有,戴角擎头狮子吼。四棱蹋地又团圞,八角磨盘空里走。拟推寻劈脊搂,拈得鼻孔失却口。为问普化一头驴,何似紫胡一只狗"②。冶开禅师坚持古来大德的教导,指出"所言打成一片,此事谈何容易。非具斩钉截铁之手段,百折不回之心肠,久而又久,切而又切,或可少有相应。若是依稀越国,仿佛扬州,正所谓古德云:镇州望曹门,远之远矣。大丈夫立身于天地之间,不动则已,动即一踏到底。岂同凡俗之辈,而支支离离也。"③可知,打成一片是需要信心与毅力的,缺少这一点,则会出现不稳定与不相应状态,南辕北辙,得不偿失,所以冶开禅师强调:"然则古人言句各有作用,或隐或显,或是或非,唯具眼者方能了了。每遇一则公案当前,不能透过,不能了了,其病何在?未达实际耳。达者一见便了,毫无如何若何之滞腻。若遇不了之公案,会者即会,不会者但抱定自家本参话头,以悟为期,不限年月,终有到家之日也。"④佛教有八万四千法门,可以有众多的修学方法,就像我们回家有很多路,也有飞机、轮船、火车、汽车、私家车、摩托车、电动车、自行车和走路等各种交通方式,目的就一个回到家里。修行也是这样,你可以选择很多方法,但目的也是一个,成佛作祖取得觉悟。

冶开禅师以《六祖坛经》为生平所宗,认为此经可以直揭本源,不是再

---

① 《圆悟佛果禅师语录》卷8,CBETA 2019.Q2,T47,no. 1997,p. 747b21–27。

② 同上。

③ 嗣法门人显彻(惟宽显彻)编:《冶开镕禅师语录》。

④ 同上。

来人、非具大根者不能掌握这部禅宗的宗经。"六祖大师云:'行正即是道',所以云:'正见之时佛在堂,三毒之时魔在舍。'三毒者,即是贪嗔痴也。贪之不遂即嗔,嗔之不舍即痴。所以云:舍伪归真,去偏存正,为进道之始基也。"①他以《坛经》作为自己的行动指南,心存实事,强调自己的一举一动皆存正道,一者自修,二者感人。他嘱咐弟子要一肩担荷,心契神会,如果能够掌握惠能祖师的说法,就与冶开禅师不离不弃,以道为宗,能悟则悟。

冶开禅师喜欢与修行人打交道,"切思既不以贫衲无知见弃,发心向道,贫衲极其欢喜"。②他鼓励弟子葛观本、马观源两居士在修行时"万不可以自弃,宁求其实,毋求其虚。近来寻枝摘叶、向外驰求者多,直达根本、体贴入微者少。'行解相应,名之曰祖'。盖世界空华,浮生梦幻,极世尊荣,转眼即灭。"③一心用功,重在其实。大多数人只在经典中摘文引句,用作修行指导,向外驰求。真正修行是一门直入,直探心源,学习佛教目的是成佛作祖,得到解脱。又因在心上用功,了见佛性,行解相应了,可以相契佛源。冶开禅师说民国袁世凯大总统只活了五十八岁,像"我等与世人皆如此也。故贫衲每与知己者相提絜,无不以此切切为前提"④。毕竟人生苦短,如梦幻泡影,世事无常,转瞬即灭。"盖旷劫至今,我人之幻躯生灭互迁,升降迭受,已不知几恒河沙数。幸获至道直入法海,离黑暗女功德天之牢笼,是在我人精进与懈怠耳"⑤。

《金刚经》也是禅宗宗经之一,六祖惠能就是听闻此经而悟道出家的。冶开禅师认为:"《金刚经》全文通前彻后,直截痛快,扫除一切,无丝毫之沾染,无丝毫之住着,直露人人之本源,无过此经。"⑥甚至专门请人到常熟刻经处请回《金刚经》送给弟子。他接引弟子观源居士,认为"盖世人虽多,

---

① 嗣法门人显彻(惟宽显彻)编:《冶开镕禅师语录》。
② 同上。
③ 同上。
④ 同上。
⑤ 同上。
⑥ 同上。

能具高出之见者颇不易得。居士能以《金刚经》资助精进，此诚得其枢纽矣"①。他研究《金刚经》深入，特别注重不同处的关联点，在解答弟子提出的问题时，特意指出：

> 承问二十七分之"不"字，盖全经均对于众生而言，因众生处处住着，不着于凡即着于圣，不着于是即着于非。殊不知凡圣是非名虽不同，其执着是一也。当知此执着即是众祸之源，所以十八分中云："过去心不可得，未来心不可得，现在心不可得。"

> 又十七分末后云："通达无我法者，说名真是菩萨。"其余各分之中，不称赞此经之功德，即扫空诸执诸见。唯二十七分，拨转调头，虑众生入于遍空，故示须菩提云："汝若作是念'如来不以具足相故，得阿耨多罗三藐三菩提。'须菩提，莫作是念'如来不以具足相故，得阿耨多罗三藐三菩提'。"故此分之名无断无灭者，正在于此。所以云"于法不说断灭相"也。

> 全经无非为解粘去缚。所以末后云："一切有为法，如梦幻泡影，如露亦如电，应作如是观。"此正显第三分云："我皆令入无余涅槃而灭度之。如是灭度无量无数无边众生，实无众生得灭度者。"盖三界九有十二类生皆是梦幻泡影，本无真实，幻妄所生。如人多贪即入于贪界，即有种种之贪妄发生，一经觉悟，贪妄消灭，未曾觉悟之时，即有种种相生，种种之作为。所以云："我皆令入无余涅槃而灭度之。"当知贪境贪相本空，因妄而有。然妄无实体，了达此义，即"实无众生得灭度者"。其余各分，持久其义自显。②

冶开禅师对《金刚经》作了详细解说，指出该经凡圣是一的理论，心不可得之最高境界，扫空除执不是最高境界，不以具足相而得解脱才是最高境界。"一切有为法，如梦幻泡影"是《金刚经》基本观点，冶开禅师解释众

---

① 嗣法门人显彻（惟宽显彻）编：《冶开镕禅师语录》。
② 同上。

生世界虚幻性:"然我等居此幻化世界之中,从幻入幻,幻生幻死,幻无底止。欲出此幻化轮回,非从佛道入手不可得也。盖佛道不向外求,专究根本,根本既得,诸幻销灭矣。敬荷不以无知见弃,故具是说也。"①既然整个世界皆为虚幻所现,摆脱幻化轮回的世界,唯有依靠佛道内求,改变心性,直入心底。冶开禅师以此相劝弟子观本居士匡维世道,诱掖后贤,"藉假扬真,因事显理,世法佛法两俱优美,自他并利,此诚菩萨发心也"②。"审无住生心八字能恒相应,久久自能悟入。又能发大慈心……是菩萨兼行六度法门……观源居士从万法归一处谛审,何又生出欲求方便以解缚之句,既有觉观,念念不散,已属归一归何的法门,这就是一大方便。此中谁缚谁解耶?当知本自无缚,今则无解,无缚无解,岂非归一归何的根据乎?工夫不可求速达,贵乎纯净不离,久久自有消息。"③冶开禅师用禅宗的思维,解构了认识的局限性,又提出了修行不可速达的情况。

二、培养佛教教育僧才月霞

冶开法师生活的清末民初的时代,僧传说他逢"时事改革,学风披靡,屡攘寺产,以辟校舍,常州天宁昔号完富,尤为人所窥伺,乃善意所孚,鸮声丕变,卒保无事,神之佑也,镕之诚也"④。

清末的佛教,已经一蹶不振,被人称作为死人服务和驱鬼的宗教,是封建迷信,没有生气的佛教,严重地阻碍了它的健康发展,歪曲了佛教在社会公众中的形象。太虚说:"然晚清后儒化之中国民族,一被劫于西洋之武力侵略,再被劫于西洋之宗教侵略,三被劫于西洋之民治侵略,四被劫于西洋之科学侵略,门户洞开,藩篱尽撤……自禅而净,已成江河就下之

---

① 嗣法门人显彻(惟宽显彻)编:《冶开镕禅师语录》。
② 同上。
③ 同上。
④ 《新续高僧传》卷三十五,CBETA 2019.Q2, B27, no. 151, pp. 276b7–277a6。

趋势，且今亦仅存印光法师之硕果。其他则乘机以掠名利恭敬，传律、宏宗、演教云者，亦滔滔为应赴经忏之类耳。于是住持佛教之僧位，渐为居士侵夺矣。然华严、天台二家及余兴学之结果，流布为华严学院、法界学院、清凉学院，与天台学院、明因讲舍、山家讲舍，及四川佛学院、闽南佛学院、弘慈佛学院等，亦不无承学之新僧也。但既无高等之道场以摄彼修学深造，复无改善僧制以适应施设之地，内不容于腐化僻化之旧僧，外被牵迫于民众之轻蔑于僧；于是除少数之高蹈遐举者，多有反僧而从俗、变化其生活者也。"①

佛教衰落的根本原因是佛教界里没有人才，佛教教育非常落后，远不能和唐宋时期的佛教教育相比。佛教传入中国以后，中国的佛教教育经历了不同时期的转换，早期的译场教育转变到丛林的"学肆"教育形式，变成了后期的讲堂式教育形式，并且随着佛教文化事业不断地发展，其制度也日臻完善。但是到了明清以后，佛教开始下滑，教育也渐渐停滞，僧伽"于经律论毫无所知，居然作方丈，开期传戒。与之谈论，庸俗不堪，士大夫从而鄙之。西来的旨，无处问津矣"。所谓"方今梵刹林立，钟磬相闻，岂非遗教乎？曰：相则是也，法则未出"。②制度虽好，并不能挽回佛教下落的趋势，宗仰提出："其道奚自，则惟复古清规、兴新教育为不二之法门。盖清规……宗教所赖以成立也。教育者，尤为培植人才之元素，一教之兴衰隆替，胥视乎此。虽大雄复生，必且从事斯语，莫能易也。"③"复古清规"与"兴新教育"成为宗仰改革佛教的二大主张。端甫强调："教之所寄者，非人乎。之所以依者，非国乎。现在四众人等所依之国，为何如国，岂不共见闻之，而孰肯坐视其然，而不思攘臂以赴助。然蒙世之讥被蠹国之毁，道德之效不著者，则以群力不振故也。夫群力不振，由材艺不充；材艺不充，由智识不齐；智识不齐，由教育不溥；教育不溥，由研究不盛；研究不盛，由实业不兴；实业不

---

① 《太虚大师全书》第17册，第588页。
② 杨文会：《佛学研究会小引》。
③ 《佛学丛报·论说》第一期，第1—5页。

兴，由调查不行；调查不行，由声气不孚；声气不孚，出意见不融；意见不融，由诸方隔绝；诸方隔绝，由消息不灵；消息不灵，由无巩固之机关，所谓之机关，即整齐之聚会是也。由无巩固之机关，考试消息不灵；由消息不灵，故诸方隔绝；由诸方隔绝，故意见不融；由意见不融，故声气不孚；由声气不孚，故调查不出；由调查不行，故实业不兴；由实业不兴，故研究不盛；由研究不盛，故教育不溥；由教育不溥，故智识不齐；由智识不齐，故材艺不充；由材艺不充，故群力不振；由群力不振，故虽有四众之徒，发利生之愿，抒爱国之热诚，而世界仍鲜蒙其益也。唯世鲜蒙其益，故有种种之讥嫌，诉争攘夺，仇害匪伊，朝夕此至，而彼作殆哉。有众二八风环之，大声疾呼，贤豪奋起，共扩弘愿，启大教共救宗国，共利众生。"①端甫主张改变"群力不振"，是改变佛教乱象的根本原因。总之"教育者，尤为培植人才之元素，一教之兴衰隆替，胥视乎此。虽大雄复生，必且从事斯语，莫能易也"。②"人才既出，佛化断未有不昌明者"，所以"处今日而言佛化之普及，非提倡教育以培养人才不可"。③

　　冶开禅师作为一代高僧，重视接引来者，培养弟子。办教育并不只是寺院长老与护法居士的责任，而应是每个佛教徒的责任，明代大儒顾炎武所说的"天下兴亡，匹夫有责"的名言，对佛教界来说，也是非常合适的，全佛教界都要自觉重视办教育，提倡教育，"各竭其才力心思以为之可也"。④在冶开的众多弟子中，月霞法师是办教育最早且出类拔萃的人才。

　　月霞显珠法师，俗姓胡，讳显珠，字月霞，一名识悔，湖北黄冈人，清咸丰八年生。幼读书，治医学，年既长，经历世幻，知世间庸医，医人一身，尚不可必，况医一家一国哉！且从此识得病由心生，根本尤须医心，于是广探医心之学，唯佛学乃穷尽心理，由是发心出家，遍参知识。光绪八年，离

① 《论今日振兴佛教当以统一融洽为第一要务》，《佛教月报》第一期。
② 《佛学丛报·论说》第一期，第1-5页。
③ 《谛闻尘影集》第12-13页。
④ 同上。

俗出家，依金陵观音寺禅定大师披薙，至大通莲花寺因如律师授满分具足戒。之后携瓶钵，着衲衣，普谒名山。至长安，探贤首国师弘道之地，至五台，礼文殊弘华严之处。回九华，开讲《华严经》。丁亥年，参冶开禅师。己丑，至金山，参大定禅师，至中州，访少林故迹，至太白顶，参了愚上座。赴赤山亲近法忍老人，与松岩法师为友。己酉归，安庆提学使沈君子培约主迎江寺。清光绪三十二年，至常州天宁寺，升堂入室，力究向上一着，冶开和尚深器之，遂记莂为法嗣。① 另有明镜、惟宽、应慈授记。②

月霞法师初秉禅宗，预有心受，看见佛教秋晚，思力振之，遂以讲学弘教为志。光绪十九年，讲《楞严经》于归元寺。次年，至九华萃峰讲《华严经》，庚子后，讲《法华》于莲花寺与归元寺，讲《楞严》于洪山宝通寺与终南嘉午台。又讲《楞伽》于归元寺和终南太白顶，至赤山讲《楞伽观记》，讲《楞伽经》于京口竹林寺，讲《楞严》于莲溪寺。民国初年讲唯识于安徽尚志学校，讲《维摩》于乐王殿、九莲庵，主办金陵师范学校。又在安庆青华学会第一中学讲《起信论》，与狄楚青及上海各居士等居哈同花园，讲《楞严》《维摩》《圆觉》《法华》《楞伽》《摩诃般若》等经。民国六年，湖北教育会集各界人士假教育会场讲《起信论》，续讲《法华》于磐山。

月霞法师对于晚近佛教，每抱悲观："常谓佛教前途将有不堪设想之厄运，故一而设立学校，以期造就人材，备布教之用。一面向政府抒其意见，俾藉政治力量，革除劣习，刷新制度，然旧习深染，非旦夕可除，近来佛教学校教育稍见振作，师实开风气之先也。"③ 孙中山和黄兴等人在日本发起推翻清朝的活动，日本人讥讽华人不识佛法为革命之神髓。光绪三十一

---

① 原载《法海波澜》1929年第5期，上海图书馆藏《蒋维乔日记》，北京：中华书局，2014年。

　　上海图书馆藏《竹翁自订年谱》，第3本第12页（照片）。

　　上海图书馆藏《竹翁自订年谱》，第3本第17页（照片）。

　　智光：《月霞法师略传》，原载《法海波澜》1929年第5期，后载《海潮音》1930年3月第11卷第3期。两文的文字全同，《海潮音》文改正了前文的个别错字。

② 应慈：《月霞显珠禅师行略》，（民国）濮一乘纂修：《武进天宁寺志》卷七《艺文》，1947年铅印本，白化文、张智主编：《中国佛寺志丛刊》第45册，扬州：广陵书社，2011年。

③ 持松：《月霞老法师传略》，《觉有情》1941年第62、63期合刊。

年，孙中山等遂发起研究佛学会，应桂伯华居士邀请至日本东京，讲《楞伽》《维摩》《圆觉》诸大乘经，"启发革命之真谛，期佛教为将来民众之觉场"①。清末学潮澎湃，社会毁庙逐僧之事迭出。月霞法师时为安徽安庆迎江寺住持，遂集众组织僧教育会，与金陵刻经处杨仁山老人为莫逆之交。江苏诸山亦同时组织江苏僧教育会，并办僧立师范校于南京雨花台，迎请月霞法师为监督，有同学者八十余人。参与太虚大闹金山寺的仁山法师和天宁寺住持智光都在校内。学僧们看见月霞法师行住坐卧、讲演训话，处处显示了大乘菩萨真精神。民国建立，月霞法师在上海哈同花园筹建华严大学，因受到一些人阻挠，华严大学于民国三年迁往杭州海潮寺。1916年秋初，海潮寺被军队占领，华严大学迁往九华山。翌年受奉冶老和尚命，分灯常熟兴福寺②，任兴福寺住持，华严大学也迁往兴福寺。同年月霞法师圆寂于常州天宁寺，世寿年六十。月霞法师弘法三十余年，讲大小经论百余部，平生所振兴刹宇颇多，如鄂之普度寺、皖之迎江寺、汉口之普光堂等。法师中年志于禅学，以是著述不多见，生前所注的著作及法语书札等多散失，有《注维摩经》存世。晚年，始编有《维摩经讲义》及《法界》《法原》等论，未杀青者有《楞严讲义》，其他拈椎竖佛，集有《语录》一巨册，阙佚者亦复不少。学子有戒尘、慈舟、持松、常惺、慧宗等，皆辅助教育之人也。

三、结语

中国佛教"然则教育之于佛化关系诚重，而提倡之不容或缓也明矣"③。明清佛教是中国佛教的沉寂期，虽然"统是以观，则佛教徒多或是全国十分

---

① 《谛闻尘影集》第12—13页。
② 应慈：《月霞显珠禅师行略》，（民国）濮一乘纂修：《武进天宁寺志》卷七《艺文》，1947年铅印本，白化文、张智主编：《中国佛寺志丛刊》第45册，扬州：广陵书社，2011年。
③ 《谛闻尘影集》第12—13页。

之八九焉，少亦全国十分之六七焉"①。当时整个中国，佛教有80万人，但是真正有文化、有思想的人寥寥无几。中国佛教史上曾经有过有两种佛教教育模式：一种是师父教徒弟，通过开示读经形式，增长佛教知识。另一种是通过在佛学院学习，获得佛教知识。冶开禅师使用的是第一种师父教徒弟的模式，这是中国传统的佛教教育传统，培养了不少的教内外弟子，只是到了近代，这种模式被佛学院教育模式取代了。但是，他的弟子月霞法师则是第二种传授佛教知识的开拓者，他创办了以弘扬华严学为代表的华严大学，对当代中国佛教教育产生深远影响，至今还受到人们的推崇。

冶开禅师是我国历史上封建专制转向民主和自由制度、家天下转向公天下时代的人物，也是佛教处在沉寂期又开始重新恢复的重要时期，除了兴办教育，培养人才，寺院经过战争破坏，正在开始重新恢复。他以十六句立志，为佛教复兴贡献一生：

> 普愿法界同成佛，普愿处处正法兴。
>
> 普愿同获大安乐，普愿永断诸大苦。
>
> 普愿永住三宝光，普愿永浴正法海。
>
> 普愿广修诸善业，普愿永依诸佛学。
>
> 普愿永住解脱场，普愿永登不退地。
>
> 从今为始至成佛，此心已决不改移。
>
> 眼前幻境虽未断，诘其根源体空寂。
>
> 普愿法界同此愿，世世生生住佛住。②

禅师为了修复遭兵燹的天宁寺祖庭，远至关外，四出募化。历时10余年，募得资财，修建天王殿、文殊殿、普贤殿、地藏殿及罗汉堂等，寺庙殿宇巍峨，僧舍连云，建筑多达600余间，斋田由原来1500余亩增至8600余亩，恢复旧观，道望远播，名声大噪。又募修常州文笔塔、政成桥、复东郊

---

① 濮一乘著：《民国之佛教观》，《佛学丛报·论说》第一期，第4页。

② 嗣法门人显彻（惟宽显彻）编：《冶开镕禅师语录》。

太平寺、募修杭州灵隐寺大殿，资助常熟兴福寺，到上海玉佛寺创居士念佛会，创佛教慈悲会，集款累万，亲至灾区散放，全活无算。与常州名人钱振锽合办平价售米，并施药戒烟。在天宁寺旁植树造林。[①]他的所作所为，都是为了佛法振兴，服务人间，这些活动离不开教育与文化的重新，而冶开禅师做出了重大贡献。

---

① 参见《新续高僧传四集》卷三十五。

冶开禅师及其弟子辈对佛教文教事业的贡献略论

静　贤（中国佛学院栖霞山分院）

晚清是一个大转型时期。其变化不仅体现在政治改革方面，而且也体现在思想、社会和经济生活方面。思想方面，除了今文经学运动外，一些观点和行为也从根本上重新定位，这是由传统学术的变动趋势和西方思潮的涌入所引起的。社会方面，个人代替家庭和家族成为社会的基本单位，同时城市数目激增。经济方面，对政府财政的批评增多，贸易逆差加剧，而且外国对中国经济中的现代部分的影响加深。中国从来未在如此短的时间里，经历这么巨大的社会经济和思想变化。内忧外患的双重挑战，迫使士人重新审视他们在社会中的角色。"格物致用"思想复兴，以及思想上包容与整合的趋势，在外国侵略和国内动乱等重大问题迫在眉睫时，士人感觉到道义上有义务对社会和政治的稳定贡献一份力量。即使是专研古典文化的学者也放弃了传统的不问世事的态度，所有晚清士人都坚信，在公共事务上他们有着不可缺少的作用。近代佛教，便是在这样的因缘际遇下变革图存的。

冶开禅师（1852–1922）住持天宁寺时正处于晚清鼎革之际的重要时期。他俗姓许，咸丰二年（1852）出生于扬州江都，十二岁出家于镇江，十七岁受戒于泰州。同治十年（1871），第一次来到常州天宁寺拜访定念真禅和尚。1872年冬季禅七时开悟后，被真禅和尚授记为临济第五十一世，曹洞第四十一世，磬山第十二世。1897年在天宁寺正式升座，1906年退居。其禅风融会律宗、华严、净土之长，有《冶开鎔禅师语录》传世。在主持天宁寺的10年之内，他立足天宁，胸怀菩萨道精神，为佛教作出了一系列贡献。如建筑方面：修建天王殿、文殊殿、普贤殿、地藏殿、大雄宝殿、罗汉殿、禅堂等，房舍多达600余间；寺田方面，寺田由原1500亩增至8600多亩；刻经方面，创设毗陵刻经处，刻经774部2469卷，等等。这些贡献都是在短短十多年内完成的。以往对冶开禅师的研究多从禅宗视角入手，似有不足。本文拟对冶开禅师及其弟子辈对佛教文教事业的重视作一番梳理，并试述其影响。

一、冶开禅师对佛教文教事业的重视

冶开法师对文教事业的重视具体体现在三个方面：1.为天宁寺迎请《乾隆大藏经》；2.创立毗陵刻经处；3.建设学堂。

1.赴北京柏林寺迎请并印刷《乾隆大藏经》

在罗伯仟编纂的《常州天宁禅寺志》载有《清内务请准刷印龙藏》（清·世续）内容如下：

> 总管内务府奴才世续等跪奏：为请旨事。据僧录司掌印僧人觉天呈报：江苏省常州府阳湖县天宁万寿禅寺住持僧人清镕，又松江府上海县万寿留云禅寺住持僧人密通，又浙江省宁波府慈溪县万寿西方禅寺住持僧人净果等呈称：本寺系属十方常住，缺少藏经。情愿请领《龙藏经》各一分，永远供奉等因前来。查天宁万寿禅寺、万寿留云禅寺、万寿西方禅寺，均系古刹。各请领《藏经》一分，崇隆佛法，加结具保前来。查光绪二十五年，安徽省庐州府合肥县明教寺住持僧人学道请领藏经，因藏经无存，其经版在柏林寺收存，经奴才衙门奏请，令该僧人学道，自备工料。赴柏林寺刷印，曾经办理在案，今僧人清镕、密通、净果自备工料，请赴柏林寺刷印《龙藏经》各一分，永远供奉，与陈案相符。如蒙俞允，奴才等传知僧录司，转饬僧人清镕、密通、净果自备工料，赴柏林寺刷印《龙藏经》各一分，永远供奉，以光佛法。

为此谨奏，请旨施行。

光绪二十九年闰五月初二日①

这份内务府的奏折清楚地叙述了常州天宁寺清镕（冶开）、上海流云寺密通、慈溪西方寺净果发心自备工料，印刷迎请《龙藏》的详细情形。在那个时代，一部藏经由印刷完工到运回常州天宁寺的过程，无论是时间还是费用上，都是极费周折的，可见冶开法师重视文化、护持常住的至诚之心。

2.创设毗陵刻经处

在迎请《乾隆大藏经》回寺不久之后，冶开禅师便开始着手创设毗陵刻经处，具体时间待考，文献仅显示当时参与其事的有行富、惟宽、应慈3位法师②。而关于毗陵刻经处的创设因缘，在《天下名僧》中有这样一段叙述：

> 冶开禅师的剃度弟子行实在俗时本是无锡秀才，文翰娴熟，应金陵刻经处之聘，代为监刻校对。一天，行实与冶开禅师商量，谓大藏经待刻者极多，请天宁寺分担任务，使得刻经早日成功。冶开禅师以为善举，满口答应，惟宽法师也极力赞同。于是，创办天宁寺毗陵刻经处刊刻藏经。具体事务由客堂总管。惟宽法师亲自负责校对，朱笔点勘，纵横几案，一字不苟，终日端坐，绝无倦容。因此，天宁寺刻经，虽较其他地方起步较晚，但刻经卷目之多，可与金陵刻经处相比③。

据《常州天宁禅寺志》第十一篇"著述典籍"部分的《常州毗陵刻经处有版流通经总目录》来看，目录分宝积部12册、秘密部59册、大集方等部118册、华严部6册、涅槃法华部19册、阿含部61册、小乘论85册、著疏部73册、禅宗56册、大乘论30册、律宗12册，共774部431册，2469

---

① 松纯大成主编，罗伯仟编纂：《常州天宁禅寺志》第三篇"金石碑记"，第99、100页。内部资料，2020年5月印刷。

② 松纯大成主编，罗伯仟编纂：《常州天宁禅寺志》第四篇"历代住持·冶开清镕"部分之"冶开清镕师传略"（余贵棣），第219-222页。内部资料，2020年5月印刷。

③ 谈雄主编：《天下名僧》，第39页，南京：南京大学出版社，2012年10月。

265

卷①。可见，在当时内忧外患的佛教界，冶开禅师以天宁寺一寺之力创办毗陵刻经处，且规模较大，极为罕见。不仅如此，冶开禅师还亲自参与校对刻经，如现存天宁寺的《菜根谭》经版落款处显示："《菜根谭》（一卷，明代洪应明著）常州天宁寺沙门清镕重校。"②

毗陵刻经处的用途不仅限于佛教经典，还应用于学界。据学者研究，1934年刻经处曾倡刻了史学家屠寄的《蒙兀儿史记》③。由于历史原因，我们现在已经看不到毗陵刻经处的当年风采了。笔者通过采访金陵刻经处的武延康老师，了解有关常州天宁寺毗陵刻经处经版的有关情况如下：

> 在抗日战争期间，为了安全，曾将经版搬往太湖马山下院，在中途遭日机轰炸翻船，经版飘散，损失很多。1957年8月金陵刻经处因印《玄奘法师译撰全集》需要，从常州天宁寺调来有关经版4050块。后来又于1961年1月将散置在那里的经版29400块全部运来南京。共计先后两次运来，经版共33455块。可惜的是，1961年从常州运来的经版29400块因当时刻经处无空余房屋存放，暂时存放在南京毗卢寺斋堂，结果全部毁于"文革"之中，现在所存经版尚有数千块，但未进行系统编号。④

3.兴办私塾

从大乘经典可以得知，佛教对众生的教育涵摄各个年龄阶层。也许是冶开禅师自幼便在寺院接受佛法熏陶的缘故，他非常关注小孩的教育。据寺志记载，光绪二十七年（1901），冶开禅师住持天宁寺期间，"鉴于失学儿童较多，在别院兴建私塾一所，延师教学"⑤。虽然由于文献缺失，无法还原当初

---

① 松纯大成主编，罗伯仟编纂：《常州天宁禅寺志》第十一篇"著述典籍·常州毗陵刻经处有版流通经总目"，第980-1024页。内部资料，2020年5月印刷。

② 版存金陵刻经处。

③ 何振凯：《民国时期常州天宁寺研究》，见《常州大学学报》第13卷第12期，2012年4月。

④ 为完成本文的撰写，笔者曾于2022年10月26日，就天宁寺毗陵刻经处的相关情况请教了金陵刻经处的武延康老师，正文录入部分即为采访时整理出的笔录。

⑤ 松纯大成主编，罗伯仟编纂：《常州天宁禅寺志》第十四篇"天宁纪年"，第1166页。内部资料，2020年5月印刷。

对天宁寺开展失学儿童教育的具体情况，但通过私塾的成立，我们依然可以窥见冶开禅师对失学儿童教育的关心和重视，能够站在佛教立场承担社会对幼儿教育方面的不足，以慈悲精神来做入世事业。

二、冶开禅师弟子对佛教文教事业的延续

晚清以降的常州天宁寺，与镇江金山寺、扬州高旻寺、宁波天童寺并称江南"四大丛林"。这离不开冶开禅师的贡献。他以"朴实的禅风，融会律宗、华严、净土，并以大乘济世利物的精神，在修证、教理、造庙、刻经、培养人才和慈善公益方面，发扬了大乘佛教的优良传统，做出了卓越的贡献，为近代佛教界的中心人物，也是广大佛教徒爱国爱教的典范"[①]。而每年的天宁寺禅七法会来临之际，四方来学者不计其数。而1920年传戒法会，更有1500戒子前来参加，其规模在近代佛教传戒中极为罕见。据寺志记载，冶开禅师的得法弟子主要有明镜、惟宽、月霞、应慈四位[②]。另外，近代著名的圆瑛法师也曾在冶开禅师门下求法四年之久，因此也可作算作受教弟子进行叙述。以下对他们各自的文教事业分而述之。

1. 明镜（生卒年不详）

明镜自幼在天宁寺出家后一直依止冶开禅师，是禅师常随左右的侍者。曾任堂司、维那、知客等职事。1906年，被冶开禅师传临济四十二世法卷，1911年，接任天宁寺住持。任职期间，目睹常州失学儿童越来越多，为满足幼儿教育需要，于是将冶开禅师此前创办的私塾扩建为天宁初级小学校，扩大对幼儿的教育功能。

---

① 松纯大成主编，罗伯仟编纂：《常州天宁禅寺志》第四篇"历代住持·冶开清镕"部分之《冶开清镕师传略》（余贵棣），第219-222页。内部资料，2020年5月印刷。
② 松纯大成主编，罗伯仟编纂：《常州天宁禅寺志》第十四篇"天宁纪年"："1906年，明镜显宽、惟宽显彻、月霞显珠、应慈显亲受天宁寺冶开禅师记莂，嗣法为临济四十二世"。第1166页，内部资料，2020年5月印刷。

2. 惟宽（1868–1937）

1906年，冶开禅师传法于惟宽。自此之后，便一直在天宁寺常住达40年之久。历任知客、库房。冶开禅师创办毗陵刻经处的时候，惟宽禅师负责校对事务，"终日于耳目纷杂间，朱墨点勘，积帙盈案，兀兀无倦容，非久与师相接者，不知其定静功力之深也"①。惟宽禅师住持天宁寺期间，道风竣整、行止简朴，爱护常住如身命。同时于1911年创办"学戒堂"。他认为："无漏三学，戒居第一，此佛训也。学不始于戒，何以端其本；学不终于戒，何以范其末，此创学戒堂之原委也。"②由此可见，他对戒律教育的重视和对戒律人才培养上的用心。

3. 月霞（1858–1917）

月霞，湖北黄冈人，十九岁依南京大钟寺禅定长老出家，道业精进，禅教兼修，以弘扬华严为毕生志业，是民国佛教界弘扬华严义理最有贡献的法师。1899年，月霞法师任安庆迎江寺住持期间创立安徽佛教会，开始招生办学，可谓安徽佛教教育事业的奠基者。1906年，月霞与明镜、惟宽、应慈三人，同受冶开禅师记莂，为临济第四十二世。1908年，受邀在南京祇洹精舍授课。1909年，受杨仁山、李瑞清引荐，担任江苏省僧教育会副会长，主持江苏省僧师范学堂工作。有学者认为"这是民国佛教中最早以新式教育方式培育僧才的学府"③。1913年，利用为哈同夫人讲经的因缘，在康有为推动下，在上海哈同花园创办华严大学，学院开办不久便迁杭州海潮寺。1917年，受冶开禅师所托，出任常熟兴福寺住持，并续办华严大学。月霞法师授教的弟子中，著名者有常惺、慈舟、持松、戒尘、了尘、霭亭、智光等④，皆

---

① 松纯大成主编，罗伯仟编纂：《常州天宁禅寺志》第四篇"历代住持·惟宽显彻"，第224、225页。内部资料，2020年5月印刷。
② 同上，第225页。
③ 于凌波：《创办华严大学的月霞法师》，见《中国近现代佛教人物志》，第25页，北京：宗教文化出版社，1995年11月出版。
④ 同上。

为一世名师，被印顺法师称为"近代佛教之一流"①。

4. 应慈（1873–1965）

应慈，江苏东台人，1898年依南京三圣庵明性法师出家。1903年来天宁寺参学，一住便是四年。一日，冶开禅师问曰："念佛是谁？"应慈对曰"无是谁，无非谁"。又一日，常住晒经像书画，冶开禅师又问："此中佛菩萨像几尊？书画文字多少？"应慈对曰："佛菩萨像，一并送入藏，文字之事，老和尚自有数，学人无数。"②1906年，与明镜、月霞、显彻三人，同受冶开禅师记莂。1907年，征得冶开禅师同意，从法兄月霞学习华严教理12年之久，期间一心辅佐月霞创办华严大学，广开甘露之门。分别在南京、常州清凉寺、上海清凉寺、常州永庆寺、无锡龙华寺、宁波天童寺、常熟兴福寺、广济寺、上海玉佛寺、慈云寺、杭州龙兴庵、南京普照寺等讲演华严教理③。为了培养僧才，应慈先后又在常州、无锡、南京、上海设立"华严速成师范学院"。新中国成立以后，曾任上海市佛教协会名誉会长、中国佛教协会副会长、名誉会长及中国佛学院副院长等职务。著有《心经浅说》《正法眼藏》《八识规矩颂略解》等④。

5. 圆瑛（1878–1953）

圆瑛，福建古田人，十九岁依福州鼓山梅峰寺增西法师出家。按照丛林参学的说法，冶开禅师可以算作圆瑛法师的依止师。1898年5月到天宁寺常住，从此一住便是四年。与应慈法师友善，结为莫逆之交。由于圆瑛法师擅长书法，被任为书记，因此常住的牌位疏表都是出自其手笔。1901年，法师在禅七时定境现前，已有悟处，说偈曰："狂心歇处幻身融，内外根尘色即空。洞彻灵明无挂碍，千差万别一时通。"不仅如此，法师在天宁寺听讲经教，为今后弘扬教理、独步《楞严》的特征打下了

---

① 印顺：《太虚大师年谱》，第36页，北京：宗教文化出版社，1995年10月。
② 松纯大成主编，罗伯仟编纂：《常州天宁禅寺志》第五篇"法祖侣谊·法侣·应慈显亲"，第340页。内部资料，2020年5月印刷。
③ 同上，第341页。
④ 同上，第342页。

坚实基础。1909年，圆瑛法师出任宁波接待寺住持，不久创办"佛教讲习所"，培养弘法人才。1912年，任"中华佛教总会"参议长，主张"护教保僧，提倡教育"。1917年，因有感于冶开禅师在天宁寺创办私塾的善举，他在宁波接待寺创办"佛教孤儿院"，专门针对失学儿童进行教育辅导。后创办"宁波市普益小学""安海职业学校""镇海僧立国民学校"，为普及教育和佛教教育作贡献。1927年，由法师捐资，在故乡福建古田创办"圆瑛古田小学"，依报桑梓。1929年，在宁波奇台寺创办"七塔报恩学院"。1930年，被推为宁波天童寺住持，在任期间，每年冬季传戒，夏季开讲《楞严经》，远近闻名。1933年，主持第五次全国佛教代表大会，提出"整理僧制，兴办教育"的思想。1935年，在上海创办"圆明讲堂"，定期讲经。1937年，接任福建鼓山涌泉寺住持，并创办"福州法海寺法界学院"。1945年，在上海圆明讲堂创办"圆明楞严专宗学院"，亲自主讲《楞严》，另聘请应慈、兴慈两位法师任课。1948年，在鼓山涌泉寺创立"鼓山佛学院"。新中国成立以后，一直在上海圆明讲堂潜修。曾任上海市佛教协会会长、中国佛教协会会长等职。法师开示之余，笔耕不辍，先后著有《劝修念佛法门》《发菩提心讲义》《阿弥陀经要解讲义》《佛说八大人觉经讲义》《楞严纲要》《大乘起信论讲义》《楞严经讲义》《圆觉经讲义》《金刚经讲义》《一吼堂诗集》《一吼堂文集》近20种，门人弟子编辑为《圆瑛法汇》流通于世。弟子众多，居士界有赵朴初居士，曾任中国佛教协会会长，佛教界代表性的有明旸法师（曾任上海玉佛寺住持，中国佛教协会副会长）和宏船法师（曾任新加坡光明山方丈）。[1]

---

[1] 文中关于圆瑛法师资料，俱参考明旸法师所编《圆瑛法师年谱》，北京：宗教文化出版社，1996年8月出版。

三、冶开禅师再传弟子对佛教文教事业的传承

在冶开禅师的再传弟子中，常住天宁寺并且关心佛学教育的要数证莲（1893–1967）、钦峰（1894–1959）两位法师。

证莲，江苏镇江人，1901年依镇江登云寺果宏法师出家。1920年参学天宁寺，恰逢三坛大戒大会，于是有缘成为天宁戒子。受戒后，常住天宁寺，任客堂知客、监院等职，处理事务，井然有序，深得常住器重。1925年，受惟宽记莂，成为冶开禅师的再传法子。1932年，出任天宁寺住持。在任期间，在天宁寺下院王祥庙创办"天宁寺高级小学"，协助政府辅导国民教育，并将常住原有的学戒堂改组为"天宁佛学社"。据其自称：

> 自冶老于民九传授戒范后，寺内附设学戒堂，现改为天宁佛学院，为青年僧伽三学兼修之所，是后每期学僧常增至百余人，大多刻苦求学。惟惜教乏良师，设备不完，故十余年来，成绩未著……近特聘武昌佛学院研究员明智法师为主任教务，并将社内组织大加改良。学僧暂定六十名，分甲乙两班，课程以佛学及国学为主要必修科，余各种科学，参考随意研究，惟精神上则仍注意修持，以培福慧。[①]

据此可知，证莲法师特别邀请武昌佛学社的法师前来负责教学工作，足见他对佛学人才的培养非常关心。有资料显示，当时在天宁佛学社学习的学生知名者有雪烦、东初[②]。1936年5月30日，太虚大师到武进开讲《唯识

---

① 松纯大成主编，罗伯仟编纂：《常州天宁禅寺志》第三篇"金石碑记"，第108页。内部资料，2020年5月印刷。

② 松纯大成主编，罗伯仟编纂：《常州天宁禅寺志》第四篇"历代住持"，第228页。内部资料，2020年5月印刷。雪烦法师曾于1940年担任焦山佛学院院长，主持教学期间创办《中流》杂志。宗教政策恢复后，担任江苏省佛教协会副会长兼秘书长，中国佛学院栖霞山分院教务委员会副主任。东初法师，曾于闽南佛学院求学，1934年来天宁寺亲近证莲法师，晚年定居台湾。曾创办《人生》杂志和《佛教文化》季刊，撰有《中日佛教交通史》。弟子中知名者有圣严法师。

三十论》。经何汝霖居士引荐，6月2日，太虚大师学戒堂开示"人间佛教"①。1938年，证莲法师考虑到寺院在战争时期条件的艰苦，遂将住持职务交给师弟钦峰法师，只身到上海化缘。待困难解决后，回到常州创办天宁佛教医院，发扬佛教慈悲精神，济世利人。1942年，曾请濮一乘居士编辑《武进天宁寺志》。1949年，在香港成立佛陀诊所。晚年定居台湾。

钦峰，江苏盐城人。1910年在镇江宝华山得戒后参学天宁寺。1938年，在极度困难下接任天宁寺住持。在任期间，会同常州附近寺庵组织成立佛学院。其缘起称："常州天宁寺释钦峰、敏智，崇胜寺悟源，崇法寺莲开，密生庵道量，孙家庵云开，及何汝霖、唐佛妙居士等十余人，发起组织佛学院。"②

关于佛学院的基本情况，浩乘法师《天宁佛学院现状》中称："本院自三十年前惟老人办学戒堂后，至证公、钦公聘请得一、敏智、戒德诸上人协助改进，而成佛学院长久前进。"③文章中介绍院长为证莲法师，副院长钦峰，每学期前必开院务会议。教务主任敏智，副主任默如，总务主任耀海，副主任戒德，训育主任能慧，副主任一如，《智灯》月刊社长浩乘，副社长宏德，图书馆馆长觉性，副馆长长华。此外，学院分为品门和学门两类，品门侧重于学生的德行，学门则是考量学生对各科知识的掌握程度。分三个班级，其中正科三年，预科二年和先修科各二年，招生数量为一百名。课程设置在佛学之外，设文学、数学、外语、社会学、自然科学等等。在学院的展望中，浩乘法师还提到今后可办佛学研究班、禅宗大学。

从该文表述中可见当时的天宁寺佛学院在钦峰法师的负责下，规模成

---

① 松纯大成主编，罗伯仟编纂：《常州天宁禅寺志》第十四篇"天宁纪年"，第1171页。内部资料，2020年5月印刷，另参见印顺：《太虚大师年谱》，第222页，北京：宗教文化出版社，1995年10月出版。

② 松纯大成主编，罗伯仟编纂：《常州天宁禅寺志》第三篇"金石碑记"，第111页。内部资料，2020年5月印刷。

③ 同上，第110页。

熟，教学秩序稳定，大有可为。不仅如此，他还倡导整合天宁佛学院、焦山佛学院、竹林佛学院三所佛学院的资源，主张"以三院师生为主体，组织江苏佛教青年会"①。此举充分反映了钦峰法师站在民国佛教的整体立场，考虑到当时佛教院校数量较多，但普遍规模较小、资金困难、僧源不稳定等诸多因素，希望以天宁寺为中心，凝聚周边佛教力量，以促使佛教健康发展的良苦用心。

四、结语

本文通过以上梳理，结论如下：第一，冶开禅师迎请藏经，这在当时的江苏佛教界尚属首创，成立毗陵刻经处体现了其流通经典的特别用心，兴办私塾，则反映了对幼儿教育的重视。

第二，冶开禅师的弟子中，明镜、惟宽常住天宁寺，对冶开禅师给寺院留下文教事业的基业起到了继承和进一步发展的作用；月霞、应慈作为冶开禅师的法子，虽未长期安单于天宁寺，但二位对佛教教育和教理的弘扬，在民国佛教界独树一帜；圆瑛曾参学天宁寺四年之久，深得冶开禅师器重，对佛教教育的贡献极大，作为冶开禅师的依止弟子，他的成就是最高的。

第三，在冶开禅师的再传弟子中，证莲和钦峰法师在抗战时期对佛教教育付出的心血和探索，难能可贵。

综上所述，冶开禅师不仅培养了众多直系、旁系弟子，而且都对民国的佛教文教事业起到了极大推动作用，在佛教界极有影响。而天宁寺作为长江下游"第一丛林"，当时有名的大德长老几乎都曾来此开示弘法，有所交集。因此，天宁寺可以视作民国佛教文教事业的缩影。

---

① 松纯大成主编，罗伯仟编纂：《常州天宁禅寺志》第三篇"金石碑记"，第116页。内部资料，2020年5月印刷。

钱振锽《释清镕传》史实钩沉三则

张云江（华侨大学哲学与社会发展学院）

新编《常州天宁寺志》卷四218–219页有钱振锽撰写的《释清镕传》，其文曰：

> 光绪丙午大饥，明年丁未，米益贵。振锽，阳湖孝仁乡人也，谋为乡设平价出米之所，而难其财。释清镕者，主持乡内天宁寺，亦施平价米百金。然清镕独有心于世，闻朝廷禁鸦片，大喜；及闻以十年为限，且给烟户凭照，准其卖膏而倍征其捐，则又怏怏。自购戒烟丸药，赠乡内之愿戒烟而贫者，求丸者日噪于寺。其言曰："我将自吾之乡以为戒烟。先闻吾乡之风，必有兴者。自吾之乡，以至于吾郡，自吾之郡以至于吾省，自吾之省以至于天下，天下何惮而不富与强？"

> 钱振锽曰：老氏以啬名其学，宏道好施，儒者不如，岂非出乎其类者也？清镕慷慨论事，其志愿除天下之秽恶而大振之，宁非豪杰之士哉？嗟乎！自古人才，盛时皆能遇合于世，以成功名，孔子曰唐虞之际于斯为盛，不特难其才，亦难其用也。今以吾一乡数里之内，寂寞丛林中有人若此，人才其衰矣。

这篇传记，钱振锽直抒胸臆，近乎实录，寥寥数笔，一代高僧忧时爱国的生动形象跃然纸上。今对文中若干史实作一钩沉，还原清镕禅师济世救民之义举的时代背景，由此益显清镕禅师之伟大也。

一、清镕与钱振锽

钱振锽（1875-1944），字梦鲸，常州近代著名文化人物，十六岁中秀才，十九岁中举人，二十四岁刊印《星影楼诗文集》，二十九岁中进士，次年因父亲去世回乡丁忧；三十三岁刊印《阳湖钱氏家集》，四十三岁入京为官，不久即弃官回乡，在常州寄园授徒，著书讲学。

钱振锽是近代著名书画家、诗人，其诗品、人品向来为词林所敬重。近代著名学者、中山大学教授冒广生《小三吾亭词话》"钱振锽词"云：

> 阳湖钱梦鲸比部（振锽），负气坎轲，不可一世，世目之为狂，非真知梦鲸者也。梦鲸人有风骨，能以身分为重，名位为轻，处此颓流，眼中之人，吾见亦罕。所刻《谪星》初、二、三集中，说诗、笔谈、杂著诸种，持论或未免过高，骇人闻听。要其浩浩落落，自抒胸臆，固不屑有一字一句寄人篱下也。

钱振锽中进士后辞官，浪迹江湖，举世目之为"狂"。冒广生认为钱振锽是有风骨之人。民国时期著名诗人陈衍先生《石遗室诗话续编》：

> 武进钱梦鲸（振锽），号名山，久闻名而未见面，近始于松岑处偶读其诗……语虽过激，自是立脚不随流俗转者。余向闻名山为狂士，今读此诗，乃知其为狷者，狂可伪，狷不可伪也。

"狷"偏重指洁身自好，性情耿直；"狂"偏重指纵情任性，不受拘束。陈衍认为钱振锽性格偏狷介。苏州大学教授钱仲联先生《梦苕盦诗话》：

> 阳湖钱名山（振锽）先生，余友小山之尊人也。晚年闭门不仕，高隐奇园，时或作名山之游，济人穷乏不稍吝。人品之高，末世罕见……先生成癸卯进士，官散刑部。新例，新进士须入进士馆学习三年。先生入馆，见西洋教习登坛宣讲，群进士笔记其语，以为无耻。归书其壁曰："生若入进士馆，死不上先人茔。"虽近迂执，亦可见其节概。以区区诗人目之，非先生意矣。

由以上评价，可见钱振锽之为人与性格。

钱振锽比冶开禅师（1852-1922）小二十三岁，属两代人。钱振锽久居乡里，与同在常州天宁寺的冶开肯定有所交往。钱振锽《访天宁寺老僧冶开》诗云：

> 常向天宁寺里行，自伤忧患厌吾生。
>
> 不须为说无生理，才到僧房意便清。

钱振锽说"常向天宁寺里行"，可见他是经常造访天宁寺的。沈其光《瓶粟斋诗话五编》录《饮僧冶开茶》云：

> 上人龙井来，饮我明前叶。谁云滋味近，曾及春天雪。
>
> 气清不须苦，味淡何用涩。颇似五柳诗，悦心在恬逸。
>
> 寻常一瓯绿，芽尖几百摘。何功还造化，残此颖秀质。
>
> 当使洁性情，不惟濯诗骨。用之醉饱余，天意良自惜。

沈其光认为，"悦心在恬逸"五字，殆先生自道，这首诗下半首"有胞与为怀气象"。

清镕禅师在常州植树成天宁大林，钱振锽为之赋诗云：

> 老僧种树当儿孙，城角春深起绿云。
>
> 大有清荫留过客，每逢鸣鸟便思君。

清镕禅师在清末民初以威仪著称于世，诗赋非其所长，故未有与钱振锽唱和之作。不过，通过以上几首诗赋，仍可窥见二人交谊之一斑。

二、清镕在光绪三十二年的救灾

钱振锽《释清镕传》：

> 光绪丙午大饥，明年丁未米益贵。振锽，阳湖孝仁乡人也，谋为乡设平价出米之所，而难其财。释清镕者，主持乡内天宁寺，亦施平价米百金。

"光绪丙午"即光绪三十二年（1906），"大饥"是大水灾引起。这一段话涉及的史实是光绪三十二年的苏皖大水灾。是年三月到五月——

湘汉洪水注入皖苏，加之两省大雨，安徽40个厅州县被水；江苏水患波及61个厅州县，灾民不下二三百万。①

扬（州）属各处……田禾被淹没，均已纷纷报灾。其中以兴化一县被灾尤巨，几致颗粒无收。东台县收成亦不过十分之二，高邮实应亦均难望丰收。②

今岁洪湖过淮，迭次泛涨，以至皖北各处大受水患，而以凤阳之泗州、怀远为甚。当水盛时，汪洋数百里村落宛在水中，困顿不堪言状。③

这一场百年一遇的大洪水给江苏、安徽造成了极大的破坏。光绪三十二年闰四月，原本是江淮地区收获期，这次水灾使"江北圩田尽淹，江南低区一概无收"。而且祸不单行，"中秋前后，雨势倾盆，不减于夏河"，"水复相灌注，晚稼扫荡一空"④。光绪三十二年十月十四日，江苏巡抚陈夔龙上奏：

查苏省居长江下游，历来涝多旱少。本年春夏之际，以湘汉大水建瓴下注，水较之往岁已觉增多。五、六月间，淫雨为灾，晴霁日少，山水暴发，江湖并涨，积潦横溢，无计疏消，低处田庐，悉遭淹没。被灾情形，以徐州所属之宿迁、睢宁、邳州，海州及所属之赣榆、沭阳，淮安所属之安东为最：常州所属之宜兴、荆溪，镇江所属之金坛、溧阳，淮安所属之清河、桃源次之：徐州所属之铜山、萧县，淮安所属之山阳、阜宁，松江所属之华亭、娄县、青浦，苏州所属之常熟、昭文、新阳又次之……合计本年水灾之巨，遍及八府一州，而江北徐、海、淮安各属灾情最重，难民尤多。⑤

据《江北饥馑调查报告》，水灾发生后，徐州府小麦、玉米、黄豆、山

---

① 李文海、程款、刘仰东、夏明方：《中国近代十大灾荒》，上海：上海人民出版社，1994年，第329页。

② 《大公报》，光绪三十二年八月初六日（1906-09-23），第4版，第5册第516页。

③ 《大公报》，光绪三十二年八月二十五日（1906-10-12），第3版，第5册第557页。

④ 军机处录副奏折，光绪三十三年二月十五日，档案号：03－5610－006。

⑤ 李文海等：《近代中国灾荒纪年》，长沙：湖南教育出版社，1990年，第723页。

芋、荞麦等农作物受到严重摧残，宿迁、邳州、睢宁等地仅有三分收成。豆饼成了灾民主要食粮。海州府的小麦仅收两成，大麦、豌豆只收四到五成，玉米、甘薯、荞麦、萝卜等几乎绝收。在淮安地区，受灾较重的桃源、安东等地，收成仅有三四分，清河也仅有五分收成。在这种情况下，灾民遍地——

> 大江南北，水灾奇重，饥民数百万，无米可购……该省灾黎有持钱入市购米不得，愤而市砒毒以归，全家服毙者；有不忍视其子女之宛转饿毙，悉投水中，令其速死者；又闻清江一处，灾民计四十余万，每日饿毙二三百人；沭阳一县，灾户约三十余万，每日饿毙亦三数百人。①

大水灾使得苏皖地区粮产锐减，米价疯涨。是年六月四日，两江总督周馥在电报中称，江苏米价已经涨至"每石六七千文内外"②。时至八月，米价更昂，"沪价每石九元外，苏、常、扬、镇亦须六七元"③。到了年底，江苏"最劣之米，每斤五十文至六十文，麦则无从购买，且亦有涨至八十文者。豆饼则每斤四十八文，薯叶则十六文至三十三文"。④《江北饥馑调查报告书》有一份清河地区的物价统计，清河县各类粮食价格在五月还比较平稳，之后持续走高，到了十一月份，米、小麦、黄豆、玉米等价格已疯涨两倍甚至更高。⑤

有了上述史实背景，我们再来看《清镕传》中所说："释清镕者，主持乡内天宁寺，亦施平价米百金"，会发现"施平价米百金"这平淡无奇的六个字里面蕴藏的深层的含义。"平价米"，当时一石米售价在2000文左右，水灾之后，疯涨三四倍，老百姓遭遇水灾，原本饥寒交迫，哪里还有钱购买

---

① 《清代灾赈档案专题史料》（军机处录副），53-0134，掌京畿道监察御史吴钫折。
② 《辛亥革命前十年间民变档案史料》上册，北京：中华书局，1985年，第270页。
③ 盛宣怀：《愚斋存稿》卷六九，《续修四库全书》集部第1573册，第84-85页。
④ 《顺天时报》，光绪三十三年正月初五日。
⑤ 崛地明：《光绪三十二年江北大水与救荒活动》附表"光绪三十二年徐州、海州、淮安的受灾情况"，李文海、夏明方：《天有凶年——清代灾荒与中国社会》，北京：三联书店，2007年，第374-377页。

高价米？清镕禅师"施平价米百金"，给当时的常州受灾百姓多少家庭带来了生存下去的希望，虽然只是为纾解大时代的危局尽一点绵薄之力，却几乎是倾尽天宁寺之家底。

如果我们再补充另一段史实，清镕禅师"施平价米百金"的义举更显得意义非凡。四年之后，也就是1910年，湖南长沙发生抢米风暴。四月一天，挑水工黄贵荪妻子拿80个大钱去买一升米，米店老板拒绝卖米，因为其中有一些已不流通了。等黄妻凑足钱再去买米，米价疯涨，钱还是不够，黄家夫妇二人连同两个孩子因此投河自尽，木工刘永福等因此冲进米店，痛打店主，抢走米粮。随后官府弹压，百姓反抗，一夜之间，长沙800多家米店里的米被抢。长沙之所以缺米，一是因为持续的水灾，再就是官府勾结奸商，将米粮运出外省甚至国外以谋利。1911年4月17日，在清政府武力镇压下，长沙抢米风潮结束。

三、清镕与戒烟之事

鸦片战争之后，中国人吸食鸦片的问题非但没有解决，反而愈演愈烈。19世纪60年代，更是烟禁大开，进口鸦片越来越多，土产鸦片数量也不断增加，云贵川占了一半，晋陕甘占了五分之一，江苏也有大量土地用于种植罂粟。光绪三十二年（1906），全国鸦片产量为584800担，种植面积约有1870万亩。之所以形成如此局面，一是罂粟种植技术比种植粮食简单，投入不多，利润却远高于其他作物，所谓"种田粪垦，多费人工，一夫之力，不逾二亩，而一亩罂粟，可抵十亩稻粱。"朝廷因太平军兴，急需饷源，从1858年开始，进口鸦片上税且弛禁，嗣后所谓"洋药""土药"的鸦片税成为朝廷重要税收。江苏大概是在1879年课"土药厘"。据统计，1896年，鸦片税占全国税收9.25%，其中洋药税占7%，土药税占2.5%。①在这种情况下，

---

① 林满红：《晚清的鸦片税（1858-1906年）》，《国家航海》2016年第16辑。

清末鸦片吸食者占了成年人口一半左右。如郑观应《盛世危言》之《禁烟》云：

> 烟之为害深矣，禁烟之议亦伙矣。始也操之过急，继又失之过宽，遂使痼疾绵充塞宇宙，败坏收拾，以至于今日也。当议和定约之时，若能坚持前议，商埠可开，兵费可增，而鸦片必不许入境，当亦唯命是从。何则？彼时出产无多，运售中国者岁不过二千余石，彼固易于改图也。吸食尚少，各省仿种者未致蔓延，我亦易于查禁也。此机一失，吸食日众，贩运日多，遂为进口大宗。之臣查洋烟先到香港，转达各口，岁计约大土五万箱，小土四万箱，其金花土及在新加坡等处华人所销者，不在数内，岁约十万箱以为常……今直省相率仿种，甚至川、黔全境皆是，岁约十二万箱，箱重百二十斤，合计烟土约二千六百四十万斤。以每人岁食六斤计之，以土十灰六，熬膏土约五成，灰约七成，层层折算，寔每人日食四钱七分零，当得四千四百万人，而佣工小贩之依此为生者，约十之一。其余自种自吸者，或相倍蓰。年年坐困于此，犯法伤生，废时失业者，不下千百万人。于是中国之智士，莫不痛悔从前之失计，而思有以禁绝之。

郑观应说吸食鸦片"犯法伤生，废时失业"，如传教士麦都思说："在鸦片烟输入中国以前，中国人口的增加率为每年百分之三，在鸦片烟输入以后则为百分之一。"当时底层百姓普遍吸食鸦片，这就使得全体中国人的身体素质日趋低下。例如光绪七年（1881），一位传教士在杭州一个山乡传教时，看到雇用的五个轿夫中"有四个是吸烟的……和那一个不吸烟的比较起来，四个吸烟的苦力除了体力不能持久以外，他们还要把每天所挣的钱全部吸了鸦片。因此，他们一个钱也无法带回家去。他们都是普通的吸烟者，但他们都是不健康、无气力、衣衫褴褛并无力供养家庭的人。"

郑观应《盛世危言》刊刻于光绪十九年（1893），有各种版本24种，是清末阅读受众最多的著作之一。清镕禅师"自购戒烟丸药，赠乡内之愿戒烟而贫者"是在光绪三十二年（1906），从他的誓愿来看，从吾乡乃至天下，清镕禅师对于鸦片荼毒天下之深，是有着清醒觉悟的，所以他应该看过郑观应的《盛世危言》，钱振锽称赞他"独有心于世"，竟然"闻朝廷禁鸦片"而为之大喜，区区一介僧人，忧心国事如此，可见此老爱国情怀之深。

清镕禅师积极参与戒烟之事，是在光绪三十二年（1906），因为是年八月初三日（1906年9月20日），清廷谕令内阁：

> 自鸦片烟弛禁以来，流毒几遍中国，吸食之人废时、失业、病身、败家。数十年来日形贫弱，实由于此，言之可为痛恨。今朝廷锐意图强，亟应申儆国人咸知振拔，俾祛沉痼而蹈康和，着定限十年以内将洋土药之害一律割除净尽。其应如何分别严禁吸食并禁种罂粟之处，着政务处议妥章程具奏。

十月十五日（11月30日），内阁拟定《会议政务处大臣筹拟禁烟章程折》：

> 遵议禁烟办法十一条：一、限种罂粟；二、分给牌照；三、勒限减吸；四、禁止烟馆；五、清查烟店；六、官制方药；七、准设戒烟会；八、责成官绅督率；九、严禁官员吸食；十、商禁洋药进口；十一、分饬张贴告示。从之。

这就是清镕禅师"闻以十年为限，且给烟户凭照，准其卖膏而倍征其捐"的来历。但因为有了朝廷的禁令，尤其是第三条"勒限减吸"，要求有瘾者逐减吸食量，其影响如陆士谔1836年出版的《士谔医话》云："自烟禁严行而后，瘾君子无不慄慄危惧"；第五条"清查烟店"，对售卖鸦片的烟店严格稽查；第六条，官方鼓励制作戒烟药丸帮助民众戒除烟瘾。如此，清镕禅师才能够名正言顺地参与清末这一场轰轰烈烈的戒烟运动。

戒除鸦片烟瘾的良方是服食戒烟丸药。当时流行的"官方戒烟药"主要是"林文忠公戒烟方"两种，分别是"忌酸丸"和"补正丸"，是清末研发最早、流传最广的戒烟戒毒药，由林则徐首创。"忌酸丸"之所以不叫"戒烟丸"，是因为服用此丸，如果再吃味酸的食物，可能肠断而死。

《清镕传》云："自购戒烟丸药，赠乡内之愿戒烟而贫者，求丸者日噪于

281

寺。"是说清镕禅师自购戒烟丸，在天宁寺内安排地点，免费发放给周围想要戒烟而家庭贫困者，因为这种丸药有一定的疗程，而且要酌情增减丸中的烟灰，所以不能一次性发给烟瘾者自己服用，只能每天到寺内现场领取，所以才会出现"求丸者日噪于寺"的情形。薛福成《庸庵笔记》云：

> 凡为人戒烟，必先审其岁月之浅深、精气之强弱与饮食之多寡，然后依方以定药品之加减，必与其人同室卧起，顺其气候而调摄之，察其宜忌而去留之，逾一月则瘾可绝矣。

周学海出版于1891年的《读医随笔》有"阿片体性"一节，"阿片"即鸦片，他认为：

> （阿片）其性阴险，中有所伏，其毒力能变化人之血性……气血久束久缩，反被困而乏生机，故日久则气短而音粗，血变而色坏，其常苦燥结者，以血气之势力，为烟力所束缩不得宣发，而内积也。脱瘾，则气驰而汗出，血散而身寒，筋骨亦为之缓纵而不收，甚至喘咳不止者，以气血惯受束缩，一经松懈，遂涣散颓唐，无以温里而卫表也。治之必用苦燥敛急之品，合行血固气之品，并能搜入骨脉深隐之处，抉其伏气，使其伏气逐渐外泄，正气日渐内充，吐故纳新，渐复常度，乃真断瘾也。常须谨慎，稍有忽略，即易生病，而瘾象复见矣。若气血本虚，瘾又深久，更难断戒，是终身之苦也。

由此可见，用戒烟丸药治疗鸦片成瘾，并不是一件简单的事情，服食丸药实际是人体内气血变化的一个过程，稍有不慎，非但不能戒瘾，反而可能生病、烟瘾加重，甚至有生命危险；另外，戒烟丸药毕竟掺杂了鸦片烟灰，清末有的不良商家，借机加入烟土、土皮、烟渣、罂粟壳之类，《见心斋药录》云："殊不知吮烟不过吸气，而服药则更食烟质，非徒无益而又害之，宜乎戒不能断瘾且有瘾加大者，且有吮烟必加食药而始可者。"

有了以上清末戒烟的知识背景，我们再来看《清镕传》中说"自购戒烟丸药，赠乡内之愿戒烟而贫者，求丸者日噪于寺"，就知道清镕禅师的确了不起，自购戒烟丸药，不仅是自己出钱，还要操心，要根据每个人的实际情况，斟酌增减戒烟丸药中烟灰的量，还要应对断瘾过程中可能出现的突发意外情况，还要防范不良商家的诡计，以及瘾君子们借机免费服食含有烟质丸药的动机。"求丸者日噪于寺"，可见到寺内求药丸者人数不少。在戒烟这件事上，清镕禅师自己出钱、出力、操心、费劲且承担很大的风险，如果没有深厚的爱国主义精神、强烈的忧国忧民意识，是不可能有这样的行为的。

四、结语

钱振锽，清末著名狂狷之士，一言不合，即辞官归里，且对佛教并无特别好感，故《释清镕传》中，对于清镕禅师的佛门造诣及影响只字未提，而是使用了类似正史中人物传记的笔法，直书其事。依钱振锽的性格，如果不是对清镕由衷的敬佩，断不会说出"清镕慷慨论事，其志愿除天下之秽恶而大振之，宁非豪杰之士哉？"最后又感慨豪杰之士归隐丛林，而不能遇合于世，以成功名，未尝没有夫子自道的意味。

慈悲济世的著名高僧冶开法师

周祝英（山西省社会科学院《五台山研究》编辑部）

临济四十一世高僧冶开法师为清末宗门四大尊宿之一，宝华山圣祖和尚是戒行第一，金山寺大定和尚为禅定第一，赤山的法忍禅师智慧第一，常州天宁寺冶开和尚号称威仪第一，他们是当时极受尊崇的四位禅师。冶开于咸丰二年（1852）出生于扬州府江都县的一个佛化家庭，祖父精通四书五经儒家典籍，晚年皈依佛教，乐善好施。其母一生奉佛，净口茹素，心地善良。家里设有佛堂，每天礼拜。还经常去寺庙念佛、放生、做善事。冶开的姑妈一心向佛，落发为尼。冶开从小耳濡目染、潜移默化地培养了良好的品质，并对佛教产生了十分浓厚的兴趣，十岁时就已熟背《观世音菩萨普门品》，十一岁时奉父母之命出家，于镇江九华山依明真彻禅师学习佛教知识，十二岁时在明真彻和尚座下剃度为僧，法名清镕，字冶开。十七岁时于泰县祇树寺依止隐闻和尚受具足戒。戒期满后四处云游参学。十九岁时来到常州天宁寺拜谒方丈定念禅师，随侍其左右，参究佛法。冶开法师天生聪慧，精进修持，翌年大悟，定念真禅禅师为其授记，冶开法师承接了法卷，成为临济四十一世传人。一年后定念和尚圆寂，冶开法师又去各地参学。四十四岁时回到天宁寺，次年继天宁法席任方丈，续佛慧命，弘扬正法，领众参禅习定，深究佛典。修建殿堂，庄严佛像，使寺庙成为一座布局严谨、建筑瑰丽、规模宏大、雄伟壮观的禅林道场。1913年，冶开法师被推举为"中华佛教总会"会长。此后，冶开法师还创办了"佛教慈悲会"，救灾济贫，广行善事。1920年，冶开赴上海开坛传戒，在玉佛寺创办居士念佛会，常以语录、

284

书画开示他人，接引沪上学者、名流，四众受戒弟子多达1500余人，为居士佛教推波助澜，一时法缘云集，法门称盛。冶开法师正是以菩萨的慈悲之心，关爱众生，利益大众，以出世的无私精神做入世的利生事业，赢得社会各界人士的赞誉。下面将冶开法师的兴教助学与慈悲济世、创办慈悲会的大乘精神简述如下：

一、创办佛教慈悲会　救灾济贫

冶开法师是近代佛教史上著名的爱国高僧，他一生热心于佛教文化事业和社会救济事业，以"弘法利生，慈悲济世"的佛学思想贯彻始终。《大智度论》卷二十七中说"慈悲是佛道之根本"，"慈者，同与喜乐因果故；悲者，同拔忧苦因果故"[①]。既有施与众生的喜乐之心，还要有给众生带来喜乐之果，才谓慈；既有同情众生的忧苦之心，还能给众生去掉忧苦之果，才谓悲。可见，慈悲就是为众生拔苦与乐的动机和效果的统一。对于芸芸众生，不分怨亲，都要献上一颗赤诚的爱心、慈心、同情心、恻隐之心和怜悯心。佛教认为人生皆苦，其根本任务是"度一切苦厄"，人人得到幸福快乐。因此说，慈悲就是佛法的根本之道。冶开法师践行佛陀慈悲济世的教义，在光绪三十二年（1906）全国灾情颇重，发生大饥荒，"粮食颗粒无收，百姓流离失所，惨不忍睹"。次年，有些无良商人恶意抬高米价，冶开法师体恤民生，与常州著名的慈善人士钱振锽等士绅，开设"平价售米"粮店，贴钱赔本售米给穷苦民众，救济灾民，施平价米让穷人也能吃上饭，渡过难关。凡是发生重大灾情，冶开法师都会伸出援助之手，竭尽全力，募集资金，慈悲救济。一次，常州一带遭受狂风袭击后又发生了次生灾害，决堤引发水灾。冶开法师得知后，立即派人前去灾区考察灾情，并写信致函清末邮传部尚书、江南制造局总办盛宣怀："……六月十六、七、八等日遭大风灾，常州北乡

---

① 《十地经论》（卷二），《大正藏》第26册。

圩塘龙港沙地方溃决圩堤，数十余里一片汪洋，淹毙人民牲畜无数，当时官绅散放急赈。本寺派人往看属实，住屋均在水中，一片汪洋，灾民无宿无归，嗷嗷待哺，惨不忍言……秋收籽粒全无。该处董事函求大慈垂怜乡梓，稍分赈款惠给灾黎得庆更生。贫衲不揣冒昧，特为代达，倘蒙赐给，衲当亲往，以最苦者先后，断不有负也。"盛庄氏接到冶开法师的信函后，慷慨解囊捐善款，并劝募上海名媛好善者济施。冶开法师亲自前往灾区开展救助，给受灾民众发放物资。

民国六年（1917），河北境内大雨连绵，山洪暴涨，京津一带水灾严重，受灾县达103个，灾民超过600余万人。"房屋冲塌，无家可归者极多"①。饥寒交迫，苦无生路，令人惨不忍睹。由此冶开法师及高鹤年等上海的居士名流呼吁为京津赈灾事共襄善举，同时得到印光大师、谛闲法师等高僧的大力支持，并创办"佛教慈悲会"，由冶开法师担任会长，高鹤年担任总联络人。募集善款，救灾济贫。冶开法师在"佛教慈悲会"的成立大会上讲道："我们做慈善，不图名与利，要出力出钱，任劳任怨，究竟为了什么？学佛就是要修福修慧。不通过做善事，福德智慧的资粮从哪里积累？业障又从哪里消除？弘法利生、慈悲济世、普度众生是佛门的宗旨。"也就是说，做慈善既能增长智慧与福德，还能消除业障。冶开法师亲自起草的"佛教慈悲会广告"中说："本会体我佛慈悲济世之旨，发起斯会，专为劝募远近同胞，善男信女，捐款不拘多少，悉数拨入灾区。一元可救一命，功德无量。"在冶开法师的倡议下，不久就已筹集到预定款数。1918年3月，佛教慈悲会"赈灾团"由冶开法师带领十余人，乘轮北上，实地了解灾情，看到被水冲淹的废墟，十分凄凉。冶开法师首先解决人们的温饱问题，架起数十口大锅，进行施粥、施药、施衣，安顿居所，救助灾民。其次又酌情将款物发放到灾民手中。"放赈是最难办之事，谓放赈以救命为急，分别受灾轻重之等差，酌量发给票款之多寡……盖赈款有限，恩难遍施……偕诸友分班施放，诸友皆忍苦耐

① 高鹤年：《名山游访记》（卷四），上海：上海佛学书局，1995年，第226页。

劳，事必躬亲，而心力交瘁，均染时邪，齐集天津医治。"①冶开法师亲自率队不辞辛劳、亲力亲为地给灾民发放物资，身心过度操劳，身染疾病，他不顾个人的生死，而是担忧灾民的安危，彰显了佛教"慈悲为怀，济世救人"的本怀和"无缘大慈，同体大悲"的精神。冶开法师还主持祈福法会，祈祷国泰民安，风调雨顺。民国七年，北方发生水灾。次年，北方五省又发生了特大旱灾，使这里饱受连年自然灾害，大面积粮田歉收或无收，因而严重缺粮，灾民食树叶、树皮充饥。冶开法师又一次"开复募金，一再济之"。年近七旬的冶开法师，又亲自前往灾区救助赈灾，送去了大批粮食，解了燃眉之急，救助了无数挣扎在死亡边缘上的灾民，受惠灾民称赞冶开法师："驾慈航，度群迷，接引众生成正觉；运悲愿，化凡情，善导穷子出婆婆。"

冶开法师这种拔苦与乐、普济众生的慈悲精神受到广大民众的赞誉。冶开法师用出世的思想做入世的事，具慈悲喜舍之心，悲悯一切众生。他常教导僧众："什么是善？利人就是善，与人方便就是善，损己利人就是大善。什么是恶？自私自利就是恶。要时刻遵循佛的教导：'诸恶莫作，众善奉行，自净其意，是诸佛教。'"并强调：佛门不仅要讲经说法，恒转法轮，更重要的还要慈悲为怀，普度众生。开示弟子："运扶天之手，展利济之心，调化有方，悲怜莫极，救灾恤难，拯苦赈饥，解厄扶危。"②冶开法师认为：大乘之道，志在利他，务必力求实行，方是为度世舟航。他积极参与公益活动，建造了天宁寺不远处的政成桥，于寺后塔院内创办天宁佛教医院。冶开法师践行大乘佛教的慈悲精神，发扬佛教"无缘大慈，同体大悲""心念众生，护国利民"的优良传统。

---

① 高鹤年：《名山游访记》（卷四），上海：上海佛学书局，1995年，第228页。
② 《冶开镕禅师语录》（卷三）。

二、发放戒鸦片药丸　护国利民

冶开法师不仅关心地方公益慈善事业，还很关注国家前途，他看到当时中国社会鸦片泛滥，种植罂粟成为风气，进口和本土鸦片竞相流出市场，吸食者一天比一天多。从达官贵人到贩夫走卒，大量吸食者陷入其中不能自拔，鸦片给整个中华民族带来了巨大的灾难，成为一个严重的社会问题。其实早在公元前139年张骞出使西域时鸦片就已经传入了中国。可在此后的很长一段时间内，鸦片在中国都是被当作药物来使用的。三国时就被名医华佗作为行医麻醉剂使用，李时珍在《本草纲目》中也记载有鸦片主治泻痢、脱肛不止等病症。在人类使用鸦片的很长一段时间里，并没有发现鸦片的成瘾性。鸦片直接吞食，味道苦辣不说，还恶臭难闻，所以别说是成瘾，就连让人下咽都是一件极难的事情。但在吸食法出现之后，那苦辣的恶臭却神奇地转变成了甘甜的香气，它所蕴含的生物碱是极具成瘾性的。鸦片最早是与烟草拌合在一起吸食的，当时叫"鸦片烟"（一种以烟草为主、掺入少量鸦片的混合物）。清代学者蓝鼎元在1724年所撰《与吴观察论治台湾事宜书》一文中记载："鸦片烟，不知始自何来，煮以铜锅，烟筒如短棍，无赖恶少群聚夜饮，遂成风俗……初赴饮不用钱，久则不能自已，倾家赴之矣。能通宵不寐，助淫欲，始以为乐，后遂不可复救，一日辍饮，则面皮顿缩，唇齿龇露，脱神欲毙，复饮乃愈……传入中国已十余年，厦门多有，而台湾殊甚，殊可哀也！"由此可以看出吸食"鸦片烟"具有了成瘾性，对社会造成了极大的危害性。鸦片从原来用于救命的药物变为致命的毒品了。正如《中国文库》刊登的一位外国友人的一封信中说："鸦片走私长此下去必然成为戕生、荡产、败德的罪恶根源。吸食鸦片，中国人视为最丑恶的行为，最巨大的灾难，使全国人民遭受痛苦。"

乾隆中后期，鸦片的吸食法从混合吸食鸦片烟草到单纯吸食鸦片，这使得鸦片的成瘾性剧增。嘉庆初年以来，单纯吸食鸦片法在全国迅速传播，中国人对鸦片的需求剧增，刺激了境外鸦片大量输入，西方国家不仅赚取了中国大量银钱，还给中国人冠以"东亚病夫"的称号。当吸食鸦片以后，人会出现幻觉和喜怒无常的情况。吸食过量则会使人头痛欲裂，而缓解这种状况的唯一办法就是不停地呕吐，因此吸食鸦片的人也会越来越消瘦低沉，每日所思所念皆是鸦片。就这样鸦片吞噬了中国人的气血，以至于中原几无可以御敌之兵，且无可以充饷之银。由此给中国带来了严重的社会危害。雍正七年（1729）清政府颁布的《惩办兴贩鸦片烟及开设烟馆条例》是最早禁止鸦片的法规。嘉庆元年（1796），嘉庆帝颁布诏令停征鸦片税，禁止鸦片进口。清政府尽管三令五申严禁烟毒，可由于吏治腐败，均无实际效果。

　　冶开法师十分痛心，他出钱购买戒烟丸药赠送给愿戒烟而贫者，因而每天都有很多人前来天宁寺求戒烟药丸。冶开法师满怀信心地说："我将自吾之乡以为戒烟，先闻吾乡之风，必有兴者。自吾之乡以至于吾郡，自吾郡以至于吾省，自吾省以至于天下，天下何惮而不富与强！"冶开法师将从他的家乡开始戒烟这件事，人们听到他家乡戒烟之消息后，肯定会有效仿的人，从家乡而影响到常州，从常州再影响到江苏省，再由江苏省影响到整个中国，天下何愁不富强？冶开法师发放戒鸦片药丸拯救了无数个家庭，让那些饱受烟瘾毒害的人们重新振作起来。有一天，冶开法师出门，一位妇女在路边向他叩头称谢，原来这位妇女的丈夫吸食鸦片多年，烟瘾极重，多亏服用了天宁寺发放的戒烟药丸后，烟瘾已慢慢断绝，身体逐渐强壮，也能干体力活了，特别感激冶开老和尚的施药之功。冶开法师听后也十分欣慰，认为施与戒鸦片药丸还是行之有效的办法，因而冶开法师又购买了大批戒烟药丸送给那些吸食大烟者，他发誓要斩断这戕生、荡产、败德的罪恶根源，要挽救这些被鸦片毒害的中华儿女。钱振锽对冶开法师戒烟之事如此评价："老氏以啬名其学，宏道好施，儒者不如，岂非出乎？其类者也。清镕慷慨论事，其志愿除天下之秽恶而大振之，宁非豪杰之士哉？"①冶开法师为禁烟毒竭尽全力，真可谓"先天下之忧而忧，后天下之乐而乐"。

---

① 钱振锽：《释清镕传》。

冶开法师恪尽其力，帮助需要帮助的民众，他建桥修路、完善生态，开展社会慈善公益事业，充分体现了他的慈悲情怀。庄严国土，利乐有情，慈悲喜舍，净化人心，这是佛教的主要精神。冶开法师深契佛理，先人后己，故被广大信众誉为拔苦与乐的"活菩萨"。他的慈心善举，感染教化无数人。人们从他的言行中学到了不少做人的道理，学佛先做人，佛法不离世间法，要自利利他，就是既要获得自身的解脱，又要给广大民众以利益。在冶开法师的带动下，其他僧人也纷纷解囊，众多居士和社会名流更是慷慨相助，积极践行慈悲济世的菩萨行。正如《大方广佛华严经》卷二十三中说："我为救度一切众生发菩提心，不为自身求无上道。"佛教用智慧来消除烦恼，更好地行菩萨道。所谓不为自己求安乐，但愿众生得离苦，必须有实际行动。所谓菩萨道就是要通过慈悲济世来体现。

三、兴建义务小学　立德树人

冶开法师严于律己，宽以待人，为人师表，其德行高洁、垂范后人的高尚品德声名远扬。他前半生潜修佛理，舍身求法，续佛慧命；后半生建寺安僧，广结善缘，救度众生。冶开法师以"出世之精神"做"入世之事业"，他教导弟子说："凡于佛教、于众生有利益的事情，在范围之内的，都应该发心去做，要想真正能够摄受广大的信众，给予佛法真实利益，除佛教知识外，必须具有高尚的德行和精勤的修持，如此才能使信众们建立信心……佛教的自我训练，目的是培养具有道德、伦理、纪律以及对社会责任的自觉意识，使内心清净无私。"冶开法师不仅赈灾济贫、施衣施药，还特别注重教育。冶开法师看到很多孩子因家贫等原因上不起学，很是痛心，于是就筹集资金，兴办了天宁寺义务小学。

冶开法师兴办慈善教育让那些穷苦孩子们得到良好的教育，在冶开法师圆寂后，天宁寺小学校的全体学生十分悲痛，书写挽联以表哀悼："大慈大悲，生前是万家生佛。不生不灭，寂后证无住真如。""重慈善，轻利名，四百兆同胞之间，如公有几？入学校，受教育，八九年培植所惠，没齿难忘。"

冶开法师非常重视文化事业，还创办了"毗陵刻经处"，他与弟子应慈、惟宽、行实等人，通过数十年的精心编校，刻印了大小乘经论774余部2469卷，使僧众能够阅读到更加丰富的佛教经典，其影响广泛，受到国内外佛教信众的称赞，并有日本、印度、美国、德国、苏联、英国、法国等国派人前来毗陵刻经处购请经卷，极大地推动了佛教文化传承和中外友好交流。

冶开法师戒律精严，佛学造诣高深，兴教育才，爱国爱教，慈悲喜舍，救度济世，倡导佛教慈善事业，身体力行践行大乘菩萨道"慈悲济世"的根本精神。佛教认为慈悲就是一种博大之爱，这种博爱就是"与乐拔苦"，也就是怜悯、同情，以普度众生同证解脱为终极目标。佛教的这种精神与儒家"民胞物与"的仁爱思想一样，在历史上起过重要的作用，而且体现了"利乐有情"的大乘佛教精神。冶开法师通过佛教慈善事业，救助灾区民众，兴办义务小学、济贫扶困等，广泛地开展慈善活动，正是继承佛教"关怀社会、回报社会"的优良传统，贯彻"以人为本"的精神，在现实社会中利益众生，造福社会。冶开法师创办的佛教慈悲会，把救援之手伸向那些遭受洪涝灾害、失去家园、失去亲人的灾民；还有家庭贫困失学的儿童、烟毒缠身无钱买药的瘾君子等。他以菩萨的慈悲之心，关爱众生，利益大众，以出世的无私精神做入世的利生事业，赢得海内外各界人士的赞誉。

有关冶开禅师传记的若干商议

黄惠菁（台湾屏东大学）

一、常州天宁禅寺史略

常州天宁寺始建于唐贞观、永徽年间（627-655），开山祖师是金陵牛头山幽栖寺的法融禅师。他到常州弘法，募化斋粮，因见常州地区信众很多，环境清幽，于是筑室十余楹，供僧人安居，是为天宁寺之创始。乾宁二年（895），杨行密任淮南节度副使时改名为"齐云寺"。天复年间（901-904），维亢和尚途经常州，听说法融旧事，就"施舍利，卜寺址"，正式建寺，名"广福寺"。

北宋熙宁三年（1070），神宗皇帝下诏书，命令全国各州郡均建崇宁寺，因而又称为"万寿崇宁寺"。政和元年（1111），皇帝下诏改为天宁寺。南宋绍兴七年（1137），复改为报恩广孝寺，后又改为光孝寺。德祐元年（1275），毁于兵燹。元初重建，至元年间（1335-1340），仍称天宁寺，一直沿用至今。①

天宁禅寺是中国佛教著名的禅宗道场，清朝顺治（1644-1661）年间，戒润律师来寺住持，开坛传戒，曾一度改为律寺。但不久纪荫禅师前来秉拂，仍复禅宗临济法派，至今三百余年，禅宗门庭未尝改易，与镇江金山江天

---

① 濮一乘编纂，王继宗校注选译：《武进天宁寺志》卷一，南京：凤凰出版社，2017年，第5-6页。

寺、扬州高旻寺、宁波天童寺并称"江南四大丛席"①。

在一千三百多年的漫长岁月里，天宁寺历经沧桑，屡毁屡建前后达五次。五代十国时，常州是南唐与吴国的交界地带，两国多次交兵，寺院遭毁。南宋末年，常州军民抗击元兵达半年之久，天宁寺也遭劫难。在太平天国运动中，天宁寺几乎化为灰烬，仅存山门及后殿数间僧舍。现存的主要殿宇，是清同治、光绪年间，在普能真嵩禅师、善净清如禅师和冶开清镕禅师主持下，经过近四十年时间先后修建，逐步形成后来基广百亩、殿宇宏峻的格局。

二、有关冶开禅师的传记介绍

目前教界流通的有关冶开禅师的传记不少，其中较为周全、有具体事迹的，包括喻谦《清常州天宁寺沙门释清镕传》、屠寄《冶开镕禅师寿言》、显彻《冶开镕禅师行述》、庄蕴宽《冶开上人传》、钱振锽《释清镕传》②、叶尔恺《冶开大师塔铭》、于凌波《常州天宁寺释冶开传》、伍稼青《记常州天宁寺冶开法师》③和常州天宁禅寺网页"冶开清镕禅师"④等，以上各本多收入于《武进天宁寺志》和《常州天宁禅寺志》中，于凌波所述者，则见于其所撰

---

① 松纯大成主编，罗伯仟总编纂：《常州天宁禅寺志》，第1篇，第1页。

② 钱振锽《释清镕传》虽名为传记，但内容有其侧重。钱氏与冶开禅师的因缘主要是建立在同乡情谊，参与禅师对家乡的救助工作，如："光绪丙午大饥，明年丁未，米益贵……释清镕者，住持乡内天宁寺，亦施平价米百金。"又如："闻朝廷禁鸦片，大喜。及闻以十年为限，且给烟户凭照，准其卖膏而倍征其捐，则又快快。自购戒烟丸药赠乡内之愿戒烟而贫者，求丸者日噪于寺。"因为赈济和购戒烟丸药以助乡里，所以作者与禅师有了接触，进而从接触中，了解禅师的仁心与慈悲。文中与生平系年连接较少，因此本文不作讨论依据。见濮一乘编纂，王继宗校注选译：《武进天宁寺志》卷七，第407页。

③ 伍稼青：《记常州天宁寺冶开法师》，参考自喻谦《清常州天宁寺沙门释清镕传》、庄蕴宽《冶开上人传》，并自言泰半资料采自屠寄《冶开镕禅师寿言》，因此，本文就不再列入讨论。见香港：《内明》76期，1978年7月，第38-39页。

④ 常州天宁禅寺：《冶开清镕禅师》此为天宁禅寺官网所收传记，但未清楚交待出自何本，其中多记载与各本之间皆有出入，或矛盾，无法澄清某些争议时间，故此处亦不列入讨论。见天宁禅寺官网-"名僧辈出"，http：//www.tianningsi.org/tncs/html/4843.html。

作的《民国高僧传初编》。

各本作者与冶开禅师的关系，或为其弟子，或为其信徒，或为同乡之人，皆有其因缘，兹分述如下：

（一）喻谦《清常州天宁寺沙门释清镕传》

喻谦（昧庵）（?－1932），民国人。《清常州天宁寺沙门释清镕传》出于民国初年衡阳喻谦编辑的《新续高僧传》（四集）卷35。[①]我国古代有慧皎、道宣和赞宁三位史家撰述的三部《高僧传》，内容叙及汉末迄北宋之名僧、高僧，是北宋以前中国佛教史的基本内容。北宋以后的高僧传虽有继起者从事著述，但是内容都稍有不足。喻谦此书博采群书，自北宋以迄于民国，择其道行超著者汇为一编，今学者以为颇可以与慧皎等三部僧传相媲美，尤其是有清一代高僧素为冶近世佛教史者所忽略，因此此书之出，恰可以补前人不足。[②]

缘此背景，书中记收录了有关冶开禅师之生平。依此书卷一严修《序》之记载，此书之作是因为"燕都法源寺道阶上人与诸山长老同抱盛怀，思继前轨辄以纂修之事属诸社友"，因此邀请喻谦撰作，而喻谦在"百方采辑，五载精勤，甄今陶古，门分类别"下，完成斯作。民国十二年（1923）秋初编辑斯就，时人以为此书"以彰潜德之幽光，示后贤以法守，伸仁山未尽之志，畅诸宿深远之怀"。[③]而冶开禅师对近代佛教贡献卓著，于民国十一年（1922）示寂，适为喻谦撰述之时，故录入其中。

（二）庄蕴宽《冶开上人传》

庄蕴宽（1866-1932），字思缄，武进人，与冶开禅师皆为江苏人。《冶开上人传》起始皆在叙述个人与禅师之因缘，从最初个人的"淡然"到后来"宣

---

① 喻谦著：《新续高僧传四集》卷三十五，见《大藏经补编》B27，No.0151，第276页b。
② 蓝吉富撰：《大藏经补编全书内容简介》（第27册），见《大藏经补编》B00，No.002，第97页a。
③ 《序》，见喻谦著：《新续高僧传四集》卷三十五，见《大藏经补编》B27，No.0151，第3页b-4页a。

统二年，江乡荒歉，予方里居读礼，父老假寺办赈务，躬与其役，日与上人，俱见其事理无碍，始敬异焉。"见到长老不论处理世事或面对佛理，皆能自在通达，无所障碍，很敬重推崇他。等到辛亥革命时，家乡天宁寺被有心人虎视眈眈时，禅师却能顺从有法，最终获保无事，作者益为感佩。①而长老也曾数度为作者演说佛经，使其愈为推重，故听闻禅师示寂，不免出涕感叹："劫簸方炽，不能留上人住世。"而作者之所以撰述此文，乃是意欲"以证'第一丛林''默然敷坐'之上人如在也"②。

（三）叶尔恺《冶开大师塔铭》

叶尔恺（1864-？），字柏皋，浙江仁和人。从其撰作《冶开大师塔铭》自称"弟子"及显彻《冶开镕禅师行述》末尾注记"嗣法门人，显彻暨显亲；皈依弟子，程德全，叶尔恺……狄葆贤同顶礼"来看③，其为禅师受戒弟子无疑。《塔铭》作于民国十二年（1923）秋，系因冶开禅师于常熟虞山的塔院落成，继承冶开禅师法系的门生弟子显彻禅师乃嘱托作者撰作墓志上的铭文，遂成此文。④本文于"塔铭"内容上，皆为冶开禅师之生平，其中记事与显彻所作《行述》，多为相同。

（四）显彻《冶开镕禅师行述》

显彻（1868-1937），字惟宽，本姓朱，得法于冶开清镕，宣统三年（1911）继任天宁寺方丈。据濮一乘《惟宽彻禅师塔铭并叙》载："（惟宽）

① 庄蕴宽撰：《冶开上人传》，见濮一乘编纂，王继宗校注选译：《武进天宁寺志》卷七，第403页。
② 同上，第406页。
③ 显彻撰：《冶开镕禅师行述》，见谈雄撰：《冶开传奇》（北京：团结出版社，2015年6月），第225页。
④ 原《冶开镕禅师传》（常州天宁寺所藏刻本）收叶尔恺《塔铭》，其中有一段文字："嗣法门人显彻既以师之《年谱》、事实，属尔恺编为《行述》。"说明显彻禅师曾以冶开禅师之《年谱》、事实，嘱咐叶尔恺编为《行述》，但今日可见之《行述》，系显彻所撰，非叶尔恺。而《冶开大师塔铭》一文"塔铭"以上，皆为冶开生平，亦即"行述"，内容与显彻所记，殊无太大分别。上述所称文字在今《武进天宁寺志》已删，唯谈雄撰《冶开传奇》有保留，第230页。

年十九，求戒于宝华山慧居寺。圆具后，遍历江南北禅席。时天宁宗风远振，主者冶开镕禅师炉鞴正赤，道望冠于海内。师亲承锻炼，许为法器。未久遂蒙记莂，自是一住四十年。"①吴镜予《惟宽禅师遗像题志》称其"主席领众者十年"②。从以上信息可知显彻长待天宁寺，而追随冶开长老亦颇久，对冶开极其熟悉。冶开圆寂时，惟宽显彻和应慈显亲两人亦随侍在旁，故显彻所作《冶开镕禅师行述》，当是信而有征。

（五）屠寄《冶开镕禅师寿言》③

屠寄（1856-1921）字敬山，为史学家。冶开禅师七十岁时，屠寄为祝贺其寿，乃成斯作，完成于民国十年（1921）夏季。依文中所述，作者二十三岁时，与长老相见于金山寺，订方外交，至作《寿言》，将近四十四年，自认为"县中长者、居士，知师道行之详，宜莫余"。而《寿言》不只有为禅师祝寿之意，也希望"藉师悟道之力，行道之缘，就平日见知、闻知者，表襮一二，以矜式后进"④，故此文从禅师出生写起，至北方赈济事止，记录禅师生平出处，虽为祝寿，实与传记无异。文末，亦以信徒身份祈请长老能继续开示指点："余老矣，文字障深，结习未尽，然犹愿向师乞得一指禅味，用保岁寒。师能以其既衰而弃之乎？"⑤

① 濮一乘撰：《惟宽彻禅师塔铭并叙》，见濮一乘编纂，王继宗校注选译：《武进天宁寺志》卷七，第430页。
② 吴镜予撰：《惟宽禅师遗像题志》，见濮一乘编纂，王继宗校注选译：《武进天宁寺志》卷七，第437页。
③ 屠寄《冶开镕禅师寿言》虽非以"传"立名，但内容大部分与冶开禅师生平联结，又成文于禅师示寂的前一年，故此处亦视为生平传记。
④ 屠寄撰：《冶开镕禅师寿言》，见濮一乘编纂，王继宗校注选译：《武进天宁寺志》卷八，第618-619页。
⑤ 屠寄撰：《冶开镕禅师寿言》，见濮一乘编纂，王继宗校注选译：《武进天宁寺志》卷八，第629页。

（六）于凌波《常州天宁寺释冶开传》①

于凌波（1927–2005），河南洛阳。因有感于（梁）慧皎撰《高僧传》，（唐）道宣之撰《续高僧传》，（宋）赞宁撰《宋高僧传》，以至于（明）知惺撰《明高僧传》和（民国）喻谦撰辑《补续高僧传》，但迄于当时已逾八十余年，却无继作。在此期间，因为动乱致时局始终不靖，资料散佚，无人对名僧或高僧做全面性的搜罗、整辑及撰述。作者唯恐佛教在盛衰起落中，因年代久远，史料湮没，乃以十余年时间，奔走世界各地，访问寺院、社团、高僧大德，多方采集资料，而撰成《民国高僧传》初、续、三、四编，共四册行世。《常州天宁寺释冶开传》即收录于初编第2卷中，因是最为晚出，故参考之资料最多，内容亦最为翔实。

（七）常州天宁禅寺网页：冶开清镕禅师

此为天宁禅寺官网所收传记②，但未清楚交待出自何本，其中几处与各本或有出入，或矛盾，对澄清争议难发挥效用。

三、冶开禅师传记的若干商榷

冶开禅师（1852–1922），江苏江都人，法名清镕，本姓许，二亲皆长斋奉佛，有姑姑出家为尼。母夜梦僧人入室而怀胎。出生后即具素性，不染荤酒。十一岁奉亲出家，十二岁时，礼镇江九华山明真彻禅师剃度③，十三岁从学于仪征县天宁寺莲庵和尚，十七岁在江苏泰县祇树寺隐闻和尚座下受具足戒，之后遍参杭州、普陀山、天台山各大名刹，未有契入。直至常州天宁寺

① 于凌波撰：《常州天宁寺释冶开传》，见《民国高僧传初编》卷二，新北：云龙出版社，2005年，第39–48页。
② 天宁禅寺官网–"名僧辈出"：http：//www.tianningsi.org/tncs/html/4843.html。
③ 有关冶开禅师是"出家"奉亲之命，还是"礼镇江九华山明真禅师剃度"奉亲之命，各本说法有异，此处从其弟子显彻《常州天宁寺冶开禅师行述》之说。

参谒方丈定念真禅禅师，始有精进。定念门风峻肃，法席岿然，门下学人鳞集，参叩者众。定公于诸禅人中独深器重冶开，冶开亦至心依止随侍定公座下。在天宁寺期间，禅师参禅开悟，定公遂为其记莂。定念圆寂后，冶开续至金山寺修行，应声触机，自此融通无碍，昔日读经时义理隔阂处，洞然顿彻。展卷阅读《楞严》《华严》诸经，隔碍顿彻。之后，禅师入终南结茅庵，茅蓬位于山隘之中，始至遇虎，上人一念不动，虎便自行屏息贴耳离去。自此，虎每日必至茅庵，将至，必先大啸三声，经过后复鸣三声，仿佛向禅师致意。

禅师修行，道行既深，动静一致。因认为大乘佛子当自度度人，不可以枯坐穷山为究竟，乃决定回常州天宁寺，善净清如禅师遂命其为西堂。①俟善净清如禅师示寂后，冶开则继任天宁方丈。在天宁寺期间，发现天宁寺部分建筑多毁坏于咸丰、同治年间，有感于定公法乳恩深，遂发愿重修，于是协同高朗月公、有乾性公，协助方丈善净如公，四处募化，即便泥泞没踝，亦誓不退屈。先后重建天王殿、文殊殿、普贤殿、地藏殿及罗汉堂等，同时广造僧舍，使天宁寺殿宇嵯峨、僧舍连云。然而此举引来乡邑士大夫不满，认为寺院楼高百尺，凌驾于孔夫子庙堂之上，极力阻拦。禅师慈忍，无片语相争，并请寺院长老出来排解众疑，终使全寺建成。

善净长老圆寂后，冶开上人继席天宁，皈依者日众。从天宁寺退居后，禅师又募修杭州灵隐寺大殿、资助常熟破山兴福寺、上海玉佛寺念佛堂，并在玉佛寺创设"居士念佛会"，接引信徒，遂名重当时，一时缁素云兴，法

---

① 各本多未载明冶开禅师何时回天宁寺，唯喻谦《清常州天宁寺沙门释清镕传》云"年三十八复来天宁"，考禅师三十八岁乃光绪十五年（1889），另喻谦版本亦云："镕少时诣常州之天宁，信宿而去，逾岁再至入禅堂有悟，庵留五载……年三十八复来天宁，再易寒暑，遂继主席，自是造殿修塔，应念而成，勤劬九秋因病告退。"庄蕴宽《冶开上人传》亦云载："天宁寺，为上人十九岁所留宿，逾年而再至进禅堂有悟，五年后乃云游，三十八岁复来，四十岁始主席。自是造殿修塔，皆应念而成。九年后因病告退，然皈依愈众。"两书说法一致。此说颇具可信度。盖冶开禅师第一次离开天宁的时间，乃定念禅师圆寂后，定公示寂时间，由《定念和尚铭》可知（见《武进天宁寺志》，第383页），乃同治十三年（1874），故经整理，可定禅师二十岁至天宁，谒定念长老，二十四岁离开，三十八岁再回天宁，直至四十八岁因病告退。

集鼎盛。民国初年，禅师又被推举为"中华佛教总会"会长，一生热心佛教文化事业和社会福利事业，曾在天宁寺创设毗陵刻经处，数十年中，刻印大小乘经论774部2469卷。民国七年（1918），北方苦潦，冶开禅师特创佛教慈悲会，集款累万，"亲至各县放赈，全活不可数"，明年，北方复大旱，冶开再济之。①

民国九年（1920）春，冶开在上海开坛说戒，受戒的四众弟子达1500余人。是年，中风病发，至秋季渐愈。自此闭门谢客，禅师专诵《华严经》，以每日四卷为常课。民国十一年（1922）冬十一月，冶开旧疾复发，安详自在，毫无痛苦。旬日之后，禅师瞑目跌坐而寂。世寿七十一，僧腊六十。圆寂后七日才封龛，仍端坐面目如生。见者无不嗟叹！冶开禅师嗣法弟子有月霞法师、应慈法师、惟宽法师和明镜法师等，皆佛门之龙象，弟子遍及各地，于民国僧伽教育均发挥极大之影响。

目前学、教界有关冶开禅师传世的传记颇多，内容所叙事件几为一致。各作者与冶开禅师的关系，或为其弟子，或为其信徒，或为同乡之人，或因信仰、传承而为之立传，皆有其因缘，故诸人之作，多信而有征。虽然如此，各本内容仍有详略之别，甚者，在一些事件发生时间的定点上，依然有微差。主要问题在以下几件事上：

（一）初至天宁寺时间

各本多有载冶开禅师少时即至常州天宁寺，如：

清同治季年，来至天宁，时定念禅公为方丈。（屠寄本）②

同治十年至常州天宁寺。时，方丈定念禅公，门风峻肃，法席岿然，参扣者鳞集，独深器师。师亦矢心执侍。（显彻本）③

---

① 有关冶开赈灾，各本传记多有记载，此处依庄蕴宽撰《冶开上人传》，见濮一乘编纂，王继宗校注选译：《武进天宁寺志》卷七，第405–406页。
② 见濮一乘编纂，王继宗校注选译：《武进天宁寺志》卷八，第619页。
③ 见濮一乘编纂，王继宗校注选译：《武进天宁寺志》卷七，第422页。

同治十年，至常州天宁。时主席定念禅公，门风峻肃，参叩者踪萃，独深契师。(叶尔恺本)①

同治十年(1871)冶开到常州天宁寺，参谒方丈定念和尚。定念门风峻肃，法席巍然。(于凌波本)②

镕少时诣常州之天宁寺，信宿而去。逾岁再至。(喻谦本)③

天宁寺为上人十九岁所留宿，逾年而再至。(庄蕴宽本)④

叶尔恺内容与显彻禅师几乎不差，于凌波的记述，亦是相同。唯喻谦与庄蕴宽的版本，则多了一条内容：云禅师同治九年(1870)十九岁时，曾至天宁寺留宿，不久离去，直至第二年，同治十年(1871)始再来。换言之，其初至天宁寺应是同治九年(1870)，不过，只是连住两天之后就离去。第二年，同治十年(1871)二度到天宁寺，才去参诣定念禅师，进寺中第二年因用功而有所开悟。

(二)复返天宁寺时间

有关冶开禅师复返天宁寺时间，显彻、叶尔恺和屠寄本均未明确指出，唯喻谦、庄蕴宽及于凌波本详确载明为"三十八岁"：

年三十八，复来天宁。(喻谦本)⑤

三十八岁复来。(庄蕴宽本)⑥

冶开三十八岁，他修持既深，动静一致，以为大乘佛法，常自度度人，岂能以枯坐穷山为究竟？于是在他离开天宁寺十五年之后，又回到常州祖庭。(于凌波本)⑦

---

① 见濮一乘编纂，王继宗校注选译：《武进天宁寺志》卷七，第409页。
② 于凌波撰：《民国高僧传初编》卷二，第43页。
③ 见濮一乘编纂，王继宗校注选译：《武进天宁寺志》卷七，第400页。
④ 见濮一乘编纂，王继宗校注选译：《武进天宁寺志》卷七，第405页。
⑤ 见濮一乘编纂，王继宗校注选译：《武进天宁寺志》卷七，第400页。
⑥ 见濮一乘编纂，王继宗校注选译：《武进天宁寺志》卷七，第405页。
⑦ 于凌波撰：《常州天宁寺释冶开传》，见《民国高僧传初编》卷二，第43页。

若依各本叙述的脉络检索，喻本、庄本及于本之说法，或许可信。盖冶开禅师于同治十年（1871）二十岁时，参谒定念禅师，他本虽未言冶开禅师何时复返天宁寺，但多数提及禅师是在定念禅师示寂后，离开天宁寺，"定公圆寂，师至金山"①。考定念禅师圆寂在同治十三年（1874）②，时为岁末，处理完定念禅师百年事后，应已来到同治十四年（1875）二十四岁时，亦符合各本所称"五年后乃云游"③。设若冶开禅师此时离开天宁寺，如喻本、庄本所记，光绪十五年（1889）三十八岁复返天宁寺，则确实如于本所记，接近"十五年之后"，三十八岁左右回到天宁寺。加以显彻本有云：

> 师锻炼既深，动静一致，以为大乘法当自度、度人，岂以枯坐穷山为究竟？于是仍回天宁。忆定公法乳恩深，本寺自兵燹后，殿舍未复旧观，遂与高朗月公、有乾宗公，协助方丈善净如公，分筹内外有情功德，常住益赡。④

经查证高朗月公圆寂于清光绪二十二年（1896）⑤，依显彻说法，冶开回天宁寺，尝与"高朗月公、有乾宗公，协助方丈善净如公"建设天宁寺，分头筹集寺内僧人与寺外信众们的布施，使寺产更加富实，那么时间点势必在光绪二十一年（1895）之前。是以光绪十五年（1889），冶开三十八岁回天宁寺之说，当可能成立，盖其时高朗月公犹在世。

（三）继席天宁寺时间

各本有关冶开禅师接任住持的时间，说法较为纷歧：

---

① 显彻撰：《冶开镕禅师行述》，见濮一乘编纂，王继宗校注选译：《武进天宁寺志》卷七，第422页。

② 陆鼎翰撰：《定念和尚塔铭》，关于和尚示寂时间为"同治甲戌年十二月二十日"，同治甲戌年即同治十三年。见濮一乘编纂，王继宗校注选译：《武进天宁寺志》卷七，第383页。

③ 庄蕴宽撰：《冶开上人传》，见濮一乘编纂，王继宗校注选译：《武进天宁寺志》卷七，第405页。

④ 显彻撰：《冶开镕禅师行述》，见濮一乘编纂，王继宗校注选译：《武进天宁寺志》卷七，第425页。

⑤ 《天宁高朗月公圆寂茶毗·冶开禅师法语》，见《冶开镕禅师语录》（常州天宁寺藏）卷一，第3页。

四十岁始主席，自是造殿、修塔，皆应念而成。（庄蕴宽本）①

年三十八，复来天宁，再易寒暑，遂继主席。（喻谦本）②

遂辞山返天宁，供职五载，继席领众，接引后学，深锥、痛箚。（叶尔恺本）③

善老既寂，师继席。（显彻本）④

善老既寂，师继席领众，遇学者入室，深锥痛箚，不稍假借。（屠寄本）⑤

光绪二十二年（1896）正月，住持善净示寂，由冶师的师兄青光继任丈席，后来青光出任天目山西峰寺住持，天宁寺方丈由冶师继任，他道风严峻，遇学者入室，深锥痛劄，不稍宽假，因此获益者众。（于凌波本）⑥

庄本与喻本同指四十岁左右，约当光绪十七年（1891）；但他本皆持不同意见。若如显彻本、屠本及于本所记，明确指出"善老既寂，师继席"，则时间乃在光绪二十二年（1896）之后。据陆鼎翰《善净如禅师塔铭》述："光绪二十有二年，正月十有二日丁未，传临济宗四十一世、天宁善净如公寂于位，报龄七十有五，腊三十有七。"⑦光绪二十二年（1896），善净清如入灭，若第二年，光绪二十三年（1897）冶开继席，则其时为四十六岁。以四十六岁对应喻本或庄本的四十岁之说，出入甚大；若参照叶本"供职五载，

---

① 见濮一乘编纂，王继宗校注选译：《武进天宁寺志》卷七，第405页。
② 见濮一乘编纂，王继宗校注选译：《武进天宁寺志》卷七，第400页。
③ 见濮一乘编纂，王继宗校注选译：《武进天宁寺志》卷七，第413页。
④ 见濮一乘编纂，王继宗校注选译：《武进天宁寺志》卷七，第425页。
⑤ 见濮一乘编纂，王继宗校注选译：《武进天宁寺志》卷八，第624页。
⑥ 于凌波撰：《民国高僧传初编》卷二，第43页。于氏在文中提及"住持善净示寂，由冶师的师兄青光继任丈席，后来青光出任天目山西峰寺住持"，此说明显有误。青光清宗禅师实际是在定念真禅师示寂后，继席天宁寺，时间为同治十三年（1874），一直到光绪五年（1879）因出任天目山西峰寺住持，故离开天宁寺，改由善净清如继席。陆鼎翰撰：《定念和尚塔铭》，见濮一乘编纂，王继宗校注选译：《武进天宁寺志》卷七，第382页。
⑦ 陆鼎翰撰：《善净如禅师塔铭》，见濮一乘编纂，王继宗校注选译：《武进天宁寺志》卷七，第386页。

继席领众"，以禅师三十八岁回天宁来看，则应是四十三岁，亦与四十六岁之说有距离；抑或是四十六岁接任住持，往回推五年的供职时间，代表禅师是四十一岁即光绪十八年（1892）复返天宁寺。今《常州天宁禅寺志》第四篇"历代住持·附录二·历代住持序表"于冶开住持年代亦作"一八九七——九○七"①，即是认定冶开继席时间，在光绪二十三年（1897）。冶开禅师接任天宁寺住持时间倘确实于光绪二十三年（1897），则有关庄本、喻本乃至叶本及于本提及禅师复返天宁寺的时间，均有争议，无法求得共识，竟成无解。

（四）留待天宁寺时间

从冶开禅师何时复返天宁寺，到其接任住持，留待天宁寺的时间，各本说法依然不一：

年三十八，复来天宁，再易寒暑，遂继主席。自是，造殿、修塔，应念而成。勤劬九秋，因病告退。（喻谦本）②

三十八岁复来，四十岁始主席。自造殿、修塔，皆应念而成。九年后，因病告退。（庄蕴宽本）③

遂辞山返天宁，供职五载，继席领众，接引后学，深锥、痛箚。（叶尔恺本）④

善老既寂，师继席，遇学者入室，深锥、痛箚，不稍假借，获益甚众……在位时，复以余力兴复东郊寺、塔；退居后，又至灵隐建殿、修像，在上海玉佛寺创居士念佛会，手书偈语，悬壁开示，一时缁素云兴，法集鼎盛。（显彻本）⑤

光绪三十二年，冶开禅师五十五岁，他欲选定法嗣，授记为未

① 松纯大成主编，罗伯仟总编纂：《常州天宁禅寺志》第四篇，第290页。
② 见濮一乘编纂，王继宗校注选译：《武进天宁寺志》卷七，第401页。
③ 见濮一乘编纂，王继宗校注选译：《武进天宁寺志》卷七，第405页。
④ 见濮一乘编纂，王继宗校注选译：《武进天宁寺志》卷七，第413页。
⑤ 见濮一乘编纂，王继宗校注选译：《武进天宁寺志》卷七，第426页。

来的继任方丈。八月初一日，命常住僧值将寺中常住惟宽、培修、月霞、应慈四人引至丈室，冶老传授四人衣钵，为临济宗第四十二法嗣……后来天宁寺方丈由惟宽继任……冶师住持天宁寺九年而退居。（于凌波本）①

各本说法仍有冲突。若依庄本和喻本意见，冶开禅师三十八岁返回天宁寺，四十岁接任住持，四十九岁因病告退，当时值光绪二十六年（1900），与诸本差异甚大。而叶本仅云冶开禅师返回天宁寺后，寺中供职五载，之后继席，但主持时间总计多长，未有说明。而显彻本主张冶开于光绪二十三年（1897）继席，退居后，又至灵隐寺修殿。灵隐寺修殿时间，一般以为已到民国初年，不过依显彻本的说法，所谓退居后的时间，范围很大，无法精准定位。至于本主张冶开禅师光绪二十三年（1897）继席，如"九年而退居"，则是光绪三十二年（1906），故当年有选定法嗣之举，时序可通。《常州天宁禅寺志》第四篇"历代住持·附录二·历代住持序表"亦注记冶开在位时间为1897-1907，于本之说与《志》吻合。唯于本在文中书记"欲选定法嗣，授记为未来的继任方丈""后来天宁寺方丈由惟宽继任"，此说法有误，冶开住持之后，继任者实为琢如显泉。显泉嗣法于善净清如，乃临济宗四十二世，其住持时间为光绪三十三年（1907）至宣统二年（1910），之后为明镜显宽，宣统二年（1910）至宣统三年（1911），最后才是惟宽显彻，其继位时间是宣统三年（1911）。②

四、结语

千年古刹天宁禅寺是中国佛教著名的禅宗道场，始建于唐代贞观、永徽年间（627-655），与镇江金山寺、扬州高旻寺、宁波天童寺并称为中国禅宗

---

① 见于凌波撰：《民国高僧传初编》卷二，第44页。

② 松纯大成主编，罗伯仟总编纂：《常州天宁禅寺志》第四篇，第290-291页。另，濮一乘编纂，王继宗校注选译：《武进天宁寺志》卷二，"法系"排序亦是如此。第35-36页。

四大丛林。在一千三百多年的历史里，天宁寺历经沧桑，屡毁屡建前后达五次。现存的主要殿宇，是清同治、光绪年间，在普能真嵩禅师、善净清如禅师和冶开清镕禅师主持下，经过近四十年时间先后修建，逐步形成后来基广百亩、殿宇宏峻的格局。

光绪二十三年（1897），冶开禅宗继任天宁寺方丈，时寺遭兵燹，尚未恢复旧观，禅师四处募化，远至关外，历时十余年。将募得资财，修建天王殿、文殊殿、普贤殿、地藏殿及罗汉堂等，使天宁寺殿宇巍峨，僧舍连云，建筑多达600余间，斋田由原来1500余亩增至8600余亩，道望远播，名声大噪。民国二年（1913），禅师被推举为"中华佛教总会"会长。之后又到上海玉佛寺创居士念佛会，并常以语录、书函开示他人，一时缁素云集，法门称盛。①

而目前有关冶开禅师传记流通者不少，其中较为周全、有具体事迹者，包括喻谦《清常州天宁寺沙门释清镕传》、屠寄《冶开镕禅师寿言》、显彻《冶开镕禅师行述》、庄蕴宽《冶开上人传》、钱振锽《释清镕传》、叶尔恺《冶开大师塔铭》、于凌波《常州天宁寺释冶开传》、伍稼青《记常州天宁寺冶开法师》②和常州天宁禅寺网页"冶开清镕禅师"等，多收入《武进天宁寺志》和《常州天宁禅寺志》中，于凌波所述者，则见于其所撰作的《民国高僧传初编》。

各本内容所叙事件几为一致。各作者与冶开禅师的关系，或为其弟子，或为其信徒，或为同乡之人，或因信仰、传承而为之立传，皆有其因缘，故诸人之作，多信而有征。虽然如此，各本内容仍有详略之别，甚者，在一些事件发生时间的定点上，依然有微差。主要问题围绕在以下几件事上：（一）初至天宁寺时间；（二）复返天宁寺时间；（三）继席天宁寺时间；（四）留

---

① 《冶开清镕禅师》，天宁禅寺官网－"名僧辈出"：http：//www.tianningsi.org/tncs/html/4843.html。
② 伍稼青《记常州天宁寺冶开法师》参考自喻谦《清常州天宁寺沙门释清镕传》、庄蕴宽《冶开上人传》，并自言泰半资料采自屠寄《冶开镕禅师寿言》，因此，本文就不再列入讨论。见香港：《内明》76期，1978年7月，第38－39页。

待天宁寺时间。上述四个问题，参酌各本所记，核较细节，仍存在矛盾与各说各话。其中"初至天宁寺时间"，应是十九岁信宿之时，较无争议。但"复返天宁寺""继席"乃至"留待天宁寺时间"等问题，因相互牵动联结，故前后难以定时，各本所记不免相互冲突。即使掌握禅师继任丈席时间当是光绪二十三年（1897），退位时间约为光绪三十二年（1906）、光绪三十三年（1907）之时，仍无法完全解决"复返天宁寺时间"。各本所记，可以归结为两个系统：喻谦本与庄蕴宽本相近，叶尔恺本与显彻本仿佛。至于屠寄本则多注重事件的叙述，鲜少涉及系年，故难以对应。而于凌波本则统合各家，本应详细，但有时却鲁鱼亥豕，益添混沌。

总上，各本传记内容，虽仍不免存在一些疑虑，但相信不论是嗣法门人或受戒弟子，其记录冶开禅师生平时，应是广泛收集和考证过相关资料，透过辑合、选择及剪裁逸事，提供更多信息细节的来源。其中对人物特征和深层精神的表达和反映，其实可以作为一种"历史传承"的重要标志。透过对冶开禅师生平有效的记录，使后人对当事者和历史、时代变迁等方面的认识，有更充分的理解与掌握，对文化、学术的研究，可谓仍具有重要的参考价值。

参考文献

1.于凌波撰：《民国高僧传初编》，新北：云龙出版社，2005年9月。

2.松纯大成主编，罗伯仟总编纂：《常州天宁禅寺志》，常州天宁禅寺。

3.谈雄撰：《冶开传奇》，北京：团结出版社，2015年6月。

4.濮一乘编纂，王继宗校注选译：《武进天宁寺志》，南京：凤凰出版社，2017年5月。

5.喻谦撰：《清常州天宁寺沙门释清镕传》。

6.庄蕴宽撰：《冶开上人传》。

7.叶尔恺撰：《冶开大师塔铭》。

8.显彻撰：《冶开镕禅师行述》。

9.屠寄撰：《冶开镕禅师寿言》。

10.显彻编：《冶开镕禅师语录》（常州天宁禅寺藏）。

11.伍稼青撰：《记常州天宁寺冶开法师》，香港：《内明》76期，1978年7月。

12.天宁禅寺官网 –"名僧辈出"：http：//www.tianningsi.org/tncs/html/48 43.html。

13.喻谦著：《新续高僧传四集》卷三十五，见《大藏经补编》B27，No.0151。

14.蓝吉富撰：《大藏经补编全书内容简介》（第27册），见《大藏经补编》B00，No.002。

民国常州天宁寺住持释清镕生平事迹考述

金建锋（广东韶关学院文学与传媒学院）

释清镕，字冶开，俗姓许，扬州江都（今江苏省扬州市江都区）人。释清镕既是中国近代禅宗的代表人物之一，又是以保持传统为己任的一代宗师。①释清镕也被称为"近代高僧，常州天宁寺中兴之祖"②。由此可见，释清镕不仅在中国近代佛教而且在常州天宁寺的发展史上皆有着重要的地位和影响。目前对释清镕的研究，主要有谈雄《冶开传奇》，分二十二章来展现冶开清镕禅师的求法弘法、庄严国土、利乐有情等不平凡的生平行迹，但是此书倾向于故事性、通俗性，而学术性不足，有些地方缺乏必要的考证。另外，此书附录了记载冶开清镕相关生平行迹的传文、碑铭等十余篇。③此书的出版，无疑有助于后学者的研究。佚名《冶开老和尚传略》，分别从"禅堂彻悟，两番契证""结茅终南""预知师疾，冒雪暴走四十八日，至诚祈愈""大悲中兴天宁，钳锤痛劄接引""兴办教化，大慈赈灾""跌坐示寂，功超果圆"④等六个方面来叙述冶开清镕的生平事迹，但此文也是侧重于通俗性、介绍性。佘贵棣《冶开清镕师传略》，分别从身世和参学、冶师的主要事迹、佛

---

① 谈雄：《冶开传奇》，《关于冶开（序）》，北京：团结出版社，2015年，第5页。

② 佚名：《冶开老和尚传略》，佛教书籍网：http://www.fjzjg.com/files/article/html/6/6386/21099.html。

③ 谈雄：《冶开传奇》，北京：团结出版社，2015年。

④ 佚名：《冶开老和尚传略》，佛教书籍网网址：http://www.fjzjg.com/files/article/html/6/6386/21099.html。

学上的主要思想等来论述冶开清镕的主要生平事迹和思想①，但此书侧重事迹的归纳与展现，忽视了时间的梳理。鉴于此，本文立足于释显彻《冶开镕禅师行述》（简称《行述》）为中心，结合屠寄《冶开镕禅师寿言》（简称《寿言》）②、叶尔恺《冶开大师塔铭》（简称《塔铭》）、《常州天宁寺志》第四篇"冶开清镕禅师"（简称《禅师传》）等其他相关文献记载，试图梳理和考述释清镕的主要生平事迹，从而厘清一些舛误或抵牾之处，以裨益于相关研究。

一、生年、籍贯和父母考

《行述》载："师讳清镕，字冶开，咸丰壬子岁生于扬州江都旧族许氏。父长华，母徐孺人。梦僧入室而举师，两世长斋奉佛，有姑未嫁为尼，故出胎即未染荤酒。"③《塔铭》载："本师冶开，讳清镕，江都许氏。父长华，母许氏。于咸丰壬子岁，梦僧入室而举师，两世长斋奉佛，出胎即未染荤酒。"④《寿言》载："师俗姓许氏，为江都旧族。二亲皆长斋奉佛，故出胎即厌荤酒。"⑤《禅师传》载："……母徐氏梦僧入室而诞师，时咸丰二年壬子二月十九日。"⑥

按：冶开清镕的生年，《禅师传》记载最详，阴历为咸丰壬子岁即咸丰二年（1852）二月十九日，阳历为1852年4月6日；籍贯是扬州江都；父亲是许长华，母亲为徐氏；许家为奉佛家庭，故他自出生即不沾荤酒。《行述》《塔铭》皆记载降生神异。《行述》多记载了他的姑姑为尼之事。

---

① 松纯大成主编：《常州天宁禅寺志》，佘贵棣：《冶开清镕师传略》，常州天宁禅寺（内部资料），2020年，第219–222页。

② 按：《寿言》乃是屠寄为冶开清镕七十诞辰所撰。

③ 谈雄：《冶开传奇》，显彻：《常州天宁寺冶开禅师行述》，第223–225页。后文同此，不赘标注。

④ 谈雄：《冶开传奇》，叶尔恺：《冶开大师塔铭》，第229–231页。后文同此，不赘标注。

⑤ 谈雄：《冶开传奇》，屠寄：《冶开禅师寿言》，第220–222页。后文同此，不赘标注。

⑥ 松纯大成主编：《常州天宁禅寺志》，《冶开清镕禅师》，第214–216页。后文同此，不赘标注。

二、出家和参学考

《行述》载："幼善病，年十一奉亲命出家，十二岁祝发于镇江九华山明真彻公，十七岁受具戒于泰县祇树寺隐闻和尚。"《塔铭》载："年十一秉亲命出家，十二剃染，十七受具于祇树隐公。"《寿言》载："年十一出家，十二剃染，十七受具足戒。"《禅师传》同此，而多记载为："年十三，从学仪征县天宁寺莲庵和尚。"

按：冶开清镕的出家、剃染和受具戒的时间皆一致和明晰，其中《行述》记载最为详细。从《行述》中，我们可知冶开清镕的幼年善病是他被父母送去出家的直接原因；少年出家，出家寺院与祝发寺院可能是同一寺院，至于为什么选择非扬州本地的寺院而是镇江的寺院，未有言明原因；泰县即今泰州市姜堰区，意味着冶开清镕受具戒的寺院又有所跨越，这可能源自祇树寺是当时的受戒寺院。通过《禅师传》多记载"年十三"的内容来看，仪征属于扬州，年少的冶开清镕祝发后回到扬州寺院学习，更符合离家就近的情理。这个记载，也就说明了后续所记载的"仪征天宁莲庵一公"之事是有所根据的。根据《行述》载"仪征天宁莲庵一公，于师为师祖。师落发后，相依数载，恩感至笃"，我们可以推测出冶开清镕从十三岁至十七岁的时间应该是在仪征天宁寺，大概五年时间①。

三、求师和修行考

（一）遍参普陀等名刹，未契

《行述》载："历参杭州、普陀、天台诸名刹，未契。"《寿言》载："遍参普陀、天台名刹，率以机缘不契，暂驻即行。"《塔铭》未载。

---

① 本文关于年份时间的计算，包括前后年，而不是简单地相减。

按：遍参之寺院，《行述》多记载"杭州"。至于遍参之时间，未有揭示，根据前文"十七受具"即同治七年（1868），后文"同治十年（1871）"即二十岁，可见在同治七年（1868）至同治十年（1871）即十七岁到二十岁之间，大概四年时间。

（二）至常州天宁寺，契悟受记莂

关于此事，《行述》《塔铭》记载最详，《寿言》最简，故此处引用《行述》。

《行述》载："同治十年，至常州天宁寺。时方丈定念禅公，门风峻肃，法席岿然，参叩者鳞集，独深器师。师亦矢心执侍。明年冬，结七值浴次，闻上首二老僧互谈七日间所得，师愧愤交作，不待浴竟，濡足入堂，趺坐禅榻，提起本参话头，罄力挨拶，誓以身殉……定公知师已开佛眼，遂受记莂。越岁，定公圆寂。师至金山坐次间。"《禅师传》载："嗣法为禅宗五十一世、临济宗四十一世、磬山十二世。十三年甲戌，定念圆寂。"

按：可见冶开清镕师在同治十年（1871）即二十岁时，至常州天宁寺，但是根据庄蕴宽《冶开上人传》载："天宁寺为上人十九岁所留宿，逾年而再至，进禅堂有悟，五年后云游。"[1] 可见同治九年（1870）即十九岁时，已至常州天宁寺留宿，尚未正式成为一员，而逾年再至，获得念公器重，符合《行述》等记载。"明年冬"即同治十一年（1872），此年即二十一岁，有所开悟，遂受记莂。"越岁"，根据文义是下一年，然而据陆鼎翰《定念和尚塔铭》载："遂西向趺坐而寂，实同治甲戌年十二月二十日也，世寿六十有八，僧腊三十九。"[2] 同治甲戌即十三年（1874）十二月，定公圆寂，因此"越岁"应为"越二岁"，此年冶开清镕二十三岁。根据定公卒年"同治甲戌年十二月二十日"的记载，可以推测冶开清镕离开常州天宁寺的时间至金山寺应为下一年即光绪元年（1875），因为作为定公的记莂弟子，最大的可能是在参

---

① 谈雄：《冶开传奇》，庄蕴宽：《冶开上人传》，第226–227页。后文同此，不赘标注。
② 杜洁祥主编：《中国佛寺史志汇刊》第一辑第35册，濮一乘：《武进天宁寺志》，台北：明文书局，1980年，第214页。

加荼毗等之后离开，此年二十四岁。因此，事实上，冶开清镕在常州天宁寺的正式时间从同治十年（1871）即二十岁时至光绪元年（1875）即二十四岁，大概五年时间，符合庄蕴宽《冶开上人传》所载"五年后云游"和喻谦《清常州天宁寺沙门释清镕传》（简称《清镕传》）所载"入禅堂有悟，庵留五载"①。而《寿言》未记载"明年冬"，仅为"会值初冬"，这很容易导致误解。《塔铭》未记载"定公圆寂"之事。

（三）至镇江金山寺，获得彻悟

《行述》载："越岁，定公圆寂。师至金山坐次间，侍者卷帘，维那唤放下。师应声触机，一念放下，得力更逾于前……凡昔日读经义理隔阂者，洞然顿彻。展阅《楞严》《华严》，如从自己肺肝中流出，碍膺之物，一旦尽释矣。"《塔铭》《禅师传》同此。《寿言》载："越岁，定公圆寂。师进香九华，回至金山坐次，闻侍者卷帘，维那唤放下……"

按：《寿言》多记载了"进香九华"，可见是先去了镇江九华山，即早年祝发之地。之后，再到金山寺，在此期间获得彻悟。彻悟的起始时间，根据上文，即离开常州天宁寺的时间光绪元年（1875）即二十四岁。而离开金山寺的时间，根据《禅师传》载："年三十四，遂行脚入终南结茅庵。"可见此年是光绪十一年（1885）。由此，意味着冶开清镕在金山寺的时间从光绪元年（1875）即二十四岁至光绪十一年（1885）即三十四岁，大概十一年时间。《寿言》载："辛酉中春旬有九日，冶开上人，世寿七十诞辰。忆余年二十三岁，与师相见于金山寺，订方外交，至今垂四十四年度。"辛酉即民国十年（1921），冶开清镕七十岁，往回推四十四年，则二十六岁，由此佐证了他在金山寺的时间。

---

① 谈雄：《冶开传奇》，喻谦：《清常州天宁寺沙门释清镕传》，第219页。后文同此，不赘标注。

（四）行脚入终南，结茅庵温养，后住喇嘛洞，嗣居实报室

《行述》载："遂行脚入终南，结茅庵温养……然旋移喇嘛洞……遂入居三年，了无怪异。及自造实报庄严室成，将迁之前夕……其摄服魔兽类如此。"《塔铭》《寿言》《禅师传》记载类似。《禅师传》多记载时间为："年三十四，遂行脚入终南结茅庵。"

按：前面三文献均未记载冶开清镕入终南的时间。根据《禅师传》可见冶开是光绪十一年（1885）即三十四岁入终南山的。

（五）因感应莲公，离开终南山回仪征天宁寺，后再回常州天宁寺

《行述》载："仪征天宁莲庵一公，于师为师祖。师落发后，相依数载，恩感至笃。在实报庄严室，一夕心觉有异，念莲公当有疾。时当冬令，冒雪急走四十八日至仪征。莲公果卧病六日，日夜呼师名，冀得一见。师乃虔礼大士祈愈，足迹深印，至今犹存……师锻炼既深，动静一致，以为大乘法当自度度人，岂以枯坐穷山为究竟，于是仍回天宁，忆定公法乳恩深……"《塔铭》《寿言》记载类似。

按：上述内容主要叙述冶开清镕的志诚之心和离开终南山再次回常州天宁寺的原因，但是未记载时间，而《禅师传》未载感应莲公之事。根据庄蕴宽《冶开上人传》载"三十八岁复来，四十岁始主席"和《清镕传》载"年三十八，复来天宁，再易寒暑，随继主席"，可见冶开清镕是光绪十五年（1889）即三十八岁时仍回到天宁寺的，这也就意味着在终南山的时间从光绪十一年（1885）即三十四岁至光绪十五年（1889）即三十八岁，大概五年时间。至于回到仪征天宁寺的时间可能在再至常州天宁寺之前不久，因为两件事情是前后相续的。

四、住寺和弘法考

（一）再回天宁寺，为西堂，协助营建等

《行述》载："于是仍回天宁，忆定公法乳恩深，本寺自燹后，殿舍未复旧观。遂与高朗月公、有乾性公，协助方丈善净如公，分筹内外，有情功德，常住益赡。更四出募修大殿……良久工卒。竟，善老既寂。师继席，遇学者入室，深锥痛劄，不稍假借，获益甚众。"《寿言》《塔铭》等记载类似。

按：据《禅师传》载："于是仍回常州天宁寺，善净清如禅师命为西堂。"可见冶开清镕为西堂之事，然《行述》等未记载时间。根据庄蕴宽《冶开上人传》载"三十八岁复来，四十岁始主席"和《清镕传》载"年三十八，复来天宁，再易寒暑，随继主席"，可见冶开清镕是光绪十五年（1889）即三十八岁时仍回到天宁寺的，这是无疑问的。关于冶开清镕开始住持天宁寺的时间，《行述》等记载皆为善净禅师卒后，根据陆鼎翰《善清如禅师塔铭》载："光绪二十有二年正月十有二日丁未，传临济宗四十一世，天宁善清如公寂于位，报龄七十有五。"[①]可见，善净禅师圆寂于光绪二十二年（1896），此年冶开清镕四十五岁，因此如果"主席"是住持方丈之席，那么"四十岁始主席"之说是错误的，或可理解"主席"乃主西堂之席，因为《塔铭》载："遂辞山返天宁，供职五载，继席领众。"

综上可见，冶开清镕仍回到天宁寺的时间是光绪十五年（1889）即三十八岁，至接任住持的时间是光绪二十二年（1896）即四十五岁，大概八年。冶开清镕在此段时间内对天宁寺的营建，使天宁寺如《禅师传》记载"名声大噪，道望远播，与镇江金山、扬州高旻、宁波天童号称江南四大丛林"。

---

① 杜洁祥主编：《中国佛寺史志汇刊》第一辑第35册，濮一乘：《武进天宁寺志》，第217页。

（二）住持天宁寺

因上文已引用《行述》内容，兹不赘引。《行述》等记载皆为善净禅师卒后，根据陆鼎翰《善清如禅师塔铭》载："光绪二十有二年正月十有二日丁未，传临济宗四十一世，天宁善清如公寂于位，报龄七十有五。"①可见，善净禅师圆寂于光绪二十二年（1896）。

《禅师传》载："光绪二十二年正月初，启建水陆法会，善净嘱师代为秉佛。十二日法会毕，善净即于是夕登座结跏合掌念佛，泊然而逝。二十三年丁酉，继天宁方丈。升座……"可见冶开清镕的能力已经获得善清住持的认可，此内容来自《善清如禅师塔铭》。

按：显彻《冶开清镕禅师语录》（简称《语录》）卷一载："清光绪二十二年正月二十四日主席升座。师拈香。"②可见，冶开清镕于光绪二十二年（1896）正月二十四日即四十五岁时已主席，即善净禅师圆寂后不久，代表着官方的认可。笔者认为这就意味着《禅师传》记载"二十三年丁酉，继天宁方丈"是错误的。

《行述》等只记载了住持天宁寺的诸多事迹，未记载住持天宁寺的时间，根据庄蕴宽《冶开上人传》载"九年后，因病告退，然皈依愈众"和《清镕传》载"自身造殿修塔，应年而成，勤劬九秋，因病告退"，可见大概九年时间，可能是从光绪二十二年（1896）即四十五岁至光绪三十年（1904）即五十三岁。然而，根据对接任冶开清镕的住持琢如显泉的记载，《琢如显泉禅师》载："清光绪三十三年丁未（1907），继席天宁，住持三载。"③接任时间是光绪三十三年（1907），由此冶开清镕住持的时间就可能是从光绪二十二年（1896）即四十五岁至光绪三十二年（1906）即五十四岁，于此年或次年因病告退，而次年光绪三十三年（1907）琢如显泉升座接任住持，这

① 杜洁祥主编：《中国佛寺史志汇刊》第一辑第35册，濮一乘：《武进天宁寺志》，第217页。
② （清）显彻：《冶开清镕禅师语录》，常州：常州天宁寺所提供刻本，卷一，第1页。
③ 松纯大成主编：《常州天宁禅寺志》，《琢如显泉禅师》，第223页。

就合情合理了。由此就有可能"九年"是误载，而是"十年"即十周年更为准确，因为钱振锽《释清镕传》载："光绪丙午，大饥。明年丁未，米益贵。振锽，阳湖孝仁乡人也。谋为乡设平价出米之所，而难其财。释清镕者，住持乡内天宁寺，亦施平价米百金。"①光绪丙午即三十二年（1906）和丁未即光绪三十三年（1907），冶开清镕还在担任住持。《禅师传》载："时寺遭兵灾，师四出募化，远至关外，历时十余年。"这实际上是从"再回天宁寺"的时间开始算起的。冶开清镕住持天宁寺期间记载的主要事迹：

1.兴复东郊太平寺塔等

《寿言》载："在位时，复以余力兴复东郊太平寺塔，其艰巨与大殿相埒。"《禅师传》载："后又募修常州文笔塔、政成桥，复东郊太平寺。"

按：根据冶开清镕《募修常州府太平寺、文笔峰宝塔收条》之六笔的署名"光绪三十年八月二十三日代募僧冶开"②，可见光绪三十年（1904）是募修时间。

2.弘法信众

《行述》载："师继席，遇学者入室，深锥痛劄，不稍假借，获益甚众。尝谓具大慈悲者，方能以毒棒接人。有日本僧闻风访叩，赋诗说偈，稗贩经典语录，走笔千万言不竭。师不置答，待其缠绕既竟，突问：'离却古人，何处是你自己？试道一句。'僧嗒焉若丧，旋悔悟流涕，礼谢而去。"

3.赈灾

钱振锽《释清镕传》载："光绪丙午，大饥。明年丁未，米益贵。振锽，阳湖孝仁乡人也。谋为乡设平价出米之所，而难其财。释清镕者，住持乡内天宁寺，亦施平价米百金……清镕慷慨论事，其志愿除天下之秽恶而大振之，宁非豪杰之士哉！"③光绪丙午即三十二年（1906）、丁未即光绪三十三年（1907），冶开清镕施金赈灾。

---

① 谈雄：《冶开传奇》，钱振锽：《释清镕传》，第228页。
② 谈雄：《冶开传奇》，书首影印件。
③ 谈雄：《冶开传奇》，钱振锽：《释清镕传》，第228页。

（三）退居之后，主要从事营建、慈善等事宜

前文已揭，冶开清镕辞任常州天宁寺住持退居的时间是光绪三十二年
（1906）即五十四岁。在此之后，冶开清镕虽不直接参与天宁寺的事务，但
更多关心佛教界事务和民众的疾苦了。

1.至灵隐寺建殿修像等

《行述》载："退居后，又至灵隐建殿修像。"《塔铭》等皆有载，未有确
切时间。《禅师传》载："募修杭州灵隐寺大殿，资助常熟破山兴福寺、上海
玉佛寺。"《寿言》载："风传远近，尤以先后在京请颁梵策大藏，在寺创刊
方册经典，为利人之津筏。"

冶开致盛怀宣收条："收到盛杏荪宫保大护法捐助杭州云林寺大殿功德
洋壹仟元正，此照。宣统二年三月初三日。经收僧冶开谨具。"①宣统二年
（1910），募修灵隐寺。

冶开清镕致善月大护法函："收到李朴臣先生□来修造常州德胜庵工程
龙洋贰仟元，如数收讫，此照敬请。大护法德安。民国三年阴历六月二十九
日，贫衲清镕谨具。"②民国三年（1914），募修常州德胜庵。

冶开清镕致盛宣怀收条："收到盛止叟大护法助灵隐寺大佛功德洋壹仟
五百元正，此照。民国四年阴历十一月初四日。贫衲冶开代收具。"③民国四
年（1915），募修灵隐寺大佛。

2.多次赈灾

（1）本乡赈灾

庄蕴宽《冶开上人传》载："宣统二年，江乡荒歉，予方里居读礼，父
老假寺办赈务，躬与其役，日与上人，俱见其事理无碍，始敬异焉。"宣统
二年（1910），冶开清镕参与赈灾之事。

① 谈雄：《冶开传奇》，书首影印件。
② 谈雄：《冶开传奇》，书首影印件。
③ 谈雄：《冶开传奇》，书首影印件。

（2）北方水灾，创佛教慈悲会筹款、赈灾等

《塔铭》载："戊午，北方水灾，创佛教慈悲会，集款累万，亲至灾区散放，全活无算。"《禅师传》同此说。戊午为民国七年（1918），此年冶开清镕六十七岁。

庄蕴宽《冶开上人传》载："己未，北方苦潦，上人亲至各县放赈，全活不可数。其明年，北方复大旱，予被推佛教筹赈会长，函求相助，上人一再济之。及晤时，为致谢，上人曰：'此本分事，勿挂齿。'"《清镕传》同此说。己未为民国八年（1919），此年冶开清镕六十八岁。

按：上述两记载，存在时间的抵牾，孰是孰非，尚需其他文献的佐证。

3. 开坛说戒等

《行述》载："庚申春，开坛说戒，四众弟子至千五百人之多。夏间，偶患风疾，至秋渐愈。自此谢客，日诵《华严经》四卷。"《塔铭》《禅师传》等同。《寿言》多载："又值庚申兵难，甲子一周兼设无遮大会，普行超荐，居民咸大感悦。"

按：庚申为民国九年（1920），此年冶开清镕六十九岁。

冶开清镕撰《同戒录序》云："无为之法，不出有为。世相之体，不离有相。绝有而遁无，则为二乘，为外道。背无而徇有，则为凡夫，为恶趣。遁无之失，舍正趋偏，其弊在学之未善。徇越深心成，此一期结集尔。民国九年夏正庚申佛诞日天宁退叟冶开清镕头陀叙于法云戒坛。樵隐居士钱融书。"①可见开戒坛的原因和日期。

五、卒年和安塔考

《行述》载："壬戌夏，罗邕生居士来祈开示，师曰：'娑婆世界苦，念佛生极乐。老僧七十一，决定往西方。'冬十一月，旧疾复发，安详自在，

---

① 谈雄：《冶开传奇》，书首影印件。

一无痛苦。程雪楼居士至寺，加受菩萨戒，师亲为说戒。居士谓师日诵《华严》太劳，师曰：'吾趁弥陀诞日圆满。'至二十日午刻，瞑目趺坐。狄楚青居士自沪到，张目一瞬，旋即示寂。世寿七十一，僧腊六十。寂后七日，始封龛，犹端坐，面目如生，观者日数千人，咸嗟异膜拜。"《塔铭》《清镕传》等同。

《禅师传》载："民国十年辛酉冬，诵《华严经》毕入寂，时十一月二十日，公元一九二二年一月六日。世寿七十一，僧腊五十九，戒腊五十。门弟子奉塔于常熟虞山北麓破龙涧。"

按：《行述》所载"壬戌夏……冬十一月"，而《禅师传》载"辛酉冬"，可见存在抵牾之处。笔者认为，根据诸多熟人记载，示寂年皆为"壬戌"，如弟子善月《祭文》载："维古历壬戌季冬之月丙寅朔越祭日己丑，弟子善月谨以栴檀之香，伊蒲之馔，致祭冶公本师之灵。"[1]可见，冶开清镕卒于壬戌冬十一月是无疑的，这意味着冶开清镕示寂于阴历壬戌即民国十一年（1922）十一月二十日。照此计算阳历，就是民国十二年（1923）一月六日。因此，冶开清镕的生卒年，从阴历来说，是咸丰二年（1852）二月十九日至民国十一年（1922）十一月二十日；从阳历来说，是1852年4月6日至民国十二年（1923）1月6日。

关于安塔时间，《塔铭》载："越明年秋，虞山塔院告成，复以书石之文，来属文。"宗家骅《冶开和尚塔铭》载："维元默阉茂岁辜月己卯，毗陵天宁寺冶开和尚功行圆成，示寂于院，世寿七十有一。明年冬，其徒显彻、显亲等，奉其灵龛，安塔于虞山北麓破龙涧上，涧隶破山兴福寺。和尚于寺有重振之功，归骨于此宜也。"[2]"元默阉茂"是太岁纪年，即壬戌（1922），而"辜月"即十一月。可见冶开清镕卒后安塔的时间。

① 谈雄：《冶开传奇》，善月：《祭文》，第233页。
② 谈雄：《冶开传奇》，宗家骅：《冶开和尚塔铭》，第232页。

六、结语

综上所述，本文通过梳理和考述释清镕的"生年、籍贯和父母""出家和参学""求师和修行""住寺和弘法""卒年和安塔"等几方面主要生平事迹，从而厘清一些舛误或抵牾之处，以裨益于相关研究。虽然本文不是全面展示释清镕的生平事迹，但是足以反映其主要方面。

对释清镕的贡献归纳比较全面的是佘贵棣《冶开清镕师传略》，但遗憾的是缺少评价。《禅师传》评价为"临济宗匠、近代禅宗大师"和"清末宗门四大尊宿之一，以威仪第一著称。又与海会妙参清虚、清凉静波清海称民国三清宿"。通过本文可见，释清镕不仅在中国近代佛教发展如佛法开示、佛教慈善、佛教文化等方面，而且在常州天宁寺的发展史上皆有着重要的地位和影响，所以被称为近代著名的高僧和常州天宁寺中兴之祖是名副其实的。总之，释清镕可以说是清末民国初弘法利生、续佛慧命、忧国忧民的爱国高僧典型。

晚清民初佛教发展的龙象

——身处巨变时代的冶开禅师行迹略述

金易明（上海佛学院）

常州天宁寺冶开禅师，是近代汉传佛教史上颇具影响的禅门法将。其身处晚清民初历史巨变时期，亲身见证并深度参与近代中国佛教复兴事业；民国初期，教界往往以太虚大师与印光大师为典型，分别给予其改革与保守的标签。而对作为前辈佛教发展代表人物的冶开禅师，如说其是改革派，则其在自身住持的天宁寺中坚持遵循传统规约，坚守道场定制；而如说其是保守派，则其于民国元年成立"中华佛教总会"的首任该会会长敬安寄禅和尚（1851-1911）圆寂于京城后的民国二年，即作为投身近代中国佛教复兴事业的法将和德高望重的代表，继任"中华佛教总会"会长、推进近代中国佛教团体的建设，以除弊革陋的具体实践，振兴已处极度衰微之际的道场僧团。冶开禅师适应时代对佛教的诉求，不仅表现在继承定念真禅禅师之愿力，继续振兴法融禅师牛头禅祖庭、千年古刹常州天宁禅寺，并以自身的威望、摄受力和善巧，成功阻止正处潮流之势的"庙产兴学"运动对古刹天宁寺的侵害。而且，其时的冶开禅师尚为常州东郊的太平寺（文笔塔）的修复辛勤操持，于晚年退居前后之际，又赴著名禅宗道场、千年名刹灵隐禅寺，为该寺大殿修复与佛像塑造等事项鼎力而为。故而，仅从操持名刹古寺的修复而言，冶开禅师即与其曾亲近之虚云老和尚一样，都对近代道场的恢复振兴投入了极大的精力。

冶开禅师出生于1852年，正值晚清咸丰二年，其圆寂于1922年，适逢北洋政府时期；身处时代巨变转折点上，一生经历晚清半个多世纪和民国最初十年，可谓生逢"胥聚于中国，此三千余年一大变局也"①。而作为恰逢晚清民初佛教复兴思潮风起云涌中的缁衣大德，其行迹与思想亦深深镌刻着时代烙印。无论是其一生修学与弘传禅法，包括其于终南山苦修、于天宁寺定念禅师座下嗣法临济宗脉的担当等经历，抑或其多方亲近诸善知识、广结善缘于社会贤达，合力聚焦于道场振兴、佛教复兴与僧团建设之缁衣本分，还是其践行"解行相应，弘法济世"，广泛开展社会公益慈善事业的作为，都无不彰显出晚清民初佛教发展中一代龙象之辈"锻炼既深，动静一致，以为菩萨发心，岂唯自度？要在度人，讵宜枯坐深山以为究竟"②的化出世情怀于入世之行的隽永风范。

一、冶开禅师早期精进修学的缁衣生涯

自隋代南北大运河凿通，江苏扬州始终是历史上商贸的重要集散地，明清时代更是江南手工业产品重要转运港，经济发达、文化繁荣；故而，其亦是宗教信仰弘布的重要平台，历史上僧侣云集、寺观香火旺盛，具有深厚的民间佛道信仰基础。冶开禅师于清文宗咸丰二年出生于扬州一没落佛化的许氏世家，其父许长华与母亲许徐氏均为佛门弟子。生逢乱世的冶开禅师，其出生之时即已是太平天国运动在南方燎原之际。其出生后次年的咸丰三年（1853），洪秀全与杨秀清的太平军攻占南京，并定都改名为"天京"；毗邻南京的扬州等亦处于动荡之中，千年古刹毗陵天宁寺也在太平军一路向北的扫荡中遭受重创。

乱世中出生的许家孩子冶开禅师，其自幼虽羸弱多病但却天资聪颖，且

---

① 李鸿章：《复议制造轮船未可裁撤折》，见梁启超《李鸿章传》第六章，武汉：湖北人民出版社，2004年，第94页。
② 屠寄：《冶开禅师寿言》，引自谈雄：《冶开传奇》，北京：团结出版社，2015年，第221页。

自小茹素，故而其父母于同治元年其十一岁时，即命其出家为僧。作为自小茹素且在佛化家庭深受信仰熏陶的许家少年，遵从父母之命，亦出于自身愿力地前往与扬州城隔江相望的镇江九华山做预备小沙弥，以适应寺院生活，翌年即依止该寺明真彻和尚剃度为沙弥，法名清镕，字冶开。在其于镇江九华山为沙弥不久后的同治三年（1864）八月，南京为曾国藩所率湘军收复，同时，太平军势力兵败如山倒，退出其所占据的镇江、扬州等南方本当相对富庶、民众尚有稳定市井生活的城市，迎来了晚清时代难得的短暂安定，对饱受乱世之祸的南方百姓而言，这是弥足珍贵的休养生息的机会。就在此社会环境相对平静的同治七年（1868），十七岁的沙弥冶开禅师得到机会，赴江苏泰县祇树寺依隐闻老和尚受具足戒。嗣后，青年比丘冶开开启了其三年赴杭州、登普陀，上天台行脚，遍访名刹礼佛、接受祖庭洗礼，并由此向诸善知识、耆宿大德请益领教的经历。

三年行脚参访拜谒诸善知识，增益其佛教信仰与佛学见识，也对晚清寺院破败之现状多有切身感受，无疑为其投入近代佛教道场振兴，提供了深刻的现实感性印象。然其三年的行脚参学生涯，就个人修学而言，似乎尚未得遇投缘契机之大德，未及寻觅到自身得以解缚开智悟道的路径。其时，定念真禅禅师作为临济四十祖，正于牛头禅之祖庭常州天宁寺为道场住持，正在主持劫后天宁寺道场的重振；冶开禅师闻知定念禅师以门风峻肃、法席巍然，在东南一带佛教道场与信徒中颇具声望，即于同治十年（1871）赴天宁寺参谒定念禅师。定念禅师对其一番棒喝兼并的考验，于冶开禅师身上发现作为宗门法脉承续者所应具的禀赋素养。于是，与定念老和尚契机投缘的冶开禅师经常随侍定念禅师于左右，虔敬并精进投入经教学习与参禅修学；颖悟的天资，精进的修学，冶开禅师于定公老和尚座下仅一年多，即于一次结七念佛中，忽而有所悟解。屠寄居士于《冶开禅师寿言》中，对其首度开悟的描绘既生动且传神：

> 会值初冬，结期坐七，偶因浴次，闻上首二老僧互谈七日间所得，自愧逊其勇猛。不待浴竟，即濡足入堂，趺坐禅榻，提起本参

话头，一念孤回，誓以身殉。觉刹那间，已烬香尺许，鸣磬下座，随众经行，觑定念佛是谁，更不知身在何处。维那见师，行不循轨，以香板击之。师触着如在云雾中，忽闻霹雳，顿化眼前黑暗为大光明藏，身心一如，受用自在。①

由此，定念禅师印证其佛眼已开，于是记莂嗣临济宗门第四十一代祖，为临济宗脉传承者。且定念禅师尚预言其日后必为佛门龙象。冶开禅师一生缁衣生涯，也确实印证了定念禅师慧眼独具，洞察禅门弟子根器之犀利。

随着于定念禅师座下"悟后修"的持续，冶开禅师已由一位信仰虔敬、精进勤学的青年比丘成长为颇具禅学修学功底的临济宗风传人。同治甲戌十三年（1874）十二月，定念禅师偶示微疾，但其预知自己即将舍报西归，故而召集徒众再三申精进之戒，且勉以未竟之事；于当月二十日晨起呼沐浴，并告知左右随侍者"吾将逝矣"！左右众僧恳请定念住持留偈示众，以作天宁合寺大众修学指南，定念公留下"万法本空，一尘不立。撒手便行，心如片月"②，遂西向跌坐而寂。随着定念禅师的圆寂，冶开禅师再度重启其行脚于禅寺精进修学的历程。翌年，也即清光绪元年，已届二十三岁的冶开禅师再度开启了行脚参学模式。冶开禅师首先前往地藏菩萨道场、享誉中外的四大名山之一的九华山，于朝拜肉身殿时，其心中涌动起东土禅宗三祖僧璨祖师《信心铭》开篇四句偈："至道无难，唯嫌拣择；但莫爱憎，洞然明白。"③而后朝拜百岁宫时，其寺院门前的明崇祯皇帝敕封之百岁"应身菩萨"无暇和尚的灵迹、弘法机巧的碑文，深深打动了冶开禅师，从其于日后住寺弘法的风格，可隐约发现这位无暇和尚对其的影响。

朝拜九华之后，冶开禅师直接行脚至镇江禅宗名刹金山江天禅寺。确实，金山江天禅寺这座建于东晋时代的千年古刹，除以悠久的寺院历史于

---

① 屠寄：《冶开禅师寿言》，引自谈雄：《冶开传奇》，北京：团结出版社，2015年，第220页。
② 《晚近江苏诸山法语（二）·常州天宁定念和尚》，引自 https://weibo.com/ttarticle/p/show?id=2309634605731587621077。
③ 僧璨：《信心铭》，《大正藏》第48册，第376页中。

广大信众中拥有广泛摄受力外，且有其"高旻打坐金山香，天宁唱念盖三江"的口碑传遍东南地域，更有金山江天禅寺以其著名的《江天禅寺规约》而闻名天下禅林。当然，江南民间则又将金山寺与充满人性情愫的《白蛇传》传说相联系，"水漫金山"的传奇于江浙一带早已家喻户晓，因而也增添了金山江天禅寺于民众中的知名度。同治十三年（1874），这座屹立于长江之畔的千年古刹的住持观心显慧禅师圆寂，该寺常住则迎请定念真禅禅师的同乡、一贯以生性恬淡、道心坚固、真参实悟、以身垂范并有"禅定第一"盛名的密源大定和尚（1823-1906）至金山江天禅寺荣膺住持。也许，正是基于上述这些因素的综合，促成冶开禅师选择了于金山江天禅寺住单潜修。冶开禅师住单金山寺近十年的精进潜修，其于解于行，俱是功力益增，趋于融通无碍之境。大定和尚对其多有关照、点拨。促使冶开禅师于天宁寺定念禅师座下首度开悟后，于金山寺住单第二年一次禅七中再度步入"无碍"之悟境。对冶开禅师于金山寺禅七中的这次再度开悟，屠奇于《冶开禅师寿言》中有记载：

> 回至金山坐次，闻侍者卷帘，维那唤放下，师于定中，应声触机，即一念放下，得力更逾于前。自此大地平沉，融通无碍，当时闻隔江人语历历，视瓜州如在户庭。凡昔日读诵经典，不能通其义理者，至此皆了然心目。展阅《楞严》《华严》，如从自己胸中流出，始知以前种种，恍如昨梦。[①]

确实，随着禅宗的兴起和发展，关于"开悟"一说也逐步流行于禅门，以至于"开悟"已然成为禅修取得成就之标志。而也正因此，"开悟"又逐渐变得神秘莫测，似乎神龙见首不见尾般，只见有发心禅修者，却少见听说印可"开悟"者。尤其是在当下的禅门，固然禅寺林立，占据汉传佛教道场之半边江山，可谓独领风骚；然而却少见有所谓因禅修而得以"开悟"者。笔者以为，包括江苏晚清民初著名禅师、被誉为禅定第一的金山寺大定和

---

① 屠寄：《冶开禅师寿言》，引自谈雄：《冶开传奇》，北京：团结出版社，2015年，第220-221页。

尚、戒行第一的宝华山圣祖和尚、智慧第一的句容赤山法忍和尚以及威仪第一的天宁寺冶开和尚在内的他们的同辈虚云老和尚等，及他们的嗣法弟子，多有得道开悟者。然为何当下时代禅门却难见由禅修而"开悟"者？笔者以为，此缘于两个方面：其一是主持禅寺者自身未有禅修的实践、对禅理及禅意宗趣少有理解，乃是颇为普遍的现象，以其昏昏而欲使人昭昭确实断无可能；其二是对于"开悟"境界的神秘化理解，使之高不可攀而难以企及，由此也很少见有被认定为"开悟"者。其实，所谓"开悟"者，即是禅修者通过一定阶段的"渐修"实践，于机缘成熟时的顿然有悟，也即是所谓的"顿悟"境界呈现之际；而这种"顿悟"的境界即是"开智悟理"，当然这是由禅宗赋予"开悟"的内涵而言。"开悟"在一般佛法意义而言即为"开示悟入"。《法华经·方便品》以佛为"一大事因缘故，出现于世"，这"一大事因缘"便是为众生"开佛知见""示佛知见""悟佛知见""入佛知见"①，表示"开悟"由浅入深的循序渐进。其中，"开"指"破无明"，"悟"指"见实相"，其含义即是修学佛法者由闻佛法因而得觉悟之果。从冶开禅师青年时期于天宁寺与金山寺的两次开悟而言，完全符合上述出自教门与宗门对"开悟"的界定，确实是由循序渐进的禅修而获得顿然之间的"开智悟理"。因此，"开悟"者并非等于功成名就即可高枕无忧而懈怠修学，正如一般世俗的学习经历，不能因一时的顿然领悟到某知识的要点、搞明白某领域的学问关键，即可放弃继续学习一样；"开悟"之后的"悟后修"则是禅门大德的重要课业，也是其获取"明心见性"的"正法眼藏"，得其"放下"境界而成就"无生法忍"，或"了生脱死"之解脱果的必由之路。

凌厉的开悟，促使冶开禅师于光绪十年（1884），行脚至终南山，结茅于山隩间潜心精进"悟后修"。前往终南山潜修之际，冶开禅师已届三十有三，且已是两度开悟的得道禅僧。而其在终南山潜修生涯整整持续十二年时光，直到光绪二十二年四十五岁时才出山回至天宁寺。这段终南山潜修经历，

---

① 《妙法莲华经·方便品第二》卷一，《大正藏》第9册，第7页上。

对其成就为一代高僧，致力于坚守佛门优良传统而除旧布新、锐意进取，推动中国佛教复兴事业，应说是裨益颇具的。其实，同时代稍晚的虚云老和尚、赤山老人法忍及高徒月霞法师，也都有于终南山结茅潜修之心灵锤炼经历。众所周知，终南山既是传统意义上士夫们隐居生活之首选地，“终南捷径”即因此而衍生之成语；同时，终南山在佛教历史上系唐代道宣律师创立“南山宗”的场所。唐代禅僧未有自身独立道场，大多依律寺而居，故而终南山也为大多禅僧潜修苦行之所选，其山林间星罗棋布的茅蓬中多有得道开悟禅师精进于“悟后修”，即是其明证。因此，冶开禅师行脚至此而能坚持山林间潜修十二载，并非率性的抉择，其隐修的目标是明确的；青年时期住单天宁寺亲近住持定念禅师间，对定念禅师曾避于终南山结茅隐居潜修那段传奇经历印象深刻，当亦是坚定其此抉择的重要因素。在终南山潜修隐居期间的诸种艰辛、诸般传奇经历，谈雄先生《冶开传奇》以七、八两章篇幅，作了富有文学色彩的传神描述。其于两度开悟后至终南山的静修生活，伴随禅修工夫日渐增长、修学境界相应升华，最终正如其好友屠寄居士所言：“师锻炼既深，动静一致，以为菩萨发心，岂唯自度？要在度人，讵宜枯坐深山以为究竟。”①

一位拥有深厚禅修功底的禅门龙象终于走出终南隐修之地，江南禅门迎来了住持道场的振兴之法将。正值壮年的冶开禅师掀开了其缁素生涯的住持道场、致力佛教复兴事业的新篇章。

二、振兴天宁道场而弘传济世的冶开禅师

于终南山修学环境中精进潜修而得脱胎换骨的冶开禅师，终于怀着济世度人、光大伽蓝的宏愿，于光绪二十二年走出隐居潜修的山隘茅蓬“实报庄严室”，回到阔别一轮岁月、自身首度开悟的道场天宁寺。而这年正值中日

① 屠寄：《冶开禅师寿言》，引自谈雄：《冶开传奇》，北京：团结出版社，2015年，第221页。

甲午海战清廷惨败、无奈签下《马关条约》后一年，国运衰微至极亦是路人皆能感知的事实。基于此，不仅酝酿着爆发于光绪二十四年的"戊戌变法"，且变法维新人士都无不将目光投向主张"众生平等"的佛教，倡导"一切唯心所造"而寄望于人之主体意识的佛法。因此随着变法维新思潮的掀起，悄然之间改变佛教之衰颓现状而图僧团之振作、道场之振兴、佛法之振奋的近代佛教发展，发轫于杨仁山居士赴日请回佚失数世纪的汉语系佛教经典，兴办金陵刻经处而振奋研学佛法之精神，滥觞于邹容、章太炎、梁启超等将佛法的原理融会于其变革维新的实践之中。而随之，包括寄禅敬安、宗仰、冶开、月霞等致力于振作僧团、振兴道场的高僧大德们，成为近代中国佛教复兴的主力，站在了历史舞台的前端，并造就了以太虚大师及弟子们为代表的两代复兴事业的承继光大者。

就是在此背景下，日后成为"中华佛教总会"会长的冶开禅师于光绪二十二年（1896）四十五岁精力充沛的壮年回到常州天宁寺。由其弟子——继其为天宁寺住持的显彻所编《冶开镕禅师语录》卷一开篇的"法语"，"清光绪二十二年正月二十四日主席升座"①（阳历为1896年3月7日星期六），由此可确定其升座为天宁寺住持的时间。但据松纯大成主编的新编《常州天宁禅寺志》第四篇"历代住持"章"冶开清镕禅师"条记载，冶开禅师"于是仍回常州天宁寺，善净清如禅师命为西堂。光绪丙申二十二年（1896）正月初，启建水陆法会，善净嘱师代为秉拂。十二日法会毕，善净即于是夕登座结跏合掌念佛，泊然而逝。光绪丁酉二十三年（1897）继天宁方丈"。②而后该新编寺志所引用的其升座法语，则取之于显彻禅师所整理的《冶开镕禅师语录》之首卷首篇文；其中谈及"新正十二日我善兄和尚辞世，座下虽是有

---

① 本文笔者所见《冶开镕禅师语录》，系由常州天宁寺所提供，其扉页上有"天宁冶祖语录四卷，今唯得其上册三卷，乃敏智老于上海访得。此残本余特影存以备参阅也。素闻自记"的备注。可见四卷本的《语录》仅存三卷，且基于其下册的佚失，导致确实无从了解本残本的出版机构、时间和出版者等信息。特此注明。
② 松纯主编、廓尘副主编：《常州天宁禅寺志》，2020年5月准印（00001155）内部数据版，第215页。

人，皆系抱道蓄德，立志坚强，不肯轻露。所以诸山和尚及合寺首领诸师，慈意殷殷婆心，婆心片片，承命清镕权居此位"。①可见，冶开禅师在天宁寺的升座时间，应该以其弟子显彻禅师的整理记录为准。这时的天宁寺，虽在咸丰至同治年间被毁后，经定念禅师等勉力修缮已恢复道场之元气，然尚未恢复到千年古刹毁于兵燹前的规模，相当部分的寺院设施建筑尚未恢复；因此，回到天宁寺的冶开禅师，其首要的任务即是发心重修道场，以期旧观原貌得以完整重现。于是，冶开禅师于各地檀越之间募化达十余年，空间上远远超越江南之地，广至东北地区，其募化所得善款尽数用以重建天王殿、文殊殿、普贤殿、地藏殿，及罗汉堂，并广造僧舍修缮全寺建筑。修复后的天宁寺殿宇嵯峨，僧舍连云，较以前更为壮观。基于冶开禅师的励精图治、致力于天宁寺道场的振兴，寺院房舍就达600余间，寺田也由原1500余亩增加到8000余亩。

然而，常州天宁寺在晚清民初期间能位江南四大丛林之列，并非仅仅源之于冶开禅师于住持天宁寺最初十多年精心致力于道场的规模建设。更重要的，也是关键的在于其于振兴与庄严天宁寺道场规模的同时，于寺院住持任上，以严谨的道风、凌厉的机锋，于寺院僧团严格以律仪摄僧众、以《规约》行教制；而对入道学修禅学之后生，则以临济棒喝齐下的宗风，给予对机适根的教化。东初《中国佛教近代史》中对冶开禅师于天宁寺接引后学有段生动的描述：

> 后继任天宁住持，遇学者入室，深锥痛割，不稍宽假，获益者众。尝谓："具大慈悲者，方能以毒棒接人。"有日僧某，闻风叩访，赋诗说偈，稗贩经典语录，下笔千万言不尽，初不置答，待其缠扰既竟，突问："离却古人，何处是尔自己？试道一句！"某僧嗒焉若丧，旋悔悟流泪，礼谢而去。②

---

① 《冶开镕禅师语录》卷一。
② 释东初：《中国佛教近代史》（下册），台北：东初出版社，1974年，第743-744页。

从中我们既能看到冶开禅师之嗣法师父定念禅师接引其时凌厉的临济宗风，又可感受到一意参话头之究竟的大定禅师的风范，似乎其中还有冶开禅师参拜九华山肉身殿时所见文献记载的无暇禅师接引大儒的风格，留给其的印象影子存耶！

其实，冶开禅师对于天宁寺的贡献远不仅是上述两个方面，其于天宁寺期间，致力于佛教文化建设事业，贡献颇著。其中突出的是，天宁寺本于同治二年（1863）创立了天宁刻经处（即毗陵刻经处），相较于金陵刻经处的创立［同治五年（1866）］尚早三年；然可惜因太平天国运动破坏而刻经事业亦与寺院一样未能得到有效的发展；而在冶开禅师主持寺院期间，毗陵刻经处的事业进入了其历史上的繁荣时机，其后平稳发展，至1949年春，刻经处共刻经书达960种，2900多卷，其所雕刻的枣木版亦有3万余块。毗陵刻经处的成就，无疑与冶开禅师对天宁寺弘法文化事业的关注和精心扶持、打下良好的基础密切相关。而毗陵刻经处本着"为利人之津筏"所作的努力，客观上对于推动晚清民初中国佛教复兴事业产生了积极的作用。在振兴道场、兴办弘法文化事业之余，冶开禅师亦着手考虑为天宁寺这座千年古刹撰志书，据记载：

> 清代冶开镕祖，禅门巨擘，一代宗师，尝于静观之余，兴发寺志修辑之念。时有乡贤屠敬山、吴镜予二长者，精通国学，擅长史乘，问道冶祖，倾心景仰，至诚皈依；言及《天宁寺志》，即允编纂，惜因缘未熟，未及执笔。[①]

而其中执笔者之一的吴镜予居士亦在其为《天宁寺志》所作的序言中言道：

> 溯自民国之初，由湘返里，亲炙冶开大师镕公之门，翘勤瞻礼，无间旬月。每值讲诵之暇，蒙师殷殷嘱累，即惟本寺志书必期观成于不慧之手。不慧自审才微，未敢轻诺，敬以让诸屠长者敬

---

① 敏智：《重印武进天宁寺志序二》，《武进天宁寺志》，第5页。

山。敬老谓此事不宜畏避，吾二人当合成之。师闻而欣然。但其时师方主刊方册大藏，惟宽彻公以主持客堂兼任校勘事繁，不慧与敬老助之，于志事遂未暇专勤搜辑，仅凭冶师及庄长者心安杂谈记述而已。[1]

虽然基于各种缘由，尤其是修志所需巨量准备工作的缘故，冶开禅师生前未及能亲见天宁寺志书问世；然而其修志的愿力及其为此付出的精心部署、着力准备，是最终《武进天宁寺志》于1948年排印版出版问世的基础。其可谓功不可没。

清朝皇朝最后一年，亦即宣统三年（1911）这一中国历史转折之年，对冶开禅师而言则另有一番属于其个人的意义，也即其自同治十年（1871）拜谒于天宁寺前住持定念禅师座下学修恰好四十年。律己甚严的冶开禅师于这一年从天宁寺住持位退居，以便于让贤于后继者；同时其自身则投入精进修德、专注弘法与公益慈善。其实，在其退居前一个阶段，建塔碧瓦丹楹于太平寺，恢复太平寺道场及寺塔，成为其矢志圆满的使命。位于天宁寺东侧的太平寺，亦是常州市内最古老寺院之一，由南北朝时期南齐皇帝萧道成创建于建元年间（479-482）。康熙皇帝玄烨曾于康熙四十四年（1705）南巡时为该寺题写"太平兴国寺"匾额，赐予该寺住持僧祥璘；后该寺于清咸丰十年（1860）毁于战火。故而冶开禅师在修缮天宁寺工程完成后，于光绪三十四年（1908）发愿以自身于江南丛林中的声望，推动募化资金重建太平寺及其寺内标志性建筑文笔塔。

从天宁寺退居，由其嗣法弟子惟宽显彻禅师继任住持后，虽已步入花甲之年的冶开禅师并未安享晚年，继续自己一以贯之的弘法事业与慈悲济世布施大众的善举。显彻禅师在《常州天宁寺冶开禅师行述》中，对冶开禅师退居后弘法与慈悲济世活动有概括性的叙述：

---

[1]　吴镜予：《武进天宁寺志序》，《武进天宁寺志》，《中国佛寺史志汇》第一辑第35册，台北：明文书局，1980年，第7页。

在位时，复以余力兴复东郊寺塔；退居后，又至灵隐建殿修像。在上海玉佛寺创"居士念佛会"，手书偈语，悬壁开示，一时缁素云兴，法集鼎盛。又创"佛教慈悲会"，年迈古稀，不避艰苦，亲至北方赈济灾黎。老幼捧手，泣于道曰："活我者，老和尚也。"庚申春，开坛说戒，四众弟子至千五百人之多。夏间，偶患风疾，至秋渐愈。自此谢客，日诵《华严经》四卷。①

其中概括了冶开禅师于退居前后在振兴道场、弘法济世方面所作的不懈努力与精进。然而毕竟是碑文性质的"行述"题材，期间省略了诸多能反映晚年冶开禅师风采之处。例如，冶开禅师所关心并参与建设的寺院，并不仅限于常州天宁寺及东郊太平寺。退居后，冶开禅师曾一度于东南佛国位列"五山"第二的古刹灵隐禅寺静居；期间，灵隐禅寺留下了冶开禅师弘法开示的身影，也留下了冶开禅师与近代洋务运动杰出实业家、一代常州籍红顶商人盛宣怀之间的书函往返，见证了佛教发展中实业界助力道场重振的历史。②冶开禅师鼎力配合灵隐寺住持，以自身于居士界的崇高威望和僧格魅力，动员盛宣怀等实业界檀越共襄灵隐寺为太平军所毁的大殿重建盛举；冶开禅师在禅门大众恢复灵隐寺大殿并庄严佛像于殿内宏愿的实现中，发挥的积极且关键的推动作用，为后世佛门经久传颂。

另外，位于江南富庶鱼米之乡、常熟城虞山脚下的破山兴福禅寺，系六朝时代创建的千年古刹。唐代诗人，开元年间进士、大历年间江苏盱眙尉常建所题那首脍炙人口的《题破山寺后禅院》："清晨入古寺，初日照高林；曲径通幽处，禅房花木深；山光悦鸟性，潭影空人心。万籁此俱寂，但余钟磬音"③，禅意弥漫的诗句，即是兴福禅寺于盛唐时代寺景的诗意呈现。然而，

① （清）显彻：《常州天宁寺冶开禅师行述》，转引自谈雄：《冶开传奇》，北京：团结出版社，2015年，书前插页、第224页。
② 谈雄：《冶开传奇》第十五章中，收录了抄之于上海图书馆盛宣怀档案文献中冶开禅师为灵隐寺修缮事宜致盛宣怀的书函，此书正文前插图中还影印了多封冶开禅师致盛宣怀的书函手迹。见《冶开传奇》，北京：团结出版社，2015年，书前插页、第147页。
③ 常建：《题破山寺后禅院》，《全唐诗·卷一四四》册四，北京：中华书局，1980年，第1461页。

岁月沧桑，被历史尘埃打磨得一片萧条的兴福禅寺，于晚清民初之际，因住持道场者僧品有亏而难以服众、能力乏贤而治寺无方，故而兴福寺山门寥落。据新版《常熟兴福寺志》中的"大事记"的记载：

> 民国六年，钱鹏年等延常州天宁寺月霞、应慈主持兴福寺。农历七月初一，新任兴福寺方丈月霞升座。月霞日前由常州士绅屠敬山、李经䵷等及江天、高旻、玉山、磬山、西园、天宁诸寺长老伴同来常。升座日，常熟各寺长老及官绅民众云集，虽大雨如注而观者拥挤，气氛雍容肃穆。月霞升座伊始，即以振兴教法、培植僧材为急务，筹建华严学院，手订《预科章程》，命法弟应慈主其事。月霞于是年除日长逝。世寿六十，戒腊四十，归葬于虞山兴福寺后山之狮子口。[①]

对照《常熟兴福寺志·志僧第三》中"月霞显珠"栏下的介绍："民国六年……先是山中钱鹏年暨邑绅等因名刹乏贤，礼延冶公大和尚住持法席，冶公以赈灾事冗，未克俯允，乃命师（指月霞法师）分灯斯寺"[②]，可见，月霞和应慈两位法嗣前往兴福禅寺重振这一千年古刹，其关键性的推动者还是冶开禅师。然1917年当年，月霞禅师故世，则由其师弟应慈法师与其弟子持松法师分别接任华严学院的院长与兴福禅寺住持。持松法师亦为近代中国著名高僧、冶开禅师法孙。由此可见，对常熟兴福禅寺的近代振兴，冶开禅师的担当之功不可埋没。

退居前后阶段，冶开禅师与沪上工商实业界名流中的盛宣怀等佛教信众多有交往；由此，开埠不久正在崛起的东方都市上海，也成为其所关注的弘法平台。于是退居后的当年，也即是辛亥革命爆发的那年，冶开禅师赴沪于玉佛禅寺内创立"居士念佛会"，接引沪上名流。无疑，当时冶开禅师来沪，即是以近代崛起中的都市上海为背景，开拓都市环境中弘法利生的新平台的

---

① 《常熟兴福寺志·大事记》册三，兴福寺流通线装版，页八正。
② 《常熟兴福寺志·志僧三》册一，兴福寺流通线装版，页八反。

尝试。确实，万商云集、实体经济日益繁荣所带动的城市人口激增及相应文化教育事业繁荣，各界佛教信徒的集中，为上海成为大德如林、高僧辈出的佛教中心区域，奠定了基础。无疑，冶开禅师是此大德如林、高僧辈出佛教人文景观中一缕希望之光。在其到沪弘法前后，其弟子月霞、应慈，法孙持松等，以及在其身边亲近过的圆瑛长老等，都先后立足沪上广开法筵，兴办佛教教育事业、弘传佛教文化、开展佛教公益慈善事业。包括改革开放后任上海市佛教协会会长、玉佛禅寺住持的真禅法师，作为应慈法师的弟子，其亦可谓冶开禅师之法孙。在沪上，冶开禅师以"居士念佛会"为平台创立"佛教慈悲会"，吸纳名门贵妇念佛学佛，且由这些沪上的名门贵妇们推动，开展了诸多赈灾济世的慈善事业。一时间，缁素云集，法缘鼎盛，影响巨大，且社会效果显著。如1918年华北发生旱灾，冶开法师以近耳顺之年高龄，亲率慈悲会人员赴华北放赈，灾黎因之存活者无数。冶开禅师以悲天悯人的善举，为中国佛教的复兴赢得了信众基础，使社会上流与底层民众同时对佛教之慈悲济世的现实功能有了切身感受。

冶开禅师在沪上的弘法活动，助推了申城教界僧团建设。冶开禅师以天宁寺退居和尚的身份，于1920年的春天再度于千年古刹天宁禅寺开戒坛传三坛大戒，并举办无遮大法会，应慈、显彻、圆瑛等其弟子辈民国时代大德莅临法会，参与传戒。受戒四众弟子多达1500余人，盛况空前，"谓大江南北法筵之盛，百年以来之未有也"。这年夏天，冶开禅师偶感风疾而病，入秋始愈。自此冶开禅师闭门谢客，更为注重自身修为，以日诵《华严》四卷为常课。1922年冬天，冶开禅师旧疾复发，仍安详如常，一无痛苦。旬日之后，瞑目跌坐，于当年农历十月二十日（12月8日）圆寂，世寿七十一岁，僧腊五十九年。

众所周知的是，上海玉佛禅寺的崛起，源自可成老和尚发宏愿由缅甸雕塑迎请至华五尊翡翠玉佛，其大小不等，到岸后即为沪上工商界居士恳请而留下二尊玉佛在沪供奉，其余三尊转至普陀山供奉。而留在沪上的两尊玉佛，由盛宣怀的第二任夫人，也是常州毗陵庄氏家族第十六代孙的庄畹玉（盛家掌门人）之兄出资，于江湾镇自家企业内建简易茅蓬予以供奉。然由于辛亥革命后所引发的战火，作为晚清遗产的江湾镇庄氏企业被毁；所幸的是两尊玉佛完好无损，故而被转移到盛宣怀家族于舍麦根路（即如今的江宁路）上的别墅内，暂且供奉保管。冶开禅师赴申城创立居士念佛会、佛教慈悲会，都是在此盛家别墅中。1918年，冶开禅师以其与盛宣怀家族的深厚法缘，牵线搭桥，盛家募捐了这座别墅。经过改造后，1926年，玉佛禅寺正式落座于如今的寺址。

纵观冶开禅师波澜壮阔的缁素生涯，冶开禅师于光绪二十二年丙申年离开终南山，结束行脚和隐居潜修生活前的生涯，注重自我修学、自身精进而悟入禅境、深入临济之禅意宗趣，构成其缁素生涯前期的基调；而自冶开禅师于丙申年再度回到天宁寺，担纲这座千年古刹住持后的生涯，特别是随着其继寄禅敬安禅师后，担纲全国性佛教组织"中华佛教总会"会长，其积极投身中国佛教复兴事业等活动，都在在展现出一位佛门领袖济世度人、以坚守传统中的砥砺前行推动佛教适应时代、应机众生的胸襟情怀，则构成其缁素生涯后期的主要内容。而以其前期缁素生涯的基调所决定的后期行迹，都一以贯之地彰显出其禅律圆融、禅净双修的宗风。纵观尚存的《冶开镕禅师语录》三卷中诸多上堂开示与法语，显然可清晰发现其禅学宗风的特色与禅学思想的倾向性。

当下研究历史上或现实中大德高僧或名僧，往往提及其佛学思想。而大多总结归纳的所谓"思想"者，其实都很难说是真正佛学思想家意义上的"思想"，而是对"思想"的抉择及其抉择后的倾向；"思想"者当具有一定的原创性，如临济杨岐派后学者都颇为推崇的"话头禅"，其思想的原创者乃宋代杨岐派殿军大慧宗杲禅师；又如华严学思想的原创者应是智俨、法藏至澄观、宗密诸佛学思想家，因为华严思想即是华严祖师们所架构、贡献的。故而，对高僧大德的思想之研究，其实是对其就"思想"的抉择及抉择后的倾向所作的探讨与分析。

作为临济宗脉的传承者，冶开禅师对禅学思想的抉择及这种抉择后的倾向，首先突出表现在其切实用心、紧紧把握一句话头，以悟为期。其于《观本、观源居士回函》中就教诲学禅居士："若遇不了之公案，会者即会，不会者但抱定自家本参话头，以悟为期，不限年月，终有到家之日也。"① 与误入参话头迷途、执着于古人语录公案、滞泥于话头本身的枯修者的理解恰好相反，有效参话头的前提是对古人语录公案的不执不滞并于不执不滞中对话头的持续参究。冶开禅师开示学禅者："圣凡天人世出世间，一切万法俱是空名，即其空名亦不可得；于不可得中始可以为。"② 圣凡天人世出世间等，也即是说对古人语录话语的不滞泥，以"不可得"的境界去参究话头直到悟道，方是禅修之径。

其次，冶开禅师特别强调参禅悟道的修学须贯穿于行解一致亦即达摩初祖"理入"与"行入"相即不离圆融原则，并由修学的求实避虚而识透诸法虚幻之相；其在给葛观本居士的回函最后曾明确揭示："明知万法唯心，何当念执着不悟？不悟者是病，要好呢，切切实实用一番心才中啦！既知本性清净，为什么又做拂拭工夫？没得一番大死，不得大活的！要真实受用，必得切切实实的做一番。"③

再次，冶开禅师继承并光大宋元以降禅宗大德致力于佛教民间化，因而将作为易行道的净土信仰融会于禅意宗趣中的传统，倡导禅净双修；他曾谆谆教诲居士："贫衲之老实念佛作用者，正谓死事临头之时，有所把握，庶免茫无头绪，胡攒乱撞。平时若不切实主意，临时定能应手乎？"④ 而其身体力行地于上海玉佛寺内举办居士念佛会，以念佛庄严净土之殊胜易行法门接引沪上名流，其法缘之鼎盛、缁素大众之响应，可见其应机适根的弘法济世慧眼之独灼。

最后，以倡导"不立文字，教外别传"为特色，以"直指人心，明心见

---

① 《冶开镕禅师语录》卷三，页二十七反。
② 《冶开镕禅师语录》卷二，页十四正。
③ 《冶开镕禅师语录》卷三，页十九反。
④ 松纯主编，廓尘副主编：《常州天宁禅寺志》，第四编"历代住持·冶开清镕"，常州天宁寺内部流通，2020年，第222页。

性"为目标的禅宗，讲究打破繁文缛节约束、追求个性的自由与身心率性的禅宗，留给世人的重要误解之一是对于律仪戒规的随意灵活而非刻板严苛。其实且不论禅宗立有清规，且天下禅宗道场还各有因地制宜、应时调整的规约，就是禅门大德，其对律仪的态度，于严持毗尼方面似乎并未多见松懈者。因此，作为临济法门之承续者的冶开禅师，其无论是于天宁、金山，还是终南山时期的严持毗尼，抑或是在天宁担纲住持之后的率先垂范、以戒摄僧，都在在表明其禅意宗趣中蕴含着禅戒融贯的理念。无疑，此乃冶开禅师对临济祖师之"思想"抉择后具有倾向性把握和践行的结果。如其于民国元年决定指派弟子月霞与应慈两位大德重振千年古刹道场兴福禅寺，在诸多促成此举之因缘中，有一并未引发重视的因素。一般而言，兴福禅寺确系禅宗名刹，前已所引之诗句"禅房花木深"是对其生动传神的文学表述，然其自明嘉靖倭难以后至清代末期的历任方丈中，包括明代万历三十五年至三十八年任住持的圆信及自清雍正元年至光绪三十四年（1908）的通理、宗安、宗圣、福清、象高、性善、圆鉴、莲航、法灯连续九代住持，均系律宗法师，这些法师以戒摄持禅僧，勉力维持着"嘉靖倭难"及太平天国运动后的兴福禅寺道场，这些住持所倡导的禅律融贯的宗趣得到冶开禅师赞赏，当是重要因素。

谈雄在《冶开传奇》的《关于冶开（序）》中，总结冶开禅师宗风特点为：保持传统、广结善缘、兼容并蓄、灵活运用；继承并发展了临济宗风；既重视禅，也重视戒律，禅戒结合，禅戒统一；禅净双修、融归一心；始终抱定"解行相应、弘法济世"的佛学思想。[1]总而言之，上述冶开禅师禅意宗趣的四方面倾向及谈雄先生所总结的冶开禅师五个宗风特点，虽有难免挂一漏万之嫌，但无疑系冶开禅师一生缁素生涯所展现的禅意宗趣的真实写照。

---

① 参见谈雄：《冶开传奇·关于冶开（序）》，北京：团结出版社，2015年，第5—7页。

三、冶开禅师宗风之师承及续传略述

诚然，就冶开禅师独特禅学"思想"抉择与宗风倾向的形成而言，与两位对其影响最大的禅宗大德有着密切而殊胜的法缘；冶开禅师于天宁寺定念真禅禅师座下以及金山密源大定禅师座下分别两度开智得悟，也正是这两位晚清江南禅门大德的重律仪规约、重禅定与念佛之具体行持的风范，于学修期间的青年比丘冶开禅师心田中，播下了禅律圆融、禅净双修的种子。因此，嗣法之师定念真禅禅师及密源大定禅师对冶开禅师禅意宗趣的确立，具有决定性影响。

定念真禅（1807-1874）为晚清江浙一带影响颇具的临济大德、千年古刹祖庭天宁寺著名中兴祖师。冶开禅师振兴天宁禅寺的道场事业，尤其是其继承并坚守禅门传统、贯彻临济凌厉宗风、坚持禅门规约律僧，都深受其师定念禅师的影响。定念真禅禅师为湖北汉阳人氏，俗姓陈，法号真禅，字定念。定念禅师自幼颖慧过人，随师读书中既已显其极高悟性。自幼身处世代信佛礼忏之家，于耳濡目染中种下亲近佛法、仰慕禅修生活的善根；随着年龄增长，出家为僧之念从萌芽而趋成熟。然因深感慈母年老将失侍奉，故迟疑而难下决断；不料，其母陈徐氏这位一贯勤修净观的虔敬优婆夷，为圆满孝子出家为僧之愿，毅然剃度为尼，断其子后顾之忧。由此，近而立之年的定念禅师于江宁句容宏通庵依性空禅师出家并侍奉于左右。翌年，削发为僧，受戒于家乡归元寺月高轮公座下。此后，定念禅师悉心研究"三观十乘"之旨，并遍游名山参谒诸山，机锋相触，辩才无碍。与其结下法缘之诸耆宿，皆以定念禅师道心醇厚、修学精进而对其颇具期待，视作禅门法器，系晚清宗门衰微、道场普遍不振颓势中，难得的缁衣良才。

在遍参名宿大德过程中，定念禅师闻得雪岩悟洁禅师住持常州天宁寺，其道德修学风范教界颇具声望，故而前往拜谒。与雪叟洁公的问答间，雪叟洁公以临济棒喝家风，如电闪雷鸣般袭来；一时间，已于艰难参谒中摸索悟道路径多时的定念禅师忽有万缘尽脱、诸念顿散之感。由此，雪叟洁公惊叹

于"观子器宇,足以荷担佛法",故而于欣慰不已之余嘱咐其"善自护持"。①嗣后,定念公即随侍于雪叟洁公座下,任天宁寺维那、班首等职。并由雪叟洁公嗣法,与普能真嵩禅师共同授记荔为临济四十世,成为雪叟洁公两位高徒之一。

期间,虽有诸山名刹仰慕其道德学识和贯彻凌厉临济宗风,欲请其为住持,然其接雪叟洁公临济法脉后,仅感应其母召唤回湖北送别母亲归西之外,一直未曾离开天宁。晚清乱世中的太平军所煽起的"吴楚兵起",打破了定念禅师于天宁寺中平静的晨钟暮鼓、青灯黄卷、坐禅念佛缁衣生活,于是其一度避难西北,结茅隐居终南山继续修学。时局稍稳后,定念禅师回到家乡汉阳归元寺,协助常住整饬旧规,为之更新。直到同治三年(1864)湘军围剿太平军成功,攻克常州,寺僧得以回归天宁寺。面对满目疮痍的千年古刹,其师兄普能真嵩禅师感叹"天宁寺遭此大难,非具大德福大智慧者,不足以承担重任"。遣弟子至归元寺迎回定念禅师,并主动退居,与常住僧共推定念禅师接任住持。在定念禅师升座仪式上,"真嵩以雪岩所付衣拂授师,并嘱曰:'吾宗奥旨,不可以有心求,不可以无心得;不可以语言造,不可以寂默通。果然心不附物,自能超悟妙圆。试将实学真参志,拨转如来正法轮。余老矣!汝其承余之志,吸引后进,勉之,望之'"。②

定念禅师住持天宁寺后,一方面既在道场立下禅戒圆融、严持毗尼、以规约为行持之嚆矢的规矩,整饬僧团;一方面于修学中倡导禅净双修,坐禅念佛勤修之行蔚然成风。同时,定念禅师以古刹之兴废为己任,与都监牧溪来公、蕴堂厚公、亭一溙公、西堂雨春实公等本寺诸耆宿一起,励精图治,化缘民间、集资善信,兴工建造法云堂、云水堂、功德堂、延寿堂、九莲阁、药师楼、庄严楼、斋饭楼等,先后修建殿宇二百多间,天宁寺旧观得以

① 松纯主编,廓尘副主编:《常州天宁禅寺志》,2020年5月准印(00001155)内部数据版,第210页。
② 松纯主编,廓尘副主编:《常州天宁禅寺志》,2020年5月准印(00001155)内部数据版,第210-211页。

部分恢复。

随即，承传宗风心切的定念禅师，居狮子座弘扬大法，阐仪规摄僧如法修学。定念禅师不仅自身道行清远、宗风凌厉、律己甚严，且治理僧团亦是雷厉风行、务求实效。其要求禅门修学者"其学务直究本心，扫空诸相，而趋真实觉地，内外浑融，若云流太空，无迹可拟"。定念禅师所造偈语，凡听闻或拜读者，均感叹其与真如妙旨的契合。如其最典型的，于同治甲戌十三年（1874）十二月二十日临终前，应弟子再三恳请而书下的"万法本空，一尘不立。撒手便行，心如片月"偈颂，其中"撒手便行，心如片月"，确系得临济宗风传人以禅意浓郁的文字契合于"万法本空"之玄旨。[①]故而其被尊为"道风第一"，并有禅门"宗匠"之称誉。定念禅师亦有《毗陵天宁定念禅和尚语录》问世，但笔者尚未得见。

由网上搜索到《晚近江苏诸山法语（二）·常州天宁定念和尚》，其中收录定念禅师上堂法语片段，从中确能一窥定念禅师承续宗风、契合祖师大德禅意宗趣的特色，亦可见其于禅学"思想"的抉择上，颇有贯通禅教的独特领悟与卓越阐释力。如其中有段阐释"有为生灭"与"无为寂灭"之"不一不异""不即不离"关系以引导禅学者入于"圆相"认识的法语，将经教的义理辨析融会于禅修的悟境呈现中；这种贯通"理、行二入"、注重行解合一的风格，既显示了天宁禅宗道场祖师不同凡响的禅修功力与经教素养，亦是其继承与光大禅门、续传宗门法脉的坚实底蕴。在此笔者将此段法语列于其下，力促当今学修者如冶开禅师当年那样，得以领略定念祖师的深邃悟解魅力：

> 所以道，生是因灭是果。生彼灭此随因感果，此乃生灭之法。
> 若无生灭之法，更于生灭中照破生灭根本；又于寂灭中显现真如妙
> 性。寂灭乃生灭之体，生灭作寂灭之用。从体发用，欲于寂灭中发

---

① 本段两处引文，均引自《晚近江苏诸山法语（二）·常州天宁定念和尚》，见网址：https://weibo.com/ttarticle/p/show?id= 23096346 05 731587621077。

生灭；摄用归体，常欲生灭上觅入寂灭。然生灭由寂灭之所发，寂灭由生灭之所成。寂灭无生灭……圣果难证；生灭无寂灭……道业难成。顽空断灭悉成非法。生中有灭，灭中有生；生不离灭，灭不离生。生不知灭，灭不知生；知生不生，知灭不灭。生灭灭已，寂灭为乐。到与么时为之转凡成圣？真妄动静，生灭无二。了生脱死之法者，并无别说，亦非多言。多言多虑，转不如意。只用一念底头，究竟穷极，穷到山穷水尽，穷无穷处。又唤作百尺竿头再作一步。无穷处回头，无处承当。一面回转来，为之死中得一条活路。果无穷处承当，亲到方可断疑，之后自知一句话头，真实了生脱死之真妙也。死中得活，话头分开两路，行到不生不死之际，直入涅槃彼岸。明也是话头，暗也是话头。行也是话头，坐也是话头……话头未明，生死未明，生死未明，千言万语总是别人的。[1]

其中，"寂灭无生灭……圣果难证。生灭无寂灭……道业难成"，由诸法之"寂灭"与"生灭"的不即不离"观待"中，可见以"饥来吃饭困来睡觉"的"平常心"生灭的无挂碍之用中，体认"生灭"之根本的"寂灭"实相；从而于临济话头禅之"只用一念底头，究竟穷极，穷到山穷水尽，穷无穷处"的参修，去契合"真妄动静，生灭无二"而臻于"明心见性""无所挂碍"的悟境。定念禅师强调真参实修，"明也是话头，暗也是话头。行也是话头，坐也是话头……话头未明，生死未明，生死未明，千言万语总是别人的"。在此，定念禅师作为临济杨岐派第四十代传人，其对大慧宗杲禅师"话头禅"之参修法的认知、体悟及推崇跃然纸上。

确实，如此贯通禅教、行解具足的禅师，又岂是于诸方参谒善知识的青年比丘冶开禅师所能错过？就在定念禅师住持天宁寺之际的同治十年（1871），冶开清镕禅师怀着求法似渴的敬仰，慕名至天宁寺拜谒于定念禅师

---

[1] 引自《晚近江苏诸山法语（二）·常州天宁定念和尚》，见网址：https://weibo.com/ttarticle/p/show?id= 23096346 0531587621077。

座下。由此，为冶开禅师继承定念禅师之宏愿，在定念禅师开创的天宁寺晚清振兴基业上，继续努力推进庄严天宁寺道场、光大临济宗风、坚守严谨丛林规约，奠定了基础；而从冶开禅师清末民初住持天宁寺振兴道场的风范、举措、思路中，可见其师父定念禅师对其的深刻影响。

而另一位对冶开禅师成就为一代禅门法将产生重要影响的，则是金山江天禅寺的住持密源大定禅师。其实，一位有成就的佛教修学者于两位大德座下修学多年者，古已有之；且此不仅无须大惊小怪，且恰好说明修学因缘的殊胜。如裴休居士这位官至礼部尚书的唐代著名居士，其前期在华严五祖兼菏泽五祖圭峰宗密座下亲近学佛，而圭峰宗密禅师圆寂后，其又长期在临济宗创始者临济义玄禅师的师父黄檗希运禅师座下亲近。笔者之所以在众多历史上类似佛门中人，仅举裴休这位有"宰相沙门"美誉的居士为例，其一是裴休居士与禅宗关系密切，于禅宗史上的地位重要，其所亲近的黄檗希运禅师即为临济义玄禅师师父，其与临济初祖义玄禅师同为黄檗希运禅师之嗣法弟子；其二是其将儿子裴头陀送入金山寺出家为僧学佛，即历史上金山寺一代住持、禅宗祖师法海禅师（当然，关于与白素贞作对，矢志拆散其与许仙姻缘事件，则是附会其身的民间传说而已），可谓大定禅师千年前的前任。正如裴休接法于黄檗希运禅师，但不能说其受圭峰宗密禅师之影响不深刻；从其亲笔所撰《圭峰禅师碑》中，即可领略佛学思想家圭峰宗密禅师对裴休的重要影响。同样，大定禅师对冶开禅师的影响也是深刻的。近代佛教史学大家东初老人在其名著《中国佛教近代史》中，将大定禅师与冶开禅师置于同一章节中一并论述，可见两者之间联系密切。①更何况确实在金山寺中，冶开禅师再度开悟，实现了禅修境界上的再度升华。由此，虽然冶开禅师并未被列为大定禅师之法嗣，然其于金山江天禅寺中修学近十年，在大定禅师座下亲近的时间不可谓短，因此其受大定禅师耳濡目染可谓深刻。

① 见释东初：《中国佛教近代史》（下册），台北：东初出版社，1974年，第741–742页。

喻谦所编之《新编高僧传》为大定禅师立传。[①]大定禅师字密源，俗家为湖北黄陂善信邓氏家人，其父邓学浩、母邓蔡氏均虔敬善信。大定禅师自幼茹素而忌荤腥，且善根具足宿缘所成，有志于出离俗尘。待严父慈母故世尽显孝道后，即拜诣于素有"荆豫要冲"而扼"汉襄咽喉"的"鄂北重镇"随州仁圣寺本分法师座下剃度，法名密源，字大顶（大定是因后金山寺住持参观心慧禅师误听作"大定"，后即以"大定"为其字）；与其同为本分法师弟子的同参大千法师慧眼识英才，认识到大定禅师乃禅门可造之道器，于是勤为善诱；而大定禅师于沙弥时期即已精进猛勇、胁不沾席。咸丰五年（1855）的大定禅师已届三十二岁，这位高龄沙弥因缘具足，于襄阳净信寺映川法师处受具足戒圆满，成为比丘。而晚清乱世之中的出家僧也颇受匪患之扰，大定禅师身处晚清王聪儿白莲教余脉活动猖獗的襄阳地区，曾三度为贼寇所虏，皆由善护之因缘得以脱身；后又避兵年余、居徙无常。然即使遭遇此诸多逆缘，已届壮年的大定禅师于此乱世坚持参学不辍，其入蜀至宝光寺参妙香禅师，机不相契，又遍历终南、五台、九华、普陀，于维扬之高旻寺、毗陵之天宁寺，大定禅师所到之处，必闻道寻觅其悟道契机之法缘。最后其至金山江天禅寺，拜谒于参观心慧座下。心慧禅师令其参"念佛是谁"，其有所悟。心慧禅师将其字"大顶"错听成"大定"，于是乃颇含禅机地问曰："一定多少时？"对曰"不堕诸数观"。笑曰"可谓大定矣"[②]。参观心慧禅师圆寂于同治甲戌十三年（1874），此时已还武汉居归元寺的大定禅师被金山寺常住僧迎请回道场，在首座及众僧再三恳请下，一向生性淡泊的大定禅师勉力为金山寺住持，两年后即退位，依然过着诵经禅坐不辍的修行生活。直到光绪三十二年（1906）八月圆寂，世寿八十三，僧腊五十有五，坐夏五十二载。圆寂前的八月三日，在请益者一再恳请下，大定禅师将自己一

---

① 喻谦：《新编高僧传·习禅篇之三》卷二十六，《大藏经补编》册二十七，台北：华宇出版社，1985年，第222页上–223页上。

② 喻谦：《新编高僧传·习禅篇之三》卷二十六，《大藏经补编》册二十七，台北：华宇出版社，1985年，第222页下。

生修学的经验浓缩于简单的一句开示中，以严厉且严肃的口吻道出："汝真欲参禅，只须到底毋懈，若中道而退，前功尽弃！"以痛彻言辞揭示禅修成功要旨。喻谦所撰传记中，将大定禅师作为一代禅门大德的禅义宗趣归纳为"其生平教人真参实悟，不贵口头利滑，偶拈古人论说，皆得其要"。①而东初老人则有"金山宗风，赖以重振；大定以后，仅融通禅师一人而已"②之评价。可见，大定禅师在金山寺晚清民初阶段的道场维持与宗风振作中，所发挥的作用是重要而关键的。而大定禅师给予冶开禅师的影响，并不仅在于其住持期间所树立的宗风给冶开禅师带来了再度开智悟道。更为重要和持久的是，冶开禅师重视话头参透的精进作风，以此犀利窍诀开启引领众禅学弟子入于开智悟道之路的风范，及于天宁寺住持位主动退居、专务弘法利生、领众熏修，贯彻解行合一修学观一生的风骨，无疑都有着大定禅师鲜明宗风影子。

诚然，作为一代大德和禅林名刹住持的冶开禅师，其既有师承，也当有所传续，可谓承上启下、薪火相传，而使法脉延续流布于世。历代祖师大德都无不重视禅林宗脉的传承，寄望于后世弟子能传灯相续而使法脉绵绵，冶开禅师亦不例外。在主持天宁寺道场十年后的光绪丙午三十二年（1906），基本完成天宁寺道场修缮庄严工程，而此时机缘成熟、培植法脉承续者的禅门家务亦可谓硕果累累。这年的农历八月初一，月霞显珠、应慈显亲、惟宽显彻、明镜显宽四位弟子被同授记莂为冶开清镕禅师法嗣，接法为临济四十二代。冶开禅师传法于四弟子后，即于第二年宣布退居，由其师兄、前任住持善净清如禅师的法嗣，也即是冶开禅师法侄兼天宁寺监院琢如显泉禅师继任住持，其至宣统三年（1911）也即辛亥革命爆发之年退居；冶开禅师的法嗣明镜显宽禅师继任住持，显宽禅师早年习研禅学，系随侍冶开禅师左右的资深禅师，可叹其如朝露，珠光才显，继任住持当年即英年早逝。后由

---

① 喻谦：《新编高僧传·习禅篇之三》卷二十六，《大藏经补编》册二十七，台北：华宇出版社，1985年，第222页下–223页上。
② 释东初：《中国佛教近代史》（下册），台北：东初出版社，1974年，第742页。

惟宽显彻禅师继任住持，直到抗战全面爆发的1937年因病故世；而惟宽显彻禅师后的天宁寺住持，基本由惟宽禅师嗣法弟子相继担任。因此，仅就天宁寺住持而言，冶开禅师虽于光绪三十二年即宣布退居，然住持道场者非其法侄即是法嗣、法孙，故而也继续承续其宏愿、坚守着天宁寺的道场传统及宗风特色。

在冶开禅师嗣法弟子中，月霞与应慈两位法师受冶开禅师嘱托，分灯于常熟兴福禅寺，重振同样为千年古刹的兴福寺道场。月霞与应慈两位大德不仅是近代禅宗的一代宗师，更是晚清民初间华严宗的复兴光大者。其中，月霞法师（1858-1917）早年曾习台宗，后深入贤首，于杜顺禅师之法界观、贤首国师与清凉国师之章疏等研究颇深且深有体悟；由此，其可谓是冶开禅师座下涌现的融贯禅教、解行并举的一代大德，亦是近代中国佛教发展中一位具有创新开拓勇气与能力的笃行实践者，其无疑是中国近代佛教僧教育事业的先行者与开拓者。在冶开禅师座下接法后，月霞法师即至南京组织江苏僧教育会。月霞法师与近代天台高僧谛闲法师早在清宣统元年（1909），即于南京创办僧师范学堂，为近代僧教育的启动培育新型的师资力量。1914年，随着冶开禅师将弘法布教的重心移至正在走向崛起的新型都市上海之际，月霞法师也与常熟籍"革命僧人"宗仰法师等一起，于上海哈同花园创办专弘华严经教的华严大学，后迁校至杭州海潮寺。1917年，奉冶开禅师之嘱托，移居常熟虞山兴福寺住持，续办华严大学。虽然月霞法师驻锡兴福禅寺仅半年即圆寂，但其所创立的兴福禅寺华严大学及重振兴福寺道场的事业，均由其同门师弟应慈法师与法嗣弟子、近现代高僧持松法师继承。尤其是其所创立的华严大学（后改名为华严学院、法界学院），在其圆寂后"改由应慈继之。民国八年（1919），又由持松继续。常惺、蕙庭、现月等，均先后任教于斯。该寺环境幽静，山明水秀，主持得人，延续达二十年之久，其造就僧材之多，实无逊于后起之武昌佛学院"。[1]东初老人对月霞、应慈、持松等

---

① 释东初：《中国佛教近代史》（上册），台北：东初出版社，1974年，第八章第二节，第215页。

大德兴办僧教育事业成效的评价，并不为过。直到当代，兴福禅寺依然秉持禅教圆融、光大华严经教传统，办有以学习和弘扬华严学为其特色的法界学院。冶开禅师的法嗣应慈显亲法师（1873-1965），于新中国成立后曾任中国佛教协会的名誉会长，并享有"华严座主"之盛名。故而，冶开禅师诸弟子及法孙辈，对近现代中国佛教的振兴厥功至伟，于四众弟子中威望卓著，对推动近现代佛教的复兴，尤其是承续冶开禅师晚年致力于沪上都市佛教崛起之事业，有着卓越的贡献。

跋："挂名"中华佛教总会"会长的冶开禅师

诚然，冶开禅师固然未能如其同时代的宗仰、敬安禅师那样，成为近代中国佛教复兴事业的引领人，也未如其后辈大德太虚、仁山法师等，成为中国近代佛教革故除弊的领袖人物；甚至立足道场、兴办僧教育新学方面，年岁仅小于其六载的弟子月霞禅师及另一弟子应慈禅师（1873-1965）事实上是中国近代僧教育的开创者，其于近代中国佛教史上举足轻重的地位属名不虚传的青出于蓝。然而，这并不表示冶开禅师只是专务个人修学而对佛教事务全局漠不关心，或其格局仅限于自身道场振兴。且不论其于天宁寺住持期间，为常州地区沾染鸦片毒瘾者购置断毒瘾、解毒患之药，分发给众受毒瘾困扰者服用治疗；亦不说其于垂暮之年鼎力募集善款赴北方赈灾，救济受灾黎民于水火之中，仅就其对佛教自身近代发展的贡献而言，冶开禅师曾经积极参与"中华佛教总会"的筹备，于寄禅敬安禅师圆寂后被推举为会长，虽然根据记载担任此职，对于一贯坚持务实办道、精进弘道的冶开禅师而言，因各种因缘牵制，并未能实际到任从容履职：

> 民国二年二月，"中华佛教总会"以会章经大总统教令颁布，乃于上海静安寺举行成立大会，到会各省代表计有江西大桩、云南虚云、江苏冶开、静波、上海应乾、浙江圆瑛等。举冶开、熊希龄为会长，静波为副会长……如此本可为佛教做一番事，无如冶开、

熊希龄为挂名的会长，而实权与经济反被一个不学无术的静波、应乾操纵，中枢即缺乏领导的人物。民国三年以后，袁世凯欲做皇帝的野心，日渐暴露，专以摧残各种人民团体为能事。①

但无论是名义上的还是能得以实际履职的，积极参与"中华佛教总会"筹备并担纲此会长一职，足以说明冶开禅师对近代建立佛教团体的重要性、必要性及可行性，是有相当认识的。而冶开禅师作为"中华佛教总会"的僧界会长，正值袁世凯欲复辟帝制登基加冕皇冠之野心日渐暴露时期，故而这时的北洋政府被袁世凯的称帝梦搅得行政事务荒腔走板，具有现代民主政治结社自由特性的各类各色民间团体，被视作其称帝复辟的障碍而遭受摧残、取缔。因此，"中华佛教总会"于1915年12月，随着袁世凯的称帝而遭解散。

反观"中华佛教总会"的历史，"中华佛教总会"并非一个毫无征兆横空出世的社团组织，其应运而生的主要缘由在于，首先是佛教界经明清两代急剧衰微后，经教不传、僧团萎靡、道场颓衰之败象丛生，佛教与民间风俗的混淆，其独立超越的关怀被严重颠预，其存在的必要性和合理性已岌岌可危，备受质疑。佛教界革弊重振已刻不容缓；其次是清末以来，特别是随着洋务运动兴起与维新变法实施，古老的中华帝制已在门户开放后，被欧风美雨所感染，因而呈现出政治氛围相对宽松局面，各种思潮开始通过报纸、杂志、书籍传媒，在沿海城市及南方各省流布。西方社会民主、自由、平等理念也首度进入中国，给中央集权皇权专制统治了两千年的中国民众带来了令人倍感清新的感觉。由此，各种形式社团组织如雨后春笋般涌现，给佛教界有识之士留下深刻印象；最后是清末民初庙产兴学风潮，对佛教界寺产之侵占、掠夺，给本已衰微的佛教雪上加霜。严峻的现实唤起佛教界有识之士以护教为契机，在争取佛教界权益之同时，推动中国佛教界实现新一轮复兴。

然而，当年"中华佛教总会"建立的历史及基本运作、流变过程等，亦在历史风云变幻中渐行渐远，被有意或无意忘却。目前能参考的资料是当代

① 释东初：《中国近代佛教史》（上册），台北：东初出版社，1974年，第六章第二节，第178页。

著名佛教学者黄夏年教授在梳理历史资料基础上所书就的长达五万两千余字的《"中华佛教总会"研究》；台湾佛教史学者黄运喜先生专著《中国佛教近代法难史》中亦有相关内容，以及东初老人名著《中国佛教近代史》中相关章节；另外，当代佛教学者许效正的《中华佛教总会述评》一文中，亦有系统叙述。黄夏年教授在其《"中华佛教总会"研究》长篇论文中指出，"中华佛教总会"的成立，系与佛教界仁人志士欲挽佛教于衰惫颓萎绝境下的重振的使命担当。黄夏年教授还引用冶开禅师弟子月霞法师相关演说，道出晚清民初中国教界之基本状况："即今佛教精华既衰，遗留念经荐亡之病壳，外表盛行于世，在僧伽即得其利养，以益于身心，在教务则失其精华，以隳于大局。此我佛教古今之兴败得失。"①总之，虽然民国政府推翻了帝制，理藩院等宗教管理机构自然灰飞烟灭，然中华文明禀赋和文化属性之重要观念"普天之下莫非王土，率土之滨莫非王臣"则根深蒂固、深入骨髓，大一统集权管理视为理所当然。这些沉淀于民族血脉中的观念、思维定式，并不因一次革命即会自动消失。包括佛教组织团体在内的民间团体组织，欲发挥其行业协调、系统管理作用，还是困难重重，有待不断探索实践，更有待于观念的潜移默化、循序渐进的改变。

由此，对冶开禅师而言，其缁素生涯晚期短期出任名誉上的"中华佛教总会"会长（事实上其于出任会长一年后，即以年迈为由而退位，由清海静波法师出任会长），即是其致力中国佛教复兴事业的心愿与理想的表达，亦是中国佛教复兴历程之艰难的写照。而冶开禅师务实于与当时洋务运动中涌现之盛宣怀等商界巨贾交往，借助于其拥有的影响力和财力，助力佛教道场振兴，壮大佛教公益慈善事业、文化教育事业发展，确实颇具成效。并通过鼓励督促其嗣法弟子们投身现代僧教育事业，推动毗陵刻经处之经书出版流通普及等文化事业的发展，笃实于佛教事业的基础建设，可见冶开禅师是一位具有远见卓识的巨变时代佛教发展的法将。而且，从英年早逝的明镜显宽

---

① 《释显珠尚贤堂演说佛教之希望》，《佛学丛报·专件（一）》，1914年5月1号出版。

禅师兴办天宁初级小学、以教界之力服务基础国民教育，到惟宽显彻禅师创立天宁戒学堂并继承冶开禅师意愿，继续办好毗陵刻经处，坚持印经流通、编辑《天宁寺志》；从月霞法师与谛闲法师合作于南京创办僧伽师范学校，到其由哈同花园女主人罗迦陵的助缘创办华严大学，又至办学于常熟兴福禅寺，为中国近代佛教绍隆续佛慧命英才，夯实佛教发展的文化教育、人才培养基础。弟子们的努力与精进作为，既有冶开禅师自身率先垂范、言传身教的引领，亦体现了其致力佛教发展事业的愿力。因此，冶开禅师于"中华佛教总会"任会长仅是挂名、未能于一年多的会长岗位上发挥教界领袖作用本身，并不能证明冶开禅师于近代中国佛教事业中的作用、能力及愿力方面的缺陷；反之，由此恰恰证明，中国佛教复兴之路的艰辛，以及冶开禅师及弟子选择的从佛教教育与出版文化事业入手、笃实前行的发展佛教路径，是卓有成效的。其实，杨仁山居士及弟子欧阳竟无、徒孙吕澂、王恩洋等创办金陵刻经处、兴办祇洹精舍，尤其是于教界与学界声望卓越的支那内学院，其所抉择的中国佛教发展之路，与冶开禅师及弟子们的抉择相类似。

作为一代禅门大德、江南禅林法将，冶开禅师的一生缁素生涯可分为清晰的两个阶段，自同治元年（1862）出家为僧至光绪二十二年（1896）正月结束于终南山的隐修生活回到天宁寺被推举为住持，由佛学意义上而言，这属其"自度"为主、"度人"为辅的前期。其参谒诸善知识、拜师修禅、践行二入且勇猛精进于修学，其两度开悟的体验，终南山十二年"悟后修"的坚毅，无不向大众示现着从少年沙弥到青年比丘直到壮年成就一代法门龙象的开智悟道的心路历程。而其由光绪二十二年（1894）担纲东南四大丛林之一的千年牛头禅古刹天宁寺至其于1922年圆寂，则属其以积极入世"度人"中成就其"自度"的后期。正因其前期三十五年学修经历的基础，则其嗣后二十六年主持寺院、振兴道场、开展弘法事业及慈善事业、文化事业，以及担纲"中华佛教总会"会长，成为事实上的佛门领袖，则是如此的从容、淡泊而成效卓著。

无疑，冶开禅师是晚清民初巨变时代的一代禅门法将。其宗风可概括为，于临济宗风坚守和光大传承基础上，力主禅律圆融、禅净双修的应机修学路径，于寺院法务教务和公益慈善事业中，践行解行相应理念，以振作僧团、光大伽蓝、承续曹溪法脉。冶开禅师以其辉煌的弘法济世、振兴道场的缁素生涯，继承并彰显了定念、大定两位禅林耆宿的风范、风骨、风采，成就其两度开智悟道的定念真禅禅师与密源大定禅师的禅意宗趣。而冶开禅师诸弟子及法孙辈的弘化事业中，无疑也深深镌刻着冶开禅师所给予的影响。此即为禅宗薪火相传、宗脉承续，以确保禅林法脉绵绵而慧命有续的传统。由此，冶开禅师是江南禅林于晚清民初巨变时代一位承上启下、薪火传灯的禅门龙象，其于胜解中的行持、于坚守中的开拓、于修学中的弘布的风范，对当今时代禅门僧俗大众坚持佛教中国化方向的探索，当有借鉴、启发与加持之功。

天宁一脉禅法观念及实践探析

——基于《武进天宁寺志》

陈红兵（山东理工大学法学院）

常州天宁寺历史上位于常州东门外，在传统社会是武进、阳湖县城官员及百姓为皇上庆祝寿辰、祈晴祷雨的地方，历史上素有"东南第一丛林"之称。[①]天宁寺始建于唐代贞观、永徽年间，牛头禅初祖法融当初来常州募化斋粮时"筑室十余楹"为开山之始。唐末维亢禅师正式建寺，起名"广福寺"。北宋政和元年改名"天宁寺"，后沿用至今。明清时期，天宁寺传承禅宗临济法脉，为江南临济宗三大丛林之一，僧众常数百人之多，住持均为一时大德（《定念和尚塔铭》，第374页）；寺院历来有重禅修的传统，《武进天宁寺志》记载有法融定力摄服野兽、一源永宁禅师精修禅定、冶开禅师感化老虎黑狐故事，恒赞禅师曾言及"天宁一脉，皆以坐香、参禅为事"（《行由自述》，第372页）。明清时期天宁寺传承话头禅，历代住持多从参话头开悟，并教导弟子参话头。本文主要在《武进天宁寺志》卷七《传塔铭行述》相关传记材料基础上，论述天宁寺禅法观念及实践。

[①] 王继宗校注选译：《武进天宁寺志》，南京：凤凰出版社，2017年，第218、223页。以下凡引该书，仅在文中夹注篇名及页码。

一、"内外浑融""理事无碍"宗旨

"内外浑融""理事无碍"是佛教中国化过程中形成的基本理念。为了适应中土社会文化环境，早期中国佛教思想家即自觉吸收融合传统儒道思想文化，将佛教出世追求与入世精神结合起来。如僧肇从般若中观学说及《维摩诘经》"世出世间不二"思想出发，阐发"即体即用"的体用论，主张"不释动以求静，故虽静而不离动"（《物不迁论》），认为超越的精神境界不能舍弃变化的现象，而应从迁流不息的动象中体证；主张"居动用之域，而止无为之境；处有名之内，而宅绝言之乡"（《般若无知论》），"用即寂，寂即用，用寂体一"（《涅槃无名论》），在现实世间追求无为的精神境界，在日常动用当中体证寂静的境界，从而将魏晋玄学以本摄末、以内统外的体用论，发展为本末、内外贯通一体的"即体即用"思想。华严宗则从法界缘起论阐发僧肇"即体即用"思想。在华严宗看来，宇宙万有的事法虽然相互差别，但又具有共同的真如本性。所谓"理事无碍法界"，即真如之理是万有事法的性体，万有事法是真如之理的显现，真如之理遍在于万有事法之中，一一事相又都涵摄真如性理的全体；所谓"事事无碍法界"，则是说，既然一切事物和现象都是同一性理的体现，一切即一，一即一切，因此，千差万别的事物之间亦相即相融、圆融无碍。华严宗法界缘起没有以阿赖耶识或真如作为缘起的主体，而突出一切事物现象之间相即相入的缘起关系及其构成的法界整体，是立足于事物现象把握其存在本性，认识事物之间的内在关联，体现了中国佛学关注现实社会、现实世界的入世精神。僧肇"即体即用"的体用论，以及华严宗"理事无碍""事事无碍"理念，在长期历史发展过程中，已经浸染到中国佛教的血脉中，成为中国佛教的基本理念。

天宁一脉禅法同样渗透了中国化佛教"即体即用""理事无碍"的理念。《武进天宁寺志》卷七《传塔铭行述》记载的主要是天宁寺历代著名禅师的传记，涉及的主要是禅师修行弘法实践，但于其中仍不难看出天宁一脉在体用、内外、理事关系上体现的"内外浑融""理事无碍"宗旨，这一宗旨并渗透到其"悟后见人"、对传统儒道思想文化的吸收，以及重济世利民慈善实践等观念当中。

天宁一脉历代禅师均注重将自身修持与弘法利生相结合，因此在述及禅法宗旨或禅法实践时，常常体用、内外、理事并举，强调"内外混融""理事无碍"。其一，关于佛法与禅法实践的阐述注重体用、内外并举。如明弘治年间南京户部尚书徐问《重修天宁寺志》中概括佛法宗旨言："考其法，以明心寂定为体，慈悲广济为用"（第159页），从"体用"概括佛法修行自利利他两方面；陆鼎翰《善净如禅师塔铭》中概括善净如禅师行持言："其世谛也，无贵贱，平等齐观；其教法也，不立言说，导以向上；其持己也，黯然自修，离绝名相；其驭众也，不见有为，振领纲维，罔或失坠。"（第390页）其中，"持己"概括的是善净如禅师内在自修的方面，"驭众"概括的则是外在利他的方面；在教导众生方面，"不立言说，导以向上"突出的是内在自修，"无贵贱，平等齐观"突出的则是世间待人接物的德性，均注重从内外两方面阐述禅法修行及教化众生的内涵。其二，关于禅法宗旨及禅法实践的阐述注重体用、内外浑融。如张釜《净德禅师塔铭》中述及禅法："本于真实，故十行可以同功；畅于虚空，故九根因之无碍。观心若幻，心非实也，斯乃等于真如；身即是空，身是虚哉，始可融于妙用。"（第318页）强调了悟事物的空性，在佛法修习上才能通达无碍。自心契合真如，了悟自身空虚，才能融入佛法的神通妙用，其中蕴含体用融通的意涵；陆鼎翰《定念和尚塔铭》中概括定念禅师禅法实践说："师仪观清远，其学务直究本心，扫空诸相，而趋真实觉地；内外浑融，若云流太空，无迹可拟。"（第383页）一方面强调定念禅师在内在修行上"直究本心""趋真实觉地"，另一方面强调定念禅师虽修复寺院、弘法利生，但"内外浑融""无迹可拟"。《武进天宁寺志》关于净德禅师、定念禅师"融于妙用""内外浑融"的描述，体现了对僧肇贯通体用的"即体即用"理念的继承与阐发。其三，关于天宁禅师在弘法利生、慈善救济事业中"事与理融""事理无碍"的阐述。《武进天宁寺志》相关文章还从理事关系上阐述善净如禅师、冶开禅师在弘法利生、慈善救济实践中所体现的"事与理融""事理无碍"境界。陆鼎翰《善净如禅师塔铭》中称赞其"日孜孜以倡道为先务，事与理融，百废俱举，不数年间，杰然中兴，海内尊为'道风第一'"（第388页），是说善净如禅师住持、修复天宁寺期间，能够"事与理融"，将弘法利生事业与自身内在体证相融通。无独有偶，民国时期，庄蕴宽在《冶开上人传》中，也称赞冶开禅师救济灾民过程中体现出的"事理无碍"的境界："宣统二年，江乡荒歉，予方里居读礼，父老假寺办赈务，躬与其役，日与上人，俱见其事理无碍，始敬异焉。"（第403页）述及在与冶开禅师共事赈济灾民过程中，感受到冶开法师将内在修行智慧融入赈济灾民的慈善实践中体现出的"事理无碍"的境界。《武进天宁寺志》关于历代禅师"事与理融""事理无碍"修行境界的描述，体现了对华严宗"理事无碍""事事无碍"理念的继承与发挥。

"内外浑融""理事无碍"宗旨强调将自身的明心见性与弘法利生的实践相结合，体现了大乘佛教普度众生以及中国化佛教的积极入世精神。因此，天宁一脉"内外浑融""理事无碍"宗旨还体现在其"悟后还须见人"的禅法观念中。如《武进天宁寺志》相关文章述及大晓实彻禅师、恒赞禅师开悟后，均意识到"悟后还须见人"的理念，进而从事弘法利生事业。从中可以看出，所谓"悟后还须见人"，即是说不能满足于明心见性、解决自身生死大事，还需返回世间弘法利生，将内在修证与弘法利生事业结合起来。

"内外浑融""理事无碍"理念不仅体现在弘法利生事业中，还体现在历代禅师所从事的慈善救济事业中，如大晓实彻禅师为安养老人建安乐堂、念佛堂，定念禅师多方救济逃避战乱的灾民，道光年间僧人渊如倡议重修东郊城湾码头，沧涛和尚捐建同仁堂、兴建义学，冶开禅师购买戒烟药丸帮助民众戒烟，成立佛教慈悲会救济灾民等等。

天宁一脉"内外浑融""理事无碍"理念中体现的积极入世精神，本身是对中国传统儒道思想文化的继承发挥，也因此还体现为天宁历代禅师对传统儒道思想文化的吸收融合上。天宁寺许多禅师具有深厚的传统文化思想素养，并在自身禅法修行及弘法实践中自觉吸收融合传统儒道思想文化。如牛头法融禅师曾在牛头山佛窟寺历经八年抄写七藏经书，其中即包含道家经书、儒家经书和史书，也因此能在讲经说法时，"吐言包富，文藻绮错。须便引用，动若珠联。无不对以宫商，玄儒兼冠"（明太宗《法融传》，第269-271页）。一方面体现了法融禅师对儒道经典有系统的学习，另一方面表明其在讲经说法过程中，能够自如引用儒道经典，乃至影响到其讲经说法的文辞；净德禅师自幼熟读诗书，了悟儒家奥义，因此在讲经说法时，同样能够"随意拈来，皆与实相不相违背"（赵翼《净德禅师行略》，第340页），将儒家经典教义与佛教讲经说法有机结合；董国华《恒赞禅师塔铭》中亦提到恒赞禅师"喜研经教，兼通老庄家言，为文操觚立成，不加雕饰"（第352页）。说恒赞禅师兼通老庄道家思想文辞，文章朴素，因此得到不少文人士大夫的支持和维护。从中可见，天宁寺相关禅师深厚的传统文化思想素养，不仅有利于继承发扬传统思想文化，而且有助于增强讲经说法文采，获得文人士大夫的支持和维护。

二、参话头禅法实践及次第

天宁寺明清时期传承的禅法主要是临济宗参话头的禅修方法。"参话头"，亦称"话头禅"，是宋代以后流行的禅修方法，旨在通过看话头或参话头的方式明心见性。两宋之际临济宗著名僧人大慧宗杲倡导话头禅，并形成了较系统的看话禅体系。所谓看话头，是指从公案古则中拿出一个无意义的话头，比如"狗子无佛性""庭前柏树子"等，进行专心致志的参究，以期超出知解情量，最终获得顿悟。参话头有自身的禅法次第。大慧宗杲认为，禅修第一步应当将妄想颠倒、思量分别、好生恶死、知见解会等一时按下，并在按下处看个话头；其二，修行不应当局限于静坐单一的形式，而应在日常行住坐卧、喜怒哀乐、应用酬酢时，时时提起话头，直至达到"没滋味，心头闷"的"无心"境界；其三，达至"没滋味，心头闷"的状态不得放舍，经过日积月累不间断的努力，能够实现"心花发明"的质的飞跃；其四，大慧宗杲还主张入世修行，尽好为人子、为人臣的道德伦理责任，在此基础上于平常日用中看话头，将世出世间修行统一起来。看话禅在之后历代禅师的禅修实践中不断完善，成为禅宗禅法的主流之一。明末憨山德清对话头禅禅法作了进一步完善，其著作《憨山老人梦游集》对参话头的修行机理、参话头的根本、参话头的步骤等作了详尽的阐释。

《武进天宁寺志》所载大晓彻、净德、恒赞、月霞、冶开等禅师相关传记中均述及他们参话头禅法实践及不同层次开悟境界。虽然《武进天宁寺志》中主要阐述的是禅师参话头的实践及所体证的境界，很少正面系统阐述参话头禅法观念及理论，但结合这些禅师参话头的修行实践及不同阶段的进境，对照大慧宗杲、憨山德清以及当代本焕老和尚关于参话头的相关阐述，仍能大体看出天宁一脉关于看话禅禅法及禅修次第的基本认识：

其一，由"昼夜精勤"到"无一念可得"。《武进天宁寺志》中记载有大晓实彻禅师、净德禅师、普能禅师、冶开禅师、月霞禅师等参话头禅修经历。从中可以看出，这些禅师参话头一开始都经历了平常日用中昼夜精勤、绵密用功的阶段。如大晓实彻禅师"以本来面目话头刻念勤参"，"至第二日，工夫成片"（《大晓彻禅师行略》，第300-301页）；净德禅师参"念佛是谁"话头，"执劳服役、开田掘地、栽松种竹，昼夜精勤，话头绵密，誓不肯舍"（《净德禅师行略》，第333页）；月霞禅师于金山、天宁、高旻三寺参学五六年，"话头处处照顾……不愿离开禅堂一支香"……均述及天宁禅师禅堂、日常生产生活时时处处事事上用功。而关于参话头第一阶段所达至的境界，《大晓彻禅师行略》中记载"是日，于当值位上，忽闻开静，放腿下位，知得本分落处"，之后在旦憨大师引导下，"从此自觉疑情顿发，动静之中了无二相……顿觉前后际断"（第301-303页）；恒赞禅师"身心坐脱，了无一念可得，离能所，绝对待，净裸裸，寸丝不挂，只等本来面目出现"（《行由自述》，第366页）。冶开禅师禅七期间"陡觉打破黑漆桶，化为大光明藏，身心莹然，脱尽挂碍"（叶尔恺《冶开大师塔铭》，第410页）。其中所谓"动静之中了无二相……顿觉前后际断""了无一念可得……寸丝不挂""化为大光明藏……脱尽挂碍"等等，突出的均是超脱一切烦恼、妄念、思虑的寂静光明境界。

其二，"无我无人万象同""六合皆心，融洽无际"的开悟境界。《武进天宁寺志》相关传记中还描述了大晓实彻禅师、净德禅师、恒赞禅师、冶开禅师等参话头最终获得的开悟境界。如《大晓彻禅师行略》中记载了他在终南山石洞隐修时，因闪电而开悟："出定开眼，见世界全空。忽觉秀雄峰倒至面前……即说偈云：'本来非色亦非空，无我无人万象同。能所掀翻谁是主？堂堂不是秀雄峰。'"（第304页）体证的是超越色空、能所，及人与万物一体的本来状态；《净德禅师行略》中记载其一日开田，忽然遇到大雨，浑身湿透，豁然省悟："原来只在此里，点点不落别处"，又描述开悟境界说："雨打石人头，暴暴论实事。"（第333–334页）突出所体悟的"法住法位"以及噗噗的雨点无不在呈现实相的境界，与天台宗"一色一香无非中道"以及华严宗"一即一切"的全息境界相契合；《恒赞禅师塔铭》中记载其因见张拙秀才"一念不生全体现，六根才动被云遮"，了悟长庆"万象之中独露身"及六祖"本来无一物"所述内涵（第348页），突出的是对万象背后的全体，以及万象因妄念而生等的体悟；《冶开大师塔铭》记载冶开禅师在"打破黑漆桶，化为大光明藏"后，因维那一声"放下"，"应机大觉，当下闻隔江人语历历，视瓜州如庭户，六合皆心，融洽无际"（第411页）。《冶开镕禅师行述》则将其描述为"自此大地平沉，融通无碍"（第423页）。突出的是对天地万物皆在自心、人与万物融通无碍的境界，类似于华严宗所说的"事事无碍法界"。四位禅师的开悟境界突出的方面略有不同，但均与中国佛教所强调的人与天地万物一体、理事无碍、事事无碍的观念相一致。

其三，"悟后必须见人""大乘法自度度人"理念。天宁禅师还继承了大乘佛教及禅宗"悟后必须见人""大乘法自度度人"理念。如大晓实彻禅师终南山闭关开悟后，不再有出山的念头，之后有同参来访，竭力劝请他出山弘法，说："古人悟后，必须见人。"（第305页）后从月潭达禅师得法，先后住持钟山寺、金山江天寺、天宁寺，弘法利生；恒赞禅师体悟"一念不生全体现""万象之中独露身",继续参禅两年,之后忽然意识到"古人悟后,更须见人,显发体用"(第348页),因而结伴到投子、冶父、香林等寺参学,之后从净德禅师得法,先后住持竹林寺、天宁寺,修寺弘法;冶开禅师终南隐修,"锻炼既深,动静一致,以为大乘法当自度度人,岂以枯坐穷山为究竟,于是仍回天宁"(《冶开镕禅师行述》,第425页)。认为修大乘佛法,理当自度度人,不应在终南山枯坐终年,因此回天宁寺协助住持,后住持天宁寺,弘法利生。可见,不管是同参劝请出山,还是自己认识到悟后必须见人、自度度人,都表明修行证悟后弘法利生是中国化佛教以及天宁寺历代禅师的共识。

其四,禅净融合的修行取向。宋代以后,佛教各宗从最初的禅教一致发展到后来各宗与净土合一,最后形成了中国佛教禅净大融合的总趋势。[①]禅净融合趋势在天宁寺历代禅师禅法修行中也有突出体现,净德禅师、恒赞禅师、定念禅师、普能禅师、惟宽彻禅师等相关传记材料中均有倡导及修行净土法门的记载。如《净德禅师行略》中说,有人请求开示,多以念佛法门开示。有人质疑说:"师乃禅宗,何得以念佛示人?"他回答说:"汝将谓佛法有二耶?"(第339页)肯定参禅、念佛同为佛法,本质上并无二致。恒赞禅师曾向其父亲介绍念佛法门说:"阿弥陀佛有大慈悲。凡有信心好乐,执持名号,乃至十念,若不生极乐国者,誓不取正觉。若能生极乐国者,则永出生死,不落轮回,受诸苦恼矣……父既年老,又无所事,可多多念之,念到一心不乱,包管往生极乐国矣。"其父由是每日念佛,念至半年,佛不离口,身无疾苦,手持素珠,念佛而终(达如《行由自述》,第363–364页)。《恒赞禅师塔铭》中还记载,恒赞禅师"年七十,谢院事,退居一室,面壁澄观,兼修净业"(第353页)。表明恒赞禅师不仅劝父亲修行念佛法门,而且自身也禅净兼修;清咸丰年间,天宁寺为太平军所毁,普能禅师为此深切悲痛,"专修净业,撰《净土诗》百首,著《弥陀易解》一卷,付梓行世"(真禅

---

① 洪修平:《国学举要·佛卷》,武汉:湖北教育出版社,2002年,第70页。

定念《普能法兄行略》，第397页），阐述了普能禅师在天宁寺经历太平军毁坏后，专修净土，弘扬念佛法门的事迹；《惟宽彻禅师塔铭并叙》中亦记载："师虽宗门尊宿，领众日久，而远慕永明、莲池之风，归心净土。退隐后，尝创设宁静莲社于常熟，一仿燕郊红螺山之遗轨，专志清修。"（第433-434页）说的是，惟宽彻禅师虽然是禅宗宗匠，弘扬禅法多年，但一直仰慕永明延寿、莲池大师的风范，归心净土。晚年曾在常熟创建宁静莲社，弘扬净土，专心修持念佛法门。

从上可见，天宁一脉禅法多围绕参话头进行，所参话头包括"父母未生前本来面目"（大晓实彻禅师），"念佛是谁"（净德禅师、普能禅师、冶开禅师），"不思善不思恶"（恒赞禅师）等等。参话头大体上包括以禅修、平常日常中时时处处参话头、精勤用功，达至超越烦恼妄念、思虑直解的"无心"境界；由此进一步达至"无我无人万象同""六合皆心，融洽无际"的大开悟境界，以及"悟后更须见人"、自度度人、开展弘法利生事业三大阶段。值得注意的是，顺应宋代之后禅净合流趋势，天宁一脉禅师多注重禅净兼修，将参禅与念佛相结合，注重倡导念佛法门。

三、弘法利生与慈善实践

弘法利生及慈善实践是天宁一脉禅法实践的基本方面。"悟后还须见人"中所谓"见人"主要是指教化众生、救度众生实践。在《武进天宁寺志》中主要包括住持寺院、弘扬佛法，以及修复寺院、执劳服役、募集斋粮等弘法利生实践。

住持寺院、弘扬佛法方面，如牛头法融住幽栖寺，受江宁县令李修本请，到州城中讲授《大方等大集经》，听众道俗三千余人（明太宗《法融传》，第271-272页）。大晓实彻禅师先后住持钟山寺、江天寺、天宁寺。住持江天寺期间，眼见佛法之道日渐衰落，因此"刻苦励众，尽力恢宏"（《大晓彻禅师行略》，第306页）。天涛禅师先后住持香林寺、天长寺、天宁寺、金山寺，住持香林寺期间，针对当时"禅学多尚笼统"现状，"不惜腕力，提命周至"。碰到为知见缠缚的学者，"必广引佛祖言教断之，不至释然不已"（《天涛法师行略》，第315–316页），体现了对弘扬佛法的责任心及使命感。净德禅师先后住持天宁寺、竹林寺，为人慈和忍辱，不事积蓄，不喜迎送，感发檀越乐善好施之心，因而得以修复寺院，使寺院重新恢复生机（《净德禅师行略》，第339页）。恒赞禅师住持天宁寺二十年，教导信众纯以德化，循循善诱，因此四方学者前来投奔（《恒赞禅师塔铭》，第350–351页）。天宁寺在咸丰年间遭太平军毁坏，定念禅师从汉阳归元寺来常州恢复天宁寺，修造房屋供参禅学佛僧人居住，倡导禅宗宗旨，"务直究本心，扫空诸相，而趋真实觉地"（陆鼎翰《定念禅师塔铭》，第375、382页）。冶开禅师住持天宁寺接引后学，注重"深锥痛剳"，对后学进行严格的训练。在引导后学方面，注重"各视根器，随机启迪"（《冶开大师塔铭》，第413–414页）。惟宽彻禅师从冶开禅师受法后，在天宁寺曾任职客堂，负责毗陵刻经处，亲自担任校对，在事务纷繁的情况下，标点校勘，一丝不苟；创立天宁学戒堂，严格要求僧徒背诵戒律，检束自身戒行；创建宁静莲社，专志清修，引导僧众归心净土（《惟宽彻禅师塔铭并叙》，第431–432页）。这些禅师注重以自身修行及德性，弘扬佛法，引导信众修学，在恢复或复兴天宁寺过程中均发挥了重要作用。

修复寺院、执劳服役、募集斋粮方面，永徽年间，因睦州陈硕贞邪术惑众，四方僧侣投奔法融。为安僧办道，法融亲自前往丹阳，四处请求士人、百姓布施斋粮。又不惜体力，一担八斗，一天往复两三趟，直到一百多天事情平息下来（明太宗《法融传》，第276–278页）。净德禅师承纳川际海得法后，先是随纳川际海在金山寺、天宁寺"作务、任劳，难行能行，难忍能忍"。后与同门琢三禅师修复精严寺，"执劳服役、营办堂宇、募化斋粮，以供大众"。注重通过自身的努力，为僧众安心办道提供良好的条件（《净德禅师行略》，第335–336页）。恒赞禅师接法后，曾在竹林寺从净德禅师任监院，每日往来山谷中，开荒垦秽，栽种松树、杉树数十万棵，为寺院营造良好自然生态环境。又修葺禅堂，安众坐禅；担任天宁寺住持后，以弘法为己任，注重修复重建大悲阁、九莲阁、大殿、天王殿等（《恒赞禅师塔铭》，第349-351页）。天宁寺在咸丰年间遭太平军毁坏，定念禅师从汉阳归元寺来常州恢复天宁寺，修造房屋供参禅学佛僧人居住，又节衣缩食，经过数年，建造楼阁、讲堂、粮仓、厨房、浴室等，为天宁寺的恢复重建尽心尽力（陆鼎翰《定念禅师塔铭》，第375页）。冶开禅师住持天宁寺后，注重完成定念禅师未竟事业，四出募修大殿，乃至"远至关外，泥泞没踝，誓不退屈，卒偿所愿"（《冶开镕禅师行述》，第425页）。寺院恢复、建设是僧众修行办道的基础，监院、库房、客堂等是寺院重要职事，是寺院正常运转的重要条件，开垦荒秽、营办斋粮、植树造林等则能为僧众提供生活资源及良好的生存环境。因此，天宁寺历代禅师在修复寺院、执劳服役、募集斋粮等方面所做的工作，也是其弘法利生的重要方面。

慈善实践也是天宁一脉修行实践的重要方面。大晓实彻禅师撰有《建立安乐堂、念佛堂、关房记》，言及早年参学时每见贫病老苦之人，想到古德开创丛林，本为老病之人所设。所以发愿住持寺院，一定建立安乐堂，方便及时救治老弱病残，并设念佛堂，方便年老精力不济的人一心一意念佛往生净土。大晓实彻禅师先后住持钟山寺、江天寺、天宁寺，均尽心尽力营建安乐堂、念佛堂。住持天宁寺期间，每年给安乐堂、念佛堂的师父及眼盲的人生活费一两二钱。并制定规约，要求后代住持落实此事。大晓实彻禅师从内在悲心出发，建设安乐堂、念佛堂，使老弱病残有所安，体现了对中国佛教慈善传统的继承。赵怀玉《东同仁堂捐屋记》记载，嘉庆年间，相关人士急于寻找土地、资金，建设同仁堂，天宁寺毗耶室沧涛和尚发心将废弃的庵堂旧基捐献给县令，用以建设同仁堂。之后，高伯扬等陆续捐银，逐渐建成同仁堂、义学。同仁堂用来给贫病而死的人置办棺材，义学则为那些没有钱读书的儿童请老师授课。根据《重修东郊城湾码头记》记载，清末道光年间，常州东郊城湾码头年久失修，石阶歪斜，上下船困难。阳明耀与僧渊如倡议重修，于是周围居民齐心协力，捐献钱财，修造桥梁，扩展码头，从此登上河岸，如同走在平地上。"诸政首重津梁，民病无虞济涉"，可见僧渊如倡议重修码头，体现了对民间公益事业的关注。定念禅师避居终南山期间，附近居民投奔他的数以万计。之后溪水枯竭，民众饥渴待毙，定念禅师慈悯众生，发大誓愿，用禅杖卓茅蓬边"龙池"，泉水因此汩汩淌出，解决了百姓危难。定念禅师之后还拿出自身的衣食资财，救济那些贫困不能返乡的民众（《定念和尚塔铭》，第380–381页）。定念禅师的这些作为，体现了佛门中人慈悲救济的精神。进入近代，冶开禅师更自觉参与到社会慈善救济事业中。光绪年间发生大饥荒，第二年米价更贵，冶开禅师住持天宁寺，也施舍了价值一百两银子的平价大米。之后听说朝廷禁鸦片，于是自己出钱购买戒烟丸药赠送乡内愿意戒烟的贫困民众。希望借此逐渐影响到郡、省乃至全国，形成良好社会风气（钱振锽《释清镕传》，第407–408页）。民国七年，北方水灾，冶开禅师又创立佛教慈悲会，募集款项数万元，亲自到灾区发放，保全救活了无数的人（叶尔恺《冶开大师塔铭》，第415页）。据庄启《恒海上人传》记载，民国十年，恒海上人应邀到澄光寺任监院，认为出家人不耕不织，在现代社会为世人嘲讽，因此应当做利益社会的事。澄光寺所在龙池山空旷未耕种的荒地多达千亩，应当植树造林，这样一方面能够在修禅之外习惯劳作，另一方面能够改善环境。因此将山地划分为若干区域，每区域安排僧人若干，负责种植、保养林木。不到数年，茂林、修竹充满山岭，形成之后宜兴闻名遐迩的"龙池竹海"景观。由上可以看出，天宁一脉慈善实践，同样经历了从传统到近现代的发展历程。大体而言，近代之前天宁寺僧人慈善实践主要体现在救济老弱贫病、设置义学、修桥铺路等传统慈善方面，进入近代，受西方现代文化观念影响，天宁寺僧人也注重反馈社会，做利益社会的事业，如植树造林、协助禁烟、成立佛教慈悲会、募款救济灾民等，体现了适应近现代社会的特征。

天宁一脉"内外浑融""理事无碍"的禅法宗旨，继承了僧肇"即体即用"的体用论、华严宗"理事无碍、事事无碍"思想，以及禅宗偏正回互、君臣五位的理事、体用观念，一方面继承了中国传统思想的体用论主题及入世精神，另一方面又从"内外浑融""理事无碍"方面发展了传统本末体用观念；天宁一脉参话头禅法实践中"悟后还须见人""自度度人"观念一方面继承了大乘佛教弘法利生的入世精神，另一方面又将弘法利生与中国传统慈善实践相结合，体现了佛教中国化特征；天宁一脉禅法实践中体现的将修行落实于平常日用，通过昼夜精勤的参究超越妄念、烦恼、知解，进一步达到"无我无人万像同""六合皆心，融洽无际"的开悟境界，以及"悟后还须见人"等观念，体现了中国化佛教突出顿悟、注重抓住修行根本、崇尚简易修行的特质；同时，天宁一脉禅法注重禅净融合，进入近代，传统慈善向关注利益社会、成立现代慈善组织、跨地域赈济灾民转型等，体现了不同历史时期佛教的中国化、现代化趋势，从一定意义上说，是佛教中国化的一个缩影。

传承千年的天宁梵呗

释廓尘（常州天宁禅寺方丈）

天宁禅寺是中国佛教著名的禅宗道场，清朝顺治年间（1644-1661），戒润律师来寺住持，开坛传戒，曾一度改为律寺。但不久纪荫禅师前来秉拂，仍复禅宗临济法脉，至今三百余年，禅宗门庭未尝改易，与扬州高旻寺、镇江金山寺、宁波天童寺并为中国禅宗四大丛林。[1]

据寺志记载，常州天宁寺始建于唐贞观、永徽年间（627-655），开山祖师是金陵牛头山幽栖寺的法融禅师。他因山中僧人无食，到常州弘法募化斋粮时，见此地环境清幽，于是筑室十余楹，供僧人安居，是为天宁寺之创始。此后千余年间，日月沧桑兴废无常。宋政和元年（1111），因徽宗皇帝下诏，寺院始得名"天宁寺"。其后屡有变更，元朝初年重建，至元年间（1335-1340），复名天宁寺沿用至今。[2]

清末咸丰、同治年间，天宁禅寺毁于太平天国运动。在一片破败之中，冶开大德禅师驻锡此地，其后八方皈敬护法云集，十余年间再兴梵宇重树法幢，梵宇鳞次栉比，恢复旧观，荒圮多年之道场得以重兴，宗风峻整，禅林仪制，焕然一新。

---

① 松纯主编，罗伯仟总编纂：《常州天宁禅寺志》，常州天宁禅寺，第1页。
② 濮一乘编纂，王继宗校注选译：《武进天宁寺志》，南京：凤凰出版社，2017年5月，第5-6页。

一、大冶烘炉　重开东南

冶开大德，法名清镕，为天宁寺一代中兴之祖。咸丰二年（1852）生于扬州，年十二奉亲命依镇江九华山①明真和尚剃度出家。同治十年（1871），冶开至天宁参礼定念和尚。定念门风峻肃，法席巍然，却独对冶开青眼有加，并命其随侍左右，读经参禅经有年余。此后，冶开因于禅七中开悟，获定念授记、传法。光绪二十二年（1896）回返毁于咸丰、同治年间太平军所毁的天宁禅寺，发愿重修祖庭，历经十余年筚路蓝缕恢复天宁旧观。

冶开大德继承定念和尚禅风，参悟话头，超契心地。定念和尚圆寂后，冶开大德离开天宁寺，数年中先后于镇江金山寺掩关静修、终南山结茅行脚，智空为座，发广大愿，栖托山林，潜形匿影。待因缘成熟，冶开大德于世事丧乱之中，主持天宁禅席，龙城象教，于此大光。

冶开大德兴建丛林，培育僧才，弘法护教，天宁一脉，尤盛东南。清宣统三年（1911），寺内建"学戒堂"，后成天宁佛学院，数十年间四方僧才云集。至鼎盛时，学僧多达140余，又有每年来寺参学、挂单者数百人。盛名之下，诸多教理精通造诣精深的高僧大德，或参访或执教或求学，纷纷到访天宁禅寺，后世影响甚为深远。

主持天宁寺期间，冶开大德在弟子应慈、惟宽、行实等的协助下，创设了著名的"毗陵刻经处"——俗称天宁寺刻经处。寺内建"储刊楼"和"刷经楼"，刻制经版，刊印各种经书，发行海内外。数十年中，刻印了大小乘经论774部2469卷，其所刊刻经书之富，几与当时驰名天下的金陵刻经处相抗衡，对近代佛教文化的振兴和继承佛教文化产生了深远的影响。《天宁寺志》修撰也是在冶开清镕禅师住持期间完成的。

住持期间，冶开大德不仅恢复了天宁寺的禅堂与宗风，对天宁梵呗的传承、恢复和弘扬同样居功至伟。大德接续天宁法席之时，此地已经近乎一片

---

① 即今南京小九华。

废墟。大德恢复建筑的同时，重建僧团，教以僧戒、训以清规，并在僧团中选拔人才重整天宁梵呗。世人皆知的"天宁唱念盖三江"才没有毁于兵荒马乱。鉴于此，冶开大德又将散佚各地的天宁梵呗唱本重新收集并加以整理、修订重刊，利用寺内毗陵刻经处的便利，将天宁梵呗底本保存和发扬光大。今日仍可于诸多法事仪轨经本如《瑜伽焰口》《禅门日诵》末后"板存江苏常州府天宁寺住持清镕经刊"一句，窥见大德于乱世传承和弘扬天宁梵呗的愿力深广之遗存。

二、松风明月　纯然无杂

冶开大德之后，相继有惟宽法师、证莲法师、敏智法师续席天宁法座，皆一时法门龙象。然世事无常，动乱频仍，天宁法席又陷沉寂。1979年，落实宗教政策之后，恩师松公上人受邀重回"东南第一丛林"常州天宁禅寺。上人不忘荷担如来家业的使命，总揽寺务，再兴僧家。历十余年，上人整修殿堂，重塑金身，新铸法器，终使天宁古刹重光，龙城象教法门重辉。

恩师松公上人，1935年于江苏东台鲍舍庵礼上守下恒长老披剃出家。师父先后在常州天宁佛学院、上海佛学院、中国佛学院深造，是1956年中国佛学院建院后的首届本科学员。师父的饱参饱学，成为以后七十余年的弘法利生的坚实基础。学成之后，师父回到天宁禅寺，历任衣钵、写法、知客、寺管会秘书长等职。"文革"期间，师父被迫离寺，入常州包装材料厂劳作。然师父志愿坚定，道心不退，虽历逆境而禅修念佛不断，处困苦而坚韧犹存。

曾言："吾有三桩事，足可慰平生"，此三事，皆是师父一生大愿躬行之所在，誓愿宏深之诠释。

其一，传承天宁梵呗，不使祖庭唱诵绝响。天宁祖庭，东南第一丛林，古来即为梵呗轨范。师父言传身教，传承天宁梵呗，不使祖庭唱诵绝响，重振当年繁华。在师父的不懈努力下，民国年间享誉海内的天宁佛学院，逐步恢复了内部授课，并以天宁梵呗为特色核心，师父亲授传承，培养佛教梵呗专业人才，恢复了梵呗祖庭经声佛号。"一板三眼"，腔韵和谐；如法如仪，恭敬虔诚；严格要求，教授弟子。上人策划建立佛教梵呗研究所，并正式出版了《天宁寺梵呗教程》一书，首次以系统、科学、公开的方式，对外传播和弘扬天宁梵呗。

2008年，天宁梵呗以"佛教音乐：天宁寺梵呗唱诵"之名列入第二批国家级非物质文化遗产名录，师父也成为非遗的国家级代表性传承人；2015年，师父入选"江苏省2014中华文化人物"（由江苏省中华文化促进会、中国江苏网联合主办），入选的第一理由是：国家非遗"天宁梵呗唱诵"代表性传承人；2019年7月，在第二届国家级非物质文化遗产代表性传承人记录工作验收中，"松纯——佛教音乐（天宁寺梵呗唱诵）"被评为传统音乐类优秀项目。如今包括我本人和天宁寺监院等多人，亲蒙师父教化，传承梵呗，也成为天宁梵呗唱诵的传承人，重振当年锦绣繁华。以梵呗大阐如来教法，以调柔之心化导十方，此是师父之"大愿"。

其二，就是恢复祖庭旧观，重现天宁"东南第一丛林"的盛况。三十年前，政策尚未落实，院中八百余居民，全赖师父巧妙周旋，方能返还寺产、开放道场。于1995年至1998年，天宁寺又启动改扩建工程，三宝殿、山门殿相继落成，并修建放生池，终使古刹重光，法门重辉。

其三，营建神州宝塔，礼赞盛世祈福百姓。俗语有云：乱世毁庙，盛世兴塔。上人自1947年来寺，至今已逾七十载。2000年，新世纪到来之际，师父感于盛世重光和民族复兴的时代伟业，虽年届古稀，又发广大宏愿，恢复重建历史上俯瞰常州的天宁宝塔，以宝塔之功德，为神州祈福、冀广泽万民。师父以无尽悲心，发勇猛愿，广募善款，予众培福之基，共筑此宝塔，为盛世祈福，为万民回向。在上人的亲自主持和关心支持下，高逾150米，将佛教精神、中华传统文化瑰宝与建筑艺术融为一体的天宁宝塔矗立于江南大地，巍峨雄伟，清净庄严。此为师父重兴祖庭盛甲东南之"大愿"。

于师父而言，三事之中，梵呗最为要紧，这是天宁之根基，是祖庭历千年风雨门风依旧的命脉，是佛教中国化实践的具体着力点，是当今时代佛法光大的重要途径。师父一生都在为天宁梵呗的传播和发展呕心沥血。九十高龄时，仍亲自披挂上阵，为晚辈口传心授、指点梵呗精要，宗师风范，山高水长，师父也成为天宁梵呗传承和守望的一位里程碑式人物。

三、梵音千古　呗赞十方

何以一代代大德对天宁梵呗视为光大教法之圭臬？佛教梵呗作为中华千年佛教文化的一种修行方式，一种传播范式，一种艺术形式，在经历了文化交流的碰撞、理解和融合以后，成为灿烂中华传统文化中的有机组成部分。

佛教源于印度，而印度是一个世界闻名的受宗教影响较深的国家之一。"印度艺术的生存就在于宗教"[①]，其艺术的产生发展莫不与宗教息息相关，音乐同样如此。不过在佛教早期，由于声闻律的限制[②]，佛教音乐并不发达，梵呗直到大乘佛教兴起才真正发展起来。举行规模盛大的供养三宝的法会时，往往会有歌舞伎乐以作庄严。梵呗被用于歌颂佛德，启发众生智慧，乃至领悟佛法。而且从艺术本身和易于接受的形式而言，梵呗较传统的讲经说法，具有更强的吸引力。

（一）梵呗功德

佛教认为学习梵呗有诸多功德，如：一、知佛德深远。二、体制文次第。三、令舌根清净。四、得胸藏开通。五、处众不惶。六、长命无病[③]。所以自

---

① S.夏尔玛：《印度音乐舞蹈美学》，文载牛枝慧编《东方艺术美学》，国际文化出版公司，1990年，第183页。
② 如《根本说一切有部苾刍尼毗奈耶》卷二十谓："若复苾刍尼唱歌者波逸底迦。尼谓吐罗难陀等，唱歌者谓唱歌词音韵。"同卷又说："若复苾刍尼作乐者，波逸底迦。尼谓吐罗难陀等，作乐者谓音声管弦。"（CBETA 2019.Q4, T23, no. 1443）
③ （唐）义净撰：《南海寄归内法传》4卷。

古名山大刹，于夏安居时，必定习唱颂，名为"学唱念"。此外梵呗还具有止息喧乱、使法事顺利进行的作用，所以又义译为止断或止息。因此之故，在讲经、课诵、受戒、礼忏等一切仪式中皆举唱梵呗，称为"作梵"[①]。此外，大乘佛教更认为，弟子、信众以歌呗赞叹供养佛陀的功德甚大，自古以来，歌呗颂佛，普遍流行。

根据中国佛教史的记载，中国佛教的梵呗应当是从三国时期的曹植开始集大成，因此曹植被认为是中国梵呗成为一个独立法门的创始者。常州天宁寺的梵呗在南北朝的齐梁时代就已经闻名了，与曹植创立渔山梵呗距离不到三百年的时间，至今已经超过1600年的历史了。

周耘在其《当代中国大陆佛教仪礼音乐的宗教性与世俗性交织现象探析》一文中说："自明清以来，汉传佛教多数宗派日渐式微，寺院传承佛教仪礼与礼仪音乐的作用愈益重要，一些特别重视佛教仪礼活动的禅寺，逐渐成为梵呗唱诵的中心道场。"[②]天宁寺最初是以禅修而闻名教内，但是随着时间的推移，到了明清时期，或许为了展示"音声为佛事"的方便善巧性，以参禅悟道闻名天下的天宁寺，经寺院几代高僧的不懈努力，天宁梵呗广为流传，成为佛教梵呗音声佛事的典范。

尽管天宁寺的梵呗在明清时期才得以发展，但是依然与南北朝的梵呗保持了一脉相承，保持了"哀婉为主的风格特点"，"曲调一直保持着较为统一的规范，节奏沉稳扎实，唱腔悠扬潇洒，韵味古朴清雅。"

（二）梵禅一如

因为天宁梵呗唱腔与仪轨的庄严性与神圣性超越了世俗的经忏佛事，带给我们的不仅是心灵的震撼，更是这纷扰尘世间的一股清凉剂，它能令我们的身心得以安宁、祥和。从某个角度来说，天宁梵呗不是一个单独的修学法

---

① 《百丈清规》。
② 周耘:《当代中国大陆佛教仪礼音乐的宗教性与世俗性交织现象探析》,《中国音乐》(季刊),
2008年第4期。

门，它与天宁禅修相辅相成，梵禅一如成为天宁寺的特色。

为什么说以天宁梵呗为主的音声佛事与赶经忏的应付佛事有一定的差别呢？因为真正的梵呗音乐不仅有其一定的唱腔与礼仪规矩，它还有带给人们心灵净化与升华人格的独特作用。依《长阿含五阇尼沙经》，所谓的梵音具有如下几点特征："一者、其音正直；二者、其音和雅；三者、其音清澈；四者、其音深满；五者、其音遍周远闻；具此五者，乃名梵音。"窥基大师在《妙法莲华经玄赞》说："妙音与乐；观音拔苦；梵音深净；潮音应时；胜音出世。"听到这样雄浑优雅的梵音，可以使人远离烦躁不安，令心清净无染，容易生起向上向善之心。

天宁寺的梵呗之所以被大家所承认，正在于他们对传统的继承，不仅保持了原汁原味的梵呗唱腔，而且从这些唱腔中可以看出法师的个人修为，更重要的是通过梵呗的音声佛事，可以令听者"受摄六根"。在聆听法师从内心深处所发出的唱腔之时，可以令身口意三业合一，得到放松，得到洗涤，对佛法僧三宝生起一种崇敬之心，生起一种向往之心。当我们专注于悠扬悦耳的梵音中时，那种"心如止水，平静无痕"的境界，不正是修禅的殊胜境界吗！譬如在佛教中有持名念佛的法门，这持名念佛是一种殊胜的方便善巧，其究竟目的是通过持名念佛而能达到"一心不乱"的境界，以此获得"念佛三昧"。但是普通持名念佛的方法容易令人昏沉，因此祖师们就开发出能够令人远离昏沉、散乱的清耳悦心的念佛梵腔，令念佛人在行云流水的念佛声中渐入三昧之佳境，心在佛中，佛在心中。可见，梵呗的唱颂对于"摄心不乱"的禅定有着极大的助益。

天宁寺的梵呗唱腔就有这样的功能，估计最初祖师们设计这些梵呗唱腔时的用心应该也是如此的。希望令人听了那悠扬的梵呗之音后，不仅学习到了佛法，还能在不知不觉中令身心远离尘世的喧闹，得到放松，进入一种和谐自在的状态。由此可见，天宁寺的梵呗不同于经忏应付的佛事唱念，应付的经忏佛事是热闹，流于世俗表面，大家看的是敲敲打打，闹闹哄哄，令人心浮气躁。天宁寺梵呗的庄严、古色古香的感觉，有种"此曲只应天上有，人间能得几回闻"的感受。也难怪徐志摩在天宁寺听闻梵呗后，在《常州天宁寺闻礼忏声》一诗中写下了这样的诗句："这是哪里来的神明？人间再没有这样的境界！大圆觉底里流出的欢喜，在伟大的、庄严的、寂灭的、无疆的、和谐的静定中实现了……赞美啊，涅槃！"[1]这不是一种应付的赞美之词，而是徐志摩心底流出的感受，因为这样的梵呗只有用心才能听出味道。

历史上，天宁寺传统的梵呗唱腔基本包含了梵腔、道腔、书腔，赞颂的唱腔，以及咒语真言的吟诵等等，这些都是佛教所特有的，基本没有受到世俗音乐的影响，也没有媚俗的表现，这样原汁原味的梵腔梵调，体现出了"诸恶莫作，众善奉行，自净其意，是诸佛教"的佛法意境。天宁寺为了保持这原始的梵腔，基本是保持"口口相传""师徒传承"的传统教学方法，令梵呗唱诵后继有人。

（三）传承弘扬

今天的天宁梵呗已经名扬四海，传播于海内外，而这一切的成就，与天宁寺的中兴住持——恩师纯公上人有着密不可分的关系。因为历史原因，师父和诸多长老们，被迫离开寺院，参加社会劳动。尽管如此，师父并没有放弃禅修与梵呗，直到落实政策，才回到已经破旧不堪的天宁寺。

经过十余年披荆斩棘的辛苦与呕心沥血的坚持，天宁寺终于焕然一新，古老而悠扬的钟鼓声又开始荡漾在常州的上空。在师父的努力之下，天宁寺佛学院逐步恢复，禅堂完成重建，天宁寺梵呗的传承成为重中之重。建筑完成容易，梵呗传承却难。梵呗的传承，需要优秀老师，还要有优秀学生。于是，师父迎请了一批精通天宁梵呗的老法师重回寺院，又亲自从刚出家的小沙弥中挑选合格的梵呗传承人，组成了"僧伽培训班"。很多时候，师父亲自示范，口传心授，为弟子们打下坚实基础。在师父与诸多长老们的不懈努力下，终于培养出了新一代梵呗传承者。

---

[1]　徐志摩：《常州天宁寺闻礼忏声》，《晨报·文学旬报》，1923年11月11日。

师父在培训梵呗传承者的同时，带领一批老法师奔赴海内外道场，举行大型法会，如水陆法会、梁皇宝忏等，弘扬天宁梵呗。一时之间，天宁梵呗再次名动四海，众多僧俗云集天宁寺，希求学习天宁梵呗。

在天宁梵呗有了传承者之后，师父又将这些年轻的法师派往海外，促进海内外文化交流和天宁梵呗传承。如师父接任纽约观音寺住持后，即派遣了数位唱诵俱佳的法师轮流前来住持。美国汉传佛教的梵呗有了一个统一标准，不再是五湖四海的腔调，在天籁一般的梵呗唱颂中，体现了佛教的和谐与佛法的清净。

当我们在聆听那"此曲只应天上有，人间难得几回闻"的天宁梵呗时，必须感念因为师父和诸多长老们的坚持和努力，天宁梵呗唱腔的委婉悠扬和精准韵律才得以全面复兴与传承，才保留了传递佛法智慧与慈悲的美妙梵乐。

四、总结

常州天宁寺作为著名的禅宗道场，自明清以来，不仅继续保持传统的禅宗修学，还将传统的佛教梵呗上升到一个新的台阶，梵禅一如，成为天宁寺的特色。

作为都市丛林的天宁寺，在落实宗教政策后，恩师呕心沥血表率丛林，僧团一心、善信襄助、龙天护佑，恢复天宁大观，挽救和复兴了传统的天宁梵呗。如今的天宁寺正以多样化的形式接引教化大众，更是将传统的梵呗发展到了极致，不仅令天宁寺成为习禅者的参学去处，同时到天宁寺学习传统梵呗也变成了一种流行趋势。也期待常州天宁禅寺可以在未来能够获批中国佛教协会梵呗培训基地，远承祖德遗风，以更大的平台和责任去传承和弘扬千年梵呗。

天宁寺与元末明初的江浙佛教

邢东风（日本国立爱媛大学）

从明清到近代，常州天宁寺是东南地区著名的禅宗寺院，高僧辈出，影响广泛。该寺自唐代创立之后，历经千年，屡遭战乱，兴废更迭，直到明清时期，社会相对安定，才成为"东南第一丛林"。因此，天宁寺的历史虽久，但它真正的发展是从明代开始的，特别是宣德年间的重建，为后来的发展奠定了基础，而当时主持重建的净因和尚，以及与他相关的人物，大多是元末明初江浙一带的僧人和士大夫，所以重建的背景可以聚焦在元末明初的江浙佛教。关于明代天宁寺的情况，目前还缺乏详细的了解，本文根据相关史料，对明代天宁寺重建的经过、相关人物、事件等进行具体考察，从而以天宁寺为中心，展示元末明初江浙佛教的某些侧面。

明代常州出了一位有名的六朝老臣，名叫胡濙（1375–1463），《明史》卷169有传。他字源洁，号洁庵，建文二年（1400）进士，曾奉明成祖之命，到各地追寻建文帝下落，历仕六朝，为官近六十年，其中任礼部尚书三十二年，累加至太子太师。胡濙精通医学，亲近佛道，写过很多佛教方面的碑文，这些碑文至今散落各地，其中大多作于正统年间，盖因当时明英宗信赖的大太监王振特别痴迷佛教，于是在全国掀起了一阵信佛高潮。胡濙是常州人，所以在天宁寺重建之后，受寺僧的委托，写下一篇《重修天宁寺记》，成为明代天宁寺的最早记载，其文如下：

重修天宁寺记 胡濙

天宁万寿禅寺，在郡治东南五里，创于唐，毁于五季，迭兴于

373

宋元之盛，及其末也，亦迭毁焉。皇明建极，初因佛殿、钟楼之存，颇加修葺，为丛林，岁时郡邑臣庶，习朝贺之仪焉。宣德六年，住持僧净因复请朝命，劝众力以更新之，凡宜有而未备者，悉皆以次第完美，如四天王殿，为屋六楹，夹殿东西为二室，殿之崇九寻有奇，广倍于崇之寻，而遂之不及者十之八，墁工绘事，肖像供具，旁及两庑、方丈、僧堂、庖湢、库庾，靡不毕治。僧善兹具其颠末，状请予记之。①

窃以佛之为教，非不能动人也，然其道未尝不因时否泰为屈伸焉。方时之否也，人惟干戈是事，亲戚离散，是忧恐恐焉不得聊其生，尚何暇及于佛哉？虽佛之宫室，亦不能保其免于灰烬不为邱墟矣，此天宁所以连陁于五季宋元之末也。及时清宁，则武臣健卒、农工商贾之民，皆得康居，足于衣食，而力无所施，心无所用，惟佛是尊，而乐于出货力以增益其宫室，不至于穷高极丽不能满其愿，此天宁所以复兴于宋元之盛焉。况今六合一统，四夷百蛮无不宾贡，环海内外，民烟万里相属，烽燧撤而钲鼓之声不闻，人生日用有余，则不归于儒即归于佛矣。故天宁之栋宇摩霄汉，金碧灿云霞，侈然有以增乎旧贯，毗陵之光，使人望之而起慕，即之而留观者，皆国家治平所及，天下富庶之明验也。虽然，成此胜事，苟非郡守西广莫公以善导人，致令郡民华仲淳等舍财助力，曷克臻此？是皆宜书以垂示永久也。净因号觉初，姑苏人，得法同庵简公，为常之僧司都纲云。①

关于这篇碑文的作者，史料有不同的记载。在濮一乘的《武进天宁寺志》里，作者署名为"胡森"。胡森是谁，不清楚。据说万历版《常州府志》卷19里也有这篇文章，署名"胡濙"。府志是明代的作品，当然更可凭信。另外，

---

① 濮一乘：《武进天宁寺志》卷六，《中国佛寺志丛刊》第45册，扬州：广陵书社，2006年，第111–112页。

清代乾隆年间，史学家赵翼（1727–1814）作《重建天宁寺前殿记》，说"常州东门外天宁寺，崇敞宏伟，为一郡梵刹之冠，其兴废具载明正统间胡忠安公碑记"①。"忠安"是胡濙的谥号，所谓"胡忠安公碑记"，就是指胡濙的《重修天宁寺记》。按照赵翼的说法，胡濙这篇碑记作于正统年间。赵翼是常州人，可能亲眼见过碑记原物，他的记载也可证明这篇碑文是胡濙的作品。

　　碑文的前半部分主要记述天宁寺的重建，大意是说：天宁寺创建于唐代，五代时期毁坏，宋元时期又重新兴盛，而后再毁；到了明代，佛殿、钟楼尚存，经过修葺之后，成为一大丛林，每年到了一定时期，本地的官员人等都在这里练习朝贺的礼仪；宣德六年（1431），住持僧净因向朝廷申请，动员各方面力量进行重修，殿宇、房舍、造像、设备等等，通通新建，扩展规模，蔚为大观。碑文的后半部分主要说明佛教兴衰的原因，作者认为：佛教虽然能够打动人们，但是它的兴衰总是受到时代的影响；遇到兵荒马乱的年代，征战连绵，民不聊生，亲戚离散，人们无暇顾及佛教，甚至连佛教寺院都可能化为灰烬，天宁寺在五代宋元末期遭遇厄运，就是这样的情况；相反，在和平年代，无论是军士还是农工商业的平民，生活安定，衣食无忧，心力有余，所以乐于出钱出力修建寺院，而且寺院越是建得高大壮丽，他们心里就越是高兴和满足，天宁寺在宋元时期的兴盛，就属于这样的情况；如今天下太平，没有战争，人们生活富裕，或信儒教，或信佛教，所以天宁寺得到修复，比以前更加宏大壮观，这恰恰是"国家治平"和"天下富庶"的表现。最后，文中举出三个人的名字，即郡守莫愚、郡民华仲淳、常州府僧纲司都纲净因，说明他们是天宁寺重建的主要参与者。

　　从这篇碑记可知，天宁寺的重建是在宣德六年（1431），之前只剩下佛殿和钟楼，经过重建才具备完整的规模；主要参与者有莫愚、华仲淳、净因，其中莫愚是郡守，也就是常州知府，他的作用是"以善导人"，亦即动员人们参与建设；华仲淳是郡民，亦即常州的住民，他的作用是"舍财助

① 濮一乘：《武进天宁寺志》卷六，《中国佛寺志丛刊》第45册，扬州：广陵书社，第124页。

力"，大概他是当时主要的捐资人；净因号觉初，姑苏（今苏州）人，同庵简公的嗣法弟子，天宁寺的住持僧，又是常州僧纲司的都纲。

关于莫愚，《明史》卷161有传。他是临桂（今属桂林）人，早年乡试中举，以郎中出任常州知府，任职期间曾奏请减免茶叶岁贡、禁止公差虐待百姓，还曾要求公正断案，都得到朝廷认可。正统六年（1441）任职期满，常州民众挽留，经江南巡抚周忱上奏，被批准留任，并进阶两级。又据净因塔铭的记载，净因住持天宁寺，担任常州府僧纲司的都纲以及主持天宁寺的重建，都得到莫愚的支持，特别是天宁寺的重建，可以说是净因在前台唱戏，莫愚在幕后策划，他作为地方官员，给予了巨大的支持。

关于净因的老师同庵简公，后面再说。关于净因，胡濙的介绍非常简单，幸好《吴都法乘》里有一篇王偁撰写的塔铭，可以参考。这篇塔铭在纯松主编的《常州天宁禅寺志》里也有收录，作者署名"王廷贵"。王偁字廷贵，二者实为一人。这篇塔铭在两个本子中文字有些不同，下面以《吴都法乘》本为底本，参校《常州天宁禅寺志》本，转录于下（不出校记）：

常州府僧纲司都纲沤居因公塔铭　王偁

沤居因公，以正统戊辰五月二十八日，示寂于天宁东院。其年九月十三日，葬院之后圃，建塔为识。教谕临川聂大年，已文诸石矣。其嗣孙慧澄，谓塔迩居室，阒寞匪宜，乃改卜安上乡之汤墅村孝思庵故址。以天顺庚辰某月日，启公遗蜕葬焉。寻又结庵数楹，买田三十四亩，为香灯永业。乃请余友朱懋易为状，持来南京，以属余铭。

公讳净因，字觉初，沤居其号也，苏之吴江徐氏子。母薛，尝梦僧入室而娠。公生有异相，幼与群儿嬉，有捕鸟雀者，辄取而纵之，曰："毋伤物命。"入僧寺，见诸佛像，必作礼膜拜。父母奇之曰："是儿殆有夙缘。"即遣从舅氏无尽慧公，学出世法于大乘院。时年甫十三。未几又去，从述庵偁公于承天寺，闲往虎丘，见中行复公，复曰："汝来何为？"曰："为生死耳。"曰："生亦不生，死亦不死。"公犹未喻其旨。一日偶谒蘧庵佑公，质之，蘧庵曰："子读《楞严经》，当自解。"公取而读之，至"归元性无二，方便有多门"，即超然觉悟。于是屏居遮山，笃意究竟。久之，闻僧录同庵简公主教天界寺，大明宗旨，请侍巾锡，凡三阅寒暑，深有证入。已而辞归，受具、说法于定慧寺。永乐甲午，朝廷简名僧，修大藏经典，公两预焉，事竣，赐赉有加。同时，有愿留京师，希近倖者，公独翩然东还定慧，刺指血书《金刚》《弥陀经》，粉金银为泥，书《华严》《法华》《四十二章》《佛遗教》《弥陀》《楞严》《圆觉》《金刚经》，总若干卷，积十有二年而成，盖杜门却扫，攻苦斅淡，不恤劳瘁，不惜资费，噫！其志可谓坚矣。宣德庚戌，常守莫公愚，愿天宁首刹，宜得名缁，为众领袖。有以公荐者，遂持香币，聘主其席。会僧纲司都纲缺员，又上其名礼部，寻擢任焉。

时莫公奉敕守郡，以严办为理，沉毅寡言，时人莫有当其意者，然独与公雅厚。公任都纲之明年，遂协谋创建四天王殿，重构两庑、丈室、僧堂、庖廪，与夫像器、花幡，靡不具完，溢于旧观。虽出莫公之所经画，然亦由公赞理之有方也。正统丁巳，以老谢师席，度寺左偏，筑室一区，环植松杉，居以自逸，即东院是也。丙寅，并致僧纲司事，日惟焚香跌坐，澄心静虑，阅大藏经，且半，忽晨起，沐浴更衣，奄然而化，世寿七十有九，僧腊六十有七。公器宇深邃，端重简默，观时识变，随机应务，故任职几二十载，严而有守，宗门多信向之。手度弟子一人，曰宗尚，先逝。徒孙三人，曰道源，住大乘院。曰得纯，任无锡县僧会。其次即慧澄，继住天宁，世守其业，诸孙三十七人。澄字一清，今年亦七十六矣，才识行谊，无忝厥祖。名卿硕儒，多所游从，予家食时，尤与厚善。斯铭之属，澄固不能舍予，而予亦无庸让也。铭曰：

像法之教，归于正觉。密付心传，孰开来学？伟乎沤居，崛起吴中。五及师门，一言感通。翻译之荣，皇恩有眷。缮写之勤，血鑱金淀。既莅法会，遂领缁徒。绀宇聿新，溢于通都。曰人有生，奄忽泡幻。矧兹空寂，讵宜耽恋？勇谢世缘，反关息机。寿七十九，乃入荼毗。院东有圃，旧营窣堵。有贤嗣孙，更治净土。汤墅之原，新塔岿然。续续香灯，有庐有田。三千大千，恒沙世界。万劫虽空，英风如在。①

塔铭里首先说明写作缘起。净因于正统十三年（1448）五月去世，同年九月，安葬在天宁寺东院后面的菜园，并建舍利塔，常州教谕聂大年撰写塔铭。净因的法孙慧澄觉得舍利塔离住地太近，不应混在一起，于是重新选址，于天顺四年（1460）迁葬，又盖了几间房子，买下三十四亩田地，专门用来供养新舍利塔。然后请作者的朋友朱懋易写下净因的行状，带到南京，请作者撰写塔铭。

然后叙述净因的生平经历。净因（1370-1448），字觉初，号沤居，吴江（今属苏州）人。十三岁在本地的大乘院出家，跟舅舅无尽慧公学法。不久又到承天寺（即承天能仁寺），师从述庵俰公。有一次到虎丘寺，见到住持僧中行本复，本复问他来干什么，净因答："只为生死。"本复说："生亦不生，死亦不死。"净因不解。又有一次，他偶然遇到北禅寺的蘧庵大佑，向大佑提问，大佑说："你去读《楞严经》，自己就会明白。"于是他找来《楞严经》，当读到"归元性无二，方便有多门"这句话时，忽然省悟。而后他到遮山隐居②，试图彻底弄明白。几年以后，听说同庵夷简在南京天界寺弘法，于是前往投奔，跟随夷简学习三年，而后回到苏州，在定慧寺受具、说法。

永乐十二年（1414），朝廷召集名僧，编修《大藏经》，净因两次参加，事后得到很多赏赐。当时有的僧人借这个机会留在京师，以便接近上层，净因没有兴趣，独自回到定慧寺，刺指血书写《金刚经》《阿弥陀经》，又用金

---

① （明）周永年：《吴都法乘》卷六下，《中国佛寺志丛刊》第33册，第944-948页，扬州：广陵书社，2006年。又见纯松大成主编：《常州天宁禅寺志》，第640-642页。

② 遮山，山名，也叫玉遮山，在苏州。（明）王鏊《姑苏志》卷八："玉遮山，在阳山之南，横列如屏，今俗呼为遮山。旧志为查山。"

泥、银泥书写《华严经》《法华经》《四十二章经》《佛遗教经》《阿弥陀经》《楞严经》《圆觉经》《金刚经》等经典，历时十二年完成，为此闭门谢客，勤奋努力，不辞辛劳，不惜资费，表现了顽强的意志。宣德五年（1430），天宁寺住持缺席，常州知府莫愚认为天宁寺是本地首刹，应当选一位名僧来领导，于是聘请净因做住持。当时刚好僧纲司的都纲也空缺，于是上报礼部，任命净因为都纲。

莫愚当时任常州知府，办事严格，沉默寡言，对很多人看不顺眼，可是偏偏跟净因意气投合。宣德六年（1431），也就是净因担任都纲的第二年，他们就策划重建天宁寺，包括创建四天王殿，重建两庑、丈室、僧堂、庖廪，以及佛像、道具等等，规划得非常细密，胜过以往。重建计划由莫愚提出，具体办事由净因负责。

正统二年（1437），净因以年龄为由辞掉住持，在天宁寺左侧建了一个小院，叫作东院，住在那里养老。正统十一年（1446），又辞掉都纲的职务，每日焚香跌坐，澄心静虑，阅读藏经，直到去世。净因处事深谋远虑，举止端庄，少言寡语，善于观察时局，随机应变，他在任职期间，办事严谨，遵守原则，赢得大家的信任和拥护。他有一个弟子，叫宗尚，早就去世了。还有三个徒孙，一个叫道源，住在大乘院。一个叫得纯，是无锡县的僧会。还有一个叫慧澄，继净因之后住持天宁寺。慧澄字一清，现在（天顺四年）也已经七十六岁了，他的才能、见识、品行都可以和净因祖师相媲美，而且和作者是老朋友，所以他请作者来写这篇塔铭，那就不能推辞了。

以上就是塔铭的内容。从中可知，净因自宣德五年（1430）住持天宁寺，直到去世，在寺内生活了十九年，其中前八年担任住持，上任不久便与常州知府莫愚合作，主持天宁寺的重建。经过这次重建，天宁寺才具备了完整的规模，成为东南地区一大丛林。大约一百年后，即嘉靖十五年（1536），天宁寺又进行重修，当时常州出身的官员徐问（1480–1550）写了一篇《重修天宁寺记》，其中说：

　　吾常天宁寺，据三吴上游之胜，自五季宋元，尝毁于寇，而佛殿、钟楼仅存。宣德间复大修，创巨观杰构，屹为东南第一丛林。以故郡邑臣庶，祝厘圣寿，咸萃于兹，而四方僧徒来游者，往往叩关，依为禅定。①

徐问是本地出生，自然熟悉当地的情况，从他的记述可以知道，天宁寺经过净因重建，成为"东南第一丛林"，而且由于它规模俱全，所以又成为当地官民"祝厘圣寿"和各地僧人参禅学法的基地。净因的这次重建，在天宁寺的发展史上具有重大意义。

这篇塔铭作于天顺四年（1460）或稍后，时距净因去世十三年，是现存较早的净因资料。作者王𪻐（1424-1495），字廷贵，常州武进人。正统九年（1444）乡试中举，景泰二年（1451）科举第三名（探花），任翰林院编修、侍讲、侍皇太子东宫讲读。明宪宗时，任左春坊左庶子、南京翰林院侍讲学士、南京国子监祭酒、南京吏部右侍郎，成化二十三年（1487），任南京户部尚书、南京吏部尚书。著作有《毗陵志》四十卷、《思轩稿》十二卷、《王文肃集》十二卷。

塔铭里还提到聂大年和朱懋易。关于聂大年（1402-1456），《明史》卷286有传②。大年字寿卿，号东轩，临川（今江西抚州）人。宣德末任仁和训导，正统年间任常州教谕、仁和教谕，景泰六年（1455）入翰林院，修实录（或说修辽金宋三史），不久去世。著作有《冷斋集》《东轩集》。按照王𪻐的说法，净因去世那年，聂大年撰有塔铭。该塔铭恐怕是最早的净因资料，可惜笔者尚未见到。朱懋易的生平事迹不详，仅知他名昱，住在毗陵（常州），自称"岭南老儒"，可能是广东人。他是王𪻐的朋友，受慧澄之托，写成净因的行状，作为塔铭的素材。

塔铭里还提到净因年轻时接触过的几位僧人，他们大多住在苏州，有的名声显赫，地位颇高，作为前辈，自然对年轻的净因有很大影响。

---

① 濮一乘：《武进天宁寺志》卷六，《中国佛寺志丛刊》第45册，第114-115页。
② 又参见《列朝诗集小传》乙集、《武林梵志》卷八等。

净因最早出家的大乘院就在苏州，那里有他的舅舅无尽慧公。无尽慧公，很可能就是其他史料中提到的"慧无尽"，法名法慧，古庭善学的弟子①，曾作过虎丘寺的藏主。文琇（1345-1418）作有《题慧无尽藏主塔铭后》，对他评价甚高：

> 若夫有行有解，而能明佛心宗，中吴慧无尽藏主其人欤！无尽戒检冰清，禅诵勤勇，刺血书诸大乘经，攻苦敷淡，备行三宝中事，孜孜弗懈，岂非有行乎？学教观于古庭，听《楞严》于融室，皆有所入，岂非有解乎？又从行翁于虎丘，究别传之旨，岂非明佛心宗乎？是三者，出世大丈夫事，无尽既兼而有之，其出生入死，得大自在，固宜然矣。②

在文琇看来，法慧行解兼备、明佛心宗，是难得一见的真正的僧人。具体地说，他持戒严明，勤于诵经、坐禅，刺血写经，这是他的"行"；跟古庭善学攻《华严》③，又跟融室净行听《楞严》④，都有深入的领会，这是他的"解"；另外还跟行中至仁学习参禅⑤，这是他的"明佛心宗"。他在这三个方面都有所建树，可以说达到了超脱生死、自由自在的境界。

然后是承天寺的述庵俌公，事迹不详。净因在承天寺期间，还接触过虎丘寺的中行复公、北禅寺的蓬庵佑公。复公法名本复，苏州人，东屿德海法嗣，灵隐崇岳下四世⑥，《增集续灯录》卷6有他的语句。佑公就是大佑，关于他的情况，姚广孝（1335-1418）的《前僧录司左善世启宗佑法师塔铭》

---

① 宋濂：《华严法师古庭学公塔铭》："其弟子处仁、法慧。"可知古庭善学有一弟子叫法慧。

② （明）周永年：《吴都法乘》卷六中，《中国佛寺志丛刊》第33册，第885页。

③ 古庭善学（1307-1370），元代僧人，弘传华严学说。参见宋濂《华严法师古庭学公塔铭》。

④ 融室净行，元末明初僧人，精通华严，洪武九年（1376）住中吴报恩寺（又名卧佛寺），注《楞严》《楞伽》。

⑤ 行中至仁（1309-1382），元末明初禅僧，江西番阳人，法名至仁，字行中，号熙怡道人，又号澹居子。早年在江州报恩寺出家，后从径山元叟行端得法，先后住蕲州德章、越州云顶、崇报、苏州虎丘、万寿等寺。著作有《澹居稿》。《吴都法乘》卷五下有《长洲万寿寺澹居仁禅师传》，可参考。

⑥ 东屿德海（1256-1327），元代僧人，石林行鞏法嗣，先后住持天台寒岩、姑苏寒山、昆山东禅、杭州净慈、灵隐等寺。本复的传承系统是：天童密庵咸杰—灵隐崇岳—天童文礼—净慈行鞏—东屿德海—中行本复。

有比较详细的记载，其主要内容是：

永乐五年丁亥春正月二日，法师示寂于京都天禧寺……徒弟法成，函师灵骨，归于姑苏，建塔于西山受经之地……师讳大佑，字启宗，号蘧庵，姓吴氏，姑苏吴县人……年十二，出家于寄心庵，投嗣贵剃发为僧，受满分戒。凡内外经书，一览辄便通大义。始与古庭学师为友，习贤首之学，次从东皋声公游，习天台教观。一日，阅玉冈润和尚《四教仪集注》，至随喜品注云"一空一切空"之说，豁然有省。自此天台一宗，纲格诸书，若素习而贯通焉。后于弘教天泉泽公会中充忏司之职，昼夜孜孜力学，罔怠师见。是时吴下诸师德，多不事边幅，于戒检有亏，心靡悦服，况教中人多滞于语言文字，而局于一偏，故人有入海算沙之讥也。于是翻然游于武林，从愚庵及公，于净慈参究禅学，深有所得。师尝欲嗣法及公，公谓之曰："汝于台衡之学有夙契，汝还归讲教为然。"师后出世甫里白莲，遂效北齐之龙树，辦香遥禀玉冈，当日人言非是者相半，师亦不恤也。国朝洪武四年辛亥，以高僧诏至京。明年壬子，与蒋山广荐佛会^①。十年丁巳，升住本府之北禅，与众讲说《心经》《金刚》《楞伽》三经，提契要义，开示学者，一时同侪辈，咸服而叹曰："善哉！法师与前辈诸老，大有径庭矣。"檀施日凑，集于自然，建大佛殿，以容多士祝厘。未几，师乃倦于人事，退归山中，适嘉定圆通，为邑之巨刹，旧以甲乙住持，寺之耆宿，现无隐者，请师开山为十方讲寺。居无何，复退，还西山修念佛三昧，昼夜六时，寒暑不辍。洪武二十五年壬申，僧录司缺官，应召至京陛见，皇祖大喜，授以右善世。二十九年丙子，升左善世。师之为政简当，协于舆情，公卿大臣，无不崇重。于是钦赐金襕袈裟，衣衾靴履，钞若干锭。三十一年戊寅，太祖宾天，师知世变，即弃官，

---

① "蒋山"的"山"字原缺，据文义补。

还姑苏，于穹窿山筑室，以遁今圣天子登大宝位。永乐三年夏，应召复赴京，馆于天禧之西庵。明年丙戌①，诏师纂修释书，师总括《大般若》六百卷要义。稿成，忽遘微疾，更衣辞众，面对西方，趺坐而逝。世寿七十四，僧腊六十二。师平昔所著《净土指归》若干卷、《净土真如礼文》一卷、《弥陀、金刚二经直解校勘》《天台授受祖图》《法华撮要图》《净土解行二门图》，悉板行于世。手度徒弟法成等若干人，嗣法弟子，台之能仁住持慧彻、杭之上天竺住持得完等若干人。师性明朗慈悲裕，嗜闲静，寡交合，其识见议论，高出行辈，惟佛法是务，不尚杂学，况乎不局于一师，不泥于一宗？如师者，当于古人中求之，今人中所未见也。②

据这篇塔铭可知，大佑（1334-1407），字启宗，号蘧庵，苏州吴县人。十二岁出家，曾经和古庭善学一起学习《华严》，和东皋妙声一起学习天台③。有一次，读玉冈蒙润的《四教仪集注》④，读到"一空一切空"这句话时，突然省悟，从此对天台学说豁然贯通。后来到苏州的大弘教寺，在天泉余泽手下担任忏司⑤。当时苏州一带的僧人戒律比较松弛，有的僧人拘泥于经典文字，固执偏见，他感到不满，于是到了杭州净慈寺，跟随愚庵智及学禅⑥，大有收获。他希望做智及的法嗣，智及觉得他更合适在天台方面发展，于是鼓励他继续讲教。过了一段时间，大佑到甫里（今苏州角直镇）的白莲讲寺，

---

① "丙戌"，原文作"丙午"。按永乐三年的"明年"为丙戌年（1406），今改。

② （明）周永年：《吴都法乘》卷六下，《中国佛寺志丛刊》第33册，第923-928页。

③ 东皋妙声，字九皋，苏州吴县人，元末明初僧人。历住景德寺、常熟慧日寺、平江北禅寺，洪武三年（1370）与僧万金被召，莅天下释教。精通天台，善诗文，著有《东皋录》。

④ 玉冈蒙润（1275-1342），嘉禾（今浙江嘉兴）人，元代僧人，住杭州下天竺寺。十四岁于白莲华寺出家，师从古源永清（1215-1290），学《止观》《金刚錍论》《十不二门论》等，能了大义。住南天竺演福寺，大振宗风。而后奉宣政院之命，住持下天竺灵山寺三年，最后回到白莲庵养老。著作有《四教仪集注》《四教仪集注科文》等。

⑤ 苏州大弘教寺，原址位于拙政园，元代僧人天泉余泽曾住这里。《姑苏志》卷五十八："余泽，字天泉，姓陆氏，郡人。学天台教观，辞锋辩博，音吐如钟。大德中住永定，迁北禅，召住杭之下竺。会朝命，勘金书藏经，泽居京师，与翰林集贤诸老倡和，后闻有《雨花别集》，虞集序。"按，永定讲寺，在吴县东南。

⑥ 愚庵智及（1311-1378），元末明初禅僧，元叟行端法嗣，曾住持杭州净慈寺、径山寺。

担任住持，尊玉冈蒙润为远祖，当时有人不以为然，但是他并不在乎。明朝建立不久，洪武四年（1371）末至五年（1372）初，朝廷在南京的蒋山举办广荐大法会，目的是为元末战争中的死难者超生，为活着的人求解脱，朱元璋亲自参加，隆重空前，与会的僧人都是闻名全国的大法师，大佑也应召参加。洪武十年（1377），升任苏州北禅寺的住持，讲说《心经》《金刚》《楞伽》三经，颇有新义。在任期间还扩建了大佛殿。过了不久，大佑感到人事纷扰，退回山中，刚好嘉定（今属上海）圆通寺住持空缺，于是请大佑担任，圆通寺也改为十方讲寺①。不久，他又回到苏州的西山，每日念佛。洪武二十五年（1392），僧录司缺位，他被召到南京，担任右善世。洪武二十九年（1396），升任左善世。洪武三十一年（1398），明太祖朱元璋去世，大佑预感到时局变化，于是弃官返回苏州，在西郊的穹窿山隐居。永乐三年（1405），应召到南京，住在天禧寺的西庵，奉诏纂修佛典，撰写《大般若经》要义，书稿写完就去世了。著作有《净土指归集》二卷、《净土真如礼文》一卷、《阿弥陀经直解校勘》《金刚经直解校勘》《天台授受祖图》《法华撮要图》《净土解行二门图》等。总之，蘧庵大佑参加过蒋山广荐大法会，当过左善世，名声、地位都很高，净因年轻时有机会接触这样的僧人，受到启发，可谓得天独厚。

净因的传法老师同庵简公，法名夷简。曾任左善世，住在南京天界寺，净因跟他学习三年，时在洪武二十五年（1392），当时净因二十多岁。关于夷简，有一些零散的史料，这里列举若干：

> 初，杭之南北两山，禅蘗教苑，差次林立，钟鱼之音，此鸣彼应。自罹兵燹，惟净慈岿然独存，而钟亦就毁。今同庵禅师简公，以素德雅望，来主净慈之席，缁素向慕。又有修比邱之行者，曰镇

---

① 嘉定圆通寺，据《古今图书集成·方舆汇编职方典·苏州府部汇考十一"嘉定县"》记载："圆通讲寺，在县城内洪星坊内。元至元间，里人高氏子为僧，名明了，舍宅为寺。大德己亥，赐额圆通。武宗加赐大报国圆通寺额。延祐间重修。明洪武十一年，僧大佑改建。"赵孟頫撰有《大报国圆通寺之记》，可参考。

庵净、雪堂立，为之募施，以资其行道。于是化铎宏宣，法云远被，施者川委，遂能以废为兴。凡栋宇之挠缺者，瓴甓之漫漶者，既一新之，又聚铜造钟，得铜至二万余斤，乃命攻金之工，作模范，设炉鞲，择日鼓铸，一冶而就。曾不苦窳，扣以巨筵，大音发越，彻于大千之内，聩者以醒，迷者以觉，见者闻者，莫不赞叹禅师宏愿所致，语云："逃空谷者，闻足音跫然而喜。"当两山阒寂之秋，独净慈成此宏伟之器，先众刹而鸣，诚为希有。①

皇明洪武十一年冬十有一月庚寅，杭之净慈报恩禅寺住持夷简，重治钟楼成，复聚铜二万斤，铸巨钟悬之，用物甚弘，皆比丘安静、善立化敛所致。②

（洪武二十一年）敕礼部曹召僧录司首官左善世弘道、右善世夷简等五人。③

（洪武二十五年）五月初四日，僧录司左善世夷简等同本部官，于奉天门，钦奉圣旨。④

金陵天界同庵易道夷简禅师，明洪武戊午，主南屏净慈。兵燹之余，殿堂钟鼓，为之一新。父子继席，传为盛事。二十五年，奉旨升主大天界寺。⑤

洪武初，杭之南北两山，禅黉教苑，金碧争辉，鲸鱼之音，彼鸣此应。自罹兵燹，惟净慈岿然独存，而钟亦就毁。后十一年，师以素德雅望，来主净慈。缁白咸皈，施者川委。师乃修葺寺宇，重建钟楼，复聚铜二万余斤，铸巨钟，悬于其上，声彻江湖两山。阒寂之秋，独南屏成此宏伟。且栽松竹，寺之四山，郁以成林焉。

① （明）徐一夔著，徐永恩校注：《始丰稿校注》，杭州：浙江古籍出版社，2008年，第326页。
② （明）宋濂：《净慈寺新铸铜钟铭有序》，《宋濂全集》第二册，北京：人民文学出版社，2014年，第1023页。
③ （明）葛寅亮：《金陵梵刹志·下》，天津：天津人民出版社，2007年，第464页。
④ （明）葛寅亮：《金陵梵刹志·上》，第63页。
⑤ （清）超永：《五灯全书》卷五十八。

二十五年壬申，升主大天界寺，朝廷征为僧录左善世。①

　　按《列朝诗集》：夷简，字易道，义兴人，与止庵祥公同嗣法于平山林和尚。洪武五年，与钟山法会。十一年，住杭州净慈寺。十二年，住南京天界寺，除僧录左善世。②

从以上记载可知，夷简，字易道，宜兴人，平山处林法嗣③。曾参加洪武五年的蒋山广荐大法会。洪武十一年（1378），任杭州净慈寺住持。洪武二十一年（1388），任僧录司右善世，洪武二十五年（1392）升任左善世。夷简的老师平山处林也曾住持净慈寺，师徒两代先后住持净慈，就好比"父子继席"。明初，杭州的寺院多遭破坏，只有净慈寺保存下来，但是梵钟被毁，所以夷简上任之后，在镇庵安净、雪堂善立的协助下，努力修复重建，还铸造了一口两万斤重的大铜钟，钟声响彻南北两山，成为杭州的一景。净慈寺本来是杭州的一大禅林，夷简从这里出发，进而担任僧录司右善世、左善世，住持南京天界寺，成为统领全国佛教的僧官。天界寺在当时具有特殊的地位，据说，"京师之天界寺，为方今第一禅林，僧伽攸聚，据猊床、挥尘拂者称天人师，自非丰才硕德、为上所知者，不以授"④。天界寺是僧录司的所在地，这里的住持相当于全国的佛教领袖，必须在品德、学识、政治方面都很优秀，夷简就是这样的人物。

可见，净因的法脉来自杭州的临济宗，他的传承系谱是：径山师范—雪岩祖钦—及庵宗信—平山处林—同庵夷简—净因，其中平山处林和同庵夷简都曾住持净慈寺，该寺是宋代以来杭州三大禅林之一，在江浙禅林中有着广泛的影响。由于江浙在地理上接近，所以两地的佛教关系密切，明初时期，朝廷更多地扶植利用江南佛教，于是杭州一带的佛教源源不断地输入江苏，

---

① （清）际祥《净慈寺志》上册，杭州：杭州出版社，2006年，第206-207页。

② 《古今图书集成选辑》下，CBETA电子佛典本。

③ 平山处林（1279-1361），杭州人，元代禅僧，及庵宗信法嗣。曾住持大慈山定慧禅寺、嘉兴当湖福源寺、杭州中天竺寺，至正三年（1343），任杭州净慈寺住持，在任十八年。晚年灵隐寺遭遇火灾，奉命移住，主持重建，事未竟而卒。徐一夔撰有《平山禅师塔铭》，可参考。

④ （明）徐一夔：《送清源师还天界寺序》，《始丰稿校注》，第121页。

在这样的大背景下，才有净因入主天宁寺，以及当地官员的支持，最终在常州建成一座新的禅林。当初天宁寺的复兴，表面看去好像只是个别人的努力，实际上是元明时期江浙禅林法脉不息、高僧辈出，以及社会各方对佛教理解支持的结果。

最后附带谈一下胡濙的另一篇碑记，题目是《祥符禅寺重举记》。其文如下：

祥符禅寺重举记　胡濙

佛法自汉明帝时流入中国，凡名山胜境，悉为梵刹以虔奉，其像设焉。余毗陵郡治之南百里，而近有寺曰祥符，在马迹山之奥壤，唐贞观中，将军杭恽舍山为寺，当太湖巨浸之中，波光云影，照耀晃漾，可鉴可濯，况三峰环列，龙虎拱峙，蜿蜒磅礴，势若拿云。据此湖山之胜，四顾清旷，幽琼潇洒，轶尘埃而抱秀丽，飞楼涌殿，钟鱼梵若之□，晨昏振响于云林烟水之间，真吉壤也。奈夫绵历岁远，向之葺飞绚烂者，悉委为荆榛瓦砾之场，僧徒散逸，田产荒芜，遂为居民奄有。宣德十年乙卯，中天竺比丘智澜号空海者，悯兹古刹废弛，爰发弘愿，来领寺事，以兴复为己任，坚持戒律，精修苦行，事理圆融，缁素向慕，捐此以助者踵至。由是鸠工集材，首筑周垣五百余丈，植松六百万株，创建法堂、方丈，各十有一间，左右伽蓝、祖师二殿，前竖山门，旁列侧室，与夫香积之厨，贮物之库，储粟之廪，靡不毕备。越八寒暑，功已告成。其田产山场，昔为居民之所奄有者，今则悉归常住，而征租税，以复其旧焉。空海具其始末，走数十里，谒余南宫，征记谓："夫兹寺之成，非巡抚亚卿周公忱、郡守莫公愚、邑宰朱公恕洎、寺邻松阳令李公灏外护作兴，乌能成此伟绩，为一方之名蓝？念其功德，固不可湮没而无传于后也。"余惟佛灭度后，凡求佛者，悉以庄严像设为事，然不能无成坏，今斯寺既坏而成，则存乎其人。此固有为法，然观相起敬，则丹青土木之事，亦不可少。其所谓无成无坏而无为者，又非思议所可得，姑置弗论。特以空海殚心竭力，兴复之勤，而诸名公外护助缘之力，记其大概，俾勒诸石，以示永久。使继斯席者，知其所自，而有以考见兴复之故焉。

正统七年岁在壬戌十月朔旦①

这篇碑文作于正统七年（1442），讲的是祥符寺的重建。文中首先介绍祥符寺的位置和来历。该寺始建于唐代，位于常州府以南百里的马迹山，山在太湖当中，三面环山，山光水色相影，美丽壮观。然后讲述祥符寺的重建。由于战乱，祥符寺被毁，僧人离散，田产荒芜，被当地居民占有。宣德十年（1435），从杭州中天竺寺来了一位僧人，名叫智澜，号空海，到这里担任住持，发愿修复寺宇。经过八年重建，终于恢复原貌，而且收回被占的田产，以田租收入作为寺院的经济来源。最后讲写作缘起和作者的感想。重建之后，空海和尚特意找到作者，说重建事业得以完成，都是靠巡抚周忱、郡守莫愚等地方官员的外护支持，为了纪念他们的功德，请求作一篇碑记；作者感慨说，寺庙的兴废主要在人，祥符寺得以毁而重兴，全仗着空海的"殚心竭力"和各位官员的"外护助缘"。

文中提到的马迹山，就是现在"灵山大佛"的所在地，它原来是太湖里的一个岛屿，现代因围湖造田而和陆地相连，成了半岛。这里原来属于常州，现在属于无锡。文中提到的巡抚周忱、郡守莫愚、邑宰朱恕泊、松阳令李灏，其中莫愚已如前述，后二人大概是当地的县令，事迹不详。关于周忱，《明史》卷153有传。周忱（1380-1453），字恂如，江西吉水人。永乐二年（1404）进士，曾在刑部任职。洪熙元年（1425）任越府长史。宣德五年（1430）任工部右侍郎，巡抚江南诸府。正统九年（1444）任工部尚书，仍兼巡抚。任巡抚二十余年，总督税粮、漕运、营造等，善于理财，创平价米法，"修葺廨舍学校、先贤祠墓、桥梁道路，及崇饰寺观"②，是一位比较爱民的官员。

---

① 濮一乘：《武进天宁寺志》卷六，《中国佛寺志丛刊》第45册，第145-146页。
② 《明史》本传。

前面提到的常州教谕聂大年，曾为新建的祥符寺题诗二首，其诗云：

题祥符寺

具区千顷净澄澄，路入招提最上层。

湖上近闻新创寺，山中应是再来僧。

四蘑花雨纷如雪，万壑松风冷似冰。

莫惜瓜茶留信宿，铁蘂相伴读书镫。

仿佛南屏十里松，经过还识旧行踪。

湖光浴日金千顷，山色凝烟翠霭重。

猿下饮泉还献果，僧来乞食自鸣钟。

山花也认曾游客，背倚寒岩笑病容。[①]

那么，胡濙这篇碑记，讲的是祥符寺的事情，怎么会被收进《天宁寺志》呢？在今天一般人看来，天宁寺属于常州，祥符寺属于无锡，二者好像没什么关系。其实不然。历史上，这两个寺院本来就关系密切，特别是在民国时期，祥符寺是天宁寺的下院，胡濙的《祥符禅寺重举记》被收进《天宁寺志》，大概就是由于当时的人们把祥符寺看作天宁寺的一部分吧。

---

① （明）周永年：《吴都法乘》卷三十二中，《中国佛寺志丛书》第36册，第2714–2715页。

清代天宁寺法脉传承探析

纪华传（中国社会科学院世界宗教研究所）

明清时期江苏佛教宗派的发展有两个重要现象，一是律宗在江苏的重兴与发展，以古心如馨及其弟子在南京古林寺、三昧寂光和见月读体在句容宝华山隆昌寺为中心，由此推动了律宗在全国的迅速发展。二是临济宗磐山系在江苏的逐渐崛起。清代临济宗主要由笑岩德宝、幻有正传一支传续而来，以密云圆悟所创的天童禅系和天隐圆修所创的磐山禅系为主要传承法脉。清中期之前，天童系的影响要远远超过磐山系，至雍正之后，天隐圆修及其弟子玉林通琇、箬庵通问的磐山系有逐渐崛起之势。至清末江南四大禅宗名刹中，金山禅寺、高旻禅寺、天宁禅寺均属此法脉，而仅有天童禅寺为密云圆悟这一系的主要传法寺院。清代天宁寺见证了江苏佛教律宗的重兴与临济宗磐山系的崛起，本文对清代天宁寺的律宗与禅宗法脉传承略加考述。

一、清初律宗千华系香雪戒润

天宁寺在清初由香雪戒润传承律宗三昧寂光一系的千华法脉。明初佛教寺院分成禅寺、讲寺和教寺，限制了律宗的发展。尤其是嘉靖朝"禁开戒坛"，各地只得私自传戒，致使混乱，僧团衰落。明中后期开始律宗逐渐得以重兴，直追唐代道宣四分律学，通过三坛大戒的传授和分灯传承确立了律宗的地位。至明末出现了以"南山正统"自居的古心如馨所传之律宗诸谱系，传戒弟子众多，据称有数万人，据《律门祖庭汇志》记载，得法者有十二人，

390

即金陵塔院天隆寺莲宗性相、北京愍忠寺大会性海、金陵吉祥寺中堂性正、常熟三峰寺汉月性藏、宝华山隆昌寺三昧寂光、五台山永明寺澄芳性清（远清）、苏州报国寺茂林性祇、广陵福田院金刚性福、三仪寺蕴空性磬、香水寺大圆性昙、古林寺隐微性理和印含性璞等。①在如馨弟子中，以性海（永海）、性理、寂光、澄芳的影响最大，其后形成了古林系、圣光系、愍忠系、千华系四个传承法脉。其中千华系经三昧寂光、见月读体、定庵德基、文海福聚等相继努力，宝华山成为明清时期律学思想影响最广、传戒规模最大、法系传承最久的律宗中心。

　　香雪戒润（1598-1654），为三昧寂光弟子，传千华法脉。三昧寂光（1580-1645），从如馨受具足戒，专心从事律学研究。寂光曾在句容宝华山组织"千华社"，参加的人很多，每天就食者达万人。所以，此后把他开创的律学一派称为"千华派"。香雪戒润俗姓陈，湖北宜昌人，为隋智者大师之族裔。出家后研习华严教理，从寂光律师受戒后即随其学戒并协助弘扬律学。明崇祯十年（1637）春戒时，香雪戒润受三昧寂光律师之命，为僧众宣讲《梵网经》。崇祯十三年（1640），编成《梵网经直解》，并撰写《梵网经直解跋并颂》。崇祯十六年（1643），香雪戒润律师编撰《楞严贯珠集》十卷并刊行，寂光律师亲为作序称："润公乃荆南陈氏子，为陈隋智者大师之祖裔。早岁剃染，深历禅源，受业度门，教宗贤首。一从老人进具，后辅弼行化十有八年，如是迹可尚，而德与学咸为众所知识。"②顺治元年（1644），应四众礼请，香雪戒润应请住持天宁寺。清顺治六年（1649），开戒登坛，江南受法弟子不计其数。据称时有五色祥云，覆其法座，缁素咸瞻，以为奇瑞，于是创建九莲阁于大殿后。顺治十一年（1654），戒润律师圆寂，建香祖塔院于寺内。戒润律师之后，天玉□诠律师，以及见月读体律师的弟子声白律师、声叔德□律师等曾于天宁寺住持或弘律。声叔律师住持天宁寺期间，筑

① （清）辅仁法师：《律门祖庭汇志》，《承恩寺缘起碑板录·律门祖庭汇志·扫叶楼集·金陵乌龙潭放生池古迹考》，南京：南京出版社，2011年，第54页。
② 寂光：《楞严贯珠集序》，《武进天宁寺志》卷八，第270页。

贯华阁，凡三楹，高三层，巍巍庄严，晴朗之日登高远眺，百里之外的苏州北寺塔、虎丘塔尽收眼底。法钟海觉禅师住持天宁寺后，易律为禅，他曾为戒润律师扫塔并说法："降龙钵解虎，锡两钴金环。明历历不是，标形虚自持。如来宝仗亲踪迹，恭惟大寂光中，香雪和尚是其人也，呜呼！正瞻戒日当空，舒花现瑞；岂期雪消香散，云去水流。唯此一塔，巍然独存。祇如新天宁到来，使人禅律并行，福慧两足，又作么生？"遂插香云："也是钵盂安柄。"①法钟海觉禅师通过缅怀赞颂香雪戒润律师的德业及功绩，阐发了天宁寺"禅律并行"的家风。

二、天童系法钟海觉与湘雨纪荫

清初各宗派中，禅宗的影响依然最大，而禅宗之中则以临济宗的天童系和磬山系的传播影响最广，其中天童系的影响范围更广，几乎遍及全国甚至影响海外。而磬山系的影响则主要限于江苏省和浙江省的部分地区，至清中期以后，此系在江苏有逐渐崛起的趋势。

天童系兴起于明末，法脉源自临济宗，因创始人密云圆悟（1566-1642）晚年住宁波天童山而得名。此派兴起于浙江、江苏和福建一带的丛林，在顺治、康熙年间涌现出众多著名传法宗师，活动区域逐步遍及全国各地，并且远传日本。圆悟一生剃度弟子二百多人，嗣法弟子有十二位：汉月法藏、五峰如学、破山海明、费隐通容、石车通乘、朝宗通忍、万如通微、木陈道忞、石奇通云、牧云通门、浮石通贤、林野通奇。天童系除以天童寺为中心的浙江外，还有破山海明在云贵川渝，费隐通容一支在福建等，都传承至今，通容的弟子隐元禅师作为明清时期少有的有影响的禅僧东渡日本，留下了中日佛教交流史上光彩夺目的一页。

---

① 《法钟禅师法语》，《武进天宁寺志》卷三，第62页。

1.天童系法钟海觉

法钟海觉禅师（1611–1685），开堂拈香时说："此一瓣香第六回拈出，供养传曹溪正脉前往浙江宁波府鄞县阿育王山广利堂上太白先师大和尚，用酬法乳之恩。"① 太白禅师，即阿育王寺太白行雪禅师，为密云圆悟禅师之徒孙、木陈道忞之法子，所传为天童系之法脉。木陈道忞（1596–1674），广东潮阳人，俗姓林，字木陈，号山翁、梦隐。始修儒学，仕宦后，读佛典，遂依庐山开先寺若昧智明剃发。后以父母执意，还俗成婚，举一子，二十七岁再度剃发，从憨山德清受具足戒。自明崇祯元年（1628）始十四年间，道忞始终师从密云圆悟，并多年掌记室，故圆悟在各地的语录都是由他记录的。崇祯十五年（1642），圆悟去世，道忞以嗣法弟子身份继住天童寺。清顺治三年（1646）后十余年间，历住明州慈溪五磊山灵峰禅寺、越州云门寺，台州广润寺、越州大能仁禅寺、湖州道场山护圣万寿寺、山东青州法庆寺。顺治十四年，再返天童山，故有"七坐名坊，八扬大法"之誉。讲解公案，机语问答，行棒行喝，垂代颂古等，是其在各处寺院弘教传禅的主要内容和启悟参禅学僧的重要方式。法钟海觉，苏州长洲人，出家后至阿育王寺从太白行雪禅师参学，从其嗣法。行雪推举后，法钟海觉禅师继任住持，后又接任常熟虞山维摩寺住持。康熙六年（1667）元旦，过天宁寺，受江西道监察御史许之渐之请，上堂说法，出任天宁寺住持。后又出任钱塘妙行寺（圣因寺）等九处寺院住持。康熙二十四年（1685）示寂于虎丘山塘扫花居，建塔于阿育王寺。有《法钟禅师语录》行世。

2.三峰派湘雨纪荫

法钟海觉之后，天舆纪赞、过庵纪轮、湘雨纪荫相继住持天宁寺，三位禅师均为三峰派法嗣，得法于灵岩卑牧式谦弟子，式谦得法于灵岩弘储，弘储得法于天童密云圆悟弟子三峰汉月法藏。汉月法藏（1573–1635），字汉月，号于密，晚改天山，俗姓苏，今江苏无锡人，出身于儒学世家，少年时

---

① 《法钟禅师法语》，《武进天宁寺志》卷三，第61页。

代受过良好的教育。十五岁，辞亲于德庆院学法。十九岁，剃发出家。三十岁，"闭关看'万法归一，一归何处'，昼夜不放参"①。四十六岁时，法藏已声望日隆，"四方来学益众，提唱无虚日"②，但他因无师承，而"不正席，不升座"③。天启四年（1624），法藏到金粟山广慧寺谒请当时临济正嫡圆悟，圆悟立即授其临济源流，并赐为首座。但法藏却与之争论临济宗旨，圆悟所答令法藏十分不满，法藏毅然辞去圆悟所授予的临济源流。后来二人又有书信讨论，仍无果，但"悬而不决的法嗣关系令汉月难以为继"。④天启六年（1626），法藏遣弟子以书信询问圆悟，"请纳为临济法嗣，但同时也请密云'容其玄要之法'，希望获得密云的首肯"⑤，圆悟应之。同年冬，圆悟遣专使送法衣至法藏处，法藏正式成为圆悟的嗣法弟子。法藏的弟子具德弘礼住灵隐寺、继起弘储住灵岩寺、邓山剖石住圣恩禅寺，"海内称佛法僧三宝"⑥，三峰一派迅速发展。天宁寺的天舆纪赞、过庵纪轮、湘雨纪荫均得法于卑牧式谦，为天童系第五世、三峰派第四世。

纪荫（1644–？），字湘雨，号损园，自号宙亭。徽州婺源（今江西婺源）人。出家后遍参释乘，承嗣于卑牧式谦，为清初三峰派著名禅僧。曾任盐城兜率寺、常州祥符寺（今无锡祥符寺）、泰兴建安寺、扬州高旻寺、天宁寺等寺院住持，多次受康熙帝召见、赏赐。与许之渐、陈玉璂、恽南田诸人相唱和，为一时海内名士所宗仰。禅师住持天宁寺时，大殿三世佛及两廊五百罗汉像均为灰烬，在当地缙绅支持下，极力募化，修葺正殿及两庑，多有建树。著作有《宗统编年》《宙亭诗集》《宙亭别录》等。

圆悟与法藏虽然通过付法确立了形式上的师徒关系，但二人在禅思想上有很大分歧，由此引起了明末至清初禅林多次思想争论，往复辩难。法藏因

---

① （明）法藏说，弘储记：《三峰藏和尚语录》卷十六，《嘉兴藏》第34册，第205页。
② 同上，第207页。
③ 同上。
④ 连瑞枝：《汉月法藏与晚明三峰宗派的建立》，《中华佛学学报》1996年第9期。
⑤ 同上。
⑥ （清）纪荫：《宗统编年》卷三十二，《卍新纂续藏经》第86册，第311页。

提唱《智证传》并著《智证传提语》《五宗原》而招来圆悟一系的反感，崇祯七年（1634）圆悟著《辟妄七书》与之辩论，第二年法藏圆寂。崇祯九年（1636），圆悟又著《辟妄三录》批判法藏，据说圆悟的弟子木陈道忞也撰有《五宗辟》对法藏予以斥责，法藏弟子潭吉弘忍遂著《五宗救》维护师说。次年，弘忍圆寂，圆悟又著《辟妄救略说》全面批驳法藏师徒。崇祯十二年（1639），圆悟应众人之请消释了两系的论争。此后，两系之间虽仍有余波荡漾①，但矛盾渐趋缓和。清初，雍正帝又重提此事，著《拣魔辨异录》批驳法藏，并以皇权之尊下令禁断法藏一系的传承。

三峰派弘储、纪荫力图调和圆悟和法藏的禅思想之争。崇祯十五年（1642），弘储将《辟妄七书》重梓流传，希望让世人明白圆悟与法藏之间并非诤事。黄宗羲评价二人之间的论争时亦言："师弟之讼，至今信者半不信者半。"②纪荫编《宗统编年》时对二人的论争作了评价，他认为圆悟与法藏对弘振临济宗皆有贡献，二人并无根本分歧，只是各有偏重。圆悟高扬棒喝禅，"以起临济之广大"③；法藏高扬宗旨，"以尽临济之精微"④。二人"以逆为用"⑤是致广大而尽精微的互补关系。纪荫此论，可谓平实公允，堪为圆悟、法藏禅思想之争的定论。

三、磬山系大晓实彻

天宁寺从大晓实彻开始传承磬山系法脉。以往学术界通常讲从大晓实彻开始天宁寺革律为禅，由此成为禅宗重镇，这是不准确的，因为在大晓实彻之前，已有法钟海觉与湘雨纪荫于此传禅。磬山系是兴起于明末的一支禅派，

---

① 如"天童塔铭""五论杂诗"等诤。

② （清）黄宗羲：《苏州三峰汉月藏禅师塔铭》，见陈乃乾编：《黄梨洲文集·碑志类》，北京：中华书局，1959年，第287页。

③ （清）纪荫编：《宗统编年》卷三十一，《卍新纂续藏经》第86册，第296页。

④ 同上。

⑤ 同上。

法脉源自临济宗，因创始人天隐圆修住常州磬山弘禅而得名。清初，此派著名传法宗师不多，弘禅基地有限。清代中叶以后，本派建立了数座规模较大的有影响的寺院，成为禅宗中最重要的派系之一。从大晓实彻禅师住持天宁寺开始，传磬山禅系，反映了这一趋势。

圆修嗣法弟子有林皋本豫、山茨通际、印中通授、玉林通琇、箬庵通问。磬山系的法脉主要由通琇、通问两支流传下去。通琇十九岁随天隐圆修出家。明崇祯九年，继圆修住湖州报恩寺（在浙江吴兴县），开法筵之日，僧俗信众有上万人，莫不沾被化雨，随根沃润而去。[1]经营八年，使这个残破的寺院焕然一新，"殿堂寮舍、僧园物务"皆悉周备。[2]他主要通过化缘，接受官僚富豪布施而扩建寺院，购买田产。当时虽年少，每天参请者已有数千人。顺治二年，通琇令弟子代管报恩寺，自己到江南各地游历，先后住过浙江的大雄山、江苏常熟的虞山、宜兴的龙池山和磬山等，影响逐步扩大。他鉴于天目山师子正宗禅寺岁久荒废，予以修复，使其成为日后重要的弘禅基地。顺治十六年，应诏进京，住万善殿，先后四次奉旨上堂。通琇禅系由此知名朝野。通琇弟子茆溪行森知名于当时，一生九坐道场，曾得到顺治帝诏见，赐所住龙溪寺院以圆照禅寺额。通琇下法系延续长久者，是栖云行岳和美发行淳两支。行岳递传南谷颖、灵鹫诚、天慧实彻、了凡际圣、昭月了贞、宝林达珍等，使扬州高旻寺成为禅宗重要寺院。

通问住持过杭州南涧理安寺、镇江金山寺等。主要是以参究话头教授弟子。弟子中著名的有铁舟行海、晓庵行昱、天笠行珍等。铁舟行海以金山江天寺为主要基地，创建寺院，使该寺成为著名寺院，法系相继传承有法乳超乐、量闻明诠、月潭明达、大晓实砌等。

大晓实砌（1685-1757），原籍太仓州崇明县（今上海崇明区），俗姓陈，生于康熙二十四年（1685），二十三岁依南海栴檀庵天语老和尚剃度出家。

---

① 玉林通琇：《玉林禅师语录》，《禅宗全书》第64册。
② 玉林通琇：《玉林禅师语录》，《禅宗全书》第64册《大觉普济能仁国师年谱》。

先后住持江山金山寺、常州天宁寺。在住持常州天宁寺十六年间，将山门、天王殿、大雄宝殿、罗汉堂、大悲阁、九莲阁等修葺一新。又建御书楼、安乐堂和念佛堂，增置寺田一千余亩。使天宁寺成为著名的禅宗丛林。乾隆皇帝三次到天宁寺进香，两次由大晓实彻禅师接待。创立临济宗的传承法系，有《语录》行世。大晓实砌禅师的法脉传承为：天隐圆修—箬庵通问—铁舟行海—法乳超乐—量闻明诠—月潭明达—大晓实砌。

实彻的弟子天涛际云和纳川际海，也各有传承延续。后世相继传承的重要弟子有了月净德、鼎成达传、石泉达鼎、朗照达昱、慧炬达轮、广参达明、梁栋达宇、恒赞达如、雪岩悟洁、普能真嵩、定念真禅、青光清宗、善净清如、冶开清镕（《武进天宁寺志》卷二，"僧伽"）。常州天宁寺，清初原为律宗道场，自大晓实彻改为禅宗，至冶开清镕（1852-1922）继主法席，宗风大盛。

冶开清镕（1852-1922），俗姓许，扬州江都人，为近代著名的禅宗高僧，与宜兴海会寺妙参清虚、南京香林寺济南清然、扬州高旻寺楚泉全振、苏州西园寺广慧圆德，同称为清末江南宗门五老。十二岁奉亲命在九华山依明真和尚出家，十七岁于泰县祇树寺依隐闻和尚受具足戒。后历参杭州、普陀、天台诸名刹。清同治十年（1871），至常州天宁寺参学，受定念方丈器重。次年冬，在天宁寺禅七中开悟。同治十二年，至金山参禅，又有长进，凡昔日所读经义隔阂，均洞然顿彻。遂行脚入终南山结茅静修，始遇虎，一念不动，虎屏息贴耳而过。以后，虎每日过庵，来去均三啸相告。后移喇嘛洞，洞有怪，居者每持咒无益，他去后三年无怪异。[1]《虚云和尚年谱》亦记载，光绪十一年（1885），"至南五台，晤觉朗、冶开、法忍、体安、法性。诸上人在此结茅庵，留予同住。法忍住老虎窝，冶开居舍龙椿，法性住湘子洞。予与觉朗体安同住大茅蓬。"为感激定念的关怀，他返回天宁寺四方募化，协助建设。光绪二十三年（1897），任常州天宁寺住持，继承定念

---

[1] 见叶尔恺：《冶开大师塔铭》,《武进天宁寺志》卷七，第229页。

传统，阐扬天宁禅风，重建大雄宝殿、天王殿、文殊殿、普贤殿、地藏殿等。冶开禅师重视佛教文化事业，寺内设"毗陵刻经处"，共刻有大小乘经论774部2469卷。他还十分关心世间疾苦，热心社会公益事业，光绪三十二年（1906）遭遇饥荒，第二年米价昂贵，天宁寺花费百金以平价米施舍给饥民。《释清镕传》还记载，他听闻朝廷禁绝鸦片，欢喜不已，自购禁烟丸药施舍给愿意禁烟而贫穷者。退居后，至杭州灵隐寺建殿修像。又在上海玉佛寺创居士念佛会，接引沪上名流；晚年创佛教慈悲会，从事赈济活动。民国二年（1913），冶开禅师继寄禅法师之后接任"中华佛教总会"会长。1914年，命弟子月霞在上海创办华严大学。民国六年（1917），命月霞分灯常熟创办法界学院。1920年春，在常州天宁寺开坛传戒，四众弟子1500人参加受戒，盛况空前。1922年12月20日午时圆寂于常州天宁寺，享年七十一岁。嗣法门人显彻编有《冶开镕禅师语录》四卷及《冶开镕禅师传》一卷。

总之，常州天宁寺见证了明清时期律宗的重兴与临济宗磬山禅系的崛起。最初由香雪戒润传承律宗千华系法脉，后由法钟海觉、湘雨纪荫改为禅宗临济宗法脉，传承密云圆悟天童系及其弟子汉月法藏的三峰派。至大晓实彻以后，一直传承磬山系法脉至今，门庭未曾改易。清末至民初在冶开禅师的苦心经营下，天宁寺遂成为"东南第一丛林，一郡梵刹之冠"，与当时的镇江金山寺、扬州高旻寺和宁波天童寺并成为"禅宗四大丛林"。

治寺与化世

——从冶开和尚中兴天宁寺看逊清之际的禅宗寺院

陈永革（浙江省社会科学院）

逊清之际，江苏佛教的清末宗门四大禅僧中，天宁寺冶开威仪第一，宝华山圣祖戒行第一，金山寺大定禅定第一，赤山法忍智慧第一。[1]本文通过常州天宁寺的寺派规范及其变迁，试图展现逊清之际江南子孙丛林的寺院经营及其顺势变革的曲折历程。

一、清代常州磐山禅系与常州天宁寺

常州天宁寺的传法世系，颇为独特，归宗于磐山一宗。天隐圆修所开创的磐山派，在明末清初，即被誉为江南禅宗三派（车溪、磐山、密云）。在上述三派之中，车溪派的传承范围较小，密云派最大，磐山则居中。1897年（清光绪二十三年）冶开和尚主席天宁，晋座拈香，即称"端伸供养磐山堂上天祖老和尚"（即天隐圆修，引者注），天宁寺成为子孙丛林。

明末净柱在其《五灯会元续略·凡例》称："临济宗自宋季稍盛于江南，阅元而明，人宗大匠，所在都有，而韬光敛瑞，民莫得传，惟是天童、磐山、车溪三派鼎峙□□。"[2]天童即密云圆悟，以宁波府天童寺为重镇，法系

---

① 参见释东初：《中国佛教近代史》（下册），第744–745页。

② （明）净柱：《五灯会元续略》，《卍新纂续藏经》第80册，第443页下–444页上。

强势，影响最广。其次就是天隐圆修，同样嗣法于龙池幻有正传，开宜兴磬山禅系，其门下有杭州南涧理安寺开山祖师箬庵通问（1604-1655）①及更为著名的清初国师玉林通琇（1614-1675），对于江苏禅宗具有强势影响。势力稍弱者是车溪无幻古湛性冲（1540-1611，浙江嘉兴人），中年出家，久居苏州车溪无幻庵，寂前曾赴住径山。其门下弟子仅见兴善慧广，传承未明。

常州天宁寺归宗于天隐圆修所开创的磬山系，肇始于大晓实彻住持天宁寺。近世常州天宁禅系的中兴，同样发端于大晓实彻禅师（1685-1757，号大晓）。大晓禅师在天宁传法世系被推尊为"大祖"，可见其地位与影响力。据寺志载："自临济三十五传至大晓禅师，由金山移席天宁，大畅宗风。大祖授纳川海禅师，纳（祖）授净德月禅师，净祖授恒赞如禅师，恒祖授雪岩洁禅师，雪祖授普能嵩、定念禅禅师。"②

明末清初的天宁寺从禅律兼弘而转向禅宗道场，香雪戒润为三昧寂光之法嗣，尝于1644-1656年间出任天宁寺住持。从法钟海觉（1666-1669年任住持）继住天宁之后，天宁寺的禅宗道场开始确立。常州天宁寺的崛起，与清初禅宗的崛起具有同时性。天宁寺的禅宗影响力，与之构成相互支持的格局。子孙丛林的寺院维持与经营，发挥了相当重要的作用。

据佚名所撰《大晓彻禅师行略》载，实彻，俗姓陈，太仓州崇明县人。二十三岁，从普陀山栴檀庵天语和尚剃度出家。翌年，从普陀山前寺珂月老和尚受具足戒。后随本师天语和尚前往宁波鄞县圣寿寺，任监院，凡二年。随后，至显圣寺参丹岩老和尚，遇同参旦憨禅师，颇得助益，知得本分下落。再遇双鉴禅师，得知杭州理安寺为禅修道场，告以"一念放下"，遂往临安住山。箬庵通问为杭州南涧理安寺开山第一世，通问嗣法宜兴磬山天隐圆修，为临济宗南岳下三十四世，寂于顺治十二年（1655）。箬庵通问门下在江苏出世弘法者，至少包括江宁金陵寺梅谷悦禅师、真州北山密传能禅

---

① 嗣法于磬山圆修，明末清初临济宗僧，有《续灯存稿》十二卷、《箬庵问禅师语录》十二卷传世。
② （清）陆鼎翰：《善净如禅师塔铭》，《武进天宁寺志》卷七，第387页。

师（重兴真歇清了道场，寂于1663年）、常熟胜法寺瑞法禅师、润州金山铁舟海禅师、扬州准提用中睿禅师、金陵隐明纶禅师、海陵栖贤山夫绍隆祖禅师等。①大晓实彻离开临安，曾前往终南山参修二年，后有同参到访，劝其出山，称"古人悟后，必须见人"，遂闻名前往金陵钟山，参香林月潭明达。月潭明达嗣法于金陵香林法乳乐，而法乳乐则嗣法于润州（镇江）金山铁舟海，故《行略》中称，月潭与实彻相契，"付以南涧源流"。②

不久，月潭微疾退席并示寂，大晓实彻继住钟山，"力行祖道十有二年"。其时，同为香林法乳乐法嗣的镇江金山寺住持量闻明诠退席，当地名流礼请大晓实彻出住金山。大晓应允，"刻苦励众，尽力恢宏，海内衲子，无不仰望"。大晓住持金山长达十六载，故僧传禅籍大都称之为"镇江金山大晓彻禅师"。从金山退席后，大晓一度隐居镇江。因常州天宁寺虚席，天宁住僧扶功际明数度往返，前往礼请，遂出住天宁。大晓实彻出住天宁之时，适遇乾隆圣驾首次及再次南巡，且两度皆临幸天宁③，分别是乾隆十六年（1751）和乾隆二十二年（1757）。第一次"问契道心"，第二次更是"钦命赐紫，优渥复胜"④。大晓实彻寂于乾隆二十二年五月，其遗世偈有曰："了知非我非世界，无边无际乐无涯。"⑤据记载，大晓门下的嗣法者有十二人，其中，天宁寺定果，"有梵行，兼通儒术，纯庙（即乾隆帝）五次南巡，迎驾，赐赉优渥"⑥。于此可见，自乾隆二十七年（1762）六月十七乾隆第三次临幸天宁寺始，作为大晓弟子的定果成为迎驾的主导僧人，同样延续着天宁寺的莫大

---

① 箬庵通问禅师派世系为"圆通大法，顿越真常，悟祖超师，慧灯永照"，参见《近世要谱》卷上"宗派"，第22页。
② 参见佚名：《大晓彻禅师行略》，《武进天宁寺志》卷七，第301–304页。
③ 分别是乾隆十六年（1751）和乾隆帝在清朝盛世时期南巡，时间分别是乾隆十六年（1751，辛未）正月十三日至五月初四日、二十二年（1757，丁丑）正月十一日至四月二十六日、二十七年（壬午，1762）正月十二日至五月初四日、三十年（1765，乙酉）正月十六日至四月二十一日、四十五年（1780，庚子）正月十二日至五月初九日、四十九年（1784，甲辰）正月二十一日至四月二十三日。乾隆南巡对于当时的国家治理特别是治河修塘等方面具有积极意义，但其负面影响亦甚大。
④ 参见佚名：《大晓彻禅师行略》，《武进天宁寺志》卷七，第307页。
⑤ 参见佚名：《大晓彻禅师行略》，《武进天宁寺志》卷七，第307页。
⑥ 参见《武进天宁寺志》卷十一"志余"，第716页。

殊荣。而继大晓住持天宁的天涛际云（上海嘉定人，1693–1766），作为南涧六世孙，更是与大晓一样有住持江宁香林寺（前后八年）、镇江金山寺（前后十四年）和天宁寺（三年）的经历。大晓及其弟子相继住持天宁寺，奠定了天隐圆修磬山系在天宁寺的禅派基脉，常州天宁禅寺的寺派祖师由此构建成型。代代相承，直至冶开，皆承绪天宁寺作为子孙丛林的持续法统。

在《武进天宁寺志》的记载中，有两种常规叙事颇引人注目。其一是称誉天宁寺禅法道风，如称在"海内尊为道风第一"①，"常州天宁，为禅宗学海。轮下之众，恒数千指"②，"常州天宁禅寺为江南望刹"③等。其二是非常强调磬山的归宗意识，反复强调，既推尊，又自豪。归宗磬山，认祖圆修，使常州天宁的住持寺系，代代相际，从大晓实彻传纳川际海→净德了月→恒赞达如→雪岩悟洁→普能真嵩，由普能真嵩传到其同门法兄定念真禅。冶开禅师的师伯普能真嵩（1852–1866）住持天宁寺，特别强调"师叔伯、师祖、师法祖"辈分世系的亲密性，以此构建子孙丛林的传承规范，保持寺院住持的连续性，成为寺院稳固的显性标志。

二、冶开和尚与天宁寺中兴

从普能真嵩（1852–1866住持）、定念真禅（1866–1874）④、青光清宗（1874–1879）、善净清如（1879–1896），共四任住持。其中，普能真嵩与定念真禅皆为冶开和尚的师资辈，定念真禅于同治十三年（1874）圆寂，青光清宗与善净清如则是冶开和尚的法兄弟。

常州天宁寺是冶开和尚十九岁出家时的首道场。定念真禅和尚在住持天

---

① （清）陆鼎翰：《善净如禅师塔铭》，《武进天宁寺志》卷七，王继忠校注选译（《常州历史文献丛书》第三辑），南京：凤凰出版社，2017年，第388页。标点略有改动，下同。

② （清）陆鼎翰：《善净如禅师塔铭》，《武进天宁寺志》卷七，第387页。

③ （清）陆鼎翰：《定念和尚塔铭》，《武进天宁寺志》卷七，第375页。

④ 湖北武汉陈氏子。29年，投礼句容宏通庵性空和尚出家。翌年，依武汉归元寺月高轮公受戒，究心三观十乘之旨。

宁寺时，其门下有二大弟子。一是青光清宗、二是冶开清镕。"定公有神足二，青光宗禅师暨今冶开镕和尚也。"①青光清宗因应杭州临安（时称于潜县）西天目山禅源寺之请，出任住持。天宁寺住持一职，由时住如皋定慧寺的善净清如和尚出任。

善净（一作静）清如，法名原为能如，因得法天宁，更能为清，故名清如。通州如皋人，俗姓仲。为当地名门之后。父锦涛，以德行乐善，名闻乡里。年十八，依如皋定慧寺印传上人剃度出家。二十二岁，受具足戒于宝华山得体律师。后挂单于镇江金山江天寺，参禅作务。善净清如于1896年（光绪二十二年）正月十二日示寂。示寂前，适逢常州城某大姓建水陆法会，请如公说法，清如郑重嘱托时任西堂的冶开和尚代之，称"定公为一代中兴祖师，道统攸系，荷担大法，非子莫属"②。借主持法会之机，将中兴天宁寺的历史重任交付冶开。冶开于翌年（1897）继住天宁，开始其住持中兴天宁寺的弘法十年。

金山寺，时称江天寺，与扬州高旻寺、常州天宁寺，并称为临济宗三大丛林。顺便一提的是，常州天宁与镇江金山江天寺之间往来参学者甚众。冶开也是其中一员。同治十三年（1874）定念真禅圆寂，冶开往金山参禅，闻侍者卷帘，维那唤放下，"师应声触机，一念放下，得力更逾于前，自此大地平沉，融通无碍，当下闻隔江人语历历，视瓜州如在户庭。凡昔日读经义理隔阂者，洞然顿彻。展阅《楞严》《华严》，如从自己肺肝中流出，碍膺之物，一旦尽释矣"③。

冶开和尚示寂后，门下纂辑有《常州天宁寺冶开禅师行述》一册，内有行述、传、塔铭、祭文、诗、挽联、寿言等，甚为详尽。书封有两行珠印说明："汇集诗文联语，系由执事弟子于检收礼堂时，随手抄录，不分前后次

---

① （清）陆鼎翰：《善净如禅师塔铭》，《武进天宁寺志》卷七，第388页。
② （清）陆鼎翰：《善净如禅师塔铭》，《武进天宁寺志》卷七，第392页。
③ 《常州天宁寺冶开禅师行述》，引见王孺童：《冶开禅师生平资料汇编校注》，收于《内学杂谈》，北京：中国人民大学出版社，2008年，第194–195页。

第。"①据此，此书虽冠以《常州天宁寺冶开禅师行述》，其实是包括冶开弟子显彻所撰《常州天宁寺冶开禅师行述》在内的传记、文献，主要但不限于如下数种，弟子显彻撰《常州天宁寺冶开禅师行述》、杭州叶尔恺（字伯皋，1864—1941前后？）撰《冶开大师塔铭》、屠寄（字敬山，1856—1921）撰《冶开禅师寿言》、喻谦（号昧庵）《清常州天宁寺沙门释清镕传》等。

常州天宁经由真禅，经冶开，而至清如，冶开禅师上承真禅，而下启清如，奠立了逊清民国天宁寺的建筑格局。寺院实力的最直接指标是寺田的数量与规模。鼎盛时期，常州天宁寺寺田由原来1500亩增加到8600亩，成为"东南第一丛林，一郡梵刹之冠"。通过数代住持的持续努力，天宁寺从太平天国战乱中迅速恢复元气，虽然与清代中叶鼎盛时期落差不少，但仍具有相当实力。

首先，冶开和尚中兴天宁寺的事业，重建、改建、启建等殿堂建筑，总量超过了120楹，平均每年寺院建筑达十多楹，于此可以想见冶开投入的愿力与心力。

冶开和尚出生于"两世长斋奉佛"的佛教信仰家庭，少年出家，信心坚定。同治十年（1871），往常州天宁寺，参谒方丈定念真禅和尚。定念门风峻肃、法席巍然，独对冶开另眼看待。冶开禅师随侍定念和尚左右，读经参禅，定念和尚预言他将来必获大成就。定念和尚圆寂之后，冶开禅师亦离开天宁寺，到镇江金山寺潜修多年，后又至终南山结茅潜修。冶开和尚赴常州天宁寺时，正是天宁寺饱受太平天国运动破坏、寺院百废待举之时。

光绪二十二年（1896），冶开禅师回天宁寺。天宁寺部分建筑在咸丰、同治年间毁于兵燹，冶开禅师发愿重修，以期恢复旧观。冶开和尚充分施展其广交游的才能，甚至远赴关外募建，终偿所愿。这次弘法经历，给冶开留下了深刻的印象，同时也树立了冶开的名声。如此也可以看到冶开对寺院建设不辞辛苦的慈悲心怀、悲心愿力。历时十余年，先后重建天王殿、文殊

---

① 王孺童：《冶开禅师生平资料汇编校注》，氏著：《内学杂谈》，第183页。

殿、普贤殿、地藏殿及罗汉堂等，同时广造僧舍、修缮全寺，使天宁寺殿宇
嵯峨、僧舍连云，名声大噪，成为江南四大丛林之一。冶开禅师对于天宁寺
的建筑兴复颇为用心。冶开住持天宁十年，改建、扩建或新建天宁寺的相关
建筑，兹据相关记载，略述如表：

建筑名称	改造时间	建筑规模	备注
文殊殿	1899	4楹	重建。
普贤殿	1899	4楹	重建。
观音殿	1899	5楹	更建。
地藏殿	1899	3楹	重建。
金刚殿	1899–1904	计7楹	再造。即天王殿。
大雄殿	1899–1904	计7楹	再造。中奉释迦牟尼佛、左药师佛、右阿弥陀佛、旁立阿难、迦叶两大尊者；后奉观音大士像，东、西奉诸天像，共20躯。
禅堂		5楹	复造。禅堂两边为班首、维那各寮，共6楹。
罗汉堂	1899	东、西共计26楹	再建。
三会堂	1899	4楹	新建。在客堂后。
尘远堂	1899	5楹	原在寺东，迁址改建于观音殿后。
关房	1899	6楹	原在御书楼下，更建于影堂之西，前后两所，共计6楹。
藏经楼	1899	5楹	在禅堂之上。
储刊楼	1899	4楹	重修三会堂后，续建4楹，统共8楹，储放刻经版，故名。
开觉楼	1899年后	4楹	建于文殊殿上。
渡迷楼	1899	4楹	建于普贤殿上。
宝光楼	1899	3楹	建于地藏殿上。
慈普楼	1899	5楹	改造于观音殿上。
辟尘楼	1899	5楹	造于尘远堂上。
普同塔院	1899	15楹	增构。前后三层，共计15楹。

其次，冶开和尚处世能力强，具备应世教化的主动意识及行动能力，有
理有法，有史有据。

冶开在兴复天宁寺大殿时，一度引发地方舆情。当地贡生沈燮嘉与举人
曹燮钧、薛念祖等人，先后以"寺殿过高、士论未洽"为词，呈请地方当局
饬寺停止大殿兴复。如果大殿未能兴复，则天宁寺的修复就无从谈起，如何

化解大殿与地方乡绅之间的矛盾，冶开禅师颇费周章。冶开在《邑绅议复天宁寺大殿工程丈尺呈文》的公开文件中，首先强调了天宁禅寺"万寿宫"的历史渊源，点明了"万寿"的朝廷神圣性，最终顺利化解危机。

冶开和尚虽为禅师，但不废经教。冶开除《楞严》《华严》之外，还推崇《六祖坛经》与《金刚经》。冶开和尚是民国初期佛教界率先重视《坛经》的大德。他开示说："《六祖坛经》直揭本源，贫衲生平所宗。"[1]至于《金刚经》，"居士能以《金刚经》资助精进，此诚得其枢纽矣。《金刚经》全文通前彻后，直截痛快，扫除一切，无丝毫之沾染，无丝毫之住着，直露人人之本源，无过此经"[2]。

冶开和尚对于经教的重视，最典型地体现于"请藏"活动。

有关清光绪二十九年（1903）的请藏经过，据《清内务请准刷印龙藏原奏》称："据僧录司掌印僧人觉天呈报，江苏省常州府阳湖县天宁万寿禅寺住持僧人清镕，又松江府上海县万寿留云禅寺住持僧人密通，又浙江省宁波府慈溪县万寿西方禅寺住持僧人净果等呈称，本寺系属十方常住，缺少藏经，情愿请领龙藏经各一分，永远供奉等因前来，查天宁万寿禅寺、万寿留云禅寺、万寿西方禅寺，均系古刹，各请领藏经一分，崇隆佛法，加结具保前来，查光绪二十五年（1899），安徽省庐州府合肥县明教寺住持僧人学道，请领藏经。因藏经无存，其经版在柏林寺收存，经奴才衙门奏请，令该僧人学道，自备工料，赴柏林寺刷印龙藏经各一分，永远供奉，与陈案相符。如蒙俞允，奴才等传知僧录司，转饬僧人清镕、密通、净果，自备工料，赴柏林寺刷印龙藏经各一分，永远供奉，以光佛法。为此谨奏，请旨施行。光绪二十九年闰五月初二日具奏。奉旨：依议。钦此。"[3]据此，冶开清镕的天宁禅寺会同上海留云禅寺、宁波慈溪西方禅寺，以"万寿系"的"官方"身份，联合请藏，颇为轰动。

---

① 冶开：《答葛观本、马观源两居士书十则》（1901），《冶开镕禅师语录》卷三。
② 冶开：《答葛观本、马观源两居士书十则》（1901），《冶开镕禅师语录》卷三。
③ 《武进天宁寺志》卷十"附"，第713页。

冶开禅师请刷《乾隆大藏经》(《龙藏》)是一项运作复杂的事务，既充分体现了常州天宁寺的综合地位，也展现出冶开和尚的世务运作才能。

尤值得一提的是，冶开和尚有着超常的经营能力。这典型地体现于天宁寺创设毗陵刻经处的举措上。

天宁寺刻经，虽与冶开和尚注重经教的修学导向关系密切，但更将冶开和尚"自备工料"的恭请龙藏的寺院行动，发挥出其综合效应。冶开和尚住持天宁寺时，其剃度弟子行实法师，未出家前是无锡庠生，精于版本之学。金陵刻经处的杨仁山居士，聘请行实代刻经处监刻校对。后来行实请之于冶老，谓杨仁山居士年高，独力刻印全藏，力恐不继，请冶老允许天宁寺也分担一部分刻经工作，俾全藏早日告成。这时冶老的弟子惟宽、应慈在侧，也都赞成此议，以此天宁寺乃设置了"毗陵刻经处"，刻印佛经。刻经处成立数十年，积有数万片经版，刻来不易。证莲法师为保护文化遗产，亲自督运，把经版运到马迹山下院保存。后来并入南京金陵刻经处。

常州天宁寺刻经亦称毗陵刻经处，共刻有大小乘经论774部2469卷。《武进天宁寺志》卷四"著作"篇附录收有"天宁寺佛经流通处已刻目录"（原书目附有《龙藏》的千字文编号），表明毗陵刻经处所刻经本，以清代龙藏为主。一则反映其对于佛教经教的重视，二则可见当时常州佛教文化的总体氛围。南京、扬州、常州构成逊清之际佛教刻经的三大中心，直观地反映出佛教文化在当时的社会需求。

再次，冶开和尚既是寺院兴办教育的先驱，更是创办佛教组织、推进新佛教运动的先驱人物。他积极参与寺院办学、开展社会救济，推崇社会善治与寺院文化建设。

作为最早投身于寺院办学的先驱僧人，清光绪二十七年（1901），冶开和尚念及常州当地失学儿童甚多，利用别院，创办私塾一所，延师教导。1911年（宣统三年），继任住持明镜显宽改为"天宁初级小学校"（亦称天宁小学校）。

作为佛教改进事业的积极参与者，冶开和尚关注时世与法运的相关性。

镇江金山寺是常州天宁寺的关联寺院，冶开和尚必定知悉太虚与仁山"金山寺事件"。在八指头陀寄禅敬安的推动下，1912年，在上海创立"中华佛教总会"，冶开和尚不仅是积极参与者，而且也是江苏佛教界的领袖僧人。1913年元月，寄禅以保护庙产事到北京，圆寂于法源寺。三月底，推举冶开禅师为会长。

僧教育会是佛教界展开自救的一线组织，为了更有效地争取佛教界的生存权利，佛教组织的组建，成为必不可少的行动。清末民初，倡导佛教组织的创建，江苏僧界也是一支主导力量。"中华佛教总会"发起僧人80人总名单中，江苏僧人占四分之一左右。在倡议发起的名单上，首列江苏僧人，其次才是浙江僧人。江苏一省所赞成佛教会组织的僧界人物，几乎是包括福建、广东、湖南等佛教省份的僧人总和。于此可见江苏僧人在佛教组织创建中的引领者地位与影响。①

寺院	僧人	所在地	寺院	僧人	所在地
焦山定慧寺	镜融	镇江	光孝寺	谷鸣	泰县
金山江天寺	梅村	镇江	定慧寺	根源	如皋县
超岸寺	圆觉	镇江	戒幢寺	三根	苏州
竹林寺	法舟	镇江	利济寺	兴山	
宝华山	发圆	句容	天宁寺	冶开	常州
扫叶楼	惺悟	金陵	清凉寺	清海	金陵
普德寺	鉴明	金陵	崇法寺	炬峰	
古林寺	辅仁	金陵	磬山寺	宗鉴	宜兴
香林寺	寿松	金陵	重宁寺	显山	
天宁寺	显瑞	扬州	海会寺	妙参	上海
万寿寺	印真		留云寺	应（印）乾	上海

需要说明的是，当时江苏还包括上海。"中华佛教总会"助力最大的上海留云禅寺，亦是冶开和尚"请藏联盟"的寺院，关系良好。1920年春，冶开禅师在上海开坛传戒，受戒弟子多达1500余人，在佛门中是盛况空前之大事。

---

① 参见中国第二历史档案馆编《中华民国档案资料汇编》第二辑《文化》，第713页。

冶开禅师从天宁寺退居后，又曾重修杭州灵隐寺大殿、上海玉佛寺念佛堂。在上海玉佛寺创设"居士念佛会"，接引沪上名流；后又创立"佛教慈悲会"，倾力于慈善赈济事业。1918年华北发生旱灾，冶开禅师以近七十高龄，亲率慈悲会人员到北方放赈，灾黎因之存活者无算。

最后，冶开禅师一生行持，虽以究禅为主，但亦不废以教印心，其注重华严教理，为时人所瞩目。冶开法师晚年更是以礼诵《华严经》为日课。光绪三十二年（1906），月霞与应慈（显亲）、明镜、惟宽（显彻）三人，同受天宁冶开老和尚记莂，成为临济宗传人，法名显珠。应慈弘法，颇受冶开"禅讲兼施"之风的影响。他曾襄助冶开禅师创办毗陵刻经处（常州天宁寺刻经处），其所刊刻的佛教经书，卷帙众多，几乎与著名的金陵刻经处比肩。①

1920年，冶开和尚罹患中风，仍诵持《华严》，坚持以每日四卷为常课。1922年冬，冶开和尚诵毕《华严经》，随即入寂。

作为兼弘华严的著名禅僧，冶开禅师尝开示学人华严"四法界"义，称："在寻常日用中圆融性海是华严的'事法界'；当下不被境缘所转是华严'理法界'；一心清净而森然万行、森然万行而消归清净是华严'理事无碍法界'；全体互现、各自圆成是华严'事事无碍法界'。"②他明确主张禅教一致，禅讲兼施，并弘禅宗与华严，这种取向深刻影响门下的月霞和应慈。两人终其一生都在不遗余力地倡导禅与华严的融通，最终成为民国佛教史上力主禅教一致论的代表僧人。继冶开禅师之后，月霞以禅师的身份兼弘华严，他自称："无一日不坐香参禅，无一年不打禅七，四十年来未敢一日离开。"1917年，临寂前的月霞法师还嘱咐应慈"善弘华严，莫作方丈"。

冶开禅师生平不事著述，常以语录、书函开示弟子，仅有语录散见各处，后由弟子惟宽等人辑成《冶开镕禅师语录》四卷行世。

---

① 申宝林：《华严宗大师应慈法师》，全国政协文史资料委员会宗教组编《名僧传》，北京：中国文史出版社，1988年，第60页。
② 转引自高振农、刘新美：《中国近现代高僧与佛学名人小传》，上海：华东师范大学出版社，1990年，第125页。

在此顺便一提的是，1991年，上海佛学书局印行宽律法师及樊雨琴、陈海量、俞德荫居士等编纂的《净土圣贤录（近代部分）》①，将冶开禅师列为"往生比丘第一"，以其"七十二岁，念佛坐化，往生极乐"。既然将冶开和尚列入民国佛教界往生净土的"佛门圣贤"第一人，固然有其往生时间的因素，但毕竟是"净土圣贤传"，于此或可见冶开和尚的修行具有尊崇地位。冶开和尚之师定念真禅（定公和尚，1807–1874），同样修行净土法门，"复日修净土法门、念佛三昧，学者闻声景附，奔集参叩"。②而定念真禅本人在《普能法兄行略》中，同样推崇其师、天宁寺住持普能真嵩（1794–1868；1852–1866年住持天宁），时恰遇战乱，"重悲洗劫，专修净业，撰《净土诗》百首，著《弥陀易解》，付梓行世"③。叶尔恺在《塔铭》中称冶开和尚一生修学，"大师崛起乘愿轮，融通禅净归一源"，可谓的论。

---

① 此编亦称《净土圣贤录四编》，以配合苏州灵岩山《净土圣贤录》三编而成，1991年，上海佛学书局，参见第14页。
② （清）陆鼎翰：《定念和尚塔铭》，《武进天宁寺志》卷七，第382页。
③ （清）真禅定念：《普能法兄行略》，《武进天宁寺志》卷七，第397页。

试论清初名僧纪荫潇然避世的"本来面目"

崇 戒（中国佛学院普陀山学院）

清代出现了一大批有影响的佛史著作，其中年度跨度最长、史实最丰富、论述最详尽、最富禅宗特色的著作，当属清初湘雨纪荫"仿史例以编年、垂宗统于后世"[1]的《宗统编年》。它以编年体的方式，仿照朱子纲目体例，详述了禅宗五脉统嗣从周王朝到康熙二十八年共二千六百多年的发展历史，"可谓是清代佛教史学批评中之上乘"[2]。纪荫还是一位存诗二千三百多首的著名诗僧，其诗文才华享誉吴地丛林与诗坛，有《宙亭诗集》流传于世，另著有《金刚经注》，可惜后来佚失。康熙南巡时多次赐诗、赐字和寺额，其声誉达到前所未有的高度。

这样一位备受皇恩眷顾、文史留名的佛史巨匠，却在康熙三十八年（1699）第三次南巡觐见之后再无诗作问世，1709年刊行的《宙亭诗集》也删去了1699年他为康熙所作的所有诗赋。当有人问及此中缘由，纪荫答曰："我自有本来面目也。"[3]给世人留下一个巨大的疑惑。本文试图通过其生平和诗文逐步剖析纪荫的思想与性格特点，从而还原纪荫山林隐修的真相，还原其"本来面目"。

---

① （清）释纪荫：《宗统编年·进呈奏疏》，《续藏经》第86册，第61页。

② 曹刚华：《清代佛教史学批评述论》，《宗教史研究》2017年第4期，第16页。

③ 《徐倬序》，《宗教史研究》2017年第4期，第564页。

一、湘雨纪荫生卒年再考

目前能查到纪荫生卒年的文献资料有以下几种，而且众说不一：乾隆三十三年（1768）的《济溪游氏宗谱》载："生崇祯甲申（1644）。"①2005年出版的《中华佛教人物大辞典》："雍正十二年（1734）圆寂。"②2009年出版的《祥符禅寺志》："师生于顺治二年乙酉（1645），卒年不详。"③2020年3月刊行的《常州天宁禅寺志》，依恽鹤生的祝寿诗和查慎行的挽诗推断生卒年为1640-1707年。④2020年7月张保龙发表文章，依纪荫与陈履俨的来往祝寿诗文推断生于1645年，卒年取于《中华佛教人物大辞典》的说法。⑤伍达复2021年5月整理出版了《宙亭禅师诗集》，依《济溪游氏宗谱》和相关诗文推断生卒年为1644-1710年。⑥笔者经过对文献的再次缜密考证，确定其生卒年代应为1644-1713年。

（一）生年考证为顺治元年（1644）

以上资料关于纪荫的生年有《常州天宁禅寺志》的1640年、伍达复的1644年和张保龙的1645年三种说法。

恽鹤生为纪荫在家弟子，其有诗云："天宁和尚（纪荫）己巳春朝，世寿五十初度。青翁先生用圆沙师'来师一百十五'韵为祝，谨次一首。"己巳为康熙二十八年（1689），因此《常州天宁禅寺志》推断纪荫当生于崇祯庚辰十三年（1640）。⑦不过濮一乘编撰的《武进天宁寺志》中的诗文，"天

---

① 《济溪游氏宗谱》，乾隆三十三年刻本，上海图书馆藏。
② 张志哲主编：《中华佛教人物大辞典》，合肥：黄山书社，2005年，第780页。
③ 释无相主编：《祥符禅寺志》，合肥：黄山书社，2009年，第65页。
④ 松纯大成主编：《常州天宁禅寺志》，常州天宁禅寺，2020年3月，第184-185页。
⑤ 张保龙：《〈宙亭诗集〉所见祥符纪荫生平考略》，《明日风尚》2020年第7期，第158页。
⑥ 伍达复：《宙亭禅师诗集·前言》，扬州：广陵书社，2021年，第2-8页。
⑦ 松纯大成主编：《常州天宁禅寺志》，常州天宁禅寺，2020年3月，第184页。

宁和尚"后并无小注"纪荫"二字。①而且康熙二十八年的天宁寺住持是过庵纪轮,其生卒不详。过庵纪轮在天宁寺的任期为康熙癸亥二十二年(1683)至康熙壬申三十一年(1692),纪荫于1692年才从祥符寺到天宁接任方丈。据此可知,此处的"天宁和尚"应为过庵纪轮,其生年为1640年。

纪荫于康熙丙子三十五年(1696)作《次答梦中幻》致陈履俨(号具区),诗云:"翁年长余二十一,来往风流成老二。"康熙甲子二十三年(1684)纪荫为陈履俨作祝寿诗《陈子具区六十以竹醉日生》,康熙甲戌三十三年(1694),纪荫为陈作《寄祝陈具区七十时客淮上将归湖山》诗,康熙丁丑三十六年(1697),纪荫为祝贺陈履俨喜添曾孙作《具区山人曾孙之庆》:"具区今年七十三,精神矍铄尚研覃。"②张保龙按现今周岁的方法推算陈履俨生于1624年,从而推断纪荫生于1645年,《祥符禅寺志》的生年与此相同。事实上古人均按虚岁计年,因此陈履俨实生于1623年,纪荫应生于1644年。

清初著名文人宋恭贻作《宙亭和尚诗集序》:"宙亭少予一岁。"③据《光绪盐城县志》记载,宋恭贻"雍正三年(1725)卒,年八十有三"④。故宋恭贻应生于崇祯十六年(1643),纪荫应生于1644年。康熙癸亥二十二年(1683),品松和尚(即华山僧鉴晓青)来访祥符寺住藏云楼,纪荫作《华山品松和尚枉顾藏云依韵奉和四律》,后有小注:"右二章为予四十寿。"伍达复据此二文及《游氏宗谱》推断纪荫应生于1644年。同时笔者在《四律》第一首又查出"十载湖山一度来"。⑤纪荫于康熙甲寅十三年(1674)继任祥符寺住持,癸亥年正好是纪荫来湖山祥符寺第十个年度,以四十虚岁来算纪荫应生于1644年。宗谱、宋恭贻、陈履俨和纪荫自述都指向1644年,笔者

---

① 濮一乘主编,王继宗校注选译:《武进天宁寺志》卷九《艺文四·诗》,南京:凤凰出版社,2017年。

② 上文转引自张保龙《〈宙亭诗集〉所见祥符纪荫生平考略》,《明日风尚》2020年第7期,第158页。

③ 纪荫著,伍达复整理:《宙亭禅师诗集》,扬州:广陵书社,2021年,第569页。

④ 《光绪盐城县志》卷十《人物志》,南京:江苏古籍出版社,1991年,第208页。

⑤ 纪荫著,伍达复整理:《宙亭禅师诗集》,扬州:广陵书社,2021年,第284页。

推断此年为纪荫生年无误。

（二）卒年考证为康熙五十二年（1713）

关于纪荫的卒年也有《常州天宁禅寺志》的1707年、伍达复的1710年和《中华佛教人物大辞典》1734年的三种不同说法。

伍达复认为《中华佛教人物大辞典》中纪荫圆寂于雍正十二年（1734）的说法查考无据，但又没有查到直接记载纪荫卒年的记载，因此只能依据为《宙亭诗集》作序的两位作者（恽鹤生与徐倬）的文章来进行推断。徐倬于康熙己丑四十八年（1709）为诗集作序并去信问候纪荫，作《并寄湘雨诗》云："本是同龛住，何分内外方。"次年康熙庚寅四十九年（1710）作《九日志痛》："罡风吹折老荆枝，白雁黄花迸泪俱。吩咐家人逢此日，伤心再莫插茱萸。"①由于纪荫自1709年之后再无诗作现世，因此伍达复认为此诗即是徐倬悼念法兄弟纪荫的挽诗，推断纪荫当卒于1710年。康熙戊子四十七年（1708），恽鹤生自称为纪荫的"参学弟子"："问道于夫山本师和尚，学出世间法。"②然而康熙甲午五十三年（1714）写给李恭的信中却说道："旋遭室人之变，贫困凄寂，夙妄自负，抑塞莫伸，遇方外人，作奇突语，似若可喜，遂甘心焉。而禅宗公案，棒喝拈提，颇有省会，愈增其妄。"③因此尽弃所学而转拜李恭为师，反称本师和尚纪荫为"方外之人"。恽鹤生对纪荫前恭后倨的态度反差太大，伍达复认为比较合理的解释就是当时纪荫已经圆寂，所以结合此二文推断纪荫当卒于1710年。据上所述，纪荫的卒年应该处于1710–1714年之间更为恰当。

目前能查到悼念纪荫的挽诗只有查慎行的《过高旻寺挽湘雨长老》："宿昔还山约，蹉跎久未忘。高僧先下世，法子继开堂。物外交游少，人间感叹

---

① （清）徐倬：《耄余残瀋》，康熙年间刻本。转引自纪荫著，伍达复整理：《宙亭禅师诗集》，扬州：广陵书社，2021年，第7页。
② 《恽鹤生序》，同上，第568页。
③ （清）冯辰、刘调赞撰，陈祖武点校：《李塨年谱》，北京：中华书局，1988年，第150页。

长。余生知几日，来炷影前香。"然而《常州天宁禅寺志》将此诗误勘为康熙丁亥四十六年（1707）所作，故推断纪荫卒于此年。由于纪荫在1709年还与徐倬、恽鹤生等人有过书信来往，那么此论断不能成立。

经查此诗收录在查慎行的《敬业堂诗集》卷四十二之《计日集》，小注云："起癸巳七月尽十二月。"①说明此诗应作于康熙五十二年（1713）下半年。故此得知纪荫当圆寂于1713年下半年，正好处于1710–1714年之间，与伍达复先生的推断也相符合。

二、少年蒙难造就随顺无诤的性格

纪荫，或作继荫，徽州婺源（今江西婺源）游氏人，少年因战乱而于杭州龙溪皋亭山剃度出家，辗转于苏杭两地。后前往苏州灵岩山访三峰法藏弟子继起弘储而不遇，听闻弘储弟子卑牧谦道德过人，二十二岁时在盐城兜率受法于谦禅师。从此一直追随卑牧谦身边担任记室，谦禅师退居后任盐城兜率寺四年，又受托出任继起弘储曾住过的常州府祥符寺，在此期间历时六年于康熙二十八年（1689）完成《宗统编年》的撰写。为修缮天宁寺大殿又出任住持，二年后又卸任回祥符寺。1699年康熙帝第三次南巡时曾召见纪荫，赐书"神骏"以易祥符寺名，纪荫趁机呈上《宗统编年》希望能入藏时，几日后康熙又改寺名为"清凉寺"并赐诗一首。纪荫经此入藏被拒之事后基本处于沉寂状态，不再有任何诗作和著作问世。扬州高旻寺建成，纪荫被曹寅礼请为首任住持，并于1709年将诗稿汇集成《宙亭诗集》刊行，后卒于任上。纪荫的一生可以用"遇见卑牧谦"和"康熙第三次南巡"两个节点分成三个阶段：从少年蒙难到跟随卑牧的流浪生涯、从依止卑牧谦到被诏赐诗易额的诗文时期、从赐诗易额到扬州圆寂的沉寂阶段。

---

① （清）查慎行著，范道济点校：《敬业堂诗集》卷四十二之《计日集》，北京：中华书局，2017年。

（一）少年颠沛流离的流浪生涯

纪荫生于徽州婺源（今江西婺源）游氏家族，父亲游仪孚，名启甲，又名应甲，"幼职敏，工古文韵词，以数奇见厄"。"文学仪孚公子，幼聪慧，过目成诵，淹贯百家，工诗古文词，郡县试多前茅，而扼于泮水。年十九，父母俱背，流落江湖，寄食马迹山。"①此与纪荫在《雪夜与炼石头陀煮茶歌》所言基本相符，"生年六岁读诗书，八龄九龄探群籍。花阴弄笔作文词，顷刻千言人辟易。四韵不待八叉手，新诗过眼如旧识"。年少便展露才华，令一众年长耆宿都为其诗文所倾倒，十三岁就取得秀才功名，县试官捧卷摩顶赞叹不已："乡塾儿童敢比肩，郡邑耆英争夺魄。十三走就童子试，县官捧卷如拱璧。何其迅速若宿成，摩顶问年声啧啧。"小启甲当时可谓眼高于天，自认金榜题名指日可待，"便谓金门无遗策，真欲眼空高天碧"。本以为接下来的乡试、会试至殿试均顺利通过，不想初次乡试便落榜。1659年再次入南京乡试赴考，不料遭遇郑成功与张煌言会师攻克镇江与南京，连故乡徽州也被占领。十六岁的启甲只能与家人举家逃窜外地，结果途中又遭遇山林盗贼，"囊橐仓箱一卷空"。一代年轻才子屡遭厄难，只能流浪在杭州各大寺院乞食度日。"六桥冰雪忽逢僧，片语针投疑尽释"，于1662年十九岁在龙溪皋亭出家，因善写诗词而获得"莲花博士"的称号。

出家后他辗转于江南各寺院行脚参学达三年之久，在禅法上并无太大收获。"吴山越水春复秋，毒拳未肯轻的掷"。最后决定前往苏州灵岩山参谒继起弘储，却因弘储前往南京礼拜明孝陵而不遇。他听闻卑牧式谦和尚在射阳（盐城）兜率寺弘扬禅法，德气凝原，远近尊为古佛出世，便于1665年"无端买棹向射阳，兜率漫寄倦游迹"。②从此，他嗣法于卑牧式谦和尚，改名纪荫，字湘雨，主持无锡夫山祥符寺时又以寺内宙亭、损园二景观为号。自此

---

① 《济溪游氏宗谱》，乾隆三十三年刻本，上海图书馆藏。
② 纪荫在《雪夜与炼石头陀煮茶歌》中回忆了自己的过往。以上引文见纪荫著、伍达复整理《宙亭禅师诗集·上》，第109–110页。

纪荫结束了六年的江湖流浪生涯，生活由四处奔波逐步趋于稳定，闲暇之余便以诗寄兴，撰写佛著，其诗文才华也开始在丛林和诗坛得以展露而引起僧俗的关注。

（二）处世无诤的忍辱性格

纪荫从一位出身富家书香门第且才华横溢的少年才子，突然惨遭家破人亡之祸，沦为四处讨食的乞儿之流。最初"寄食马迹山，使治香积，不愿供薪水，因愤负才不偶，题诗方丈"①。从万众景仰的文坛新秀到寺院厨房挑水烧火的杂役，这种巨大的落差着实给天之骄子的纪荫带来深深的心灵创伤，直到去了盐城获得卑牧谦赏识之后，因地位的回归才算有所改善。好在受儒家文化忠孝仁义的教育，以及佛教忍辱无诤与人为善理念影响，使得纪荫并没有走向愤世嫉俗的极端，而是对人世间充满了悲天悯人的文人悲观情怀。他在诗中多处以杜甫自喻，如《追呼行同杜石壕吏》："今年大水灾，十室九病死。死者不须哭，生不如死矣……生趣已决绝，吞声徒更咽。流离向他方，骨肉甘抛别。"②看到盐城人民因黄河决堤而流落异乡的情景，纪荫显然联想到了自己曾经遭受的苦难，从而有了切身的感触。

诗文既有关心民间疾苦的慈悲，又有着无法拯救人间痛苦的绝望情绪，这更加坚定了他厌世避世的人生走向。残酷的现实更让他反对争权夺利的互相倾轧，向往大众和谐共处的美好生活。鹤林牧云门和尚著《五论杂诗》毁诬三峰法藏和尚，给密云与三峰两系造成了很大的矛盾。鹤林圆寂后，其法孙雪鉴、秀峰于1688夏亲自携带《杂诗》书版至常熟虞山兴福寺，在全乡士绅耆旧前礼佛忏悔后劈版焚之。纪荫评价："佛祖住世，各相赞叹称扬，以引众生信向，增长福慧。未闻有毁訾雌黄、退人善根者，况涂污先达而快己私乎？"作为三峰系的嫡传弟子，纪荫对密云与三峰之间的斗争也采取了

---

① 《济溪游氏宗谱·仙释部》，乾隆三十三年刻本，上海图书馆藏。
② 纪荫著，伍达复整理：《宙亭禅师诗集》，扬州：广陵书社，2021年，第210页。

比较中肯的评价，反对相互斗争偏袒的行为："非天童无以起临济之广大。非三峰无以尽临济之精微。两祖盖互相成褫。以逆为用者也。"光绪年陆鼎翰也认为："荫虽三峰的裔而中立，无所倚毗。"①

三、甘于淡泊、赋诗寄情的儒释品质

从表面上看，纪荫"深蒙圣天子眷顾之隆，宸章睿藻，亲接挥毫，名公巨卿，诗日益丰"②。似乎是一位"交游广泛，上至天子公卿，下至遗民隐士、工匠农人，影响遍及朝野上下、大江南北"③的丛林新贵。然而实际情况却只是无意于名利山林的诗僧，诗文只是无聊之情的寄情之作，撰述也是为了完成师祖遗志的孝道表现而已，他的诗文充满着儒释的方外品质。

（一）安贫乐道的诗僧生活

纪荫自1665年问道于卑牧式谦之后就成为卑牧的左膀右臂，四年之后卑牧便退居让其继任兜率。1672年继起弘储在灵岩圆寂，卑牧谦受请补任灵岩住持，纪荫亦随同前往苏州担任记室工作两年，在承担其师文字工作的同时还修订了三峰法藏的《广录》，直到1674年受邀住祥符寺才作短暂分开。纪荫离开一年后，卑牧谦便从灵岩退居住研山（灵岩）南堂。④纪荫此时虽主持祥符寺，但仍时常前往灵岩与卑牧谦相伴。辛酉（1681）纪荫客居于研山南堂时，越州（邵兴）祁、吕诸檀护请卑牧谦主持大能仁寺，卑牧谦再次偕同纪荫前往，行至武林时示疾圆寂于邵兴沈园巢云堂，纪荫于是扶灵回祥

---

① 以上参见（清）纪荫《宗统编年》卷三十一，《续藏经》第86册，第508页上、296页上、317页上。
② 纪荫著，伍达复整理：《宙亭禅师诗集》，扬州：广陵书社，2021年，第568页。
③ 同上，第1、24页。
④ 《奉先师道影昭供南堂瓣香礼祀并悼与骏定监院》："先师晚年退居研山之南，自称研山南堂，灵岩一名研山。"松纯大成主编：《常州天宁禅寺志》，常州天宁禅寺，2020年3月，第951页。

符寺。①次年壬戌（1682）夏，天宁讲法结束后，纪荫又回到兜率草堂短住了几月，在冬天又回到了祥符寺。1683年，僧鉴晓青准备北上进京觐见康熙，来访祥符寺并住藏云楼。此时纪荫开始继承弘储退翁的遗愿撰写《宗统编年》，此事受到晓青的极力赞叹和支持："宗门遗正史，文苑藉兼搜。先德无人表，诚为后学羞。"②康熙二十八年（1689），《宗统编年》历时六年完成编写，晓青禅师作序对此书大加赞赏，希望此书能像宋朝道原的《景德传灯录》、契嵩的《传法正宗》一样进呈给皇帝颁入大藏，"石渠天禄之间，当有补衮调羹，扶起正法轮者"③，甚至能进入御书房帮助皇帝正确认识儒释的关系，以助佛法的弘扬。正是在晓青禅师的鼓动下，纪荫萌生了请旨颁入藏经的念头。

此后，纪荫基本长住祥符寺，偶尔也来往于常州天宁、淮扬、秣陵之间，甚至有过四处分卫乞食的经历，充分体验着悠闲的僧侣生活。康熙三十一年（1692），常州天宁寺大殿历时五年未曾修葺成功，纪荫在许之渐、陈玉璂等盛情邀请下出任住持，大殿在当地富绅曹廷俊的支持下不到二年便竣工。④康熙三十二年（1693），当玉泉超揆和尚进京面圣路过常州时，纪荫作《宗统编年进呈奏疏》托玉泉和尚代呈，"担雪（即弘储）门庭全任重，皇仁光播望湖天"⑤。希望康熙帝能为之作序并编入大藏经，是年冬便以患病为由退任回祥符寺。康熙三十三（1694），纪荫收到玉泉回信，得知康熙没有答应的消息后，对自己这种渴望扬名于后世的做法感到羞愧，仍然觉得忘情于山水的生活远胜过与朝廷之间的周旋："名利根先洗病源，何妨北辙与南辕。玉泉书到褒皇极，石室人来颂道尊。宗统诸方详纪略，诗编断简慎留

① 见《南州倦笔跋》《语鸥语跋》，《常州天宁禅寺志》，第719-720页。
② 僧鉴晓青：《寄祥符湘雨法侄》，《常州天宁禅寺志》，第846页。
③ （清）纪荫：《宗统编年·序》卷一，《续藏经》第86册，第63页上。
④ （清）于琨：《天宁寺重建正殿碑》，松纯大成主编：《常州天宁禅寺志》，常州天宁禅寺，2020年3月，第73页。
⑤《玉泉和尚北上敬以宗统编年奏呈人日渡湖恭送二首》，纪荫著，伍达复整理：《宙亭禅师诗集》，扬州：广陵书社，2021年，第423-424页。

存。佳山好水兼良友，负负已知无可言。"①1699年康熙第三次南巡召见时，纪荫再次萌生了颁请入藏的念头，可惜再一次被无情静置，心灰意冷之下顿时彻底放下这个不切实际的念想。

（二）潇然避世的方外品质

从1665年至1699年共34年间，纪荫前17年相伴于皋牧左右，后17年基本常住祥符寺，其生活可以说是稳定、简单但是贫寒。他初入祥符寺时，"门径窈窕，烟萝蔽亏"②。虽然经过30年的扩建，住众也不过30人而已，1707年徐倬称祥符寺为"荒寒寂寞、幽闲寥廓之地"。③反观常州天宁寺却在当时被称为东南第一丛林，"当郡城之巽位，为国家祝釐所"④。康熙壬戌二十一年（1682）纪荫应许之渐邀请到天宁说法住九莲阁，是时"千指绕筵看竖义，九莲挥尘萧登台"。殿堂百亩，常住僧人多达一百多人。康熙己巳二十八年（1689）两度受到天宁寺的邀请，纪荫却安于贫病的生活，不乐繁华，"贫能忘岁暮，病不厌山居。天宁两度来请，辞之"⑤。直到1692年在许之渐等人坚请之下才到天宁完成大殿的修葺，事毕立即还山。"今衰病浸寻遏来城市，大与素心相违"⑥。可见纪荫素来喜欢安贫守道幽居于山林泉下，过一种与世无争的清修生活。《避世》诗真实反映了其内心的真实想法："避世来天外，潇然谁与亲……骨傲犹支病，身闲未厌贫。"像这样的诗文很多，如《避人》："避人桐花下，惊起双飞燕。未欲入帘笼，身逐东风转。"《生日小述》："一具孤寒骨，苍松傲不如。秋残怜杞菊，老去羡樵渔……幽栖何处适，容我缚茅庐。"可见纪荫视权势为牢笼，视名声为束缚，向往的是

---

① 《初冬杂感八首》，纪荫著，伍达复整理：《宙亭禅师诗集》，扬州：广陵书社，2021年，第458页。
② 《双松草堂稿跋》，松纯大成主编：《常州天宁禅寺志》，常州天宁禅寺，2020年，第719页。
③ 纪荫著，伍达复整理：《宙亭禅师诗集》，扬州：广陵书社，2021年，第564页。
④ 松纯大成主编：《常州天宁禅寺志》，常州天宁禅寺，2020年3月，第74页。
⑤ 纪荫著，伍达复整理：《宙亭禅师诗集》，扬州：广陵书社，2021年，第256、279页。
⑥ 松纯大成主编：《常州天宁禅寺志》，常州天宁禅寺，2020年3月，第721页。

山林田野的樵渔生活。自从卑牧谦离世后，纪荫大多过的是一种幽处独居的清静生活。弟子清远在康熙戊寅三十七年（1698）为《槃枕寱言》作跋："木之独生曰枕，丈室前有桐，孤高百尺无依附。和尚每盘桓其下，题曰寱言，矢勿谖也。"这真实反映了纪荫的孤独无依的内心和生活状态，也是他一直追求和向往的归宿。

纵观纪荫一生及其诗作，所交往的都是明末遗民、社会诗人和僧侣，并无名公贵卿之属，他也未想过要著书立说以立言立德，更勿论要在文坛史和佛教史上创造世人追求的辉煌。即便是《宗统编年》的写作也只是为了继承师翁遗志，进呈皇帝请求入藏也是在师叔的鼓动之下，目的也是光大门庭而已。平日里写诗作赋只是文人之间来往应酬的旧习，绝非其真正所追求的目的，现存2300多篇诗文也是他随手保存或是弟子记录下来："诗非余所习也，山林偶适，间一微吟，寄兴而已。今衰病洊侵，曷来城市，大与素心相违，笔墨应酬，誓将捐委，乃宿习未即尽湔，而一二事机之来复浼忍，形之赠答，揆之风雅，粗粝殊乖，自顾情怀，澌没殆尽，何堪称时讵足齿录。"①后来在恽鹤生等弟子的要求下，才将保存下来的诗稿结集印刷刊行。

（三）赐诗易额后的黯然沉寂

康熙三十八年己卯年（1699）②四月初五，康熙第三次南下时在苏州召见纪荫，赐"祥符寺"为"神骏寺"，纪荫再次进呈《宗统编年》及诗二律。初八时驻跸丹阳，康熙突然改"神骏寺"为"清净寺"，二十二日到扬州府，又赐"清凉寺（按：或为清净寺之误）纪荫"诗一首："槛外青山纵目收，繁花初落叶新稠。更教点染烟云色，添得窗前翠欲流。"③"神骏寺"在纪荫再

---

① 以上引文见纪荫著、伍达复整理《宙亭禅师诗集》，扬州：广陵书社，2021年，第79、5、312、510、437页。
② 《祥符禅寺志》《常州天宁寺志》均将此次召见年代误为康熙二十八年（1689），《宗统编年·后序》及《宙亭禅师诗集·宙亭别录》都明确为三十八年（1699）。
③ 以上参见《清代起居注册》（康熙朝第十三册），台湾"故宫博物馆院"2009年8月珍藏影印。《常州天宁寺志》将此诗命为"赐神骏寺纪荫"，应该有误。

次进呈《宗统编年》之后不到三天就被改名，不论后赐的"清净"还是"清凉"，以及所赐的山景诗，都明确表明了康熙让纪荫安心做好山林隐修僧侣，不要过问国是的态度，纪荫当下领会意旨不再要求入藏。1704年，曹寅修建高旻寺作为康熙南巡行宫，并请其出任方丈，纪荫"再三固辞"。直到在"高旻寺乃皇上临幸之地，且赐有金佛，关系重大，主持必须得人，此正和尚报恩之时"的道德绑架下，纪荫才不得不"欣然就道"。①

1699年是纪荫又一次的人生转折点，不论是在祥符寺还是在高旻寺，纪荫再无诗文著作问世，虽然此后康熙的几次南巡都有赐诗赐字，却没有看到他的应对之作。1709年结集《宙亭诗集》，他将所有奉承皇帝的诗文如《皇清一统太平万年颂》《今上皇帝南巡赋》等一律删去。徐倬对此比较疑惑："红楼应制之作必有极盛，为振古所未有，然湘公不以示我。"当得到"我自有本来面目"的答案后，徐倬方才"憬然悟也"。②

四、结语

从纪荫人生经历的三个阶段中不难发现，少年多厄的困苦命运使得他对复杂的社会和人际有着强烈的恐惧，导致他性格温和而又多愁善感，有着强烈避世避人的心理。所以他出家前半生在其师长卑牧谦座下奉教，出家的后半生则致力于完成师翁遗愿，埋头于写作之中，希望能尽忠尽孝光大继起弘储门庭。然而极富才华的纪荫既不懂人情世故与政治交往，还有着文人的幻想、偏执与迂腐，在第二次被康熙召见之后又燃起希望之火，不懂圣意锲而不舍地再次进呈《宗统编年》，直到康熙易寺名并以诗文提示之后方才幡然醒悟。不论是文人固有的孤傲还是僧侣宗教身份的尊严，以及他本来避世偷安和温顺无诤的性格，纪荫都深感曾经所写的"应制之文"过于露骨，不仅

① 松纯大成主编：《常州天宁禅寺志》，常州天宁禅寺，2020年3月，第717页。
② 纪荫著，伍达复整理：《宙亭禅师诗集》，扬州：广陵书社，2021年，第564页。

有辱文人的气节,更有违僧侣"不礼王者"的骨气,这才毅然从诗集中删掉所有歌功颂德的作品。既然此生与皇家无缘,纪荫正好乐得青山白云之间逍遥:"老来无事白云闲,消得山间与水间。紫气都无书懒著,松风吹皱旧时颜。"①自此,他真正卸去写诗旧习,再无诗作现世,恢复了远离世俗烦扰、一心参禅悟道的禅僧本来面目。

---

① 纪荫:《自题骑牛小影留兜率丈室示苍年贷子》,《宙亭禅师诗集》未收录此诗,不知创作的具体年代,但从"紫气都无书懒著"分析,应是1699年之后发生的事。见松纯大成主编:《常州天宁禅寺志》,常州天宁禅寺,2020年3月,第850页。

从大晓到冶开：常州天宁寺宗风初探

聂士全（苏州科技大学政治系）

天宁万寿禅寺，居三吴上游，宣德六年（1431），经住持净因奏请大修，创"巨观杰构，屹为东南第一丛林"①。其法系一贯可寻者，肇自18世纪中叶的大晓。《武进天宁寺志·凡例》中说，"天宁法系必断自大晓澈（彻）祖始"，如此便以"开导其前者为尊宿，辅翼其侧者为功行，庶各得其所焉"②。尊宿与功行③，相对法系立名，纵横兼具，纲举目张，符契正史书写方式。法系于清代二十一位，民国五位。自冶开清镕始，中经定念真禅、雪岩悟洁、恒赞达如、了月净德、纳川际海，上溯至大晓实彻，是为大宗。大晓属磬山圆修下箬庵通问一脉，箬庵主席的理安寺位于九溪之南，因而常称"南涧源流"。大晓系若山川连绵，自18世纪中叶至20世纪前期，在天宁寺发枝散叶，一者昭示宗门18世纪以来二百年的繁盛，二者亦令天宁与天童、金山、高旻并列而为江南四大丛林。题中"宗风"，指用为论，即以此系宗师为载体，包括纲宗在内的可以纳入言说的三轮大用，不涉及不可说的悟体。在大晓等七代禅师身上体现出来的宗风，简言之，即看话头、不苟印、重保任、勿颟顸、修净业、看经教、勤职事、务真实、弃虚华、随时节等。先略陈六代祖

---

① 徐问：《重修天宁寺记》，《武进天宁寺志》卷六，《中国佛寺志丛刊》(45)，扬州：广陵书社，2011，第114—115页。

② 濮一乘纂修：《武进天宁寺志》卷一，第7页。

③ 准《武进天宁寺志》卷二"僧伽章"，尊宿自唐至清计二十七位，其中有法融、戒润、纪荫等。功行一百三十一位，任都监、监院、首座、堂主、西堂、后堂、书记、藏主及知客、库头、衣钵、茶头等职事。

师简历及住持功德，冶开师弟当新旧交替之际，故另节叙述。

一、法系相承与住持功德

大晓实彻（1685–1757），出生于太仓州崇明县陈氏，嗣月潭明达（1665–1729），并继月潭主席香林寺，雍正十二年（1734）继量闻明诠（与明达同嗣法乳超乐）住持金山江天寺，前后凡十六年，退居润州，约在乾隆十五年（1750）受请住天宁寺。乾隆十七年（1752），大晓在都监德洪、监院天成、扶功协助下，建安乐堂、念佛堂与关房。自撰《建立安乐堂、念佛堂、关房记》，说福田以恤患为种子，幻海当广结善缘，参学期间，每见各处贫病老苦人的种种苦楚，发愿将来若开堂驻锡，"必建安乐堂，俾病苦癃残者随临医治，并设念佛堂，俾年高力倦者一意勤修。更立关房，俾决志上乘者专心参悟"①，后来历住各刹，均皆如愿，驻天宁后也以创建三堂为首务，并募化斋田供给三处，以为长远计。据大晓立《天宁寺念佛堂安乐堂功德芳名碑》，僧人捐田二十四笔共九十亩三分，居士善信捐田二十四笔计七十亩七分，其中最大一笔二十四亩，由达因居士捐。乾隆十六年（1751）、乾隆二十二年（1757），乾隆两次南巡时，均经过天宁，第二次赐以紫衣。

大晓门庭繁荣。其中湛海际宗，贵州人，住金陵佛国寺，卒后塔于月潭祖塔旁。沧洪际住、超宗际荣，住金山。妙严际隆、碧云际宝，住香林。天涛际云（1693–1766）、定悟际诚、扶功际明（1717–1775）、纳川际海，德洪（宏）际圆四位主席江宁。扶功，出生常州周氏，弱冠投修善庵依净玉披缁，往金陵报恩寺受具，参大晓，受记荊，乾隆二十一年（1756）继席天宁，四十年（1775）去世。天涛，上海嘉定人，俗姓王。大晓住金山时，天涛前来省觐，授以白拂，为南涧第六世，受命继席香林，乾隆十五年（1750）住金山，中间住杭州天长寺八年，乾隆二十八年（1763）住天宁，三年后退隐

---

① 释实彻：《建立安乐堂念佛堂关房记》，《武进天宁寺志》卷六，第141页。

山阴善福庵，乾隆三十一年（1766）去世。纳川，出生上海徐氏，谒大晓于天宁，为火头。一日大晓问他"如何是万法归一"，纳川呈以火叉，又问"一归何处"，答"烧火满灶红"，又问"火尽灰灭时如何"，答"佛眼觑不见"，蒙许可。德洪际圆，出生常州李氏，髫年阅《法华经》"止止不许说，我法妙难思"有省，投天宁脱白，亲炙大晓数年，继席天宁，上堂、小参，不许记录。一日告众说"三心不得，四大无家"，便入寂①。

天涛法嗣，六益了谦（1767-1780），慈溪人，住金山十三载，守约了信（1710-1779），泰州尚氏子，乾隆二十二年（1757）住杭州天长寺，性恺了彻，住嘉兴精严寺，均未住天宁，可知天涛以前为扶功，以后为纳川、德洪。

了月（1731-1814），字净德，晚号虚奇，出生常州阳湖县赵氏。弱冠成婚，育有一子一女。二十六岁感染瘟疫，梦见观音大士，遂投润州五峰山纳川出家，次年至金山依天涛受具，并入禅堂过夏、结冬，参"念佛是谁"，久不契，回五峰，继依纳川，触发禅机。遵师"深蓄厚养"之嘱，往来金山、天宁两处道场，亲近天涛及历住老和尚，任劳职事，前后十数年，人皆知为苦行道者。四十一岁时与同参琢三朝礼南海，同力兴复嘉禾精严寺。乾隆五十一年（1786），应监院玉峰、悟性等坚请，主席天宁。时常州岁荒，天宁亦"斋粥不继"，并欠交租税。幸得陈姓檀越施三千石白米，加之琢三相助，渐渐渡过难关。了月住持，先务道业，乾隆五十三年至五十七年，延僧众顶礼焚香拜诵《华严》五十部，所得用作重建天王殿。嘉庆元年（1796）及以后，重修大殿，增高观音、地藏二殿，改建安乐堂，重修大悲楼，增建罗汉堂五十八间（事见《拜请大方广佛华严经姓名碑记》、赵翼《重建天宁寺前殿记》、洪亮《重建天宁寺记》）。嘉庆四年（1799）应太守王梦楼请，驻锡夹山竹林寺，天宁事务嘱同门鼎成、广参、慧炬等照应，竹林、天宁因之俱得修复。（张崟《净德禅师塔铭》、赵翼《净德禅师行略》）

---

① （清）释达珍辑：《正源略集》卷十六，《新纂卍续藏经》第85册，第97页下。

了月有法子广参达明（1769-1821）与恒赞达如（1762-1840）。广参，别号惺庵，金陵人，乾隆五十六年（1791）投晋陵毗卢院慈舟薙染，次年返江宁受具于西天寺澂泉老和尚。"于是精究毗尼，细探律藏，因思律藏乃入道之初基，若不精明，禅宗旨要生死大事何能了脱乎"。下金陵，往返高旻、天宁两寺，真参力究，终得了月印可，监院务，十数年间，鞠躬尽瘁，天宁之轮奂辉煌，出力最多。嘉庆十三年（1808），了月因年迈，寺务尽交达明董理。嘉庆十四年（1809），"狮虫作祟，师横担拄杖，天台、南海、九峰、牛首，遍揽名胜"①。十六年（1811），恒赞由竹林再住天宁，请达明主席竹林，一住十年，直至去世。有法嗣悟慧（1789-1860），出生于丹徒宋氏，主席竹林。

达如（1762-1840），字恒赞，又字知庵，广州南海人，俗姓何。嘉庆四年（1799），了月住竹林，达如任监院。嘉庆八年（1803），受命主席竹林。嘉庆十六年（1811）应郡绅请住持天宁，以弘法为己任，锻炼禅众富有耐心，表现出与金山、高旻不同的风范。寺院建设上，兴废补坏，重建大悲阁、大殿、天王殿。恒赞为人慈和，有远识，遇到抵牾亦不动声色。生活俭约，凡有供养，皆归常住（事见董国华《恒赞禅师塔铭》）。

达如有法子竹堂悟宗与雪岩悟洁。竹堂，如皋人，投如皋护国寺出家，游参天宁、竹林，随侍恒赞多年，妙契心印。嘉庆二十二年（1817）主席竹林，道光四年（1824）住通州白蒲法宝寺，善诗工画，擅兰竹。

雪岩，武昌人，住持天宁二十余年，有"祇林不整则清净谁传，精舍未成则拔济之宗奚寄"②之论，重视寺院建设，咸丰元年（1851）重建禅堂三十六楹，都监悟来、监院悟厚两位法兄助成其事。

咸丰十年（1860），天宁寺毁于兵燹，雪岩的两位法子普能真嵩与定念真禅首倡兴复。真嵩（1794-1868），号普能，出生于浙江龙游县徐氏。据

---

① 释悟慧：《广参明禅师行略》，《武进天宁寺志》卷七，第189页。
② 庄受祺：《天宁寺重建禅堂记》，《武进天宁寺志》卷六，第131页。

真禅撰《普能法兄行略》，十岁投本邑大慈阁富松出家，十八岁于萧山县祇园寺岳宗老和尚座下受具，发愿参禅，遍游丛林，誓究最上奥秘。二十一岁参杭州崇福寺体老和尚，不久朝南海。二十四岁回祇园，听羯磨师慈风讲教。二十九岁往金山参广慈，三十岁至天宁参恒赞。次年参圆明寺真月，继参高旻寺方聚。三十四岁北游京都，参龙泉寺清源，发明心要。朝礼五台、峨眉、九华后，回金山，历任衣钵、知客、堂主、后堂、西堂、监院等职，前后达十七年。道光二十五年（1845），时年五十二岁，至天宁，雪岩授以心印，任后堂。咸丰二年（1852）受命主席天宁。十余年来，提倡宗风，阐扬妙法。太平军占领常州，避居江北东台三昧寺、掘港西方寺，随缘寄迹，专修净业。同治五年（1866）回天宁，此时真禅亦自汉阳还，即将请真禅为天宁主席。

真禅（1807–1874），字定念，出生于湖北汉阳陈氏，二十九岁祝发，受具于武汉归元寺。"闻雪叟洁公住持天宁，道价倾东南"，遂往天宁依雪洁。雪洁视为法器，命任维那。时丛林咸称"雪叟双乳神狮"，即指真禅与真嵩。后应请回归元，为母送终，还天宁，时真嵩继雪岩为住持，"延师分座，双幢并峙"。兵起，避居终南山，闻襄阳平定，返归元，重整旧规。常州光复第二年，真嵩请真禅回天宁，寄以兴废振颓的厚望。真禅领众日修净土法门、念佛三昧，学者重聚，遂造屋二百余楹[①]（陆鼎翰《定念和尚塔铭》）。据陆鼎翰《重修天宁寺记》、缪潜《重建天宁寺续记》，真松、真禅，先建后殿，次成楼阁、堂舍等屋，后经清宗、善净、冶开等历代住持努力，直至光绪三十年（1904），始复旧观，此时天宁"道风宏峻，声铄江东"，与金山江天寺，并推禅宗上刹。在此期间，真禅之后，继席者依次为青光清宗（嗣真禅）、善净清如（嗣真嵩）、冶开清镕（嗣真禅）。冶开之后，琢如显泉（嗣清如）、明镜显宽（嗣清镕）、惟宽显彻（嗣清镕），及慧轮密诠与永培密华（同嗣显彻）相继主席。

---

① 陆鼎翰：《定念和尚塔铭》，《武进天宁寺志》卷七，第205–208页。

清代二十一位尊宿中，天涛法子际注、际觉，及了月法子达传、达鼎、达昱、达轮、达宇七位，住持情况待考。

薪火相传，常州天宁寺，虽屡经隆替，但佛祖慧命常住，终成江南巨刹，而为天下禅者的精神家园。

当世丛林规约，一般不许剃度，以循十方常住原则，禅众中德行突出者可另处开堂。江宁之外，南京香林、镇江竹林、杭州天长寺与嘉禾精严寺，亦为大晓系禅师分灯之所，其中夹山竹林寺，唐宋时即为祖庭，诸祖示寂，一般建塔于此。大晓系宣禅的整体格局，以江宁、竹林、香林为中心，旁及杭州、嘉禾诸区。由出生地，大晓、扶功、天涛、广参分别为崇明、嘉定、常州、金陵籍，冶开出生于扬州江都，恒赞出生于广州南海，其法子竹堂则为如皋人，真嵩出生于浙江龙游，常州沦陷期间则避居江北，雪岩为武昌人，真禅为汉阳人，曾住持归元寺。二百多年来，天宁禅众主要来自"江南江北"。天宁堪为天下禅者游参的首选，与江天、高旻鼎立，蔚为乾嘉以来丛林大宗。

二、看话头

南宋以降，看话禅渐成截断葛藤的直截入手处，在龙池系宗师那里，其理路与手法日渐明晰。

首先，发心恳切，矢志了脱，真参实修，始终如一。大晓少年纯朴，不慕浮华，逆父之命，不事婚娶，二十三岁投普陀山栴檀庵天语薙染，念生死事大，向本师请益，师示以"父母未生前本来面目"话头，于是系念勤参。天涛亦生性纯厚，少年老成，不乐嬉戏，弱冠朝礼五台，二十九岁寓居京都，有感于豁岩禅师道行孤清，从其落发，受具后，行脚南北，随处参叩宗匠，入月潭香林炉韝，深为时任班首的大晓器重与提点。了月二十岁婚娶，育有一儿一女，父母相继去世，二十六岁感染瘟疫，观音大士梦中指点，发愿出家，病体始愈，遂与家室决裂，依纳川出家，投金山受具，旋入金山禅堂，参"念佛是谁"话。广参始时精研律典，为了脱生死，进而参禅。恒赞于《行由自述》中说自己因读《文昌帝君阴骘文》触发不忍之心，而有远尘出俗之想，母亲去世后决意出家，在师兄德赞提点下，看经、礼拜、持咒、念佛，求福求寿，"有为用功，以为功夫"，虽感妄想习气逐渐轻微，却道业难成，顿生大病，病愈受具戒，助师兄兴复景泰寺，寺成师兄却卒，心渐冰冷，劳苦若此，终无所益，为父送终后，外出参学。大晓、天涛、了月及广参、恒赞五位宗师，发心因缘各各不同，然皆动机深沉，禀性纯朴，志念坚固，如汉月法藏所说，是适宜参禅的根器。由他们对修行法门的抉择看，为了脱生死而参禅，参禅而系念某句话头，已属丛林共识。

其次，看话禅较公案禅更为直接，唯系念一句话头，至于何句，并无特别要求。大晓所参为本师所示的本来面目，了月参"念佛是谁"。恒赞看话之前尝试各种修持法，在海幢禅堂坐香时，仍不知看什么话头，维那敏登问他"汝既住禅堂，无有话头，做工夫如何下手"，见恒赞懵然无对，启发他说："汝一向留心，有所疑惑过不去者，试举一二则看"，恒赞答称，看《楞伽经》至"谁缚谁解脱"处及《坛经》中六祖启发慧明云"不思善不思恶，正当恁么时，如何是上座本来面目"处，常常生疑，于是敏登建议他即以"不思善不思恶"为话头，久久留心，自有一个明白处[①]。由敏登所言，可知看话头是当时禅堂工夫的通行下手处，话头可根据经教中的疑点进行选择，借此疑处以为缘境。

再次，看话头的过程曲折，关键在于生起疑情，并期待打破机缘，期间会现起不定次的悟境。大晓在显圣寺参丹岩，同参旦憨问他"如何是本分事"，答"若论本分，如水中月相似，尽道有迷悟，为成了无得失"，又问"如何是本来面目"，答"只在开口处"，又问"者（这）是已生的，如何是未生的"，大晓无言以对，此时旦憨说"汝抛却父母出家，者一句话尚且未曾会，岂不惭愧"。受此刺激，行坐不安，至次日工夫成片，忽闻开静，放腿下位，"知

---

① 董国华：《恒赞禅师塔铭》，《武进天宁寺志》卷七，第191–192页。

得本分落处"，欢喜无量，再次答对，且憨说他"虽有个入处，要须进步始得"。此后用功，"疑情全发不起，于日用动静，未能无碍"。后将心路呈示双鉴禅师，双鉴告诉他"且抱着一念放下，方可进步"。由此自觉"疑情顿发，动静中了无二相"。一次忽闻开梆声，"顿觉前后际断，与前所得者更是不同"。自以为大事已办，遂往临安住山。虽有两次觉受，病中却用不上，"所得工夫全然无用，开眼做得主，合眼即做不得主"，始知所得并不究竟。病愈后再次游参，终未能引发疑情，遂立誓入终南山，洞居一生。石洞中住二年，一晚站立洞口，时"天无星月，云雾晦暝。忽见电光一烁，豁然大悟"，说偈云："奇哉奇哉甚奇哉，闪电光中正眼开，明暗两条生灭路，谁知无去亦无来。"自醒从前所得非是。嗣后，每趺坐，忘却日月，"出定开眼，见世界全空。忽觉秀雄峰倒至面前，顿然一惊，即说偈云，本来非色亦非空，无我无人万像同，能所掀翻谁是主，堂堂不是秀雄峰"①。从此自信，不思出山。

了月先依天涛参"念佛是谁"话，久而不契，返回五峰山后，纳川跟他说："汝怎么参，切莫东卜西卜，若一涉于支离，则大事不能济矣。"于是安心执事，"昼夜精勤，话头绵密，誓不肯舍"。一日垦田，因忽遇大雨，浑身湿透，而豁然有省，曰："元来只在此里，点点不落别处。"归来呈示纳川，纳川说"你着甚死急"，了月答"雨打石人头，暴暴论实事"，纳川问"锄头在甚么处"，则随手脱下湿衣递向前，纳川说"切莫草草匆匆，云月是同，溪山各别"，了月答"和尚须仔细，莫教全靠不肖"，此时纳川方才首肯，予以印证，嘱咐他善自保护：

> 慎勿堕于时流。今时学者，不务真实，习懒成风，多弄虚头，少修佛慧，凡愚逆顺境缘，不论大小，一点不能作主。纵有一知半解，终有何用。汝既得之，当深蓄厚养。日间作务，夜里清修。利己利人，方免时弊。毋以得少为足，自恃聪明，唐丧光阴。虚延岁

---

① 佚名：《大晓实彻禅行略》，《常州天宁寺志》卷七，第171–172页。

月，妄谈般若，断佛种性，是所切戒。①

遂往来金山、天宁两处，亲近历任住持老和尚。

由大晓的经验看，疑情有时发，有时不发，发时，无论动或静，"了无二相"。过程可谓一波三折，关键在矢志坚固，初心不改。疑情每一次透过，总有个悟处，生起豁然开朗的觉受。悟境是否为究竟，自己也有基本判断，一方面遇到病患这个特殊情境，工夫能否用得上，能做得主。如纳川所说，遇逆、顺境，若不能做主，那就是工夫不真，"多弄虚头"。另一方面依后来深悟可以自觉前悟之非，由此可见宗门之悟是分多次完成的。从纳川告诫了月切莫急躁及大晓的坚持看，愿力强大，凝心话头，发起疑情，不急于求悟，都是看话头的基本要求。

最后，印证与保任。宗门心印最为难言，如上述纳川、了月师弟的机锋酬对，除当事人外，很难给予合适解读。然而印证却属必经环节，否则便有杜撰之嫌。大晓终南山一悟，已然自洽，无有出山之念，因同参来访时跟他说"古人悟后必须见人"，方至钟山香林寺依月潭。一日扫地毕，月潭说"各处俱要扫到"，大晓拿扫帚在月潭面前扫一下，月潭说"犹未在"，大晓应声道"早以瞒他不得"。月潭微叹，但未予明确印证，后来才付以南涧源流②。天涛经大晓提挈，颇有发明，后又游参各处，闻大晓住金山，前来省觐，蒙受白拂，为南涧六世孙。传记未提及心印相传时的机锋应对，似乎只传法券，然授以拂子，即表印信。

了月得纳川印许后，遵师嘱，"深蓄厚养"，勤于寺务十数年，人皆知其为"苦行道者"。乾隆三十六年（1771），了月四十一岁，与同参琢三朝礼南海，途经嘉禾，竟无一处丛林"安单按众"以接引来学，于是发愿建禅刹，为学人"参究本分上事"提供机会。朝礼普陀返回，即嘉禾古灵光禅堂旧址，创建精严寺，而为十方丛林。二人在精严寺凡十五年，历经三任方丈，均请

① 赵翼：《净德禅师行略》，《常州天宁寺志》卷七，第183-184页。
② 佚名：《大晓禅师行略》，《常州天宁寺志》卷七，第173页。

有道德者主席，自己但执劳服役，营造堂宇，募化斋粮。五十六岁时才应请主席天宁，令寺院渡过难关，重焕生机。了月无意为长老，唯务造寺安禅，既是保任此心，也是此心的表现。

恒赞因敏登启发，参"不思善不思恶"话，果然发起疑情，"久之忽觉身心坐脱，了无一念可得，净裸裸，赤洒洒。如是半载，坐在无事甲里"。一日敏登在禅堂中说，现在有人参禅，都是骑牛觅牛。恒赞闻此语，愈加迷闷，过了一载，还不开悟，痛哭自责。敏登让他先放下，再参不迟。回寮，见壁间"一念不生全体现，六根才动被云遮"联，忽然打失鼻孔，醒悟长庆万象之中独露身、六祖本来无一物等话。敏登肯定了他的这次体悟，嘱咐说善自保护。于是放下身心，在海幢禅堂同住二年，认识到"古人悟后更须见人，显发体用，不然终成杜撰"①。遂与同参梦三结伴出岭，往参投子、冶父、香林等处，在华山结夏，至高旻结制，南后返，经过毗陵，遇了月，终得印许。恒赞如大晓一样坚韧，"显发体用"道出师弟间的交锋，"终成杜撰"则指明印证的必要性。

明季宗门寂寥，紫柏、憨山、蕅益诸高僧弃宗门传承于不顾，思考举扬教、律、净等救宗方案，以至于佛子欲参禅而无处可参的困境。大晓上承龙池下磬山一脉，孜孜于宗脉延续，书写了天宁寺的两百年禅宗史，亦足以代表看话禅最后的繁盛时期。

三、尚实心的住持精神

对有开悟经历的禅师而言，经教及语录如从己心流出，感同身受，说己所欲说，他们与经典建立起来的这种直接联系，区别于信仰与理解基础上的认同，再无犹疑与隔碍。作为过来人，出住禅刹，续佛慧命，践行菩萨道，从不出奇弄玄，而是将对僧团、信众及社会的关切落实于当下、落实于"本

---

① 董国华：《恒赞禅师塔铭》，《武进天宁寺志》卷七，第192页。

分事"当中。他们展现出来的用，平实本分而弹诃浮华，启人心智而随顺世缘。这里不专注于天宁宗风的特殊性，而属意于他们垂范后世的精神力量。

大晓付法天涛时，叮嘱他说："自今而后，宜以佛祖慧命为重，不可作自了汉，堕入恶烧族类。"①"佛祖慧命"并非止于口谈，而是要孜孜于佛教事业。首务即在建寺。寺院，一是安禅，二是信众朝礼、端伸虔敬的精神家园，三是向人群昭示智慧生命的象征。年深日久，风雨侵蚀，屡颓屡修，前赴后继，历代住持无不用力于此。了月至嘉禾，所见丛林，竟无一处"安单按众"，因与琢三师复兴精严寺，历经十五年，建造堂宇，募化斋粮，不为自己住持，但供大众办道。天宁事业的延续，其背后大概就是这种以佛祖慧命为怀的精神。

其一，《天宁规约》的垂范意义。大晓晚年住持天宁，为长远计，立约十条，刻碑为凭。第一条关于长老推选，要求"道德夙高，实心为千年常住"②，唯其"实心"，才不致轻易退院，不然，则由大众公议，在"法眷"中选有道德者，并拈阄为证。其次如剃度、续纳老堂、借常住名义私自募化、出寺做经忏佛事、过年放假请茶与私自托钵等，均立约禁止。丛林是十方常住，一旦剃度，必引发矛盾。老堂为同族本家，若续纳，亦背离十方常住的本义。其余若体恤病僧，妥善处置亡僧遗资，收租、银钱出入等事须三人在场，点清登记后呈上方丈等。《规约》禁止之事，应属当世丛林惯见现象，如放假请茶流于俗世，出寺做经忏失于佛门威仪，私募等则游离僧团之外。由此观，大晓立约，不过在维护僧家本分，唯赖这一点本分，方可真正荷担如来家业。

其二，由天涛、恒赞之锻炼禅众，颇见天宁宗风的特殊性。天涛受命住香林，认识到当时"禅学多尚笼统"，因此"不惜腕力，提命周至。遇知见缠缚者，必广引佛祖言教断之，不至释然不已"③。笼统而不明就里，久为宗

---

① 释了信：《天涛禅师行略》，《武进天宁寺志》卷七，第177页。
② 释实彻：《天宁规约碑》，《武进天宁寺志》卷十，第343页。
③ 释了信：《天涛禅师行略》，《武进天宁寺志》卷七，第178页。

门积弊，天涛的对治方案，可谓苦口婆心，多方提点，而"广引佛祖言教"以断人"知见缠缚"，较之前代祖师，手段要温和得多。

恒赞的风格，近似天涛。嘉庆十六年（1811）主席天宁时，金山、高旻皆"门庭高峻，以恶辣钳锤相尚，学者多望而却退"，恒赞则"纯以德化，循循善诱，临众无操切之训，严厉之色"，以此摄受四方禅客，开百年来"大江南北法筵之盛"①。恒赞示以区别于金山、高旻的手法，耐心，平和，说理，引导，显然更适宜当时根器。据此推断禅风的整体转向，应非唐突，起码可以说表现出一个崭新的路向。作家的锻炼之法，与其性格操守相关联。恒赞平素为人慈和，有远智，遇人以事相忤，也不动声色。生活俭约，见穿着华美的僧人，必加严斥。常戒人勿逐名利，严持戒律，在东南人士的口碑中，恒赞以德行著称。晚年应门人请，自述行由，希望他们"发大愿力，撑持常住。认真参禅坐香，打破漆桶，出脱轮回，光大佛祖门庭，永使法流不竭，不然，将见佛法无人、磬山一宗渐渐为之消灭矣"②，吐露了一位老禅师的忧患意识，显示了其使命感。

当然，也不乏师弟间的机锋酬对。《武进天宁寺志》录大晓住天宁时法语六则，其中早参二，小参三，上堂一则。一日早参，说："有一人六根不具，四大皆空，体周法界，行住无踪，洒落落任西任东，问伊佛法禅道，全然一法不通"，接着问大众"此人有长处也无"。此时有僧问"既是金山，因何惟见土石"，大晓应以"是你见处"云云。又有僧问"隔江招手而去，过在甚么处"，大晓答以"不守本分"云云。大晓口称"一人"，意在启人疑情，禅僧并未针对此语发问，转云"金山""土石""隔江招手"，应是有备而来。一次上堂云"佛祖玄机，人天罔测，大用现前，不存轨则"③，可谓是对宗门机锋的明白点示。虽说"不存轨则"，却不见前人棒喝手段，虽有触机之间，不奈他早已"意地丹黄"，"大用"不现前，宗门语录中也就逐渐难

① 董国华：《恒赞禅师塔铭》，《武进天宁寺志》卷七，第193页。
② 释达如：《行由自述》，《武进天宁寺志》卷七，第204页。
③ 《大晓禅师法语》，《武进天宁寺志》卷三，第73–74页。

见凌厉问答。尽管如此,禅者之间,依旧能够做到本色相见,不若世人那般虚于应付。

其三,修净业与看经教。参话头,要求年富力强,所以大晓为"年高力倦"者建念佛堂,为他们一意专修创造条件。大晓的做法考虑到法门行持的主体因素,了月则谓禅宗与念佛一体。住持天宁期间,慕名请益者越来越多,了月诲人不倦,常劝人念佛,有问"师乃禅宗,何得以念佛示人",了月反问"汝将谓佛法有二耶",便以拐棒将其打出,有问"如何是祖师西来意",了月谓"阿弥陀佛",遗嘱曰"学道无难事,一切且随时,殷勤存正念,不可落邪思。此予之禅旨也"[①]。普能避难江北期间,专修净业,撰《净土诗》百首,《弥陀易解》一卷。定念继普能主席,日修净土法门、念佛三昧,以此道力,四方景附,方始启动复建工程。

习律、学教与参禅并行不悖,均为宗师所强调。

其四,务实精神筑成安心办道、不计个人得失的和合僧团。《武进天宁寺志》列"功行"131位,包括都监、监院、首座、堂主、西堂、后堂、书记、藏主、知客、库头、衣钵、茶头等丛林众职事,多于方丈数倍,虽只列其名,却是维系殿宇修造及日常运行的稳定力量。大晓倡建念佛堂、安乐堂与关房,首先得到都监德洪、监院天成、扶功等响应并协同经理。普能、定念开启的重建工程,都监牧溪、监院蕴堂、监院高朗、西堂有乾等职事居功为多。高朗清月承嗣定念,为天宁都监、西堂。往生后,法弟冶开为其起龛、举火,说他"早断命根,发妙用于常住。独露真机,行前人之未行,得前人之未得。护持常住三十余载,竭力尽心,勤勤恳恳。逆风也走,顺风也行","有时建弥勒楼阁,法界贤圣开颜。有时效百丈田园,十方禅衲生庆"(释显彻编:《冶开镕禅师语录》卷一)。寥寥数句,一位孜孜于如来家业的禅师形象跃然而出。

当然,"法系"所列26位,主席之前亦勤于寺务多年。广参与恒赞同嗣

---

① 赵翼:《净德禅师行略》,《常州天宁寺志》,第186页。

了月，广参受记莂后，任职监院十余年，鞠躬尽瘁，"天宁常住，轮奂辉煌，皆师之力为多"。嘉庆十三年（1808），了月索性将寺务全部交由广参。嘉庆十六年（1811）恒赞主席天宁，才推荐广参住持竹林，唯道是任，一如从前。恒赞依了月于竹林时任监院，能力非凡，事必躬亲，开荒栽松，修葺禅堂，令颓败之院重焕生机。

如上述，了月一生致力道场建设与维持，"生平最喜老实，不事虚华"，若见前来请益者衣着华美，必加痛斥，说："汝既出家，所为何事，何不摩头看是何人，将谓得入缁门贵求衣食而已耶。"正是这种关于"衲子本分"的耳提面命，才会逐渐形成一心办道的寺院传统。实心参禅，"实心为千年常住"，皆在一个实字诀。

四、冶开的返本开新

冶开（1852-1922），生活于中国传统社会的巨变期，佛教住持形态也相应调适，传禅、讲经、修庙、刻书、办学、赈济等行为中，返本与开新并举，体现出随时应变的宗门精神。

冶开，法名清镕，出生扬州江都许氏，有姑出家为尼师，幼年多病，十一岁出家，十二岁于镇江九华山祝发，十七往泰县祇树寺受具。依当时修学环境，参禅看话头仍为当然选择。冶开先往杭州、普陀、天台诸刹游参，同治十年（1871）至天宁谒定念，时天宁"门风峻肃，法席岿然，参扣者鳞集"[1]。次年冬制期间，冶开值浴，闻两位老修交流七日间所得，激起惭愧心，发愤力参，坐香、经行时凝定"念佛是谁"话头，以至于不知身在何处，经行时不循轨迹，被维那师击打香板，因此机缘而破本参，"身心一如，受用自在"，获定念肯许。定念去世后，冶开至金山坐禅，因"放下"机缘，更为较前得力，"自此大地平沉，融通无碍"，能听见江对岸说话声音，视瓜州

---

① （清）显彻：《冶开镕禅师行述》，《常州天宁寺志》卷七，第229页。

如在户庭，凡过去所读经教，于义理不通处，此时皆悉洞然，展阅《楞严》《华严》，如从己心流出一般亲切。踵武前代，入终南山结茅，多有灵应。三年后回仪征天宁，省觐师祖莲庵一公，自觉大乘法当自度度人，不宜枯坐穷山，仍回天宁，与高朗清月、有乾性公一起协助善净方丈重建殿宇，并于光绪二十二年（1896）正月继善净主席天宁。

明镜显宽、惟宽显彻、月霞显珠与应慈显亲四位，于光绪三十二年（1906）同蒙冶开授记，其中明镜、惟宽坚守祖庭，月霞、应慈则举国化导。

惟宽（1868-1937），法名显彻，出生泰县朱氏，早年失怙，至武进吕福寺依慧海披剃，十九岁受具于宝华山慧居寺，遍游大江南北禅席，后在冶开座下接受锻炼，并蒙印许，住天宁四十年，自谓宿缘在天宁，任职客堂、库房数年，征收田租、外事接待，皆稳妥无误。后继明镜主席天宁。民国二十六年，入川朝山，病逝于重庆狮子寺，归葬虞山，有法子慧轮密诠、永培密华、证莲密源、钦锋密雨，皆先后主席天宁。

月霞（1858-1917），法名显珠，湖北黄冈人，俗姓胡，为世家子，十九岁投南京大钟寺出家，次年受具于九华山，往来金山、天宁、高旻三寺，参学五六年，时时照顾话头。二十六岁，入终南山结茅，践行农禅，多有悟处。三十三岁往河南太白山谒了尘，值了尘讲《维摩经》，因参"不二法门"数昼夜，得了尘印可。三十四岁至南京，谒赤山法忍（1884-1905），充茶头。三十六岁，随赤山老人讲《楞伽经》于湖北归元寺，并代师敷讲。三十七岁，至安徽翠峰茅蓬，邀约高旻首座普照、南京印魁（1856-1909），结界参禅，凡三年，并讲八十《华严》。四十一岁后举国漫游，随处宣讲大小乘经，扬名大江南北。

应慈（1873-1965），法名显亲，字应慈，自号华严座主，晚年号拈花老人，俗姓余，生于江苏东台县盐商家庭。二十六岁朝礼普陀山依明性禅师出家，并随明性至南京三圣庵，研习《维摩》《法华》《楞伽》等经典，次年受具于天童寺，发心参禅，往金山参大定、高旻参月朗，最终依冶开学，而受记莂。宣统元年以后则随侍月霞办学，月霞去世后，主持兴福寺法界学院工作。月霞与应慈，皆致力于讲经、办学，培养僧才，弘扬《华严》。

显彻编《冶开镕禅师语录》四卷，准今见三卷，除示众、书信外，录各类机锋语凡113则，按其机缘，大致分为四类：一是丛林事，如升座、结夏、冬制、禅七、封关、贴单、挂钟板、上梁、起龛、扫塔等。二是佛诞等佛教节日。三是除夕、元旦、中秋、冬至、腊八等传统节庆。四是上堂。由之大致可见丛林生活的日常，其基本形态无非是秉持农禅传统，将禅者本分托付于丛林日常事务当中。一次中秋升堂，先举西堂、百丈、南泉三人侍马祖玩月公案，然后说："衲僧门下，应节逢时，集众升堂，为明个事。如马大师云'经入藏，禅归海，惟有普愿独超物外'。虽然据款结案，节目关要，究竟在于何处？"过了许久，又说"参禅须具参禅眼，未具眼时空颟顸"，便掷杖下座（《冶开镕禅师语录》卷一）。由《语录》所记，难见师弟间的平日交锋，"应节逢时"但循惯例，虽不乏仪式感，却少了些许活泼，其中也指明"为明个事"这个宗旨，也有"节目关要究竟在于何处"的转身句，却均已蕴在程式中。

将佛事与演禅有机结合，在诸种住持事务中可谓突出。《语录》所载32则上堂语，皆由水陆道场这一机缘。水陆道场全称"普利冥阳水陆大斋道场"，对象包括冥与阳，对冥说超荐，即父母及祖父母亡灵，也有上溯历代祖宗，脱出恶趣，上升莲界，对阳则树福延龄，也有祈祷后嗣永昌。时间一般为七昼夜，也有十四、二十一日，规模一般是一坛或一堂，也有二坛甚至七坛。启建者一般来自常州本郡，也有无锡、宜兴、长洲、吴县等地信士。盛宣怀长子盛昌颐、四子盛恩颐曾各为其母启建水陆道场。新授淳安知县吴季常夫妇赴任前启建一堂水陆七昼夜。盛门女眷来天宁建大斋道场，应为平素生活中的不可或缺的内容。有因公共事件启建，如盛宣怀因修筑宁沪铁路，经过处须迁移坟墓，圩塘真清法师建万佛阁竣工，启建水陆，前者为抚慰亡灵，后者用报护法、檀越。还有一种情况，有盛庄氏，法名善月，礼请天宁书记释印平掩关拜诵《华严》一部，以为功德。水陆道场圆满之日，礼请冶开上堂演法。至于如何将禅机与佛事结合一处，聊举一例：

上堂，师拈拄杖云："一毫头上现全身，无我相、无人相。过现未来障冰释，非佛法、非世法。明如杲日，宽若太虚。圆陀陀，光灼灼，赤洒洒，没可把。千奇遇之销镕，百怪撄之绝迹。不可得而知，不可得而识。云门扇子蹦跳上三十三天，触着帝释鼻孔。东海鲤鱼打一棒，雨似盆倾。敢问现前诸大仁者，盛大护法杏荪宫保启建法界圣凡水陆普度大斋道场，超荐累生冤牵，解冤释结，不识姓名男女等灵魂，超荐上海斜桥盛第从前一切地主男女等灵魂，并荐沪上水溺火焚一切被难等灵魂，以上各各灵魂，际斯无上因缘，承斯善利，即今在甚么处立脚？东山水上行，西河火里坐。溪西鸡齐啼，屋北鹿独坐。顾左右云：委悉么？无遮会大启，不二门洞开，于山势到岳边止，万派声归海上消。"卓一卓，下座。(《冶开镕禅师语录》卷三)

凡因水陆上堂，大抵类此。盛宣怀(1844-1916)，字杏荪，此次超荐，意在"解冤释结"。从"普利冥阳"看，与儒家"博爱之谓仁"相契，区别只在佛家更讲三世。因此水陆道场，一方面体现道德层面的仁慈，另一方面触动心灵中的终极关切，加之强化孝亲观念、凝聚族人(超荐共同祖先)等功能，而风行大江南北。从住持角度，一是规范，如大晓立约禁止走出寺院做经忏佛事。二是以拜经为佛事功德，如了月领众拜诵《华严经》五年成五十部，并刻碑为记，所得功德款用作修建前殿，又如盛庄氏礼请比丘闭关拜诵《华严》，月霞、应慈后来专弘《华严》，应与此传统有关。三是举扬法义，如此段文字所示。佛教实践上，由超荐灵魂悟入，属有门。冶开却先以"无""非"方式指示"一毫头上现"者，接着以近乎猜谜一般说其明、其宽，却又无处可以把捉，虽"没可把"，不可知识，而又无甚千奇百怪，随后转云所荐种种灵魂"今在甚么处立脚"，即便难以触发在场者疑情，也能将心思引向深远。这样的佛事，固然能够带来住持的资具，但不失为激活佛祖慧命的一大方便。

冶开教人看话头。葛观本居士问"明知万法唯心，何当念执着不悟"，答谓"不是自己亲证不中的"，要亲证，此为其一。其二，"要在不明白处底地方参的"，抓牢不明白处，正视疑情。疑情不起，不能破关。所谓"死中得活"，"不大死一番，不得大活的"，故须把定话头，着力参究。自述自己在天宁于同治十一年打七，头一个七中，自责用心不上，因发愤苦参，心无旁骛，坐、跑之时皆不离本参话头，因为挨香板，"忽然心里起了无明，念头一动，看见一黑团子起来。随把话头举起一打，黑团子炸开。再提话头，如同落在万丈海底一般。回头醒过来，人就空了。往后坐起来，话头就醇和了，行起来自在得很，站起来鼻子里连气都没有了"。大概就是通常所谓破本参的经验。其三，功夫要成片，以有心参，以无心得。马观源居士看"万法归一，一归何处"话，冶开启发他于"一归何处"要"时时反问"，"就是总要成片哪，有心用，无心得"，弄清楚才能丢手，不能限定时间，于看话头尤为切要。其四，马观源说自己曾读《指月录》，"忽睹'念念不住，心心无知'二语，觉一片清空，无量无边，不见有山河大地，不知我身所在，心里明明白白，念头却提不起来"，醒转时遍翻《指月录》，却不见此二语，冶开回复说，"用功的人随时触着得来自在受用的，长短久暂均有因缘的"，关键在"切切用心，当一桩事做"，在这个境界里才能发起这个心。

冶开及马观源所述境界，并非某人某时偶发，因为可以通过特定方式引发，且彼此相知，所以具有客观性。至于这种心灵状态究竟如何界说，这里不拟讨论，但由看话头养成的精神必然表现在禅者的三轮大用中，那就是矢志明心，真参实修，抓住疑点，凝定话头，功夫成片，等待机缘，直至开启本地风光。

清末社会危机及文化空间视域的增广，佛教住持方式也相应作出调整，如刻经、讲经、结社、办学等，冶开随顺时节因缘，积极投身这些领域。明末紫柏真可创刻方册藏经俾使流通，太平天国起义之后，刻经之于佛教振兴尤为必要。冶开的剃度弟子行实，在俗时为无锡庠生，受聘金陵刻经处，负责监刻、校对，由于待刻藏经太多，请冶开在天宁分任其事。因此创立毗陵刻经处，惟宽助力冶开，负责校对，所刻经籍之多，接近金陵刻经处。

受庙产兴学风潮影响，寺院开始自己办学，并注重结社以联合声气。结社有两种情况，一是当时盛行的居士团体。如冶开退居后，在玉佛寺创"居士念佛会"，汇聚沪上士绅，不久又成立"佛教慈悲会"，专司救济、赈灾等社会慈善事业，这两个组织相互辅成，弘宣教义与社会关怀并举，成为清末以来佛教弘化以及服务社会的主要形式。二是全国性佛教组织。1913年冶开曾被推举为新成立的"中华佛教总会"会长。1900年月霞至安庆迎江寺办"安徽省佛教会"，并招生办学。1908年"江苏僧立教育会事务所"在金山寺成立，月霞经杨仁山等推荐出任副会长。应慈于1954年任上海佛教协会名誉会长，1957年当选中国佛教协会副会长，1962年为名誉会长，兼任中国佛学院副院长。办学亦有两种情况：一是普通教育。如冶开创天宁寺小学，招收穷家子免费入学。冶开去世后，天宁小学校学生撰有挽联："重慈善轻利名四百兆同胞之间如公有几；入学校受教育八九年培植所惠没齿难忘"（《冶开禅师传》）。二是僧教育。著名者当属月霞创办的华严大学与法界学院。整体环境使然，当时办学困难重重。华严大学原计划预科三年、正科三年，然由于异教徒干扰，由上海哈同花园迁至杭州海潮寺，再迁常熟兴福寺时，月霞于杭州玉泉寺去世。其间周折难以尽述，若非有韧性与坚持，必半途而废。

佛教学院教育，学教与坐禅并行，形式上集中授课，行持上仍坚持丛林的坐香、打七制度。月霞"生平宗教并进，所谓无一日不坐香，无一年不打七，所办学校，无论预科、正科，每日是升大座一次，小座抽签后讲一次，不违佛制如此"[①]，应慈对此极为钦服。月霞、应慈也许不宜归入"新僧"行列，却堪为新僧导师。月霞四十六岁海外弘法，由日本、南洋、印度至欧西，游方三年。回国后曾任教于杨仁山创办的"祇洹精舍"，受教者有太虚、仁山等后来的佛教改革家。应慈对传统丛林制度亦有去取。1925年，常州清凉寺住持静波创办清凉学院，请应慈任主讲，应慈提出两个条件，一是学僧不

---

① 释显亲：《月霞显珠禅师行略》，《常州天宁寺志》卷七，第251页。

参加经忏佛事，以讲经授课为主。二是学僧必每日三时坐香，不上早晚殿，代以普贤十愿行。课程有《四十二章经》《大乘起信论》《楞严》《楞伽》《法华》及华严宗典籍，入冬则打禅七[1]，于当时丛林教育，具有典范意义。

前述了月、冶开之礼拜《华严》尊经，可见天宁寺的弘扬《华严》传统。或因此故，月霞、应慈以为毕生职志，采用办学、编刻等各种方式，致力培养华严学人才。近代以来唯识学的复兴更多发生于学者中间，僧界则依然立定于华严学，为佛教解行实践开辟新的空间，也许华藏世界的宏大圆融更为适宜应对已经打开了的文化世界。

由看话禅而讲经、办学、念佛、宣教、慈善等行为，不独人文环境的变化因素使然，更是中国佛教解行实践演进的内在逻辑。憨山云"教为佛眼，禅为佛心"[2]，以教救禅之颠顶，也是天宁祖师践行的方案。这里据"禅为佛心"义，不妨将讲经、办学等视为基于悟体之用，因而凡此诸般仍可置于宗风概念中予以考量。

---

[1] 于凌波：《中国近现代佛教人物志》，北京：宗教文化出版社，1995年，第50–51页。
[2] 《憨山老人梦游集》卷三十，《新纂卍续藏经》第73册，第676页下。

"旷劫至今来，未曾移寸步"

——冶开法师的"物不迁"论

陈　坚（山东大学佛教研究中心）

引言

孤陋寡闻，这次参会我是第一次接触甚至听说冶开法师（1852–1922），然而，初次相遇便有相见恨晚之感，这不是应景客套，绝对是真话，因为我确实为他的一些语录所震撼，如：

> 有一次，有一个日本僧人，闻名到天宁寺相访。相见之下，那日僧赋诗说偈，批判经典语录，喋喋不休。冶开垂目默坐，初不置答。等到他纠缠既毕，突然问曰："离却古人，何处是尔自己？试道一句。"那日僧嗒然若丧，礼谢而去。①

在冶开法师生活的近现代中国，国弱佛衰，包括日本在内的列强皆有谋食中国的企图和事实，尤其是由袁世凯（1859–1916）主政发生于1915年的"二十一条"事件后，日本更是甚嚣尘上，期间也有很多日僧因种种不同原因抱着不同的目的来华，但并非像古代日僧那样是来中国求学的，因为那时的日本佛教根本就瞧不起中国佛教（太虚大师对此就深有同感）。就是在这

---

① 《冶开法师》，参见 https://baike.baidu.com/item/%E5%86%B6%E5%BC%80%E6%B3%95%E5%B8%88/10945735?fr=aladdin。

444

样的背景下，有个日僧到访天宁寺，在冶开法师面前"赋诗说偈，批判经典语录，喋喋不休"。很显然，他是来天宁寺找冶开法师茬的，而冶开法师呢，"火眼金睛"，识知其邪，故而"以静制动"，"垂目默坐，初不置答，等到他纠缠既毕"，突出一记"禅拳"问他一句："离却古人，何处是尔自己？试道一句。"真可谓一"拳"制敌，只见"那日僧嗒然若丧，礼谢而去"，显然是被冶开法师给制服了。那冶开法师这句问话究竟厉害在哪里呢？表面上看来，冶开法师所说的"离却古人，何处是尔自己？试道一句"与禅宗灯录中所常说的"父母未生前，如何是你本来面目"或"父母未生时，试道一句看"没什么不同；或者就佛教说佛教，日僧之"批判经典语录"可能就是日本的"批判佛教"套路，说这个是伪经，说那个是假托；说这个不讲缘起，说那个不谈性空，以教理否定教史，尤其是中国佛教史，搞佛教上的"历史虚无主义"，然而，古代佛教对也好错也好，今日的佛教无论如何都是古代佛教的延续，不能用"批判佛教"的这把歪刀把这个历史给割断了。除此之外，你若仔细揣摩冶开法师的这句话，它还是绵里藏针另有深意，即冶开法师借此暗示日僧，你日本佛教还是从古代中国传过去的，没有中国佛教，哪有你日本佛教？你岂能在此喋喋不休地"赋诗说偈，批判经典语录"而数典忘祖！这就是"离却古人，何处是尔自己"的含义（其中的"古人"就是借指中国古代佛教），同时也是在影射日本政府欲对中国图谋不轨，一语双关，在国际交往中"敢于斗争，善于斗争"，维护祖国的尊严，爱国主义情怀跃然纸上。冶开法师在日僧面前能有如此铿锵有力的爱国主义表现，与他有高深的佛学造诣密切相关。冶开法师就是这样一位精通佛法、能在大是大非面前起作用的高僧，实是典范，堪为榜样。本文意欲透过冶开法师的一首禅偈来窥视其佛学造诣，这首禅偈是这样的：

> 旷劫至今来，未曾移寸步；
> 谁知客他乡，原在长安住。[①]

---

① 《冶开镕禅师语录》卷一"清光绪二十三年（1897）"。

此一禅偈表达了僧肇"物不迁"的思想，其中前两句"旷劫至今来，未曾移寸步"，乃是对僧肇（384-414）《物不迁论》中所提出的"物不迁"基本义理"昔物自在昔，不从今以至昔；今物自在今，不从昔以至今"的形象表达，而后两句"谁知客他乡，原在长安住"，犹如苏东坡（1037-1101）在《定风波·南海归赠王定国侍人寓娘》一词中所说的"此心安处是故乡"，则是对"物不迁"之佛教效用"各性住于一世"的描述：

> 言往不必往，古今常存，以其不动；称去不必去，谓不从今至古，以其不来。不来，故不驰骋于古今，不动，故各性住于一世。

所谓"各性住于一世"，也就是"心性论"意义上的"物不迁"（佛教是"心性论"而不是"知识论"），亦即所谓的"心不迁"。下面我们就结合冶开法师的上述禅偈，解读一下僧肇"物不迁"的"心性论"含义。

一、何谓"心性论"

要充分地理解僧肇"物不迁"的心性论意涵，有必要先对"心性论"本身稍作解释，因为"心性论"的含义并非自明的，对许多人来说还相当陌生，尤其是在"西方中心主义"话语霸权横行的当今学术界，因为西方思想中并没有所谓的"心性论"，它有的只是认识论和价值论。[①]

按照西方的思想范式，我们面对一个事物，（一）要判断它是什么（what），这就是所谓的"事实判断"，认识论所处理的就是"事实判断"；（二）要判断它怎么样（how），比如是好还是坏，这就是所谓的"价值判断"，价值论所处理的就是"价值判断"。西方的思想大厦——包括哲学、科学和宗教——就是建立在认识论和价值论的基础上的。认识论和价值论乃是西方思

---

① 当然，这是概括的说法，西方思想分支繁多，这"论"那"学"的，层出不穷，但不管是什么"论"什么"学"，其不是在处理认识问题，便是在处理价值问题，因而皆不出认识论和价值论的范围，比如，所谓的本体论，它研究世界的"本体"是什么，这显然属于认识论的问题；而所谓的诠释学，它不是要求从文本中诠释出一种认识，便是要求从文本中诠释出一种价值，这亦属于认识论和价值论的范畴。

想的强项，至于心性论则是以印度与中国为核心的东方思想的特产，在西方
思想中是付之阙如的，这一点牟宗三先生早就慧眼识珠，他说：

> 西方人有宗教的信仰，而不能就其宗教的信仰开出生命的学
> 问。他们有"知识中心"的哲学，而并无"生命中心"的生命学问。
> 他们有神学，而他们的神学的构成，一部分是亚里士多德的哲学，
> 一部分是新旧约的宗教意识所凝结成的宗教神话。此可说是尽了生
> 命学问的外在面与形式面，与真正的生命学问尚有间。①

牟先生这里所说的"生命中心的生命学问"或"真正的生命学问"指的
就是心性论。那么究竟什么是心性论呢？且先看《坛经》中一个实例：

> 公曰："弟子闻达摩初化梁武帝，帝问云：'朕一生造寺度僧，
> 布施设斋，有何功德？'达摩言：'实无功德。'弟子未达此理，愿
> 和尚为说。"

> 师曰："实无功德，勿疑先圣之言！武帝心邪，不知正法；造
> 寺度僧，布施设斋，名为求福，不可将福便为功德。功德在法身中，
> 不在修福。"

> 师又曰："见性是功，平等是德；念念无滞，常见本性，真实
> 妙用，名为功德。内心谦下是功，外行于礼是德；自性建立万法是
> 功，心体离念是德；不离自性是功，应用无染是德。若觅功德法身，
> 但依此作，是真功德。若修功德之人，心即不轻，常行普敬。心常
> 轻人，吾我不断，即自无功；自性虚妄不实，即自无德，为吾我自
> 大，常轻一切故。善知识！念念无间是功，心行平直是德；自修性
> 是功，自修身是德。善知识！功德须自性内见，不是布施供养之所
> 求也。是以福德与功德别。武帝不识真理，非我祖师有过。"②

这里的"师"是指惠能，"公"是指请惠能"升座说法"的韦刺史。据说，

---

① 牟宗三：《生命的学问》，台北：三民书局，1984年7月版，第35页。
② 《六祖坛经注释》，福建莆田广化寺，1992年10月，第74-76页。

达摩来华，曾与梁武帝见面，后者问达摩曰："我一生造寺度僧，布施设斋，有没有功德？"达摩断然否定曰："实在没有什么功德可言。"这个对话是否实有其事，难以考证，但肯定在当时的佛教界广泛地流传着。韦刺史对于达摩的回答难以理解，因而就求教于惠能，因为按照常理，梁武帝"造寺度僧，布施设斋"，应该有很大的功德才对呀？怎么会没有功德呢？对此，惠能解释说，达摩的话没有错，错的是梁武帝自己。梁武帝"不知正法"，"不识真理"，对佛教的真谛不了解，因为其"造寺度僧，布施设斋"的目的只是为了向外求福德（也叫福报），如保佑他的大梁国国泰民安——这实在只是民间的迷信，与佛教内求自性的功德观背道而驰。佛教所谓的功德是指"内见自性，不着外相"的解脱境界，这种解脱境界"不是布施供养之所求"，也不是通过"造寺度僧，布施设斋"就能求得到①，而必须通过佛教特有的修行方法（在惠能那里就是禅宗的禅法）才能获得。至此，我要明言，惠能所说的"福德"乃是一个价值论的概念，而其所说的"功德"则是一个心性论的概念。梁武帝"造寺度僧，布施设斋"以求"福德"，这是一个价值论层面上的行为，与心性论层面上以求"功德"即获得解脱境界为目的的佛教修行完全是两码事。从这个例子中，我们可以得出这样的结论：如果说价值论是关乎"价值判断"的，那么心性论就是关乎"境界判断"的，即如何和是否达到了某种心性境界。

进行"境界判断"的心性论不但不同于进行"价值判断"的价值论，而且也不同于进行"事实判断"的认识论，比如，佛教所常说的对善恶"无分别"，其意思不是指认识论意义上的不知道什么是善什么是恶，而是心性论

---

① 正因如此，所以《金刚经》贬低布施对于解脱的价值，如《无为福胜分》中载有佛与须菩提之间的这么一段对话："须菩提！如恒河中所有沙数，如是沙等恒河，于意云何？是诸恒河沙宁为多不？"须菩提言："甚多，世尊！但诸恒河尚多无数，何况其沙。""须菩提！我今实言告汝：若有善男子、善女人，以七宝满尔所恒河沙数三千大千世界，以用布施，得福多不？"须菩提言："甚多，世尊！"佛告须菩提："若善男子、善女人，于此经中，乃至受持四句偈等，为他人说，而此福德胜前福德。"这段对话表明，从个人解脱的角度讲，哪怕是受持《金刚经》中的一个四句偈，都要比用"恒河沙数三千大千世界"之"七宝"进行布施来得价值大——《金刚经》中有八处经文表达了这一思想。

意义上的不着善恶之相，即不管是面对善还是面对恶，我们都能做到不着相而保持同样一颗清净心，即心性不为外境所乱，这在禅宗中就叫"不思善，不思恶"，如《坛经·行由品》中载：

> 惠能辞违祖已，发足南行，两月中间，至大庚岭，逐后数百人来，欲夺衣钵。一僧俗姓陈，名惠明，先是四品将军，性行粗躁，极意参寻，为众人先，趋及惠能。惠能掷下衣钵，隐草莽中。惠明至，提不动，乃唤云："行者！行者！我为法来，不为衣来。"
>
> 惠能遂出，坐盘石上。惠明作礼云："望行者为我说法。"惠能曰："汝既为法而来，可屏息诸缘，勿生一念，吾为汝说。"
>
> 明良久，惠能曰："不思善，不思恶，正与么时，那个是明上座本来面目？"①

又，《五灯会元》卷九"仰山慧寂禅师"条载：

> 师（指仰山慧寂禅师）谓第一座曰："不思善，不思恶，正恁么时作么生？"座曰："正恁么时是某甲放身命处。"师曰："何不问老僧？"座曰："正恁么时不见有和尚。"师曰："扶吾教不起。"②

限于篇幅，这两段引文的详细意思就不作解释了，我只是想提请大家注意引文的"不思善，不思恶"一语。在禅宗中，这"不思善，不思恶"不能理解为认识论意义上的"不知善，不知恶"，其中，"思"是思虑、思量、执念的意思，而"善恶"则不一定就是指伦理上的善恶，而是泛指互相对待或对立的"分别"之万法，如凡圣、是非、美丑、苦乐、好坏等等。"不思善，不思恶"的意思就是不执着于"分别"之万法而保持一颗清净的"无分别心"，这就叫"分别一切法，不起分别想"③，即，对于万法之认识论意义上的"分别"是知道的，但就是不生起心性论意义上的"分别想"。在佛教看来，"善"也好，"恶"也好，皆是虚幻不实的假相，因而千万不可执为实有而生彼此"分

---

① 《六祖坛经注释》，福建莆田广化寺，1992年10月，第38页。
② （宋）普济：《五灯会元》（中册），北京：中华书局，2002年8月版，第532页。
③ 《六祖坛经注释》，福建莆田广化寺，1992年10月，第125页。

别"之假想，否则烦恼和痛苦就来了；相反，只要"一切善恶都莫思量，自然得入清净心体，湛然常寂"①，这就是心性论意义上的清净"无分别心"，亦即："《中观》云：物无彼此，而人以此为此，以彼为彼。彼亦以此为彼，以彼为此。此彼莫定乎一名，而惑者怀必然之志。然则彼此初非有，惑者初非无。既悟彼此之非有，有何物而可有哉？故知万物非真，假号久矣。"②

可见，处理境界问题的心性论完全不同于处理事实问题的认识论和处理价值问题的价值论。中国传统的儒、佛、道思想乃是奠立于心性论之上的，因此，儒家所讲的"仁义"，不应该从价值论而应该从心性论的角度去理解；道家所讲的"绝圣弃智"也不应该从认识论而应该从心性论的角度去理解，当然，我们所要论述的并不是儒、道的这两个思想（只是举个例子而已），而是佛家僧肇的"物不迁"思想。僧肇的"物不迁"思想只有从心性论的角度去理解，才能"得其所哉"！

综上所述，心性论与认识论是不同的，与价值论也是不同的，如果说认识论和价值论是"脑"的哲学，那么心性论就是"心"的哲学，两者不可同日而语。

二、"物不迁"："可以神会，难以事求"

顾名思义，僧肇的《物不迁论》就是论述"物不迁"这个命题的，那么，何谓"物不迁"？"迁"者，动也，"物不迁"就是物不动的意思，亦即静的意思。《物不迁论》认为世界万法表面上看来都是动的，如"生死交谢，寒暑迭迁，有物流动"③，但实际上"虽动而常静"，如"旋岚偃岳而常静，江河竞注而不流，野马飘鼓而不动，日月历天而不周"，"四象风驰，璇玑电

---

① （宋）普济：《五灯会元》（上册），北京：中华书局，2002年8月版，第55页。
② （东晋）僧肇：《不真空论》，见石峻等编：《中国佛教思想资料选编》（第一卷），北京：中华书局，1981年6月版，第146页。
③ （东晋）僧肇：《物不迁论》，见石峻等编《中国佛教思想资料选编》，北京：中华书局，1981年6月版，第142页，以下凡出自《物不迁论》的引文，皆不再注明出处，均参考此一版本。

卷，得意毫微，虽速而不转"，"斯皆即动而求静，以知物不迁明矣"。不过，这"若动而静，似去而留"的"物不迁"，"可以神会，难以事求"，因为，若从"事"即"事相"上来说，世界万法皆在迁动，哪里会是"物不迁"？这"物不迁"只"可以神会"，而不能以眼睛看到，因为"目对真而莫觉"，眼睛是无法感知到作为万法之真实相状即"实相"的"物不迁"的。《物不迁论》认为"物不迁"只"可以神会"，那么，何谓"神会"？"神会"既不是通常所说的"感知"，也不是通常所说的"意会"，而是"圣人心"之"所见得"，对此，《物不迁论》举例说：

> 是以观圣人心者，不同人之所见得也，何者？人则谓少壮同体，百龄一质，徒知年往，不觉形随，是以梵志出家，白首而归，邻人见之曰："昔人尚存乎？"梵志曰："吾犹昔人，非昔人也。"邻人皆愕然，非其言也。

梵志出家学佛修道，有了"圣人心"，这"圣人心"就是指佛教境界，而所谓的"圣人"，显然也不是指儒家的"圣人"，而是指有佛教境界的佛教修行者，尽管"圣人"一词来源于儒家。[①]有了佛教境界即"圣人心"的梵志，"不同人之所见得"，即见解与常人不同，不同在哪里呢？当他出家修道，"白首而归"时，邻居问他"你就是以前的梵志吗？我怎么不认识你呀，我可是看着你长大的呀！"梵志回答说："我就是以前的梵志，但却已经不是以前的梵志了。"邻居听了莫名其妙，以为他疯了。实际上，梵志不是疯了，而是成"圣"后以"圣人心""见得"了"昔物自在昔，不从今以至昔；今物自在今，不从昔以至今"的"物不迁"的道理，这"物不迁"的道理表现在梵志自己身上乃是这样的：假设说梵志二十岁出家而七十岁回家，那么二十岁的梵志就停留在二十岁的时候，不到七十岁的时候来；如果二十岁的梵志"迁"到七十岁的时候，那么梵志依然还是二十岁而不会是七十岁；正

---

① 《金刚经·无得无说分》中曰："一切贤圣，皆以无为法而有差别"，这里的"贤圣"显然也是指佛教的修行者，尤其是依《金刚经》而修行者。

因为二十岁的梵志"不迁"到七十岁的时候来，所以梵志才能从二十岁长到七十岁，简单地说就是，梵志正因为"不迁"所以才能从二十岁长到七十岁并"白发而归"。

一个人只有"不迁"才能长大，这是多么不思议的"物不迁"现象呀！正因为"物不迁"是不可思议的，所以只能以"圣人心"而"见得"，只"可以神会"，其中"神会"的"神"就是指"圣人心"，在《物不迁论》中也叫"莫二之真心"①，这"圣人心"或"莫二之真心"就是指具有佛教境界的心。因为佛教境界是不可思议的、难以言说的（佛教向来这么认为），故僧肇将这种具有佛教境界的"圣人心"称为"神"，意指其不可思议，玄妙莫言，非俗心堪可比拟②，这一点在作为《物不迁论》之姐妹篇的僧肇《不真空论》中表现得更为明显。《不真空论》开宗明义曰：

> 夫至虚无生者，盖是般若玄鉴之妙趣，有物之宗极者也。自非圣明特达，何能契神于有无之间哉？是以至人通神心于无穷，穷所不能滞；极耳目于视听，声色所不能制者，岂不以其即万物之自虚，故物不能累其神明者也，是以圣人乘真心而理顺，则无滞而不通。③

这里的"神""神心""神明""真心"都是同义的，都是指具有佛教境界的"圣明特达"者之心，也就是《物不迁论》论中所说的"圣人心"。《不真空论》认为，作为"有物之宗极"的"不真空"④乃是"般若玄鉴之妙趣"，

---

① 《物不迁论》中曰："乘莫二之真心，吐不一之殊教"，这句话的意思是说，只有凭借"莫二之真心"，才能谈出"物不迁"这种不同凡响的"不一殊教"。
② 在中国古代的儒、佛、道经典中，"神"之一字一般都不是指宗教学意义上的神灵（偶尔也有，但很少），而是指某种不属常态因而颇有点神秘性的"心"，如南北朝时期"神灭—神不灭"之争中的"神"是指人的灵魂，道教"精、气、神"中的"神"是指具有道教境界的心等。这里，僧肇所说的"神"则是指具有佛教境界的心。
③ （东晋）僧肇：《不真空论》，见石峻等编：《中国佛教思想资料选编》（第一卷），北京：中华书局，1981年，第144页。
④ 亦即引文中的"至虚无生"，其中"至虚"是"不真"，"无生"是"空"，"不真空"乃是僧肇对佛教"缘起性空"思想的玄学化表达。

那么，什么是"般若玄鉴"呢？"般若"即是"般若智慧"。"般若智慧"不同于"世俗智慧"。佛教认为一个达到了佛教境界的人就是开显出了"般若智慧"的人[①]，也就是禅宗所谓的"明心见性"的人，因而所谓的"圣人心"亦就是指"般若智慧"或"明心"。"般若智慧"或"明心"的作用是"观照"——僧肇称之为"玄鉴"——万法的"实相"，比如"不真空"。

僧肇所用的"玄鉴"一词显然具有他那个时代学术界所特有的魏晋玄学的风格，其中，"玄"是玄妙、不可思议之意；"鉴"的本义是镜子（特指古代的铜镜），这里用作动词，鉴照、映照的意思。在僧肇看来，作为万法的"实相"，"不真空"不是通过"世俗智慧"认识到的，而是在"般若智慧"中映照出来的，就像镜子映照出物象一样。具体地说就是，一个达到了佛教境界的"圣人"，他的"般若智慧"，能像镜子一样映照出"不真空"，此之谓"不真空"是"般若玄鉴之妙趣"。请注意这里的"妙趣"一词。不难看出，"妙趣"乃是心的一种感受，而不是脑的一种认知（或认识）；换言之即，"妙趣"乃是一种心性论现象而不是一种认识论现象。于此可见，当僧肇将"不真空"界定为是"般若玄鉴之妙趣"时，他实际上是在表明，"不真空"乃是一个心性论概念，而不是一个认识论概念。

也许有人要责怪我了，我们是探讨"物不迁"的，你怎么大谈起"不真空"来了？跑题了吧？没有跑题，"磨刀不误砍柴工"，我是想通过"物不迁"与"不真空"的比较来阐明"物不迁"。

《物不迁论》和《不真空论》是僧肇般若学的双璧。《物不迁论》中所说的"神会"就是《不真空论》中所说的"般若玄鉴"；"不真空"是"般若玄鉴妙趣"，同样地，"物不迁"也是"般若玄鉴妙趣"，既然如此，那么，"物不迁"亦像"不真空"一样，是一个心性论概念无疑。通俗地说就是，"般若玄鉴"是指达到佛教境界的人以"圣人心"或"般若智慧"来观照——观

---

① 按照佛教般若学，"般若智慧"人人本具，但是一般人的"般若智慧"都被蒙蔽而不显明的，只有那些达到了佛教境界的人，其"般若智慧"才能得以开显。所以，人们的"般若智慧"不是有没有的问题，而是隐与显的问题。

照到了什么呢？在《物不迁论》中是观照到了"物不迁"，而在《不真空论》中则是观照到了"不真空"。这里的"观照"即"心"的观照完全不同于"脑"的认识，明白这一点非常重要。僧肇将"物不迁"称为"动静之际"，而将"不真空"称为"有无之间"。很显然，这"动""静""有""无"都是可以用"脑"来认识的，但这"动静之际"和"有无之间"却难以用"脑"来认识，而只能用"心"来观照。仔细想想，难道不是这样的吗？谁能用眼睛看到——这是"脑"的认识——"动静之际"和"有无之间"究竟是什么样的？我们用眼睛只能看到"动"看到"静"，或看到"有"看到"无"，至于"动静之际"和"有无之间"，那是看不到的，但是"般若之心"却能观照到，故《物不迁论》用"寄心于动静之际"来阐述对"物不迁"的把握，《不真空论》用"契神于有无之间"来阐述对"不真空"的把握。

三、回到当下："心不迁"则"物不迁"

"物不迁"是"般若玄鉴之妙趣"，这一点"可以神会，难以事求"，或"如人饮水，冷暖自知"，达到佛教境界的人自己心中清楚，而没达到佛教境界的人永远也不能明白，这就使得求证"物不迁"变成了一个彻头彻尾的指向佛教境界的修行问题，即只有通过一定的修行而达到了佛教境界，我们才能明白何谓"物不迁"，一切理性认识和逻辑推理在此皆无用武之地，简言之即，求证"物不迁"是一个心性实践的问题而不是一个理性认识的问题，这就是《物不迁论》的最后一句话亦即《物不迁论》的结论："苟能契神于即物，斯不远而可知矣。"在这句话中，"斯"是指"物不迁"，"即物"是指与物相即，亦即禅宗所谓的"回到当下"①——这是一种修行实践。《物不迁论》的这个结论告诉我们，你只要用心"回到当下"，"物不迁"就"不远而可知"

---

① "即"字在中国佛教中是一个常用且重要的概念，如禅宗中的"即心即佛"，天台宗中的"烦恼即菩提""生死即涅槃"等，这其中的"即"字皆是"当下相即"之义。

了，且看下面这个例子：

> ……第二年，德清与妙峰结冬于蒲阪，阅僧肇的《物不迁论》，至"梵志自幼出家白首而归"一段，顿明旋岚偃岳之妙，去来生死之疑，即作偈曰："死生昼夜，水流花谢，今日乃知，鼻孔向下。"妙峰见德清神情异于昔日，遂问有何所得，德清回答："夜来见河中两牛相斗入水去，至今绝消息。"妙峰说："恭喜你已有住山的本钱了！"德清已然泯除能所的对待，当下体证自性的无分别智。[1]

德清即憨山德清，晚明"四大高僧"之一，他在读了《物不迁论》后，便"泯除能所的对待，当下体证自性的无分别智"而开悟——这就是心回到了"当下"。憨山德清读《物不迁论》而开悟的"公案"说明"物不迁"与"回到当下"之间存在着某种关联，那么这种关联究竟是怎样的呢？

《物不迁论》关于"物不迁"的基本主张是："求向物于向，于向未尝无；责向物于今，于今未尝有。于今未尝有，以明物不来；于向未尝无，故知物不去。覆而求今，今亦不往。是谓昔物自在昔，不从今以至昔；今物自在今，不从昔以至今。"细言之即："今若至古，古应有今；古若至今，今应有古。今而无古，以知不来；古而无今，以知不去。若古不至今，今亦不至古，事各性住于一世，有何物而可去来？"天台德韶国师认为，《物不迁论》中所说的这样一种"物不迁"，本质上乃是一种"时不迁"，"若会时不迁，无丝毫可得移易"，"不迁一言，可以定古定今"[2]，这真可谓是一语中的。那么，什么又是"时不迁"呢？"时不迁"不是指客观时间的"不迁"，因为客观时间是"迁"的，如从9点钟"迁"到10点钟，从今天"迁"

---

① 艾薇尔：《醒事歌》，2006年4月7日发表，见网址：http://www.zcfc.org.cn/blog/more.asp?name=-jane&id=132。

② （宋）普济：《五灯会元》（中册），北京：中华书局，2002年8月版，第570-571页。只有从"时不迁"的角度，"昔物自在昔，不从今以至昔"这句话才是可理解的，否则"从今以至昔"的说法便不可理喻，因为今是从昔而来的，怎么会从今返回于昔呢？因为时间是不能倒流的，而时间之不能倒流正可证明"时不迁"。

到明天，从今年"迁"到明年，乃至从今世"迁"到来世。德韶国师所说的"时不迁"是指"心时"的"不迁"，亦即《金刚经》"一体同观分"中所说的"过去心不可得，现在心不可得，未来心不可得"而心在"当下"，这"当下"之心就是"不迁"之心。在德韶国师看来，心若能超越过去、现在、未来而"回到当下"，那么心就"不迁"；心若"不迁"，时就不"不迁"；时若"不迁"，物就"不迁"，这就是德韶国师对"物不迁"的解读，其思路如下：

回到当下→心不迁→时不迁→物不迁

这条思路归结起来就是："心不迁"则"物不迁"。德韶国师要求我们从"心不迁"的角度来理解"物不迁"——依此，《坛经》中下面这则千古"公案"便能迎刃而解：

时有风吹幡动，一僧曰"风动"，一僧曰"幡动"，议论不已。

惠能进曰："不是风动，不是幡动，仁者心动。"一众骇然。①

这则著名的公案"决不是面对世俗学生探讨自然界的物理现象，而是寺院住持面对僧人在讲佛门《涅槃经》时，一道随机说法的禅悟题"②。在"公案"中，惠能将"风动""幡动"归结为"心动"，这无疑是在说，心若不动，那么，风也不动，幡也不动，这岂不就是"心不迁"则"物不迁"吗？同样道理，《物不迁论》中所说的"旋岚偃岳而常静，江河竞注而不流，野马飘鼓而不动，日月历天而不周"以及"四象风驰，璇玑电卷，得意毫微，虽速而不转"等"物不迁"现象皆是缘于"心不迁"，而所谓的"心不迁"，简单地说就是心在"当下"，不随过去、现在、未来之"时相"而迁流。很显然，"心不迁"亦就是"心定"，心若不定，那么"事已过去，还是攀缘计较，自找麻烦。事尚未来，却先比量分别，不肯放松。这一切，主要是由于缺乏定力的缘故……只有努力修定，才能……在惊涛骇浪中，如如

---

① 《六祖坛经注释》，福建莆田广化寺，1992年10月，第42页。
② 饶子群：《风幡之动今再悟》，见《禅》2007年第3期，第45页。

456

不动。"①"如如不动"一语出自《金刚经》"应化非真分"，曰："不取于相，如如不动"，其中，"不取于相"意为心不着相而不随相转；"如如不动"，第一个"如"是动词，趋向之意，与"如厕"中的"如"意思相同，第二个"如"是"真如"，此乃佛教的终极实体，是离相而清净的。心若不着相而不随相转，比如不随过去、现在、未来之"时相"而转，那么便是达于"真如"境界而"不动"，便是"心定"，此即"心不迁"的内涵。可以说，"心不迁"在本质上乃是心不着相。因为心不着相就是"心空"（这是佛教的常识），所以"心不迁"其实就是"心空"，"要会心空么？但且识心，便见心空。所以道，过去已过去，未来更莫算。"②"过去已过去，未来更莫算"，不要执着于过去、未来之"时相"，心就在"当下"而"不迁"；心若在"当下"而"不迁"，那么根据佛教"万法唯心"道理，与心相对的物亦在"当下"而"不迁"，此即相对于"心不迁"的"物不迁"。德韶国师曾对一位"上座"说："过去、未来、现在三际是上座，上座且非三际。泽霖大海，滴滴皆满，一尘空性，法界全收。"其意思是说，"上座"虽然有过去、未来、现在之"三际"，但达到了佛教境界而能做到"泽霖大海，滴滴皆满，一尘空性，法界全收"的"上座"，乃是当下的"上座"而非"三际"的"上座"，这"当下"的"上座"就是"不迁"的"上座"——这与《物不迁论》用来证明"物不迁"的梵志所说的话"吾犹昔人，非昔人也"是同样一个意思，仿言之即"上座犹三际人，非三际人也"。

无论是梵志还是德韶国师所说的这个"上座"，都是达到了佛教境界的人。只有从佛教境界的角度入手，我们才能契入《物不迁论》的"心性论"语境，从而正确地理解"物不迁"的真实含义，即"心不迁"则"物不迁"，也就是说，一个人如果能达到"心不迁"即"心空"的佛教境界，那么这个世界就对他呈现"物不迁"的景象，或者说他观照到了"物不迁"的景象，

---

① 大慧：《读诗说禅坐》，见《寒山寺》2006年第4期，第91页。
② （宋）普济：《五灯会元》（中册），北京：中华书局，2002年8月版，第580页。

这种"物不迁"的景象是不可能通过世俗的认识而获得的，因为它是"心性论"意义上的"物不迁"，而不是认识论意义上的"物不迁"。在僧肇看来，"心性论"意义上的"物不迁"（当然还有"不真空"）乃是世界的真实相状即"实相"。

冶开清镕禅师的话头观

王建光（南京农业大学）

冶开禅师（1852-1922），讳清镕，江都许氏子，十二岁奉亲命祝发，十七岁具戒。同治十年（1871），冶开二十岁时，到常州天宁寺定念真禅法师处，次年冬于天宁寺禅七中开悟，不久被定念真禅授记为临济宗第四十一世、磬山第十二世。五年后，冶开离天宁远游诸方，三十八岁复回，四十五岁时主席天宁寺，九年后（清宣统三年，1911）因病告退。①也有一种说法，说是光绪二十二年（1896），冶开回到天宁寺；②次年任住持。③

在天宁寺，冶开禅师主持修建恢复因太平天国运动破坏的寺院建筑，又于寺中创建毗陵刻经处，并使寺院得以中兴。冶开禅师曾参学普陀、九华、五台、终南、峨眉、灵隐、玉佛等处，在各地均多有建树和心得。作为中国近代著名的佛教社会活动家，冶开禅师也曾积极参加社会公益活动，并参与新成立的"中华佛教总会"的领导工作，在清末民初的佛教界和社会大众中有着较广泛的影响。释东初认为，冶开禅师是清末民初佛教的两大巨擘之一（另一为大定），对近现代佛教的发展有着重要影响。冶开禅师嗣法弟子成就卓然，弟子或从学者主要有月霞、应慈、圆瑛等人，他们都对近现代中国佛教的发展产生过影响。尤其是在开创近代佛教教育方面，月霞1914年于上

---

① 庄蕴宽：《冶开上人传》，《冶开镕禅师传》刻本。
② 于凌波：《中国近现代佛教人物志》，北京：宗教文化出版社，1995年，第17页。
③ 黄常伦：《冶开老和尚传》，黄常伦主编：《方外来鸿——近代高僧致高鹤年居士信函手迹》，北京：宗教文化出版社，2002年，第216页。

海办华严大学、1917年遵命于常熟创法界学院，这一切对近现代佛教教育的繁荣、促进僧才的培养等都起到积极作用。但是，"追本求源，冶老对僧教育，不无启发之功，寓有不可思议之功德也"①。冶开禅师重视对禅者修学的指示，留下一些开示，门人显彻编有《冶开镕禅师语录》三卷和《冶开镕禅师传》一卷行世。

冶开禅师有着丰富的禅学思想，其中关于"话头"的思想即是其禅法观念与实践的重要代表之一。

一

在本质上，禅宗话头是指在丛林学修活动中，在禅者对禅法的精神提升、在对祖师之法的传承之中形成的，能够被进行不断诠释和多种诠释的一些简短精练的语句，其内容大都来自一些禅师的生活、言行、开示的记录——此又称为公案，也有一些是在丛林学修中从三藏经典中提炼的格言、问题等，是为话头。如"念佛是谁""祖师西来意""狗子有佛性""万法归一，一归何处""庐陵米价""赵州洗钵"等。可以说，一个特定的"话头"在很大程度上传承了禅师的家风，丰富了宗门的传统。因此，话头也是禅林祖师学修特质的重要精神象征和法门符号。历代禅师所留下和提炼出的话头，也是中国禅宗思想史的重要内容。

依太虚法师所言，梁武帝与达摩所言的"对朕者谁"中这一"谁"字，便是禅林"参谁"之祖。②其后，随着禅宗思想内涵的丰富，尤其是在宋代随着文字禅的出现，禅宗的修行方式也受到深刻的影响，禅修之道也由之步入误区。为了克服这种修行中的买椟还珠现象，人们便从禅门祖师的修行体悟和言行记录中提炼出一些精辟的格言和典型行为，成为后世禅者的上堂开

---

① 释东初：《中国佛教近代史》（下册），台北："中华佛教文化馆"，1974年，第744页。
② 太虚：《佛学大纲》，《太虚大师全书》第2册，北京：宗教文化出版社，全国图书馆文献缩微复制中心，第102页。

示和修行学习的话头。对此话头加以参究，既可以免于学人堕入文字之窠臼，也能使学者方便快速领悟禅的精旨，领会禅者的家风，这即是所谓的"看话禅"。此乃临济宗僧大慧宗杲（1089–1163）所倡导的宗风。简言之，禅林中对话头的理解、体悟和不断诠释即是"参话头"。如宗杲所言："但将妄想颠倒底心、思量分别底心、好生恶死底心、知见解会底心、欣静厌闹底心，一时按下。只就按下处，看个话头。僧问赵州'狗子还有佛性也无'，州云'无'，此一字子，乃是摧许多恶知恶觉底器仗也，不得作有无会，不得作道理会，不得向意根下思量卜度，不得向扬眉瞬目处垛根，不得向语路上作活计，不得扬在无事甲里，不得向举起处承当，不得向文字中引证。但向十二时中四威仪内，时时提撕，时时举觉。狗子还有佛性也无，云'无'，不离日用。试如此做工夫看，月十日便自见得也。"①

这即是说，宗杲认为，直接从公案上并不能看到祖师真正的全部面貌，应该提出公案中某些语句作为"话头"（即题目）以作参究。②看话禅随之兴起，并重塑了禅林的学修风尚。明代莲池大师（1535–1615）之后，由于净土念佛之风盛行禅林，禅者行住坐卧皆不离一句"阿弥陀佛"，因此入清之后，"念佛是谁"也成为丛林最为普遍和流行的话头。③

显然，话头的形成，与文字禅的兴起与繁荣密切相关。在某种意义上，话头作为一种教学启发之路，也被认为是禅者入门的捷径，对于让初学者快速领悟禅的精髓和祖师的核心思想有着重要作用。这即是说，"语录纂研之要，在于钻研古锥之语句。到钻研不通处，即疑而参之，则即成参话头。故纂研语录之要，在通不过处而力究之！"④

---

① （宋）蕴闻编：《大慧普觉禅师书》卷二十六《答富枢密（季申）》，《大正藏》第47册，第921页下。

② 吕澂：《中国佛学源流略讲》，《吕澂佛学论著选集》第5卷，济南：齐鲁书社，1991年，第2835页。

③ 太虚：《佛学大纲》，《太虚大师全书》第2册，北京：宗教文化出版社，全国图书馆文献缩微复制中心，第103–104页。

④ 太虚：《佛学大纲》，《太虚大师全书》第2册，北京：宗教文化出版社，第102页。

作为在中国禅宗丛林修学活动中形成的一种教学内容和方法，参话头不仅是对禅者的一种精神锤炼，是对般若智慧的一种呈现，也是一种具有中国佛教内涵的学修实践活动。正是在此基础上，看话禅以及参话头方式的出现，才使禅林师徒教学从"不立文字"到"不离文字"，再到"不死于文字"，这种逐渐成熟的生动活泼的教学方式，反映了神宗修行思想和实践中理性主义和非理性主义的融合，反映了禅门开示方法中逻辑和超逻辑的统一。

甚至可以说，虽然话头不能完全等于禅法，但参话头却是禅法的重要内容。话头也是禅师的符号，一个禅师能否留下话头，事实上也是衡量其是不是著名禅师的重要标志之一。如"赵州吃茶""南泉斩猫""洞山麻三斤"等，都标志着禅师的登堂入室和大彻大悟，也标志着禅者宗风及其符号的形成。基于其对话头的不同态度，就会使不同的禅师形成具有一定特色的话头观。在此意义上，本文所说的"话头观"，即是对禅宗话头的态度及认识，以及因之形成的禅学观念和参究方法。

二

正确的话头观，不仅是禅者参话头的基础，也会贯彻其学修过程和门风传承的始终，在某种程度上决定其禅修的正确方向和正确道路。作为中国近代佛教转型期的重要禅师和佛教社会活动家，冶开禅师也重视利用话头以开示徒众，指导禅者的学修，并在此基础上形成自己的话头观。

（一）重视通过参话头以开示学者

在传统丛林的日常修学活动之中，话头是重要的教学内容，参话头也是一种重要的教学方法。

冶开禅师也经常使用禅宗史上的常见话头，以开示学者和大众。如说："六十三年前，无所来而来，沤生大海；六十三年后，无所去而去，最灭长空。正当六十三年，花放春台，梅开雪岭，月朗秋高，泉流深谷。顺世境以开敷，应时机而展演。有时把住，有时放行，有时恁么，有时不恁么。或是或非人不识，逆行顺行天莫测。任运腾腾，随缘落落。洞山麻三斤，用出当机；赵州干屎橛，几人知晓；马祖盐酱，宝寿生姜，沩山米裹有虫。这都是我日首座和尚，一生扶竖宗乘，家常作略。"①

值得强调的是，所谓参话头，并不是对祖师之法作蜻蜓点水般的了解，或者是卖弄机巧、故弄玄虚，而是要真正参透话头的真实义，理解祖师的老婆心。冶开在开示学人时也如是说："你看万法归一，一归何处呢？时时反问，就是总要成片，哪有心？用无心得，必定要弄清楚。不清楚，不丢手。看话头，总要得的。只是不能限定时间，必要透彻才中。"②

显而易见，禅林话头多种多样，各家话头也各有所重、各有不同，如果学者对话头能够熟练掌握，精准理解，即可有利于熟悉各宗禅风及其家法，轻装步入禅门，豁然方寸心地。

（二）主张禅净一致的参究方法

在宋代，"阿弥陀佛"成为看话禅的一种重要公案，成为其后丛林的话头之一。所谓"阿弥陀佛"话头，即是"直将阿弥陀佛四字做个话题，二六时中，自晨朝十念之顷直下提撕。不以有心念，不以无心念，不以亦有亦无心念，不以非有非无心念。前后际断，一念不生，不涉阶梯，顿超佛地，得非净土之见，佛简易于宗门乎？信知乃佛乃祖，在教在禅，皆修净业，同归一愿。入得此门，无量法门，悉皆能入。"③此后，禅净双修成为明清丛林的重要思想和实践特征，并成为其后丛林与净土法门的传统之一，也成为禅净

---

① 《冶开镕禅师语录》刻本卷三。
② 《天宁冶老和尚语录及函稿·示马观源》，黄夏年主编：《民国佛教期刊文献集成》第162卷，全国图书馆文献缩微复制中心，第441下–442页上。"一归何处呢"，《冶开镕禅师语录》刻本作"一归何处一归何处呢"；"时时反问"，《民国佛教期刊文献集成》作"时反问"，据刻本改。见《冶开镕禅师语录》刻本卷三《示马观源居士》，第19–20页。
③ （明）一念编：《西方直指》卷上，《卍新纂续藏经》第108册，第625页上。

双修的重要入途之一。

冶开禅师也主张禅净双修，壬戌十月（1922）他在天宁寺即讲："念佛、看话头一个样，总要打成一片，才有用嘿。这点相应旁人的好丑，看得出来到不得自受用的地方用功很难的。用功总要有切心，心不切不会成功的。发切心也有因缘时节。总之，这桩事总要做着才行。不做着，不得相应。"①这是因为，禅净两法，虽分为二途，但终旨归一；因其归一，故又实为一途。这不仅反映了冶开禅师的宗风融合风格，也反映其法门内涵的丰富性与思想的开放性。

（三）强调参禅可以死参，但不能参死

参禅不是抖机灵，参禅不能走捷径。事实上，参禅也没有捷径可走。参禅需要的是艰苦努力，需要的是坚韧不拔。这即是说，参一句话头，"一日不透一日参，一月不透一月参，一年不透一年参，一生不透一生参，今生不透来生参。永无退失，永无改变，方谓之谛当工夫。"②

冶开法师也曾就此道："八万四千法门，一千七百公案，世法出世法，善法不善法，一切诸法到这里，俱用不着。且道如何即得？待看火灭烟销后，刹刹尘尘现分明。"③这即是说，如果对于话头，采取只见树木、不见森林的态度，只知有话头，不知有体悟，则会造成要么是参而难得、体而不会，要么是搬弄口舌、故作高深，这反倒是有害的。

太虚法师曾说："禅宗开首，即教人死参话头，求破本参；未破本参之先，尚不知心是何物，性在何处，不得有修证事。禅宗有三关之说：寻牛者，是由参话头引出无漏慧；得牛者，是由无漏慧明自本心，见自本性，名为初关。既见性已，乃以无漏慧对治烦恼，即是牧牛之事，亦名悟后之修证，到

① 《冶开镕禅师语录》刻本卷三。《天宁冶老和尚语录及函稿》，黄夏年主编：《民国佛教期刊文献集成》第162卷，全国图书馆文献缩微复制中心，第442页下。
② 清世宗：《御选语录》卷十一《御选大觉普济能仁玉林琇国师语录·客问》，《卍新纂续藏经》第68册，第392页。
③ 《冶开镕禅师语录》刻本卷三。

烦恼伏而不起现行,如牧牛至牛性驯伏,方名重关。然烦恼之伏,犹赖对治功用,必至烦恼净尽,任运无功用时,方名人牛双亡,亦名无事道人,斯透末后一关矣'。"①

当然,如果把参禅仅仅理解成参话头、背语录、斗机锋,这可能就会流于邯郸学步或东施效颦,不仅是不够的,也是不正确的,会使禅者步入歧途:"宗门流毒,往往执住一句话头,即弃三藏不闻。试问此一句话头,即摄三藏尽耶?若有未尽,即弃多闻,失闻慧命。又虽多闻而增上慢者,不识文字般若,原为方便法门,但依于文,不依于义,不知从心理上做体验工夫,咬文嚼字,自蔽其明,居高凌下,目空乾坤,甚至呵佛骂祖,嫌恶诽谤于正法,非魔而何!"②

所以,真正的参话头,即意味着能够参深、参透、参活。只有做到能进能出,才能做到死参而不是参死。

(四)参话头关键要参活句,莫参死句

禅者的参话头,不是去寻找一种关于是与非的答案,也不是要探讨某种确定的必然性结果。所谓"会"与"不会",只是一种对是否能够做到心之相应和豁然开朗的描述,而不是一种对客观知识的印证。参话头的目的正是为了杜塞思量分别之用,是为了扫荡知解,以参究无意味语。因此,这与其说是为了寻找答案,不如说是为了拒斥答案,是为了排除一种因果的知识话语方式。也正是在此意义上,冶开禅师强调,参话头不是要参死句而是要参活句。

所谓参死句,即是遵行逻辑,寻找知识,表达概念,志在有解;反之,参无解之语,才是参活句。因此,冶开禅师说:"但参活句,莫参死句。活

① 太虚:《太虚法师语集》,《太虚大师全书》第30册,北京:宗教文化出版社,全国图书馆文献缩微复制中心,第275-276页。
② 太虚:《〈药师琉璃光如来本愿功德经〉讲记》,《太虚大师全书》第15册,北京:宗教文化出版社,全国图书馆文献缩微复制中心,第351页。

句下荐得，永劫无滞。"至于什么是死句，冶开禅师说："一尘一佛国，一叶一释迦，是死句；扬眉瞬目，举指竖拂，是死句；山河大地，更无諵讹，是死句。"时有僧问："如何是活句？"冶开回答的是："波斯仰面看。"僧答曰："恁么则不谬去也。"师便打。[①]显然，冶开禅师如是之说，正是为了"杜塞思量分别之用"，"扫荡知解，参究无意味语"。[②]

当然，所谓"活句"或"死句"又是相对而言的，没有活句即没有死句，反之亦然。有慧之人，死句能够活参，也能参活；若无智慧，活句也能参死，步入窠臼之中。这也正是马祖道一要从"即心即佛"改为"非心非佛"的重要原因之一。

（五）主张参话头是一种从大死到大活的智慧活动

参话头是禅者的一种开悟方式，也是一种重要的智慧训练和见性活动。在冶开禅师看来，虽然参话头是一种重要的学习过程，但却不是捷径，因为参禅本就没有真正的捷径，只有用心苦参才能成功。

冶开禅师对此有着精深的体会。他曾开示道："明知万法唯心，何当念执着不悟？说是这样说，不是自己亲证，不中的。明知万法唯心，何当念执着不悟？这里边有个毛病，要在不明白底地方参的，不大死一番，不得大活的。把死的看得翻过身来，才可以相应。这叫作死中得活。这不是容易的事。"

冶开现身说法，用自己的参究话头来示以大众如何死中得活。同治十年（1871），冶开禅师到天宁寺，在同治十一年（1872）的打七中，看"念佛是谁"。但是，"打了一个七，用心一点都不醇和。打完头七，到浴堂里洗浴，有两个老禅和也在洗浴，悄悄谈心。一个说你七打得好，一个说好哩。我听着，心里非常惭愧。人家七打得好，我连用心都不会用。惭愧心生，自责自

---

① （宋）普济集：《五灯会元》卷十五《云门偃禅师法嗣·鼎州德山缘密圆明禅师》。
② 太虚：《佛学大纲》，《太虚大师全书》第2册，北京：宗教文化出版社，全国图书馆文献缩微复制中心，第103–104页。

己用心不上，是甚么道理呢？自答自己：你没有真切用心哪！又自思维：还有一个七，这一七是丝毫不把它放过的。于是澡也不洗了，立刻穿了衣裳，回到禅堂，就把个'谁'字抱定，一点不放松。一下子开禁了。自己知道照此行去，吃茶便吃茶，甚么也不问他。吃了茶就跑香，抱住'谁'字，甚么事不问。跑也不知跑，成甚么样子。打站板了，班首讲开示，我一点没有听，抱住话头，打催板了又跑，不知又跑成甚么样子。维那师在后打一下，忽然心里起了无明念头，一动看见一黑团子起来，随把话头举起，一打，黑团子炸开，再提话头，如同落在万丈海底一般，回头醒过来，人就空了，往后坐起来，话头就醇和了，行起来自在得很，站起来鼻子里连气都没有了。那时候我当汤药，晚上睡了，早上总要人喊叫。已后睡着同醒时一个样子，行住坐卧一个样子，自己舒服得不可解。那时记起顺治皇帝的诗：百年三万六千日，不及僧家半日闲。是的确确底。向后行住坐卧，不要用一点心，两个多月。后来，又当衣钵、管账，打了岔，退了，不像从前相应了。这是我头一次得的利益，用心总要拼命的干一下子。不舍死忘生的闹一番，不中的。"[1]

冶开禅师对自己的这种描述，可谓是其夫子自道和现身说法。其所言所行，既温暖而又刚毅，既真实又具体，非真参实悟的大师，则难以生动说出此开悟的心路历程和坚定信念。这显然对学者有着切实的指导作用。释东初在其《中国佛教近代史》中也对此有精准的评述。[2]

三

正是由于参话头是一种具有非逻辑、难复制的个性化智慧活动，所以在丛林中一直都会引起人们诸多的争议。如果说"会"与"不会"，"悟"与"不

---

① 此处引文均见《冶开镕禅师语录》刻本卷三。
② 释东初：《中国佛教近代史》（下册），台北："中华佛教文化馆"，1974年，第743页。

悟"，"死句"与"活句"都是属于智慧之事，那么除此精神和智慧活动之外，对参话头是短期行为还是长期行为之事，也有着不同的观点。比如，一参与再参即是其中最值得研究的话题之一，对此问题的主张也是一位禅师话头观的主要内容之一。

在此一点，冶开禅师的话头观也有着自己的特色。不过，其对话头能否再参的主张在当时即引起不同的声音。据太虚所记：

> 昔在普陀，闻人传冶开和尚语。人问："悟后，尚须提话头否？"开曰："仍须常提。"

> 印光法师每斥其非。且曰："看话头如寻爷不见，四处叫喊，既已见爷，何更喊叫，岂非狂惑耶？"[1]

显然，印光法师的比喻很机智，也很生动。这充分反映了两位大师对悟后是否需要再参话头之事有着不同的理解。

有意思的是，太虚法师也并没有对此作出非此即彼的回答，而是对两家之言都进行了肯定。他说：

> 以此当知，禅宗参话头有两途：其一，则以参话头为堵绝妄想，妄想顿歇时以为开悟，其实是一种定境，出定之后烦恼仍起，如开所言，不得不再提话头以续定力。其二，则以参话头引发正慧、照达实相，正慧既引生，则但由正慧而常惺惺，烦恼不起，是名大彻大悟，不再重提话头。如古人所云：话头如敲门瓦子，门开即弃；亦即印光法师所谈之意。[2]

换言之，两位大师所言均为的旨，但只是针对不同的人而言。对于正慧已发、正定已成的上根者而言，参话头本身即如以瓦敲门，门开则可瓦弃。

因此太虚对上述之争评价说："禅宗参话头，本以思、慧心所及疑心所

---

① 太虚：《太虚法师语集》，《太虚大师全书》第30册，北京：宗教文化出版社，全国图书馆文献缩微复制中心，第271页。

② 太虚：《太虚法师语集》，《太虚大师全书》第30册，北京：宗教文化出版社，全国图书馆文献缩微复制中心，第271-272页。

为方便以引发正慧，及正慧既显发，同时亦得正定，斯之谓禅，亦即六祖所云定慧均等。其方便最为直切了当，为出世之上上法。惟定慧之辨最难，非通教理者容易误认，致令未得谓得，未证谓证，起贡高我慢，空过一生！是故禅宗虽不研教，而不可以一刻离明眼知识，正为此也。"①

但是，对于有的人，或在有的时候，门虽敲开，但可能入门速度太慢，烦恼又起，门又重关，未及进入——或已进门而未能入室，重新敲门仍然是必要的，甚至是不可或缺的。或如寻爷，虽然"寻爷已见"，但爷却不回，或爷在远处、爷在彼岸，仍然可望而不可即，这时仍然需要寻声定位，所以要不断喊爷、近爷、辨爷，以重新寻爷，这也是必要的。也许，如太虚法师所言的"印光法师对其时号称禅师如冶开等，每加訾议"之事②，或与这种所持观点之差异不无一定的关系。

此处不是后学不为尊者隐，拙文只是想通过对大师间观点之异的说明，为更深入地理解诸位法师的禅学思想提供一个视角。两位法师在话头观上的不同，都是缘于他们对于不同群体佛法修行的理解不同，并不是基于什么个人的恩怨。事实上，印光法师对冶开禅师也是高度评价的。如他曾就南五台道场的兴衰而言："咸同以来，兵火连绵，以故久无人住。至光绪初，法忍、冶开等老，卜居于此，至今成大兰若。而道由人宏，地由人灵，可不信哉！"③

也许，冶开禅师所主张的"悟后常提"的参究方式，对于普通大众而言，更是一种务实的、有效的方法。用佛教的历史观而言，对于末法时代的学者，此种悟后常提、透后再参的方法，也许更具有现实意义，也具有警醒作用。这即是说，一蹴而就、一参永悟，可能并不适合每一个人，一般人更不

① 太虚：《太虚法师语集》，《太虚大师全书》第30册，北京：宗教文化出版社，全国图书馆文献缩微复制中心，第272页。
② 太虚：《太虚自传》，《太虚大师全书》第31册，北京：宗教文化出版社，全国图书馆文献缩微复制中心，第202页。
③ 印光：《与高鹤年居士书》，张育英校注：《印光法师文钞·上》，北京：宗教文化出版社，2000年，第109页。

能以自己业已开悟，从而懈怠精神、不再进取；与之相反，是仍然需要继续精进，锲而不舍。也许，"悟后常提"之语就是冶开禅师留给后世学者的新鲜话头吧！

冶开清镕与清末杭州灵隐寺大殿的复建

存　　德（杭州佛学院）

太平天国运动中，灵隐寺遭焚毁，仅存天王殿和罗汉堂。同治以后，灵隐寺开始复建，作为灵隐寺的中心建筑——大雄宝殿，由于工程浩大，直至民国元年（1912）才完工。此次大殿的复建是在时任灵隐住持昔征、清末著名禅僧冶开和邮政大臣盛宣怀的共同努力下完成的，昔征是一寺主，是寺务的主持者，盛宣怀是主要财力的捐助者，那么作为常州天宁禅寺的退居住持冶开究竟担任什么角色呢？这是本文所要讨论的重点。

一、昔征与大殿的复建

清末同治以后，灵隐寺进入复建时期。先后有顿觉智海（1824-1879）、顿明贯通（1843-1908）、圆悟云溪（1848-？）、圆洲通泉（？-？）、真慈昔征（1849-1917）、圆照慧明（1859-1930）等诸位住持参与恢复建设。同治间（1862-1874），住持贯通"重建联灯阁、大寮、工务寮以及慧日塔院"。[①]贯通之后，云溪"修废举坠，百度一新"。[②]但大雄宝殿由于工程浩大[③]，始终未能动工复建。直至昔征时才着手复建。据胡祥翰《西湖新志》（1921）、巨

---

① 海因：《灵隐小史——从东晋到清末》，《弘化月刊》第163期，黄夏年编：《民国佛教期刊文献集成补编》第72卷，第158页。

② 贯通：《光绪十八年（1892）云林寺同戒录·序》，南京图书馆藏本。

③ 据民国后的资料记载，复建的大殿"仍高十三丈五尺"，由此可知太平军焚毁之前的大殿有十三丈五尺之高。

赞《灵隐小志》（1946）、海因《灵隐小史》（1954）中记：

> 光绪二十八年（1902），住持昔征就直指堂遗址兴建大悲阁。
>
> 昔征住持十年，锐意整顿，获得盛宣怀、盛苹臣父子的护持，于宣统二年（1910）重建大雄宝殿，仍高十三丈五尺，气象巍巍，上矗霄汉，殿中也用大木柱十六根，木料本来是清宫向美洲所购，用来修理颐和园的，因为国家多故，直运来杭，改造名刹，比以前的建筑，更加宏壮，构造形制基本上还是唐代风格。①

昔征，扬州府宝应县人，出家于浙江杭县凤林寺，后住灵隐寺。光绪十八年（1892），灵隐寺传戒，昔征任尊证阿阇梨。②光绪二十八年（1902）建大悲阁。光绪三十四年（1908）就任灵隐寺方丈。③从西方人所拍摄的旧照片来看，"宣统二年重建大殿"当是指大殿主体构造的竣工时间，因为文中提到了大殿的高度、风格等，这肯定是就落成的情形而说的。据美国传教士费佩德（1874-1954）在《杭州旅游指南》（1929）说，大殿是宣统三年（1911）重新修建的④，费佩德还摄有几张大殿旧影。

---

① 海因：《灵隐小史——从东晋到清末》，《弘化月刊》第163期，黄夏年编：《民国佛教期刊文献集成补编》第72卷，第158页。《杭州府志》卷三十五《寺观》记："宣统初年重建大殿。"上海：上海书店出版社，1993年，第778页。

② 《禅门法纪：光绪十八年（1892）云林寺同戒录》，南京图书馆藏本，第11页。

③ 据上海《警钟日报》（1905年4月6日）报道，杭州有"云林寺住持通泉，凤林寺住持昔征"等35家寺庙加入日本东本愿寺。由此可见昔征修建大悲阁时并非住持，1905年前后的住持当为通泉。昔征住持灵隐十年，1917年圆寂，那么正式就任住持（方丈）当在1908年。又克莱伦斯·甘博于1908年于灵隐寺拍摄有一位僧人祝贺昔征进院就任灵隐寺方丈的书画。由此可以证明，昔征正式就任灵隐寺方丈当在1908年。又据朱荣贵1908年《致盛宣怀盛夫人函》云："初三晨，雇小划船至凤林寺，适值昔征和尚已往灵隐，傍晚始返寺。"上海图书馆编：《上海图书馆藏盛宣怀档案萃编》，上海：上海古籍出版社，2008年，第499页。

④ 费佩德：《杭州旅游指南》："大雄宝殿是在宣统三年（1911）花费了十五万两银子重修的。"美国商人大来（1844-1932）于宣统三年（1911）访问了灵隐寺，见大殿已经竖立起来，人们正在建造大殿的屋顶。

费佩德摄于1909年

由此可知，昔征在圆寂的前五年即完成了大殿的复建工程。据太虚《灵隐慧明照和尚行述》记云：

初灵隐颇多亏欠，师（慧明）住持后，善信归仰，住僧常二三百众，数年间将债款偿清，圆成大殿，创修海岛诸天及十二圆觉。[①]

所谓"圆成大殿"当指大殿内部的海岛诸天及十二缘觉，这在西方人所拍摄的旧照片中有显示。由此可知，整个大殿（包括主尊佛像、十二圆觉、海岛观音）的竣工是在慧明任住持时完成的，时间当在民国九年（1920）之前。[②]

二、冶开至灵隐复建大殿的时间

冶开（1852-1922），名清镕，扬州江都人，清末民初著名禅僧。十二岁从镇江九华山明真彻公祝发，十七岁从江苏泰县祇树寺隐闻受戒，十九岁于常州天宁寺参定念真禅，承其法嗣，为临济四十一世，后"飘然远举，泛览名山"。年三十八复来天宁，退居后致力于慈善赈济事业，并于杭州灵隐特起大殿，于上海玉佛寺创念佛堂等。其中杭州灵隐寺大殿的复建造规模在近

① 《海潮音》第11卷第5期，黄夏年编：《民国佛教期刊文献集成》第175卷，第325-326页。
② 沈弘：《佛法之渊：近代杭州寺庙旧影》，杭州：浙江摄影出版社，2017年，第52-69页。

代佛教寺庙的复建过程中都是首屈一指的，它是冶开复兴禅林的杰出作品。关于冶开起建灵隐大殿有如下记载：

> 喻谦《清镕传》：年三十八，复来天宁，再易寒暑，遂继主席……劳劼九秋，因病告退……后往灵隐，特起大殿，使人敬仰。复于上海玉佛寺创念佛堂，以弘莲化。①

> 庄蕴宽《冶开传》：三十八岁复来，四十岁始主席……九年后，应病告退……其后，造杭州之灵隐寺大殿，于上海玉佛寺开念佛堂。②

> 叶尔恺《冶开塔铭》：兵燹后重修本寺（天宁寺）……其他修常州文笔宝塔及政成桥，复东郊太平寺，并募刻《藏经》，造杭州灵隐大殿诸役，愿力所至，士民信赖。③

> 显彻《冶开行述》：回天宁……在位时，复以余力兴复东郊寺、塔，退居后，又至灵隐建殿、修像，在上海玉佛寺创居士念佛会，手书偈语，悬壁开示，一时缁素云集，法集鼎盛。④

> 武进人屠寄《冶开寿言》：退位后，又至灵隐修建殿像，在上海玉佛寺创立居士念佛会，一时公卿耆硕皆被启发，当下获益，风传远近。⑤

叶尔恺的塔铭和显彻的行述中并没有记载具体时间，喻谦、庄蕴宽的传中记，冶开是三十八岁（1889）回天宁寺，二年后，也就是四十岁（1891）时继席天宁寺，那么九年后退居至灵隐，时间当是光绪二十五年（1899）。

若依显彻的《冶开语录》来推算，冶开至灵隐的时间要晚六七年。陆鼎

---

① 濮一乘编：《武进天宁寺志》卷七《清镕传》，南京：凤凰出版社，2017年，第400–401页。"后往灵隐"，喻谦《新续高僧传》卷三十五《清镕传》作"后住灵隐"（《大藏经补编》第27册，第276页下）。
② 濮一乘编：《武进天宁寺志》卷七，第405页。
③ 濮一乘编：《武进天宁寺志》卷七，第414–415页。
④ 濮一乘编：《武进天宁寺志》卷七，第425–426页。
⑤ 濮一乘编：《武进天宁寺志》卷八，第625页。

翰《善净如塔铭》记，光绪二十二年（1896），善净如入寂，嘱冶开住持天宁寺：

> 有郡大姓建水陆会，请公上堂说法，公嘱西堂冶开代之，且曰："定公（定念真禅）为一代中兴祖师，道统攸系，荷担大法，非子莫属。"……法会既毕，公即于是昔登座，结跏合掌念佛，泊然而逝。①

升座前冶开任西堂。显彻的《冶开语录》卷一记有光绪二十二年（1896）正月二十四日，冶开主席升座法语，法语云：

> 清镕自愧，身虽出家，心未入道，福薄德微，障深慧浅。虽则依众行持，实是过多功少。新正十二日，我善兄和尚辞世，座下虽是有人，皆系抱道蓄德，立志坚强，不肯轻露，所以诸山和尚及阖寺首领诸师，慈意殷殷，婆心片片。承命清镕权居此位，闻言之下，惭惶无地；再三恳辞，尽未能获；只得带垢含羞，勉应斯命。②

上述两则资料显示，光绪二十二年（1896）正月十二日善净如圆寂，二十四日冶开继任住持。③若依九年后退居至灵隐来推算，冶开至灵隐的时间当为光绪三十一年（1905）。据应慈《月霞显珠行略》记，光绪三十二年（1906）冶开于天宁寺为明镜显宽、月霞显珠、惟宽显彻、应慈显亲授法记莂。④次年，琢如显泉住持天宁。⑤由此来看，冶开至灵隐的时间当在三十二年。

结合灵隐大殿的起建和竣工时间，以及西方人士所拍摄的老照片和盛宣怀与灵隐大殿的相关事迹来看，冶开至灵隐起建大殿的时间为光绪三十二年（1906），比光绪二十五年（1899）要合理得多。宣统二年（1910），大殿竣工。

---

① 濮一乘编：《武进天宁寺志》卷七，第392页。
② 显彻编：《冶开镕禅师语录》卷一，第2页。
③ 据《武进天宁寺志》卷一记，"二十二年丙申，清镕继席"（第11页）。卷五记："冶开和尚嗣席天宁之明年，今上龙飞，光绪二十有三祀也。"（第141页）
④ 濮一乘编：《武进天宁寺志》卷七，第458页。
⑤ 松纯主编：《常州天宁禅寺志》，2020年印本，第1159页。

从三十二年算起，工程历时约五年。如果从二十五年算起，修建工程要长达十一年。本次修建得到了盛宣怀的大力支持，所以工期五年较近事实。①

从《冶开塔铭》和《冶开寿言》看，冶开还主持了大殿内佛像的塑造。民国四年（1915），冶开写给盛宣怀捐助大佛像的收条，可以证明这一点。资料显示，民国期间，冶开的主要活动在上海②，但他仍然是灵隐大殿后续工作的主持者。

三、盛宣怀与巨木的捐赠

盛宣怀（1844-1916），江苏武进人，同治九年（1870）以秀才入李鸿章幕府，后任会办商务大臣、邮传部大臣等，是洋务派的代表人物，清末著名的政治家、企业家和慈善家，被称为"中国商父""中国实业之父"等。盛宣怀号为中国近代首富，是位佛教信徒，对社会慈善事业极为乐衷，江南诸多禅林的复建都得到盛氏夫妇的大力捐助，如常州天宁寺、杭州灵隐寺、上海玉佛寺、苏州西园寺、普陀山慧济寺等，其夫人盛庄氏善月更是虔诚的佛教徒，乐善好施。与其关系最为密切的当数冶开，冶开的刻藏、建寺、赈灾等都得到了盛氏夫妇的捐助。

灵隐大殿的工程极为浩大，没有盛宣怀的支持在当时是很难完成的。此时住持灵隐者是昔征，而冶开至灵隐参与复建工作当是盛宣怀的安排。盛宣怀的父亲盛康曾经官至浙江杭嘉湖兵备道按察使，盛宣怀本人也在杭州生活过一段时间，这可能是他对灵隐寺有深厚情感的主要原因。冶开是当世之"禅

① 清顺治十五年（1658），大殿遭毁，具德和尚重建，于康熙五年（1666）竣工，历时约八年。嘉庆二十一年（1816），大殿再次遭毁，有臣杨馞奏请复建，得嘉庆恩准，道光三年（1823）复建，八年竣工，历时五年。（郭学焕《浙江古寺寻踪》，杭州：浙江古籍出版社，2018年，第33-34页）在得到了朝廷的支持下，大殿工期十余年是不合理的。

② 尘空：《民国佛教纪年》：民国元年（1912），"中华佛教总会"在上海留云寺成立，冶开任副会长，次年被推举为会长。载张曼涛编《现代佛教学术丛刊》第86册《中国佛教史论集·民国佛教篇》，第168页。

门巨擘，一代宗师"①，当盛宣怀捐助复建常州天宁寺的工作基本完成后，请冶开来主持复建灵隐大殿是最合适的。灵隐大殿的正面、两侧、石壁，以及殿内的三佛、十二圆觉、海岛观音等都与天宁寺的大殿相仿，由此可知灵隐大殿的主修者当是冶开。冶开在复建天宁寺和灵隐寺时，每就复建的情况均有向盛宣怀汇报，如《致盛宣怀函》云：

> 再启：灵隐工程各料均已竖齐。唯砖瓦去年未曾订实，稍为耽迟，现已开运。衲出月初十，即与石仁孝偕往。若何情，再行奉禀。
>
> 贫衲冶开顿首谨上，七月初一日申。②

盛宣怀不仅是复建灵隐大殿的组织者，同时也是最大的捐助者。释卫山《致郑观应函》记："因冶老一言，慨捐洋六万两，为灵隐寺重修头殿之费。"③上海图书馆馆藏有两份冶开写给盛宣怀关于捐助灵隐的收条：

> 收到盛杏荪宫保大护法捐助杭州云林寺大殿功德洋一千元正，此照。宣统二年（1910）三月初三日。经收僧冶开谨具。
>
> 收到盛止叟大护法助灵隐寺大佛功德洋一千五百元正。此照。民国四年（1915）阴历十一月初四日。④

据费佩德《杭州旅游指南》记，灵隐大殿的建造费用共花费15万两银子⑤，而绝大部分费用都来自盛宣怀的捐助，其中最主要的当是一批来自美国俄勒冈州的巨型美洲红松。据德国建筑师柏石曼《中国建筑与宗教文化：宝塔》记，盛宣怀拿出15万两银子来购买从美国进口的上等木料并慷慨捐赠给灵隐寺。

---

① 濮一乘编：《武进天宁寺志》卷五《贞石》，第141页。

② 转引谈雄：《冶开传奇》，北京：团结出版社，2015年，第147页。

③ 上海图书馆编：《上海图书馆藏盛宣怀档案萃编》下，上海：上海古籍出版社，2008年，第548页。

④ 谈雄：《冶开传奇》，北京：团结出版社，2015年，第147页。

⑤ 费佩德《杭州旅游指南》记："这个大雄宝殿是在宣统三年（1911）花费了十五万两银子重新修建的。"转引沈弘：《西方人眼中的灵隐寺》，《文化艺术研究》第2卷第6期，2009年11月。

梅尔彻斯摄于1918年

关于这批巨木在各种文献中则有不同的记载。如据民国间的各种《西湖游览指南》中均记:"粤寇至,则毁废殆尽。其后,主僧购巨木于美洲,重建殿阁。"①所谓主僧购买基本上可以否定。盛宣怀与美国著名商人大来有密切的关系,据《大来先生回忆录》记,是他本人捐赠了这批巨木。

灵隐这座号称中国最大的佛教寺庙被太平天国的军队所焚毁,现在盛宣怀(宫保)正在组织重建……他便订购了美国所能够找到的最大的28根圆木,它们分别长达150英尺,底部的直径为5.48英尺。每一根圆木都是笔直的,是美国所出口的最好木材。其中最大一根圆木的重量超过20吨。我捐献了这些圆木,并将它们放在"M.S.大来号"货船的甲板上,从美国运到了上海。然后它们被做成木筏,沿着京杭大运河走了两百英里的路程,来到了杭州。②

关于大来捐献的动机,阮渭泾则在《美商大来洋行及其在中国的掠夺》一文中描述说:

1910年罗伯特·大来在汉口冶萍公司签订铁矿石合同之后,回到上海,去杭州游览时,适盛宣怀计划重修灵隐寺,向上海大来洋

---

① 徐珂编:《增订西湖游览指南》,北京:商务印书馆,1925年,第25页。陆费执原辑、舒新城重编、樊迪民增订、中华书局1937年出版的《增订西湖游览指南》与此书同版。

② 转引沈弘:《京杭大运河、之江校区和灵隐寺》,《文化艺术研究》2011年第4卷第1期。

行订购梁柱用大木28根。罗伯特·大来为了讨好盛宣怀，以取得这个大买办官僚更多的帮助，乃即电美国挑选最大的美国红松28根，由"梅西尔·大来号"装运来华，作为捐赠灵隐寺修复工程之用。①

大来为了商业利益而讨好盛宣怀，向灵隐捐赠了这批圆木。但是据柏石曼的说法，这批圆木是盛宣怀用15万两银子所购。这批巨木是大来从美国运来的，但是否如他所说——是他本人的捐赠还是存在诸多疑点。

光绪三十三年（1907），盛宣怀奉诏入京，次年被任命为邮传部右侍郎，深受慈禧太后赏识，后成为皇族内阁。在清末的维新变法中，盛宣怀虽也支持变法，但他属于保皇派。由于盛宣怀与慈禧关系比较密切，所以就有了复建大殿得到了慈禧的支持。光绪三十四年（1908），晚清重臣王文韶去世，盛宣怀派专差朱荣贵赴杭州吊唁。朱荣贵在《致盛宣怀盛夫人函》云：

> 初三晨，雇小划船至凤林寺，适值昔征和尚已往灵隐，傍晚始返寺，即将老爷之谕转达，水陆经资遵谕，三百元一应在内，比时付交，经资一百元约全。②

此年昔征就任灵隐住持，此时的昔征正和冶开致力于灵隐大殿的复建，所谓"老爷之谕"除了赞助经资设立水陆法会外，想必也涉及灵隐大殿的复建工作。巨赞《灵隐小志》云：

> 建殿木料本系清宫向美洲所买，用以修理颐和园的，因时局不靖，南运杭州，修建灵隐。③

又有说，这批美洲红松原是李鸿章用以建海军军舰的木材，后来其中部分被慈禧太后用来修建北京颐和园，一部分运到杭州拱宸桥码头，转拨给灵

---

① 文史资料选辑编辑部：《文史资料精选》第5册，北京：中国文史出版社，1990年，第543页。
② 上海图书馆编：《上海图书馆藏盛宣怀档案萃编》，上海：上海古籍出版社，2008年，第499页。
③ 朱哲编：《巨赞法师全集》，北京：社会科学文献出版社，2008年，第659页。

隐寺建造大殿。①从费佩德、柏石曼、大来等人的记述来看，这批巨木是专为灵隐建殿而直接运至杭州的，并非用于修理颐和园而从北京南运来杭州的，所以这一说法还需要更多资料来证明。

四、结语

灵隐寺大殿是一座单式重檐式建筑，殿高33.6米，面宽七间，进深四间，占地面积1200平方米，气势轩昂，雄伟壮观，是近代佛教建筑的精品工程，也可以说是古代封建王朝的最后的一座较有规模的佛教建筑。虽然清末民初的这次复建还有很多谜团没有被解开，但从参与者的地位身份和社会角色来看，它所代表的历史内涵还是很丰富的。如：清末大臣盛宣怀为何要倾尽心力地组织重建并给予大量的捐助？这其中不仅有其个人的喜好和所图，也有与其地位和身份相应的社会因素，所以说大殿的复建得到了慈禧的支持，并非空穴来风。世界轮船大王、美国慈善家大来的热心参与，同样也很有意义。大来是20世纪初中美贸易的大力提倡者和参与者，他同时对中国的教育事业和传统文化的保护付出大笔的捐赠，最有影响的当是对之江大学（浙江大学前身）的捐赠，灵隐大殿的巨木不管是否他的捐赠，他的热心参与都是他对中国友好的一种体现，在此意义上说，灵隐大殿在近代中美关系的发展上还是占有一席之地的。冶开是当世著名禅僧，复建常州天宁寺得到了皇家的支持和肯定，请他来主持大殿的复建，代表了晚清政府对灵隐大殿复建的高度重视。由此可以说，清末民初的这次复建和新中国成立后的重建一样，都有非常深厚的历史文化内涵，后者直接是一项国家工程，是政务院总理周恩来的关怀和指示下完成的。

---

① 转引张家成：《近代中国历史变迁与社会转型中的灵隐寺》，《第十一届灵隐文化研讨会论文集》，北京：宗教文化出版社，2022年。

冶开清镕与《毗陵藏》

王红蕾（国家图书馆）

梁启超称中国近代为"文化昂进之时代"①，短短百余年间，"林林总总的社会思潮奔涌而出，交错迭代、争持消长，构成了空前绝后的文化景观"②。这是以"儒"为主，辅以"释""道"的"一花两叶"式的中国思想文化前所未见的变局，当然也是近代佛教复兴的显著标志。佛教复兴一项重要标志是佛教文献出版，刻经是佛教出版事业的主要内容。冶开清镕③在常州天宁禅寺创立的"毗陵刻经处"是近代刻经的重要场所之一，刻印大小乘经论和《毗陵藏》④，对近代佛教文化的振兴，产生了深远影响。

一、冶开清镕主持刊刻《毗陵藏》

光绪二十二年（1896）冶开清镕遍参灵隐、普陀、天台诸名刹后回到常州天宁寺，次年继任方丈。在他主持天宁寺期间，在弟子应慈、惟宽、行实等赞助下，创设"毗陵刻经处"（又称天宁寺刻经处）。《武进天宁寺志》卷七《惟宽彻禅师塔铭并叙》中详细谈到创设毗陵刻经处的因缘：

> 自明代紫柏大师，创刊方册藏经，缁素称便。乃毁于清代太平

---

① 梁启超：《清代学术概论》，上海：上海古籍出版社，2000年，第1页。
② 高瑞泉主编：《中国近代社会思潮》，上海：华东师范大学出版社，1996年，第1页。
③ 冶开清镕（1852–1922），名清镕，字冶开，俗姓许，江都（现江苏扬州）人。
④ 2007年，上海师范大学教授方广锠在国际佛教大藏经研讨会上，作了报告《〈毗陵藏〉初探》，介绍了新发现的《毗陵藏》。《毗陵藏》被称为中国最后一部刻本大藏经。

481

军之劫。军事既定，有志弘法者辄私人醵资刻经。在金陵者，最称精博。

冶老剃度弟子行实在俗，固无锡庠生，娴文翰。应金陵刻经处之聘，代其监刻校对，为石埭杨仁山居士所器重。行实偶请于冶老，藉大藏经待刊者至伙。杨居士年高，独力恐不继。天宁盍分任之，庶全藏得早日告成。

师（惟宽）与法弟应慈上人侍冶老侧，因力赞之。遂有创办毗陵刻经处之举，由客堂董理之。①

冶开清镕弟子行实应金陵刻经处之请，监刻校对大藏经。因"大藏经待刊者至伙。杨居士年高，独力恐不继"，他提议"天宁盍分任之，庶全藏得早日告成"②，为此在天宁寺学戒堂设立毗陵刻经处，"毗陵"，乃常州古称。据《常州天宁禅寺》载：

天宁寺佛学院（原学戒堂）是上下两层、四合院式的木结构楼房，古朴典雅，别具一格。这里曾是近代高僧、名僧冶开禅师、月霞、应慈等诸大师辩学讲经的地方……同时，这里也是出版古籍经典的地方，历时十余载，经版有十万余块，成书两万五千卷，计九百五十五种。如明代戒润著《楞严贯珠集》、清代纪荫撰《宗统编年》等佛学著作均在此完成。刻经事业享誉海内外，对中国文化和佛教学术研究，做出了不可磨灭的贡献。③

《武进天宁寺志》卷一中，还记载了天宁寺中与刻经有关的若干殿宇：

藏经楼，在禅堂上。清光绪己亥（1899）后住持清镕建，计

---

① 濮一乘编纂：《武进天宁寺志》卷七，濮伯欣：《惟宽彻禅师塔铭并叙》，杜洁祥主编：《中国佛寺史志汇刊》第一辑第35册，台北：明文书局，1980年，第240页。以下引用《武进天宁寺志》版本同。

② 《中国大藏经翻译刻印史》载：清穆宗同治五年（1866）杨仁山于金陵发起刻经，主张全国各大寺院分刻全藏。因集合北平、天津、金陵、江北、扬州、毗陵、苏州及杭州诸刻经本而成，故称《百衲》本。所收经论较《龙藏》略少，版式多从《径山》本，不一，至今未齐。

③ 《常州天宁禅寺》，常州天宁禅寺编印，内部刊物。

五楹。

储刊楼，在客堂及三会堂上。清乾隆间住持实彻同都监际圆建。同治己巳（1869）住持真禅复建，计四楹。光绪己亥（1899）后，住持清镕筑三会堂后，复继续建四楹，统共八楹。近刊各经版悉储其中，故名。

刷经楼，在四空堂上。清乾隆间住持实彻同都监际圆建。同治己巳（1869）住持真禅复造，计三楹。

藏修楼，在学戒堂上。民国乙丑（1925）住持显彻建，计共三十二楹。①

"历时十余载，经版有十万余块，成书两万五千卷，计九百五十五种"②，可以看出，天宁寺刻经规模庞大，种类繁富。冶开清镕弟子惟宽显彻担任校勘，吴镜予、屠敬山襄助其事。据吴镜予《武进天宁寺志序》载：

溯自民国之初，由湘返里，亲炙冶开大师镕公之门，翘勤瞻礼，无间旬月。每值讲诵之暇，蒙师殷殷嘱累，即惟本寺志书，必期观成于不慧之手。不慧自审才微，未敢轻诺。敬以让屠山者敬山。敬老谓此事不宜畏避，吾二人当合成之。师闻而欣然。但其时方主刊方册大藏，惟宽彻公以主持客堂，兼任校勘。事繁，不慧与敬老助之，于志事遂未暇专勤搜辑。③

师（惟宽）躬负校对之责，于事务旁午之际，朱墨点勘，纵横几案，一字不苟。终日危坐无倦容。故天宁刻经虽较他处为后起，而卷帙之富，几与金陵抗。

秉承本师冶开镕公之志，刊刻藏经，躬任校传之役。终日于耳目纷杂间，朱墨点勘，积帙盈案，兀兀无倦容。非久与师相接者，

---

① 《武进天宁寺志》卷一，第28—29页。
② 新中国成立后，原天宁刻经处所存经版全部移交金陵刻经处收藏。据罗琤《金陵刻经处研究》（复旦大学2006年博士论文）载：1957年，因金陵刻经处编印《玄奘法师译撰全集》，从常州天宁寺调来相关经版4055块，其后又于1961年将散置彼处经版共29400块全部运往南京，共计33455块。
③ 吴镜予：《武进天宁寺志·序》，第7页。

不知其定静功力之深也。①

由此也可以看出，冶开清镕主持刻藏开始于清末民初，但因时运艰危，全藏未能最终完成。《武进天宁寺志》载：

> 天宁寺所刻经籍，历时十余年，成书数千卷。苟非厄于世运，全藏或以告成。兹附载目录于著作类之后，以供释典留心者之稽考，且无负创始者之功行。②

据方广锠《〈毗陵藏〉初探》推断，"《毗陵藏》的刊刻，上限在1904年到1911年之间，可能为1910年左右，下限不超过1927年"③。

二、《毗陵藏》刊刻底本

《毗陵藏》以清《清龙藏》为底本，这部《清龙藏》是冶开清镕1903年从北京请回。据《武进天宁寺志》载：

清内务［府］请准刷印龙藏原奏

> 总管内务府奴才世绩等跪奏，为请旨事。据僧录司掌印僧人觉天呈报，江苏省常州府阳湖县天宁万寿禅寺住持僧人清镕、又松江府上海县万寿留云禅寺住持僧人密通、又浙江省宁波府慈溪县万寿西方禅寺住持僧人净果等，呈称本寺系属十方长（常）住，缺少藏经。情愿请领《龙藏经》各一分，永远供养等因。前来查天宁万寿禅寺、万寿留云禅寺、万寿西方禅寺均系古刹，各请领藏经一分，崇隆佛法，加结具保。前来查光绪二十五年，安徽省庐州府合肥县明教寺住持僧人学道请领藏经，因藏经无存，其经版在柏林寺收存。经奴才衙门奏请，令议僧人学道自备工料，赴柏林寺刷印，曾经办理在案。今僧人清镕、密通、净果，自备工料，请赴柏林寺刷

---

① 《武进天宁寺志》卷七，吴镜予：《惟宽禅师遗像题志》，第245页。

② 《武进天宁寺志》卷首"凡例"，第13页。

③ 方广锠：《〈毗陵藏〉初探》，《藏外佛教文献》（第二编，总第十五辑），第354页。

印《龙藏经》各一分，永远供奉，与陈案相符。如蒙俞允，奴才等
传知僧录司，转饬僧人清镕、密通、净果，自备工料，赴柏林寺刷
印《龙藏经》各一分，永远供奉，以光佛法。为此谨奏，请旨施行。
光绪二十九年闰五月初二日具奏。

奉旨：依议，钦此。^①

光绪二十九年（1903）闰五月上折蒙准，备工料，刷藏经，装裱成册，
这部《清龙藏》何时正式入藏天宁寺藏经楼，史料缺载。《武进天宁寺志》
卷八载屠敬山（名寄，武进人）民国十年（1921）撰《冶开禅师寿言》，有
谓"在京请颁梵策大藏，在寺创刊方册经典"之语。据方广锠考证，《毗陵藏》
目录共收佛典978部，3016卷。与《清龙藏》比较，《毗陵藏》已刻佛典的
部数约占《清龙藏》的58.6%，已刻佛典的卷数约占《清龙藏》的42.1%。
也就是说，《毗陵藏》虽然没有最终完成，但就已刻经典部数、卷数总数而
言，达《清龙藏》的一半左右。

三、现存《毗陵藏》印本简述

翻检海内外公私藏书书目，发现辽宁省图书馆、大连图书馆、山西省稷
山县图书馆、山西省代县图书馆藏有《毗陵藏》零本。现对《毗陵藏》印本
简录如下^②：

1.龙池幻有禅师语录十卷，2册，现存卷四、五、六、九、十

卷十卷尾有牌记：常州天宁寺第十三世孙清镕发心敬刻，大清宣统二
年，佛历二千九百三十七年岁次庚戌冬月，丹阳朱褆蓉镌。

千字文编号：史

---

① 《武进天宁寺志》卷十《清内务（府）请准刷印龙藏原奏》，第375页。
② 参见邓影、尹恒：《〈毗陵藏〉所见印本概录及版刻述略》，《佛教研究》2018年第2期。

2.佛所行赞经五卷，2册

卷三卷尾有牌记：盛宣怀居士，施银洋一百元，佛历二千九百四十六年民国九年阴历十二月十六日阳历十一月五号巳正二刻立春工竣，常州天宁寺刻经处清镕识，湖北陶舫溪刊。

3.莲宗宝鉴十卷，3册

卷六卷尾有牌记：民国四年阳历十月九号寒露节工成即佛历二千九百四十二年太岁乙卯阴历九月初一日，常州天宁寺刻经处清镕谨识，扬州张肇升刊。

卷八卷尾有：佛历二千九百四十二年太岁乙卯十月十五日即民国四年阳历十一月二十一号礼拜日，常州天宁寺刻经处清镕谨识，扬州张旭东刊。

千字文编号：野

4.大乘庄严经论十三卷，3册

第十三卷尾有牌记：民国元年佛历二千九百三十九年太岁壬子阳历十二月二十二号阴历十一月十四日未时交冬至节，常州天宁寺清镕识，扬州张肇昌刻。

5.佛顶首楞严经会解十卷，6册

卷十卷尾有牌记：温州头陀寺谛闲法师经募，志拱和尚施洋一百元，从沛和尚施洋一百元，怀庆和尚施洋一百元，华山和尚施洋一百元，大清宣统元年佛历二千九百三十六年岁次已酉春三月，常州天宁寺清镕谨识。

6.龙树菩萨诫王颂一卷，1册

卷尾有牌记：江苏武进县盛杏荪宫保，施银洋六十元，佛历二千九百四十七年民国九年岁次庚申阴历九月二十八日阳历十一月八号丑正初刻届立冬节，常州天宁寺刻经处清镕谨识，湖北黄冈陶舫溪刊。

7.法华大成悬谈音义九卷，2册

卷尾有牌记：法云堂助资敬刻，民国六年佛历二千九百四十四年岁次丁巳四月告成，常州天宁寺清镕谨识，湖北陶福山刊。

千字文编号：谁

8.佛说不空罥索咒经一卷　不空罥索心咒王经三卷，1册

《佛说不空罥索咒经》卷尾有牌记：苏州居士李增龄施洋贰拾元，大清宣统二年佛历二千九百三十七年庚戌八月，常州天宁寺清镕谨识。

《不空罥索心咒王经》上卷卷尾有牌记：苏州居士李增龄卷上中施洋肆拾元，大清宣统二年佛历二千九百三十七年庚戌八月，常州天宁寺清镕谨识。

《不空罥索心咒王经》下卷卷尾有牌记：苏州居士李增龄卷上中施洋贰拾元，大清宣统二年佛历二千九百三十七年庚戌八月，常州天宁寺清镕谨识。

千字文编号：过

9.维摩诘经三卷，1册

中卷卷尾有牌记：刘门马氏，施洋二十元，张门刘氏，施洋二十元，高鹤年施洋二十元。民国四年佛历二千九百四十二年太岁乙卯冬十月，常州天宁寺刻经处清镕识，扬州张旭东刊。

千字文编号：方

10.当来变经三卷，1册

卷尾有牌记：居士庄善月，施洋六十元。佛历二千九百四十六年民国九年阴历十一月二十六日阳历一月十六号告竣，常州天宁寺刻经处清镕识，湖北陶舫溪刊。

千字文编号：英

11.那先比丘经三卷，1册

卷尾有牌记：居士庄善月，施洋六十元。佛历二千九百四十六年民国九年阴历十一月十一日阳历一月一号告竣，常州天宁寺刻经处清镕识，湖北陶舫溪刊。

千字文编号：聚

12.大悲经五卷，1册

卷二卷尾有牌记：金坛净土寺静泉和尚，施洋四十元敬刻此经第一二

卷，伏为先考姚毛开福府君（毛）门孔太孺人同承斯利高生莲界。大清宣统元年佛历二千九百三十六年屠维作噩秋七月，常州天宁寺住持清镕谨识。

千字文编号：驹

13.大乘瑜伽性海经十卷，现存卷六至十，1册

卷尾有牌记：信女盛庄氏，施洋二十元。民国四年佛历二千九百四十二年阳历八月二十四号阴历七月十四日申时交处暑节工竣，常州天宁寺刻经处清镕识，扬州张肇昌刊。

千字文编号：荣

14.广弘明集四十卷，现存卷五至四十，存9册

卷四十卷尾有牌记：江苏毗陵法云堂常住捐资刻此明集四十卷，时在民国元年佛历二千九百三十九年，岁次壬子阳历四月二十阴历三月初四日节届谷雨令旦告竣，常州天宁寺清镕谨识，扬州周楚江承刊。

千字文编号：高、冠、陪、辇

15.金刚深密门，1册

《观自在菩萨如意轮念诵仪轨》卷尾有题记：信女盛庄氏，施银洋壹百四拾元刻此杜字号由一至七。佛历二千九百四十七年民国九年太岁庚申阴历七月二十六阳历九月八号辰刻交白露节，常州天宁寺刻经处清镕识，湖北陶舫溪刊。

千字文编号：杜

16.兜率龟镜集三卷，1册

卷尾有牌记：比丘惟宽捐资敬刻此集三卷，回向龙华会上法界有情同证菩提。大清宣统三年佛历二千九百三十八年岁次辛亥二月，常州天宁寺刻经处清镕谨识，扬州梁友信镌。

千字文编号：祗

17.本事经七卷，2册

卷五卷尾有牌记：温州头陀寺谛闲法师经募，比丘则愿师施洋四十元愿为本生父蒋沛丰府君母蒋陈氏孺人同证善果，常州天宁寺清镕谨识。

卷七卷尾有施经牌记：温州头陀寺谛闲法师经募，比丘则法师施洋二十元，超荐先考朱公庆佛先妣王氏庆法二位尊灵同登莲域，信女谢徐氏法名慧莲施洋二十元。大清宣统二年佛历二千九百三十七年，上章阉茂仲夏月，常州天宁寺清镕谨识。

千字文编号：孝

冶开禅师法嗣月霞法师及
九华山华严大学创办始末

黄复彩（九华山佛学院）

一、月霞其人

月霞（1858-1917），湖北黄冈人，俗姓胡，出身于耕读世家。十岁应童子试，曾发心行医，治病救人。少时，正逢咸同之变，目睹社会动荡，生民涂炭，遂感叹医者或可医治一人病，却不能治一家病，更不能治一个社会病，唯疗治人心者，才是真正的人间大医王，遂发心出家。无奈父母不允。十七岁，应父母之命，与一女子成亲，后育一男一女。古人有"不孝有三，无后为大"，而既有儿女，人生的义务业已完成，遂于光绪八年（1882）毅然辞亲出家。时春风浩荡，门前杨柳轻拂，心情大畅，随口咏曰：春风送客辞家去，杨柳点头其奈何。表达了自己出家为僧的意志与决心。至南京大钟寺，意拜禅定老和尚座下请求剃度，禅定老和尚问曰：白面书生，何因学佛？对曰，为国者不能为忠臣，为家者不能行孝，就当出家学佛，以求救世度生。禅定老和尚遂为其剃度，并留其在身边学佛。年二十，得戒于江南九华山（一说是九华山下大通莲花寺）。这是月霞法师与安徽九华山最初的缘分。

月霞法师一生"携瓶钵，着衲衣，普谒名山"，拜谒众多大善知识，其有名者金陵赤山法忍、了尘、金山、慈融等法师，尤以光绪三十二年

（1906）与明镜显宽、惟宽显彻、应慈显亲三人一同嗣法禅宗高僧常州天宁寺冶开清镕禅师，为临济宗四十二世。

在清末民初的那段凄风苦雨的岁月里，月霞法师南求北修，在五台山，因受文殊菩萨开示，回旋南下，于九华山翠峰结茅安禅，并于翠峰创办华严大学，后来的虚云、心坚、谛闲、持松、普照、印莲等都曾在翠峰华严大学受教，并成为中国佛教的中坚。又于南京、上海开办华严大学，继续培育人才。眼见得中国佛教濒临衰微，为匡扶处于险途的中国佛教，法师意识到，唯有培育优秀的佛教人才，才能让中国佛教灯灯相续，代有传人。他与安徽有着特殊的缘分，曾应安徽省会所在地安庆迎江寺邀请为安徽佛教会主席、迎江寺住持，并于迎江寺开创华严大学。

月霞法师戒律严谨，"师生平宗教并进，所谓无一日不坐香，无一年不打七，所办学校，无论预科、正科、每日升大座一次，小座抽签后诵一次"（《武进天宁寺志》，明文书局，1981年8月版）。又，"师初习天台，后研华严，对于杜顺的法界观，法藏证观的章疏，均有深湛的研究，是华严宗的代表人物。虽然师在以弘扬华严为己任，但其根本亦在禅宗"（《同上》）。

民国六年（1917）十一月，月霞法师预知时至，仍不忘叮嘱法弟应慈法师说："应弟，善弘《华严》，莫作方丈。"是年十一月三十日示寂于杭州玉泉寺，世寿六十一，僧腊四十二，戒腊四十一，法腊十一。遗憾的是，所著《维摩经讲义》《二楞讲义》未及完成。

二、南求北修　回旋九华翠峰

月霞法师十九岁出家，于九华山得戒（一说九华山下大通莲花寺）后，法师继又参学于金山、高旻、天宁三大名寺，以禅宗为行持方向，每日参话头。住持僧视其年轻有为，为大法器，屡请其为执事，参与管理寺庙，月霞遂以不肯离开禅堂一支香为由请辞。据清代佛学者——《中国佛教史》作者蒋维乔回忆，金陵有赤山法忍禅师威震海内，年轻的月霞法师遂往亲近。

月霞白天与大众师父搬石运材,挥汗劳作,又兼作茶头,夜间则席地而坐,用功办道。关于赤山法忍处做茶头,月霞的法兄应慈在他的《月霞显珠禅师行略》中有一段记录:"一日赤山高呼,茶头师,快烧茶,堂中已开静,快烧开了。月(霞)云:开水早熟了,等候止静,门不开,其奈何?"这是禅者禅机已熟,等待"最后一筛"寻求印证的示现,禅宗史上不乏前例。关于这段公案,月霞的弟子智光则有如下的记叙:"一日夜深,法师苦行,为人烧茶。大众环集。法老人问曰:无怎么讲?众皆默然,无一敢应。法老人振威一喝:烧茶的来。法师至,即应声曰:无者没有也。法老人又厉声曰:没有是什么?法师答:水开了,我泡茶奉老人。"①二者的叙述略有不同,但月霞年轻时曾在金陵赤山法忍处参学并得到法忍印证却是事实。由此可见,年轻时的月霞是一位禅宗的积极追随者,而不是一位华严研究者。又据月霞弟子智光同文记叙,之后,赤山法忍对月霞大为推崇:"三十六岁,随赤山法老人讲《楞伽经》于湖北归元寺,代座弘扬,盛极一时。"

但月霞对自己代赤山讲学并不以为然,他觉得自己的修学还是很不够的,必须学善财童子,四海参学。于是便辞别赤山,南下北上,游历名山,遍参善知识。不久至河南太白山顶,专究禅宗"向上一着"。一夜读《维摩》,忽有"桶底脱落"之悟,顿时身意泰然,悟出唯有得一切法,才是慈济众生、庄严佛土的人生要义。

据高鹤年居士《读〈月霞法师传〉》,月霞法师此次北上最重要的两站便是朝礼五台山以及北方最重要的禅宗道场终南山。而五台山和终南山都是重要的华严道场。而月霞朝礼五台和终南的心意,"盖因大法东来,三千衲子下江南,八百狮子吼秦川,终南乃发祥之地,不应冷落,故有此举"。而在五台山,月霞偶遇一携马少年,因问其"华严庙在何所?""师一回顾,遂不见",因而认为这必是文殊菩萨对他的开示,指点他去参华严一宗。这是月霞由禅宗一脉而转修华严的重要转机。当结束了五台、终南山的参学,月

---

① 原载《法海波澜》1929年第5期,后载《海潮音》1930年3月第11卷第3期。

霞当即回旋至江南地藏道场九华山，这应该是他第二次来到地藏道场。而翠峰，应该是他的第一次。

三、翠峰华严大学的创办　开中国佛教大学之先河

月霞法师的弟子持松法师在他的《月霞老法师传略》中说，陕西终南山和山西五台山都是华严道场与发祥地，月霞法师与华严学的因缘，则是来自这两个地方。持松的这种说法可印证月霞法师与华严学因缘的最早出处。

或许是那次携马少年即文殊菩萨的神秘开示，让他在与翠峰一见之下顿生欢喜。翠峰在九华后山（今青阳县朱备镇东桥村境内），有滴翠峰、翠微峰、翠盖峰三座山峰，最高处海拔1087米。而以滴翠峰最为清幽。滴翠峰又分上翠峰、中翠峰、下翠峰。翠峰有寺，原名天柱庵，始建于唐咸通五年（864）。元初有陈岩诗《天柱庵》诗注："旧在天柱峰前，唐末滴翠峰下，俗呼高舍，即今之翠峰庵。"

一同来翠峰结茅安禅的还有高旻寺首座普照和尚、北京印魁法师等。月霞法师此次在翠峰专讲八十华严，时间约二年有余，翠峰呈一时之盛，时称"华严大学"。来翠峰华严大学的各路高僧纷纷而至，除了高旻寺首座普照和尚，北京印魁法师还在翠峰打长年佛七，翠峰华严大学遂成为当时中国首开先河的佛教大学，在中国近现代佛教史上书写下浓墨重彩的一笔。

现藏于翠峰寺的一块光绪二十八年碑记《开建翠峰华严道场碑志》不仅记录了华严大学办学过程，也用优美的文字描写了翠峰的风光：

> 盖闻九华有九十峰，灵山毓秀，有冠东南第一之胜焉。而兹峰之高插云汉，浓翠欲滴，山水俱清，此翠峰之名所由昉欤？其南有天柱峰，北有九子岩，皆岩峣峻削，莫可名状。斯峰乃耸峙其间，其为仙人所居，神龙所蟠，理固然矣！古人依峰建寺，因翠予名，更增九华之东一名胜焉。大清光绪二十八年岁次孟夏谷旦，同知衔附贡生江瑞谨撰。

而关于翠峰华严大学开办时间，各种说法不一，《虚云老和尚自述年谱》："光绪十八年（1892），壬辰，五十三岁，约普照、月霞诸师同上九华，修翠峰茅蓬，同住。"可见，翠峰华严大学创办于光绪十八年即1892年是可信的。而对于华严大学的办学规模，《九华山志》（黄山书社，2001年出版）有如下记载：

> 当时江南禅宗五老之一的常州天宁寺冶开和尚亦曾来九华，于华严大学颇有赞助。华严道场学制3年，当时就读的学僧共32名，其中有后来成为近代名僧的虚云、心坚等人。华严道场开创了中国僧伽教育史上办佛学院的先例，受到高度评价。后人曾记："自明清以来，未有讲华严经如此其久者，其道行之高，可想见矣。"（民国《九华山佛教档案》）

四、翠峰华严　余音不绝

翠峰华严大学后因种种原因办完一期即告结束。但翠峰华严却余音不绝。因翠峰地处九华山后山，环境清幽，十分适合清修讲学，也应是吸引月霞、普照及后来众多翠峰学子的重要原因。

根据有关资料，目前所知九华山翠峰寺华严道场（华严大学）培养的学生有30余名，留下其名的有虚云法师、谛闲法师、心坚法师、智妙法师等，这些人后来都在中国佛教史上留有绝响。

近代禅宗泰斗虚云法师于翠峰寺华严道场（华严大学）学习三年，谛闲法师同来参学。据《虚云老和尚自述年谱》载：

> 光绪十九年·癸巳·五十四岁
>
> 仍在翠峰研究经教。是夏谛闲法师来此同度夏后，自往金山过冬。
>
> 光绪二十年·甲午·五十五岁
>
> 仍在翠峰茅蓬研究经教。

由此可见，翠峰华严大学办学前后的时间，至少有三年左右。依《虚云和尚自述年谱》相关记载，虚云和尚于1889年曾朝九华山，礼地藏王菩萨塔，并到百岁宫礼"江南四宝"之一的宝悟和尚，盛赞宝悟和尚"戒行精严，定力第一"。三年之后，即1892年与普照、月霞、自慧、持力、印魁等人同上九华山，修建翠峰茅蓬，研究华严经教。具体情况，纯果法师有记载：

> 由普照和尚主讲《华严》，月霞法师主讲《五教仪》，师（指虚云）主讲《楞严经》。当时学者多来听讲亲近。每日除讲经、坐禅之外，也要出坡抬大石头，一切规模都仿赤老（即句容赤山老和尚）那样做法。一时之盛，成绩斐然。越年，谛闲法师亦来同住弘法。[1]

虚云法师在九华山翠峰茅蓬研究华严经教的三年中，隐居狮子峰茅蓬，写下了大量诗歌，记录修行生活。今择《隐居九华山狮子茅蓬》一首，可帮助我们了解当年的真情实景：

> 半间茅屋一闲僧，破衲如蓑碎补云。
>
> 雨后每栽松柏树，月前常读贝多文。
>
> 青山满目空诸有，黄叶堆门绝世纷。
>
> 搔首不妨须发白，未能高洁也超群。

又据虚云法师上述记载，近代名僧、天台宗高僧谛闲当时也来翠峰共修。据方祖猷《谛闲法师年谱》（炎黄文化出版社，2007年出版）记载：1889年至1911年，是谛闲法师"四处讲经及受维新、革命思潮影响时期"。谛闲法师于光绪十六年（1890）在龙华寺讲《法华经》，圆经后入镇江金山江天寺，任知客。1892年至慈溪芦山圣果寺掩关。1893年春出关回龙华寺讲《楞严经》，夏天离龙华寺，赴九华山翠峰茅蓬，与虚云等同住。

谛闲法师（1858-1932），俗姓朱，出家后法名古虚，字谛闲，浙江黄岩人。生于清咸丰八年（1858），幼年丧父，曾入私塾读书，不数年，以家贫

---

[1] 纯果：《虚云老和尚见闻事略》，见净慧主编：《虚云和尚全集》第八分册《传记资料（上）》，第224页，河北禅学研究所，2008年10月。

辍学，到他舅父的中药店作学徒。由于他赋性聪敏，稍长之后，渐通医道。十八岁随俗授室，自设中药店于黄岩城北门，兼理方脉。越两年，以先后妻死子亡、慈母见背，感悟人生无常，即到临海县白云山，依成道和尚剃度出家。二十四岁，到天台国清寺受具足戒，初学禅观，颇有领悟。曾任上海龙华寺副寺、永嘉头陀寺住持。光绪三十四年（1908），杨仁山居士在南京金陵刻经处创办新式教育的佛教学堂"祇洹精舍"，请谛闲法师去担任学监。1912年，驻锡上海留云寺，在寺内组织"佛学研究社"，自任主讲，先后讲《圆觉经》《百法明门论》《八识规矩颂》等。1929年，弟子倓虚法师在东北哈尔滨创建极乐寺，于寺传戒，请谛闲法师为得戒和尚。时，他已七十二岁高龄，不辞辛劳，远赴东北。四众闻风而来者极众，盛况空前。1931年，他又应上海玉佛寺的礼请，开讲《楞严经》。自春至夏，历时四月讲毕，其间从未请人代座，每次登座两三小时，从无倦态。上海讲经圆满，返回宁波观宗寺，自感体力衰退。1932年五月十九日（阳历7月3日），安详坐逝。

心坚法师（1872-1952），字觅光，俗姓袁，湖北阳新人。少年即信佛，研读《金刚经》。光绪十七年（1891）拜月霞法师为师，就读于翠峰寺。后随月霞法师赴泉州开元寺。不久应九华山东崖寺僧之请，住持该寺。宣统元年（1909）建东岩下院，民国初年建法华寺，并任住持。1914年任九华山佛教会副会长。1919年至1922年住持安庆迎江寺，1923年至1928年归九华山，任佛教会会长、理事长。1929年住持九莲庵，被九华山佛教会第四届代表大会选为指导委员。1930年至1933年两次住持迎江寺，任安徽佛教会常委。1936年退居黄山始信茅蓬。1938年退居芜湖功德林，并于功德林圆寂，墓塔于九华山东崖峰下。

五、坚韧不拔　愈挫愈勇

清末民初没收庙产的所谓兴学运动，让刚刚恢复了一点生机的佛教再次受到沉重打击，毁庙逐僧之事累累发生，值此之际，月霞被时为安徽省会的安庆的第一大寺迎江寺请为安徽省佛教会主席，并住持迎江寺。而早在翠峰办华严大学之际，月霞法师开始意识到，佛教连连遭此破坏，更大的危机或可能再度发生，佛教界当务之急是必须培养优秀僧才，这才是百年大计，千年大计。担任安徽省佛教会主席的月霞法师开始继续在迎江寺筹办佛教教育，仍主讲华严，这是翠峰华严大学的继续，当时招收学生四十余名，暂定学制为三年。

而与此同时，江苏佛教界也开始积极组织江苏僧教育会，并于雨花台创办僧立师范学校，迎请月霞法师为监督。江苏僧立师范学校有学生八十余人，年轻的杨仁山为学长，而后来成为佛教中坚的月霞弟子智光也积极追随其师，成为雨花台僧立师范学校学生。这期间的月霞法师，已然成为当时中国佛教的中坚和柱石般的人物，智光法师撰写的《月霞法师略传》其下半部谈到月霞法师办教育、讲经事迹，"启发革命之真谛，期佛教为将来民众之觉场"。当时的月霞法师虽然"惨淡经营，为法心伤，甚至泪如雨下者，不知凡几也"，"然初衷不改，振兴佛教，使大乘法化，普及民众，南北驰向，处处具大乘菩萨之真精神，可谓法师之大菩提心与行善菩萨道事人所难能不可湮灭"。

而在此期间，月霞的同门兄弟应慈法师一直随侍在月霞座下达十二年之久。应慈法师终生讲授华严，被人们称为"华严座主"。而应慈法师的《月霞显珠禅师行略》以客观的笔墨记述了月霞法师的生平，成为后人研究月霞法师的可靠的资料。而月霞后来在上海哈同花园继续创办华严大学，应慈法师也一直充任重要副手。直到月霞示寂，应慈法师恪守法兄遗训，倡导刻印三华严以及《贤首五教仪》、刊印《华严经探玄记》《妄尽还源观疏钞补解会本》《法界观门》等。

月霞法师的弟子持松在其《月霞老法师传略》一文中说到晚近月霞法师对佛教现状的悲观以及他积极筹办佛教教育的心绪："师对于晚近佛教每抱悲观，常谓佛教前途将有不堪设想之厄运，故一而（再）设立学校，以期造就人才，备布教之用，一面向政府抒其意见，俾藉政治力量，革除劣习，刷新制度。"又深知"旧习深染，非旦夕可除。近来佛教学校教育稍见振作，师实开风气之先也"。

然而不久，张勋复辟，社会动荡，江苏僧立师范解散。月霞法师不得不溯江而上，来到上海。辛亥革命后，月霞法师受上海佛教居士之请，前往讲授《大乘起信论》。当时，康有为在上海曾说服英国人哈同夫人弘扬佛法，开办华严大学，哈同夫人便将创校一事委托月霞筹划。1913年，月霞法师办华严大学于哈同花园，园中新建禅堂、讲堂，招收学生60人，订为预科三年、正科三年，以弘扬华严教义为主。由于《华严经》卷帙浩大，非有较高的知识、较多的时间，不能卒读，故历代以来，在中国多为单传。自月霞创办华严大学后，一时门人遍天下，成为华严之盛。

然而不久发生的两件事，让哈同花园的华严大学不得不再次停办。

哈同花园华严大学第一届预科班尚未结业，即有异教徒从中破坏，后又因花园女主人罗迦陵在农历正月初一日要求学生（全系出家僧人）向她磕头礼拜，罗迦陵系英籍犹太裔房地产大亨哈同的中国妻子。月霞认为，昔有沙门不敬王者论，现哈同夫人却要求僧侣向其跪拜，实有辱佛教尊严，万不可接受，遂接受康有为的建议，率全体师生迁移至杭州海潮寺，利用旧有禅堂、法堂继续上课。而不久又发生一件事，更让月霞意识到国运的衰微导致佛教的前途已是危在旦夕。

民国四年（1915），袁世凯任民国大总统，一心恢复帝制。当时日本人有意要求来华求学佛教。民国政府遂发起讲经会，迎请月霞法师赴京。而时任安徽都督的孙毓筠为拍袁世凯马屁，并为袁世凯营造佛学气氛，请月霞在京为安徽同盟会人讲《楞严经》。月霞法师在讲《楞严经》至"七处征心"时，拐弯抹角影射袁世凯恢复帝制，引起在场袁派一片哗然，并要追究其罪。月霞法师乃匆匆结束演讲，为免受灾殃，便托病南旋，不再露面。

上述两件事，突显出月霞法师虽为出尘之人，但却不失爱国正义，其刚直不阿的个性更受人爱戴和尊敬。

六、结语

华严大学虽然还只是近代佛教新式教育的雏形，但已具备一定的办学规模，是对中国近代佛教教育新模式的尝试，培养了虚云、谛闲等华严学者。此后，月霞法师在安庆迎江寺组织安徽省僧教育会，又在上海、杭州办华严大学，毕生从事华严教育，培养人才无数。在这期间，月霞法师还曾移华严大学于九华山东崖寺。

月霞等来到翠峰寺办华严大学（华严道场），之后又驻锡迎江寺，给腐朽、沉闷的安徽佛教吹来一阵从未有过的新风，不仅推动了安徽佛教的发展，也为中国近现代佛教的复兴吹响了号角；后来者杨仁山、欧阳竟无、太虚法师、常惺法师等积极效仿，开办佛教学校，开义理参究之风，使衰微的中国近现代的佛教教育与学术文化事业有了勃勃生机，佛教重新开始恢复了生气；月霞法师及其弟子由翠峰寺肇始，培育出一批弘扬华严的学者，也使中国佛教华严宗得以复兴。

最后，以著名学者、中国社会科学院世界宗教研究所黄夏年先生的一句话作结："月霞法师是近代弘传华严大家，不仅讲授华严，研究华严，教学华严，实践华严，而且还培养了众多华严弟子，对当代华严学复兴与发展功不可没。"也正如黄夏年先生所说"要宣传华严，更要对月霞法师作更多的研究"[①]，这也是本文作者撰写这篇论文的初衷。

---

① 黄夏年：《关于月霞法师传记的刍议——兼评蒋维乔对月霞法师的看法》。

洪亮吉与常州天宁寺

叶宪允（中国艺术研究院中国文化研究所）

　　千年古刹天宁寺雄踞常州中心城区，前俯举世闻名的京杭大运河，千余年来，几经沧桑，屡有兴废。天宁禅寺始建于唐代贞观、永徽年间，禅宗牛头禅初祖法融禅师因山中僧人无食，来家乡常州募化斋粮时"筑室十余楹"，供僧人栖身，为开山之始。天复年间维亢禅师途经常州，听说法融禅师的旧事，就"施舍利，卜寺址"，正式建寺，起名为"广福寺"。唐末，淮南节度史杨行密将此改名为"齐云寺"，并称维亢禅师为齐云长老。南唐保大年间，又建七层宝塔。宋朝始，寺中法会极盛，寺志中有"法会之盛，闻名遐迩，庄严妙胜，甲于东南"之记载。北宋熙宁三年，神宗皇帝下诏书，命令全国各州郡都要建崇宁寺，遂易齐云寺为"万寿崇宁寺"，赐塔为"慈云"。北宋政和元年徽宗皇帝又下诏改为"天宁寺"。南宋绍兴七年又改名为"报恩广孝寺"，不久再次改为"光孝寺"。绍兴十二年，高宗皇帝为纪念被俘死在金国的徽宗皇帝，下诏改"光孝寺"为"崇奉徽庙道场"。元代至元年间仍复称天宁寺，沿袭至今。

　　"武进天宁古刹，肇基于唐贞观永徽间、牛头法融禅师之筑室，五代天复间，维亢禅师之建寺。曰广福、曰齐云、曰崇宁、曰天宁、曰报恩广孝、曰光孝，名屡易；元至元间，复名天宁，沿明清以迄今，未之改焉。绀宇巍峨，宗风峻整。高僧崛起，代有传人，如：一源、瀹潭、沤居、香雪、天玉、法钟、宙亭、大晓、天涛、了月、广参、纳川、恒赞、定念、善净、冶开、月霞、明镜、惟宽、应慈，其著者也。冶宽二公，仿石埭、创毗陵经处，所刊方册经藏，卷帙几媲金陵。先后设立黉舍，造就僧才；云水堂前，担簦擎钵至者恒络绎。信乎翁常熟楹帖所题'过江到此，第一丛林'也！"①

虽然历代有兴废，至今仍然规模巨大，有天王殿、文殊殿、普贤殿、罗汉堂、大雄殿、观音殿、地藏殿、御书楼、禅堂、藏经楼（档案室）、九莲阁（三宝殿）、客堂、三会堂、法云堂、方丈室、学戒堂、斋堂、放生池、达摩阁（松纯上人纪念堂）、祖堂、财神殿、念佛堂、大悲楼、六波罗蜜堂、四空堂、四无为堂、安乐堂、芥须堂、思来堂、梅隐堂、无念堂、无垢堂、习观堂、巽宫楼、尘外楼、影堂、宝明楼。形胜还有：天宁宝塔、无尽甘泉井、汲绠涌泉井、东西双面日晷、平面日晷、白石香炉、石印金刚经塔拓片、董其昌楷书金刚经石刻、苏轼草书金刚经刻石、邹之麟书金刚经幢、洗米弄、古刹竿石座、徐志摩雕像、舣舟亭、清七如来石经幢。②天宁禅寺住持廓尘乘悟指出：常州天宁禅寺为全国重点寺院，历史上素有东南第一丛林、明末清初的东南四大禅宗丛林之誉。天宁禅寺历史上有庄田一万余亩，分布十数个州县。最盛之时，收租的团队就有五六十人之余。寺常住数千人，法筵绕座万指，是常见之事，最鼎盛之期，常住达万员，分房为十三。其高僧辈出，在祖堂列八十余位的寺院，唯宁波天童、余杭径山、杭州灵隐。从宗门法派来说，天宁禅寺其下法属、嫡裔遍布江浙，远至高丽、日本。③

作为拥有一千多年历史的著名大寺院，其辉煌的历史与风采必然光彩夺目、事迹盛事众多。以历代住持而言，就有牛头法融、齐云维亢、觉然宝月禅师、天宁用忠禅师、伊庵有权禅师、天宁口定禅师、无学惠习禅师、别岸若舟禅师、幽岩口静禅师、一源永宁禅师、太古昙徽禅师、天之自性禅师、一舟海湛禅师、天宁瀹潭禅师、沧海智宝禅师、天宁纯一禅师、性存口真禅师、行中至仁禅师、闻极明聪禅师、道立本中禅师、雪心明显禅师、觉初净因禅师、天宁口声禅师、一清慧澄禅师、天宁维纯禅师、天宁信璋禅师、天

---

① 松纯大成主编：《常州天宁禅寺志》目录，常州天宁禅寺，第3页。
② 松纯大成主编：《常州天宁禅寺志》目录，常州天宁禅寺，第1–3页。
③ 松纯大成主编：《常州天宁禅寺志》序，常州天宁禅寺，第11页。

宁正懋禅师、天宁大悦禅师、天宁心达禅师、香雪戒润律师、天宁声白律师、声叔德口律师、法钟海觉禅师、天舆纪赞禅师、过庵纪轮禅师、湘雨纪荫禅师、本如存敬禅师、湘云山灏禅师、澄一济清禅师、德洪际圆禅师、大晓实彻禅师、扶功际明禅师、天涛际云禅师、沧洪际注禅师、定果际觉禅师、纳川际海禅师、定悟际诚禅师、海宇常清禅师、顿悟了悟禅师、觉性了是禅师、净德了月禅师、鼎成达传禅师、石泉达鼎禅师、朗照达昱禅师、慧炬达轮禅师、广参达明禅师、恒赞达如禅师、雪岩悟洁师、普能真嵩禅师、定念真禅禅师、青光清宗禅师、善净清如禅师、冶开清镕禅师、琢如显泉禅师、明镜显宽禅师、惟宽显彻禅师、慧轮密诠禅师、永培密华禅师、证莲密源禅师、钦峰密雨禅师、敏智印心禅师、戒德印宗禅师、佛声印正禅师、天宁洪德禅师、松纯大成禅师、廓尘乘悟禅师。[1]应该说这些历代住持高僧都各拥有一定的影响力，对天宁寺都有一定的贡献。如元末明初的瀹潭，乃中峰明本嗣法弟子，曾为常州著名大刹天宁禅寺堂头。[2]瀹潭，西蜀人氏。幼即参学，二十多岁入天目，依中峰明本禅师，参究有所入，遂受记莂，嗣法为临济二十世。明洪武初，至常卓锡于天宁寺，在荒烟蔓草中，重开清净道场。因五代之际、宋元之交，常州屡遭兵劫，寺亦迭毁，仅存佛殿、钟楼及后间中隐西院。师以就存者加以修葺与重构，遂初具丛林规范，其建置始有可考，即今寺所在之地也，盖六百年未之改焉。[3]天宁寺得以延续，师有始得复之功。唐代以后，中国佛教以禅宗最盛，禅宗"五派七家"中"临天下、洞一角"，临济宗最盛，曹洞宗也很兴盛。天宁禅寺显然与禅宗临济宗有密切关系，瀹潭禅师就是体现。1265年，临济第十七世祖师雪岩祖钦（1215-1287）开法天宁寺，"祖挂牌道场开法天宁，原妙侍"，也就是临济宗祖师雪岩祖钦曾开法于天宁寺，其嗣法弟子高峰原妙曾侍之于天宁寺，高峰原妙是临济宗第十八世祖师。高峰原妙弟子中峰明本，更是声势最盛的一代著名高

① 松纯大成主编：《常州天宁禅寺志》目录，常州天宁禅寺，第5-7页。
② 松纯大成主编：《常州天宁禅寺志》，常州天宁禅寺，第310页。
③ 松纯大成主编：《常州天宁禅寺志》，常州天宁禅寺，第159页。

僧，是临济宗第十九世祖师。新编《常州天宁禅寺志》列明本禅师为"法祖"之一，收录了大量文献。瀹潭禅师就是中峰明本弟子。如此，确实乃临济宗三代祖师都与天宁寺有深厚法缘。此外，千百年来，天宁寺的门人弟子等，游方行脚者、善男信女等等肯定是不计其数不胜枚举，这些都是天宁寺不可或缺的胜迹往事，也是不言自明的。

千年古寺历代传承下来，并保持兴盛的局面，自然有其机缘，在一般僧众与信众之外，当然有朝廷政府的支持，也有文人墨客的题咏参访与盛赞，此乃相辅相成的良好关系，寺院的兴隆、佛法的高深、佛门氛围的优良，必然吸引朝廷以及地方的注意、文人墨客的瞩目，反之，又可推动寺院的再兴盛再发展。天宁寺处于文化昌盛经济发达的江南腹地常州，常州作为全国历史文化名城，佛教界具有重要的现实意义，有其得天独厚的良好自然条件与社会文化氛围。历代以来，教外扶持的文人众多。与天宁寺有或深或浅的渊源文人有：刘禹锡、谢应芳、胡濙、陈晔、王玙、唐贵、徐问、唐顺之、郑鄤、许之渐、高道素、邹之麟、朱彝尊、钱人麟、刘伦、洪亮吉、赵翼、刘权之、方履篯、左辅、董国华、吴孝铭、庄受祺、冯桂芬、翁同龢、陆鼎翰、盛宣怀、屠寄、程德全、庄蕴宽、叶尔恺、钱振锽、濮一乘、刘国均、李焕明、吴建卫、吴国强、周金清、周晓萍、高培芝、屠永锐、黄楚龙、董才平、杨产玉。①

常州大文人洪亮吉与天宁寺也有深厚渊源，事迹值得梳理。洪亮吉（1746-1809），常州人，清代大臣、经学家、文学家，毗陵七子之一。《天宁禅寺志》记载，洪亮吉，"江苏阳湖人。字君直，又字礼吉、稚存、蛣，号江北，晚号更生。祖籍安徽歙县洪坑。洪亮吉六岁而孤，母蒋氏带五个女儿回娘家，以纺织、女工维持生计，并供亮吉入塾读书。乾隆五十五年庚戌（1790）中一甲二名进士，授翰林院编修。历顺天乡试同考官、督贵州学政，上书房行走，高宗上宾。仁宗亲政，诏求谏言，为不辜负圣恩，奏数千言陈

---

① 松纯大成主编：《常州天宁禅寺志》目录，常州天宁禅寺，第8-9页。

故福郡王，繁费州县供亿，致虚帑藏。故相和珅擅权，达官清选，或执贽门下，或屈膝求擢，罗列岗上负国者四十余人。乞成亲王、兵部尚书刘权之代奏。上见以为论及宫禁，革职，交刑部审理，以大不敬、斩立决。疏奏嘉庆，下旨免死，流放伊犁。行走半年抵达新疆伊犁，时为嘉庆五年庚申（1800）二月。四月京师大旱，持旨大赦，亮吉旨赦于九月初七回故里。综观洪亮吉一生，稿笔出游，节所入养母，会客浙江处州，母卒，途次得讯，号踊落水得救。母丧三年撤酒肉，不入中门，每遇母忌，终日不食，三十年如一日。纯孝也！而亮吉深怀忧国之心，对时政陋弊革新之想；上疏《乞假将归留别成亲王极言时政启》，嘉庆皇帝见疏大怒：以小臣妄测高深，意存轩轾，狂谬已极，下旨革职交刑部，刑部会审：斩立决。到嘉庆谕旨：'发往伊犁'。到伊犁二三月，嘉庆谕旨：'实无违碍之句，仍有爱君之诚。'而在原上书启，又有嘉庆的御笔：'座右良箴。'尽忠也！亮吉在革职、赦还故里后为天宁寺撰《重建天宁寺碑记》曰：'自今上御极以来、仁恩熙绩，翔洽中外，江左数千里屡获丰年。'又曰：'然则此寺之所以独异者，人力之乐输为之，年谷之顺成为之，住持之维护为之，而实国家恩泽之翔洽为之也！'足见亮吉忠心耿耿也。亮吉的重建碑记，记叙天宁寺自嘉庆元年丙辰（1796）重修正殿，迄八年癸亥（1803）添建殿前罗汉堂五十八间。天宁净德了月禅师已赴住镇江夹山竹林寺，故这八年天宁重建，则由净德的门人达传、达鼎、达昱、达轮担负。亮吉忼爽有志节，于书无所不览，尤精舆地学，诗文有奇气，少与黄景仁齐名江左，号'洪黄'。沉研经史，与孙星衍论学相长，称'孙洪'。著述有《卷施阁诗文甲乙集》《更生斋诗文甲乙集》《江北诗话》等行世，嘉庆十四年己巳（1809）卒，葬武进德泽乡龙虎塘前桥。故里大儒、乡绅赵翼、伊秉授、张问陶等均书挽章哀之。"①

从此记载，我们不但可知洪亮吉的生平事迹，也知道了他曾撰写《重建天宁寺碑记》，自然他与天宁寺就建立起了渊源，一是天宁寺在重建之时，

---

① 松纯大成主编：《常州天宁禅寺志》，常州天宁禅寺，第372–373页。

请他这位著名文人撰写碑记，二是洪亮吉显然也是有意愿弘扬佛学思想，并且熟悉天宁寺。

洪亮吉撰写《重建天宁寺碑记》：

> 府城东寺凡六七，而天宁最大。寺前殿曰天王，正殿曰大雄宝殿，左右为罗汉堂，其南有巽宫楼。殿后为大悲楼，其下为斋堂。堂后为方丈，左有客堂，有安乐堂，有斋厨，有斋库，有僧寮。屋计五百间有奇，年历千四百余载，而巍峨坚整如前者，盖若有神物呵护焉。我朝历圣南巡，城东为警跸所由，翠华屡幸其寺。由是栋宇加饰，轮奂益崇。乡士大夫亦勤为保护，而其兴修创建之烦重，则住持了月之力居多。其拆建天王殿也，赵兵备翼记之；其兴修未竟工程也，庄州守暎记之，事皆在乾隆五十余年间。自今上御极以来，仁恩熙绵翔洽中外，江左数千里屡获丰年，于是奉行像教者，以其余力心感乐输，梵宇琳宫，百废俱举。嘉庆元年重修正殿，瓴甋一新，二年因后园隙地，创置浴室，补建东北隅后楼三楹；四年重茸巽宫楼，易其柱石楣栿之朽泐者，五年复以观音、地藏两殿在正殿东西，室宇卑隘不足以称，乃庀大材治工具增高之，巍然谺然如翼如拱；八年改造安乐堂，养僧人之耆者，因以旧安乐堂为方丈内客座；增设斋厨十余楹，薪蒸有所；而大悲楼重修如新；又自六年以迄八年，添建殿前罗汉堂五十八间，增塑罗汉尊者五百尊，金碧赫然，香火甚盛，由是寺中修整若一无可复治。夫自佛法入中国以来，寺宇在天下者，不下万万，求其鼎新者，曾不数觏；即自宋元以来，寺宇在吾郡者，不下千计，求其鼎新者，亦曾不数觏焉，独天宁一寺，历久如故，岂非以寺为祝厘之地，列圣临幸之所及耶。然则此寺之所以独异者，人力之乐输为之，年谷之顺成为之，住持之维护为之，而实国家恩泽之翔洽为之也！谓若有神物呵护者

505

岂不然哉，岂不然哉。①

从此记载中可知，在清代洪亮吉时期天宁寺又进行了大规模的修建，而且乾隆皇帝多次在南巡之时出入天宁寺，洪亮吉也注意到天下寺院虽然众多，但是屡有兴废，能长盛不衰者确实比较稀少，他赞叹天宁寺的规模巨大长期兴旺鼎新。洪亮吉还提到拆建天王殿，兵备赵翼（1727-1814）记之。赵翼撰有《重建天宁寺前殿记》，其中说，"常州东门外天宁寺，崇敞宏伟，为一郡梵刹之冠"②。在人文兴盛的常州，出入天宁寺的文人必然众多。

洪亮吉说，"兴修创建之烦重，则住持了月之力居多"，可知此次天宁寺大规模的重建，住持了月和尚出力居多。此了月住持，应该就是净德了月禅师（1731-1812），乃禅宗四十七世、临济三十七世，润州五峰纳川际海法嗣。了月禅师，江苏常州阳湖五里桥赵氏子，名了月，字净德，晚号虚奇。师生而颖异，幼有出尘志，父母阻之不果。年二十六，沿村瘟疫，师亦染病几死，一夕梦中见观音大士曰："尔染是疾，必出家方好。"乃发愿曰："蒙菩萨指迷，病好定然出家。"由是病愈，弃室投润州五峰山纳川际海禅师披剃。年二十七，依金山天涛际云禅师禀受具足戒。年二十八复回五峰山请益。一日开田次，遇雨有省，归呈纳川，纳川曰："你着甚死急。"师曰："雨打石人头，暴暴论实事。"纳川曰："锄头在甚么处？"师随脱湿衣呈之。纳川曰："切莫草草匆匆，云月是同，溪山各别。"师曰："和尚须仔细，莫教全靠不肖。"纳川领之，遂授记莂，并嘱以深蓄厚养，慎勿堕于时流。嗣法为禅宗四十七世、临济宗三十七世。师领嘱离五峰，乃往来金山、天宁两处，亲近大晓实彻禅师及历代老和尚，师唯以作务任劳、难行能行、难忍能忍为己任，十数年一如。乾隆三十六年辛卯（1771），与同参琢三了勤禅师朝南海，途经嘉兴，所见丛林无安单之处，故于古灵光禅堂旧址兴复精严寺，凡十五年，三易方丈，情愿执劳服役、营办堂宇、募化斋粮，以供大众，此盖

---

① 松纯大成主编：《常州天宁禅寺志》，常州天宁禅寺，第81-82页。
② 松纯大成主编：《常州天宁禅寺志》，常州天宁禅寺，第80页。

师和琢三师之谦光德让也！乾隆五十一年丙午（1786），常州天宁虚席，众议非师来不可；二请并在琢三师同行相助勉语下，才允赴院，师至天宁，常住室如悬磬、官逋累叠千金。在众口嗷嗷、煎粥不继之岁，多亏西门陈姓送来白米三十石，度过岁荒。在琢三师辅助下，惨淡经营，兴修各殿、补雕罗汉成五百大士，建堂以奉供。不十年，天宁法道大盛，盖师为人慈和忍辱，故能感发檀越乐善好施之心，庄严佛果菩提。又以处众宽洪，温恭克让，十方缁素无不来归。师生平最喜老实，不事虚华，凡见学者穿着华美，皆痛叱之。嘉庆四年己未（1799）夏五月，蒙润州王梦楼太史等，延师驻锡夹山竹林，而天宁常住嘱咐法徒鼎成达传、广参达明、慧炬达轮等摄持院事，时天宁田产本八百余亩，今增置达一千三百余亩，可供合寺馆粥。师至竹林，又开垦山壑，栽培竹木，成为中兴。嘉庆十七年壬申（1812），自春入夏，师之精神色力尚如平常。不意七月初旬，身染寒疾，不可以风。十五日子时端坐而逝，世寿八十二，僧腊五十六，戒腊五十五、法腊五十四。奉塔于润州夹山竹林寺大山门之右菊花山。嘉庆十七年赐进士及第，诰授中宪大夫、贵州贵西兵备道，庚午科重赴鹿鸣筵宴，钦加三品衔。八十六老人、师之同族赵翼撰《天宁净德月禅师行略》、丹徒张崟铭其塔。[①]

　　洪亮吉撰有诗《二十三日雨中，天宁寺僧了月约至净室浴，归赴友人持螯看菊之约》："雨中约我清池浴，九月温汤泛寒菊。浮波更有艾叶香，道士远寄仙人方。斋心危坐历日午，四面雨声喧若鼓。僧厨不足餍老饕，归漉新酒持霜螯。"[②]此诗中"二十三日"，应该据该诗前几首诗的时间顺序规律，乃是九月份，即九月二十三，此日乃雨天，了月禅师邀请洪亮吉到天宁寺，然后洪亮吉到友人处看菊吃蟹。该诗之前有《中秋日李兵备廷敬邀同吴祭酒锡麒祝编修墪赵司马怀玉林上舍镐储上舍桂荣改山人琦暨铁舟上人吴淞江泛月至三鼓始返》《十六日瞿舍人秉虔邀同人集鸥波池馆夜久即留宿斋头率赋

---

①　松纯大成主编：《常州天宁禅寺志》，常州天宁禅寺，第199–200页。
②　（清）洪亮吉撰：《更生斋集》诗续集卷一，清光绪三年洪氏授经堂增修本。

一首》《十七日吾园小集听鞠叟及俞生对弹琵琶》《十八日黄浦江上喜晤郑
侍御澄率赠一首》《十九日避酒出南园林上舍镐复招同改山人琦汤布衣咸暨
令子诩至春风楼痛饮三鼓乃返》《九月三日偕朱比部文翰昆仲放舟至唐文襄
读书台兼访李秀才述来即席作是日》。据《洪亮吉年谱》，此诗作于1804年，
即该年九月二十三日，洪亮吉到天宁寺。乾隆五十一年（1786），了月禅师
到天宁寺，嘉庆四年（1799）夏五月，了月禅师驻锡夹山竹林寺，但是他可
能兼任天宁寺住持，摄持院事，还会往来天宁寺。而洪亮吉《重建天宁寺碑
记》又记载嘉庆六年（1801）迄嘉庆八年（1803）之间的重建天宁寺。故此，
大约二人之间的交往大致在1803年之后。嘉庆五年（1800）九月初七洪亮
吉被赦回归故里常州、1809年洪亮吉去世之前。故此1803年至1804年之间，
是他们交往的主要时间段。

洪亮吉与天宁寺的交往不止一端。洪亮吉曾与焦山方丈巨超、摄山方丈
慧超等游京口（镇江），其他诗文往来颇多。京口毗邻常州距离很近，所以
大概是这几位僧人又到了常州洪亮吉家以及天宁寺。《游京口南山记》："游
凡三日。同游者僧三人，焦山方丈巨超、摄山方丈（今退居放生池静室）慧
超、夹山首坐恒赞。导游者僧一人，吾乡天宁寺知客槜云也。"①这里在巨
超、慧超之外，还有夹山首坐恒赞、天宁寺知客槜云，这些僧人必然有一定
渊源，与天宁寺有关。按《洪亮吉年谱》，此诗作于1801年六月，洪亮吉六
月避暑焦山定慧寺，与僧清恒相识。《送巨超僧自焦山移主山阴玉笥山方丈
序》："余自辛酉（1801）岁六月始识焦山僧巨超。"释清恒（1757–1837），
俗姓陈，字巨超，浙江海宁人。乾隆年间主持焦山，工诗，兼善书法，与当
世名流多有交往，所著有《借庵诗草》十二卷、《借庵诗文遗稿》等。事具
《新续高僧传四集》卷六十五、钱钟联主编《清诗纪事·释道卷》等。释达
瑛（1745–1804），字慧超，号练塘，清江苏丹阳人。曾主摄山栖霞寺。工
诗，与焦山定慧寺清恒、万寿寺悟霈相唱和。所著有《旃檀阁诗钞》等。事

---

① （清）洪亮吉撰：《更生斋集》文乙集卷一，清光绪三年洪氏授经堂增修本。

具徐世昌《晚晴移诗汇》卷一百九十七等。释恒赞（生卒年不详），俗姓何，字恒赞，清广东南海人。嘉庆时至常州天宁寺参僧净德，被命为继席。精研经教，兼通文翰。卒年七十九。事具《武进阳湖县志》卷二十九等。① 然后这几位高僧来到了常州，洪亮吉有诗《二十四日小窗独坐闻慧超、巨超、莲艇三上人已抵西郭，即欲过访，喜赋》："薄寒开南窗，默坐苦不乐。忽闻三上人，远到慰离索。闲云西北至，并落天际鹤。呼童扫三径，先把长帚缚。溪边梅树古，细验开与落。山人庭宇窄，略复具疏凿。更生新作斋，卷施昔名阁。沿阶摊坐具，相与话寥廓。未知江上艇，能得几时泊。萧然忘世味，蔬止办藜藿。饮罢访定僧（谓天宁寺了月方丈），连翩出东郭。"② 从这首诗可知，先前与洪亮吉一起游览京口的慧超、巨超等僧人来到了常州洪亮吉的家宅，于是洪很高兴地打扫庭院，准备在溪边古梅树下招待这几位僧人，后又改为在卷施阁上"沿阶摊坐具，相与话谈"。然后一起去天宁寺拜访了月方丈，"饮罢访定僧（谓天宁寺了月方丈），连翩出东郭"，天宁寺正是在常州城的东面。从诗名还知道几位人士聚集是在二十四日，查洪亮吉《更生斋集》诗卷六中这首诗前面的几首诗，分别是《小除前一日祭诗作》《癸亥元日影堂祀先感赋（时蒋宜人亦祔祀）》《新正十九日赵兵备翼招同庄宫允通敏刘宫赞种之暨……》《是日座上有怀孙兵备星衍复成一律即呈诸前辈并寄兵备》《十三日约蒋二廷曜出东郭看迎春》，显然有着明确的时间顺序，先是前一年的除夕前一日，接着就是癸亥元日、新正十九日、十三日，都有一定的年份时间顺序，故此首诗应该都是作于癸亥年正月，癸亥年即1803年。此次三位僧人的到来，正是在1803年。上文《重建天宁寺碑记》中的时间节点也是在1803年之后，很一致地说明，洪亮吉与了月方丈交往的时间就是在1803年前后。洪亮吉还有一首诗，也是提到此慧超、巨超、莲艇三上人，在他们一起去了天宁寺之后，还去了红梅阁。该阁在天宁寺附近，该诗

① 李金松编：《洪亮吉年谱》，北京：人民出版社，2015年，第339页。
② （清）洪亮吉撰：《更生斋集》诗卷六蠡河伤逝集，清光绪三年洪氏授经堂增修本。

即《二十五日雨中，同三上人至红梅阁探梅小憩》。上一首诗是二十四日，三上人到来，吃完饭聚谈后去了天宁寺，接着第二天即二十五日，去红梅阁探梅。《二十五日雨中，同三上人至红梅阁探梅小憩》："久晴既望雨，久雨亦望晴。街泥滑如油，携屐忽远行。一楼入虚无，三面柏作屏。沿阶石狻猊，色带苔藓青。中藏全真庐，翛然诵黄庭。远挈开士来，劳此道侣迎。清谈忽移时，天色又已冥。仙人既飞空，梅蕊亦不馨（时阁后古梅凋落殆尽）。朔风擘衣裳，难臻舣舟亭。惟应栴檀香，归涂访天宁。"①由此诗的最后，可知在探访红梅阁之后，由于久雨且风大，就很难去游览舣舟亭，归途中又去了天宁寺。

洪亮吉还在诗中提到他清晨曾到天宁寺看僧人食粥，并说自己距离天宁寺很近。《初八日侵晓诣天宁寺斋堂看食粥》："一堂三百僧，夜起然巨烛。众喙无一声，同焉食斋粥。茅檐散余粒，乌鹊欣可啄。斋余仍沃金，沾溉及群族。汝曹无一事，饭饱惟鼓腹。丰年宁易觏，况享太平福。我居真咫尺，早食亦粗足。归拨老瓦盆，应欣芋魁熟。"②诗中描述了天宁寺僧人食粥的过程与场面，也指出寺内有三百僧人。"我居真咫尺"，表明洪亮吉到天宁寺很近，所以他也能有机会在天还没有亮即"夜起然巨烛"之时，到寺内观览，此中的初八日，应该就是腊八，僧人们食粥，就是传统习俗中的在腊八节吃腊八粥。

洪亮吉活动在天宁寺的时间，是癸亥年（1803）前后，观看腊八粥活动也是在1803年，还有一个重要证据，就是他曾作《里中十二月词》，小序中，洪亮吉说："癸亥（1803）小除夕，避债沙河门侧，因忆里中旧游及诸胜事，爰成十二月词十二首。"

三月：

二月二过三月三，荠花黄遍穿单衫。单衫何处寻春好，先踏舣舟亭畔

---

① （清）洪亮吉撰：《更生斋集》诗卷六蠡河伤逝集，清光绪三年洪氏授经堂增修本。
② （清）洪亮吉撰：《更生斋集》诗续集卷一，清光绪三年洪氏授经堂增修本。

草。红梅阁接迎春堂，一路草香花亦香。红墙缺处危楼突，正好满塘春水活。卖花担子不得停，昨日寒食今清明。花间古庙门开早，一片香烟接花袅。倾城人出不遽归，缓步却从城北回。君不见，兴阑欲访闲桃李，却惜山庄前已圮。

里谚云：三月三荠菜花儿单布衫。舣舟亭、红梅阁、迎春堂皆在城东，距城北三里，有青山庄，为前明吴氏别墅，林壑之胜，甲于郡中。雍正中，张布政适居之，后籍入官，为里中富民所有。乾隆三十一二年，其家中落，遂拆以偿逋，今久鞠为茂草矣。

四月：

玫瑰花香一城懒，数起数眠天不晚。城弯北去觅午凉，柳线乱将行客绾。鲥鱼上市值万钱，山笋转嫩樱桃鲜。微泉阁枕缓云阁，商略欲启荼蘼筵。廉纤梅雨才经夕，已报江波入三尺。赵家楼上望欲惊，画舫却与楼窗平。

出东门至天宁寺，后有曲巷一条，名城弯，夏中纳凉所也。微泉阁，在县学西，侍御史董玉虬别业，今归赵氏。缓云阁，在云渡东，旧属吕氏，今圮。

十二月：

桃仁满把糖盈掬，腊八家家煮膏粥。袈裟三百红满街，穿遍一城云化斋。阛于影里飞花爆，相约二十三先祀灶。神祇五路土五方，屋后有井堂前仓。小儿新年上学堂，牲醴并欲祠文昌。年残百物先储蓄，家燕宾筵喜俱足。君不见，书生生计绝可怜，研断冻墨书春联。

腊月八日，以百果煮粥，并馈亲邻。城东天宁寺，僧徒常三百余人。腊月初，则空寺尽出，各化腊八米祀灶，旧以二十四日，今则家计稍裕者，皆移二十三，土俗以五路神为行人，岁尽则祀五方土，士人则加祀文昌朱衣。岁除，寒士之窘者，恒设笔砚于通衢，代写春联，可日得数百钱。[①]

《里中十二月词》写于"癸亥（1803）小除夕"，即1803年腊月二十八

---

① （清）洪亮吉撰：《卷施阁集》诗卷十秘阁研经集，清光绪三年洪氏授经堂刻洪北江全集增修本。

日，洪亮吉在"三月"诗中提到舣舟亭、红梅阁，都是在天宁寺，下文再展示。"四月"诗中直接提到出常州东门至天宁寺。"十二月"诗中提及"腊月八日，以百果煮粥，并馈亲邻。城东天宁寺，僧徒常三百余人"。与上文洪亮吉诗《初八日侵晓诣天宁寺斋堂看食粥》的内容基本一致，充分说明了天宁寺腊八粥习俗的盛况。按时间上看，洪亮吉在诗中写吃腊八粥的记载丰富翔实生动有趣，而且是自身在清晨灯火昏暗之下的亲历，故此次到天宁寺时间就是1803年的腊八节这一天，所以到1803年的小除夕之日即28日，就把天宁寺的腊八活动引入"十二月"诗中。写诗时间距离观看天宁寺僧人吃腊八粥的时间只有二十天。

上下文结合起来看，洪亮吉在1803年前后出入天宁寺是很频繁的。一是撰写《重建天宁寺碑记》。另外，腊八节在早晨观看天宁寺三百僧人食粥的盛况。正月二十四日，陪同三位僧人到天宁寺拜访了月方丈。二十五日，去红梅阁探梅，然后又去了天宁寺。1804年九月二十三，了月禅师邀请洪亮吉到天宁寺。

另外，洪亮吉还去天宁寺看牡丹。他有诗《谷雨前一日，至北郭詹秀才韵宅看牡丹，即席赋赠》《是日晚章秀才承枋复约至绮园看牡丹并留饮花下作》，然后有诗《雨中至北郭天宁寺看牡丹》："陟险寻幽我尚堪，名香偏在雾中探。五风十雨江南路，万紫千红郭外庵。金罍带烟光乍碎，玉盘承露色逾酣。何妨更醉宣州酒，乘兴来同弥勒龛。"[1]提到了到天宁寺看牡丹，应该只有一所天宁寺，此北郭天宁寺应该就是同一寺院，但又说天宁寺在府城东，不知何故。洪亮吉先后有看牡丹诗——《童博士玲招饮牡丹花下时花中有白色一种尤佳因率呈一律》《培园看牡丹》《闻北楼下牡丹盛开柬宋秀才佳士一首》《沈博士沾霖廨中牡丹极盛闻即日欲招客相赏先柬一篇》《十五日风筝台望隔院牡丹》《是日晚赵秀才基招饮牡丹花下》《复至风筝台看牡丹》《早起友人以折枝牡丹见赠复成一律》《友人画黄白牡丹见赠》，大约都是同

---

① （清）洪亮吉撰：《更生斋集》诗续集卷六，清光绪三年洪氏授经堂增修本。

一时期的诗作，应该是此一时期常州城内外牡丹盛开，文人们四处观赏。

上文洪亮吉到的红梅阁、舣舟亭、迎春堂皆在城东，应该都距离天宁寺不远。洪亮吉有诗《红梅阁小憩》："野人爱郊野，近郭行半里。红楼出林梢，星坛入云里。因缘开北牖，半日坐难起。秋圃黄金花，空潭赤文鲤。"①《红梅阁听成都道士驭霞弹琴》："能为落叶吟，千树万树秋。林阴能为水仙操，前川后川龙鲤啸。十年住成都，十年住武当，请城峨眉咫尺不及上，独鹤叱使担琴囊。琴声高与青天直，峰上一峰云五色。琴声疾与江流奔，峡外有峡分三门。琴声宜箫复宜磬，只与笛声难共听。大弦声宽包九垓，小弦声细如蛟雷。白须道士红梅阁，别有尾声知寄托。他时阁外梅枝红，为我别奏花开与花落。"②洪亮吉还有诗《花朝日偕陈司马玉邻自红梅阁至舣舟亭访花》："五风十雨阴晴遍，如梦春郊绿成片。小红楼外客吹箫，千点梅花杂飞霰。经时措意门前柳，一半关心梁上燕。迤东早诣梅花观，斜北仍开水仙殿。东坡去后七百年，空有石池名洗研。无端寒暖分晴雨，天外明霞飞口电。江梅花后放山桃，楼阁亭亭变成口。多缘客意忙如许，激得春波去如箭。粉红墙垛露鸦巢，掺绿窗纱出人面。无嫌卅载光阴促（与司马别卅年矣），难得百花生日宴。桃花米比球琳贵，柳叶鱼同蔬素贱。出门乌舅景将斜，入馔龙孙津欲咽。花前百匝犹难舍，桑下三周恐生恋。须眉未变僧惊诧，要脚转轻人健羡。明朝准拟文杏开，快意先为塞鸿饯。"③

舣舟亭是常州有名的风景名胜之一，在大运河边，得名于苏轼曾至常州系舟处，苏轼曾十一次来常州，熙宁六年癸丑（1073）赴润州赈灾，途经常州，泊舟野宿城外，有《除夕夜野宿常州城外》诗。清康熙、乾隆二朝圣帝下江南，多次途经常州，到天宁寺礼佛上香，均由运河抵舣舟亭上岸至天宁寺。乾隆二十二年丁丑（1757）高宗南巡至常州。在舣舟亭，命常州籍状

① （清）洪亮吉撰：《卷施阁集》诗卷八灵岩天竺集，清光绪三年洪氏授经堂刻洪北江全集增修本。
② （清）洪亮吉撰：《更生斋集》诗续集卷九，清光绪三年洪氏授经堂增修本。
③ （清）洪亮吉撰：《更生斋集》诗续集卷八，清光绪三年洪氏授经堂增修本。

元、高官、画家钱维城绘图以志，即《苏轼舣舟亭图卷》。①钱维城的父亲钱人麟也撰有《重修天宁寺记》："郡东郊天宁万寿禅寺，建自唐代，蔚为名刹。"洪亮吉频繁活动于舣舟亭。《十七日复邀同人舣舟亭小集时梨花绣球盛放》："欲雨不雨梨花天，欲晴不晴桃李烟。游丝入房柳拂地，日午始起春人眠。舣舟亭前一樽酒，花面看人人识否。千枝空白摇东风，斜阳压花花粉红。成团绣球学云皱，花朵障天天若绣。上楼青绿已塞门，不放红紫销人魂。花前未及千回走，何以朱颜忽成叟。寻春纵晚兴益浓，不遣绿酒樽中空。赵生达者意亦颠，十日九醉春风前。君不见，春风送客花千片，更喜团栾月当面。"②此外，还有诗《十八日偕陆孝廉继辂庄上舍曾仪黄秀才载华至城东舣舟亭探梅回集卷施阁小饮即送孝廉北上》《花朝日乍晴邀诸同人各携一壶一碟至舣舟亭小饮乘月乃归即席成长句一首》《花朝日同人舣舟亭雅集至月上乃返》《元夕与朱方伯陈司马步月至舣舟亭》《十七日雨同人欲至舣舟亭不果回集天井坊至二鼓始散即席赠杨太守炜》《初十日舣舟亭送客久憩》《初九日同人各携一壶一碟至舣舟亭赏玉兰即席率成长句（连岁皆以二月十二日舣舟亭赏花今岁独先期三日）》，这些诗在诗名中提及舣舟亭，也就是到舣舟亭游赏。此外，在《六月二十日偕同人载酒至城东陆氏中隐园看荷花至二鼓始归率赋》《江南好（时将乞假南回作此寄里中亲旧）》《中秋日曙华台独饮醉歌》《寒食前一日独游城东作》等诗中也多次提到舣舟亭。

特别是长诗《辛酉正月二日步至前桥村上冢兼至大姊宅久憩》一诗中描述："我行八九里，筋力喜尚强。前抵松柏林，连甍眺层冈。"这是到了其大姊家，应该是距离天宁寺不远，这是洪亮吉频繁到天宁寺、舣舟亭、红梅阁一带的又一渊源。诗中然后说："天宁寺僧借月两以诗见投，戏得八百二十字报之。"表明此长诗还与天宁寺借月有关。洪亮吉接着说，"我性不佞佛，而喜方外交。偶诣知客寮，闻有借月僧，形癯事推敲。为尔携蜡屐，为尔经

① 松纯大成主编：《常州天宁禅寺志》，常州天宁禅寺，第61—62页。
② （清）洪亮吉撰：《更生斋集》诗续集卷八，清光绪三年洪氏授经堂增修本。

溪桥。尔从百僧中，揖我坐砌坳。我于侪类间，望尔成诗豪。峨峨巽宫楼，肖尔诗笔高。迢迢西蠡河，似尔诗致遥。不然舣舟亭，绿水可半篙。与子携竹炉，悠悠泛轻桡。不然红梅阁，绛蕊已半飘。与子学坐忘，沉沉爇香茅。否则楼三层，夜半礼绛霄。否则塔七级，凌晨历高标。"①赞扬了天宁寺诗僧借月拥有很高明的诗才。

当然，洪亮吉本人乃著名文人，他出入天宁寺自然也并非一人，常州乃文风兴盛的江南重地，与洪亮吉一样参访天宁寺者有一大批人。洪亮吉有诗《偕赵表弟怀玉球玉近园访桂并饮花下作即呈近园主人》，赵怀玉乃其表弟，赵怀玉（1747–1823），诗与孙星衍、洪亮吉、黄景仁齐名，时称"孙、洪、黄、赵"，也是当时常州一位很重要的文人。赵怀玉有诗《六月二十三日饭僧天宁寺示方丈了月》《夜过天宁寺》《小憩天宁寺过塔院看牡丹》《同人至天宁门皆散包世臣凌曙邓修诚三君复送至便益门》，他还有文章《天宁寺郡人祷雨疏》以及《天宁寺钟楼灾纪事》，在《天宁寺钟楼灾纪事》中说："通吴门外多古刹，金碧无过天宁。"②

今天常州洪亮吉、洪深纪念馆位于常州市天宁区东狮子巷20号，毗邻第二十四中学、天宁禅寺，也算是洪亮吉与天宁寺隔时空的历史渊源。

总之，作为著名的千年古刹，天宁寺对于佛教以及历史文化的影响与贡献不言而喻，显然具有充分研究的价值与意义。本文通过著名常州本地大文人的深厚渊源之具体展示，说明天宁寺源远流长的佛教文化之魅力，从而可感受中华文化以及儒释道文化的根深叶茂、博大精深。

---

① （清）洪亮吉撰：《更生斋集》诗卷三山椒避暑集，清光绪三年洪氏授经堂增修本。
② （清）赵怀玉撰：《亦有生斋集》诗卷二十二，清道光元年刻本。

1944年焦山、竹林、天宁三佛学院联谊管窥

孙群安（江南大学宗教社会研究所）

1944年5月初，镇江之焦山、竹林两佛学院百多名师生，曾赴常州天宁佛学院参访，与一众东道师生交流联谊，就当时佛教界与当事人言，盛况一时，赞誉纷至[1]。然今日回首百年佛史，却痕迹杳无、涟漪难寻。往事虽已尘封，典章所幸俱在，笔者不吝浅薄，就当年焦山、竹林、天宁三院联谊一节，钩沉稽古，发微抉隐，探究本原，管窥全豹。

一、联谊缘起

1944年抗战正酣，镇江、常州虽处敌后，然焦山、竹林、天宁三院联谊，分属城际，跨江越县，百里奔波，终有不便，加之其时佛教与传统社会严重脱节，难获世俗助力[2]，故三院得以联谊，须教内诸多因缘。检索当事人所记，不难发现直接、深层两方面缘起。

1.直接缘起——常州天宁盛情相邀

此次焦山、竹林、天宁三院联谊，天宁佛学院得以参与其间，且作为东道接待，甚属偶然。上一年（1943）春间，焦山佛学院一众师生曾出访同城之竹林佛学院，并与之联谊。同年稍后，竹林佛学院师生礼节回访，此一回

---

① 可参阅镇江焦山佛学院主编之第三卷第五期《中流》月刊，1944年5月10日，载黄夏年主编《民国佛教期刊文献集成·补编》，第75卷，第195–210页，上海：上海书店出版社，2008年。

② 陈兵、邓子美著：《二十世纪中国佛教》，北京：民族出版社，2000年，第122–126页。

合焦山、竹林二院互访，一开镇江诸佛学院间联谊之先[①]，然终究局限于镇江一隅。故本年（1944）春间，作为院际互动联谊之实际主导方——焦山佛学院，将院际联谊目光拓展至镇江之外——"山水清丽和寺宇庄严"之南京摄山栖霞寺[②]。稍后镇江召开"中佛会"常会，焦山佛学院当家院长雪烦法师（1909-1994）本欲在会中与摄山栖霞寺就联谊事宜进行对接，常州天宁寺当家钦峰法师（1894-1959）获悉，半途杀出，当即邀约。焦山佛学院曾虑及"同学人数过多，礼节碍难周礼，恐该寺（常州天宁寺，笔者注）有不便之处，特又专函商询钦峰和尚"。其后不久，适逢天宁寺钦峰法师退居，雪烦法师赴常州出席退居典礼，钦峰法师与继任敏智法师（1909-1996）重申旧约，联袂邀请，"确定日期，准备招待"，至此焦山、竹林、天宁三院常州联谊事宜，达成约定，得以成行[③]。

2.深层缘起——日本佛教"动"态刺激

日本佛教本系中国输入，然晚清以降，却借助其蒸蒸日上之国势国力，对中国佛教屡屡施加直接与间接之正面与负面影响[④]。1931年后，更凭借其军事占领优势，对中国沦陷区佛教实施诸多直接控制[⑤]，1944年前后之镇江、常州佛教界概不能外。而此次焦山、竹林、天宁之所以三院得以联谊，亦有间接受到日本佛教"动"态之反激。

1944年5月10日，焦山佛学院院刊《中流》杂志刊发"常师参访专号"，首篇即为署名"威音"[⑥]所撰之《动的佛教》一文，文章首句，直奔主题：日

---

① 释普莲著：《旅常杂感》，载《中流》月刊第三卷第五期，第11–12页。案：所当注意者，此处页码为《中流》月刊原有页码，并非黄夏年先生所主编之《民国佛教期刊文献集成·补编》第75卷中之整体页码，下文所引当时报刊诸文，除另有说明，均为原有刊物页码。

② 释慎如著：《旅常的因缘》，载《中流》月刊第三卷第五期，第3页。

③ 释悟因著：《常州之行》，载《中流》月刊第三卷第五期，第8–9页。

④ 葛兆光著：《西潮却自东瀛来——日本东本愿寺与中国近代佛学的因缘》，载氏著：《西潮又东风——晚清民初思想、宗教与学术十讲》，上海：上海古籍出版社，2006年，第47–66页。

⑤ 邓子美著：《传统佛教与中国现代化》，上海：华东师范大学出版社，1994年，第288–291页；释东初著：《中国佛教近代史》（下册），台北："中华佛教文化馆"，1974年，第933–954页。

⑥ 此"常师参访专号"作者多为焦山佛学院学僧，文章署名多用法号，然"威音"二字，可为学僧法号，又具权威、喉舌之意，可作为杂志之官方评论员署名，笔者难以判断辨别，故以署名行文。

本佛教徒说："中国佛教是静的，日本佛教是动的。"①

如此直截了当、开宗明义，指出日本佛教徒以"静""动"二态区分中日佛教，以今日眼光审视，如此"静""动"之别对于中日佛教对比，毫无学理支撑，甚属牵强附会；然就形式言，置身于清末民初以来日益积贫积弱之社会大环境，套用如此简单、对立、绝对、极端甚至略显粗暴之"二元论模式"，用以解释中外（中西、中日、中印等）国家社会诸方面之差别，却大行其道，深获国人认同②。此"二元论模式"现实运用之集大成典范者，首推梁漱溟（1893–1988）中西文化异同论③，日本佛教徒所言中日佛教"静""动"对比，承其流风之佛教翻版而已。且若深论，就内容言，中日佛教"静""动"之别，或于国人而言亦大都如是观。故《动的佛教》一文紧接其后，虽着重强调"在佛教真理上说，动静是平等的……万法的动静，都不过是真如理的一种表现而已"④，但也不得不承认"中国佛教的思想，可以说是动的，也可说是静的，由两晋至隋唐时代……也只有看到一个动的精神……隋唐以前的佛教，可说是动静一如的佛教……唐宋以后中国佛教，舍去以往动的精神，而步入山林静的区域……千年来中国佛教文化所显现的，只有一个静，社会群众所认识的，也只是个静……长期静的结果，只是一个沉闷，昏迷，不是动静一如的静。无怪日本佛教徒又说中国佛教是静的，日本佛教是动的……今日佛教从种种方面都可证明今日静不是昔日的静"⑤。然吊诡之处，上述所引虽纵论古今，主观上极力否认中日佛教"静""动"之"二元论模式"，然于字里行间，却不时亦不自觉流露赞同、认可之意，同时进一步表露对中国佛教怒其不争之复杂情愫。故下文顺势引出主旨，认为中

① 署名"威音"：《动的佛教》，载《中流》月刊第三卷第五期，第1–2页。
② 汪晖著：《现代中国思想的兴起》，北京：三联书店，2014年，下卷第二部《科学话语共同体》，第1292–1296页。
③ ［美］艾恺著，王宗昱、冀建中译：《最后的儒家——梁漱溟与中国现代化的两难》，南京：江苏人民出版社，2011年，第58–60页。
④ 署名"威音"：《动的佛教》，第1页。
⑤ 署名"威音"：《动的佛教》，第1页。

国佛教外在表现而言，确属"沉闷，昏迷"；然就其内在精神而言，"二千年来中国佛教徒始终缺乏一个集体的动的组织"，所以中国佛教"每次都是听人宰割，没有自主的余地，这也是长期静的结果吧"，而"日本佛教有一个集体的动，能把佛教文化推动于社会文化上去，把佛教主义推动到国家主义上去，佛教与社会文化成为一体"①。

上引"二千年来中国佛教徒始终缺乏一个集体的动的组织"，而"日本佛教有一个集体的动"等论，是否符合史实，非关主旨，暂不讨论，然绝非泛泛之谈。设若身临其境至作者所处之沦陷区、设身处地于作者所沦之亡国奴，揆之当时当地对日言论难以自由之事实，则能益加清晰感受上述所论，实质为佛教之悲歌、家国之痛史。作者所欲述说对象何止佛教，举国皆然，因"缺乏一个集体的动的组织"，故"听人宰割""没有自主的余地"。所幸在中外"二元论模式"下，"文明差异只能被解释为先进与落后的差异，从而也是可以通过历史的进步而克服的差异"②，故佛教作为社会一分子、作者作为佛教一分子，亟须"恢复隋唐以前的动"，所以"我们这次联合焦山竹林两个佛学院一百多名同学集体的春游"，因焦山、竹林、天宁三院联合，跨地联谊，既有"集体"性，亦有"动"态性，"可说是中国佛教集体行动的开始"③。三院联谊是否真能做到"中国佛教集体行动的开始"，暂且不论，然就文章作者言（亦较大程度代表焦山、竹林、天宁三院官方立场），三院联谊，却是从沦陷区佛教弱势地位出发，一改之前予人之"静"态观感，以"动"态、"集体"之姿，向所谓之日本"动"态佛教学习、较劲、竞争，甚至力求超越。走笔至此，此次焦山、竹林、天宁三院联谊所以能够成行，所受日本佛教"集体的动"之反激，清晰可知。近代以来，因太虚大师首倡人生佛教（人间佛教），鼓励佛教界亲近社会、了解社会、走进社会、服务社会，影响所达，风气所及，寺庙尤其是佛学院等远足之举，逐步增多。在

① 署名"威音"：《动的佛教》，第1–2页。
② 汪晖著：《现代中国思想的兴起》下卷，第二部《科学话语共同体》，第1295–1296页。
③ 署名"威音"：《动的佛教》，第2页。

1944年焦山、竹林、天宁三院联谊前后，位于国统区如太虚大师（法尊法师）主持之重庆汉藏教理院、雪松法师主持之开县汉丰佛学院等，亦曾多次组织学僧出外远足参访。①然多所佛学院之间跨城联谊，就笔者所见，1944年焦山、竹林、天宁三院联谊尚属首次，故上述《动的佛教》一文所言"我们这次联合焦山、竹林两个佛学院一百多名同学集体的春游，可说是中国佛教集体行动的开始"，确有底气。又其时中国佛教，有感于日本佛教之强势刺激，卧薪尝胆、蓄势奋发之处甚多，此不赘述。

二、三院行程

有感于"日本佛教有一个集体的动"，镇江焦山佛学院在1943年成功与同城之竹林佛学院完成师生联谊互访后，1944年，更进一步将联谊目光拓展至镇江之外。而钦峰法师适时代表常州天宁寺及天宁佛学院发出邀请，因缘俱备，最终成行。现据时人记载，略将三院联谊具体行程，简要逐日整理如下②：

5月3日：午11时，焦山佛学院70余名师生从焦山渡江上岸，抵镇江城区 →访江苏省立第二实验小学、镇江县立初级中学 →游伯先公园 →赴玉山超岸寺，诣退居守培法师（1884-1955）→赴金山江天寺，诣退居霜亭法师（1882-1954）、当家太沧法师（1895-1968），在金山晚餐、借宿。

5月4日：晨起，游金山之天下第一泉，与竹林佛学院20余名师生会合，共赴金山早餐。晨7时半，焦山、竹林两院100余名师生共赴镇江火车站，9时乘京沪列车③，午12时抵常州，赴常州天宁寺，午餐后，焦山、竹林、天宁

---

① 参阅释惟贤著：《汉藏教理院春季旅行记》（分载重庆《佛化新闻报》1938年4月28日第一版、同年5月7日第四版）、《汉丰佛学院发动春季旅行深入乡村作扩大宣传佛法》（载重庆《佛化新闻报》1941年3月13日第二版）诸文。
② 释项衡著：《远足三日记》，载《中流》月刊第三卷第五期，第4-5页；释真虔著：《常州旅行记》，载《中流》月刊第三卷第五期，第7-8页；释悟因著：《常州之行》，第8-9页。
③ 南京国民政府时代京沪列车所指为首都南京和上海之间铁路列车。

三院200余名师生同访常州清凉寺 → 返天宁寺晚餐，晚7时，焦山、竹林、天宁三院师生联谊，晚11时休息。

5月5日：早餐后，焦山、竹林、天宁三院之十七八位教师，出席座谈会[①]，讨论两件提案，其余学僧在天宁寺周边就近参观安乐堂、罗汉堂、东坡洗砚池、系舟亭、玄妙观诸名胜，午餐后焦山、竹林二院师生与天宁佛学院诸师生惜别，原路返程。

三、孕育生机

1944年5月初，焦山、竹林、天宁三院联谊行程，参与之佛学院仅镇江、常州两城三家，时间亦仅前后三天，且严格意义三院联谊时段仅5月4日下午、晚间与5日上午，不论规模，抑或时间，当事人所谓之"中国佛教集体行动的开始"，不免夸张，名不符实。然大风起于青萍之末，巨浪成于微澜之间，笔者审视当时记录，揣摩当时事端，准之以理解，寄之以同情，深感焦山、竹林、天宁三院联谊，就其外在之气质展现与内在之实质诉求而言，均于日后中国佛教之发展与变革，播洒希望、孕育生机。

孕育生机一：三院奠基，团结佛教

此次焦山、竹林、天宁三院联谊，除对外展示佛教形象、对内提升三院联络外，重中之重即为5月5日上午在天宁寺达摩阁所召开之三院教师座谈会。会议由天宁钦峰法师主持，出席者有天宁敏智法师、焦山东初法师

[①] 记载此次三院教师座谈会之直接文献为释海济所撰《两件提案》一文，载《中流》月刊第三卷第五期，第15–16页。然文内所记座谈会时间为"五月四日的清晨"，案：核诸此次三院联谊行程，5月4日中午焦山、竹林二院师生方才抵达常州天宁寺，该日清晨无召开三院教师座谈会之可能，且4日下午三院师生外出、晚间联欢，次日（5日）中午焦山、竹林二院师生告别返程，故三院教师座谈会具体时间，当为"五月五日的清晨"，《两件提案》一文所记有误。

（1908–1977）、竹林雪嵩法师（1909–2000）^①、竹林淦泉法师（1909–2000）等三院教师十七八人。座谈会上，钦峰法师提出"主张暂以三院师生为主体，组织江苏佛教青年会"之提案，东初法师提出"主张僧教育为三级制"之提案^②，竹林佛学院附议焦山东初法师所提，未独立提案^③。东初法师提案，下文将有所讨论，此处就钦峰法师提案，先作解读。

钦峰法师所提"组织江苏佛教青年会"之案，其出发点是有感于佛教之未能团结，一盘散沙，其结果是"现在佛教的衰败，可以说是达到极点……社会人士随便欺负我们教徒，而我们教徒却毫无一点抵抗表示，顶多不过向人诉苦而已"^④。确实，清末民初以降，中国传统佛教备受摧残、命运多舛，面对"西方资本主义文明""新的政教关系""传统佛教经济基础的崩溃""科学、无神论等新思潮""基督教等外道"等五大挑战，加之"作为主持佛法的僧尼队伍素质低劣""教团及传播方式积弊"等自身劣势^⑤，佛教衰败达到极点，严重面临生存危机。同时如上文所论，有感于日本佛教因"集体的动"而强势发达，甚至对中国佛教指手画脚、施加影响，沦陷区中国佛教更能体会团结与否，已事关佛教生死存亡。故钦峰法师有鉴于此，认为"僧伽若不积极团结，绝不足以救亡图存"，所以毅然提出组织僧青年会的主张。"这个组织，为便利实行起见，目前暂以三院师生为主体"，且该僧青年会绝非封闭，"三院以外有热心人愿意参加的人，那也是很欢迎的"。同时不忘说明，这个僧青年会"即使不能马上发生效果，至少也可以为未来佛教团结上立一

---

① 《两件提案》一文所记出席座谈会者为"雪松法师"，然此"雪松法师"当为其时在镇江竹林佛学院任教之"雪松法师"，俗姓名陈明伦，日后其声名鹊起，为与同时代早已成名之江都同乡、此时远在四川开县弘法之另一位同法号雪松法师区别，故改法号为"雪嵩法师"，本文为区别起见，直接用"雪嵩法师"，详见拙作《雪嵩雪松二僧年谱》，北京：宗教文化出版社，2019年。
② 释海济著：《两件提案》，第15–16页。
③ 竹林佛学院虽未单独提出议案，然考虑到焦山、竹林同处镇江，声气易通，上年二院往返联谊，焦山实为主导，且同在上年，焦山、竹林二院同学会曾联合上书出席"中佛会"诸山代表——《整顿佛教刍议》一文（可参阅释悟因著《常州之行》，第8页），益加可证东初法师所提"主张僧教育为三级制"提案，应为焦山、竹林二院事先通气后之联合提案。
④ 释海济著：《两件提案》，第15–16页。
⑤ 陈兵、邓子美著：《二十世纪中国佛教》，第8–17页。

基础",这是"提案精神所在"①。

上述钦峰法师提议组织"江苏佛教青年会",在此次三院联谊之后,该组织是否如期成立、何时正式成立、如何开展活动,史料缺乏,难以知晓,或许直如钦峰法师所言"不能马上发生效果"。然提案者却深具先见之明,所预设成立以焦山、竹林、天宁三院师生为基础之"江苏佛教青年会",真为"未来佛教团结上立一基础",抗战胜利后中国佛教发展与变革脉络,确似按图索骥、一一实现"提案精神所在":1945年底太虚大师(1890-1947)一系以胜利者身份接管江浙诸山,一统中国佛教,有鉴于僧才匮乏,故曾于1946年7月8日至8月8日间组织为期一月之"会务人员培训班",承其会者焦山定慧寺,主其事者焦山佛学院芝峰法师(1901-1971)、东初法师等,而120名受训学僧中,焦山、竹林、天宁三院学僧亦占主导席位②,此时上距1944年5月初钦峰法师提议以三院师生为基础成立"江苏佛教青年会",仅两年时间;至1947年5月27日至5月30日,中国佛教会经一年半时间之整理,于南京毗卢寺召开胜利后第一届全国代表大会,前后主其事者为竹林佛学院出身之雪嵩法师③,办其会者多为上年(1946)"会务人员培训班"成员,其中焦山、竹林、天宁三院出身者占据半壁④,大会所推举产生的中国佛教会新一届理监事人员中,焦山、竹林、天宁三院出身者更居核心骨干⑤,下文将有详述。此整理成立之中国佛教会,学界不甚关注、评价亦不佳⑥,然在笔者看来,因台湾省光复派员参加,实是中国佛教会史中第一次亦是唯一一次"完整统一"⑦,其在存续两年期间,完善组织、发出声音、依法护教、融入社会,

① 释海济著:《两件提案》,第15-16页。
② 释觉先著:《中国佛教会会务人员训练班概况》,载《中流》月刊1946年9月第4卷第7、8期合刊(中国佛教会会务人员训练班专刊),第1-44页。
③ 拙作《雪嵩雪松二僧年谱》,第229-234页。
④ 《大会秘书处职员名单》,载《海潮音》1947年第28卷第7期,第247页。
⑤ 《中国佛教会胜利后第一届当选理监事履历表》,载《海潮音》1947年第28卷第7期,第245-247页。
⑥ 陈兵、邓子美著:《二十世纪中国佛教》,第55页。
⑦ 拙作《雪嵩雪松二僧年谱》,第234页。

不论形式抑或内涵，有足多者①，不应忽视②，而成立之时上距1944年5月初钦峰法师提议，仅三年时间。且如上文所述，是否曾以焦山、竹林、天宁三院师生为基础，成立有"江苏佛教青年会"，已不甚清晰，然三院师生却以责无旁贷、当仁不让之责任感、使命感，在抗战胜利之后，参与到中国佛教会"会务人员培训班"、胜利后全国第一届代表大会等系列重要整理工作中去，担任骨干，成为核心，领导中枢，一定程度将传统佛教由一盘散沙整合而成"完整统一"。如此再回首1944年5月5日常州天宁寺三院教师座谈会钦峰法师提案，"即使不能马上发生效果"，"可以为未来佛教团结上立一基础"，这是"提案精神所在"，对比1945年后中国佛教发展与革新脉络，可谓精准预言、若合符节，草蛇灰线、伏脉千里。

孕育生机二：聚焦教育，集聚僧宝

在1944年5月5日常州天宁寺三院教师座谈会上，除钦峰法师提案外，东初法师"主张僧教育为三级制"提案，亦有可述之处。鉴于"今日的僧教育，最大的缺点，便是不分等级……如是学生既无升学之希望，而教师也感觉到学生程度不齐，难以教授，因此僧青年便有一处毕业处处毕业之痛苦"，故提出"僧教育三级制"的主张，"便是初级中级高级三种"，"暂由天宁焦山竹林三佛学院，先行试办，并准备在本年暑假中，仍请钦峰上人领导，会同三佛学院教育当局，决议熟办初级，熟办中级，熟办高级"，"其次便编审

① 拙作《雪嵩雪松学案》，《雪嵩雪松二僧年谱》，第300–313页。
② 当然，经多年整理，1947年重新成立之中国佛教会，不久即陷入困境，笔者认为，除却政治与经济等外在因缘缺失外（参阅邓子美、毛勤勇合著：《星云八十——学者看大师》，台北：太平慈光寺，2007年，第240–251页），以及近代以来"制度性宗教"所处之"弱势地位"等原因（参阅杨庆堃著、范丽珠译《中国社会中的宗教》，成都：四川人民出版社，2016年，第233–264页），佛教界自身内部不和，更需注意。东初法师曾痛切指出，"中国佛教会不能团结，表面上是太虚与圆瑛新旧不同，实际上夹杂名流居士从中制造是非"（释东初著：《中国佛教近代史》上册，第179页），可谓一针见血。然笔者以为，内部不和除上述太虚圆瑛之新旧、出家在家之缁素两因素外，此时尚有第三方因素，即国统区与沦陷区佛教界之矛盾，此点不为之前佛史研究者所注意，下文将有所论及。又因身处时代限制，太虚大师一生执着于通过组织理想中之佛会中枢、担当教主，实现其改革与振兴中国佛教之志向，其同辈圆瑛法师等虽与太虚政见不合，却同样囿于佛会中枢建设与控制之念，中国佛教真正跳出佛会中枢迷思，尚需等到市场经济发展后，星云法师等革新寺院体制、创建自主僧团来实现（参阅邓子美、毛勤勇合著：《星云八十——学者看大师》，第240–245页）。

三级学生之课本"，然后集合三院学僧，"来一个总会考"，"依照考试之成绩而实行分配于初中高三学级中授课，而每级规定为三年"，如此僧教育之前途，"那倒是决定会光明的呢！"①该提案之本质为建议僧教育实行三院分工、三级分进，立意甚佳，然就结果而言，提案者焦山佛学院尚未能实施②，遑论其他二院。且僧才教育为近现代佛教史专章，非关本文立意，然三院重视学僧教育、注重培养僧才之办学主旨，于此可见一斑。上文曾论及抗战后焦山、竹林、天宁三院僧才辈出，成长为日后中国佛教一时龙象，最显著者1947年中国佛教会所推举产生之新一届理监事成员，常务理事出自三院者两位：雪嵩法师、雪烦法师（共有八位常委理事，汉僧四位、藏僧一位，雪嵩法师除担任常务理事外，亦兼任秘书长，为佛会中枢实际主持人）；理事出自三院者两位：东初法师（1948年5月更递补为常务理事）、茗山法师（1914-2001）③，此外总会秘书处职员中三院出身者亦多④，因人才荟萃，且占据要津，焦山、竹林、天宁三院牢牢掌握中佛会最高层之主导权；同时，抗战胜利前后三院杰出学僧尚有默如法师（1905-1991）、震华法师（1908-1947）、戒德法师（1909-2011）、圆湛法师（1913-2003）、超尘法师（1914-？）、真禅法师（1916-1995）、禅耕法师（1916-2000）、浩霖法师（1927-1999）、星云法师等，日后均成为教内高僧大德，开宗立派，弘法四方，对海峡两岸以及世界佛教做出杰出贡献。如三院联谊之时钦峰法师所言"僧青年是佛教未来的主人翁"⑤，焦山、竹林、天宁三院，尤其焦山佛学院，就人才培养与集聚而言，真是"沦陷区内僧教育之奇葩"⑥，此次三院联谊实为人才交流、奇葩绽放之预备舞台。

① 释海济著：《两件提案》，第16页。
② 释圆湛著：《本院十年来之教育》，载《中流》月刊1945年3月第3卷第9、10期合刊（焦山佛学院十周纪念专刊），第5-7页。
③ 《中国佛教会胜利后第一届当选理监事履历表》，载《海潮音》1947年第28卷第7期，第245-247页。
④ 《大会秘书处职员名单》，载《海潮音》1947年第28卷第7期，第247页。
⑤ 释介入著：《谈话席上》，载《中流》月刊第3卷第5期，第14-15页.
⑥ 释东初著：《中国佛教近代史》（上册），第213页。

何以其时焦山、竹林、天宁三院呈一时人才井喷之势，且在日后佛教史中留下浓墨重彩印记，笔者归纳三点原因：一是传统深厚，人才集聚。江浙佛教本为全国佛教重心，镇江、常州又属江浙佛教重镇，故焦山、竹林、天宁三院能招纳聚集众多第一流师资与学僧。二是日本刺激，痛定思痛。与国统区佛教界不同，沦陷区僧教育界尤其是焦山、竹林、天宁一众师生，终日饱受故国沦陷之悲、日教凌驾之痛，在学业上、品行上、实行上、进取上，周旋日寇、心系故国，卧薪尝胆、十年生聚，以坚韧不拔之努力，作默默耕耘；以超越常人之毅力，作顽强抗争。1944年三院一众师生常州联谊，虽牛刀小试，却锋芒初露，抗战胜利后环境得以改善，立即大显身手，熠熠生辉。三是吐故纳新，适逢其会。1945年底太虚大师一系凭借抗战胜利接管江浙佛教，其在后方原有麾下旧部，有独立门户、滞留当地者，如法尊法师（1902-1980）、雪松法师（1909-？）、正果法师（1913-1987）、惟贤法师（1920-2013）等；有游历海外、问道取经者，如法舫法师（1904-1951）等；有潜心学术、少闻事务者，如印顺法师（1906-2005）等，有志在舆论、英年早逝者，如福善法师（1915-1947）等，此时堪当佛会中枢整理大任之后方旧部，仅茗山法师、巨赞法师（1908-1984）等少数僧才，故不得不与沦陷区佛教界合作。如此方才有沦陷区新晋僧才，尤其焦山、竹林、天宁三院僧才如雪嵩法师、雪烦法师、东初法师等（上述诸师亦为抗战前太虚学生或为太虚一系所激赏者），凭借醇厚品质、深厚学理、卓越才干，进入太虚一系视野。故笔者进而认为，1947年5月中国佛教会整理后新推举之理监事中枢，实为国统区太虚旧部取"名"、沦陷区新进僧才取"实"之大结合①，而此"新进僧才"中杰出代表，1944年5月曾联谊于天宁禅寺，1945年后复又以领导佛教、振兴佛教为己任，砥砺奋斗于太虚麾下，艰难率领海峡两岸佛教完成现代转型。

---

① 拙作《雪嵩雪松二僧年谱》，第247页。

孕育生机三：禅教融合，人间佛教

禅教融合、人间佛教均为近当代佛教显学，相关研究汗牛充栋，在此简要论述1944年5月焦山、竹林、天宁三院联谊所孕育之上述两点生机：

1.禅教融合：焦山信净土、竹林弘华严、天宁宗禅门，故三院联谊，学僧交流同时，亦大开教宗融合之门。一方面对参访学僧言，天宁禅门宗风甚是好奇，认为天宁"特异点，是同时办有禅堂和佛学院却没有一些不调和的气氛"，能将"解与行的不合作"，"有力量把他们拉拢到一起"[①]；另一方面对三院而言，焦山、竹林亦盼望天宁多为学僧讲解禅门，故钦峰法师借联谊会之机，为三院师生讲出"禅与教是有其密切的关系，禅可以说是教的根本，教可以说是禅的方便"，"从竖的方面说，教与禅是有其先后次序的不同；从横的方面说，则禅教不二，敢说是一致的[②]"。此时焦山、竹林、天宁三院联谊，学僧认同天宁能将"解与行的不合作""有力量把他们拉拢到一起"，天宁禅师亦为学僧讲解"禅教不二"，为日后中国佛教禅教融合，大开法门，启导先机。

2.人间佛教：时至今日，人间佛教因其实现佛教人间化思潮普遍性与汉传佛教特殊性之统一，已深获中国海峡两岸及全东亚社会之认可[③]。然在1944年焦山、竹林、天宁三院联谊前后，人间佛教思潮尚处秋毫之末[④]。三院联谊，可谓在保持根源性与世俗性张力同时，亦积极体现入世性、社会性一面，如三院联谊之后焦山佛学院学僧所著《院旗》一文所言："那些学生看见我们大队人马，皆嘻嘻哈哈的在交头接耳：和尚参观学校，奇闻奇闻"，又"我与竹林的院旗并列式竖在天宁佛学院门之外，很引人注意……路人莫不叹为希有"[⑤]，不难看出三院此行面向社会、走进社会、争取社会意图，与风靡当下之人间佛教，一定程度应时应景、契理契机。

---

① 释圣璞著：《伟大的天宁寺》，载《中流》月刊第三卷第五期，第5–6页。
② 释钦峰述，释圣璞记：《钦峰长老谈禅》，载《中流》月刊第三卷第五期，第10–11页。
③ 邓子美、陈卫华、毛勤勇著：《当代人间佛教思潮》，兰州：甘肃人民出版社，2009年，第35页。
④ 邓子美、陈卫华、毛勤勇著：《当代人间佛教思潮》，第21页。
⑤ 释亚光著：《院旗》，载《中流》月刊第三卷第五期，第2–3页。

四、余论

1944年5月焦山、竹林、天宁三院常州联谊往事，早已消逝于历史长河，所幸尘封报章俱在，为当下钩沉发微，提供一丝可能。然笔者遍检当日报章，在此三院联谊之后，却未能发现三院间再次联谊之史料支撑，虑及1945年8月日本即无条件投降，江浙佛教面临重组，如此院际跨地联谊，概率大为降低，故1944年5月焦山、竹林、天宁三院联谊，或为绝唱。然大江东逝，潮音永存，当时三院二百余名师生联谊所发出之团结佛教、改革佛教、复兴佛教愿景，日后着实汇聚成为中国佛教发展与变革之最大共识、最强动力、最响旋律。

最后，以1944年底时任焦山佛学院院长的雪烦法师对三院联谊之评价为殿：

> 五月间，本院联合竹林两佛学院一百余名远足常州，参访常州佛教，三处合计二百余名僧青年，于天宁佛学院大礼堂，又作联欢会之盛举，其时不仅主宾感情，堪称融洽，并商讨颇多有关改进中国佛教要件，各方咸认此空前少有之佛教集体行动，实为中国佛教复兴之象征[①]。

焦山、竹林、天宁三院联谊，"实为中国佛教复兴之象征"，一语破的！

---

① 释雪烦著：《院史概述》，载《中流》月刊1945年3月第三卷第九、十期合刊（焦山佛学院十周纪念专刊），第3-5页。

后 记

冶开清镕禅师为临济宗四十一世，融会了律宗、华严、净土，一生修行深厚，慈悲为怀，传法度人，被誉为"临济宗匠""近代禅宗大师"，为清末宗门四大尊宿之一。1913年，冶开清镕禅师被推举为中华佛教总会会长。他重修中兴天宁寺，使千年古寺声名鹊起，被誉为"东南第一丛林"；创设"毗陵刻经处"，刻印经卷，对近代佛教文化影响深远；创立"佛教慈悲会"，挽救众生于水火。他不仅为佛教界树立了典范，更为后世留下了宝贵的思想遗产。

冶开清镕禅师一生不事著述。其弟子——天宁寺住持惟宽显彻禅师怀念先师辑成《冶开镕禅师语录》行世。时光荏苒，百年转瞬。于冶开禅师圆寂一百周年之际，吾辈编撰《纪念冶开禅师圆寂一百周年论文集》，缅怀禅师遗德，传承佛法智慧，激励后学精进不懈。

本书汇聚了众多学者、大德对冶开清镕禅师生平事迹、佛法思想、文化传承等方面的深入研究与论述。这些文章是对冶开禅师智慧与德行的虔诚致敬，是对佛教中国化历程及在当代社会发展中积极作用的深刻思考。阅读这些文章，我们仿佛能够穿越时空，再次聆听冶开清镕禅师的教诲，感受其慈悲与智慧的力量。

天宁禅寺作为冶开清镕禅师一生结缘的圣地，见证了禅师七十一年的人生历程。如今，禅师的遗训犹在耳畔回响，其精神依然激励着无数四众弟子精进前行。编纂出版此书，不仅是为了纪念禅师圆寂百年之期，更是为了传承和弘扬禅师所倡导的佛法精神，让更多人了解佛教中国化的历程与成果，感受中华优秀传统文化的博大精深与独特魅力。

　　展望未来，我们佛弟子愿以冶开清镕禅师为榜样，继续秉承其刻苦坚韧的求学精神、普度众生的坚定信念、援济社会的慈悲情怀，努力将佛教教义融入生活实践之中，为构建和谐社会、增进人类福祉贡献佛教的力量，共同为传承和弘扬中华优秀传统文化而努力奋斗。

　　在此，谨向为组织编纂本书付出辛勤努力的黄夏年教授、向各位作者、编者及支持者表示衷心的感谢和崇高的敬意！

释廓尘

2022年（佛历二五六六年）冬月于法云丈室